JN411664

木齋家塾 彙纂麗史

[illegible]家塾[illegible]纂高麗史卷之十四

選擧志

三國以前未有科擧之法高麗太祖首建學校而科擧取士未遑焉光宗用雙冀言以科擧選士自此文風始興大抵其法頗用唐制其學校有國子大學四門又有九齋學堂而律書算學皆肄國子其科擧有製述明經二業而醫卜地理律書算三禮三傳何論等雜業各以其業試之而賜出身其國子升補試亦所以勉進後學也雖名卿大夫未必不由科目進而科目之外又有遺逸之薦門蔭之敍成衆愛馬之選補南班雜路之陞轉所進之途非一矣原其立法定制之初養育之方選取之制銓注之法井然有條累世子孫憑藉而維持之東方文物之盛擬諸中華自權臣私置政房政以賄成銓法大壞而科目取士亦從以汎濫於是黑冊之謗紛紅之誚傳播一時而高麗之業遂衰矣其制度節目之詳遺失殆盡姑採見史冊者隨其詳略條分類聚作選擧志

科目

光宗九年五月雙冀獻議始設科擧試以詩賦頌及時務策取進士兼取明經醫卜等業景宗二年親試進士成宗二年始臨軒覆試然不爲常例親試覆試例用詩賦穆宗七年三月改定科擧法先是每春月試取秋冬放榜至是定以三月開場鎖闈貼禮經十條明日試詩賦越一日試時務策至十日定奏科第乃開鎖其明經以下諸業上年十一月畢選與進士同日放榜顯宗二年禮部侍郎周起奏定糊名試式十五年十二月判諸州縣千丁以上歲貢三人五百丁以上二人以下一人令界首官試選製述業則試以五言六韻詩一首明經則試五經各一机依例送京國子監更試入格者許赴擧餘並任還本處學習如界首官貢非其人國子監考覈科罪靖宗二年七月判生徒入學滿三年方許赴監試十一年四月判五逆五賤不忠不孝鄕部曲樂工雜類子孫勿許赴擧文宗九年十月內史門下奏氏族不付者勿令赴擧十六年三月國子司業黃抗之考試國學諸生署科甚濫命中書舍人鄭惟産改試惟産請行封彌之法貢闈封彌始此三十三年六月判三禮何論政要業監試於諸業畢試後國子監與本業員試取宣宗卽位詔進士以下諸業自今許三年一試元年十一月判三禮三傳業亦前代取人之典不可停廢三禮

業以禮記二十卷爲徧業大經貼經十處通六以上
揷籌十處破文通口問口對義理通六以上以周禮
儀禮爲小經一經揷籌十處破文通義理通六以上
一經破文讀二机三傳業以左傳爲肄業大經貼經
十處通六以上揷籌十處破文通義理通六以上以
公羊穀梁傳爲小經一傳揷籌十處破文通義理通
六以上一傳只讀二机八年十二月判內侍人吏行
卷依披籃赴擧例試前爲限納之又進士遭父母喪
者其業未選前服闋則行卷家狀修送貢院雖限內
姓名未錄許令赴試諸業擧人亦依此例肅宗七年

閏六月式目都監奏三禮三傳業出身者不別錄用
漸致衰微今後爲先量敘後生業此者國子監勸勵
睿宗五年九月判製述明經諸業新擧者屬國子監
三年仕滿三百日者各業監試許赴西京則留守官
選上鄕貢則東南京八牧三都護等界首官依前式
試選申省十一年十一月判諸業擧人十一月始明
經爲先選取進士則明年二月晝夜平均時選取諸
生行卷家狀及試官差定諸事都省及樞密院國子
監敬稟施行諸業初擧及一度停擧者依式問覈違
次赴擧者只考家狀痕瑕赴試遭父母喪者屬部坊

里典及本鄕其人事審官處問覈二十七朔已滿則
考其家狀痕瑕赴擧凡姓名記錄進士則限十二月
二十日家狀行卷終明經以下則限十一月終限外
雜暇已滿者及因公出使限內不及上京者試日爲
限修送貢院十四年東堂始用經義仁宗十四年十
一月判凡製述業經義詩賦連卷試取凡明經業試
選式貼經三日內初日尙書徧業貼周易周易徧業
貼尙書各十條翼日毛詩貼十條各通六條以上第
三日以後讀大小經各十机破文兼義理通六机每
義六問破文通四机又周易徧業讀尙書毛詩春秋

各帙一机例隨帙揷籌小經謂業經大經禮記凡明
法業式貼經二日內初日貼律十條翼日貼令十條
兩日並全通第三日以後讀律破文兼義理通六机
每義六問破文通四机讀令破文兼義理通六机每
義六問破文通四机凡明筭業式貼經二日內初日
貼九章十條翼日貼綴術四條三開三條謝家三條
兩日並全通讀九章十卷破文兼義理通六机每義
六問破文通四机讀綴術四机內兼問義二机三開
三卷兼問義二机謝家三机內兼問義二机凡明書
業式貼經二日內初日貼說文六條五經字樣四條

並全通翼日書品長句詩一首眞書行書篆書印文
一棄讀說文十机內破文兼義理通六机每義六問
破文通四机凡醫業式貼經二日內初日貼素問經
八條甲乙經二條翼日貼本草經七條明堂經三條
兩日各通六條以上讀脉經十卷破文兼義理通六
机破文通四机針經九卷難經一卷幷十卷破文兼
義理通六机破文通四机又讀灸經破文通二机凡
呪噤業式貼經二日內初日貼脉經十條翼日貼劉
涓子方卄條並通六條以上讀小經瘡疽論七卷明
堂經三卷內兼義理通六机讀大經針經十机內兼

義理通六机又讀七卷本草經二机凡地理業式貼
經二日內初日貼新集地理經十條翼日劉氏書十
條兩日並通六條以上讀地理決經八卷經緯令二
卷幷十卷破文兼義理通六机破文通四机讀地鏡
經四卷口示決四卷胎藏經一卷謌決一卷並十卷
破文兼義理通六机破文通四机又讀蕭氏書十卷
內破文一机凡何論業式眞書奏狀小貼喫筭讀何
論十机孝經曲禮各二机律前後帙各一机凡明經
業監試格庄丁十二机以周易尚書毛詩各二机禮
記春秋各三机白丁九机以周易尚書各一机毛詩

禮記各二机春秋三机凡書業監試字說文三十卷
內白丁三冊庄丁五冊各破文試讀又令眞書凡筭
業監試白丁業經三机筭二机庄丁業經五机筭二
机凡律業監試白丁律二机令三机庄丁律三机令
三机凡醫卜地理業各其本司試選凡諸州貢士依
前定額數若有才堪貢選不限其數所貢之人將中
送日行鄉飲酒禮牲用小牢以官物充十七年十月
禮部貢院奏范仲淹云先策論以觀其大要次詩賦
以觀其全才以大要定其去留以全才升其等級斯
擇才之本致理之基也我朝製述業於第三決場迭

試策論之蕪著韻偶對者因此詩賦學漸爲衰廢今
後初場試經義二場論策相遞三場詩賦永爲格式
且國學未立前初場試以貼經立學以後兼試大小
經義舉子難之今後除兼經義只試本經義十八年
閏六月中書門下奏明法業但讀律令其登科甚易
且於外敘必六經州牧實爲出身捷徑緣此兩班子
弟及貢士求屬者漸多製述明經兩大業及醫卜地
理業國家所不可廢而今赴舉者少今後明法業出
身者清白爲公政譽著聞方許擢用仍禁貢士求屬
是業二十年二月判東堂監試赴舉諸生須赴冬夏

天都會許錄姓名在外生徒各於界首官鄉校都會給狀赴試忠烈王六年五月王親試文臣賜黃牌籍内侍王晉意詩文或諸生之登第者親試之中者謂之殿試門生待遇異常殿試之制惟試當年登第者僧祖英得幸於王其姪子及所親舊不限登第久近競依勢赴之十四年九月宰相蔡仁規子禑中第居同進士頭國制科擧之目乙科三人丙科七人同進士二十三人世以同進士頭官不達人皆惡之指爲同頭王爲禑嫌之問於承旨李混混云可加丙科丶人置禑其末從之忠肅王二年正月瀋王改東堂爲

應擧試七年六月李齊賢朴孝修典擧革詩賦用策問七月敎曰近以選上國應擧秀才而廢考藝試成均七館諸生皆赴初場未合古制其令依舊皆赴考藝試定其分數直赴中場忠穆王卽位之年八月改定初場試六經義四書疑中場古賦終場策問恭愍王十四年十月李仁復李穡建議禁擧子挾冊易書試卷以防假濫十六年林樸上書請科擧一依中朝搜撿通考之法十七年親試用經義十八年始用元朝鄉試會試殿試之制定爲常式二十三年三月敎各道鄉試諸生各於本貫赴擧已有成規今諸生或有赴他道試者毋赴會試辛禑五年正月諫官上言玄陵崇信經學養士取人近年以來詩賦取士專尚詞章經學漸廢今後一遵玄陵己酉年科擧之法十二年五月李穡知貢擧復用策問嚴立禁防擧子年未滿二十不許赴擧辛昌敎科擧之法一依己酉年之規以時擧行州縣之學貢士不充額數者罪及守令恭讓王元年十二月大司憲趙浚等上書曰今之學者以雕篆之學幸中科第取榮一身自以爲足從仕之後盡棄所業昧於施措以負國家崇儒重道之意願自今聚各年及第四品以下對策殿庭中者使

掌製敎不中者左遷以振儒風

凡選場 或比年或間歲未有定期其取士亦無定額光宗九年五月翰林學士雙冀知貢擧始取進士賜甲科崔暹等二人明經三人及第自是多取八人少取二三人景宗二年三月親試進士賜高凝等六人及第親試始此成宗二年十二月覆試賜甲科姜殷川等四人及第覆試始此自是間行覆試或命太子覆試而親試絶鮮矣八年賜乙科崔得中等十九人及第穆宗元年賜姜周載等七十人及第　之前後厥數最多歷顯宗至文宗所取多不過二十八少不

下十九人而少賜甲科者多以丙科爲頭文宗十七年賜洪器等三十六人及第自是以多取爲重肅宗七年賜康滌等四十一人及第宋進士章枕賜別頭乙科睿宗九年宋進士林完亦別賜乙科自文宗歷二百餘年間取人多者過四十少不下三十忠烈王十四年賜尹宣佐等三十三人及第自是遂取三十三人爲定制親試無定數自成宗後惟毅宗忠烈恭愍行之毅宗六年五月親試取劉羲烝等三十五人忠烈二十八年五月親試取曹匡漢等七人恭愍十七年四月九齋親試取李詹等七人親試文臣則忠烈

高麗史卷七十四　九

六年五月取書籍店錄事趙簡等九人五百年中惟此一擧而已

凡試官光宗始命雙冀爲知貢擧自後命文臣一人爲知貢擧二十三年增置同知貢擧尋罷之景宗二年以王融爲讀卷官親試則稱讀卷官成宗十五年改知貢擧爲都考試官明年復稱知貢擧文宗三十七年復增置同知貢擧一人遂以爲常元宗十四年十月參知政事金坵知貢擧舊制二府知貢擧卿監同知貢擧其赴試諸生卷首寫姓名本貫及四祖糊封試前數日呈試院試前日午後貢擧具三場題脚於狀詣闕實封進呈王親自坼封各於題上落點封押而出貢擧賫奉到試院試日未明放題承宣奉金印至同知貢擧庭迎知貢擧避位待之詳在禮志越一日承宣又往坼名而後放榜第二場亦如之至第三場貢擧各於入格卷子背上望科次以啓並依貢院之望而放榜焉至是初場日承宣洪子藩至貢院詰曰予承命而來知貢擧必庭迎金坵不得已下階忠肅王二年改知貢擧爲考試官同知貢擧爲同考試官十七年復稱知貢擧同知貢擧國俗掌試者謂之學士門生稱之則曰恩門門生座主之禮甚重學

高麗史卷七十四　十

士有父母若座主在旣放榜必具公服往謁而門生綴行隨之學士拜於前門生拜於後衆賓雖尊長皆下堂庭立旋禮畢揖讓而升以次拜賀於是學士邀至其第奉觴稱壽

凡崇奬之典光宗始取進士親御威鳳樓放榜十五年御天德殿宣羣臣命新及第金策釋褐賜公服赴宴景宗二年親試進士卽令釋褐成宗六年三月放榜下敎曰省今所擧諸生詩賦策文辭踳駁格律猥瑣皆不堪取唯進士三人詩賦策及明經以下諸業通計六人對義名狀一如所奏進士鄭又玄五夜方

闕二篇已就雖非卓異之才亦是敏捷之手宜置前
列用勸後來明經以下諸業學生各勤本業方成厥
志宜降優柔之澤俾升擢用之科其令有司准例敘
用自今進士諸生不依考官格式放縱違律者勿許
試取永以爲式放榜下教始此顯宗十年正月定新
及第榮親之法無兩親者代以侍養父母妻父母皆
無則代以伯叔父母二十一年四月王製詩賜新及
第特加奬異文宗三十年十二月判凡州縣闕榜至
三十年或四五十年登製述明經科者給田十七結
百年後登者給田二十結奴婢各一口是月判國制

製述明經明法明書筭業出身初年給田甲科二十
結其餘十七結何論業出身義理通曉者第二年給
田宣宗七年七月引見新及第賜酒食仍賜公服各
一襲肅宗二年賜金富轍母米四十石舊制三子登
科歲給母大倉米三十石以富轍兄弟四人登科加
賜十石遂以爲常七年七月式目都監奏由三傳三
禮業出身者宜授官勸後制可仁宗十一年十二月
判四子登製述明經科者令五部兩京諸州府郡縣
辨報其父母別賜米三十石已歿者超一等封爵敎
宗十年六月詔今年壯元黃文莊乃丙寅科壯元文

富之弟也兄弟俱占魁科在古罕聞宜准三子登科
例歲給母粟三十石明宗六年八月新及第香榜許
於街路張樂以爲榮觀比因兵亂久廢至是復之八
年六月御史臺奏舊制新及第紅牌降使就賜于家
迎待煩費寒士不克供辦自今請於簾前賜牌中書
門下府駁奏先王之制必降賜于家者將以榮耀里
閭使人歆羨勸學況行之已久仍舊便制可高宗十
七年崔瑀始造新及第儀物以寵之元宗七年五月
命新及第綴行令八坊廂父老士庶笙歌盛服隨從
以寵之忠烈王二十八年五月親試各賜白銀三斤

馬一匹忠穆王三年十月金仁琯連魁三場賜馬紅
鞓許著金花帽王親授紅牌寵渥尤厚是月命新及
第四日成行尋令六日成行國制凡登科者特賜藍
袍犀帶戴花張蓋以榮之

凡恩例穆宗卽位詔進士明經十舉不第及書者地
理學生滿十年者並許脫麻元年三月取恩賜一人
東堂取恩賜自此始然不爲常例文宗十九年六月
參知政事金義珍知貢舉取進士王覆試以盧旦奏
事忤旨怒不設科唯取十上不第者賜李元長等五
人恩賜出身又賜明經二人及第忠宣王卽位敎曰

諸業東堂監試各許一度進士明經赴擧已滿十度者亦許脫麻

制科 景宗元年遣金行成如宋入學國子監二年行成在宋登第五年遣崔罕王琳如宋入學十一年罕琳登賓貢科授秘書郎穆宗元年金成積入宋登第肅宗四年二月宋詔許擧子賓貢睿宗十年七月遣金端甄惟底趙奭康就正權迪如宋赴大學十二年廸奭端登上舍及第忠肅王元年正月元頒科擧詔令選合格者三人貢赴會試四年十二月遣安震應擧五年震中制科第三甲十五名七年十月遣安軸

高麗史卷七十四 十三

崔瀣李衍宗應擧八年瀣中制科勑授遼陽蓋州判官十年十二月遣安軸趙廉崔龍甲應擧十一年軸中制科後二年李穀中制科第二甲授翰林國史院檢閱官忠惠王後三年李仁復中制科授大寧路錦州判官忠穆王初年十一月遣尹安之安輔郭瑶應擧明年輔中制科三年九月遣尹安之白彌堅朴中美應擧忠定王元年安之中制科授大寧路判官恭愍王二年以李穡充書狀官應擧三年穡中制科第二甲第二名授應奉翰林文字十九年六月

大明頒科擧詔令就本國鄕試貢赴京師至會試不拘額數選取八月李仁復李穡爲考試官通考三場文字取李崇仁朴實權近金濤柳伯濡以充貢士崇仁近以年未滿二十五不遣二十年濤中制科第二十五名授東昌府丞

武科 恭愍王元年四月進士李穡上書請設武擧之科事未施行恭讓王二年閏四月都評議使司奏文武二道不可偏廢本朝只取文科不取武科故武藝成材者少當以寅申巳亥試武科其試官則以兩府以上一員同考試官則以三四品中文武各一員試取給牌一如文科儀一等三人取諸家兵書俱通且

高麗史卷七十四 十四

精武藝者二等七人取粗習武藝通兵書者三等二十三人取或通兵書或精一藝者永爲恒式從之

國子監試 卽進士試德宗始置試以賦及六韻十韻詩厥後或稱成均試或稱南省試文宗二十五年只試六韻十韻詩毅宗二年試以賦及十韻詩忠宣王廢之忠肅王四年以九齋朔試代之七年稱擧子試恭愍王十七年王欲選通經者爲試官辛旽欲以監察大夫孫湧爲之官者李剛達欲以判典校寺事李茂芳權思復爲之王惡其爭乃曰監試所取例皆童蒙非經明行修之士無益國家罷之辛禑二年復之

凡國子試試員以三品以下官爲之高宗十四年三月庚敬玄掌試以相如一大奮其氣威信敵國爲十韻詩題擧子請解題敬玄誤解信字爲誠信之信有一生前詰是非敬玄怒黜之時人譏之忠烈王十三年五月林貞杞掌試出律賦題曰太宗好堯舜之道如魚依水不可暫無以好堯舜道不可暫無爲韻諸生進曰韻中六字皆則音何如貞杞慚改之曰好堯之道如魚依水諸生又進曰韻中五字皆平音何如貞杞大慚又改之曰好堯舜道如魚依水辛禑十一年三月尹就掌試所取皆勢家乳臭之童時人譏之爲

粉紅榜以其兒童好著粉紅衣也

凡國子試之額無定制德宗初年命右拾遺廉顯取鄭功志等六十人其後少或取三十九人多或至百餘人最後以九十九人爲定制

升補試即生員試毅宗元年始置試以詩賦經義取任裕公等五十五人明宗以來多取不過四十員忠烈王十七年取崔凝等百五十人恭愍辛禑朝輒取百餘人

學校

太祖十三年辛酉京新置學校命秀才廷鶚爲書學博士別剏學院聚六部生徒教授後太祖聞其興學賜綵帛勸之兼置醫卜二業又賜倉穀百石爲學寶成宗詔令諸州郡縣選子弟詣京習業五年七月教曰朕素慚薄德尚切崇儒欲興周孔之風冀致唐虞之理庠序以養之科目以取之今諸州所上學士慮有思鄉之人皆令從便去留其歸寧學生二百七人可賜布一千四百疋願留者五十三人亦賜幞頭一百六枚米二百六十五石仍差通事舍人高榮嵓就客省宣諭賜酒果六年八月以前年許還學生無師教授教選通經閱籍者爲經學醫學博士於十二牧

各遣一人敦行教諭其諸州郡縣長吏百姓有兒可教學者並令訓戒若有勵志明經孝弟有聞醫方足用者令牧宰知州縣官依漢家故事具錄薦貢京師以爲恒式八年四月敎曰大學助教宋承演南海道羅州牧經學博士全輔仁誨人不倦宜加奬擢承演可超九等授國子博士仍賜緋公服一襲輔仁可賜公服一襲米五十石自今凡文官有弟子十人以下者有司於政滿遷轉之時具錄奏聞以爲褒貶其十二牧經學博士無一箇門生赴試者雖在考滿復令留任責其成效量授官階以爲恒式十一年十二月

敎有司相得勝地廣營書齋學舍量給田庄以充學粮仰國子監文宗十七年八月制國子監諸生並多廢業責在學官自今精加勉勵至年終較藏否定去留儒生在監九年律生六年荒昧無成者並令屛黜睿宗二年制曰置學養賢三代以降致治之本也而有司議論未定宜速疾施行睿宗方嚮文學遂下此制士類莫不欣然大臣無一人奉承時議惜之四年七月國學置七齋周易曰麗澤尙書曰待聘毛詩曰經德周禮曰求仁戴禮曰服膺春秋曰養正武學曰講藝試取大學崔敏庸等七十人武學韓自純等八

人分處之九年二月國子生張仔等六十人詣闕請立國學十一年四月制曰文武兩學國家敎化之根源早降指揮欲令立其兩學養育諸生以備將來將相之擧而有司各執異論未有定議宜速奏定施行十四年七月國學始立養賢庫以養士自國初肇立文宣王廟于國子監建官置師至宣宗將欲敎育而未遑睿宗銳意儒術詔有司廣設學舍置儒學六十人武學十七人以近臣管勾事務選名儒爲學官博士講論經義以敎導之仁宗朝式目都監詳定學式國子學生以文武官三品以上子孫及勳官二品帶縣公以上幷京官四品帶三品以上勳封者之子爲之大學生以文武官五品以上子孫若正從三品曾孫及勳官三品以上有封者之子爲之四門學生以勳官三品以上無封四品有封及文武官七品以上之子爲之三學生各三百人在學以齒序凡係雜路及工商樂名等賤事者大小功親犯嫁者家道不正者犯惡逆歸鄕者賤鄕部曲人等子孫及身犯私罪者不許入學其律學書學算學皆肄國子學律書算及州縣學生並以八品以上子及庶人爲之七品以上子情願者聽國子大學四門皆置博士助敎必擇

經學優長景行修謹堪爲師範者分經敎授諸生每授一經必令終講未終講者不得改業年終計講授多少以爲博士助敎考課等第律書算學只置博士律學博士掌敎律令書學掌敎八書算學掌敎算術凡經周易尙書周禮禮記毛詩春秋左氏傳公羊傳穀梁傳各爲一經孝經論語必令兼通諸學生課業孝經論語共限一年尙書公羊穀梁傳各限二年半周易毛詩周禮儀禮各二年禮記左傳各三年皆先讀孝經論語次讀諸經幷算習時務策有暇兼須習書日一紙幷讀國語說文字林三倉爾雅五年三月

詔諸州立學以廣教道八年六月國學奏近年以來
明經寖衰宜選取三十人以下入學養育兼差教導
官參上參外各一員以勸學七月國子諸生詣闕上
書曰臣等竊聞御史臺奏國學養士太多供給甚費
請簡留行修業成者若干人在學餘悉出之臣等上
爲國家惜之夫崇學育才乃理國之本古之聖賢必
以是爲先務焉孔子雖不得位周流四方猶養三千
之徒唐韓文公謫守潮州潮下州也猶曰州學廢久
不聞業成貢于王庭亦州之恥也乃命趙德秀才掌
州學以聚生徒出己俸以給廚饌況我國家奄有三

韓旣富而教風俗文物擬諸三代而國學生徒不過
二百有司以爲費財而欲削之豈吾君尊道崇儒之
意耶且佛氏寺觀周遍中外齊民逃役飽食逸居者
不知其幾千萬焉有司曾不是思而反言國學之費
非公言至論也願陛下却而不用詔可九年三月中
書門下奏參外文臣各定業經注錄政案量差學官
從之十一年正月判武學齋生赴擧者少故策論雖
不合格隨分選取得第甚易諸學生爭屬武學棄本
逐末非徒士風僥倖率皆才器駑下或忝兵事有名
無實且武學漸盛將與文學人角立不和濟爲未便

自今已登第者與文士一體敍用武學取士及齋號
並停罷十三年判國學諸生四季私試通考分數直
赴科場大寒大熱兩朔免試十五年九月門下省奏
國學六齋諸生各持所講大小經升堂博士學諭執
經升講每日不過五人每人不過二問從容論難悟
疑辨惑毅宗二十二年三月詔曰化民成俗必由學
校自祖宗以來於外官差遣文師一員又有儒臣爲
守則兼管句學事以勸學近聞任是職者但以謀利
爲先勸學之方略不留意志學之士無由聞達朕甚
憫焉如有各官文師及管句學事者勸學育才以副

朕意則兩界兵馬使各道按察使注名馳報朕將不
待政滿隨卽擢用高宗五年七月中軍宰樞議生徒
未登仕版者試以詩選取八十人其不中者皆令從
軍元宗二年三月置東西學堂各差別監教學教導
忠烈王六年三月教令儒士唯習科擧之文未有博
通經史者其令通一經一史者教授國子三十年五
月安珦建議令各品出銀布有差以充國學贍學錢
王亦出內庫錢穀以助之珦以餘貲送江南購六經
諸子史以來於是願學之士七管十二徒諸生橫經
受業者動以數百計六月國學大成殿成初使臣耶

律希逸以殿宇隘陋甚失泮宮制度言於王新之忠
宣王即位賜養賢庫銀五十斤令藝文館召致郡縣
有茂才者給牒任以訓導恭愍王元年二月教曰學
校庠序風化之原國學名存實無十二徒東西學堂
頹圮不修宜令葺治養育生徒其有能通一經者錄
名以聞六年正月命修中外學校十二年五月教曰
近因干戈教養頗弛自今成均十二徒東西學堂諸
州郡鄕校嚴加敎誨作成人才其土田人口或被豪
强所兼並者官爲析辨以贍學用十六年成均祭酒
林樸上言請改造成均館命重營國學于崇文館舊

址令中外儒官隨品出布以助其費增置生員常養
一百始分五經四書齋二十年十二月教曰文武之
用不可偏廢內自成均外至鄕校開設文武二學養
成人才以備擢用恭讓王二年二月置京中五部及
西北面府州儒學教授官三年正月各道牧府亦置
之六月金瞻等上疏請元子及宗室子弟入學

凡私學 詳見崔冲傳仁宗十一年六月判各徒儒生
背曾受業師移屬他徒者東堂監試毋得許赴十七
年六月判東堂監試後諸徒儒生都會日時國子監
知會使習業五十日而罷曾接寺三十日私試十五
首以上製述者敎導精加考覈各其名下注接寺若
干日私試若干首論報考許赴會諸徒敎導不離接
所勸學者學官有闕爲先塡差以示襃奬恭愍王六
年七月翰林院言前者夏課之終必使知制誥爲試
員以考諸生能否近來廢不行請復之七年六月十
二徒朔試恭讓王三年六月罷十二徒

銓注

凡選法 成宗八年四月始令京官六品以下四考加
資五品以上必取旨以爲當式明宗二十年增省宰
爲八員先是省宰增至七時論謂非古制及是又增

爲八里巷詞曰皇國實無寺省中置七齋七齋今未
了八齋復入來蓋宰與齋聲相近爲廋辭以譏之神
宗五年四月式目都監使崔詵等奏文班參外五六
品並令帶尾爲參秩王曰員數太多豈可一時陞秩
乃增參秩六七人熙宗時崔忠獻專權頒政無常舊
例頒政六月謂權務十二月謂大政吏兵部判事與
諸僚會本部陟功黜罪皆稟王命過此時雖有闕不
補又吏部每歲調選百司胥吏者仍有徙名爲動靜
高宗十二年崔瑀置政房於私第擬百官銓注選文
士屬之號曰必者赤舊制吏部掌文銓兵部掌武選

第其年月分其勞逸㮣其功過論其才否具載于書謂之政案中書擬升黜以奏之門下承制勅以行之自崔忠獻擅權置府與僚佐私取政案注擬除授授其黨與爲承宣謂之政色承宣僚佐之任此者三品謂之政色尚書四品以下謂之政色少卿持筆㯓從事於其下者謂之政色書題其會所謂之政房忠烈王初承宣朴恒掌銓注始留宿禁中除授訖乃出故事政房員每當除授晨入暮出干謁塡門至是改之二十四年正月忠宣王卽位教曰本朝三品之階貳於宰相未嘗輕授雖至四品容有年滿而未拜者近

彙纂麗史卷之十四 二十三

來或以五品超授致仕受祿者倍於顯官各領校尉以下困於國役而有終年未受祿者誠爲未便其以五品超授者有司論罷四月忠宣罷政房以翰林院主選法三十三年七月典理軍簿更定選法忠宣王二年十月文武銓選分委選揔部以首亞相領之然一二宰臣以他官兼之久而不易忠肅王七年復政房十六年九月密直金之鏡掌銓注專擅除授及批目下用事者爭相塗抹竄定朱與墨至不可辨時人謂之黑冊政事(黑冊者兒輩用厚紙黑而油之以習寫字)忠穆王卽位之年十二月罷政房歸文武銓注于典理軍簿尋復政

房恭愍王元年二月復罷之三月典理判書白文寶上書曰爲政之要在於得人知人之難聖賢所重孔子曰舉爾所知書曰無求備于一人若指瑕掩善則人無可用隨器授任則士無可棄莫若使在位達官各舉所知則克協至公野無遺賢矣乞依司馬光所議設十科以舉士其一科行義純固可爲師表二科經術該博可備顧問三科方正識大體可爲臺諫四科文章典麗可備著述五科獄訟法令盡公得失六科廉義理財賦公私俱便七科公正有風力可寄方面八科愛民礪節可作守令九科智勇才略防禦將

彙纂麗史卷之十四 二十四

帥十科行止合度可爲典禮應職事官自兩府諸奉翊至從三品以上侍從官自僉議監察提學外製六品以上每歲須於十科內舉堪當一科者一人有堪舉者不必拘於一科舉非其人以致敗與舉主俱免典理軍簿古之政府也古者文武異路世官不相交文資則典理武資則軍簿各任銓注宜矣自毅王以後文武世通官亦交授故兩司政官於大內別廳一會議政宜當文武官資一時注擬此所謂政貴變通酌古準今者也近代選法大壞不論資序功罪隨代番更官類積薪前職滿國故奔競僥倖者滔滔皆是

又先王制定衙門之外別立諸色冗員都目數多不量勤慢競求冒進宜當減併衙門沙汰不急之任合錄都目庶絶爭名之路五年六月敎曰政房設自權臣豈爵人於朝之意今宜永罷其三品以下與宰相共議進退七品以下吏兵部擬議奏聞六年正月命都目去官人通四書者使赴任不通者爲校尉隊正定爲恒式然今注擬日逼未易遽學四書姑令畢讀千字文千字內能書百字者許赴任不能者年雖久不許錄用十二月復歸銓選于吏兵部十年二月王名吏部郞中李岡曰爾參銓選其臺諫曠職者黜之

賢才遺逸者陟之丁憂終制者亦須擢用十一年密直提學白文寶上劄子曰自九品至一品每品各給職牒所以防姦近世品職朝謝初則僉署終則一官署故始難終易吏緣爲姦今後六品以上各自寫牒投省具署經印七品以下典理軍簿具署經印每品同品轉移者只給謝牒十七年十二月用循資格辛禑元年十月憲司請革劄子房以文武二選分隸吏兵部從之不果行二年九月權臣弄權隱政批累日而下時謂之隱批六年六月諫官李崇仁等言近年官爵眞添相雜其謝牒但有堂後署而無印信恐後

日必有假濫乞東班典理司西班軍簿司各令印信署給九年三月憲司言本朝以從仕久近勞逸多少循資陞秩以賞功勞比來奔競成風名器日賤有勞者不敍無功者冒受願自今精加撿察循次敍用以明銓選之法辛昌卽位之年八月始復銓選法舊制府衛則自隊正以上諸司則自九品以上與夫府史胥徒皆錄歲月功過每於歲抄升黜謂之都目政自禑時權姦竊國官爵一出私門都目政久廢至是追錄其勞是月趙浚請公卿士大夫之幼弱子弟不許拜東班九品以上之官其有冒受者父母論罪恭讓

王元年十二月門下府郞舍具成祐等上疏曰名器爵祿所以養賢而待士也官職自有定制銓選亦有成法我太祖統三之初省五樞七之設國人所傳聞也自事元之後省樞之合坐始而添設倍多東西各品無不紊冗不幸甲寅以來姦臣擅政籍蒼赤田宅以賄之則不論人之賢不肖擢以省樞賄賂多而官數少遂稱商議數至七八十矣其爲省樞者則雖有合坐之名旅進旅退不與國政者多於是名器混淆而官爵亂矣夫人主之職論相而已相得其人則治不得其人則亂宰相之職論道經邦燮理陰陽正心

以正百官進君子退小人而已今之五六十宰相果
能一一如是乎古者無其人則闕其位願殿下遵太
祖之成法勿以親疎新舊之殊惟賢不肖之爲察以
官擇人則官有餘而人不足宜省五樞七之制何患
不復乎宜自今非論道經邦變理陰陽正已以正百
官者非清白忠直國耳忘家者非戰勝攻取勇冠三
軍威加敵國者則不許入兩府二年十二月都評議
使司奏曰先王設都目政以差年到宿錄用近來各
司各成衆愛馬以至府史胥徒冒受官爵工商賤隷
亦濫呈都目乞依古制令吏兵曹考覈功勞授職其

有名無實任者刪去所任同而去路異名者倂合從
之三年五月領京外官解由格十一月都堂啓曰三
載考績三考黜陟是古今通規本國選官之制京外
官員三十箇月吏員九十箇月已滿者許遷轉自事
元以來官制紊亂用人無法數相遞代因此成效未
著曠廢官職願令都堂與吏兵曹尚瑞寺參酌古今
定爲選法今姑依舊制京外官滿三年成衆愛馬别
差及各司人吏滿九年者許錄用從之

凡薦擧之制成宗十一年正月敎曰殷宗徵用胥靡
周后登庸漁師或任耳目之司或授台衛之職故能
匡扶社稷經濟邦家朕自總萬幾思齊七政非積學
無以知善非任賢無以成功是用內開庠序外置學
校闢較藝之場廣取士之路猶未致懷寶出衆之士
安知無蔽賢妬能之人凡有文才武略者聽詣闕自
擧五月敎曰王者旁求多士爰備百僚以才俊爲先
匪恪勤勿授今欲克明俊德無曠庶官京官五品以
上各擧一人所擧者德行才能具疏名下以奏十六
年八月命有司奇才異能隱滯丘園者搜訪以聞仁
宗五年三月詔侍從官各擧一人所擧無狀則罪之
八年十二月詔侍從官各擧遺逸一人十六年令有

司擧清白守節者忠宣王卽位敎曰用人不可專用
世家子弟其有茂才碩德孝廉方正之士退居巖谷
者所在官薦達貧不能行者官給衣粮敦遣恭愍王
元年二月敎曰山林鄕曲如有經明行修茂才苦節
之士按廉使以聞典理軍簿隨才擢用五年六月敎
曰懷才抱道肥遯不仕者所在官錄其德行敦遣赴
朝

凡考課之典顯宗九年八月判凡官吏自正月初一
日至十二月晦日實仕及諸暇日數具錄呈考功謂
之年終都歷文宗元年八月制尚書考功職在考績

百僚令只按胥吏能否自今可悉考中外見官殿最
二年四月制各司巳初赴衙酉初罷巳有成規然四
時晷刻短長不同自今日永辰初日短巳初赴衙忠
烈王六年十月令監察司撿諸司勤怠謂之衙時每
以冬夏孟月行之恭愍王五年六月敎監察典法都
官長官每朔課員吏決訟多少至六朔以殿最黜陟
十九年十一月正言李詹請令考功考各司公座簿
凡在官者日出而聚日午而散有不如法憲司糾察
恭讓王三年四月都堂請考臺省勤慢一不仕者抵
罪三不仕者削職

凡選用守令成宗元年六月崔承老上書請置外官
雖不得一時盡遣先於十數州縣幷置一官官各設
兩三員以委撫字顯宗九年二月新定諸州府員奉
行六條一察民庶疾苦二察黑綬長吏能否三察盜
賊姦猾四察民犯禁五察民孝弟廉潔六察民錢穀
散失明宗八年四月兵部集武散官試殘奏以擬外
補元宗元年十月中書省奏大官自求補外侵漁百
姓今官高者不差外任制可忠烈王元年六月王欲
武官交差守令承宣李汾成言武人可臨民者少如
有才兼文武寬猛相濟者宜勿論東西班授之王納

之自庚癸以來權臣柄國倡爲文武交差之例每以
武官補外及朴恒掌銓注白王曰外寄是東班仕路
故東班必補外然後得授朝官西班則循次以進何
必求外寄遂不補外至是武官托左右請復之恭愍
王三年十二月敎曰沿海守令職兼防禦誠難其人
自奉翊以下代言以上各擧淸白有武才者二人八
年令以道請監務縣令專任文士王納以道之言以
五六品爲安集欲革舊弊然安集非出於批目皆用
時宰所擧以白牒之任其後軍功添設之官與工商
之賤皆得爲之十一年十月臺諫上言田里休戚在

於守令雖有臺諫政曹保擧之令皆循面情所薦至
有不識字者願自今臨軒引見核其名實擧非其人
擧主必罰十二月五月敎曰守令賢否民之休戚係
焉今後僉議監察及六曹五品以上各擧所知以備
擢用所擧非人罪及擧主辛禑元年二月敎守令考
績之法以田野闢戶口增賦役均詞訟簡盜賊息五
事爲殿最其遞任者必待新官交付去任朝參六年
六月諫官李崇仁等言守令遷代太速雖得其人未
見其效請倣三載考績之法滿三年方許遞代令按
廉殿最以聞如有政迹尤著者不次擢用九年三月

憲司言守令近民之職不可不謹近年姦佞貪暴之
徒付託權勢求爲守令恣行不法憑公營私塗炭生
民州府郡縣日就凋弊願自今令臺省六曹舉廉正
寡欲純良勤儉者分遣郡縣使都巡問使按廉使黜
陟賢否以明賞罰如有謬舉罪及舉主黜陟不明憲
司糾理辛昌即位之年八月令臺諫六曹舉堪爲守
令者又復以士人爲縣令監務自禑時權姦秉政競
用私人隨喜怒以爲黜陟或一年三四易諸州縣安
集例多不識字者奪人田民納之權門至養權臣馬
牛鷹犬求媚媒進貪殘之禍甚於胥吏至是始用士
流、

凡選用監司文宗十年八月諸州牧刺史通判縣令
尉及長吏政績勤慢淸濁百姓貧富苦樂遣使按檢
明宗十一年九月以往年察訪使黜陟多有乖戾其
被黜官吏依舊敍用國制重外寄遣按察使巡察州
縣問民疾苦以春秋更代而又間發察訪使黜陟幽
明自仁宗壬戌以後不遣察訪唯委按察爲按察者
但循故常不能彈舉故官吏略無畏忌務爲侵漁流
亡相繼庚癸之後政令益奇民生愈困歲戊戌宰相
宋有仁李光挺等建議奏發十道察訪使俾往升黜

坐贓落職者九百九十餘人至是原之十八年三月
因宰樞所奏下制曰百姓乃國家根本朕欲其安土
樂業故遣朝臣分憂宣化近聞守令因公事不急之
務侵漁勞擾民不堪弊流移逃散轉于溝壑朕甚愍
之其令兩界兵馬使五道按察使巡察吏理期於嚴
實各官員吏廉貪勤怠精究巡問小有割民受贈憑
公自利遍問驗實以罪貶奏其有淸白守節興利除
害獄訟平決者以功褒奏恭愍王五年六月敎曰存
撫按廉州縣官所以分憂共治者也存撫按廉憑公
營私以害吾民及罷軟不事事者都評議司監察司

聞奏黜削州縣官員不能其任存撫按廉體察糾理
辛禑四年十二月憲司上言各道按廉軍國重事民
生疾苦守令得失刑獄爭訟皆委統察所任至重今
六朔更代故凡行公事未畢見遞以至廢弛且一年
兩度送迎有弊願自今滿一歲方許遞代辛昌即位
之年七月趙浚言按廉之職國初節度使也摠攝軍
民專制方面守令奉職而民安其業方鎭懾服而戰
守必力事權歸一人無異望至今號爲一方統察今
賊破州郡而方鎭無所畏憚擁兵養威坐視而不戰
賊勢日益張守令自恣公行賄賂流連聲色百姓塗

炭而不之恤爲按廉者區區於簿書錢穀之間而未能嚴於黜陟賞罰之典以振起軍民之政者無他知官皆正順奉順之員方鎭府尹州牧都護亦兩府之大臣奉翊之達官故按廉不以王人大體爲念反以秩卑小節爲嫌紀綱不振願法祖宗遣兩府之成憲體唐室遣大臣之故事擇兩府有廉威明幹四善者爲都按廉黜陟大使以田野闢戶口增詞訟簡賦役均學校興巡察州郡而黜陟之以號令嚴器械精兵卒鍊屯田修海寇息巡臨方鎭而賞罰之而軍官敗績沒一州郡守令貪汙掊納賄賂者斬次罪罷職論

罪次罪論罰行公以振紀綱守令三年遞任不被都按廉譴責者即除京職其都按廉使許令臺諫薦擧俟依貼出乃遣之自元帥以下皆郊迎呈參不許坐雖以五六品爲廉使者一年相遞之期黜陟考課之法與都按廉同更相迭遣不爲常例都按廉不能黜陟州郡方鎭者司憲府申聞罷職痛理八月諸道都觀察黜陟使皆用臺諫之薦

凡宦寺之職 毅宗五年以鄭誠權知閤門祗候御史臺以宦者參朝官無古制爭之元宗元年六月下制宦者閔世冲自予幼時以至今日再救朕疾限六品敍用宦官拜參始此恭愍王元年五月諫官上疏閹人授檢校官食祿者太多請加汰減辛禑六年六月諫官李崇仁言設官分職各有攸當故先王置內侍府以待中官是爲令典不可改也乞復置此官將中官之小心謹愼者隨品轉用毋與朝官不聽恭讓王元年十二月臺諫交章請依舊制宦官不許拜六品在僞朝已拜參官者追奪告身放還田里趙浚上言宦者自國初至慶陵朝不得參官近來以宮中傳命之任得與論道經邦之列非所以尊朝廷願遵慶陵之制不許拜朝官左司議吳思忠等言祖宗之制宦

寺無官文廟之世宦寺給事不過十數人亦未嘗食祿忠烈王朝亦不拜參官至于玄陵使宦寺得與兩府八衛之列卒致萬生之變今復立內侍府階三品復蹈亡國之轍願宮中給事者只給衣食罷內侍府判曰自今不許朝官毋革內侍府

凡限職 靖宗六年四月判南班及流外人吏將校等子不付工匠案者依父祖有痕咎人例入仕文宗七年十月判樂工有三四子者以一子繼業其餘屬注膳幕士驅史轉陪戎副尉校尉限至曜武校尉十年十二月判雜路人子孫從父祖曾祖出身仕路外孫

許屬南班若祖母之父係雜路者許敍東班十六年判僧人之子仕路禁錮至孫方許通二十七年正月有司奏按令典工商家執技事上專其業不得入仕與士齒軍器注簿崔忠幸良醞令同正梁惲並工人外孫別將羅禮隊正禮順亦皆工人嫡孫自慕九流去其所業已登朝行不可復充工匠乞各限時職不許遷除制曰可依辛亥年郎將忠孟限大將軍例許通仕用中書省駁奏忠幸等無大功能掩匿世累冒入流品不宜與忠孟邊功例論制曰除清要理民職外一如前制肅宗元年二月判嫁小功親所產依大

功親例禁仕路七月判注膳幕士所由門僕電吏杖首等雜類雖高祖以上三韓功臣只許正路南班限内殿崇班加轉仁宗三年正月判電吏杖首所由門僕注膳幕士驅史大丈等子孫依軍人子孫許通諸業選路例赴擧其登製述明經兩大業者限五品醫卜地理律筭業者限七品若堅貞節操有名聞者所業特異者擢大業甲乙科則許授清要理民職丙科同進士則三品職醫卜地理律筭業則四品職其非登科入仕者亦限七品至玄孫許通十八年六月判工商樂人之子雖有功只賜物禁仕路毅宗元年十二月判大小功親内只禁四寸以上犯嫁五六寸親黨不曾禁嫁緣此多相昏嫁遂成風俗未易卒禁已前犯產人許通仕路今後一皆禁錮忠烈王二年閏三月僉議府上言近内竪微賤者以隨從之勞許通仕路混雜朝班有乖祖宗之制請收成命不允國制内僚之職限南班七品謂之常式七品如有大功異能只加賞賜未有至五六品者元宗朝始通其路然拜將軍郎將者不過一二及忠烈即位内人無功者拜豐官高爵腰鞓帶黃至子孫許通臺省政曹者甚多若別將散員不可勝數

凡蔭敍 諸以蔭出身者皆限年十八以上穆宗即位敎文武五品以上子授蔭職睿宗三年二月詔兩京文武班五品以上無直子者許收養子及孫仁宗十二年六月判致仕見任宰臣直子軍器注簿同正收養子及内外孫甥姪良醞令同正前代宰臣直子良醞令同正内外孫令史同正樞密院直子良醞令同正收養子及内外孫甥姪良醞令同正左右僕射六尚書以下文武正三品直子良醞令同正收養子及内外孫甥姪主事同正從三品直子良醞令同正收養子及内外孫甥姪令史同正正從四品直子良醞

丞同正正從五品直子主事同正忠烈王八年五月文武致顯三品以上許蔭一子無子者甥姪壻孝過房付籍者許一名初職先代宰臣密直內外孫無名者亦户許一名初職文武職事四品中事典書寺丞諸曹正郎以上勿論解官試攝許蔭一子外敍員用前所任朝官降等許蔭忠宣王復位敎曰宰臣直子許一名初授七品顯官致仕三品各許一子職事無子者甥姪女壻一名許蒙文武四五品顯官解官各許一子蔭職

凡敍祖宗苗裔 肅宗卽位詔太祖苗裔在軍籍者免無職者許入仕三年十月賜祖宗苗裔無職者爵一級五年二月詔太祖內玄孫之孫外玄孫之子及太祖同胞昆弟玄孫之子及外玄孫後代正統君王玄孫之子及外玄孫各户爵一人睿宗三年四月詔大廟十陵諸孫無官者許初職高宗四十年六月詔大祖苗裔挾十一女一户一名許初入仕已爲員者政抄別錄敍用充軍者許免忠烈王八年五月敎聖祖苗裔雖挾二十女一户例許一名入仕已爲員者政抄別錄若在南班改東班勿差國仙在軍行者除軍籍聖祖親兄弟之孫一户例許一名入仕忠肅王十

二年敎祖王苗裔雖挾三女許初入仕屬南班者改屬東班勿差國仙仍免軍役

凡敍功臣子孫 顯宗五年十二月錄太祖功臣子孫無官者後王卽位多倣而行之文宗六年十月制裵玄慶等六功臣佐我太祖肇開大業功德勤于鍾鼎其後嗣無官者授初職有官者增級肅宗卽位詔太祖代及三韓功臣內外孫無職者顯廟功臣河拱辰將軍宋國華及庚戌年如契丹見留使副許其子孫一人入仕睿宗三年二月詔祖代六功臣三韓前後功臣代代配享功臣西京興化龜宣慈州仇比江盤嶺等固守員將子孫各許初入仕一人忠宣王卽位敎曰祖代功臣之內外五世玄孫之子代代配享功臣內外五世玄孫之曾孫太祖代衛社戰亡金樂金哲申崇謙及能使丹兵還退徐熙河拱辰盧戩楊規等內外孫與玄孫中一名許初入仕顯宗南幸時有功者及始終隨從功臣與西京興化龜宣慈州仇比江盤嶺成功戰亡者交戰將校與軍人等內外孫與玄孫中一名例許初職甲申丁亥年東蕃元帥尹瓘吳延寵爲國忘身庾益懷節寵方崔南及出衆成功對戰亡身兩班軍人及行諜未還記事儒一內外玄

孫中例許一名初職乙卯年西事成功及戰亾兩班員將庚戌年昌化軍衛社景純李雄等內外孫中一名許初職平章事崔思全於先代救難使王孫緜遠其內外玄孫錄用丙申年衛社吳卓尹先甫麟寵珍李偆李儒始終衛社亾身金縝辛忠內外孫與玄孫許初職壬寅年衛社亾身平章事韓安仁郎中李中若內外孫與玄孫賞職侍郎庾應圭告奏北朝七日不食專對有功又當闕內救火時能奉遷景靈殿五室神御郎中黃文裳於乙卯年西事爲宣諭使亾身郎中崔均於甲午年爲宣諭使亾身內外孫一名許

初職是年權有之郊先入賊軍沒陣而亾別將崔淑散員守磯白仁壽裴龍甫校尉趙叔甫錢義忠辛卯年龜州宣諭使朴文成金仲溫金慶孫癸巳年南路捉賊李子晟宣諭使鄭義朴鋒全甲午年西京兵馬使閔曦丁酉年南路逆賊處置使金慶孫皆於內外孫中許初職錄用凡功臣子孫以賤技落在工商匠樂者推明許通屬南班者改東班忠宣王復位敎曰祖王代六功臣壁上功臣顯王南幸時侍奉功臣等內外玄孫之玄孫歷代配享功臣內外玄孫之曾孫例以戶一名許初職祖王代衛社功臣金樂金哲申崇謙及成王代功臣徐熙顯王代功臣河拱辰盧戩楊規等內外玄孫之玄孫例以一戶一名許初職仁王代功臣崔思全奮策救難其功重大其內外玄孫之孫別錄敘用父王代己巳年及四年隨從臣僚功勞既著宜加錄用延及子孫恭愍王十二年五月教陣亾軍吏子孫屢命擢用有司視爲文具予甚痛焉各具姓名以聞二十年三月教兵興以來戰亾將士官其子孫辛禑元年二月教兵興以來戰沒軍士令都評議司追錄子孫

凡封贈之制成宗七年十月教文武常參官以上父

母妻封爵睿宗三年四月配享功臣各加追封毅宗三年正月判三子赴戰有功者父母依三子登科例封贈賜米忠宣王卽位教太祖代衛社功臣及却退丹兵人等加封爵號內外文武職事常參以上散官四品以上父母妻封爵三品以上員除父母之封以祖曾祖請封爵者亦許之恭愍王十一年十月僉續命上言令針線娘子內僚之女亦有封翁主宅主者僭擬踰分殊失尊卑之體除不得已宗室勳舊外勿許封爵已封者請奪之十二年十一月教擊走紅賊三等功臣並父母妻超三等封爵二十年三月戰亾

將士悉加追贈辛禑五年正月門下郎舍言僧人封
君及依例外翁主宅主封爵竝皆除之恭讓王二年
正月憲司請勿許封爵婦人僧徒從之十二月趙浚
上言非有功不侯我朝之法金富軾削除僭亂平定
西都封樂浪侯金方慶伐叛耽羅問罪東倭封上洛
公自今宰相非安社定遠功臣毋得封君三年八月
憲司上言聖人制禮嚴嫡庶之分嫡子然後得承襲
父爵支子不與焉若宗子無子而亡則衆子之次者
乃得襲爵本朝王子之後不論嫡庶不辨親疎一皆
封爵實非古制且所謂承襲者父歿然後繼其位也

今父在而其子不論多少皆得封君不惟嫡庶無等
有壞於禮亦難以有限爵祿封無窮之子孫也請令
有司考覈宗籍凡爲先王親子之後正派嫡長及殿
下之伯叔親弟及親衆子乃許封君其封君之後許
令長子襲爵其族屬疎遠而已封君者悉收告身其
中擇有才幹者於文武隨材任用以遵先王之制以
別宗族之親不報都評議使司上言自古天子之配
爲后諸侯之配爲妃天子之女謂之公主諸侯之女
謂之翁主上下之禮不可紊亂所以正名分而別尊
卑也我國家近代以來紀綱陵夷不循禮制后妃翁

主宅主之稱或出時君之所欲或因權勢之私情皆
失其義至於臣僚妻室之封祖宗之贈皆無定制願
自今定以王之正配稱妃冊授金印世子正配稱嬪
冊授銀印衆王子正配稱翁主王女稱宮主竝下批
銀印王之有服同姓姉妹姪女及同姓諸君正妻稱
翁主文武一品正妻封小國夫人二品正妻封大郡
夫人三品正妻封中郡夫人母竝大夫人四品正妻
封郡君母郡大君五六品正妻封縣君母縣大君三
子登科之母無職人妻特封縣君歲賜如舊有職人
妻加二等凡婦人須自室女爲人正妻者得封父無

官嫡母無子而次妻之子有官者許封嫡母其次妻
雖不得因夫受封所生之子有官者當從母以子貴
之例受封縣君已上命婦夫亡改嫁者追奪封爵三
十歲前守寡至六十歲不失節者勿論存歿旌門復
戶士大夫追贈祖考二品以上贈三代父准子職祖
曾祖遞降妣竝同三品贈二代四品至六品贈考妣
竝吏曹受判給牒從之

添設職恭愍王三年六月六部判書摠郎除政曹外
皆倍數添設各司三四品亦皆添設又於四十二都
府每領添設中郎將郎將各二人別將散員各三人

以授之謂之賞軍政添設之職始此二十年十二月命左承宣金興慶曰今兵革未偃錢財罄渴有軍功者無以賞之添設文官三品武官五品以下官以賞軍功辛禑四年八月憲司上言添設官職只爲賞軍功也無功閒居者亦或夤緣冒得使名器至賤自今除從軍立功外勿授添職五年正月諫官上言設官分職自有定制今兩府之額多至六十密直以下封君及通憲以上添設甚衆請皆罷之正順以下添設官勿許帶館職且本國出謝格例滿百日則不出添設雖非實職年久者亦出實非古制況因年久姑名

相似者間或用謀冒出請丁巳年以前添設大小職毋得出謝九年二月左司議權近言比來四方兵興國用虛耗其有戰勝之功者錢財不足而難以盡賞官職有限而難以盡授故先王權設添職而有定數以賞其功非有軍功者不敢虛授今添設太繁至無其數功否混淆僥倖日開至於工商賤隷皆得冒授官爵之賤至如泥沙我國家所賴以賞有功縻人心者只有官爵而官爵不重人皆輕之則後雖有功何以賞之且彼戰攻之士豈望添設輕賤之職以赴難測危亡之地乎願自今賞功添設之職一遵先王定

數除赴戰有功外勿許除授恭讓王元年十二月諫官上疏請罷僞朝添設職汰恭愍王丙申癸卯二年添設之職命汰丙申年添設

役官之制 未知始於何代樞密院堂後官門下錄事權務八祿以上人費白銀六七十斤得拜參職謂之役官後因穀貴無一人請補勒令衣冠子弟爲之或辭職或逃避高宗四十三年乃以五軍三官七品爲首者受大倉粟供辦恭讓王二年六月都堂啓門下錄事注書三司都事密直堂後内院令丞膳官令丞皆用私財以供官費名爲役官有違設官之意請自今其宣飯紙札皆令官給從之

鬻爵之制 忠烈王元年以國用不足令人納銀拜官以所納多少爲差辛禑二年令西北鄙納粟補官以充軍需

成衆官選補之法 曰內侍院曰茶房曰司楯曰司衣曰司彝其始置歲月不可考明宗十六年重房武臣請兼屬內侍茶房則其選猶爲榮矣恭讓王二年十月吏曹啓內侍茶房出入禁闥其任匪輕以無定額規避軍役者爭相充補纔及數月便歸鄉里不供徭役動至數百乞擇儀狀端正者百人充之分左右番

番各五十人從之三年四月吏曹又啓曰內侍茶房
司楯司衣司彝等成衆阿幕備宿衛近侍之任不可
不擇其始設也必考其世籍才藝容貌乃許入屬近
來謀避軍役爭相投屬容有世籍不現形狀不完才
藝不通者亦或混雜及其仕滿不論賢否但以都目
而授職故拜朝官者或不稱職除守令者亦或病民
非細故也其入屬者不可不愼簡願自今本曹必考
戶籍及初入仕朝謝觀其容貌仍試其藝其於書算
射御中通一藝者許令入屬雖舊屬者亦皆考覈

事審官 太祖十八年新羅王金傅來降除新羅國爲

慶州使傅爲本州事審知副戶長以下官職等事於
是諸功臣亦效之各爲其本州事審事審官始此成
宗十五年定凡事審官五百丁以上州四員三百丁
以上州三員以下州二員顯宗十年判凡差事審官
從其人百姓擧望其擧望雖小如朝廷顯達累代門
閥者並奏差曾坐諂曲姦邪之罪者勿差忠肅王五
年四月罷州郡事審官民甚悅之然未幾權豪復自
爲之害甚於前五月下教曰事審官之設本爲宗主
人民甄別流品均平賦役表正風俗今則不然廣占
公田多匿民戶若小有差役例收祿轉則吏之上京

者敢於私門決杖徵銅還取祿轉擅作威福有害於
鄕無補於國已盡革罷其所匿田戶推刷復舊恭愍
王十八年辛旽欲自爲五道都事審官令三司上書
請復事審官王曰我皇考値旱灾焚香告天罷此官
天乃雨寡人可忘先王之意乎焚其書

其人 國初選鄕吏子弟爲質於京且備顧問其鄕之
事謂之其人文宗三十一年判凡其人千丁以上州
則足丁選上以下州則半足丁選上其足丁限十五
年半丁限十年立役半丁至七年足丁至十年許同
正職役滿加職忠肅王五年教其人役使甚於奴隷

不堪其苦逋亡相繼所隷之司計日徵直州郡不勝
其弊多至流亡以事審官及除役所蔭戶代全亡州
郡其除之（除役所卽宮司及所屬民戶不供賦役者）

鄕職 一品曰三重大匡重大匡二品曰大匡正匡三
品曰大丞佐丞四品曰大相元甫五品曰正甫六品
曰元尹佐尹七品曰正朝正位八品曰甫尹九品曰
軍尹中尹成宗二年改州府郡縣吏職以兵部爲司
兵倉部爲司倉堂大等爲戶長大等爲副戶長郎中
爲戶正員外郎爲副戶正執事爲史兵部卿爲兵正
筵上爲副兵正維乃爲兵史倉部卿爲倉正穆宗元

年三月判諸州縣戶長年滿七十屬安逸忠肅王十二年敎本國鄉吏非由科擧不得免役從仕近者逋亾附勢濫受京職又令子弟不告所在官司投勢免役內多濫職外損戶口今後外吏及其子弟毋得擅離本役其受京職者限七品罷職從鄉恭愍王十二年五月敎比年外吏規免本役多以雜科出身以致鄉邑凋弊自今只許赴正科毋令與於諸業辛禑九年二月左司議權近等言國之安危係乎州郡盛衰比年以來外方州縣吏輩規免本役稱爲明書業地理業醫律業皆無實才出身免役故鄉吏日減難支

公務至於守令無所役使諸業出身者退坐其鄉恣行所欲守令莫之誰何是以州縣僅存之吏皆生覬覦之心臣等竊恐州縣因此益衰乞東堂雜業監試明經一皆罷之禑令東堂雜業監試明經依舊施行鄉吏則三丁一子許赴試恭讓王元年十二月趙浚上言比年以來紀綱陵夷爲鄉吏者或稱軍功冒受官職或憑雜科謀避本役或托權勢濫升官秩者不可勝紀州縣一空八道凋弊願自今雖三丁一子三四代免鄉而無的實文契者軍功免鄉而無特立奇功受功牌者雜科非成均典校典法典醫出身者自

添設奉翊眞差三品以下勒令從本以實州郡今後鄉吏不許明經雜科出身免役以爲恒式

木齋家塾彙纂麗史卷之十五

百官志

麗興官制襲泰封之故太祖二年立三省六官九寺
六衛各統其屬以諧庶務其辨貴賤敘勞能則有品
有爵國公正二品郡公從二品縣侯縣伯開國子並正五品縣男從五品有勳有階勳有
上柱國柱國階有文武散階各二十九大抵略倣唐制矣至于成宗制
作一新官有常守位有定員一代之制於是大備文
宗睿宗稍有增損皆沿成廟之舊遵守惟謹忠烈朝
凡官制之擬上國者悉改之忠宣父子互相紛更而
官方大紊恭愍二十年間改官制者四而新舊混淆

不勝其繁矣蓋國之興也必得其人而任之惟得其
人故設官簡而事理惟其簡也故委任專而事益理
此致治之要也及不得其人而任之檢校判知之制
紛然而作官愈多而事益不理亦理勢之必至也諸
衙門姑以品秩爲次其因事而置事已則罷者今亦
不能盡錄故采其綱目條理可爲後法者著于篇國
初置內議省廣評省三司爲三省成宗以內議爲內
史門下省廣評爲御史都省尋改尚書都省文宗十
五年以內史省爲中書門下省以三師三公爲正一
品而不列於司空也無其人則闕始置歲月不可攷

忠烈元年以尚書省併於中書門下爲僉議府七年
元賜僉議府三品印尋改爲都僉議使司恭愍王罷
三司爲尚書省而以僉議司爲中書門下省十一年
復改都僉議府尋稱門下府判門下卽始之內議令
內史令中書令也又置門下侍中與中書令同爲從
一品其次侍郎平章事中書門下各置焉又其次爲
參知政事其屬有曰政堂文學曰知府事曰散騎常
侍曰直門下其次有曰諫議大夫曰給事中曰舍人
曰起居注起居郎舍人曰左右補闕曰拾遺曰錄事
曰注書尚書省令爲一品其次爲左右僕射其次爲

知省事又其次爲左右丞其屬有曰左右司郎中員
外郎都事主事三司有判司事宰臣兼焉有知司事
副使忠烈王元年以中書令爲都僉議令侍中爲中
贊侍郎平章事爲侍郎贊成事參知政事爲參理政
堂文學爲參文學事尋以置令爲嫌於上國改判都
僉議使事後改領都僉議二十四年忠宣受禪輒多
更改尋復舊制恭愍十一年參用忠烈官制一品置
正自忠宣始而正一品有上下自恭愍始其後以參
理爲評理諫議大夫爲司議司諫補闕爲獻納拾遺
爲正言密直司卽今之承政院也成宗十年依宋樞

密院置中樞院後以銀臺南北院並於中樞爲中臺省日直員爲承宣忠烈元年稱密直司而以承宣爲承旨忠宣以知申事左右承旨並陞正三品尋以密直司陞秩與僉議府同稱兩府改承旨爲代言當其立法之始也宰相統六部六部統諸司簡以制繁卑以承尊省不過五樞不過七相職舉而庶司各供其職及其弊也省宰頗有七八事元以來事多倉卒僉議密直每於都評議司會議而商議之名起與國政者至六七十人於是六部爲虛設百司渙散無統而政令不復修舉矣所謂六部者即始之選官民官禮

官工官兵部令義刑臺也成宗十四年置尚書六部曰吏部戶部禮部兵部刑部工部成宗以判部事宰臣兼焉尚書秩正三品又有侍郎郎中員外郎知部事他官兼焉忠烈元年併吏禮部爲典理司兵部爲軍簿司戶部爲版圖司刑部爲典法司工部罷以尚書爲判書侍郎爲摠郎郎中爲正郎員外郎爲佐郎忠宣時稱銓曹兵曹民曹刑曹復禮部工部稱儀曹工曹尋併吏兵禮爲選部戶曹爲民部刑曹爲讞部改判書爲典書侍郎爲議郎郎中爲直郎員外郎爲散郎後復稱司恭愍五年復立六部十一年復爲司

十八年稱三部二十一年復稱司恭讓元年乃建六曹至今因焉若夫臺府館閣之屬其廢置皆有關於政治故並述於此寺監之類亦略附焉司憲府國初稱司憲臺又稱御史臺有大夫中丞雜端侍御史忠宣時改今名以大夫爲大司憲中丞爲執義侍御史爲掌令殿中侍御史爲持平監察御史爲糾正後或稱御史臺或稱監察司掌令爲侍史持平爲雜端藝文館初仍泰封之制置元鳳省後稱學士院翰林院文翰署詞林院其號不一忠宣時爲藝文春秋館仍以右文館進賢館書籍店併焉置大學士復改大學

士爲大提學春秋館初稱史館監修國史侍中兼之修國史同修國史二品以上兼之修撰官翰林院三品以下兼之合兩館選有文行者八人同任史翰職兩館分史翰之學歧焉寶文閣猶今之玉堂也睿宗於禁中作清讌閣置直學士講論經書尋以閣在大內學士直宿出入爲難就其旁別爲閣號曰寶文置待制仍修紅樓下南廊爲學士講會之堂賜號曰精義就其左右爲休息之所與是選者皆一時英人傑士忠肅朝置大提學自忠烈以來閣中故事悉廢忠穆幼立大臣請置書筵官更日侍讀恭讓朝改稱經

筵置領經筵事知事講讀官諸館殿則崇文館爲弘
文館文德殿爲修文殿延英殿爲集賢殿皆有大學
士舊制雖帶學士非臺諫知制誥不得與侍從之列
神宗朝凡帶學士職者皆稱侍從而知制誥自翰林
院寶文閣兼帶者謂之內製誥他官兼者謂之外製
誥右文館進賢館亦置大提學成均館成宗朝置國
子監有司業博士文宗置判事祭酒後又置樂正丞
忠宣時改今名其後或爲監或爲館以判事爲大司
成以祭酒爲司成以司業爲司藝丞爲直講司業亦
曰樂正典校寺始爲祕書省今之校書館也通禮門

爲閤門使今之通禮院也典儀寺始爲太常寺今之
奉常也宗簿寺始稱殿中監忠烈改宗正寺衛尉寺
恭讓元年併於重房司僕始曰太僕典農始曰司農
繕工始曰將作禮賓曰省書雲曰觀內府小府軍資
司水司宰典醫皆號曰寺寺皆有判事次有卿少卿
改爲令副令或有監少監改爲尹少尹或有正副正
以署名者二十三倉庫之屬二十都監之屬前後罷
置通計百餘不能盡詳也

三師三公 文宗定制各一人皆正一品忠烈王罷恭愍王五年復置十一年又罷之

門下府 掌百揆庶務其郎舍掌諫諍封駁 國初稱內議省成宗元年改內史門下省文宗十五年改中書門下省忠烈王元年併尚書省爲僉議府五年元賜僉議府正四品印七年元陞秩爲從三品十九年元改爲都僉議使司又陞從二品恭愍王五年復稱中書門下省別立尚書省十一年復改都僉議府十八年改門下府

判門下 國初稱內議令成宗改內史令文宗改中書令定一人秩從一品忠烈王元年廢不置二十年置都僉議令以金方慶爲之尋以嫌於上國中書令改判都僉議使司事後改領都僉議恭愍王五年復改中書令十一年復改領都僉議十八年改領門下辛禑改判門下

侍中 成宗置門下侍中文宗定一人秩從一品忠烈王元年改僉議中贊置左右各一人二十四年忠宣受禪改都僉議侍中尋復改中贊三十四年忠宣在元改政丞省一人忠肅十七年忠惠王復改中贊後復改左右政丞恭愍王三年復改侍中尋復改右左政丞五年改門下侍中守侍中十一年復改僉議右左政丞十二年改僉議左右侍中十八年改門下左右侍中辛昌復改侍中守侍中

贊成事 成宗置內史侍郎平章事門下侍郎平章事文宗定門下侍郎平章事中書侍郎平章事各一人又於中書門下各置平章事並秩正二品忠烈王元年改爲僉議侍郎贊成事僉議贊成事二十四年忠宣以宰執員冗論議異同事多稽滯乃罷之尋又復之三十四年忠宣改中護定三人秩仍正二品後復稱贊成事恭愍王五年復文宗舊制九年稱平章政事十一年復爲僉議贊成事十八年改門下贊成事

評理 穆宗時有參知政事文宗定一人秩從二品忠烈王元年改僉議參理三十四年忠宣改評理增爲三人忠肅十七年改參理恭愍王五年復改參知政事十一年復改僉議評理十八年尋改參知門下府事二十一年改門下評理

政堂文學 文宗定一人秩從二品忠烈元年改參文學事十六年復改政堂文學忠宣罷後復置之

知門下府事 文宗定一人知門下省事一人秩從二品忠烈元年改知僉議府事忠宣王罷恭愍王五年復改知門下省事十一年改知都僉議事十八年改知門下府事

常侍 穆宗時有左右散騎常侍文宗定左右各一人秩正三品後改左右常侍忠烈二十四年忠宣復改左右散騎常侍尋復改左右常侍恭愍王五年復改左右散騎常侍十一年復改二

右常侍十八年復改左右散騎常侍二十一年復改左右常侍 **直門下** 文宗定一人秩從三品睿宗十一年詔立本品行頭忠烈二十四年忠宣王罷恭愍王元年置直都僉議五年復改直門下十一年復改直都僉議復改直門下 **司議大夫** 穆宗時有左右諫議大夫文宗定左右各一人秩正四品睿宗十一年詔立本品行頭後改左右司議大夫忠烈二十四年忠宣改左右諫議大夫降從四品後復改左右司議大夫恭愍五年復改諫議大夫陞從三品班在直門下上十一年復改右左司議大夫十八年復改左右諫議大夫二十一年尋復改左右司議大夫 **給事中** 文宗定一人秩從四品後改稱中事忠烈王二十四年忠宣復改給事中三十四年忠宣罷恭愍元年復置中事尋罷之 **舍人** 太祖十三年置內議舍人成宗改內史舍人文宗改中書舍人定一人秩從四品忠烈王二十四年忠宣改都僉議舍人陞正四品恭愍王五年復改中書舍人降從四品十一年改內書舍人十八年改門下舍人 **起居注** 文宗定一人秩從五品睿宗十一年詔立本品行頭恭愍五年陞正五品 **起居郎** 文宗定一人秩從五品恭愍王五年陞正五品 **起居舍人** 文宗定一人秩從五品恭愍王五年陞正五品 **獻納** 穆宗時有左右補闕睿宗改左右司諫各一人秩正六品後改左右補諫忠烈王二十四年忠宣復改左右司諫三十四年忠宣改左右獻納陞正五品恭愍五年復改左右司諫降從五品十一年復改左右獻納陞正五品十八年復改左右司諫二十一年復改左右獻納 **正言** 穆宗時有左右拾遺睿宗十一年改左右正言各一人秩從六品忠烈王三十四年忠宣改思補陞正六品恭愍王五年復改左右正言 **錄事** 穆宗時有門下錄事文宗定一人秩從七品忠烈王二十四年改都僉議錄事陞正七品恭愍五年復改門下錄事十一年復改僉議錄事爲階梯正七品十八年復改門下錄事 **注書** 穆宗時有內史主書文宗改中書注書定一人秩從七品忠烈二十四年改都僉議注書陞正七品恭愍五年復改門下注書十一年復改僉議注書十八年復改門下注書、 **典務** 令一人從七品丞二人從八品錄事二人正九品並忠烈王三十四年忠宣始置尋罷之

彙纂麗史卷之十五 七

首領官 經歷一人都事二人並忠宣始置尋罷之 **掾屬** 文宗置主事六人令史六人書令史六人注寶三人待詔二人書藝二人試書藝二人記官二十人書手二十六人直省八人唐鄉各四人電吏百八十人門僕十人忠宣加置照磨一人令史二十人譯史二人通事二人知印二人奏差十人

尚書省 太祖仍泰封之制置廣評省摠領百官有侍中侍郎郎中員外郎 太祖時又有內奉省三國史云內奉省卽今都省沿革與此不同成宗元年改廣評省爲御史都省十四年改尚書都省文宗定尚書令一人秩從一品左右僕射各一人正二品知省事一人從二品左右丞各一人從三品左右司郎中各一人正五品左右司員外郎各一人正六品都事二人從七品掾屬主事四人令史六人書令史六人記官二十人算士一人直省二人忠烈元年併于中書門下爲僉議府幷罷員吏二十四年忠宣設左右僕射於僉議府又置左右司郎中員外郎都事各二人會都僉議府別廳治事尋並罷之恭愍五年革三司復置尚書省並復文宗舊制惟不置知省事陞都事正七品十一年罷尚書省復置三司

彙纂麗史卷之十五 八

三司 掌摠中外錢穀出納會計之務 太祖改泰封調位府爲三司顯宗五年因武臣之請罷三司置都正司十四年復置三司文宗定判事一人宰臣兼之使二人正三品知司事一人副使二人從四品判官四人睿宗十一年詔本司員立本品行頭忠烈置左右使忠惠元年置都事恭愍五年罷爲尚書省十一年復置三司定判事一人從一品左右使各一人正二品左右尹各二人從三品副使四人正四品判官二人正五品都事階梯正七品十八年改副使爲少尹辛禑始置領三司事二人吏屬文宗置主事六人令史十一人書令史記官二十五人重監二人計史二十人算士四人吏屬文宗前後史闕未攷諸司倣此

密直司 掌出納宿衛軍機之政 成宗十年兵官侍郎韓彥恭使宋還奏宋

樞密院卽我朝直宿員吏之職於是始置中樞院顯宗初卽位罷中樞院及銀臺南北院置中臺省以掌三官機務有使副使直中臺兼直中臺二年罷中臺復置中樞院十四年中樞院日直員爲左右承宣各有副仍以副樞以下兼之文宗定判院事一人院使二人知院事一人同知院事一人秩並從二品副使二人簽書院事一人直學士一人並正三品知奏事一人左右承宣各一人左右副承宣各一人品亦正三品堂後官二人正七品獻宗元年改樞密院睿宗十一年詔承宣立本品行頭忠烈初卽位置執奏自崔忠粹死執奏之職廢至是復之元年改密直司二年改承宣爲承旨二十四年忠宣改光政院刪定員吏使從一品同知院事正二品副使從二品僉院事正三品同僉院事從三品都承旨從五品承旨副承旨並從六品計議官正七品計議參軍正八品尋復改密直司使一人知司事二人同知司事三人副使四人並從二品知申事一人左右承旨各一人左右副承旨各一人並正三品堂後官正七品三十四年忠宣罷及卽位復之加置判司事二年密直司陞秩與僉議府同稱兩府改承旨爲代言三年副使降正三

品恭愍三年判司事知申事四代言皆爲祿官五年復改樞密院員秩並復文宗舊制十一年復改密直司判司事司使知司事簽書司事同知司事並從二品副使提學知申事右左代言右左副代言並正三品堂後官階梯正七品十八年降簽書正三品改提學爲學士代言爲承宣後復改學士爲提學承宣爲代言吏屬文宗置別駕十人主事十人試別駕二人令史二人記官八人通引四人

資政院

忠烈王二十四年忠宣新置之使秩從一品同知院事正二品僉院事從二品同僉院事正三品判官正五品計議官正七品計議參軍從八品尋罷之

吏曹掌文選勳封之政

國初稱選官有御事侍郎郎中員外郎成宗十四年改爲尚書吏部文宗定判事一人宰臣兼之尚書一人秩正三品知部事一人他官兼之侍郎一人正四品郎中一人正五品員外郎一人正六品知部事以上六曹同侍郎吏禮工置一人兵戶刑置二人郎中員外郎吏曹各一人他曹皆各二人忠烈王元年併吏禮部爲典理司改尚書爲判書侍郎爲摠郎郎中爲正郎員外郎爲佐郎二十四年忠宣改爲銓曹別立禮部復改判書爲尚書仍一人摠郎爲侍郎增三人其一以他官兼之正郎爲郎中佐郎爲員外郎並增三人其一皆以西班兼之他曹倣此仍罷六曹判事知事尋復之三十四年忠宣併吏兵禮爲選部仍以選軍堂後衛尉併焉改尚書爲典書增三人侍郎爲議郎郎中爲直郎員外郎爲散郎並仍三人加設注簿二人正七品以他官兼之後復稱典理司恭愍王五年復立六部吏部置尚書侍郎郎中員外郎品秩並復文宗舊制十一年復改典理司以尚書爲判書侍郎爲摠郎郎中爲正郎員外郎爲佐郎十八年復改選部稱尚書議郎直郎散郎二十一年復改典理司仍復判書摠郎正郎佐郎之號他曹倣此恭讓王元年改吏曹 吏屬文宗置主事二人令史二人書令史二人記官六人

考功司掌考覈官吏功過

國初稱司績成宗十四年改尚書考功文宗定郎中二人秩正五品員外郎二人正六品忠烈王元年改郎中爲正郎員外郎爲佐郎二十四年忠宣併於銓

曹恭愍王五年復置考功司郎中員外郎十一年復稱正郎佐郎十八年改直郎散郎二十一年復稱正郎佐郎吏屬文宗置主事二人令史四人書令史四人計史一人記官二人算士一人

兵曹掌武選軍務儀衛郵驛之政

太祖元年置兵部令卿郎中後稱兵官有御事侍郎郎中員外郎其屬有庫曹太祖元年有徇軍部令郎中十六年有兵禁官郎中史光宗十一年改徇軍部爲軍部其職掌未詳疑皆是掌兵之官後並廢之成宗十四年改兵官爲尚書兵部仍改庫曹爲尚書庫部顯宗二年罷庫部文宗定兵部忠烈王元年改軍簿司仍改尚書爲判書侍郎爲摠郎郎中爲正郎員外郎爲佐郎二十四年忠宣改爲兵曹又改判書爲尚書增二人其一班主兼之摠郎爲侍郎增三人其一以他官兼之正郎爲郎中佐郎爲員外郎並增三人其一皆以西班兼之他曹倣此三十四年忠宣併于選部後改摠部又復稱軍簿司恭愍王五年復改兵部十一年復改軍簿司十八年復改摠部稱尚書議郎直郎散郎二十一年復改軍簿司仍復稱判書摠郎正郎佐郎恭讓王元年復改兵

曹吏屬文宗置主事二人令史二人書令史二人記官十二人

户曹掌户口貢賦錢粮之政 國初稱民官有御事侍郎郎中員外郎其屬有司度金曹倉曹成宗十四年改爲尚書户部仍改司度爲尚書度支金曹爲尚書金部倉曹爲尚書倉部後並罷屬官文宗定户部忠烈王元年改爲版圖司仍改尚書爲判書侍郎爲摠郎郎中爲正郎員外郎爲佐郎二十四年忠宣改爲民曹又改判書爲尚書仍一人摠郎三人侍郎增三人三十四年忠宣改爲民部仍以三司軍器都鹽院併焉改尚書爲典書增三人摠郎爲議郎正郎爲直郎佐郎爲散郎並仍三人後改版圖司恭愍王五年復改户部十一年復改版圖司十八年復改民部稱尚書二十一年復改版圖司仍復稱判書恭讓王元年改户曹 吏屬文宗置主事六人令史六人書令史十人計史一人記官二十五人筭士一人

彙纂麗史卷之十五 十一

刑曹掌法律詞訟詳讞之政 太祖仍泰封之制置義刑臺後改刑官有御事侍郎郎中員外郎成宗十四年改尚書刑部文宗又別置律學博士一人從八品助教二人從九品忠烈王元年改爲典法司仍改尚書爲判書侍郎爲摠郎郎中爲正郎員外郎爲佐郎二十四年忠宣改爲刑曹三十四年忠宣改爲讞部仍以監傳色都官典獄併焉改判書爲典書增二人侍郎爲議郎復減爲二人郎中爲直郎員外郎爲散郎並仍三人後復稱典法司恭愍王五年復改刑部十一年復改典法司十八年改爲理部二十一年復改典法司恭讓王元年復改刑曹 吏屬文宗置主事二人令史六人書令史四人計史一人記官六人筭士二人杖首二十六人

都官掌奴婢簿籍決訟 文宗定尚書都官郎中二人正五品員外郎二人正六品忠烈王元年改郎中爲正郎員外郎爲佐郎二十四年忠宣復改郎中員外郎三十四年忠宣併於讞部忠宣王二年以訴良者多而讞部不能辨復設都官置正郎佐郎恭愍王五年改郎中員外郎九年加員外郎二人十一年加置摠郎正四品改郎中爲正郎員外郎爲佐郎十八年革摠郎改正郎爲直郎佐郎

爲散郎二十一年復稱正郎佐郎 吏屬文宗置主事六人令史六人書令史六人計史一人記官五人筭士一人

禮曹掌禮儀祭享朝會交聘學校科擧之政 國初稱禮官有御事侍郎郎中員外郎其屬有祠曹成宗十四年改禮官爲尚書禮部仍改祠曹爲尚書祠部顯宗二年罷祠部文宗定禮部忠烈王元年併于典理司二十四年忠宣復置稱儀曹尚書一人侍郎三人其一以他官兼之郎中員外郎並三人其一皆以西班兼之三十四年忠宣復併于選部恭愍王五年復立禮部置尚書侍郎郎中員外郎十一年改禮儀司仍改尚書爲判書侍郎爲摠郎郎中爲正郎員外郎爲佐郎十八年復稱禮部又改判書爲尚書摠郎爲議郎正郎爲直郎佐郎爲散郎二十一年復改禮儀司恭讓王元年改禮曹 吏屬文宗置主事二人令史四人書令史二人記官六人篆畫書者二人

工曹掌山澤工匠營造之事 國初稱工官有御事侍郎郎中員外郎其屬有

彙纂麗史卷之十五 十二

虞曹水曹成宗十四年改工官爲尚書工部仍改虞曹爲尚書虞部水曹爲尚書水部後廢虞水部文宗定工部忠烈王元年罷二十四年忠宣復置稱工曹尚書一人侍郎三人其一以他官兼之郎中員外郎並三人其一皆以西班兼之後復罷之恭愍王五年復立工部置尚書侍郎郎中員外郎十一年改典工司以尚書爲判書侍郎爲摠郎郎中爲正郎員外郎爲佐郎十八年復稱工部二十一年復改典工司稱判書摠郎正郎佐郎恭讓王元年復改工曹 吏屬文宗置主事二人令史四人書令史四人計史一人記官八人

司憲府掌論執時政矯正風俗糾察彈劾之任 國初稱司憲臺成宗十四年改御史臺有大夫中丞侍御史殿中侍御史監察御史顯宗五年武臣金訓等請罷御史臺置金吾臺使副使錄事並無常員六年罷金吾臺復以御史臺爲司憲臺置大夫中丞雜端侍御司憲殿中侍御司憲監察司憲十四年復改御史臺靖宗十一年陞權知監察御史班在閤門祗候上文宗

定判事一人大夫一人秩正三品知事一人中丞一人從四品雜端一人侍御史二人並從五品殿中侍御史二人正六品監察御史十人從六品文吏各五人睿宗十一年詔知事雜端立本品行頭神宗五年御史二人陞爲參秩忠烈王元年改監察司仍改大夫爲提憲中丞爲侍丞侍御史爲侍史監察御史爲監察史二十四年忠宣改爲司憲府改提憲復爲大夫陞從二品侍丞復爲中丞增二人陞從三品侍史改內侍史殿中侍御史改殿中內侍史監察史改監察內史省爲六人新置注簿一人正七品減知事雜端尋復改監察司以內侍史復爲侍御史殿中內侍史爲殿中侍御史監察內史爲監察御史三十四年忠宣復改司憲府改大夫爲大司憲陞正二品中丞爲執義陞正三品侍御史爲掌令陞從四品殿中侍御史爲持平陞正五品監察御史爲糾正增十四人其四兼官仍從六品忠宣王三年降大司憲正三品執義從三品復改監察司以大司憲爲大夫恭愍王五年復改御史臺大夫知故改執義爲中丞省一人掌令爲侍御史持平爲殿中侍御史降從五品糾正爲監察御史十一年復改監察司仍復改中丞爲執義侍御史爲掌令殿中侍御史爲持平陞正五品監察御史爲糾正十八年復稱司憲府改大夫爲大司憲革執義置知事兼知事從三品掌令改侍史持平改雜端降從五品加置兼糾正二十一年革知事復置執義改侍史復爲掌令雜端爲持平　吏屬文宗置錄事三人令史四人書令史六人計史一人知班二人記官六人筭士一人記事十人所由五十人

開城府

成宗始置尹顯宗罷府置縣令文宗復稱開城府置知府事忠烈王三十四年忠宣併給田都監及五部於開城府掌都城內判府尹一人從二品尹二人一兼官正三品少尹三人一兼官正四品判官二人正五品記室參軍二人正七品並隨品帶繕工職事別置開城縣令掌都城外恭愍王五年改定尹從二品少尹正四品判官正五品參軍正七品縣令亦正七品縣丞正八品十一年加置判府事位在尹上亦從二品恭讓王元年令掌家舍財物追倍二年依中朝應天府直申中書省例令本府直報都評議司且擢用孝子順孫旌表義夫節婦點考大小學校以養人才禁惡逆姦僞以正風俗又掌農桑戶婚田土逋欠宿債牧民之任

藝文館

掌制撰詞命

太祖仍泰封之制置元鳳省後改學士院有翰林學士顯宗改爲翰林院文宗定判院事宰臣兼之學士承旨一人正三品學士二人正四品侍讀學士一人侍講學士一人直院四人其二權務醫官二人睿宗十一年刪定員吏學士承旨學士並正三品侍讀學士侍講學士並正四品諸兼本院官並令立本品行頭諸知制誥亦立本品行頭翰林院寶文閣兼者謂之內知制誥他官兼者謂之外知制誥後改知製敎後陞直院爲入品高宗七年復以直院爲權務忠烈王元年改文翰署二十四年忠宣命直史館一人直文翰一人更日直文翰署又罷政房使本署主選法尋改爲詞林院委以出納之任學士承旨陞從二品學士二人正三品侍讀侍講學士各一人從三品新置待制一人正四品尋復改文翰署後改學士爲司學三十四年忠宣併文翰史官爲藝文春秋館仍以右文館進賢館書籍店併焉置大詞伯三人從二品詞伯二人正三品直詞伯二人正四品應教二人正五品供奉二人正六品已上並兼官修撰二人正七品注簿二人正八品檢閱二人正九品忠宣王三年改詞伯爲提學忠肅王十二年分藝文春秋爲二館藝文館置修撰注簿各一人檢閱二人後改供奉正七品修撰正八品檢閱正九品恭愍王五年復稱翰林院置學士承旨正三品待制正五品供奉一人正七品檢閱一人正八品直院二人正九品九年加置大學士二人十一年復稱藝文館改大學士爲大提學從二品置提學正三品直提學正四品應教正五品供奉仍正七品修撰正八品檢閱降正九品十八年提學例改學士二十一年復改提學恭讓王元年復併爲藝文春秋館　吏屬文宗置錄事二人承事郎二人侍詔二人記官一人書手一人

春秋館

掌記時政

國初稱史館監修國史以侍中兼之修國史同修國史二品以上兼之修撰官翰林院三品以下兼之直史館四人其二權務後陞直館爲八品高宗復以直館爲權務官忠烈王三十四年忠宣併於文翰署爲藝文春秋館忠肅王十二年分藝文春秋爲二館春秋館置修撰注簿

各一人檢閱二人後改供奉正七品修撰正八品檢閱正九品又有領館事監館事首相爲之知館事同知館事二品以上爲之充修撰官充編修官兼編修官三品以下爲之恭愍王五年復稱史館置編修官一人正七品檢閱一人正八品直館二人正九品十一年復稱春秋館供奉正七品修撰正八品檢閱正九品恭讓王元年史官崔蠲等上書曰史官之任君上之言行政事百官之是非得失皆得直書以示後世而垂勸戒故自古有國家者莫不以史職爲重本朝設藝文春秋館選有文行者八人同任史翰之職又置兼官以領之所以重其任也近年以來史翰岐而爲二兼官亦不供職但以供奉以下四人當之不能備記非國家置史之本意也願自今以史翰八人同其職任各修史草二本秩滿當遷一納于館一藏于家以備後考兼官充修撰官以下各據見聞錄爲史草悉送史館又令館直牒京外大小衙門凡所施爲之事一一報館以憑記錄永爲恒式從之 吏屬文宗置書藝四人記官一人

寶文閣

睿宗十一年禁中作清讌閣選置學士直學士直閣各一人朝夕講論經書學士視從三

品直學士視從四品直閣視從六品又置校勘四人其二以御書院校勘充之其二以職事兼之尋以清讌閣在禁內學士直宿出入爲難就其旁別置閣改官號曰寶文加置待制官班視給舍直賜金紫仍修紅樓下南廊爲學士會講之堂賜號曰精義就其左右爲休息之所充其選者皆一時豪傑又置提擧同提擧管句同管句皆以宦官內臣兼之後加置大學士一人毅宗五年始置文牒所於寶文閣以文士十四人及寶文閣校勘專掌其事命司空林光爲別監忠烈王元年改寶文署二十四年忠宣併於同文院文宗以同文院爲丙科權務官使一人三品兼之副使一人五品兼之錄事四人二兼官忠肅王元年瀋王鈞旨復置寶文閣大提學從二品提學正三品直提學正四品恭愍王五年改大提學爲大學士減提學改直提學爲直學士置待制正五品十一年復改大學士爲大提學復置提學改直學士爲直提學減待制置直閣正四品十八年提學改學士減直閣置應教正五品二十一年復用十一年官制忠烈王以後寶文閣徒有其名忠穆王初立大臣請置書筵官分四番更日侍讀恭愍王元年開書筵亦分番入侍辛禑元年令五品以下四人爲侍學分兩番進講及遞官陞四品恭讓王二年改稱經筵置領經筵事知經筵事講讀官

諸館殿學士

廢置沿革未詳率皆選文臣之有才學者入銜兼帶以備侍從 成宗十四年以崇文館爲弘文館置學士文宗定官制諸殿大學士秩從二品學士正四品睿宗十一年詔諸殿學士立本品行頭仁宗十四年改文德殿爲修文殿延英殿爲集賢殿文德延英古有大學士學士今隨殿改號神宗二年凡帶學士職者並許參侍臣之列舊制雖帶學士非臺諫知制誥則不得與侍從至是中書奏改之忠烈王二十四年忠宣置弘文館學士直學士又復置崇文館學士仍改修文殿爲館右復改爲殿二十九年改學士爲司學後並廢之置右文館進賢館三十四年併右文進賢館於文翰署尋復置右文館大提學正二品提學正三品直提學正四品進賢館大提學從二品提學直提學同右文恭愍王五年廢兩館置修文殿集賢殿大學士直學士

十一年復置右文館進賢館大提學提學直提學十八年復置修文殿集賢殿例改提學爲學士二十一年復置右文進賢館改學士爲提學

成均館

掌儒學教誨之任 成宗置國子監有國子司業博士助教大學博士助教四門博士助教文宗定提擧同提擧管句各二人判事一人皆兼官祭酒一人秩從三品司業一人從四品丞從六品國子博士二人正七品大學博士二人從七品注簿從七品四門博士正八品學正二人學錄二人並正九品學諭四人直學二人書學博士二人算學博士二人並從九品睿宗十一年改判事爲大司成從三品祭酒降正四品忠烈王元年改國學仍改祭酒爲典酒司業爲司藝二十四年忠宣改成均監陞大司成正三品復改典酒爲祭酒司藝爲司業國子博士爲成均博士加置明經博士明經學諭三十四年忠宣改成均館刪定員吏置祭酒一人從三品樂正一人從四品丞一人從五品成均博士二人正七品諄諭博士二人從七品進德博士二人從八品學正二人學錄二人並正九品直學二人學

論四人並從九品後復置大司成正三品樂正改司藝丞改直講進德博士陞正八品恭愍王五年復稱國子監大司成正三品祭酒從三品司業從四品直講從五品國子博士正七品大學博士從七品四門博士明經博士並正八品律學博士從八品學正學錄正九品直學學諭書學博士明經學諭筭學博士律學助教從九品十一年復稱成均館改司業爲司藝國子博士爲成均博士四門博士爲諄諭博士陞從七品十八年改祭酒爲司成吏屬文宗置書吏二人記官二人

典校寺掌經籍祝䟽國初稱内書省成宗十四年改祕書省有監少監丞郎校書郎正字文宗定判事秩正三品文宗五年内史門下省奏諸司判事本皆權帶近皆爲祿官有違古制請改之從之忠烈王三十四年忠宣降爲典校署爲藝文館所轄後陞爲典校寺曰通禮門掌朝會儀禮穆宗朝有閤門

使副使祗候顯宗十一年詔知閤門事立本品行頭神宗五年祗候文吏各三人陞爲參秩忠烈王元年改通禮門二十四年忠宣復改爲閤門判事以下皆復舊制曰典儀寺掌祭祀贈諡穆宗朝有太常卿少卿曰宗簿寺掌族屬譜牒曰衛尉寺掌儀物器械曰司僕寺掌輿馬廐牧曰禮賓寺掌賓客燕享太祖四年置禮賓省成宗十四年改客省曰典農寺掌供粢盛穆宗時有司農卿後廢之忠宣王置典農寺其司員吏出使者稱務農鹽鐵使尋改爲儲積倉恭愍王五年復置司農寺曰内府寺掌財貨廩藏文宗定大府寺曰小府寺掌工技寶藏太祖仍泰封之制置物藏省有令卿光宗十一年改爲寶泉後改小府監曰軍資寺掌軍需儲積恭讓王二年革小府寺置軍資寺又革轉輸都監其錢穀文書悉委之曰繕工寺掌土木營繕穆宗朝有將作監忠烈王三十四年忠宣改繕工司以小府宮闕都監倉庫都監燃燈都監國贐併焉恭讓王元年趙浚建議繕工務劇員少以重房上大將軍郎別將兼判事以下官曰司宰寺掌魚梁川澤忠宣改司津監又改都津司曰司水寺掌兵船軍忠宣王以都府署爲都津司所轄恭讓王二年

罷都府署爲司水署尋改爲寺三年都堂啓請於司水寺依漢都船令例置都船指諭依齊官船典軍例置官船典軍從之曰軍器寺掌營造兵器恭讓王元年趙浚建議軍器寺務劇員少以重房上大將軍郎別將兼判事以下官曰書雲觀掌天文曆數測候刻漏之事國初分爲太卜監太史局有令丞靈臺郎保章正挈壺正司辰司曆監候改太卜監爲司天臺曰典醫寺掌醫藥療治之事 稱寺者皆秩正三品惟小府繕工軍器典醫秩從三品曰通文館忠烈王二年始置之令禁内學官等參外年未四十者習漢語

禁內學官秘書史館翰林寶文閣御書同文院也弁式目都兵馬迎送謂之禁內九官時舌人多起微賤傳語之間多不以實懷姦濟私參文學事金坵建議置之後置司譯院以掌譯語 曰寢園署掌守衛宗廟文宗定大廟署秩從五品 曰諸陵署掌守護山陵 曰司醞署掌供酒醴文宗定良醞署令二人秩正八品 曰司膳署掌供膳羞文宗定奉御一人秩正六品 曰奉醫署掌和御藥恭讓王三年併於典醫寺 曰掌服署掌供御衣恭讓王併於工曹 曰司設署掌供鋪設 曰奉車署掌內廄恭讓王三年併於尙房 曰供造署掌御用器玩 曰京市署掌句撿市廛文宗

彙纂麗史卷之十五 十九

定令一人秩正七品 曰膳官署掌祀宴饌膳文宗定令二人秩從七品 曰掌冶署掌鎔冶之事恭讓王三年併於工曹 曰都校署掌工作之事文宗定令一人秩從八品 曰典樂署掌教閱聲律文宗定令一人秩從七品忠宣改爲典樂署屬紫雲坊紫雲坊亦是年置有提點一人正五品使一人正五品副使二人正六品判官二人正七品尋罷之恭讓王三年別置雅樂署習宗廟樂歌 曰內園署掌諸園苑 曰供驛署掌諸道程驛 曰典廏署掌飼雜畜 曰掌牲署掌薦犧牲文宗置令一人秩從八品 曰都染署掌色染文宗定令一人秩正八品 曰雜織署掌織紝 曰司儀署掌

贊禮 曰守宮署掌供御幕 曰典獄署掌獄因國初治置典獄署成宗十四年改爲大理寺有詳事文宗復改爲典獄署 曰大倉署文宗定令二人秩從七品 曰大盈署 曰豐儲倉掌供上米廩文宗時京城有左右倉以近侍爲別監忠宣改右倉爲豐儲倉置使一人秩正五品 曰廣興倉掌百官祿俸忠烈王三十四年忠宣改左倉爲廣興倉 曰料物庫掌御廩米穀忠宣王二年改備用司爲料物庫置使秩從五品 曰義盈庫忠烈王三十四年忠宣置使一人秩從五品 曰長興庫忠烈王三十四年忠宣以大府上庫爲長興庫

彙纂麗史卷之十五 二十

置使一人 曰常滿庫忠宣以大府下庫爲常滿庫置使一人 曰內庫文宗置使一人秩從六品 曰內房庫忠宣王元年併雲臻倉於富興倉尋改爲義成倉置使秩從五品 曰德泉庫忠宣時有德泉倉使秩從五品 曰義鹽倉恭愍王置丞秩從七品 曰常積倉忠烈王三十四年忠宣始置之使一人正五品 曰寶興庫忠肅王後八年忠惠王私置之忠惠後四年罷有備倉併於本庫忠穆王罷之以其所聚土田奴婢還本處有備倉有使從五品副使從六品 曰典廨庫 曰架閣庫掌藏圖籍 曰惠濟庫 曰義濟庫恭愍王十年置令秩從七品恭

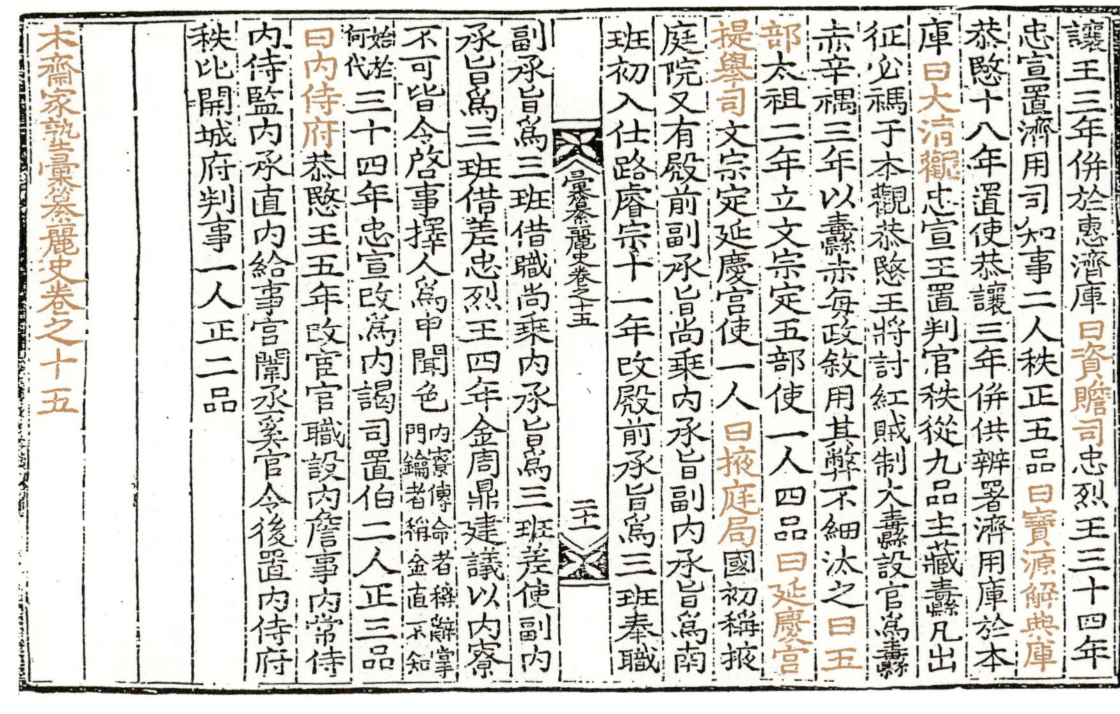
讓王三年併於惠濟庫曰資贍司忠烈王三十四年
忠宣置濟用司知事二人秩正五品曰寶源解典庫
恭愍十八年置使恭讓三年併供辨署濟用庫於本
庫曰大淸觀忠宣王置判官秩從九品主藏醮凡出
征必禡于本觀恭愍王將討紅賊制大醮設官爲醮
亦辛禑三年以醮亦每設用其弊不細汰之曰五
部太祖二年立文宗定五部使一人四品曰延慶宮
提擧司文宗定延慶宮使一人曰掖庭局國初稱掖
庭院又有殿前副承旨尚乘內承旨副內承旨爲南
班初入仕路睿宗十一年改殿前承旨爲三班奉職

彙纂麗史卷之十五　三十

副承旨爲三班借職尚乘內承旨爲三班差使副內
承旨爲三班借差忠烈王四年金周鼎建議以內寮
不可皆令啓事擇人爲申聞色(內寮傳命者稱辭掌門鑰者稱金直不知)
(始於何代)三十四年忠宣改爲內謁司置伯二人正三品
曰內侍府恭愍王五年改宦官職設內詹事內常侍
內侍監內承直內給事宮闈丞奚官令後置內侍府
秩比開城府判事一人正二品

木齋家塾彙纂麗史卷之十五

木齋家塾彙纂麗史卷之十六

食貨志

蓋聞國之興也法簡而事省故其取諸民也輕取諸民也輕則民生遂田野闢而財不可勝用矣財不可勝用而用之有節則其國日富上下俱給禮俗興行及其旣富也生物之理不能無盈虛盛衰之變於是財日就於耗而人心日趨於驕奢如堤決河潰不可禁遏而以日耗之財供無窮之欲則用不可節用不可節則其取諸民也重取諸民重則流逋衆而田野日蕪其國必貧國貧則弱綱紀未振而先王之法壞

內而權豪蠹竊潛蝕外而隣敵侵暴噬齧百弊俱興其端無窮而不可勝杜於是乎事不可省事不可省則設爲法多方以取諸民法愈繁而民愈困愈困愈極則國勢不可支持以至於亡焉斯乃有天下國家者之通患也夫如是則立法善而繼之以不善況於始之立法有未善者乎中國尚然況於小邦乎三韓之地非四方舟車之會無物産之饒貨殖之利國用民産專仰地力而鴨綠以南大抵皆山野無百里之廣陵崖洲岸崎嶇犖确零瑣瘠脆中歲所墾不出六十萬結二結當一頃則僅比中國大州三十萬頃而已故經界不正則其利害較之中國相萬也可不愼哉高麗略倣唐制文武百官府衛軍吏胥徒凡執國役者皆授以田然唐授民口分而取之以租庸調之法非代祿之意也高麗受田者皆無稅至於百官俸祿之外別有授田皆非唐制也夫爵不可世襲執役者或有連立丁或無丁繼而爵執役者無窮而土田有限曾授者身故不得不納官而又以其妻女子嫁從仕而爲之法分割久近委曲繁密不可勝稽要之未可以行於久遠此其立法有未盡善者也當其刱國之初人心質朴賢主節儉於上資財充溢於下邊

境晏然政簡而事省則法雖未善而疵弊不作中世以來國家多事權姦擅恣於內強國誅求於外家抽戶斂徵科百端戶口日耗國勢遂弱方是時也田制大壞田柴之科廢而爲私田(惟西北面東北面無私田)權有力者田連阡陌不供王稅而良民之供賦役者偏被其害則幾何不潰敗壞亂不可收拾以至於亡乎故田法之弊未有若麗時之甚者也至於版籍貨幣鹽法常平之屬皆無畫一之法廢復無常卒莫能行而食貨出入之制屢經兵燹不可備攷今略採其見於史牒者作食貨志

田制 經理 田柴科 公蔭田柴 公廨田柴 祿科田 踏驗損實 租稅 貢賦

經理太祖二十三年初定役分田以統合時朝臣軍
士勿論官階視人性行善惡功勞大小而給田有差
景宗元年始定職散官各品田柴科亦以人品爲定
紫衫以上作十八品文班丹衫以上作十品緋衫作
八品綠衫以上作十品雜業武班或作十品作五品
以下雜吏各以人品支給不同紫衫一品田柴各一
百一十結丹衫一品田柴並百二十結降殺皆自五
結以下穆宗時始以班位改定作十八科文宗三十
年更定兩班田柴科第一科田百結柴五十結以至

第十八科田十七結名曰科田開國功臣及文武兩
班五品以上各以其品給田世傳曰功蔭田成宗二
年定州府郡縣館驛田大州公須田三百結紙田十
五結長田五結其次公須田一百五十結又其次七
十結鄉部曲大路驛中路驛各以次受田曰公廨田
元宗十二年以百官俸祿不給於京畿八縣隨品給
田曰祿科田料物庫所屬供上之田三百六十處曰
庄田百官軍士納田後給守信妻未嫁子女田曰口
分田試其才藝二十而受田十結六十而還官曰軍
田外國人來者給田以遂其生曰投化田留守州府

郡縣吏院館直皆給口分曰外役田城隍鄉校紙匠
墨尺水汲刀尺折給曰位田百姓付籍差役者給一
結曰代田馬位曰驛田留守牧都護知官監務隨品
定從人口數給田曰外祿田蓋自太祖分田以來屢
更田制中世以後名號繁多不可勝記此其田法名
色之大槩也凡受田者身歿納官而其子未仕則割
給父田旣仕各以科受妻女嫁收口分田受蔭田者
子雖有罪給其孫府兵及執役者傳其子無子者有
親戚女壻則遞田丁凡濫受田者納田不以實者皆
有罪凡不作公文者服役不勤者同姓爲婚者皆奪

其田而公私賤口工商倡妓身及子孫不許受田凡
受田者無稅餘皆公田文宗八年判凡田品不易之
地爲上一易爲中再易爲下其不易山田一結一易
田二結再易田三結準平田一結二十三年定量田
步數田一結方三十三步二結方四十七步三結方
五十七步三分以至十結方一百四步三分步尺六
寸爲一分十分爲一尺六尺爲一步其時結數史不
錄恭讓時打量得京畿實田十三萬一千七百五十
五結荒遠田八千三百八十七結六道實田四十九
萬一千三百四十二結荒遠田十六萬六千六百四

十三結總七十八萬八千一百二十七結而實田六
十一萬三千九十七結蓋高麗分田諸色要不下百
萬結而一國之田未滿八十萬結則授田之外貢賦
租稅何從而出乎此其記籍散佚無可考證然國初
八十萬結之地皆爲實田設分授有餘地而多事以
來百姓流散田荒者殆三之一國遂貧弱以至於亡
太祖元年詔境內放三年租謂有司曰秦封之時一
頃之田租稅六碩遂使百姓輟耕流亡相繼自今征
賦宜遵羅制令田一負納租三升成宗十一年判公
田租水田上等一結租二碩十一斗中等二碩下等

一碩十斗旱田上等一結租一碩十二斗中等一碩
十斗下等缺靖宗酌定貢物黃金白銀白赤銅鐵鹽
布絲緜油蜜各以州郡大小爲差納稅時令輸人自
量凡水旱蟲霜禾穀不實村典告守令守令親驗申
戶部近道限八月中道限九月十日遠道限九月十
五日以爲恒式戶部送三司三司移牒撿覈虛實後
令其界按察使差別員審撿田一結率十分爲定損
至四分除租六分除租布七分租布役俱免蓋自太
祖卽位以來勸課農桑與民休息成宗詔十二牧自
春至秋一切停斷雜務以專農業靖宗令諸道官皆

帶勸農使或賜農器或給牛粮耕種其薄於征歛而
勤於農政如此故百姓安業樂生興事田野盡闢地
無遺利至于文宗躬行節儉倉廩紅腐家給人足富
庶之治於斯爲盛矣方是時也風俗淳厚禮義維持
法之便否非所論也毅明以來權姦擅弄主威下奪
紀綱未振田柴之科變而爲賜牌又變而爲私田別
賜名色代有增益授收之際欺誣並作掌田之官不
堪煩瑣漸致隳弛而田制紊矣及崔氏四世柄國僭
侈無度於是以江華田二千結屬王府而三千結屬
之崔氏權臣旣除而田法大壞有田之家皆倚附幽

陰潛通宮掖腹心親黨蟠根竊據於朝廷雖散職廢
居各持高曾文券坐享千百結之俸或託稱遠陳標
以山川冒受賜牌不納公租御庄之田多被奪占而
新進之士力勢難與舊家抗官雖高不得受卓錐之
田初麗朝優禮羣臣俸祿甚厚一二品祿三百六十
石而別賜田柴各百結至是宰臣之祿不滿三十斛
元宗十二年都兵馬使請於京畿八縣隨品給祿科
田諸王及嬖寵百方沮撓王惑焉右承宣許珙等屢
言之王勉從然八縣科田竟爲勢家所奪是時諸勢
家競占名田一田而有二三主者或有五六主者各

遣從者多率傔奴成羣橫行催辱守令破費廚傳縱
暴侵掠甚於盜賊佃户之家例納租外緜麻脚錢抑
賣之供甚多破産以充之旣去而他家收者繼至矣
由是私租之入十倍公租民益困而事元以來誅求
無厭軍旅數興饑饉荐仍內外之費不可勝言每遇
國贐饋遺朝覲等事令百官品斂白紵錦綺銀米有
差上下爲之騷然忠烈王朝置盤纏色主責取十五
年遼東饑令本國措十萬石輸于遼王令羣臣出米
忠惠王又徵職稅於前銜之閒居者督責甚峻一官
人有父子自劾者時公田少征斂日急故徵科之擾

及於搢紳而百官俸祿薄不能堪恭愍命增斂於民
結上户二石中户一石名之曰無端米民甚苦之方
是時也國勢削弱户口日耗倉廩空虛上供往往不
給而國中名田膏壤盡屬勢家不供王稅賦入歲減
於是乞收賜牌田屢教都評議平均卑畫而終不可
禁爭占覆奪強弱相呑獄訟繁興屢歲不決綱常斁
敗風俗大壞田法之弊求諸今古未有若高麗之甚
者也辛禑十四年大司憲趙浚等上疏曰祖宗授田
之法旣壞而兼幷之門一開爲宰相而當受田三百
結者曾無寸土之可資都府之兵衣粮器械皆從田

出故國無養兵之費卽藏兵於農之意也今也兵與
田俱亡驅農夫而補兵故兵弱而餌敵矣以祖宗之
公田爲一家之私俸不一仕朝行不一蹈軍門者錦
衣玉食坐享其利雖以夙夜侍衛之臣百戰勤勞之
士反不得一畝之食以養其父母其何以勸忠義而
禦外侮乎內而版圖典法外而守令廉使廢其本職
日聽田訟不避寒暑揮汗呵筆勾稽文券撿覆證佐
凡其辭連盈獄滿庭數月之案積如丘山忘寢廢食
剖決不給者以私田爲爭端而訟煩也父子兄弟一
畝之求或不如意則反生怨恨如視路人是以私田

而陷人倫於禽獸也朝廷士大夫貌相好而心相猜
至於陰中傷之此以私田而爲陷穽也祖宗之取民
止於什一而私家之取民至於十千哀我無辜流離
四散賣妻鬻子寃怨徹天感傷和氣召致水旱户口
由是而一空倭奴以之而深入千里暴屍莫有禦者
社稷宗廟危於累卵臣等願遵聖祖至公之法革後
人私授之弊非士非軍非執國役者毋得授田嚴立
禁限與民更始今當量田之時給田之前限三年權
行公收田制旣定然後分受之以法公私收租每一
結米二十斗以厚民生以足國用以優朝臣以贍軍

士則國富而兵強禮義興而廉恥行人倫明而詞訟
息社稷之基安於盤石矣諫官李行等又上疏曰豪
強兼幷國用乏竭租稅苛倍生民凋瘵弱肉強食爭
欲不息骨肉相猜風俗壞敗此私田之弊也富強失
利怨謗難弭士族失業生理難繼田地廣多審覆難
悉簿書煩多考核難精奸吏隱匿覺察難及風雨盜
鼠藏積難密道路遠近轉漕難均出入斂散耗損難
理此革弊之難也雖然事出於公正合於人心悅之
者衆怨謗可弭矣士之無職者授田使得農耕有職
者給俸而代耕生理可繼矣擇公廉者爲按廉精幹

者爲守令守令各考一邑以核其事實按廉統察一
道爲殿最則田地審覆可悉簿書核察可精奸吏隱
匿可察矣置倉垣固扃鐍藏積可密計輕重度遠近
漕轉可均平量槩明契券耗損可理以至於倉廩實
而儲胥有餘祿俸厚而廉恥可興橫斂息而民生可
紓爭訟絶而風俗可厚田野闢而賦斂薄戶口繁而
徭役均其革之之利爲如何哉嗚呼三韓尺寸之地
皆我太祖櫛風沐雨險夷艱難所啓也今海寇縱暴
封疆日蹙國田之租半入於無用之人軍士飢色轉
輸告匱雖伊周之相方召之將不革私田而歸之國

用何以爲社稷中興之計乎臣等甚痛之於是版圖
判書黃順常等上疏論之典法判書趙仁沃等亦上
疏曰伏覩殿下深致意於田法之毁臣等亦以爲此
正今日之急務社稷之安危生民之休戚係焉不可
不重田法正則社稷安矣否則社稷安危未可知也
竊惟祖宗分田之制躬耕籍田所以奉天地宗廟之
祀也三百六十庄處之田所以奉供上也田柴口分
之田所以優士大夫礪廉恥也州府郡縣鄕所部曲
津驛之吏以至凡供國役者莫不受田所以厚民生
而殖邦本也四十二都府四萬二千之兵皆授以田

所以重武備也世守成憲社稷盤安垂五百年近來
貪墨擅權庄處田柴外役軍田皆入其門粢盛供上
或時而不繼士大夫之當職勞於王事者無以資其
生養其廉州縣津驛供國役者喪其田困於一田
之五六主一年之五六收父母凍餒而不能養妻子
離散而不能保無告流亡戶口一空是以國用軍須
祿俸之出蕩然埽地國無旬月之儲軍無數月之食
冢宰之俸徒存虛額今所受者纔十數石耳況其下
官乎府田亡而府兵亦亡無賴之徒安坐其家不知
征役之苦以其先世私授之田謂之祖業食至千百

結不以爲國家之田而以爲父母之德百無報國之心而從軍之士忘軀命冒矢石得生百戰之餘者反不得一畝之田軍士之赴敵者其父母妻子飢寒流移國無斗粟尺帛之賜而彼無賴坐食之徒馬厭粟而妾曳穀此非細故也柰何以太祖艱難所拓之地不以養軍士反以資無賴之徒乎是故寇盜熾而莫之禦士馬困而無以養如有緩急將何以待之宗廟社稷危如累卵誠可痛惜又有甚於此者兄弟爭田而或至於相殘將相爭田而或至於相殺骨肉反爲路人同列變爲仇敵獄訟煩而風俗敗陷人道於禽

獸醜聲上聞雖歲勤貢獻不獲於天子者皆由田弊之所致也不正田弊不復祖宗之制而欲社稷之安臣等所未敢知也傳曰國無三年之蓄國非其國方今之積猶可哀痛國非其國則雖欲安富尊榮其可得乎全羅慶尚楊廣三道國家之腹心倭奴深入虜掠我人民焚蕩我府庫千里蕭然而又西北之虞在於不測兵食匱竭人民困瘁此誠危急存亡之時也願殿下毋失事機自今年權收公私田租以備軍食然後復祖宗分田之法以待士民則軍國之務備而士民之望安矣昌許之旣而下教曰私田之租姑令

半收右常侍許應等上疏曰臣等近與憲府版圖典法交章申聞請復先王之制而殿下依允四方聞者莫不欣悅不日而有半收之命夫立法所以革弊也法立而弊未生遽自中止無乃不可乎昌遂寢其令恭讓王卽位趙浚等又上疏論田制曰上天悔禍羣兇已滅當一革私田以開斯民富壽之域此其機也而殿下以爲受田於京畿而數未滿者欲於外方給之是殿下復開兼幷之門置三韓億兆之民於湯火之中也可不惜哉今六道所報墾田不滿五十萬結而供上不可不豐也故以十萬而屬右倉以三萬而

屬四庫祿俸不可不厚也故以十萬而屬左倉朝士不可不優也故以畿田十萬而折給之其餘止十七萬而已凡六道之軍士院驛鄉吏使客廩給衙祿之用尚且不足而軍須之出則無地矣而今又欲給私田於外方未審供上祿俸之費何從而出方鎭之兵海道之軍何以供給乎凡居京者請給畿內田不許於外方給之定爲成憲王可之二年九月焚公私田籍于市火三日不滅王流涕曰祖宗田法至于寡人而遽革惜哉三年五月都評議使司上書請定給科田法從之依文宗所定分十八科將庚午年已前公

私田籍盡行燒毀敢有私藏者以毀國法論籍沒財産凡公私田租每水田一結糙米三十斗旱田一結雜穀三十斗此外有橫斂者以贓論凡受田者皆納稅水田一結白米二斗旱田一結黃豆二斗如有調發大軍粮餉不足不問公私田臨時定數公收支用無事則止

田柴科 文宗三十年更定兩班田柴科第一科田一百結柴五十結中書令尚書令門下侍中第二科田九十結柴四十五結門下侍郎中書侍郎第三科田八十五結柴四十結參知政事左右僕射上將軍第四科田八十結柴三十五結六尚書御史大

夫左右常侍太子詹事太子賓客大將軍第五科田七十五結柴三十結七寺卿祕書殿中監國子祭酒尚書左右丞司天監太子少詹事諸衛將軍右少詹事第六科田七十結柴二十七結吏部諸曹侍郎將作少府軍器太醫監左右庶子左右諭德諸中郎將第七科田六十五結柴二十四結七寺少卿祕書殿中將作少府司天少監給事中中書舍人御史中丞國子司業太子僕太子率更令太子家令第八科田六十結柴二十一結諸郎中太醫軍器少監內常侍閤門引進使太子左右贊善大夫太子中允太子中舍人閤門使國子博士諸郎將第九科田五十五結柴十八結祕書殿中丞閤門副使第十科田五十結柴十五結諸員外郎起居郎起居舍人侍御史六局奉御殿中內給事太史令諸陵大廟令內謁者監大學博士中尚書四官正太子藥藏郎典膳郎太子洗馬第十一科田四十五結柴十

二結通事舍人左右補闕殿中侍御史七寺三監丞司天丞祕書郎六衛長史國子助教京市令內直典設郎宮門監侍御醫諸別將第十二科田四十結柴十結監察御史左右拾遺閤門祗候門下錄事中書注書軍器丞六局直長四門博士詹事府司直內侍伯內殿崇班諸散員大相左丞第十三科田三十五結柴八結尚書都事七寺三監注簿大學助教太官太樂大盈典廐令內園供驛掌冶令太史丞諸陵大廟丞司天主簿東西頭供奉官諸校尉元甫正朝第十四科田三十結柴五結六衛錄事軍器主簿四門助教京市中尚武庫太樂大盈大倉太官典廐丞內園供驛掌冶丞祕書校書郎良醞令司儀守宮典獄都染雜織都校掌牲令太醫博士大醫丞挈壺保章正律學博士左右侍禁左右班殿直諸隊正元尹第十五科田二十五結都染雜織都校掌牲守宮司儀典獄良醞丞司亹司庫太史司辰司曆監候尚食食醫律學助教書學筭學司天博士大醫醫正司天卜正祕書正字諸主事御史臺錄

事中樞院別駕門下待詔文林郎將仕郎殿前承旨都知船頭典丘官司引馬軍第十六科田二十二結諸令史書史主事中書祕書史館太史書藝醫計師司天卜師卜助教副殿前承旨禮賓閤門承旨獸醫博士當印堂直監膳典食典設役步軍第十七科田二十結諸書令史諸史尚乘內承旨副內承旨太史典史注藥藥童通引直省知班呪禁師供膳酒食供設掌設堂從追仗引謁討史試討史試書藝監門軍第十八科田十七結間人雜類

武散階田三十五結柴八結冠軍大將軍雲麾將軍田三十結掌武將軍宣威將軍明威將軍田二十五結寧遠將軍定遠將軍遊騎將軍遊擊將軍田二十二結耀武校尉同副尉振威校尉同副尉致果校尉同副尉翊麾校尉同副尉田二十結宣折校尉同副尉禦侮校尉同副尉仁勇校尉同副尉陪戎校尉同副尉田十七結大匠副匠雜匠人御前部樂件樂人地理業僧人別賜田四十結柴十結大德

田三十五結柴八結大通田三十結副通田二十五結地理
師田二十結地理博士田十七結地理生地理正柴地一日程開
城貞州白州鹽州幸州江陰兎山臨江新恩麻田積
城坡平昌化見州沙川峯城臨津長湍交河童城高
峯松林通津德水二日程安州洞州鳳州樹州抱州
楊州東州遂安土山唐城仁州金浦梁骨洞陰荒坪
僧旨黃先道尺阿等坪安俠守安孔巖

功蔭田柴 景宗二年三月賜開國功臣及向義歸順
城主等勳田自五十結至二十結有差顯宗十二年
十月判功蔭田直子犯罪移給其孫文宗三年五月

彙纂麗史卷之十六　十五

定兩班功蔭田柴法一品門下侍郎平章事以上田
二十五結柴十五結二品參政以上田二十二結柴
十二結三品田二十結柴十結四品田十七結柴八
結五品田十五結柴五結傳之子孫撤官減五結樂
工賤口放良員吏皆不得與受功蔭田者之子孫謀
危社稷謀叛大逆延坐及雜犯公私罪除名外雖其
子有罪其孫無罪則給功蔭田柴三分之一辛禑六
年六月諫官李崇仁等上疏曰有功而賞人必相勸
無功而賞人必相沮故傳曰賞一人而千萬人勸然
則賞典不可輕以與人也國家土田賜牌本以待有

功近來冒受賜牌占田太多者有之乞令有司根究
推刷功不在累次稱下南幸興王癸卯三等者收其
田雖在三等之例其所占過元數者收其贏數以充
軍需仍乞功臣之號除有功外宜重惜之

公廨田柴 成宗二年六月定州府郡縣館驛田千丁
以上州縣公須田三百結五百丁以上公須田一百
五十結紙田十五結長田五結二百丁以上缺一百
丁以上公須田七十結紙田十結一百丁以下公須
田六十結長田四結六十丁以上公須田四十結三
十丁以上公須田二十結二十丁以下公須田十結

彙纂麗史卷之十六　十六

紙田七結長田三結鄕部曲千丁以上公須田二十
結一百丁以上公須田十五結五十丁以下公須田
十結紙田三結長田二結大路驛公須田六十結紙
田五結長田二結中路驛公須田四十結紙田長田
各二結小路驛公須田二十結紙田二結大路館田
五結中路四結小路三結十二年八月判給諸州府
郡縣驛路公須柴地千丁以上八十結五百丁以上
六十結五百丁以下四十結一百丁以下二十結十
二牧勿論丁多少一百結知州事雖百丁以下六十
結東西道大路驛五十結中路驛三十結兩界大路

驛四十結中路驛二十結東西南北小路驛十五結

祿科田 高宗四十四年六月宰樞會議分田代祿遂置給田都監元宗十二年二月都兵馬使言近因兵興倉庫虛竭百官祿俸不給無以勸士請於京畿八縣隨品給祿科田時諸王及左右嬖寵廣占腴田多方沮毁王頗惑之右承宣許珙等屢言之王勉從之十三年正月議以品祿減少分給文武官京畿田有差以近地給校尉隊正蓋爲苦役也忠烈王四年十二月改折給祿科田忠穆王元年八月都評議使司言先王設官制祿一二品三百六十餘石隨品差等

以至伍尉隊正莫不凖科數以給故衣食足給一切奉公其後再因兵亂田野荒廢貢賦欠乏倉庫虛竭宰相之祿不過三十石於是罷畿縣兩班祖業田外半丁置祿科田隨科折給近來諸功臣權勢之家冒受賜牌自稱本田山川爲標爭先據執有違古制乞依先王制定京畿八縣土田更行經理御分宮司田鄉吏津尺驛子雜口分位田考覈元籍量給兩班軍閑人口分田元宗十二年以上公文考覈折給其餘諸賜給田並皆收奪均給職田餘田公收租稅以充國用制可

踏驗損實 成宗七年二月判禾穀不實州縣近道限八月中道限九月十日遠道限九月十五日申報戶部以爲恒式文宗四年十一月判田一結率十分爲定損至四分除租六分除租布七分租布役俱免恭讓王三年五月都評議使司請定損實十分爲率損一分減一分租損二分減二分租以次准減損至八分全除其租踏驗則其官守令審撿辨報監司監司委差官吏審監司首領官又審之如有踏驗不實者罪之各品科田損實則令其田主自審收租

租稅 太祖元年七月謂有司曰泰封主以民從欲惟

事聚斂不遵舊制一頃之田租稅六碩管驛之戶賦絲三束遂使百姓輟耕廢織流亡相繼自今租稅征賦宜用舊法光宗二十四年十二月判陳田墾耕人私田則初年所收全給二年始與田主分半公田限三年全給四年始依法收租成宗十一年判公田租四分取一水田上等一結租二石十一斗二升五合五勺中等一結租二石十一斗二升五合下等一結租一石十一斗二升五合旱田上等一結租一石十二斗一升二合五勺中等一結租一石十斗六升二合五勺下等一結缺 又水田上等一結租四石七斗五升中等一結三石七斗五升

下等一結二石七斗五升旱田上等一結租二石三斗七升五合中等一結一石十一斗二升五合下等一結一石三斗七升五合顯宗四年十一月判文武兩班諸宮院
田受三十結以上一結例收稅五升靖宗七年正月
三司奏諸道外官員僚所管州府稅貢一歲米三百
石租四百斛黃金一十兩白銀二斤布五十疋白赤
銅五十斤鐵三百斤鹽三百石絲緜四十斤油蜜一
石未納者請罷見任從之四月門下省奏北路寧州
等三十三州東路高和等州鄰於敵境防禦事殷未
嘗徵稅已卯年間有司奏定稅額前項兩路州鎭一
年貢布五萬二百九疋折納餱糧一萬四千四十九

斛由此邊民不樂請除放稅籍從之忠宣王二年十
一月宰樞議遣採訪使于諸道更定稅法或曰今郡
縣田野盡闢宜量田增賦以贍國用宰樞恐其所占
田園入官事遂寢忠肅王五年五月下敎曰太尉王
彰念州縣稅額日減民生日殘遣使廵訪均定貢賦
今於荒田徵銀及布以充貢額不惟貢賦無實士民
怨咨自今勿收荒田租廵訪使所定田稅每歲州郡
據額收租權勢之家拒而不納鄕吏百姓稱貸充數
無有紀極失業流亡其不納稅者勿避權貴糾察以
聞恭愍王五年六月下旨曰西北面土田未嘗收租

委之防戍其來尚矣近來權勢多所兼幷自今可官
爲撿括每一結賦一石以支軍須古者租稅之納許
民自量自槩今之官吏大斗剩量民甚苦之其令州
郡官躬親監視中外公私同其斗斛十一年密直提
學白文寶上劄子國田之制取法於漢之限田十分
稅一耳慶尙之田則稅與他道雖一而漕輓之費亦
倍其稅故田夫之所食十八其一元定足丁則七結
半丁則三結加給以充稅價辛禑九年二月左司議
權近等上書曰傳曰民者邦之本也財者民之心也
故失其心則民散失其本則邦危比年以來征戰不

息水旱相仍民有飢色野有餓莩加之一田三兩其
主各徵其租以割民心所在官司按廉察訪不能呵
禁哀此煢獨誰因誰極邦本之危莫此爲甚臣等每
念至此潸爲痛心願自今一依本國田法京中版圖
司外方按廉使斷決所爭勝者收租一田一主使民
穌息如有違者痛行禁理八月我
太祖獻安邊之策曰東北一道州郡介於山海地狹
且堉今其收稅不問耕田多寡唯視戶之大小和寧
於道內地廣以饒皆爲吏民地祿而其地稅官不得
收取民不均餉軍不定今後道內諸州及和寧一以

耕田多寡科稅以便公私

貢賦定宗四年光宗卽位命元甫式會元尹信康等定州縣歲貢之額文宗二十年六月判諸州縣每年常貢牛皮筋角以平布折價代納睿宗三年二月判京畿州縣常貢外徭役煩重百姓苦之日漸逃流主管所司下問界首官其貢役多少酌定施行銅鐵瓷器紙墨雜所別貢物色徵求過極匠人艱苦而逃避仰所司以其各所別常貢物多少酌定奏裁九年十月判貢中布一疋折貢平布一疋十五尺貢紵布一疋折貢平布二疋貢緜紬一疋折貢平布二疋明宗

十八年三月下制諸州府郡縣百姓各有貢役邇來守土員僚斜屬使令徵取役價其貢賦經年除免掾吏之徒並遵此式役之不均貢戶之民因此逃流各道使者廵行按問如此官以罪奏聞其餘掾吏依刑黜職令均貢役忠烈王十四年九月遣使于忠清全羅慶尚西海道酌定貢賦二十二年六月中贊洪子藩上書一曰今諸道收斂細紵布民實不堪宜令官婢免役者紡績以紓民力二曰貢賦已有定額又於諸道家抽細麻布實係橫斂宜禁絕之三曰田無役主亡丁多矣民無恒心逃戶衆矣凡有貢賦仍令遺民當之此所以日益凋弊也宜令賜給田隨其多少納其貢賦四曰諸道貢賦已有定數今又以虎豹熊皮爲貢不唯科斂煩重恐致猛獸害人誠宜禁之忠肅王元年正月忠宣王諭田民計定使曰先王置州縣定貢賦斂民以時以充國用兵興以來戶寡田荒貢賦之入不古若自己巳量宜定額之後提察守令固執其額徵斂不正病民實多宜以見在田口更定貢賦民流野荒者限年蠲免其餘雜貢亦宜詳定有減無加凡諸民弊隨宜革正二月以知密直事蔡洪哲爲五道廵訪計定使內府令韓仲熙爲副使民部

議郎崔得枰爲判官量田制賦凡便民事宜將式目都監所啓條畫酌定損益其諸道提察使及守令有罪者無論輕重直行科斷閏三月忠宣王傳旨曰廵訪計定使蔡洪哲等所定貢賦視州郡殘盛均定其額以贍國用要令百姓安業後八年五月監察司榜示禁令兩倉祿轉各司貢物近因輸納失期用度不足致使貨殖之徒乘時射利先納其本卽徙其鄉倍收利息民何以堪其各道存撫按廉守令等官輸納後期者嚴加糾劾忠惠王後四年七月追徵各道往年貢賦餘羨縣吏不堪其苦遂自刎恭愍王元年二

月下宥旨諸官司外郡貢賦未輸者先徵郡人住京者住京者稱貸而倍收於民又先二三年或四五年徵其貢賦弊莫甚焉今後凡貢賦守令按廉及期送納監察嚴加體察以除民害宣宗五年七月定雜稅栗柏大木三升中木二升小木一升漆木一升麻田一結生麻十一兩八刀白麻五兩二目四刀忠惠王後四年十一月江陵道獻山稅松子三千石恭愍王五年六月下旨賊臣之黨擅占山澤重收其稅國用日乏民生益凋自今山林屬繕工澤梁屬司宰弛禁輕稅

户口

國制民年十六爲丁始服國役六十爲老而免役州郡每歲計口籍民貢于户部凡徵兵調役以户籍抄定仁宗十三年二月判居京大小人員子弟謀避徭役各於本貫親戚户籍類付以致名實混淆自今京人付外籍者痛禁忠烈王五年九月分遣計點使於諸道初都評議使司言太祖奠五道州郡經野賦民皆有恒制近來兵饉相仍倉儲懸罄橫斂重於常貢逋户累其遺黎是宜計户口更賦稅以革姑息之弊由是累發計點使而未見成效及東征之役發民爲兵故復有是命忠肅王十二年十月下教曰開城府五部及外方州縣以百姓爲兩班以賤人爲良人僞造户口者據法斷罪權勢之家廣置田庄招誘人民不供賦役者所在官司推刷其民以充貢户恭愍王二十年十二月下教曰本國户口之法近因播遷皆失其舊自壬子年爲始幷依舊制良賤生口分揀成籍隨其式年解納民部以備參考單丁從役自丙申年已在禁限官吏不體予意役使如初尤可憐憫須給助役毋令失業年滿六十免役東西兩界新附人户理立安集其令都巡問使給粮與田無令失業辛

禑四年十二月計點户口十四年八月大司憲趙浚上疏曰近來户籍法壞守令不知其州之户口按廉不知一道之户口當徵發之際鄉吏欺蔽招納賄賂富壯免而貧弱行貧弱之户不堪其苦而逃則富壯之户代受其苦亦貧弱而逃矣其任徵發者憤鄉吏之欺蔽痛加酷刑割耳劓鼻無所不至鄉吏亦不堪其苦而逃矣鄉吏百姓流亡四散州郡空虛者户口不籍之流禍也願令當量田審其耕作之田以所耕多寡定其户上中下三等良賤生口分揀成籍守令貢于按廉按廉貢于版圖朝廷凡徵兵調役有所憑

依及時發遣而守令按廉如有違法者輒繩以理恭讓王二年七月都堂啓舊制兩班戶口必於三年一成籍一件納於官一件藏於家各於戶籍內戶主世系及同居子息兄弟姪婿之族派至於奴婢所傳宗派所生名歲奴妻婢夫之良賤一皆備錄易以考閱近年以來戶籍法廢不惟兩班世系之難尋或壓良爲賤或以賤從良遂致訟獄盈庭案牘紛紜願自今倣舊制施行其無戶籍者不許出告身立朝且戶籍不付奴婢一皆屬公王納之然竟未能行

農桑

農桑衣食之本王政所先太祖卽位之初首詔境內放三年田租勸課農桑與民休息成宗五年五月教曰國以民爲本民以食爲天若欲懷萬姓之心惟不奪三農之務咨爾十二牧諸州鎭使自今至秋竝宜停罷雜務專事勸農予將遣使撿驗以田野之荒闢牧守之勤怠爲之褒貶焉六年六月收州郡兵鑄農器顯宗三年二月教曰西北州鎭自經兵亂民之資粮今當農作之時無以墾植其令本道官吏給粮與種毋使失業三月教曰洪範八政以食爲先此誠富國強兵之道也比者人習浮靡棄本逐末不知稼穡

其諸道錦綺雜織甲坊匠手竝令抽減以就農業七年正月教曰江南郡縣以去歲不登民多饑饉所在官給粮種以勸農耕九年二月都兵馬使奏興化鎭自經寇亂民戶竝無牛畜乞借官牛以助農耕從之十一月以于山國被東北女眞所寇廢農業遣李元龜賜農器十六年三月判外人來京訴訟者自三月初一日竝令歸農十九年正月判令諸道州縣每年桑苗丁戶二十根白丁十五根田頭種植以供蠶事德宗三年三月教曰農桑衣食之本諸道州縣官勉遵朝旨無奪三時以寧百姓靖宗二年正月御史臺

言諸道外官使民不時有妨農事請遣使審察黜陟從之七年二月門下省論奏郡縣比年不登民常艱食實由方岳官吏政不合民心刑不順天意致傷和氣以至於此請下令恤刑勸農以救民瘼制可文宗元年二月西北路兵馬使楊帶春奏轄下連州防禦長吏軍民等八百餘人告云防禦副使蘇顯自下車以來勸課農桑存恤民庶政績茂著理合升聞制令吏部准制量用三年三月東北路監倉使奏交州防禦判官李惟伯所部連城長楊吏民等言惟伯上任以來勸農恤民雖秩滿當代願得見借十二月東北

路兵馬使奏求興鎭軍戍厚等三百二十餘人狀告鎭將尙舍直長丁作臨勸農桑均賦役修城郭備戰具又於沙石不耕之地勸種雜穀歲收二百餘斛功課爲最雖已考滿願借留任王嘉歎並許之二十年四月制曰書曰食哉惟時一夫不耕必有受其飢者郡牧之職農桑爲急諸道外官之長皆令帶勸農使睿宗三年二月制近來州縣官祇以官院朝家田令入耕種其軍人田雖膏腴之壤不用心勸稼亦不令養戶輸粮因此軍人飢寒逃散自今先以軍人田各定佃戶勸稼輸粮之事所司委曲奏裁仁宗五年三

月詔勸農力田以給民食六年三月詔曰勸農桑足衣食聖王之所急務也今守令多以聚斂爲利鮮有勤儉撫民倉庾空虛黎庶窮匱加之以力役民無所措手足起而相聚爲盜甚非富國安民之意其令州郡停無用之事罷不急之務躋民安富副朕憂勤二十三年五月輸粮都監奏令諸道州縣地品不成田畝桑栗漆楮隨地之性勸課栽植從之高宗三十年二月遣諸道巡問使閔曦于慶尙州道孫襲卿于全羅州道宋國瞻于忠淸州道又遣各道山城兼勸農別監凡三十七人名爲勸農實乃備禦也巡問使尋

以煩冗請罷勸農別監從之四十二年五月分遣諸道勸農使四十六年二月發新興倉白銀十斤易穀種給貧民元宗十五年五月元遣使詔勸課農桑儲峙軍粮仍命洪茶丘提點農事忠烈王三年二月置農務都監忠烈王三十四年八月忠宣王復位十一月下教農桑衣食之本安有司勸課不至曠損無賴之徒不得縱牛馬食踐禾稼其遭水旱去處各道提察撿聞可蠲免一年租賦恭愍王十一年密直提學白文寶上劄子江淮之民爲農而不憂水旱者水車之力也吾東方人治水田者必引溝澮不解水車之

易注故田下有渠曽不足尋丈之潑下瞰而不敢激是以汙萊之田什常八九宜命界首官造水車使效工取様可傳於民間此備旱墾荒第一策也又民得兼務於下種揷秧則亦可以備旱不失穀種

貨幣 市估

貨幣之制爲國所先蓋以贍國用而裕民力也成宗十五年四月始用鐵錢穆宗五年七月教曰自古有國家者率先養民之政務崇富庶之方或開三市以利民或用二銖而濟世遂使生靈滋潤風俗淳厖惟我先朝式遵前典爰頒冊詔俾鑄靑蚨數年貫索盈

倉方圓適用仍命臺臣而開宴旣諏吉日以使錢自
此以來行之不絶寡人叨承丕緒祗奉貽謀特興貨
買之資嚴立遵行之制近覽侍中韓彥恭上疏言欲
安人而利物須仍舊以有恒今繼先朝而使錢禁用
麤布以駭俗未遂邦家之利益徒興民庶之怨嗟朕
方知啓沃之精詞詎可棄遺而不納使存務本之心
用斷使錢之路其茶酒食味等諸店交易依前使錢
外百姓等私相交易任用土宜肅宗二年十二月教
曰自昔我邦風俗朴略迄于文宗文物禮樂於斯爲
盛朕承先王之業將欲與民間大利其立鑄錢官使

百姓通用六年四月鑄錢都監奏國人始知用錢之
利以爲便乞告于宗廟是年亦用銀瓶爲貨其制以
銀一斤爲之像本國地形俗名闊口六月詔曰金銀
天地之精國家之寶也近來姦民和銅盜鑄自今用
銀瓶皆標印以爲永式違者重論七年十二月制富
民利國莫重錢貨西北兩朝行之已久吾東方獨未
之行今始制鼓鑄之法其以所鑄錢一萬五千貫分
賜宰樞文武兩班軍人以爲權輿錢文曰海東通寶
且以始用錢告于太廟仍置京城左右酒務又於街
衢兩旁勿論尊卑各置店鋪以興使錢之利九年七

月命州縣出米穀開酒食店許民貿易使知錢利時
泉貨之行已三歲矣民貧不能興用故有是命睿宗
元年中外臣僚多言先朝用錢不便七月詔曰錢法
古昔帝王所以富國便民非我先考殖貨而爲之也
況聞大遼近年亦始用錢乎凡立一法衆謗從起故
曰民不可慮始不意羣臣託太祖遺訓禁用唐册狄
風之說以排使錢然其所禁蓋謂風俗華靡耳若文
物法度則捨中國何以哉忠烈王十三年四月禁市
中合鑄銀銅時用碎銀爲貨以銀銅合鑄故禁之是
月元遣使詔頒至元寶鈔與中統寶鈔通行以至元

鈔一貫當中統鈔五貫使爲子母用二十二年五月
中贊洪子藩上書國用金銀爲重而無出處宜令東
西各房行役各官新除行役所斂物件内三分取二
以補國用忠惠王元年四月始用新小銀瓶一當五
綜布十五疋禁用舊瓶恭愍王五年九月都堂令百
司議幣諫官獻議曰本國近古以碎銀權銀瓶之重
爲幣而以五升布貿而行之及其久也不能無弊銀
瓶日變而至于銅麻縷日麤而不成布議者欲復用
銀瓶愚等以爲一銀瓶其重一斤其直布百餘疋今
民家蓄一疋布者尚寡若用銀瓶則民何以貿易哉

或議曰宜用銅錢然國俗久不用錢一朝遽令用之民必興謗或曰宜用碎銀然散出民間而無標識則貨幣之權不在於上亦爲未便令銀一兩其直八疋宜令官鑄銀錢錢有標識隨其兩數輕重以準帛穀多寡比之銀缾鑄造易而用力少比之銅錢轉輸輕而取利多官民軍旅庶幾有便凡産銀之所復其居民令採納官其國人所畜銀器悉令納官鑄錢以與之幷用五升布則公私便矣且其布子自丁酉爲始納官標印然後方許買賣其掌印之官内則京市署主之御史臺考之外則知官以上主之存撫按廉以

時糾察如有用無印布及掌印看循任縱者並理以法則數年之間將見詐僞絶而物價平矣恭讓王二年六月以 大明錢貫與本國布疋難以準計今後每一貫準布五疋三年三月中郎將房士良上書曰天下之間雖方殊而俗異其士農工商各以其業資其生以有易無彼此通用者錢也自禹鑄塗山用設九府以來至于今通行者無他其質堅貞其用輕便火不燒水不濕貿遷而益光致遠而無咎鼠不能耗刃不能傷一鑄之成萬世可傳故天下寶之本朝麗布之法出於東京等處若干州郡且此布之弊用無

十年之久乍遭烟濕便爲灾朽縱盈公廩未免鼠漏之傷頗立官鑄錢兼倣楮幣爲貨一禁麗布之行王納之四月命三司會計中外錢穀出納七月都評議使司奏罷弘福都監爲資贍楮貨庫請造楮幣曰竊聞禹九年水湯七年旱以歷山庄山之金並鑄幣以救民困至周太公又立九府圜法此錢貨之始也自漢至今代各有錢若宋之會子元之寶鈔則雖變錢法實祖其遺意蓋亦莫非備灾患而便民用也吾東方之錢如三韓重寶東國通寶東國重寶海東重寶東海通寶載之於中國傳籍蓋可攷也近古又造銀

缾爲貨皆與布疋子母相權後因法弊銅錢銀缾俱廢不行遂專用五綜布爲貨近年以來布縷麤疎漸至於二三升女功雖勞而民用不便輸之則牛汗積之則鼠耗商賈不行米穀踴貴蓋由於此今殿下勵精圖治政化更新唯此一事尚循舊弊如有一二年水旱之灾數十萬軍旅之費則將何以處之爲今之計銀銅既非本國所産錢缾之貨卒難復行宜令有司參酌古今依倣會子寶鈔之法置高麗通行楮貨印造流布與五綜布相兼行使聽民間買賣諸物及赴京外倉庫場所折納諸色米貢物貨其疎縷之布

一切禁之庶爲便益四年四月侍中沈德符等上言一曰革資贍楮貨庫其巳印楮貨還合作紙其印板則令燒毁之二曰國家錢財出納都評議使司於該司直行文牒而該司以其原額及糜費之數每當月晦輒報三司

市估 顯宗五年六月三司奏物價騰踊麤布一疋直米八斗雖因歲稔乃穀賤何請量其輕重增損其價從之忠烈王八年六月都評議使司牓曰民生之本在於米穀白金雖貴不救飢寒自今銀甁一事折米京城率十五六石外方率十八九石京市署視歲豐

歉以定其價九年七月監察司出牓舊例銀甁直米二十石今改定十石九月以市人不行貿易乃許復舊忠肅王十五年十二月資贍司狀申銀甁之價日賤自今上品甁折實布十疋貼甁折布八九疋違者有職徵銅白身及賤人科罪判可時鑄銀甁雜以銅銀少銅多故官雖定價人皆不從忠惠王後四年七月令各寺院買古銅甁隨等差以進少不下三十口甁價更高恭愍王十一年十一月米四斗直布一疋金銀價賤或有金一錠米當五六石中外皆然辛禑七年八月京城物價踊貴商賈爭利錐刀崔瑩疾之凡市物令京市署評定物價識以稅印始許買賣無印識者將鉤脊筋殺之於是懸大鉤於署以示之市人震慄事竟不行恭讓王三年三月中郎將房士良上書曰司馬遷曰用貧求富農不如工工不如商刺繡文不如倚市門臣亦以爲四民之中農最苦工次之商則遊手成羣不蠶而衣帛至賤而王食富傾公室僭擬王侯誠理世之罪人也竊觀本朝農則稪畝而稅工則勞於公室商則旣無力役又無稅錢願自今其紗羅綾段綃子緜布等皆用官印隨其輕重長短逐一收稅潛行買賣者並坐違制

鹽法 國家所資鹽利最大國初之制史無可攷忠烈王十四年三月始遣使諸道榷鹽十八年七月分遣鹽稅別監于慶尚全羅忠清三道二十二年六月中贊洪子藩上書曰鹽之有稅已有定額今於州縣強行科斂誠宜禁之二十四年正月忠宣王卽位教曰鹽稅自古天下公用今諸宮院寺社與勢要之家皆爭據執不納其稅國用不足有司窮推除罷忠宣王元年二月傳旨曰古者榷鹽之法所以備國用也本國諸宮院寺社及權勢之家私置鹽盆以專其利國用何

由可贍今將內庫常積倉都鹽院安國社及諸宮院
內外寺社所有鹽盆盡行入官估價銀一斤六十四
石銀一兩四石布一疋二石以此爲例令用鹽者皆
赴義鹽倉和買郡縣人皆從本管官司納布受鹽若
有私置鹽盆及私相貿易者嚴行治罪於是始令郡
縣發民爲鹽戶又令營置鹽倉民甚苦之楊廣道鹽
盆一百二十六鹽戶二百三十一慶尙道鹽盆一百
七十四鹽戶一百九十五全羅道鹽盆一百二十六
鹽戶二百二十平壤道鹽盆九十八鹽戶一百二十
二江陵道鹽盆四十三鹽戶七十五西海道鹽盆鹽

戶幷四十九諸道鹽價布歲入四萬疋忠肅王五年
五月下敎太尉王濬慮朝聘之需不給以諸道鹽盆
悉屬民部平價給鹽以利公私令鹽場官先徵價布
鹽不及民者十常八九其考未受鹽者悉給之十二
年十月下敎各處鹽戶人有定數貢有定額近年以
來鹽戶日損貢數仍存內外營鹽官不行察體以逋
戶貢鹽加徵貢戶以充本數民甚苦之如有逋逃者
所在官司推還本役其有未得根尋與夫故歿無後
者並除貢數諸倉貢民亦依此例忠惠王元年七月
置五道鹽場別監尋罷之恭愍王六年九月分遣諸

道鹽鐵別監右諫議李穡起居舍人田祿生右司諫
李寶林左司諫鄭樞等上書論鹽鐵別監之弊曰今
特遣別監以鹽鐵爲名民聽必駭下一新令吏緣爲
姦弊生百端別監必欲多得稅布因以要寵民不受
鹽無異平日納布之苦今茲甚矣若令存撫按廉行
之民以爲常不至驚駭特以歲月課其功緖民不敢
違必有成效況永陵之時凡所聚斂無所不爲獨於
鹽鐵別監一試之而不復議況今一遵祖宗之法以
淸明爲治而議及於此恐爲盛代之累王召宰相臺
省問鹽鐵利害穡寶林稱疾祿生樞固執前議左諫

議南競與同列素不相能獨曰遣之便左侍中廉悌
臣亦言鹽鐵使業已定矣不可改也王從之九年四
月除各道鹽稅十一年密直提學白文寶上劄子忠
宣王時所定鹽戶因散亡元額日減朔鹽不足然民
間朔布則一依前例收納故鹽沒布在吏緣爲姦民
雖納布而未受一升之稅今後以鹽多寡準布之數
均給以此爲式十二年五月教曰鹽法之設本以裕
國便民法久弊生反爲民患宜令各道存撫按廉使
取勘鹽戶見數給鹽方許納布十九年十二月門下
府啓曰榷鹽之法尙矣是以先王置鹽倉於濱海之

州乃令濱陸之民納稅和賣以通上下之利近者法久弊生納稅而未受者或至十年民無所賴私販遽興非先王之本意也請自今令鹽户安其所業又使守令償民所納仍禁私販王從之恭讓王二年八月都堂啓東西兩界境連上國且因水旱民生艱難請減鹽稅從之三年七月都堂啓鹽鐵國課之大者本朝鐵人皆私之而官未立法宜置冶官鐵户一如鹽法以資國用上從之然事竟不行

科斂

凡國有大事用度不敷則臨時科斂以支其費焉穀

宗十一年十月以太府寺油蜜告匱徵斂諸寺院以充齋醮之費高宗十三年三月令諸王及大小臣民出豆有差以助元軍屯田牛料十八年十二月令百官出衣有差以助國贐諸王宰樞以上卷錦二色綾衣三四品二色綾衣五品權參以上綈紬衣各一領四十年十二月以進奉及饋遺蒙古諸官人求寧公妃主妃母洪福源等金銀布帛不可勝計府庫皆竭令文武四品以上出白金一斤五品紵布四疋權參以上三疋八品以上一疋以充其費四十六年四月遣太子倎奉表如蒙古文武四品以上各出白金一斤五品以下出布有差以充其費元宗元年十月中書門下奏收外官銀器於新興倉以支國用二年四月遣太子諶如蒙古賀平阿里孛哥時宰樞至四品人出銀一斤五品人出白紵布二疋六品一疋七八九品二人並一疋以助行李之費五年七月命外方各道科斂白銀以備親朝盤纏七年七月權臣金俊令四品以上出銀有差充國贐十一年十一月命宗室百官出紬絹有差以供軍衣十二年二月命有司斂銀物布貨宰樞各出白銀一斤三品紵布四疋四品三疋五六品二疋七八品一疋以充親朝之費十

一月以蒙古軍馬久留府庫匱竭供給不支斂馬料于京中户二石民多逃散乃減一石十三年十二月又斂馬料于各班三品六石四品五石以至微官收斂有差是月世子諶如元出大府黃金三斤七兩長興庫白金四百三十斤七兩興王寺一百五十斤安和寺一百斤普濟寺七十斤又令宰樞承宣以上各出一斤以充行纏十四年二月令六品以上出酒有差以餉軍士六品以下輸馬料于開城又令諸王宰樞四品以上各出馬一匹五六品二人并出一匹或奪民馬以換軍士瘦馬五月令百官出銀有差以充世

子嘉禮之費忠烈王元年三月以帑藏匱竭斂白銀諸王宰樞承宣班主八兩宰樞致仕及三品六兩三品致仕及四品四兩五品三兩六品二兩以充客使之求十二月置盤纏色斂銀諸王宰樞承宣班主一斤宰樞致仕者正三品十三兩從三品十一兩以至權務尉正各出有差坊里二户幷一兩又斂銀及紵布于各道四年正月令諸王宰樞至權務出草料有差以餉忻都茶丘軍馬二月又令諸王至權務出蒭豆以給忻都茶丘軍馬十二月宰樞請親朝許之令自諸王至五六品出細紵布有差以充國贐五年十

月斂諸王百僚銀紵有差以充盤纏十四年十月兩府宰樞議先王設倉廩儲蓄積以充國用而備凶荒比來郡縣惟患賦稅多欠百官月俸且未準給國家如有不虞之需將何以支宜立直倉員吏據兩班祿科田數當秋科斂以贍其用從之於是張榜約日斂米隨品有差至於工商賤隷科等收納十五年二月遼東饑元遣張守智等令本國措辦軍粮十萬石轉于遼東王命羣臣出米有差諸王承旨以上七石致仕宰樞三品以上五石散官宰樞三石散官三品二石致仕三品顯任四品四石散官四品一石五品三

石散官五品八斗侍衛將軍六品二石七八品叅上副使僧錄職事一石九品叅外副使八斗權務隊正別賜散職七斗軍官百姓公私奴婢以五斗三斗爲差富商大户三石中户二石小户一石各道輸米有差唯除東界平壤二道三月又令羣臣加出米有差二十一年四月遣大將軍劉福和祇候金之兼等送錢幣于世子時世子請婚其費不貲内則七品以上科斂白金外則減慶尚道甲午年租稅分給郡縣每白金一斤折米三十石徵求急於星火民甚苦之又遣中郎將宋瑛等航海往益都府以麻布一萬四千

疋市楮幣王欲親往爲世子行聘禮乃於全羅忠清兩道家抽麻布以軍粮抑買怨讟並興恭愍王三十一年九月以調度不給增斂於民大户米豆各一石中户米豆各十斗小户米豆各五斗名之曰無端米民甚苦之(無端方言無妨)辛禑五年三月置盤纏色令諸君兩府至九品時散勿論各出五升布隨品有差十年八月令兩府至六品出金銀有差又括斂諸道以充歲貢是月都堂取曾國大長公主眞殿金銀器以充其不給十一年十一月令國人隨官品出馬以充歲貢恭讓王四年二月令百官出馬有差以充進獻

借貸

凡公私借貸以米十五斗取息五斗布十五疋取息五尺以爲恒式成宗元年十月制令民間貸債出息者子毋相侔更勿取息顯宗二十二年五月令公私貸民穀米者只取其本蠲其息靖宗九年十二月判諸公私米布貸者身歿後勿許追徵文宗元年立子毋停息之法貸一石者秋納一石五斗二年一石十斗三年二石四斗停息五年三石六年後停息忠烈王三十四年十一月忠宣王下教曰市肆商賈貿遷有無資生在前迎送國贐宴禮諸色官虛給文契取

用百物不還其直甚者公然攬奪怨讟不少宜令各司撿考文契如數歸還今後盡行雇買不得騷擾外方民吏無因科斂煩重至有轉賣男女貸物納官積年未還實可哀矜宜速公還其直付其父母忠肅王十二年十月下教公私諸債年月雖多只還一本一利如有倒換文契恣行不法者官治其罪貧民未償宿債賣其子女者所在官司贖還父母役使歲月既準其價官收文契各令放還恭愍王十一年密直提學白文寶上劄子貧民歲耕數畝租稅居半故不能卒歲而之食至明年東作之時稱貸富户之粟以備

種食今官吏不恤民患以禁富民縱貸倍息自後勸勉富民優其貸假依例子毋停息貸者延引歲月而妄訴債主者當科其罪辛禑元年二月宥旨外吏上京因各司催納貢物及徵拖欠稱貸私錢倍償其直害及於民仰都評議司置常平濟用庫止取其本以便借用其外方州府亦令置之除任領内倍償之弊各官司除都評議司行移外毋得擅行徵納公私營息錢粮止取一本一利貸者不在毋令徵及族人有取利中之利徵還貸者洪武八年二月十三日以前典當子女無論久近並許放還四年十二月憲司上

疏論時弊諸道公廨所儲米豆貸民多糶利其無滋息屢歲不納按廉守令互相遞代不能糾察因此國用日就虛竭乞依元糴之額督徵輸倉自今於一石取息三斗以救其弊恭讓王元年十二月大司憲趙浚等上疏凡公私滋息一本一利耳比來貨殖之徒惟利是視一本之利或至于十倍假貸之徒鬻妻賣子終不能償故國家已有禁令今供辦都監寶米滋息無窮至使貸者蕩家失業非國家恤民之意也願自今一本一利毋得剩取

漕運

國初南道水郡置十二倉忠州曰德興原州曰興元牙州曰河陽富城曰永豐保安曰安興臨陂曰鎭城羅州曰海陵靈光曰芙蓉靈巖曰長興昇州曰海龍泗州曰通陽合浦曰石頭又於西海道長淵縣置安瀾倉倉置判官州郡租稅各以附近輸諸倉翼年二月漕運近地限四月遠地限五月畢輸京倉限內發船因風失利梢工三人以上水手雜人五人以上幷米穀漂沒者勿徵限外發船梢工水手三分之一敗沒者其官色典梢工水手等平均徵納成宗十一年定漕船輸京價運五石價一石通潮浦(前號末潮浦泗州通陽倉在焉)螺浦(前號骨浦合浦縣石頭倉在焉)運六石價一石波平浦(前號夫沙浦樂安郡)潮陽浦(前號沙飛津昇平郡海龍倉在焉)風調浦(前號馬西良浦)海安浦(前號麻老浦光陽郡)安波浦(前號冬島浦兆陽縣)利京浦(前號名丁浦麗水縣)麗水浦(前號金遷浦太原郡)銀蟾浦(前號蟾口浦平原郡)運八石價一石潮東浦(前號薪浦靈巖郡長興倉在焉)南海浦(前號木浦通義郡)通津浦(前號置乙浦羅州海陵倉在焉)德浦(前號德津浦務安郡)崑岡浦(前號白巖浦陰竹縣)黃麗浦(前號黃利內地)海葦浦(前號葦浦長淵縣)運九石價一石利通浦(前號屈乃浦合豐郡)勵涉浦(前號主乙在希安郡)芙蓉浦(前號阿無浦靈光郡芙蓉倉在焉)速通浦(前號所津浦承化郡)朝宗浦(前號鎭浦臨陂郡鎭城倉在焉)濟安浦(前號無浦保安郡安興倉在焉)古塚浦(前號大募浦安山郡)西河郡浦(前號豐州)運十

三石價一石利涉浦(前號葛城浦豐山縣)風海浦(前號松弗浦海豐郡)懷海浦(前號居伊彌浦新平郡)便涉浦(前號打伊浦牙州河陽倉在焉)運十五石價一石媚風浦(前號夫支浦漢南郡)息浪浦(前號加西浦)白川浦(前號金多川浦大川郡)運二十一石價一石潮海浦(前號省草浦)清水浦(前號乫亇實浦)廣通浦(前號津浦孔岩縣)楊柳浦(前號楊等浦金浦縣)德陽浦(前號所支浦德陽郡)靈石浦(前號名亇浦)居安浦(前號居乙浦金浦縣)慈石浦(前號甘岩浦同縣)運十石價一石澄波浦(前號登承浦)安石浦(前號犯貴伊浦)柳條浦(前號柳汀浦)梨花浦(前號梨浦)濚花浦(前號花因守寺浦)文峕浦(前號仰峕浦竝川寧郡)陽原浦(前號莞津浦)花梯浦(前號花連梯浦)恩波浦(前號仇知津)虞山浦(前號山尺浦)神魚浦(前號小神寺浦竝楊根郡)運十八石價一石尚原浦(前號上津村浦淮安郡)和平浦(前號無限浦)鹵水浦(前號未音浦廣陵郡)從山浦(前號居知山浦同郡)運二十石價一石德原浦(前號置音淵浦廣陵郡)濴原浦(前號果州浦)同德浦(前號同志浦淮安郡)濴逐浦(前號下置音淵浦始興郡)丹川浦(前號赤於浦同郡)靖宗朝定十二倉漕船之數石頭通陽河陽永豐鎭城芙蓉長興海龍海陵安興各船六艘竝哨馬船一船載一千石德興二十艘興元二十一艘竝平底船一船載二百石文宗三十三年正月判公私漕運穀米梢工水手等托爲敗船溺水私自分用者竝令徵之

祿俸

(妃主祿 外官祿) 宗室祿 文武班祿

高麗祿俸之制至文宗大備以左倉歲入米粟麥摠十三萬九千七百三十六石十三斗隨科准給內而妃主宗室百官外而三京州府郡縣莫不有祿以養廉恥而以至雜職胥史工匠凡有職役者亦皆有常俸以代其耕謂之別賜西京官祿以西京大倉歲輸西海道稅粮一萬七千七百二十二石十三斗給之外官祿半給於左倉半給於外邑高元以後國家多故倉廩虛竭祿秩不如元料宰相之俸數斛而已今取其制之可考者具列于後

妃主祿 文宗三十年定二百三十三石五斗(諸院主)二百石(貴淑妃諸公主宮主)仁宗朝更定三百石(王妃)二百石(貴淑妃諸公主宮主)

宗室祿 文宗三十年定四百六十石十斗(公)四百石(侯)三百五十石(尚書令)三百石(守太尉侯)二百四十石(守司徒司空伯)二百二十石(司空)仁宗朝更定六百石(國公)三百五十石(諸公尚書令)三百石(諸侯)二百四十石(諸伯)二百二十石(諸守司空)

文武班祿 文宗三十年定四百石(中書尚書令門下侍中)三百六十六石十斗(中書門下侍郎)三百五十三石五斗(諸殿大學士參知政事中樞院使同知院事)三百三十三石五斗(左右僕射)三百石(六部尚書左右常侍御史大夫中樞院副使簽書院事翰林學士承旨三司使中樞院直學士判閣門事上將軍)二百八十石(試六尚書左右常侍)二百四十六石十斗(判禮賓衛尉大府司宰太僕事)二百三十三石五斗(六卿秘書殿中監尚書左右丞國子祭酒)二百二十石(判將作少府事大將軍)二百十三石五斗(試六卿秘書殿中監尚書左右丞國子祭酒)二百石(直門下判司天大醫事吏部諸曹侍郎給事中中書舍人御史中丞將軍)一百八十石(試諸侍郎給事中中書舍人御史中丞)一百七十三石五斗(司天監左右諫議將作少府軍器監)一百六十石(引進使試諫議將作少府軍器監)一百五十三石五斗(大醫監六少卿國子司業秘書殿中將作少府少監內常侍閣門使試引進使)一百四十石(試大醫監六少卿國子司業秘書殿中將作少府少監)一百二

十石(司天軍器少監左右司吏部諸曹郎中御史雜端秘書殿中丞起居郎起居舍人閣門副使中郎將)一百石(起居注試司天軍器少監左右司吏部諸曹郎中御史雜端秘書殿中丞)九十三石五斗(侍御史)八十六石十斗(左右司吏部諸曹員外郎左右補闕殿中侍御史六局奉御郎將)八十六石四斗(大醫少監)八十三石五斗(試起居郎起居舍人)八十石(引進副使太史令)七十三石五斗(試大醫少監左右司吏部諸曹員外郎六局奉御)六十六石十斗(司天四官正殿中內給事左右拾遺六衛長史七寺丞侍御醫試引進副使太史令大初春德門重光殿侍衛)六十三石五斗(閣門祗候)六十石(諸陵大廟令試四官正)五十三石五斗(秘書郎國子六府將作丞)(內庫使試諸陵大廟令)四十六石十斗(門下錄事中書注書六局直長軍器丞別將試秘書郎國子大府將作丞內庫使)四十六石(內殿崇班)四十石五斗(司天丞)

四十石尚書都事七寺主簿少府將作國子主簿試軍器丞門下錄事中書注書三十六石十斗試尚書都事七寺主簿少府將作國子主簿三十三石五斗掖庭內侍伯散員三十三石試司天丞三十石國子博士東西頭供奉官二十七石大學博士國子博士試二十六石十斗太師太傅太保太尉司空司徒中尚大倉大官大盈大樂掌冶供驛內園典廐令太史丞司天主簿左右侍禁二十五石試大學博士二十三石十斗試掖庭內侍伯二十三石五斗左右班殿直校尉試中尚大倉大官大盈大樂掌冶供驛內園典廐令二十二石五斗諸陵大廟丞二十石四門博士武學博士六衛錄事中尚京市丞軍器主簿都染雜織良醞司儀典獄守宮令內庫副使靈臺郎保章正校書郎殿前承旨試諸陵大廟令十八石正陽殿侍衛十六石十斗諸殿學士大倉大官大盈大樂掌冶供驛內園典廐丞都校掌牲令諸王府典籤內謁者翰林醫官

十四石大醫博士丞律學博士太史挈壺正隊正十四石內謁者監十三石五斗三司副使十石國學學正學錄都染雜織良醞司儀典使守宮都校掌牲丞太史司辰司曆監候尚藥醫佐尚食食醫尚乘司庫司醞書正字律學助教司天卜正博士書筭博士呪噤博士諸王府錄事大醫助教醫正

外官祿仁宗朝定二百石西京留守一百六十六石十斗東南京留守一百二十石安西安北大都護副使安邊安南小都護使八牧副使八十六石十斗東西南京判官安邊安南都護副使安北安西都護判官八牧判官諸知州府郡事六十石雲龍延昌靜朔麟孟定長義等州寧德定戎平虜威遠寧朔清塞寧仁宣德元興耀德寧遠等鎮副使四十六石十斗西京錄事宣鐵和金梁蔚禮溟豐等州副使四十石東西南京掌書記安邊安南都護判官安北安西都護八牧司錄兼掌書記諸知州府副使雲

龍麟延孟昌義靜朔長定等州判官定戎清塞平虜威遠寧仁寧朔宣德寧德元興寧遠等鎮判官靜邊永興鎮溟龍津長平朝陽白嶺等鎮將撫渭博嘉肅慈郭殷成順德高文豫龜泰宜交等州副使安義鎮副使三十三石五斗宣鐵和金梁禮溟豐蔚等州判官龍岡咸從通海永清金壤瓮津翼嶺高城杆城三陟蔚珍固城巨濟縣等十二縣令二十六石十斗成順德撫郭嘉龜泰渭肅慈殷高文豫宜谷平春東交水仁原洪公岐昇等州判官昇天安長興安東京山開城等府判官南原古阜靈岩靈光寶城密城判官安義陽岩雲林臨守等鎮將靜邊龍津長平朝陽白嶺等鎮副將鎮溟縣尉西京六縣令江華耽羅長湍海陽遂安嘉林富城金口臨陂進禮金堤南海珍島綾城管城大丘一善義城基陽順安延日東萊萬頃牛峯盈德金浦等縣令二十三石五斗龍岡咸從通海永清高城杆城金壤翼嶺三陟蔚珍瓮津固城等縣尉安戎鎮將二十石東西南京安北安西都護黃廣清忠全羅晉尚龍等州法曹永豐樹德等鎮將十三倉判官西京六縣尉嘉林富城臨陂

進禮金堤海陽綾城耽羅管城大丘一善江華義城順安東萊遂安等縣尉諸監務十六石十斗安南都護法曹溟州豐州法曹十五石十斗安邊都護法曹十三石五斗開城昇平安東京山等府春公洪等州法曹

宣宗五年閏十二月判文武百官三月前差六月前出官人全祿六月後出官半祿三月後六月前差十月前出官半祿十月後出官除祿睿宗十年三司改定祿折計法大絹一疋折米一石七斗綵絲小絹各一疋折七斗小平布一疋折一斗二升五合大綾一疋折四石中絹一疋折一石綿紬一疋折六斗常平紋羅一疋折一石七斗五升大紋羅一疋折二石五

斗忠烈王六年十月以修戰艦營宮室右倉罄竭不支令左倉量減雜權務封倉祿俸以補右倉之費後有右倉所入抵數輸還然左倉亦竭宰樞封倉減半前科雜權務唯粳麥各一石耳九年正月賜武士屬散者六十餘人今年俸政房欲釋怨止謗故有是命忠肅王十一年三月教曰食君之祿而二其心非人臣也其上書京師請立瀋王者三品致仕以上皆停祿俸十六年十月廣興倉頒祿時國無紀綱人無廉恥諸衛散員別將等親到倉門或冒受或刼奪糾正不能糾治手執鞭杖終不能禁恭愍王元年正月監

察司啓請諸君閒居食祿請停俸從之二月下旨重祿勸士國初蓋有成法中世以降井地不均公府漸耗官吏不足以養廉欲望其礪節難矣有司祛不急之官禁兼幷之家以實倉廩以增俸祿五年六月教曰忠信重祿所以勸士宜令有司量宜加給且雞林福州京山府所供綾羅紬布毋得納德泉庫輸之廣興倉以備百官之俸六年九月頒祿時因倭寇漕運不通九品祿科不給七年五月都評議使司啓近因倭寇漕運不通百宮祿俸不給請諸封伯已行侍中者從宰樞科其餘伯依異姓諸君科從之十一年密

直提學白文寶上劄子曰三代之制大國方百里其次方七十里大國之卿祿可食二百八十人大夫可食七十人士可食三十六人下士與庶人可食九人今吾東方千里者二山林雖居其半十倍於百里之國而卿大夫之祿不足以食九人況其餘乎重祿之術宜令所司五品以上更議申聞恭讓王二年七月都堂啓曰非有功不封古之制也近來不論功德之有無官資之崇卑封君者太多乞自今非立大功封君及贊成事以上封君者不許給祿從之三年正月三司左使成石璘請官官祿每品減一等王只罷

月俸十月頒封倉祿一品至三品各賜一石其餘各品不及

常平義倉

常平義倉昉於漢唐饑不損民豐不傷農誠救荒之良法也國初祖其意而剏置黑倉至成宗五年七月教曰予聞德惟善政政在養民國以人爲本人以食爲天肆我太祖爰置黑倉賑貸窮民著爲常式今生齒漸繁而所儲未廣其益以米一萬石仍改名義倉又欲於諸州府各置義倉攸司檢點州府人户多少倉穀數目以聞十二年二月置常平倉于兩京十二

牧教曰漢食貨志千乘之國必有千金之價以年豐歉行糶糴民有餘則斂之以輕民不足則散之以重今依此法行之以千金準時價金一兩直布四十疋則千金爲布六十四萬疋折米十二萬八千石半之爲米六萬四千石以五千石委上京京市署糶糴令大府寺司憲臺其管出納餘五萬九千石分西京及州郡倉一十五所西京委分司司憲臺州郡倉委其界官員管之以濟貧弱忠烈王二十二年六月中贊洪子藩上書國以民爲本民以食爲天國家素無儲蓄倘有凶荒難以救活宜於中外稍置義倉戶斂米

穀以時收積以備緩急恭愍王二十年十二月教曰救荒賑飢王政所急忠宣王嘗置有備倉又設烟戶米法其慮甚遠比來名存實亡殊失賑濟之意其復忠宣王常平義倉之制辛禑四年八月憲司上言諸道連年旱荒軍食不給民轉溝壑誠可痛心宜令守令審今歲豐凶之狀量戶大小出穀有差藏之州廩以救來歲之荒且備不虞之用恭讓王元年十二月大司憲趙浚等上疏曰常平義倉之法救荒之長策耿壽昌義倉之奏長孫平社倉之議其法蓋出於周官委人之職有國家者所當先務也去歲盛夏興師

加以倭寇耕種從期收穫失候今年又被水災東南州郡蕭然赤立救荒之策不可不慮也國家旣革私田所至皆有蓄積願自今郡縣皆置常平倉其豐凶斂散之法一依近日都評議司所奏竊聞楊廣道已置常平倉宜令各道依此施行守令有不如法者罰之三年四月置五部義倉

賑恤

恩免之制　災免之制　鰥寡孤獨賑貸之制　水旱疫癘賑貸之制　納粟補官之制

恩免之制 太祖元年八月詔曰朕聞昔漢高祖收項氏之亂後令民保山澤者各歸田里減征賦之數審戶口之虛耗周武王黜殷紂之虐乃發鉅橋之粟散

鹿臺之財以給貧民者蓋爲亂政日久人不樂其生故也朕濬膺寡德獲統丕基雖資天助亦賴民推冀使黎元安堵比屋可封然承前主之圮運苟不蠲租稅勸農桑何以臻家給人足乎其免民三年租役流離四方者令歸田里仍大赦與之休息景宗卽位蠲欠債減租調成宗卽位放三年役減租稅之半七年十月宋遣禮部侍郎呂端來冊王王宣赦蠲欠負恤賑窮乏十三年四月有事大廟大赦恤孤獨賞耆舊蠲欠負放逋懸十六年八月幸東京減所過州縣人年田租之半十二月穆宗卽位放三年役除一年租

恤者舊蠲欠負放逋懸四年十一月幸中原府廵省
風俗所歷州縣減田租一年其就行程衹奉州縣半
之顯宗五年十二月減今年租税之半蠲壬子年以
前逋欠九年十二月蠲州郡二年以前逋欠租十二
年二月復安州民户二年蠲庚戌年以來逋租之半
文宗十年十一月侍中李子淵上言近因剏造興王
寺移德水縣於楊川由是百姓營葺廬舍未遑寧處
男負女提道路相繼貧者有擠壑之憂富者無按堵
之所當今視民如子覆民如天請蠲德水縣一歲賦
役制特蠲兩年十一月四月詔曰兩行冊封使副同

彙纂麗史卷之十六　五十三

時偕至其所過州縣減今年租税之半三十六年九
月王南廵至温泉十月還京緣路州縣程驛放今年
租税之半獻宗元年冬肅宗卽位詔免州縣今年租
税其徭貢未納者限癸酉年蠲免三年十月祫享于
大廟諸州府郡縣部曲減今年租税之半五年二月
免州府郡縣部曲雜所今年税布半七年十一月王
自西京還次臨津驛宣赦沿途州縣減今年田租睿
宗元年三月西海按察使奏谷州峽溪縣民多流亾
頗闕貢賦請蠲三年租税制可三年二月以封王太
后諸州郡縣進奉長吏從卒等各田丁税布全放内

庄宅及宮院諸寶(寶者方言以錢穀施納存本取息於利久遠故謂之寶)穀米
請貸未還者限乙未年東西州鎭及諸州縣鄕部曲
等雜所長吏漏失雜物色徵還及徭貢未收者限乙
酉年銀金限癸卯年並皆放除仁宗十四年五月詔
諸州縣兵築城者水軍轉輸軍餉者賜今年田租之
半毅宗十六年四月蠲諸道郡縣逋租二十一年九
月王自南京還蠲南京廣州今年租税輸役其餘州
縣半之二十三年四月還自西京下詔曰所歷州府
郡縣貢税輸役許令全放公私息利亦皆減除高宗
二十二年五月詔廣州於辛卯壬辰年狄兵圍攻能

彙纂麗史卷之十六　五十四

固守不下其免常徭雜役四十年六月宣旨轉米以
下雜貢税及諸宮院所同公廨田科式未收限庚戌
年全放諸宮院內外兩班大小寺社不實穀食據給
年遠一切放下諸州府郡縣百姓受公私穀食物故
者雖入秋成依前判死及流配勿徵之意並蠲除殘
亾尤甚州縣輸養帳限庚戌年以上全放兩界州鎭
將相將校祿及例食停給者還給將作監柴炭未收
限庚戌年以上全放四十四年閏四月蠲丙辰年以
上逋租元宗元年六月下制蠲丁巳年以上公私逋
租十年十二月以西海道諸郡有迎駕供億之艱蠲

今年租賦忠烈王四年四月教曰歷觀西海郡縣凋弊已甚自丁丑至今年租稅徭貢皆免之八年二月蠲征東戰亡者欠負官錢五月教曰開城聖祖之鄉常稅外他徭役皆蠲之九年五月蠲免公私逋欠錢二十二年正月下旨蠲外貢三年貧民因租稅而鬻子者官贖還之二十四年正月忠宣王卽位下教曰哈丹入境州郡望風迎降唯原州以孫城摧挫賊鋒其邑常徭雜貢宜復三年開城是祖鄉三大貢外除常徭雜貢諸州府郡縣稅及常徭雜貢往年未收者幷今年徭貢亦令全除各道柴炭貢諸院寺官司所

屬公廨田諸寶米等往年未收限丁酉年以上除之入朝過行西海道三稅大貢外常徭雜貢及各驛柴炭貢限今年全除忠肅王十二年十月下教曰西海平壤兩道近因行李往來供億煩劇平壤道官給粮以賑之西海道復今年租稅之半漢陽富原今値南巡應多供億其復今年租稅官吏貢賦欠納者截自甲子年以前一切蠲免恭愍王元年二月下旨諸官司貢賦自庚寅年以前一切蠲免十二年五月下教曰庚子年以前諸道州縣三稅雜貢未到官者並免追徵辛丑年以後所沒諸家之田悉充軍需其所奪

田土人民悉還舊主畿甸之民因亂流離田野多荒若非寬恤何以招來其京畿公私田租限三年三分減一自龍駒以北諸驛三道之衝供費尤多其柴炭貢與免三年二十年十二月教曰民惟邦本近來軍國事繁差發尤重其免洪武三年以前各道逋欠賦稅辛禑元年二月宥旨近年以來軍需田戶困於重斂遠輸多致荒廢凡係軍需田入量減三分之一十四年六月辛昌卽位教曰貢賦之設自有定制近因多故徵斂無藝民受其害各道州府郡縣往年逋欠未納貢物一皆蠲免今戊辰年貢物亦以被罪人等

家財充用其有先納私錢下鄕倍徵者止償其本自己巳年始納貢如舊其已發到官者不在此限恭讓王二年九月都堂啓義州泥城江界爲國藩屛宜加撫恤請蠲徭役從之

灾免之制 凡州縣奏水旱蟲霜輒蠲其租稅已輸者折減來年數或有限三年寬減者今不能悉記顯宗二十年七月以朔方道登溟州管內三陟霜陰鶴浦派州歙谷金壤碧山臨道雲巖豢猳高城安昌列山杆城翼嶺洞山連谷羽溪等十九縣並被蕃賊侵擾特蠲租賦靖宗二年密城管內牢山部曲等三所大

水放一年租稅十二月金州管內州縣水潦槩至隄
防潰溢壞廬舍損田苗遣使宣慰文宗四年二月西
北面興化道監倉使奏去戊子年道內昌州有蝗災
其年已納租稅者請依令文以損分多少折放從之
五年十一月免肅州通海永清安戎租稅六年蠲雙
阜萬頃渼溝利城四縣租賦十五年正月以龍泉驛
被水災減今明兩年租稅三十年鳳州水災蠲今年
租稅徭役肅宗六年六月以長淵縣頻年水旱免賦
役三年七年三月三司奏東京管內州郡鄉部曲十
九所因去年冬旱民多飢困乞依令文損四分以上

免租六分以上免租調七分以上課役俱免已輸者
聽折減來年租稅制可明宗二十五年九月詔曰刑
政不中謫見于天比來督斂無已嗷咻者衆致有變
異其逋租限五年寬假公私宿債亦不問高宗三十
三年五月制以西海道州郡被兵蠲徭貢七年減谷
州樹德銀貢五年四十五年二月免海島移入州縣
一年租忠烈王三年十一月以慶尚道禾穀不稔減
租稅七年五月京城饑民菜食無鹽限九年蠲鹽稅
九月命被兵州郡蠲租稅又以忠清交州西海三道
因軍旅失業減柴炭貢辛禑元年二月宥旨各道州

郡屢因倭寇加以水旱民生凋瘵仰都評議司自癸
丑年以前祿轉雜貢未收者一皆蠲免其沿海州郡
被害尤甚去處甲寅年雜貢亦行蠲免已納到官者
準作下年之數延祐甲寅以後加定貢物量宜蠲除
閏九月都評議司奏各道州縣屢經倭亂殘亾太甚
其沿海各官常徭雜貢及鹽稅等全羅道限五年楊
廣慶尚道限三年蠲免從之七年三月全羅道按廉
報民多餓死諸戍卒及人民逃散過半崔瑩議請蠲
濱海州郡三年租稅從之恭讓王二年正月以年凶
減田租六分之一三年六月教諸道有水旱霜雹蝗

災州郡驗覆免租

鰥寡孤獨賑貸之制 成宗十年七月判無父母族親
孩童有病者官給租救恤十三年三月命有司曰少
孤無養育者限十歲官給粮顯宗二年十二月教曰
鰥寡孤獨令所在賑給衣粮忠烈王三十四年十一
月下教曰七十以上無守護者其子孫犯罪流配宜
以罪之輕重移免孝養八十以上篤疾癈疾不能自
存者隨其所望勿論親疎許一名免役護養若無親
疎護養宜令東西大悲院聚會安集公給口粮差官
提調忠宣王五年八月鈞旨曰孫憫民食不足置倉

中外以廣積儲近因水旱民不聊生已發民部庫賑窮調之尚慮惸獨未盡蒙惠爾有司加發有備倉以賑之忠肅王十二年十月下教鰥寡孤獨疲癃殘疾者所在官司優加賑恤恭愍王五年六月教曰賊臣之家所有米穀減價糶賣以救鰥寡孤獨不能自存者

水旱疫癘賑貸之制

顯宗三年五月西京水旱發倉賑之七年九月江南饑饉轉關內倉穀賑之八年七月賑京城貧民靖宗二年十一月修東大悲院以處飢寒疾病之無所歸者給衣食五年東南海諸道州

縣禾穀不稔發義倉賑之六年二月靈光郡及臨陂縣饑發義倉賑之文宗元年邊民饑發義倉賑之五年二月制去歲不稔黎民阻飢以御史雜端金化崇爲西京關內西道宣撫使兵馬判官金繼參爲北界宣撫使發倉賑之六年二月關西安北兩道饑發倉賑之三月京城饑命有司集飢民三萬餘人賜米粟鹽豉以賑之十八年三月以去歲水潦開國寺南設食以施窮民四月制自五月十五日至七月十五日於臨津普通院設粥水蔬菜以施行旅二十一年四月制關內浿西道往歲禾稼不登人民飢之發安瀾

倉賑之二十二年三月制去歲京北郡縣秋稼不登民多飢之遣國子司業李成美發倉賑之宣宗三年十二月以淸全二州水潦損穀遣禮部員外郎庾晳發倉賑之十一年二月以東路高和文湧定長登交等八州宣德元興寧仁長平永興龍津等六鎭因往年水旱民多飢餓遣東路監倉使員外郎金義璿朔方道監倉使閤門祇候蘇忠監察御史林衍等宣撫賑濟睿宗四年正月以西京驛路百姓饑饉發倉賑之五月制京內人民疫置救濟都監且收瘞屍骨十二月分遣近臣賑興化雲中西海南京廣州忠淸州

等諸道飢民仁宗五年三月詔濟危鋪大悲院厚蓄積以救疾病毅宗十六年四月發倉廩賑貧窮失所者明宗十八年八月關東諸城遭水災移粟於朔方遣使發倉賑民二十三年三月分遣使于慶尙全羅楊廣道發倉賑飢九月發倉賑京城飢民高宗十三年三月制曰全羅道飢甚有蓄儲州郡宜發倉賑給其無蓄儲州郡各於私處取其贏餘賑給待豐年償之自甲申年後三稅常徭雜貢並皆停減以待豐年收納四十五年四月救急都監以年饑發雀竝倉穀賜太子府二千斛諸王宰樞各六十斛宰樞致仕及

顯官三品以上各三十斛三品致仕及文武四品各二十斛五六品各十斛九品以上七斛又賜兩班寡婦及城中居民軍士僧徒諸役人有差四十六年正月城中飢人相食移昇天府給粮與田又發倉賑宰樞寡婦前銜六品以下官及諸衛軍坊里人忠烈王六年四月發兵粮二萬石賑全羅道飢民又遣將軍金允富如元告糴中書省借兵粮二萬石賑慶尚全羅道至秋償之十三年二月賑東界飢民三月全羅道饑發倉賑之十七年六月元遣海道萬戶黃興張侑千戶殷實唐世雄以船四十七艘載江南米十萬

石來賑飢世子嘗奏比年國人征戍轉餉失其農業以致饑饉故有是賜於是頒米于七品以下七品七石八品六石九品五石權務隊正四石坊里大戶三石中戶二石小戶一石帝意本在貧乏今不先貧民富者所得居多十八年三月下教以忠清道困賦失農賜去年祿轉徭貢全羅道亦除祿轉一千石以賑之閏六月元詔江南漕運萬戶徐興祥等二人運米十萬石來賑飢民遭風漂失唯來輸四千二百石王頒米于諸領府及五部戶各一石二十一年四月元遼陽省奉帝旨以江南運米三千石賑雙城忠宣王

三年三月傳旨東西大悲院本爲醫理疾病而設令開城府同本院錄事受有備倉米以養疾病忠穆王四年二月遣使賑西海楊廣二道饑置賑濟都監王減膳以充其費發有備倉米五百石令賑濟都監施粥餓人又發全羅道倉米萬二千石以賑飢四月京城大饑疫道殣相望漕運全羅道米一千四百石以六百石分賑忠清西海二道以八百石減價換布五部貧民恭愍王三年六月以年饑發有備倉粟減價以市民置賑濟色于演福寺發有備倉米五百石糜粥以濟飢民九年六月京城饑大布一疋纔直米五

升王發廩二千石令民納大布一疋受米一斗十年三月龍州饑人相食發倉賑之十一年四月發龍門倉穀一萬石賑貸京畿飢民二十年十二月下教曰東西大悲院先王本爲惠民而設近年以來主者不爲用心致使貧病流離之人無所仰給予甚憫焉仰都評議使司司憲府常加體察取勘元屬田民以贍醫藥粥飯之資醫藥活人仁政所先國初郡縣皆置醫師民無夭札自今守令其訪醫人修合藥物以濟民命近因倭寇漕運不通遠近輸轉皆由陸路其令州郡修葺院館儲峙薪芻以便行旅二十二年四月

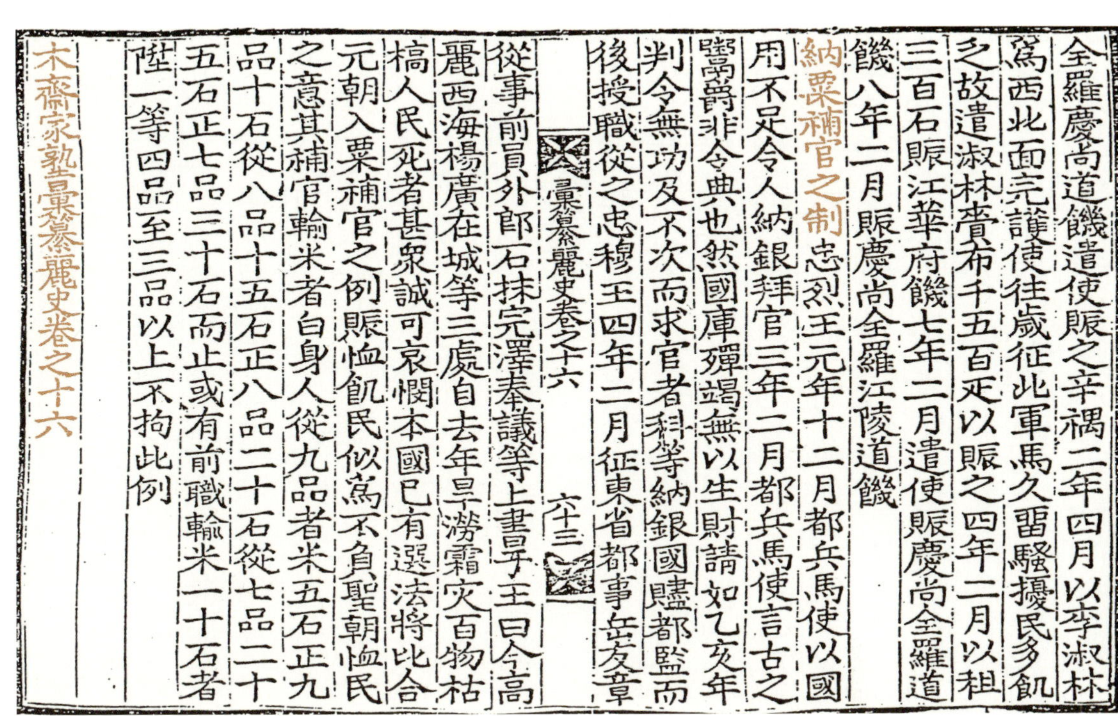

全羅慶尚道饑遣使賑之辛禑二年四月以李淑林爲西北面完護使往歲征北軍馬久留騷擾民多飢乏故遣淑林賚布千五百疋以賑之四年二月以租三百石賑江華府饑七年二月遣使賑慶尚全羅道饑八年二月賑慶尚全羅江陵道饑

納粟補官之制 忠烈王元年十二月都兵馬使以國用不足令人納銀拜官三年二月都兵馬使言古之鬻爵非令典也然國庫殫竭無以生財請如乙亥年判令無功及不次而求官者科等納銀國贐都監而後授職從之忠穆王四年二月征東省都事岳友章

從事前員外郎石抹完澤奉議等上書于王曰今高麗西海楊廣在城等三處自去年旱澇霜灾百物枯槁人民死者甚衆誠可哀憫本國已有選法將比合元朝入粟補官之例賑恤飢民似爲不負聖朝恤民之意其補官輸米者白身人從九品者米五石正九品十石從八品十五石正八品二十石從七品二十五石正七品三十石而止或有前職輸米一十石者陞一等四品至三品以上不拘此例

木齋家塾彙纂麗史卷之十七

兵志

夫兵奚而設也天以生爲德以殺爲威故聖王象之仁以類其生育義以類其肅殺兵之設久矣要之有本有末捨本而言末者非也末之不足爲而吾將專事乎本者亦非也而況有兼其本末而並失焉者乎故兵制之得失王者不可不盡心焉存諸簡冊者可稽已夫有國者之與有天下規模雖別其得失奚以遠哉我東有國肇自受封鼎峙之際干戈日尋兵制之詳邈焉難攷惟麗祖立府衛之兵頗有足稱焉蓋

古者兵法起於井田周衰王制壞至於唐立府兵始寓之於農行之數十年府兵罷兵農分迄于宋元終不能復而麗祖六衛三十八領之制體統相維頗以唐府兵爲法其摠丁授田又有得於井田之遺意可謂良法也然其教養動作節目纖悉固不能如古之盛也及其子孫時有沿革以苟利趨便而卒亦莫得其要於是兵無常制法無常守而王室陵夷兵柄下移甚至國有方張之寇而公無一旅之師國勢無復可爲矣猶得扶持延引百年而後亡者特幸耳蓋高麗有國四百餘年而兵之大勢三變其間蓋自有六衛又有五軍自是或爲三軍或復五軍而竟皆罷及其末也將多力分職任不專於是復三軍之號而高麗遂亡其措置之得失安危之所係可不審歟若乃州鎭之制翼軍之屬不可得以悉記特記其大者以爲世戒云太祖二年正月置六衛曰左右衛有保勝十領精勇三領曰神虎衛保勝五領精勇二領曰興威衛保勝七領精勇五領曰金吾衛精勇六領役領一領曰千牛衛常領一領海領一領曰監門衛一領衛皆有上將軍大將軍以統諸領領皆有將軍一人中郞將二人郞將五人別將五人散員五人尉二十

人隊正四十人每領正軍一千望丁六百而軍統於領領統於衛衛統於兵部令後置鷹揚龍虎二軍凡三領軍各有上將軍大將軍稱近仗而在六衛上靖宗二年令戶部給諸衛軍名田不足者以公田而諸衛散亡者衆初邑駕內外力役皆正軍望丁當之及屢經禍亂丁人多闕使六十祿官代爲其役由是領役艱苦爭相闕避伍衛隊正莫能堪十一年五月揭榜令五部坊里除各司從公令史主事記官有蔭品官子有役賤口外兩班及內外白丁選出充補依前田丁連立過十將六十有闕並以領內丁人轉補文

宗十八年更氏族帳籍毅宗二十一年府兵入屯于闕庭時王荒淫怠諸弟擁兵以備不虞簡其勇號內巡檢分爲兩番擐甲衣紫弓劍分立仗外雨雪不得休夜則巡警達曙諸衛士不堪其苦遂謀亂初二軍在六衛上而不相統後使二軍上大將軍及六衛諸將軍同會一處議事號曰重房而權力集于一武臣始強及是上將軍鄭仲夫與別將李義旼散員李義方李高等作亂用內巡檢軍大殺朝之文士大小無遺類放王而弒之自是武臣用事重房之權益重將軍慶大升既誅仲夫尋卒李義旼爲攝將軍崔忠獻

彙纂麗史卷之十七　三

所殺而忠獻遂執國命磔戮朝紳毒痛生靈甚於仲夫義旼而懲其忽於防衛也於是自文武官吏閑良軍人有勇力者悉招致之分爲六番更日直宿其家號曰都房當金山兵之至也以鄭叔瞻爲中軍元帥趙冲爲副李延壽都知兵馬事率五領軍禦之叔瞻等點兵於順天館擴勇之士皆爲忠獻父子所占而官軍皆老羸不堪戰諸將心懈莫有戰意而忠獻閱家兵自左梗里至右梗里重重作隊槍竿懸銀闊口三四事誇示國人以募勇士已而五軍潰國內洶洶而忠獻父子擁兵數萬以自衛及再遣趙冲破退冊

兵而忠獻忌之不酬其勞自是六衛之士日就損耗而都房兵力日盛忠獻死怡沆竩繼之四世柄國罪惡貫盈而當時忠臣猛將環視莫敢討以其有都房之士也明宗嘗因西征衛士少選良家子弟四百人執戟衛毬庭號衛國抄猛班然自是禁旅益懈散爭附都房惟金方慶以牽龍行首入直王宮盡心宿衛別將金仁俊誅崔竩郎將林衍誅仁俊廢元宗益用事一權臣除一權臣生首尾百年禍變益烈由王室不能自討權臣而世之有權力者因衆怒輒誅之取其位故也及元宗復位外藉大元兵力誅除林氏而

彙纂麗史卷之十七　四

後權臣之禍始息而三別抄之亂作初崔怡患國中多盜募勇士行夜警守因名夜別抄及諸道盜起分遣別抄以捕之軍勢寖盛遂分爲左右又以國人自虜中撥還者號神義爲一部是爲三別抄豐其餼資優其給賜以爲爪牙之用故權兇所欲爲輒爲之致死仁俊之誅竩林衍之誅俊松禮之誅惟茂皆藉其力及王還都舊京三別抄懷二心不從王遣將軍金之氐入江華罷三別抄取其籍三別抄疑遂取以聞于元將軍裴仲孫與別抄指諭盧永禧等作亂逼承化侯溫爲王署置官府悉載公私玉帛子女南下入

珍島時百官咸出迎王而妻孥皆爲賊掠去慟哭聲振天地明年金方慶與蒙古元帥忻都擊破島餘衆竄入耽羅方慶進攻破之於時屢經變亂府衛兵不滿其額閑文武散職白丁雜色及緇髡而充之當誅俊也簡勢家子弟入衛殿內稱後壁忠烈王卽位以禿魯花分番宿衛號曰忽赤恭愍王置忠勇四衛祿之同於八衛辛禑時無一人扈駕者遂罷之二十年敎給府兵田二十二年設義勇左右軍恭讓卽位憲司上疏曰府兵領於八衛八衛統於軍簿四十二都府之兵十有二萬而隊有正伍有尉以至上將以爲

統屬所以嚴禁衛禦外侮也事元以來武備寖弛乃以近侍護軍代禁衛而祿之八衛之制皆爲虛設迂達赤速古赤別保各愛馬（元史注云各愛馬所統軍兵也）寒暑夙夜勤勞甚矣而不得食斗升之祿食五員十將六十之祿者非弱子弟卽賤隷或食祿而曠職或勤於王事而不得食豈祖宗忠信重祿之意哉願併近侍於左右衛司門於監門衛忠勇於神虎衛各愛馬以類併於諸衛使之番日入直考其勤怠而祿之則省食而嚴禁衛矣二年置宮城宿衛府以密直奉翊置散者爲提調宮城宿衛事三四品提擧宮城宿衛事都摠

制府旣立三軍分番宿衛自置後壁以來禁旅散落王宮無衛而終獲安全及是三軍入衛若是其盛而猶未免於危且亂者何也蓋自太祖置六衛垂五百年中間雖迭建五軍而府兵未嘗廢也六衛主侍衛五軍主征伐雖迭爲用而名不可廢名不廢則太祖之法猶在也至是以三軍入衛則六衛之名廢而太祖之法亡矣惡得以免於危亂乎夫所謂五軍者亦太祖遺制也太祖之破百濟也大相堅權等爲左綱大相洪儒等爲右綱大匡王順式等爲中軍其制未詳而建軍之號始此定宗二年選兵三十萬號光軍

置光軍司肅宗七年女眞入定州命尹瓘禦之軍敗請盟而還告諸王曰臣之所以敗者賊騎我步不可敵也王發憤圖再擧於是建議立別武班自文武散官吏胥下至商賈僕隷及州府郡縣凡有馬者爲神騎無馬者爲神步年二十男子非擧子皆屬焉號諸班十有一曰神騎曰神步曰梗弓曰精弩曰石投曰大角曰鐵水曰剛弩曰跳盪曰射弓曰發火班有左右各置都領及指諭而中軍置兵陣都指諭及都將校五兵都指諭與將校都業師左右前後軍亦各置兵陣都指諭是爲五軍會肅宗薨師不果出睿宗二

年女眞復叛以尹瓘爲元帥吳延寵爲副王御威鳳樓授鉞遣之瓘延寵屯兵長春驛凡十七萬號二十萬遂擊女眞大破之盡復句麗舊疆城九鎭女眞尋乞和涕泣祭天爲誓竟以九城還女眞論者咎瓘敗事然自是女眞甚德之不復生事及稱大金帝中州也遇高麗特厚金富軾討妙清也始用三軍及至西京設前後軍毅宗三年中軍兵馬使奏古制天子六軍大國三軍請更五軍爲三軍制曰可軍制變而仲夫之亂作所謂軍無常制而兵柄下移者也然尹鱗瞻之破位寵趙沖之破丹兵皆以五軍取勝而東征

之役金方慶將中軍金侁爲左軍使金文庇爲右軍使號三翼軍旣渡海不利旋師恭愍十年紅賊渡鴨江以安祐爲上元帥金得培爲都兵馬使李芳實爲都指揮使明年賊陷開京祐芳實得培黃裳韓方信李餘慶安遇慶李龜壽崔瑩勒兵二十萬屯東郊以鄭世雲爲摠兵官督諸軍進復王京而五軍之號無聞征濟州也以崔瑩爲都統使廉興邦爲都兵馬使李希泌邊安烈睦仁吉林堅味池奫羅世金庾皆有元帥之號自是諸道皆有元帥又有都元帥上元帥副元帥知兵馬事兵馬使節度使之屬不可勝記號

令多門軍政無統上下相蒙功罪莫白數十年間島倭構釁竊發標掠無歲不有辛禑元年募楊廣慶尚全羅各道軍號翊衛軍屯東西江二年遣使諸道點兵楊廣道騎兵五千步卒二萬慶尚道騎三千步二萬二千全羅道騎二千步八千交州道騎四百步四千六百江陵道二百騎步四千七百朔方道三千騎步卒七千平壤道騎六百步卒九千西海道騎五百步卒四千五百摠九萬四千五百又點五部街里戶數率十間出一丁九間以下令出軍具秋倭報急於都城諸門皆置元帥分領五部坊里約束部伍畫地

而守之失畫地者斬令百官率其屬赴沿海戍不與焉者惟門下省憲府茶房藝文春秋館及各司城上而已時楊廣全羅慶尚三道倭賊大熾千里蕭條不見人烟烽火自江華晝舉不絕京城戒嚴四年都堂議置翼軍憲司論罷之而諫官又上言曰長子帥師弟子輿尸凶今元帥甚衆體統紊亂請依舊制置一元帥餘則罷之加以他號並聽元帥節制不從則曰國家已於各道置三元帥近來一有小寇三元帥外別遣諸元帥諸兵馬使委任不專難以責成功也攻遼之役以曹敏修爲左軍都統使沈德符等九元

帥屬焉以我
太祖爲右軍都統使鄭地等七元帥屬焉加崔瑩八道都統使以統之閫號之紊至是極矣恭讓卽位憲府啓曰一道三將各擁重兵事旣無統軍政不肅或身在京輦遙領各道鄕社里長亦皆隷屬當無事時下牒郡縣徵聚軍民累朔留連人馬疲困妨廢農務請每一道置一節制放還軍民勸農安業三軍六衛使上下相維軍政統于一於是以我
太祖統中外諸軍事悉收諸元帥印章二年冬立三軍都摠制府三年正月以我

太祖爲三軍都摠制使裵克廉爲中軍摠制使趙浚爲左軍摠制使鄭道傳爲右軍摠制使時道傳密輸忠於 本朝實欲得兵柄故僞讓以堅王意乃曰三軍之作臣在中朝憲司所建白臣不知也然罷元帥爲三軍以臣爲摠制使則諸帥一朝失職必快快舊家世族無其役而食其田一日名屬軍籍役加於身臣恐大小歸怨於臣也革私田改冠服非臣事也左右皆目臣今又冒處此則讒言日至臣其危乎敢辭王曰大國三軍古制也中爲權臣所廢宰相各稱元帥一民莫非其有今革元帥立三軍此復古之機也斷自予心卿何與焉保無此謗也道傳曰臣若得謗必達於聰聞則殿下亦知臣無其事而得其謗皆此類也而臣之他謗亦明豈非幸之中者乎遂不辭王悅明年王遜于原州高麗亾所謂州鎭之兵者鎭戍是也太祖時屢遣將領開定軍戍西北界號曰鎭頭自是每於西北置戍因號曰翼軍西京有十翼軍安州府有八翼軍義州府泥城府江界府皆有四翼軍而忠烈以後東南亦置戍矣凡州鎭於農隙每月六衙日習射令界官行首員親監弓四十步弩五十步爲的十發中五者職事員進祿年加散職南東班叙

用人吏從自願任事凡以前衙散職及在京兩班輪番赴防者號曰鎭邊別抄凡戍軍令巡撫鎭邊使酌郡縣殘盛而定其數目恭愍五年教各處別抄勒令遠戍往來疲頓逋竄相繼其令沿海軍民悉充防戍而蠲其役在遠者代供其役而停赴戍且令東界之軍以戍雙城西海以戍鴨江三南專以禦倭十八年諸翼軍皆置上副萬戶辛禑三年新置安州二翼安邊爲十翼與西京同四年都堂議於各道依西北面例皆置翼軍限倭寇寢息其制自奉翊至四品爲千戶統千丁五六品爲百戶統百丁參外爲統主統十

丁閑散分屬各翼備衣甲以兩班百姓才人爲軍驛戶公私賤爲烟戶軍聽自備弓箭槍刀五丁爐臼一斧三鎌二令帥府及軍目長官點檢無事歸農有變押領赴征於是分遣元帥計口徵發而守令不顧大體惟務刻剝集事令單丁寡婦皆出子孫俠居至於身故及遠宦者亦悉付籍方値農月囚繫滿獄斬戶梟首人情洶懼而各翼頭目必差有職屬丁往來多自懸遠服役靡費不可勝言憲府因曰西北面全委軍務貢賦雜役一切蠲免收其田租悉供各翼所以軍政無缺而弊不及民也他道則不然大小貢賦皆

由以出今乃加以翼軍三農失業民不聊生請罷翼軍而籍其壯者無事歸農有變則徵發以爲常禑下其書都堂擬議遂罷翼

軍馬 者兵之用也站驛所以傳命也監牧所以養馬也故略述焉麗朝置驛凡二十一道曰狻猊道掌十驛曰金郊道掌十六驛曰岊嶺道掌十一驛曰興郊道掌十二驛曰興化道掌二十九驛曰雲中道掌四十三驛曰桃源道掌二十一驛曰朔方道掌四十二驛曰靑郊道掌十五驛曰春州道掌二十四驛曰平丘道掌三十驛曰溟州道掌二十八驛曰廣州道掌十五驛曰忠淸州道掌三十四驛曰全公州道掌二十一驛曰昇羅州道掌三十驛曰山南道掌二十八驛曰南原道掌十二驛曰慶州道掌二十三驛曰金州道掌三十一驛曰尙州道掌二十五驛曰京山府道掌二十五驛第其沿路要僻受役閑劇分爲六科一科七十五丁二科六十丁三科四十五丁四科三十丁五科十二丁六科七丁懸鈴傳送以事緩急爲一急二急三急以日長短爲給驛多少置供驛署掌諸道又設程驛別監員少人微使節絡繹豪勢侵暴郵戶凋弊不成貌樣恭讓元年初置五品丞保擧如守令例給半印設牧場凡十

在黃州曰龍驤洞州曰隴西白州曰銀川開城曰羊欄貞州曰左牧淸州曰懷仁見州曰常慈院廣州曰葉戶峴曰江陰曰東州差黃靑草節給豆驢騾駱駝皆有養而島馬產於耽羅者最盛耽羅屬元以來歲貢甚少每遇親朝助征令百官品斂馬又奪民馬內外苦之忠烈十三年置滋畜別監

兵制

二軍

鷹揚軍一領

龍虎軍二領

六衛

左右衛保勝十領　精勇三領
神虎衛保勝五領　精勇二領
興威衛保勝七領　精勇五領
金吾衛精勇六領　役領一領
千牛衛常領一領　海領一領
監門衛一領

諸府

都府外　儀仗府　堅銳府　弩府

別號諸班

神騎　神步　梗弓　精弩　石投　大角
鐵水　剛弩　跳盪　射弓　發火

五軍

中軍置兵陣都指諭及都將校五兵都指諭及將校都業師神騎都領及指諭左右梗弓都領及指諭左右精弩都領及指諭神步石投大角鐵水發火跳盪剛弩亦各置都領及指諭前後左右軍亦各置兵陣都指諭神騎神步精弩都領及指諭太祖二年正月置六衛成宗九年十月置左右軍營穆宗五年五月作六衛軍營備置職員將帥令其軍士蠲除雜役顯宗九年九月御宣化門集三衛鷹揚軍功臣子孫及文班六品以下有武藝者試定科等十年七月都兵馬使奏今禦契丹戰陣有功者九千四百七十二人乞各增階職從之十一年蔡忠順請軍士有父母年八十以上者免軍就養從之德宗元年三月尚舍奉御朴元綽請令有司作革車繡質弩雷騰石砲又請以八牛弩二十四般兵器置邊城從之十一月遣使九道選軍士靖宗六年八月西北路兵馬使奏金海兵書武略之要訣也請沿邊州鎭各賜一本從之十月朴元綽爲西面兵馬使造繡質九弓弩以獻極爲神巧文宗卽位侍中崔齊顔等奏曰兵書云萬人之軍取三千爲奇千人之軍取三百爲奇請以六衛軍每一將軍領下選二百人爲先鋒軍從之判凡軍人有七十以上父母而無兄弟者京軍則屬監軍外軍則屬村留二三品軍親歿後還屬本役元年二月衛尉寺奏請依定制送弩手箭六萬隻車弩箭三萬隻于西北路兵馬所從之五年判有蔭奇光軍以文武七品以上之子五品之孫京職太常以上之子爲之二十五年六月制曰近聞諸衛軍人亡命者甚多是由執事不公富強者託勢以免貧窮者獨受其勞衣

食乏絶而略無休息雖每降恩詔減省而有司營作
不已近年以來頗興怨咨以爲朕不之恤也自今宜
除不急之役其各處監巡點檢之卒減前數之半所
隷官司及其軍將勿得擅自驅使違者罪之安令兵
部選軍別監準制行之二十七年三月命州鎭入居
軍人例給本貫養戶二人二十九年判征防軍人有
疾病必使醫藥療治身死者給棺槨令隊典護屍遞
傳幷其資財付諸妻子官給葬時所需三十年正月
命有司量給袍袴于赴防軍士貧乏者宣宗八年正
月西北面兵馬使柳洪請造兵車藏之龜州以備不

虞制可八月都兵馬使奏安不忘危有國之急務請
於戶部南廊閒地置射場一所諸領軍卒及凡學射
者皆令隷習若有中鵠者賞以銀椀楪一事制可十
年八月都兵馬使奏兵書云急行軍者著縛給今縫
衣是也乞以大盈庫蠹布付征袍都監製三四千領
分送東北兩界藏於營庫有急許著之制可肅宗元
年八月御龜齡閣親閱武班將軍以下隊正以上射
御四月而罷御東池射亭召黃仲寶等及近仗六衛
上大將軍侍臣中禁都知賜弓矢令射侯御史中丞
金景庸先中鵠心賜銀楪五事廐馬一匹其餘中者

皆有賜毅宗三年八月西北面兵馬使曹晉若奏安定
烽燧式平時夜火晝烟各一二急二三急三四急四
每所防丁二白丁二十人各例給平田一結高宗五
年八月賜戰沒孫兒爵恭愍王元年閏三月令宰樞
以下至各司令史人備弓一矢五十戈一劍一點閱
之五年六月下敎曰一推刷行省三所諸軍萬戶府
隷屬丁口用備戎兵一征戍之卒雙丁僉一丁亦非
得已單丁可愍勿使從軍一方今軍興僧之犯律者
勒令還俗以充行伍一國家以田十七結爲一足丁
給軍一丁古者田賦之遺法也凡軍戶素所連立爲

人所奪者許陳告還給又姦詐之徒雖無兒息妄稱
閑人連立土田無有限極仰選軍別監根究推刷以
募戍卒其逆賊之田計結爲丁亦給募卒一各處逆
賊之奴自稱達魯花赤奪人土田役使良民畜積財
産其今所在官籍沒以募戍卒二十年七月羅州牧
使李進修上疏曰盜賊四起國家軍務一無統紀倉
卒臨時何時而可宜四怯薛外別置軍帥府仍令左
右前後軍各有將帥僚佐以管時散文武品官受約
束於都統使都統使受約束於怯薛官怯薛官事無
鉅細聞奏施行雖在外方亦各以其方東面屬左軍

南面屬前軍西海屬右軍北界屬後軍然則內外上
下脉絡相通綱舉目張矣辛禑九年八月我
太祖獻安邊之策曰一禦寇之方在於鍊兵齊舉令
也以不敎之兵散處遠地及寇之至倉黃招集比其
至也寇已虜掠而退雖及與戰其如不熟旗鼓不習
擊刺何願自今鍊兵訓卒嚴立約束申明號令待變
而作無失事機一軍民非有統屬緩急難以相保是
以先王丙申之敎以三家爲一戶以百戶統主隷於
帥營無事則三家番上有事則俱出急則悉發家丁
誠爲良法近來法廢無所維繫每至徵發散居之民

逃竄山谷難以招集今又旱饑民心益離彼用錢穀
餌以招納潛師以來虜掠而歸一界窮民既無恒心
又皆雜類彼此觀望惟利之從實爲難保乞依丙申
之敎更定軍戶使有統屬固結其心恭讓王元年十
二月憲司上疏陳三事一近年以來將兵之任不問
其才但位宰相則率命遣之節度失宜賊勢益張以
致侵掠郡縣蕭然古人謂君不擇將以其國與敵將
不知兵以其主與敵擇將制倭誠今日之急務也願
令都評議使臺諫各舉威德夙著者命爲將帥以申
軍政且軍政多門則號令不肅今之一道三節制非

古制也願自今東西北面外每一道只遣一節制餘
皆罷去一兵者民之司命國之大政所以衛王室而
消禍亂也本朝五軍四十二都府蓋漢之南北軍唐
之府衛兵也遼金氏接壤兩界立晉帝而子之虎視
天下求好於我而我太祖絕之虜遼宋三帝威振四
海而莫敢窃窺式至于今者以祖宗之軍政得其律
令也近世兵制大毁用兵三十餘年軍政無統以無
衛之將戰不敎之民望風奔潰千里暴骨蕞爾倭賊
爲國之病可不爲痛心哉願自今前衛四品以上屬
之三軍軍置將佐五品以下屬之府衛而統于軍簿

使上下相維體統相聯軍政出于一衆心統于一然
後申明軍令訓鍊士卒百萬之衆如身之使臂臂之
使指何守不固何攻不取哉近世姦臣亂政材非將
帥者布列重房百戰勤勞者方除添設賞罰無章軍
士解體所至無功願自今其有摧堅陷敵之功斬將
搴旗之勇百戰勤勞之效者大則上大護軍次則護
軍中郎將以至別將散員皆受眞差以奬破賊之功
則人皆親其上而死其長矣近日舉義撥亂之時從
事于軍者亦加官賞以勸後人一軍士與倭奴戰而
所得馬疋器仗與凡民殺賊所得之物所在軍民官

傳牒境內鞫如盜賊悉輸之京師以希重賞臣上毒民莫甚於此故軍士離心賊勢益張甚非計也願自今諸道將帥破賊者獻馘而已軍民所得倭物勿使推鞫著爲令典則人樂其利而勇於戰矣其犯令者內而憲司外而觀察使以不廉論二年七月都堂啓請籍水陸軍丁仍帶號牌

宿衛

侍衛軍卒在太祖時但充侍衛宮城其數不多及光宗信讒誅責將相自生疑惑簡選州郡有風彩者入侍時議以爲無益至景宗稍减削顯宗十年二月禮

司奏請禁衛士春月擐鐵甲從之明宗十一年七月夜自壽昌宮北垣投石抵御寢北牖者三四宿衛皆驚巡索竟不得重房奏請每夜一將軍領手下軍校伏兵宮門外及諸要害處以備警急從之恭愍十三年七月選諸道良家子弟補充八衛輪番宿衛楊廣道八千五百人全羅道五千五百人慶尚道九千人交州道三千人江陵道一千人分屬五軍屯于京城各門江陵道子弟屯于本道以備東北二十年七月羅州牧使李進修上疏曰侍衛之於宮闕猶四肢之於身體仁義識理者爲最勇敢者次之宜置四怯薛

官各邪演若干人不拘文武耆德其有八上將軍十六大將軍四十二都府忽赤忠勇各四番均分屬之訓鍊士卒嚴明器械更日侍衛稟行軍令又兼管中外帥府則其於軍國重事若身之使臂臂之使指身安而事舉矣

鎭戍

太祖三年三月命庾黔弼率開定軍三千至鶻巖於東山築一大城以居由是北方晏然十年八月修拜山城十一年二月遣大相廉卿能康等城安北府以元尹朴權爲鎭頭領開定軍七百人戍之四月城運州玉山置戍軍是歲王巡北界移築鎭國城改名通

德鎭以元尹忠仁爲鎭頭顯宗卽位造戈船七十五艘泊鎭溟口以禦東北海賊文宗元年正月制霜陰鶴浦兩縣沿海處設置軍戍以扼番賊之衝忠肅王五年四月判鎭邊別抄本以前銜散職及在京兩班輪番赴防近年以來主掌官吏看循面情以人吏百姓代之因此貢賦日减且相繼逃散當所居州縣徵闕多重民弊不少自今復以前銜散職在京兩班窮推輪番赴防恭愍六年正月都評議使請令東西北面戍卒二月遞代軍官則八月遞代軍官與卒一時

更代防戍空虛宜以二月三月八月九月爲先後番
以次更戍其三月遞代須及上旬勿令妨農恭讓王
三年正月置安州鴨綠龍泉大同諸要害處把截官
及站夫

站驛

狻猊道掌十 狻猊開城 金谷白州 潑洞鹽州 清端 嘉栗
望汀 金剛 楊溪安西 維安靑松 佐丘永康
金郊道掌十六 金郊江陰 興義牛峯 玉池江陰 安信 白
原牛峯 金岩 寶山 安城平州 龍泉洞州 班石 騏麟
溫泉平州 管山俠溪 今勿谷州 桂谷俠溪 泉頭谷州

彙纂麗史卷之十七 二十一

岊嶺道掌十一 岊嶺鳳州 洞仙 丹林黃州 陶工鳳州 金
洞安州 射岊遂安 廻郊 生陽 高原 神地 雲峯西京
興郊道掌十二 興郊博州 興材 雲岊寧州 通德肅州 迎
德 潑原永清 安定 林原 玄岊西京 迎和咸從 連城龍岡
安壽安戎
興化道掌二十九 長寧黃州 安信嘉州 新安 雲興郭州
林畔 通陽宣州 豐陽鐵州 光池寧州 昌泰寧德 鴨綠靜州 會元
義州 名駒龍州 靈騏麟州 從化威遠 長興泰州 城陽 三妓 通
義 大平龜州 寶峯 懷仁安義 花田 臨川定戎 銀岊
榛田寧朔 岊舍龜州 芳田 昌平朔州 安富 新驛安戎

雲中道掌四十三 長壽西京 通德 善田 金川慈州
長梨 長歡 豐歲連州 蘇民 新定 通路鐵州 圓林
延州 永安靖塞 石城 櫻谷 平寧平盧 寬洞咸州 密田 咸
德順州 安德 安洞 德林博州 牽牛 淄潭 寬川寧遠
臨洞樹德 清澗陽嵒 新豐撫州 雲谷 東山 泰來孟州 寬化
石牛渭州 葦溪 安泰泰州 問平 沙川 豐川延州 玉
圯 雲畔雲州 玉關 梓田昌州 長林咸州 興德殷州
桃源道掌二十一 桃源松林 白嶺湍州 玉溪章州 龍潭
楓川東州 臨湍平康 松間 丹林嵐谷 銀溪交州 臨江驛 田
原東州 桃昌 南驛 丹岊金化 洞陰驛 朔寧驛 烽

彙纂麗史卷之十七 二十二

谷僧嶺 通堰交州 梨嶺 直木金城 熊壤岐城
朔方道掌四十二 孫山衛山 嵐山文州 寶龍瑞谷 朔安登州
原潑川派 瑤池鶴浦 追風霜陰 鐵關 通達高州 知遠和州 德嶺
文州 長春 通歧長州 長昌定州 茂林長州 歸厚耀德 安身青邊 靜
山寧仁 懷寧 宣德 巨川元興 朝東鎮溟 平元永興 通化長平
長豐金壤 同德歙谷 藤路臨道 超塵雲嵒 高岑高城 養麟麟蹄 春康
安昌 竹苞 清澗杆城 灌木 雲根列山 長富龍津 碧木 林
雲 巨坊 滋守 長歧 富寧雲嵒
青郊道掌十五 青郊開城 通波臨津 馬山峯城 碧池高峯 迎
曙南京 平理德水 椽林 丹棗積城 清波南京 蘆原南京 幸州驛

從繩(守安)金輪(樹州)重林(仁州)綠楊(見州)
春州道掌二十四　保安　員壤　富昌　仁嵐(春州)
甘井(嘉平)川原　芳春　山梁　原貞(狼川)遂仁(楊口)連同
甘泉(朝宗)連峯(橫川)橫川驛　瑪瑙(麟蹄)嵐橋(瑞禾)桑樹(豐壤)
雙谷　安遂(抱州)南京驛　仇谷(南京)臨川(沙川)蒼峯　含
春(橫川)
平丘道掌三十　平丘(南京)奉安(廣州)娛賓(楊根)田谷　伯
冬(砥平)幽原(原州)楊化(川寧)嘉興(忠州)連原(忠州)黃剛　壽山
安陰(清風)丹丘　安壤　神林(原州)泉南(堤州)延平　温山
正陽(寧越)靈泉　長林(丹山)義豐(永春)樂壽(平昌)新興　新
津(橫川)昌樂(興州)平恩　昌保(剛州)幽洞(甘泉)道深(奉化)

溟州道掌二十八　大昌　橫溪　珍富　大化
芳林　雲橋(溟州)安昌　烏原(橫川)木界　安仁　丘山
高坦(溟州)樂豐(羽溪)同德(連谷)餘粮(旌善)平陵　史直　橋
柯　龍化　沃原(三陟)壽山　德新　興府　祖召(蔚珍)
祥雲　翼令　降仙(襄州)驎駒(洞山)
廣州道掌十五　德豐　慶安　長嘉　安業　南
山(廣州)良梓(果州)金領(龍駒)佐贊　分行(竹州)五行　安利(利川)
無極(陰竹)遙安(陰城)毋月　安富(槐州)
忠清州道掌三十四　同和　長足　菁好(水州)嘉川

(陽城)栗峯　雙樹　猪山　長池(清州)長楊　堆粮(鎭州)燕
山驛　金沙(燕岐)蒲谷(全義)成歡(稷山)新恩(天安)金蹄(豐歲)長世
(牙州)昌德(新昌)理興(溫水)日興(禮山)廣庭　日新(公州)坦平(公州)銀
山(扶餘)維鳩(新豐)楡楊(定山)汲泉(伊山)洪州驛　光世(大興)金井
(青陽)得熊(余美)靈楡(嘉林)非熊(鴻山)夢熊(貞海)
全公州道掌二十一　參禮(全州)良材(礪陽)烏谷(伊城)王庵
(雲梯)村谷(咸悅)彩平(金馬)榛林　內村(金堤)蓓原(古阜)新保　居
山(泰山)川原(井邑)蘇安(臨陂)進賢(進禮)珍化(珍同)濟元(進禮)敬天(公州)
平川(連山)得延　利道(公州)貞民(懷德)
昇羅州道掌三十　青巖(羅州)仙巖　敬陽(光州)德奇(潭陽)

慶新　清淵　龍溪(務安)廣里(南平)仁物(綾城)永新(珍原)烏林
(鐵冶)嘉林(和順)綠沙(靈光)丹嚴(長成)青松(茂松)街豐(咸豐)德樹(牟平)永
保(靈岩)通谷(道康)淥山(海南)碧山(遂寧)別珍(竹山)南里(黃原)軍知(福成)
嘉新(寶城)波清(兆陽)樂新(樂安)益新　蟾居(光陽)栗陽(平州)
山南道掌二十八　盤石(全州)築山(高山)丹嶺(鎭安)平居
正樹　竈村　小男(晉州)灌栗(泗州)新安(江城)栗原　橫浦
(河東)平沙(岳陽)常寧(鎭海)浣沙(昆明)富多(班城)知男(宜寧)速陽　勸
賓(陝州)星奇　茂村(居昌)有鄰(嘉樹)沙斤(利安)春原　排頓
望鄰(固城)德新(南海)烏壤(巨濟)獺溪(清巨)
南原道掌十二　銀嶺　昌活　通道(南原)烏原(任實)鑽

燧(求禮)𧄍樹(居寧)印月(雲峰)葛覃(九皐)大富(玉果)知新(谷城)高陽
樂水(富有)
慶州道掌二十三 活里 牟良 阿弗 知里
奴谷 仍已 仇於且(慶州)長守(新寧)淸通 新驛 加
火(永州)凡於(壽城)押梁(章山)六叱(神光)安康驛 松蘿(淸河)仁
比(杞溪)柄谷 赤冗(禮州)阿叱達(平海)酒垷 南驛(盈德)琴
田(英陽)
金州道掌三十一 德山 省仍 赤項 金谷
大驛(金州)靈浦 昌仁(七元)自如(義安)繁谷(咸安)近珠(合浦)無乙
伊 永安 用家(密城)內也(昌寧)省乙峴 楡川 西之

買田(淸道)竝山(玄風)一門(桂城)溫井(靈山)梁州驛 黃山 源
浦 渭川(梁州)蘇山(東萊)阿等良 機長驛 屈火 肝
谷(蔚州)德川(彥陽)
尙州道掌二十五 幽谷(虎溪)洛原 洛東(尙州)靑路
鐵波(義城)智保(龍宮)通明(甫州)德通(咸昌)僉泉 安基(安東)安郊
(豐山)聊城(聞慶)守山(多仁)雙溪(比屋)安溪(安定)琴曹 通山 松
蹄(臨河)連鄉 仇旂(善州)牛谷(義興)上林(海平)曹溪(孝令)文居
和目(安德)
京山府道掌二十五 安堰 踏溪(京山)安林(高令)水鄉
緣情(八莒)舌火(花園)茂淇(加利)金泉(金山)屬溪(黃澗)長谷(知禮)順

陽(陽山)土峴(利山)利仁(安邑)增若(管城)作乃(知禮)洛陽 洛山(尙州)
會同(永同)猿巖 合林(報令)秋風(御侮)常平(中牟)安谷(善州)長寧
(化令)扶桑(開令)
分各驛丁戶爲六科以金郊臨波金嵒寶山安城龍
泉嵒嶺洞仙高原生陽懷蛟林原爲一科以安定迎
德通寧雲嵒興林興郊長若安信新安雲興林畔通
陽豐陽興化鎭驛爲二科以白嶺玉雞龍潭嵐泉林
湍松間丹林銀溪孫山藍山寶龍鐵關德嶺通達和
遠城陽康樂大平長興玉兒葦溪朔安爲三科以通
德善田金川長利長歡風湍通堰能壤通蕃長壽爲

四科以金谷浚洞淸湍望丁金剛丹林沙溝石牛興
泉密田桃摘田原臨江縣驛利嶺直木保安安撫甘
泉山梁高岑竹苞灌木射嵒淸澗安奇桒樹雙谷大
昌橫浚珍富大和芳林雲橋安仁壽山新池雲峯騏
麟班石陶工金洞管山浚原德新洞陰縣驛爲五科
以楊溪嘉原靑澗長材雲半金化縣驛僧嶺縣驛朔
寧縣驛元貞芳春遂人富昌甘泉連峯仁嵐蒼峯嵐
嶠圓壤瑪瑙希嶠縣驛臨川同德驎駒樂豐平陵喬
柯史直龍化沃源興富召召本界烏原慈山降仙玉
池白原兎山縣驛溫泉徃谷泉頭今勿雲嵒長林爲

六科一科丁七十五二科丁六十三科丁四十五四科丁三十五科丁十二六科丁七猨猊雖在兩京間比他驛役事不緊故仍定五十丁林原雖非兩京間役事最緊故在一科朔安雖爲三科非沿路故定爲二十五丁桃源雖爲三科在東西要衝故定爲五十丁若有田而丁口不足以本驛白丁子枝自願者充立 懸鈴傳送懸鈴謂皮帒盛文貼傳送 三急三懸鈴二急二懸鈴一急一懸鈴隨事緩急行之 津驛皮角傳送自二月至七月三急六驛二急五驛一急四驛八月至正月三急五驛二急四驛一急三驛顯宗二十三年

高麗史卷之七十七　二十七

判京所司於外方州府公貼行移時須報尚書省商確可否而後付青郊驛館使轉送若諸所司及官衙典有不遵行者館驛使將文貼及事由申省隨即科罪肅宗八年判諸驛吏立馬不實者降爲常戶元宗十三年正月分遣程驛蘇復別監于各道十五年判各道出使大小員鋪馬宰樞十匹三品員及按廉使七匹參上別監五匹參外別監及外官參以上三匹參外二匹參上都領指諭等差使員三匹將校一匹忠烈王二年三月令諸道按察使禁忽赤擅乘驛馬五年六月都評議使言今年正月帝令於朝聘路次

置伊里干以供役使尋遣塔伯海等就瀋州遼陽之間撥與土田標定四至其鴨綠江內令本國自置兩所令請於所賜之地名營城伊里干者刷各道富民二百戶徙居之擇副戶長別將等爲頭目各管五十人五年而遞所徙民父母兄弟之留鄉者復之頭目之有功者賞之其所徙二百戶戶給銀一斤七綜布九十疋爲屋舍農器口粮又給紬四疋綿四斤毛衣冠皮鞋各二爐臼一食器二農牛二頭牸牛三頭馱駝鞍一油單草席各五又給兩界亾丁投化丁田各四結令吏者遞受擇能蒙漢語者各二人押去管領

高麗史卷之七十七　二十八

恭愍王五年六月下旨置郵傳命軍興所急其令刷賊臣及行省所占人物從來不明者悉充驛戶不急鋪車鋪馬一皆禁止辛禑十四年七月大司憲趙浚等上書曰使命之任先王於巡問按廉之外不許發遣其愼重之意可見兵興以來使命煩多冠蓋相望乘驛者一匹之命矯至八九匹一使之供多至數十人察訪多而豺狼之迹未屏宣慰繁而破賊之書蔑聞加之以巡問按廉之差使諸元帥之發遣亦皆乘驛橫行州郡馳騖館驛此門一開成衆愛馬之往來京外閒散之私行紛如麻粟更出迭入公然受廩怙

不知愧殘鄉破驛之吏垂頭拱手無所控訴以有限
之供億應無窮之使客州郡凋弊驛路流亡願自今
州郡庶務一委廵問按廉以責其成雜冗使命不許
發遣朝廷文字皆以懸鈴行移非軍情緊急重事不
給驛馬非乘驛馬不得入諸郡各驛以受廩給違者
主客皆罷職不敍使各道廵問按廉一法朝廷比制
不敢違越違者痛理之

馬政

諸牧場龍驤黃州 龍西洞州 銀川白州 羊欄開城 左牧貞州 懷仁
清州 常慈院見州 葉戶峴廣州 江陰 東州 顯宗十六年

判牧監養馬青草節大馬四疋養奴一名黃草節一
日一匹法末三升實豆三升青草節豆末三升 文
宗二十五年判島㕇馬畜不能監養致死者勾當島
吏科罪又州鎭官馬齒老及亡失者以公須屯田所
收買立
尚乘局御馬一匹黃草節田米實豆及末豆各五升
青草節只除實豆 仗馬一匹黃草節田米實豆末
豆各三升青草節亦除實豆 元宗十四年二月令
諸王宰樞四品以上各出馬一匹五六品二員並出
一匹或奪民馬以換軍士瘦馬 忠烈王元年七月
遣使慶尚全羅道點閱諸島牛馬十三年五月令古
官出戰馬及器皿宰樞狄鄉馬各一匹致仕宰樞顯
官判事三品狄馬一匹致仕三品顯官四品鄉馬一
匹五六品二員並鄉馬一匹七八品二員並鍮鐵器
一事權務九品三員並一事十四年二月置馬畜滋
長別監先是放馬於諸島使之蕃息簡出壯者以充
尚乘其餘班賜諸王宰輔文武臣僚而耽羅之出居
多自逆賊之亂元令島民陸居而耽羅別屬於元馬
畜不繁歲貢甚少國有親朝助征之事令外官獻馬
又品斂百官而至尊外郡良馬內外苦之朝議以謂

若置官選牝馬牸牛使之蕃息則可備將來於是有
是命 恭愍王三年六月令百官出馬官以鈔買之
給征高郵軍士三品以上諸君宰樞以下出馬三四
六品以上四品以下出馬一匹僧徒亦隨所住寺高
下出馬八年十二月令承宣以上出馬一匹又括禪
教各寺僧徒馬以充軍用十年十月令各道括僧寺
出戰馬有差十一月令公侯以下出戰馬有差十一
年十月令文臣出戰馬

城堡

太祖二年城龍岡一千八百七間 門六 水口二 城平壤三年城咸

從縣二百三十六間門四水口三四年城雲南縣五年始築西京在城在者方言畎也凡六年而畢八年城成州六百九十一間門七水口一五城運州王山命庾黔弼城湯井郡王廵北界移築鎭國城十三年城安北府九百一十一間門十二城朝陽鎭八百二十一間門四水口一城馬山號安水鎭築青州羅城連州城十七年城通海縣二十年城順州六百十間門五水口九二十一年城永清縣城陽嵒鎭築西京羅城城龍岡平原二十二年城肅州一千二百二十五間門十水口一城大安州二十三年築殷州城定宗二年城德昌鎭又築西京王城及鐵甕三陟通德等城城博州一千一間水口一門九光宗元年

城長青鎭威化鎭二年城撫州十八年城樂陵郡二十年城泰州二十三年城雲州二十四年城和州一千十四間門六水口三城高州城長平博平又修信都城嘉州一千五百十九間景宗四年城清塞鎭成宗二年城樹德鎭三年城文州十三年命平章事徐熙率兵攻逐女眞城長興歸化二鎭及郭龜二州城靈州六百九十九間門七水口二城孟州十五年城宣州穆宗三年城德州八年城鎭溟縣城金壤縣城郭州七百八十七間門八水口一九年城龍津鎭五百一間門六城龜州十年城興化鎭十一年城通州城登州六百二間門十四水口二顯宗二年增修松岳城築西京皇

城城清河興海迎日蔚州長鬐三年城慶州長州又城弓兀山五年城龍州七年城宜州十九年城鳳化山南以從高州二十年遣平章事柳韶等修古石城置威遠鎭城定戎鎭二十一年城麟州一千三百四十九間門九水口三德宗元年城朔州二年命平章事柳韶創置北境關防靖宗元年築長城於西北路松嶺迤東以扼邊寇之衝又城梓田徙民實之五年都兵馬副使朴成傑奏東路靜邊鎭蕃賊窺覦之地請城之從之六年城金海府七年崔冲城寧遠平虜二鎭寧遠城七百五十九間堡子八區內金剛宣威宣德長平鼎平虜岑鎭河鐵墉定安等戍關城一萬一千七百間平虜

城五百八十二間堡子六區內擣戎鎭虎直岑降魔折衝靜戎等戍關城一萬四千四百九十五間城東路叅𤨏縣十年命金令器王寵之城長州定州及與元鎭長州城五百七十五間戍六所曰靜北高嶺歸化掃蕃壓川定遠定州城八百九間戍五所曰防戍把胡弘化大化安陸元興鎭城六百八十三間戍四所曰來遠壓虜海門道安文宗卽位遣兵部郞中金瓊自東海至南海築沿邊城堡農場以扼海賊之衝四年修渭州城宣宗八年兵馬使奏安邊境內霜陰縣最爲邊地要害乞築城壘以防外寇制可睿宗二年尹瓘築九城十年城東界預州十二年城義州八百六十五間門五城頭十七遮城七十四年增築長城三尺金邊吏發兵止之不從且報

曰修補舊城高宗九年城宜州和州鐵關凡四旬而畢二十年築江華外城三十七年始築江都中城周回二千九百六十餘間大小門凡十七三十八年城金州以備倭寇三十九年始營昇天府城廊恭愍王十八年城嘉州辛禑三年開城府狀曰其一外城修葺事則曰定國立都者必先高城濬池此古今之通制也我國家太祖刱業宏遠而城郭不修至於顯廟始築外城置城上羅閣以固守世遠城頹且古基周回廣遠一二年間雖竭民力似未能重修也宜鍊兵息民以待其變其二内城新築事則曰惟事事乃必有備有備則無患矣

今也倭寇横行肆毒京内之民如有急難無所依據誠可畏也願令堅築内城其三外方山城修補事則曰唐鑑以高麗因山爲城爲上策也山城相近之地隨宜修葺使之烽燧相望攻戰相救可也其四牧府郡縣築城事則曰休兵息民有國之先務也比來倭患相仍民不聊生且曾築四方周回長城與癸丑年所築東西江等城徒勞民費財而已其外方平地築城宜令停罷四年十二月甲子憲司上疏曰諸道州郡山城國家往往遣使修築多發軍丁不日畢功旋致崩毁其弊甚鉅請自今勿復遣使令守令徵發傍郡軍丁農隙修葺若未畢則停待明年以爲年例恭讓王三年三月城機張郡及海州瓮津

屯田 附兵粮

顯宗十五年正月都兵馬使奏發西京畿内河陰部曲百餘户徙嘉州南屯田文宗十八年二月命有司以禮成江船一百七艘一年六次漕轉龍門倉米于麟龍鐵宣郭等州及威遠鎭以充軍粮二十七年四月西北路兵馬使奏長城外墾田一萬一千四百九十四頃請待秋收穫以資軍儲制可肅宗八年判州鎭屯田軍一隊給田一結田一結收一石九斗五升

水田一結三石十結出二十石以上色員褒賞徵歛軍卒百姓以充數者科罪忠烈王七年三月分給官絹二萬疋于兩班及京外民户糴兵粮八年四月東征所支兵粮十二萬三千五百六十餘石九年三月令諸王百官及工商奴隷僧徒出軍粮有差恭愍五年六月教曰一全羅道臨陂屯田近來權勢之家稱爲賜給奪占殆盡仰都評議使別置屯田官諸家奪占一皆復舊沿海之地築堤捍水可作良田者往往而有宜令有司相地用防倭之卒爲之農夫諸家賜給田平衍膏腴可屯田者以賊家及行省所占人物

分隊給地以責其事各道凡古屯田處皆用臨陂屯田之例一外方州縣所有亾寺院官吏收其田租爲公用所在皆是今當軍興時其亾寺院田租皆給防護軍粮辛禑元年二月下旨屯田之法役以戍兵閒民擇其曠地量宜屯種以省漕輓之費今户給種子不論豐歉收入無法民甚苦之仰都評議使行移各道家户屯田一皆禁止其餘屯田亦從優典量力屯種以補粮餉十月備北元諸軍久屯北界北界久無私田官收租充軍粮後勢家爭占爲私田以故轉餉不繼取粮於民民甚苦之安州以北尤受其害三年

三月崔瑩言於禑曰喬桐江華乃倭賊防戍之地也兩處土田之出皆入兼幷之門私費何益唯摩尼山塹城祭田及府官祿俸外餘田皆以軍須收之且罷窖兩處以備粮餉禑從之五年正月門下府郎舍上疏論時弊曰國無三年之儲國非其國我國一年之畜尚且不足一有緩急事勢可畏屯田之法當今急務各道各州屯田法制不行分種各户秋收以爲實客之供願自今痛行禁理隨州郡殘盛定屯田之數每年按廉別定守令秋收入庫報數都堂用是以爲守令殿最取東西兩界用兵最急宜於閒曠之地設屯田遣公廉者備官牛農器勸督耕耘以備軍須甲寅年後公私加耕之田兵息爲限並屬軍須倉庫宮司所屬田土令各道按廉別定守令踏檢收納如有不得已國用都堂量給其費其餘幷屬軍須京畿各道功臣田土丙申年以來被罪人土田一依憲府所奏幷屬軍須十四年八月憲司上疏曰諸島魚鹽之利畜牧之蕃海産之饒國家之不可無者也我神聖之未定新羅百濟也先理水軍親御樓船下錦城而有之諸島之利皆屬國家資其財力遂一三韓自鴨綠以南大抵皆山肥膏不易之田在於濱海沃野數千

里之稻田陷于倭奴蒹葭際天倭奴之來前無横草出入山郡如蹈無人之地國家既失諸島魚鹽畜牧之利又失沃野出穀之府願用漢氏募民實塞下防匈奴故事許於亾邑荒地開墾者限二十年不稅其田不使國役專仰水軍萬户府修立城堡屯其老弱遠斥候謹烽燧居無事時耕耘魚鹽鑄冶而食以時造船寇至則清野入保水軍出船擊之自合浦以至義州皆如此則不出數年流亾盡還其鄉邑而邊境州郡既實則諸道漸次而充戰艦多而水軍習海寇遁而邊郡寧漕轉易而京師富水軍萬户各道元帥

能立屯田能修戰艦能結人心能施號令能滅賊能安邊者賜之島田世食其入傳之子孫其失一城堡一州郡者軍法從事毋得輕宥以示勸懲

州縣軍

高麗兵制大抵皆倣唐之府衛則兵之散在州縣者意亦皆屬乎六衛非六衛外別有州縣軍也北界軍兵二十二萬六千三百十五人東界二萬三千九百三十八人交州道三千八百八十四人楊廣道一萬一千三百六十四人慶尚道一萬三千一百四十人全羅道一萬一千一百四人西海道五千八百四人京畿二千九人都合二十九萬七千二百七十八人軍有精勇左右軍馬弩軍中職號虎中郎將郎將別保昌神騎之號將校尉隊正

船軍

忠烈王三十四年忠宣王卽位下教曰船軍既屬本司如有冒受鈞旨以圖免役者卽使斷罪配島恭愍王二十三年正月檢校中郎將李禧上書曰今倭寇方熾乃驅烟户之民不習舟楫者使之水戰每至敗績臣生長海邊曾習水戰願率海島出居民及自募人慣於操舟者與之擊賊期以五年永清海道中郎將鄭准提亦上書獻策王大悅以禧爲楊廣道安撫使准提爲全羅道安撫使兼倭人追捕萬户以禧伴倘六十七人准提伴倘八十五人皆授添設職又令密直司畫給空名千户牒二十百户牒二百初六道都巡察使崔瑩造船二千欲以六道軍騎船捕倭百姓畏懼破家逃役者十常五六及准提等建議畫遂寢恭讓王三年都堂啓曰召募海邊人民三丁爲一户定爲水軍諸道濱海之田不收租稅以養水軍妻子從之

木齋家塾彙纂麗史卷之十七

刑法志

嗚呼古者無刑書不識焉可也識之何義也刑也者侀也侀也者成也一成而不可變故君子謹之雖識焉可也夫惟聖人以德化民故曰象以典刑如天之垂象以示人而已又曰監于茲祥刑夫刑者非祥也何以謂之祥刑也刑期于無刑祥刑者無刑也旣無刑矣夫焉有書逮德下衰書乃作君子非之而不敢廢也夫奚而不廢也俾民知避也春秋之季晉鄭二國鑄刑書於鼎仲尼與叔向譏之奚譏焉悼刑書之

權輿也李悝著法經蕭何次律令其原於是歟唐興房玄齡等因隋舊書損益條格爲一代之制高麗刑法大抵皆本於唐焉唐之刑書有四曰律令格式令者尊卑貴賤之等數國家之制度也格者百官有司所常行之事也式者其所常守之法也凡邦國之政必從事於此三者其有所違及入于罪戾者一斷以律律之爲書十有二曰名例曰衛禁曰職制曰户婚曰廐庫曰擅興曰盜賊曰鬪訟曰詐僞曰雜律曰捕亾曰斷獄高麗悉倣之增獄官令二條摠七十一條其用刑有五一曰笞笞之爲言恥也漢用竹二曰杖杖者持也三曰徒徒者奴也周禮曰其奴男子入于罪隷寘之圜土而殺之量其罪輕重有年數而捨是也四曰流書曰流宥五刑是也五曰死乃古大辟之刑也自隋以前死刑有五而流徒之刑鞭笞兼用至唐定爲笞刑五自十至于五十杖刑五自六十至于百徒刑五自一年至于三年流刑三自一千里至于三千里死刑二絞斬而五刑皆各有減贖當免之法高麗皆因之杖式用金尺與唐律無異凡杖皆長五尺脊杖大頭圍九分小頭七分臀杖大頭圍七分小頭五分笞杖大頭圍五分小頭三分較唐式長二尺

辜限毆傷人以手足者限十日以他物者限二十日折跌支體及碎骨限五十日被傷日晩則至限日晩爲決禁刑以十直俗節愼日諸察獄官先備五聽又驗證諸事狀疑似不首實然後拷掠每訊相去二十日犯殺人罪初段竪問九端隔三七日二段竪問十二端隔四七日三段竪問十五端外獄因界首都護官州縣守令齊坐審勘每七月一日臨問員親齎上來凡決訟小事五日中事十日大事二十日徒罪以上按三十日滯獄者罪之杻校鉗鎖長短廣狹之制令不得以放焉顯宗九年閏四月侍中劉瑨等奏陰

陽愆伏民遘疫癘皆刑政不時所致也謹按月令三月節省囹圄去桎梏止獄訟四月中氣挺重囚出輕繫七月中氣繕囹圄具桎梏斷薄刑決小罪又按獄官令從立春至秋分不得奏決死刑乞令所司施行從之德宗三年七月敎曰省刑部奏讞法在必誅然罪疑惟輕前王令典其毆家主及謀殺人强盜者杖流無人島縱犯强盜傷人以下竄有人島於是京城減死六十九人文宗二年正月制犯罪配鄕人有父母年老權留侍養父母歿還配三十三年江陰縣有旨人謀奸人妻因殺人當死依律文八十以上十歲

以下及篤疾例論減死配島睿宗六年判四月放輕囚五月重囚緩枷鎖以爲永式仁宗元年淸州有人因救父殺人除配島移其鄕十四年判囚徒無養者官給食明宗十五年南原郡人與郡吏有隙至其家縛吏于柱火其家燒殺之議以鬪殺論制叙面充常戶盖高麗議刑動居於厚類如此辛禑三年二月令中外決獄一遵至正條格六年六月憲府上疏曰凡大辟必三覆奏君臣同議斷決者乃先王成憲而今中外斷死罪輒擅決不以聞請自今中外大辟所在官吏具報都堂施行從之十四年八月又上疏曰近

年姦臣柄國士風日變賢姦倖而鄙廉恥奔走權門竊祿曠務方今更化之初餘風未殄各司怠職頗令攸司各以斷獄決訟之事當衙日上之各司日坐本司視事違者停職徵祿如聽訟決事及出物錢穀之司交通私書顚倒是非耗竊官物一切禁斷請者許者皆以不廉論典校一官皆文學之臣無他所掌頗委删定刑書以惠萬世凡朝廷儀禮中外官司相接之節文書相通之格亦使删定頒行九月典法司上疏曰政以立法刑以輔理自古理國家者必修其法典明啓脅占前元有天下制以條格通制布律中外

尙懼其煩而未究復以中國俚語爲律名曰議刑易覽欲令天下爲吏者皆得以易曉也然本國俚語與中朝不通尤所難曉且無講習者俗吏妄施其意上下以爲姦或受賄賂或怵權勢縱釋有罪枉陷無辜愁怨之氣仰干天象致灾怪屢見民生不遂者職此由也竊見大明律考之議刑易覽斟酌古今尤頗詳盡況時王之制尤當倣行然與本朝律不合者有之乞命朝臣通中國與本朝文俚者斟酌更定訓導京外官吏一笞一杖依律施行如有妄意輕重者以其罪罪之司學刑之官而國中刑憲不得揔知非立官

之意也今後京外官司一切刑戮須通報於司毋得擅行州縣則罪之合於笞者依律直斷杖以上報觀察使施行大辟具狀報觀察使轉呈于司司按律可殺報都評議司以上聞上察而命司依律移文後斷決施行洪武三年十二月判付內田民推決等事付版圖都官典法司專掌刑獄禁亂近年不遵判旨因循前習田民之事日繁月積而所掌刑決禁條反爲餘事案牘停滯冤苦實多今後田民事一依前判各還都官版圖而本司專修職掌判付都評議使擬議施行恭讓元年十二月憲司上疏曰罰不及嗣罪人

彙纂麗史卷之十八　五

不孥近世以來殺人而滅其族猶恐有後不仁甚矣乞法三代聖人之制有罪者妻子毋隨坐以示盛朝不忍之政四年三月又上疏曰典獄罪人所聚厲氣蒸染疾病易生死非其罪甚可恤也乞醫官一員六朔相遞全任典獄每日察病因證候劑藥救療令刑曹郎官考察獄吏醫官勤慢從之此其當世所施行而著見者其餘不足記也聖人係中孚之象曰議獄緩死豐之繇曰折獄致刑一主於仁一主於斷此其互相爲用而不可偏廢也以書典所載考之雖舜皐陶武王周公論刑之旨要皆不出乎此也故曰好生

之德洽于民心又曰罰蔽殷彝用其義刑義殺蓋斷獄之體或由重卽輕或由輕適重輕重舒慘之際自有天然一定之則焉不可以一毫私意參錯上下於其間也若高麗政刑一切不論輕重專以慈仁姑息爲心寬惡惠暴綱紀不振委靡頹墮以迄于亡蓋自太祖躅奉封之奇政更立疎網蕩然在宥不以法度繩下禮遇羣臣恩而不肅立法綱制未盡善也然方是時也德澤旣浹風俗淳厚足以維持數世而無弊亦庶乎扉屨赭衣而不犯者殆其然乎顯宗南幸制軍令私洩謀於敵及敵入軍中知而不告者皆杖二

彙纂麗史卷之十八　六

十及其還都刑部奏趙容謙柳僧虔李載崔檝崔成義林卓等驚動行宮罪請除名支配從之君子以爲失刑仁宗初年李資謙構逆宗社幾亡僅乃克之資謙於仁廟爲外祖待之以不死雖謂之以恩掩義可也至於資謙親黨助逆熾禍者一皆赦而不誅法宮縱火之賊枷于市三日以恥之其政刑之不肅如此自是以後憲律輕薄姦不輒得君臣之分日以陵夷凶逆之儔狃而莫懲迨乎毅宗仲夫之亂作此豈一朝一夕之故也哉明神以來武臣相繼執權朝臣忤輒見誅有被告者未嘗致獄驗問一切沈之水中以

脅衆立威雖獨衣冠椎剝生靈其毒虐所被自古以來未嘗有也於是得罪亡命及婦女姦淫臣叛主子背其父者競奔於其門輒加庇護法司莫敢問政刑大壞無足記者人主屛居深宮飮食動靜不得自由涕泣恐畏不敢出一語如是者幾百年蓋麗氏政素寛弛武臣乘之以猛崔氏父子用刑尤酷故權力一集而不可復動其所由來漸矣故曰仁者制亂而弱者縱之剛彊非不仁而柔弱者仁之賊也豈不信哉烈宣以來壓於大國之威東國粗安僅以無事然金方慶藏甲之誣宮禁巫蠱之事連歲而作獄禍未嘗

絶也辛禑既立崔瑩用事禑日事誅殺以無道行之而瑩亦嗜殺立威洪仲宣金濤之死也斷獄過嚴國人不勝其冤恭讓既立國家多事麗室舊臣或陰圖自全或謀撓國柄互相猜懼訴訐日盛逮繫滿獄凡大獄有五曰沮復王氏扶立辛昌者曹敏修李穡也謀迎辛禑永絶王氏者邊安烈李乙珍李庚道元庠李貴生鄭地禹玄寶洪壽王安德禹仁烈及穡也遣間中國請天下動兵者穡安烈敏修玄寶地李琳金宗衍李崇仁權近李種學慶補陳乙瑞崔七夕張夏權仲和也與宗衍謀內應者朴可興池湧奇李茂鄭

熙啓李彬尹師德朴葳金軾李龜哲也陰養國庶謀變者亦湧奇也諸獄方興而穡染於三案累年不決一時臺諫附會鄭道傳等乘時輒中傷人人自危於是侍中鄭夢周上疏曰諸罪人按驗累年獄情未白必於其間有罪者幸蒙肆宥無辜者未克昭雪是以言者紛紛至今未已宜令省憲法司更加商確將連涉人文案詳覆奏呈殿下坐朝門名宰輔諸僚親臨檢勘悉加裁斷然後加以罪黜施以肆宥則人心服而公道行矣王然之令省憲刑曹論列五罪御正殿名夢周及判三司裵克廉大司憲金湊評理柳曼殊

左常侍許應右常侍全五倫諫議朴子文金伯英獻納權軫正言柳沂金汝知掌令崔咸金畝持平李元紘李作刑曹判書具成祐摠郎成溥正郎河係宗佐郎朴犄等議定五罪李琳曹敏修邊安烈金宗衍已死餘或無供辭或見於他人供辭王乃曰曹敏修手握重兵欲立辛昌私問於李穡穡畏敏修而從之穡實怯懦罪可恕也夢周對曰然穡但無節操耳有何罪乎湊駁之曰穡既知非王氏而倡立子昌是成辛氏爲君也成辛氏爲君則殿下以辛氏之臣篡辛氏之位矣穡爲世大儒能斷國論貪生忘義罪可恕乎

諸郎舍唯唯汝知獨希旨曰臣亦謂檣等無罪也王又欲原禹玄寶朴可興奏曰殿下有私意王勃然變色曰卿以予私耶乃釋檣與玄寶敏修安烈籍其家湧奇可興依舊付處仁烈安德蕨外方從便餘皆釋之夢周因啓王著令曰今後有論上項人罪犯者以誣告論是時王柔懦欲赦諸人畏臺諫不敢赦積年滯獄一朝而決者夢周之謀也夢周又取大明律至正條格本朝法令參酌刪定撰新律以進是歲夢周見殺高麗亡噫麗氏刑法雖以唐爲法而太祖好佛教以慈悲爲本此所以終於不振然仁慈惻怛使人有不忍叛之心亦所以爲長久之術也及其衰也斷獄之權出於臣下亂獄滋豐卒以此亡國蘇軾曰漢獄之遠最多者皆在末造豈不信哉嗚呼可不監哉

名例

笞刑五

一十折杖七贖銅一斤

二十折杖七贖銅二斤

三十折杖八贖銅三斤

四十折杖九贖銅四斤

五十折杖十贖銅五斤

杖刑五

六十折杖十三贖銅六斤

七十折杖十五贖銅七斤

八十折杖十七贖銅八斤

九十折杖十八贖銅九斤

一百折杖二十贖銅十斤

徒刑五

一年折杖十三贖銅二十斤

一年半折杖十五贖銅三十斤

二年折杖十七贖銅四十斤

二年半折杖十八贖銅五十斤

三年折杖二十贖銅六十斤

流刑三

二千里折杖十七配役一年贖銅八十斤

二千五百里折杖十八配役一年贖銅九十斤

三千里折杖二十配役一年贖銅一百斤

死刑二

絞贖銅一百二十斤

斬贖銅上同

刑杖式 尺用金尺

脊杖長五尺大頭圍九分小頭圍七分
臀杖長五尺大頭圍七分小頭圍五分
笞杖長五尺大頭圍五分小頭圍三分

辜限

手足毆傷人者限十日
以他物毆傷人者限二十日
以刃及湯火毆傷人者限四十日
折跌支體及碎骨限五十日（被傷日晩則當至限日之晩便）

禁刑

國忌　十直（初一日初八日十四日十五日十八日二十三日二十四日二十八日二十九日三十日）
俗節（元正上元寒食上巳端午重九冬至八關秋夕）
愼日（歲首子午日二月初一日）

公式相避

本族

父子孫　同生兄弟　堂兄弟　同生姊妹之夫
堂姊妹之夫（臺省政曹外許同官）伯父叔父　伯母叔母之夫
姪女之夫（臺省政曹外許同官）女壻　孫女壻

外族

母之父母　母之同生兄弟　母之同生姊妹之夫
母之同生兄弟姊妹之子

妻族

妻之祖父　妻之同生兄弟（臺省政曹外許同官）妻之同生姊妹之夫（同上）妻之伯父叔父（同上）妻之伯母叔母之夫（同上）
妻之兄弟姊妹之子（同上）姪女之夫（同上）

官吏給暇

每月初一日初八日十五日二十三日每月入節日（一日）元正（前後幷七日）立春（一日）蠶暇（正月內子午日）人日（正月七日）上元（正月十五日前後幷三日）燃燈（二月十五日）春社（一日）春分（一日）諸王社會（三月三日）寒食（三日）立夏（三日）七夕（一日）立秋（一日）中元（七月十五日前後幷三日）秋夕（一日）三伏（三日）秋社（社稷祭日）秋分（一日）授衣（九月初一日）重陽（九月九日）冬至（一日）下元（十月十五日）八關（十一月十五日前後幷三日）臘享（前後幷七日）日月食（各一日）端午（一日）夏至（前後幷三日）

成宗元年判兩親忌給暇一日兩宵祖父母遠忌無親子者亦依此例四年新定五服給暇式斬衰齊衰三年給百日齊衰期年給三十日大功九月給二十日小功五月給十五日緦麻三月給七日顯宗十一年判外官父母病者除往返程給暇二十日諸文武員僚父母年七十以上無他兄弟者不許補外其父母有疾給告二百日護視靖宗十一年二月制文武

官父母在三百里外者三年一定省給暇三十日無父母者五年一掃墳給暇十五日並不許程途五品以上奏聞六品以下有司給暇登第者定省掃墳日限亦依此例文宗二年判大小官吏四仲時祭給暇二日宣宗三年二月判新除外官身病請暇者常參以上令大醫監診視給暇久未痊愈啓達遞差妄告病者科罪仁宗十八年判無親子祖父母忌依宋制給暇一日兩府忠穆王判參外員身病告暇者令部審其虛實給暇外官身病者亦令界首官審之方許上京調理

避馬式

文武官路上相見禮德宗二年十二月判政要曰三品以上六尚書九卿遇親王不合下馬親王班皆次三公下諸王立一品文班從三品以上與武班上將軍以上馬上祇揖文班四品以下武班大將軍以下下馬回避於宰臣參知政事政堂文學左右僕射文班四品以上及給舍中丞武班大將軍南班宣徽使馬上祇揖文班五品以下及武班諸衛將軍南班引進使文班四品慢路少卿少監國子司業下馬回避三品以上文班少卿少監司業等五品武班諸衛將軍南班引進使馬上祇揖五品慢路六局奉御諸陵令太史令及文班六品武班中郎將閤門副使下馬文班四品以上文班常參六品及武班中郎將南班閤門通事舍人文班緊路補闕殿中馬上祇揖文班參外六品及七品以下武班郎將閤門祇候以下下馬回避五品隔文班七品以上武班郎將閤門祇候文班緊路拾遺監察馬上祇揖參外八品以下及武班別將崇班以下下馬回避六品文班參外八品以上及武班別將崇班供奉官馬上祇揖文班九品以下及武班散員南班侍禁以下下馬回避七品文班九品以上武班散員南班左右侍禁左右班殿直馬上祇揖以下下馬回避以爲恒式宣宗十年六月判文武官職事四品以下散官三品以下於中丞職事五品以下散官四品以下於雜端侍御職事六品以下常參以上散官五品以下於殿中侍御監察御史皆避馬若吏部侍郎尚書左右丞給舍旣準諸曹三品且以侍臣在公候之上與中丞馬上相揖知製誥亦非常例一從官品馬上相揖郎舍補遺勿論官品與雜端以上並馬上相揖若大夫則除宰臣樞密左右僕射近臣外並皆避馬

公牒相通式

京官

内史門下尚書都省於六官諸曹七寺三監出納門下侍郎以上不姓草押拾遺以上著姓草押錄事注書都事內位著姓名六官諸曹七寺三監於三省侍郎少卿以下具位姓名御史卿以上著姓草押六官諸曹於七寺三監員外郎以上著姓草押七寺三監於六官諸曹少卿以下具銜姓名七寺三監於諸署局丞注簿著姓草押諸署局於七寺三監直長以上著姓名諸下局署於三省諸曹式目七寺三監直長

以下具位姓名吏部臺省於六官諸曹七寺三監門下侍郎平章以下拾遺以上著姓草押錄事具銜姓名於諸署局錄事注書著草押諸署局於三省直長以上具銜姓名

外官

別命使臣於牧都護當云某使貼某牧都護奉使事重備記事下典七品以上使著姓草押八品使著姓名署雖六七品使奉使事輕無人吏下典者具銜著姓名署三軍兵馬使於西京留守官判官以上著姓草押以下員著姓名署東西巡檢使於留守官副使

以上著姓草押留守官於中軍兵馬使留守著草押副留守著姓名於左右東西都巡檢使副留守以上著草押判官以下著姓名西京監軍使於中軍兵馬使著姓於東西巡檢使著草押西京留守三軍兵馬使於監軍判官以上著姓草押東西都巡檢使於監軍副使以上著姓草押西京留守三軍兵馬使東西都巡檢使都部署於八牧二大都護府諸道府官並皆著姓草押八牧二大都護於三軍兵馬使及西京留守官監軍使東西都巡檢使東西海巡察使著姓名於諸都部署使著姓草押副使以下著姓名中都

護知州以下諸道外官於兵馬使西京留守官東西都巡檢使東西海巡察使都部署著姓名三道巡察使兵馬使於中軍兵馬使著姓名唯三品以上巡察兵馬使著姓草押三軍兵馬使諸都部署於慶尚道西海巡察使猛州都知兵馬使著姓草押諸都部署於三軍兵馬使著姓名於左右軍兵馬使則三品以上使以大將軍兼文班卿監者著姓草押以下著姓名西京留守於申省狀著姓草押副留守以下監軍使東西都巡檢使等別命使臣及諸道外官雖三品以上著姓名鎮將縣令監倉驛巡官於防禦鎮使以

上官具銜著姓名睿宗九年六月禮儀詳定所奏曰
近來朝廷之間所行表狀書簡稱號不正非所以正
名之義臣等欲望凡上表者稱聖上陛下上箋稱太
子殿下諸王曰令公忠烈王五年五月元中書省牒
云據來文行移體例照得品同往復用平牒正從同
三品於四品並令故牒六品以下皆指揮四品於五
品用平牒於六品七品令故牒八品以下皆指揮如
回報四品於三品牒呈上六品以下並申六品於四
品牒呈上七品以下並申凡干公事除相統屬並須
指揮外若非統屬照依前項體式行移二十四年五

高麗史卷之十八　十七

月忠宣王卽位教曰朝廷間有僭越尊稱者實非禮
也宜於諸王則書銜直稱其公侯寒暄稱令候令旨
宰執諸二品官書銜除令公寒暄稱鈞旨鈞候諸三
品隨職稱之寒暄稱台旨台候率以爲常違者治之
以法

職制

官吏臨監自盜及臨監內受財枉法者徒杖勿論收
職田歸鄉僧人盜寺院米穀歸鄉充編户貿易官物
者除歸鄉依律科罪　監臨贓一尺笞四十一疋五十二疋杖六十三疋
七十四疋八十五疋九十六疋一百八疋徒一年十六疋一年半二十四疋二年三十二疋二年半四十

疋三年五十疋流一千里與者減五等罪止杖一百如監臨官於部內乞取者加一等若以威力强乞取
者准枉法贓論枉法贓一尺杖一百一疋徒一年二疋一年半三疋二年四疋二年半五疋三年
六疋流二千里七疋二千五百里八疋三千里十五疋絞有官品人犯者官當收贖一疋以上除名無祿
減一等二十疋絞不枉法贓一尺杖九十二疋一百四疋徒一年六疋一年半八疋二年十
疋二年半十二疋三年十四疋流二千里三十疋加役流有官品人犯者令官當收贖四疋以上免官無
祿者減一等四十疋加役流坐贓一尺笞二十一疋三十二疋四十三疋五十四疋杖六十五疋
七十六疋八十七疋九十八疋一百十疋徒一年二十疋一年半三十疋二年四十疋二年半五十疋三
年與者減五等在官侵奪私田一畝杖六十三畝七十七畝八十十畝九十十五畝一百
二十畝徒一年二十五畝一年半三十畝二年三十五畝二年半園圃加一等因官挾勢乞
百姓財物一疋笞二十二疋三十三疋四十四疋五十五疋杖六十六疋七十七疋八十八疋

高麗史卷之十八　十八

九十十疋一百二十疋徒一年三十疋一年半四十疋二年五十疋二年半與人物者減一等若親故與
者勿論貿易官物除歸鄉依律科罪判夜毋得刑人判外獄囚西京則
分臺東西州鎭則各界兵馬使關內西道則按察使
東南海則都部署其餘各界首官判官以上無時監
行推檢輕罪量決重囚則所囚年月具錄申奏如有
滯獄官吏科罪論奏犯斬罪免死者脊杖五十絞罪
脊杖四十刑決付處判鎭人犯歸鄉罪者仍留配本
處若受田丁者收其田與他犯流罪者東界鎭人則
移配北界北界則移東界勿令配南界　三年一度
考閱僧籍　成宗五年八月始令十二牧孥妻子赴

任　七年判諸道轉運使及外官凡百姓告訴不肯聽理皆就決於京官自今越告人及州縣長吏不處決者科罪　顯宗七年五月刑部奏官吏監臨自盜者勿計贓物多少並除名流本貫從之　靖宗十二年判每年春秋平校公私秤斛斗升平木長木外官則令東西京四都護八牧掌之文宗七年判內外官斛長廣高方酌定米斛則長廣高各一尺二寸稗租斛長廣高各一尺四寸五分末醬斛長廣高各一尺三寸九分大小豆斛長廣高各一尺九分　十一年下旨新羅高句麗百濟先王塚廟及古賢聖廟近處

禁耕樵侵毁　肅宗十年十月睿宗即位禁士與內官交通干謁　十三年判五家以上火燒點檢將校科罪　元宗元年八月中書省議奏令參外參上官道遇三品以上官趨拜馬前揖朝行諂諛成風禮失過恭請皆禁之　忠烈王十二年三月下旨外方奴婢相訟者例當就守令及按廉使處決事曲者依付權勢請移京官使對訟者贏粮遠來今後悉令其處守令及按廉使聽理所任外別衙處決一禁　十四年三月下旨文武官非乘傳不得出郊外　二十二年五月中贊洪子藩條上便民事一近有鍮銅匠

多居外方凡州縣官吏及使命人員爭斂鍮銅以爲器皿故民户之器日以耗損宜令工匠立限還京一諸州縣官出使員吏皆於出身衙門及第進士送納貨物稱爲封送一縷一粒民膏民脂誠宜禁之一各官守令新舊迎送之費實爲民害今後只令公衙屬人迎送一出使人員將丁吏上守所至州縣皆有贈遺謂之例物亦令禁止王嘉納　二十四年敎曰臺之設專爲彈糾百官近來風俗大毁隱匿不論今後彈糾百執肅淸朝廷　是年正月忠宣王即位下敎一古制遣使唯按廉祭告馬場耳近因多故每事皆

遣別監及將校下典州郡困於支待驛馬罷弊又按廉及諸別衙饋遺勢家多以銀布米麪甚者以人物充其農庄又守令貪暴按廉不之察自今每番褒貶以聞一凡論功如崔凝徐熙楊規姜邯贊崔思全趙冲金方慶等然後方可謂之功臣而錄用其子孫也今者親朝行李年年有之自求扈從便謂之功超等受賞錄其子孫加號本貫至有痕咎之人許通甚爲未便今後勿令許通違者所司固執論罷一王京一國之本要令人物安堵不可騷擾自今以後各司凡所須不得於市廛侵奪如不得已而徵求當與其直

忠肅王五年五月下教一事審官之設本爲宗主人
民甄別流品均平賦役表正風俗今則不然廣占公
田多匿民戶小有差役例收祿轉則吏之上京者敢
於私門決杖徵銅還取祿轉擅作威福有害於鄕無
益於國已盡革罷其所匿田戶推刷復舊　忠穆王
元年整理都監狀外方官吏貪婪不公擾害百姓者
令存撫按察使糾理體察不能者科罪行省行移外
方公事報都評議使使移文存撫按廉使施行例也
近年以來行省令宣使螺匠等授牌字發遣騷擾民
間今後稱宣使螺匠作弊者械送于京　恭愍王元

年二月教曰內外官吏未取諸囚招辭面縛亂打傷
肌膚害性命予甚憫焉今後毋得法外亂刑違者罪
之其軍人逃役者隨所犯杖之吏民有罪者亦加笞
杖並勿罰布貪汙犯贓者不在此限三年八月諸道
按廉陛辭仍教毋用贖罰四年正月教曰凡爾百僚
日仕本官各勤乃職聽訟官審理冤抑違者憲司劾
之　八年七月宰樞所以爲常時合坐著靴坐高牀
六色掌持事啓課不宜俯仰接對作高牀各置座前
以紫帛作巾覆之謂之紫羅酒案又於文字不宜操
筆各署刻木作署凡於文字以刻署著之效元朝法

也　十二年五月教曰比來各處防禦軍官率兵田
獵不以其時敗傷胎卵有乖仁政仰諸道存撫按廉
使痛行禁理　二十年七月羅州牧使李進修上疏
曰官爵人君任賢授能之器也安有人臣盜主之恩
掠美於僚友妄自尊大者乎慶弔外諸司官員投謁
權門又稱伴倘騎從者及常選外諸都監雜路薦狀
一皆命法司痛理斷之既有各掌百官何必別立都
監既有雷吏丘史何必品官騎從乎品官非宰相之
臣僕諸司公事啓課者進達於合坐所其一至權門
者削其職再至者加之以罪三至者終身不敍其餘

至百田民屬公王嘉之十二月教曰一百僚庶務斷
自都堂近年諸司凡有公事擅移諸道存撫按廉遣
人徵督甚者直牒州縣病民實多自今並令稟都評
議司區處一諸人未受度牒不許出家已嘗著令主
掌官司奉行未至致使丁口規避身役不修戒行至
敗教門今後情願爲僧者先赴所在官司納訖丁錢
五十疋布方許祝髮違者罪師長父母自鄕吏及津
驛公私有役人等並行禁約　辛禑三年二月令中
外決獄一遵至正條格六年六月憲府上疏曰凡大
辟必三覆奏君臣同議斷決者乃先王之成憲而今

中外官吏斷大辟皆不奏聞擅決遂致無辜殞命請自今中外大辟所在官吏具報都堂擬議以聞施行從之　十四年七月司憲府上書曰爲守令者察民休戚斷獄訟均賦役父母斯民其職也巡問按廉如調兵州郡也責辦其宰則戶口之多寡丁夫之壯弱其所知也兵必得其精今也巡問按廉每所徵發慮守令私其邑也調南郡之兵則必命北郡之宰北郡之宰至於南郡也以未經之耳目恐其欺紿先施鞭撻俄而調兵北郡之牒至南郡南郡之宰按袂而起直趨北郡未下車而先刑人係累其父母鞭撻其妻

彙纂麗史卷之十八　二十三

子非止調兵而然也凡戶口之點檢軍須之轉輸徵督百端無有紀極於是兩郡相怨遂成仇讎互相報復莫有仁愛民不堪苦戶口蕭然其承流宣化之意安在州縣皆是生民奚賴今也雖使臺省六曹各舉所知不革此弊則雖使龔黃之輩盡爲州郡之守令未嘗一坐其邑而視事何益於民生哉今願守令不許出境專理其邑有不勝其任者按廉卽罷其職而黜之申報朝廷以承其闕　十月憲司又上書曰古之爲國者必先立紀綱國之有紀綱猶身之有血脈也身無血脈氣有所不通國無紀綱令有所不行法令

不行國非其國矣殿下卽位大開言路相臣憲臣各陳時務然舊弊甫革新法不行怨讟方興紀綱紊亂病自血脈達于膏肓雖有扁鵲卒難治也願自今判付法制刊板施行堅如金石信如四時敢有犯法觸禁者一委憲司治之士大夫之仕宦于朝者既已委質從仕克勤乃職固其分也今則不然纔官任職者託以覲親省墓冒干口傳便歸鄉里淹延歲月曠官廢職非事君致身之義也願自今父母奔喪外不許出關外其事有不獲已必辭職然後乃行違者痛理其人分隷各處役之如奴隷至有逋亡者主司督京

彙纂麗史卷之十八　二十四

主人曰徵闕布八十疋主人不能償之直趨州縣倍數督徵州郡凋弊願自今一切罷去使還鄉里其各殿之役以近日革罷倉庫奴婢代之各司之役若亦以辨正都監屬公奴婢充之司設幕士注選之屬亦皆革去以安民生　辛昌元年四月都評議使司啓自立春至立秋停死刑在京五覆啓在外三覆啓方許斷罪事干軍機及叛逆不在此限　恭讓王元年十二月憲司上疏曰庶獄庶愼文王罔敢知于玆此成周之致理陝平不知錢穀之數君子謂知宰相體以其不侵官也本朝之制都堂摠百揆頒號令憲司

察百官糾風俗典法都官辨曲直決獄訟其職也近者僥倖貪利之徒欺罔大內冒弄都堂訟牒雲委行移之間因循苟且不勝其煩非設官分職之本意也願自今訟者各訟攸司其直達大內都堂者一切禁之以尊大內以嚴都堂三司及六部官以時親到所屬各司將其所報拘校文書會計點考毋致陵夷如有不奉法者使憲司糾理大罪降等別敍除名不敍隨罪論之小罪下牒巡軍笞杖還職凡京外大小官吏除目既下累日不卽上官赴任以致公事稽遲其文書錢穀皆爲姦吏所容匿此則弊之大者而又非

臣子誠心事君之道也願自今除臺省政曹外其京官大小員吏自下批之後京官限三日外官限十日進闕謝恩卽行上官赴任稱權知行事新舊相對將文書錢穀明立契券手相交付以憑考課謝後卽眞有不如法者京中憲司外方觀察使痛繩以法三年四月都堂請考臺省勤慢一不仕者抵罪三不仕者削職六月都堂啓請停服制後行之命

姦非

監臨主守於監守內犯姦和徒二年有夫二年半強三年和姦婦女減一等部曲人及奴姦主及主之周親尊長和絞強斬和者婦女減一等姦主緦麻以上親減一等姦父祖妾伯叔母姑姊妹子孫之婦兄弟女和絞凡人姦尼女冠和徒一年半強徒二年尼女冠與和徒二年半強不坐肅宗元年六月禁切親婚嫁毅宗卽位始禁堂姑從姊妹堂姪女兄孫女相婚忠烈王三十四年閏十一月憲司請禁外家四寸通婚恭愍王十六年五月監察司請禁人妻死繼娶妻之姊妹及娶異姓再從姊妹

戶婚

編戶以人丁多寡分爲九等定其賦役 家長漏口

及增減年狀免課役者一口徒一年二口一年半五口二年七口二年半九口三年若增減非免課役四口爲一口罪止徒一年半 里正不覺漏脫增減出入課役一口笞四十四口五十七口杖六十十口七十十三口八十十六口九十二十口一百三十口徒一年四十口一年半五十口二年六十口二年半若知情同家長法科之 鄰里被強盜聞而不救杖八十告而不救九十官司不救一百竊盜減二等 同五保內徒罪不糾杖六十流罪不糾一百死罪不糾徒一年徒以下罪不糾不坐 養異姓男與者笞五十養徒一年無子而捨去者二年養女不坐其遺棄小兒三歲以下異姓聽養 祖父母父母在子孫別籍異財供養有闕徒二年服內別籍

徒一年 和賣子孫爲奴婢徒一年略賣一年半和
而故賣者加一等和賣親弟姪外孫爲奴婢徒二年
半略賣徒三年未售減一等和而故賣者減一等
妻擅去徒二年改嫁流二千里妾擅去徒一年半改
嫁二年半娶者同罪不知有夫不坐 郡縣人與津
驛部曲人交嫁所生皆屬津驛部曲津驛部曲與雜
尺人交嫁所産中分之剩數從母 靖宗十二年判
諸田丁連立無嫡子則嫡孫無嫡孫則同母弟無同
母弟則庶孫無男孫則女孫 文宗二十二年制凡人
無後者無兄弟之子則收他人三歲前棄兒養以爲

子卽從其姓繼後付籍已有成法其有子孫及兄弟
之子而收養異姓者一禁制禁以伯叔及孫子行者
爲養子 睿宗三年判有夫女淫錄恣女案針工定
屬 元宗十三年正月御史臺奏庚午之變朝官以
其家屬陷賊率多改娶今賊平其舊室雖有還者或
疑有所汙或悅新婚遂棄而不顧以敗人倫以致多
怨請禁之從之無父母和論無故棄妻者停職付處
恭愍王二十年十二月教曰單丁從役自丙申年
已在禁限官吏役使如初尤可憐憫須給助役毋令
失業年滿六十免役 辛禑元年二月教曰使民之

道務從優典今後外方各處民戶一依京中見行之
法分揀大中小三等其中戶以二爲一小戶以三爲
一凡所差發同力相助毋致失所 恭讓王元年九
月都堂啓檄騎以上妻爲命婦者毋得再嫁判事以
下至六品妻夫亡三年不許再嫁違者坐以失節檄
騎以上妾及六品以上妻妾自願守節者旌表門閭
仍加賞賜

大惡

謀殺周親尊長外祖父母夫婦之父母雖未傷斬道
士女冠僧尼謀殺師主同叔伯父母謀殺周親卑幼

徒二年半已傷三年已殺流三千里有所規求謀殺
加一等謀殺大功尊長流二千里已傷絞已殺斬謀
殺小功緦麻尊長者亦同謀殺大功以下緦麻以上
卑幼徒三年已傷流三千里已殺絞有所規求加一
等毆祖父母父母斬告詈絞誤傷過失詈徒三年過
失毆流三千里詈伯叔父母外祖父母徒一年毆三
年傷流二千里折傷絞至死斬過失傷各減本傷罪
二等詈親兄姊者杖一百毆徒二年半傷三年折傷
流二千里折支絞至死斬過失傷各減本傷罪二等
毆堂兄姊者徒一年半折齒以上徒三年折筋以上

流二千里二事以上絞誤傷者減本傷罪二等毆緦麻兄姊杖一百折一齒以上徒一年半二齒以上二年折筋以上二年半折支以上流二千里二事以上流三千里至死絞尊屬又加一等至死斬毆小功兄姊徒一年折齒以上徒二年折二齒以上二年半折筋以上三年二事以上流三千里至死斬尊屬又加一等毆兄之妻及夫之弟妹手足杖七十拔髮以上九十他物傷徒一年折一齒以上一年半二齒以上二年損筋以上二年半折支以上流二千里二事以上流三千里至死絞不傷笞五十妾犯者加一等妻

妾詈夫之祖父母父母徒二年毆絞傷斬過失傷徒二年半過失殺三年毆殺弟妹及兄弟之子孫與外孫徒三年故殺流二千里誤殺過失殺勿論夫毆傷妻他物傷杖八十折一齒以上九十二齒以上一百折筋以上徒一年折支以上二年二事以上三年至死絞故殺斬拔髮以上杖六十過失殺勿論以妻毆妾同毆殺堂弟妹堂姪孫流二千里故殺絞毆妻父母準十惡不睦論告周親尊長外祖父母夫婦之祖父母雖得實徒二年流罪徒三年死罪流三千里誣告加所誣罪二等告周親卑幼罪杖六十告大功尊長罪雖得實徒一年半流罪二年半死罪三年誣告加所誣罪二等告小功緦麻尊長雖得實徒一年流罪二年死罪二年半文宗元年七月長湍縣民文漢假言託神顚狂殺其父母及親妹小兒等四人棄市尙書刑部奏縣令崔德元尉崔德望等不能善政化民致有不祥之變且申報稽遲宜罷其職從之肅宗六年正月注簿李景澤妻金氏欲殺夫之繼母陰使婢置毒於食以進母知之以告御史臺金不服御史臺請更鞫問王曰犯狀已白宜卽論決以金先朝外戚減死流安山縣景澤死獄中

殺傷

仁宗十二年判毆人折齒者徵銅與被傷人毅宗十六年五月官婢善花與一孕婦爭豆粟殺之配紫燕島明宗十五年八月有南原郡人與郡吏有隙至其家縛吏于柱遂火其家而燒殺之羣臣議以鬪殺論制云原其罪狀宜鈒面充常戶又有綾城人以鞭擊負兒女女驚怖投水死羣臣亦以鬪殺論制曰使母子一時俱死其以劫殺論恭讓王三年有爲父殺人者刑曹擬罪杖八十都堂以爲雖爲親殺人厥罪匪輕王曰爲親殺人其罪可赦竟原之

木齋家塾彙纂麗史卷之十八

彙纂麗史卷之十八

三十一

刑法

禁令

聞父母喪若夫喪匿哀作樂雜戲徒一年釋服從吉徒三年匿不舉哀流二千里詐稱祖父母父母死以求假及有所避徒三年祖父母父母被囚而嫁娶者徒罪杖一百死罪徒一年祖父母父母命者勿論妾減三等凡決後誣以爲誤決淹延其事者參以下直四四品以下申聞科罪以投匿名書論私作枰斗在市執用有增減者一尺杖六十一疋七十二疋八十三疋九十四疋一百五疋徒一年十疋一年半十五疋二年二十疋二年半二十五疋三年三十疋流二千里三十五疋二

千五百里四十疋三千里用枰斗尺度出入官物不平入己者一尺杖六十一疋七十二疋八十三疋九十四疋一百五疋徒一年十疋一年半十五疋二年二十疋二年半二十五疋三年三十疋流二千里三十五疋加役流有增減者坐贓論妄認公私田幷盜賣者一畝笞五十五畝杖六十十畝七十十五畝八十二十畝九十二十五畝一百三十畝徒一年三十五畝一年半四十畝二年五十畝二年半妄認未得準妄認財物未得論盜耕公私田一畝笞三十五畝四十十畝五十十五畝杖六十二十畝七十二十五畝八十三十畝九十三十五畝一百四十畝徒一年五十畝一年半荒田減一等強加一等盜葬他人田笞五十墓田杖六十告里正移埋不告而移笞三十盜耕人墓田杖一百傷墳者徒一年侵巷街阡陌杖七十種植笞五十穿垣杖六十雖種植無防礙不坐主司不禁同

罪恐嚇取人財物者一尺杖七十一疋八十二疋九十三疋一百四疋徒一年五疋一年半十疋二年十五疋二年半二十疋三年二十五疋流二千里三十疋二千五百里三十五疋三千里滿二十疋首處死斫伐他人墓塋內樹木者一尺杖六十一疋七十二疋九十四疋一百五疋徒一年十疋一年半十五疋二年二十疋二年半二十五疋三年三十疋流二千里三十五疋二千五百里四十疋三千里伐親屬墓內樹者亦同於他人田園輒將瓜菓而去者一尺杖六十一疋七十二疋八十三疋九十四疋一百五疋徒一年十疋一年半十五疋二年二十疋二年半二十五疋三年三十疋流二千里三十五疋二千五百里四十疋三千里強將去者以盜論輒食者坐贓論知盜詐之贓而故買者一疋笞二十二疋三十四疋五十五疋杖六十六疋徒一年三十疋一年半四十疋二年五十疋二年半知而爲贓者減一等知人詐欺得物而從乞取者一尺笞二十一疋三

十二疋四十三疋五十四疋杖六十五疋七十六疋八十七疋九十八疋一百十疋徒一年二十疋一年半三十疋二年四十疋二年半五十疋三年知而買者減爲贓者二等應分財物不平者二疋笞二十三疋三十四疋四十五疋五十六疋六十七疋七十八疋八十十疋九十二十疋一百三十疋徒一年四十疋一年半五十疋二年違方詐療病因取財物者一尺杖六十一疋七十二疋八十三疋九十四疋一百五疋徒一年七疋一年半十五疋二年二十疋二年半二十五疋三年三十疋二千里三十五疋加役流不在收贖之例枉徵租稅入己一尺杖一百一疋徒一年二疋一年半三疋二年四疋二年半五疋三年六疋流二千里七疋二千五百里八疋三千里有祿者三十疋加役流無祿者二十五疋加役流負債不告官司強牽財物過本者一尺笞二十一疋三十二疋四十三疋五十四疋杖六十五疋七十六疋八十七疋九十八疋一百十疋徒一年二十疋一年半三十疋二年四十疋二年半

五十疋三年仍勅依元契還主故放畜產損食人田苗者一尺笞二十一疋三
十二疋四十三疋五十四疋杖六十五疋七十六疋八十七疋九十八疋一百十疋徒一年二十疋一年
半三十疋二年四十二年半五十疋三年若因走失者減二等並勒償
所損棄毀制書及官文書者一尺杖六十一疋七十二疋八十三疋九十四
疋一百五疋徒一年十疋一年半十五疋二年二十疋二年半二十五疋三年三十疋流二千里三十五
疋二千五百里四十疋三千里詐僞官文書有增減者同亡失及誤
毀者減二等諸失火者二月一日已後十月三日已前燒野田者笞五十延燒人
宅舍財物杖八十贓重者坐贓論減三等故燒官府廨杖及私家舍宅財物無問屋舍大小財物多寡
徒三年贓滿五疋流二千里十疋絞殺傷人者以故殺傷論故燒人屋舍蠶箔五
穀積聚者首處死從者脊杖二十以博戲賭錢物者各杖一百其停止主

彙纂麗史卷之十九　三

人及出九和合令戲者亦杖一百賭飲食弓射習武藝者雖賭錢物無罪禁鄉部曲津驛
兩界州鎭編戶人爲僧禁京外豪富劫占負債貧人
仍爲奴婢使喚者禁僧人寓宿閭閻竊牛人良賤勿
論鈒面刑決遠陸州縣充入越縣城杖九十州鎭徒
一年未越者減一等從溝瀆出入與越同景宗元年
二月定文武兩班墓地一品方九十步二品八十步墳高並一丈六尺三品七十
步高一丈四品六十步五品五十步六品以下並三十步高不過八尺成宗元年四月
令男子十歲以上著帽三年始定軍人服色顯宗元
年禁僧尼釀酒三年禁市賣綾絹扇敎曰比見沙門
衣服漸盛奢僭與俗無異今有司定其服式四年三

月敎曰禮云伐一樹不以時非孝也史云松柏百木
長也近聞百姓斫伐松柏多不以時自今除公家所
用外違時伐松者一切禁斷五年禁民佩七首八年
正月禁人捨家爲寺婦女爲尼十二年九月禁黃州
世長池及龍林麓漁樵十四年五月司憲臺奏百官
於朝會跪膝私語或單拜起居搪揬班行殊失朝儀
請加嚴禁從之十六年四月禮部奏準御史臺格兩
班員吏於朝門街衢公處以私禮拜伏者隨卽糾罪
謹按禮記君子行禮不求變俗又云修其敎不易其
俗齊其政不易其宜況非禮無以辨上下長幼之序

彙纂麗史卷之十九　四

如御史臺新格畀幼之於尊長何以致敬何以辨位
請於朝廟禮會班行切禁私禮拜伏外任便爲宜從
之九月御史臺請禁中外民庶衣服器物龍鳳紋樣
從之十八年八月禁僧服白衫襪頭袴綾羅勤帛旋
襴衫皮鞋彩冒笠子冠纓二十二年判辛巷後禁伐
木文宗三十一年判三伏內禁工作三十二年十月
中書門下省請依宋制禁臣民著梔黃淡黃色衣從
之肅宗六年六月詔曰金銀天地之精國家之寶也
姦民和銅盜鑄自今用銀缾皆標印違者重論十年
十一月睿宗卽位詔曰朕聞民間買賣所用米穀及

銀品甚惡故前代以來以嚴法禁之而至今未見其懲戒者蓋姦猾之類不畏法禁惟利是求乃以沙土和米銅鐵交銀以眩惑愚民甚非天地神明之意民之貧困實由於此可懲之以法然堯舜晝衣冠民不犯法刑措不用比屋可封朕甚慕焉庶幾內外軍民工商雜類改心革慮遷善遠罪則自然刑罰清而德教洽矣富壽之業太平之風豈難致哉如有不識此意故有違犯者必罰無赦仁宗九年五月停內外錦繡工作限十年禁庶人羅衣絹袴騎馬都中及奴隷革帶六月陰陽會議所奏近來僧俗雜類聚集成羣

號萬佛香徒或念佛讀經作爲詭誕或內外寺社僧徒賣酒鬻葱或持兵作惡踴躍遊戲亂常敗俗請令御史臺金吾衛巡檢禁止詔可明宗十一年七月宰樞重房臺諫會奉恩寺定市價平斗斛犯者配海島十八年三月制曰京人於鄕邑盛排農場作弊者破取農場以法還京道門僧人諸處農舍冒認貢戶良人以使之又以麤惡紙布强與貧民以取其利悉皆禁止凡供御物膳各因土宜隨卽進獻其餘玩好熊虎豹皮無以勞民徵取密進又無以驛路贈送私門二十二年五月制曰古先哲王之化天下崇節儉斥

奢靡所以厚風俗也今俗尚浮華凡公私設宴競尚誇勝用穀粟如泥沙視油蜜如瀋滓徒爲觀美糜費不貲自今禁用油蜜果代以木實小不過三器中不過五器大不過九器饌亦不過三品若不得已而加之則脯醢交進以爲定式有不如令有司劾罪高宗三十三年五月禁端午鞦韆鼓吹之戲十一月始禁棺槨飾金箔忠烈王元年六月大司局言東方木位色當尚青而白者金之色也國人自著戎服多褐以白紵衣木制於金之象也請禁白色服從之四年二月令境內皆服上國衣冠三月都兵馬使據判出牒

云大朝令諸路斷酒國家亦宜行之聖節日上朝使臣迎接內宴燃燈八關不可無酒令良醞署供進國行祭享醮酒良醞署亦別建造釀都祭庫燒錢色傳請供設此外公私一皆禁斷如有違者有職者罷黜無職者論罪閭里有釀飮之屬部官比長等知而不告者論罪已釀之酒限今月二十一日盡用已造之麴限今月皆納右倉倉給其直外方亦令按廉安集使限日禁斷亦納官官給其直輸于右倉十一月王下旨紅大燭闕內所用凡婚姻喪制一皆禁斷八年九月王畋于忠淸道行從都監禁油蜜果及遠道守

令來謁九年正月監察司張榜曰兩班諂媚權貴非族長而皆拜于下自後拜與受者皆罪之又禁庖從羣臣相顧笑語及以朝服徒行庶人乘馬見大官不下者取其馬送典牧司十四年四月監察司榜曰國家連因旱乾禾穀不登無識之徒因祭松岳羣飮山谷因緣失行者有之故法司已曾論請受判然禁防稍弛今復盛行且露衣簷笠兩班妻妾外之服今畓夫奴隷之妻亦皆著之尊卑無別自今一皆禁斷違者犯物沒官重論其罪僧徒及奴僕雜類騎馬公行朝路無畏忌或走馬踏殺行人自今攸司捕捉監禁

彙纂麗史卷之十九　七

犯人論罪送馬于典牧若本主不能教令奴隷犯禁者並與其主論罪又榜差遣外官稽留不發迎來騶從到京久留其弊不貲不卽發行者論罪申聞忠宣王四年六月禁人不用子母法追徵私債九月置僧穢行者忠肅王三年三月禁有職人及僧人商販十人推考都監禁諸寺勸化僧來集京師聚錢財肆爲二年二月敎曰近者紀綱不振惡少成羣奪人財物淫人婦女擄宰牛馬人甚怨憝仰司憲巡軍體察究理山林川澤與民共利近來權勢之家自占爲私擅禁樵牧以爲民害仰憲司禁約違者治罪不畜雞豚

宰殺牛馬甚爲不仁自今畜養雞豚鵝鴨以備賓祭之用宰殺牛馬者科罪州縣吏有三子者毋得剃度爲僧雖多子須告官得度牒許剃一子違者子及父母俱治其罪後八年五月監察司榜示禁令一今國有大喪理宜禁酒若有羣飮歌舞者有職徵布七十疋白身決杖七十七四鄰知而不告徵布五十疋一各户奴婢役之甚苦在所矜恤或有病不肯醫治棄諸道路死又不埋轉相曳棄肉餧羣狗誠爲可憐今後以重法論一古者葬先遠日所以禮葬今士大夫例用三日葬殊非禮典又有不躬廬墓以奴代之焉

彙纂麗史卷之十九　八

得爲孝並宜禁之犯者科罪忠穆王元年五月禁端午擲石戲整理都監狀官官族屬及權勢之家於田地沃饒處爭設農庄爲吏因緣用事奪占人田劫取牛馬今後推考痛徵田地收租人等每年一田四五度徵斂使百姓失業流移者頗多今後窮推械送于京恭愍王五年六月下敎鄕驛吏及公私奴隷規逃賦役擅自爲僧户口日蹙自今非受度牒者毋得私剃十二月禁中外漁獵七年四月都評議使上言比來按廉守令紀綱不立諸道鄕吏縱逞其欲點兵則不及富户收租則私作大斗匿京丁爲其田聚良人

爲其隷誅求於民靡有紀極宜令御史臺及諸道按
廉使究其元惡者車裂輕者杖流從之八年四月重
房言自古緇流不得入闕門今崇信佛法出入無防
請禁之從之十年御史臺禁僧入市街二十一年十
一月禁圜丘及諸祭壇山陵鎭山裨補田獵又禁養
鷹二十三年五月禁效胡剃頭辛禑元年二月教曰
人不知儉侈用傷財今後如燒酒錦繡段匹金玉器
皿等物一皆禁斷雖婚姻之家止用紬紵務從儉約
以成風俗閒散之人托名各愛馬稱爲逋粮規避徭
役致使齊民勞逸不均今後司憲府巡問按廉所在

官司盡行推刷以當差役三年二月立防於各道要
衝以遏流移戶口五年正月門下府郎舍上疏曰東
西北面境連異土尤宜祛弊存恤近者守令受京都
相識所屬布帛分諸民戶徵收米穀或換軍須傳次
輸運民不忍苦流徙異土願自今一皆禁斷違者送
布人及守令憲司申聞科罪米布屬軍須且元帥所
統軍官常騎馬陪行馬不休息因而困斃願自今城
內毋率騎從又禁兩府門外迎餞十二年八月禁僧
乘馬王國師乃許乘驢恭讓王元年憲司上疏曰葬
者藏也所以藏其骸骨不暴露也近世浮屠氏荼毗

之法誠行人死則擧而葬之烈焰之中焦毛髮爛肌
膚只存其骸骨甚者焚骨揚灰以施魚鳥乃謂必如
是然後可得生天堂可得至西方也此論一起士大
夫高明者亦皆惑之死而不葬於地者多矣嗚呼不
仁甚矣人之精神流行和通生死人鬼本同一氣祖
父母安於地下則子孫亦安不爾則反是且人之生
世猶木之托根於地焚其根株則枝葉凋悴燒其枝
葉則根株亦病矣安有發榮滋長之理乎此愚婦之
所能知也聖人制以四寸之棺三寸之槨猶恐其速
朽斂衣數十襲猶恐其或薄也置穀棺中猶恐其螻

蟻之或侵也送終之禮如是而反用裔戎無父之教
可謂仁乎願自今一切痛禁違者論罪司憲府出榜
禁胡跪行揖禮二年四月籍京市工商其寓居隱漏
不付籍者主客論罪三年三月中郎將房士良上疏
一書云不貴異物賤用物民乃足我朝只用土宜紬
紵麻布而能多歷年所上下饒足今也無貴無賤爭
貿異土之物路多帝服之奴巷遍后飾之婢願自今
士庶工商賤隷一禁紗羅綾段之服金銀珠玉之飾
以弛奢風以嚴貴賤一人寮子孫或家貧無錢以錦
褥綾衾之末辦皮幣衣服之未備淹延歲月婚姻失

時甚至父母亾而或托族屬或依奴婢因此失禮幾敗人倫者往往有之願自今婚姻之家專用緜布一禁異土之物如有仍行舊弊者以違制論一鍮銅本土不産之物也願自今禁銅鐵器專用瓷木以革習俗一書云令出惟行若令出而不行則國非其國矣今也令非不嚴也征商之徒什伍成羣牽牛帶馬懷金挾銀日趨異域驢騾駑鈍之物遍於國中願自今潛行越江賣牛馬者及將官印之馬賣彼不還者以違制加刑一西伯爲池掘得死人之骨西伯曰葬之吏曰此無主之骨何必葬爲西伯曰有天下者天下

之主有一國者一國之主寡人固其主矣更以衣槨葬之天下聞之曰西伯澤及枯骨況於人乎是知八百年帝周之籙實原於文王一念之仁豈不美哉今都城四門之外一國大小臣民先人之塚存焉芻者爨之獵者火之或逼爲菜圃或耕爲粟田嗚呼凡厥孝子仁人得不覩此而泚其顙乎願自今凡墳塚所存差定山直使之蕃茂王納之七月都評議使司上書曰凡國家利害軍機重務及告發姦狀者須要明注日月指陳實事其暗投匿名書及造言興謗攪亂國政者令憲府法司嚴加體察敗露被劾者無問宗

親貴戚不待啓聞直收職牒鞫問論罪王許之都堂啓請禁巨家世族用金銀寫經四年三月憲司上疏言時事一擅入宮殿門既有其律見今宮門不嚴大小員將引伴倘奴隷無時出入甚至雜亂或有司門者阻當反致陵辱無有懲禁至如御殿宴享賓客臨朝聽政之際僕從雜類闌入混雜朝儀不肅若不嚴切禁理誠爲未便願自今除特奉宣喚及應直宿衛人員啓稟公事官吏外其餘閑人毋得擅入其應入者二品以上將引跟隨人二名四品以上一名其餘毋得將引輒入違者治罪車沙兀及各門把直人員

不能禁禦者並罪之一都城之虛實係乎人家之多少自辛丑年後人家半爲空基強者多兼幷反爲穀田弱者無容膝之地雖欲造家焉能得乎是故民居日減誠不可不慮也乞令開城府踏驗空基俾其主定基造家若於期限內不肯營造將兼幷之基以給自望造家者則户口日增矣其受田而不造家者空家而不接者壞家而爲田者痛繩以法一醫官之設本爲民生近來醫業之人居官食祿不顧其任妄自尊大出入自尊人有告疾雖呼而救之非豪富之家自不往救甚非先王分職之意也自今一切患病之

人奔告請救醫官似前自尊不卽奔救者許諸人陳告痛行以法

盜賊 捕盜附

應犯竊盜滿五貫處死不滿五貫脊杖二十配三年不滿三貫脊杖二十配二年不滿二貫脊杖十八配一年一貫以下量罪決杖免配以竊盜一疋杖六十二疋八十三疋九十四疋一百五疋徒一年十疋一年半十五疋二年二十疋二年半二十五疋三年三十疋流二千里三十五疋二千五百里四十疋三千里同居卑幼將人盜己家財以私輒用財物論加二等凡人減常盜一等盜緦麻小功親減一等大功親減二等周親減三等犯盜配所逃亡者刑決鈒面配遠陸州縣諸投化人犯盜配南界水路不通州縣顯宗七年十月敎南界強盜頗多令諸州縣嚴加追捕肅宗七年判捕盜贓物現告者以贓物分半給之內外強竊盜知認捕捉者有職次第職無職許初職不應受職人賜物僧人則寺職賤人放良不監撿者內則五部員吏別監里正外則邑員長吏將校街前決罪許接人囚禁罪之睿宗七年判大府寺賊捕捉者爲先錄用以勵後人仁宗二年判羅城內外羣聚強盜捕捉者許加職忠宣王二年傳旨曰巡軍府本爲捕盜而設民間鬪毆宰殺牛馬等事皆可理之其餘土田奴婢事並勿理以巡綽爲事

軍律

睿宗元年正月都兵馬使奏曰頃者東蕃之役軍令不嚴故將帥無敢力戰卒伍亦皆奔潰屢致敗績書云左不攻于左右不攻于右汝不恭命用命賞于祖不用命戮于社予則孥戮汝昔孫武殺寵姬二人西破強楚北威齊晉莊賈失期穰苴斬之燕晉之師聞而退李靖兵法曰善爲將者必能十卒而殺其三次者十殺其一故須百殺十人千殺百人以嚴其令然後衆心一矣伏見辛亥戊午年間顯廟行師之令曰初當訓勵時不至者勿論官職高下杖脊十五二次不至者及進退失伍者或持卜筮訛言以惑衆者誤墜失兵仗者隊正以下聞令不傳及傳之而不行者爲卒雖救其上不能使免者或私洩謀於敵或敵入軍中知而不告者皆杖脊二十發兵而不及期者有亡走心或臨敵不戰或當戰妄動者士卒不從其將節制者兵仗器械抛棄敵中者爲卒不救其上以致敗沒者見戰者危急以非己部伍不救者奪人弓劒爭人首級者將軍將校臨陣不戰或亡入軍中或言降於敵者或陣而不能拒俾敵衝突者皆斬其投降於敵者籍其家孥其妻子敵自降不告而妄殺者斬

顧遵此令以勵軍士但敵自降不告而妄殺者不宜斬請杖二十從之時國家有東征之議故申明軍法

恤刑

諸流移人未達前所而祖父母父母在鄉喪者給暇七日發哀周喪承重亦同諸婦人在禁臨産月者責保聽出死罪産後滿二十日流罪以下滿三十日諸犯死罪在禁非惡逆以上遭父母喪夫喪祖父母喪承重者給暇七日發哀流徙罪三十日責保乃出諸流移因在途有婦人産者并家口給暇二十日家女及婢給暇七日若身及家口遇患或逢賊津濟水漲不得行者隨近官每日驗行堪進即遣若祖父母父母喪者給暇十五日家口有死者七日年七十以上父母無守護其子犯罪應配島者存留孝養文宗元年八月尚書刑部覆奏死刑王曰人命至重死者不可再生寡人每聽死囚必待三覆尚慮失其情實倘有寃枉欲訴無路飲恨吞聲可不痛哉其審愼之十六年二月制曰刑政者民命攸繫古先哲王惟刑是恤朕遹追古訓愼選刑官猶懼不得其人以致寃枉自今必備三員以上然後訊鞫囚徒以爲定制二十年七月制諸官人歸鄉者充常戶諸因畏懼致死者

以絞論有乖於義皆除之肅宗十年判進士雖無蔭凡輕罪贖銅唯犯偸盜詐欺强姦鬪傷人依律斷罪睿宗六年判依月令孟夏之月出輕繫仲夏之月挺重囚之說四月保放輕囚五月重囚緩枷鏁以爲永式仁宗二年判推問罪人不審罪之輕重使無識杖首慘酷結縛官吏習以爲常亦不禁之使無辜殞命今後臺省內侍員當四季監獄時按問隨即科罪其杖首亦令囚禁決罪移充苦役九年判栲訊罪人多般亂杖衝刺使不忍其苦誣服致死今後凡諸囚訊問不敢移時其犯輕罪者勿用非法栲訊十四年判無養獄囚徒官給贓贖錢以餼之十六年判八十以上及篤疾人雖犯殺人除杖刑配島明宗十八年三月制曰盜賊殺人外其餘囚徒平決免放勿令滯獄恭愍王十二年五月敎曰刑罰失中民怨所萃今後中外之囚毋得寃滯刻日疏理期致平允密直提學白文寶上劄子曰春爲喜神秋爲怒神若喜神一忤歲功不成方春夏時輕刑固宜放免重刑亦宜減等量決速出至三四月五六月停務大辟則待冬節謀危社稷不在此限二十年十二月敎曰罰懲非死民極于病比來中外官曾不恤刑旣杖且贖民何以堪

自今毋得並行杖贖如有違者許諸人赴官陳訴倍數徵還刑罰明有條例不宜輕重出入自逆臣擅柄凡用笞杖必中虛怯既貶之後陰囑管押之人中路殺之深為慘毒今後中外執法官吏敢有如此者都評議使申聞斷罪辛禑元年二月教曰刑法聖人所恤三代以上罪不相及刑簡而民不犯秦用峻法反不勝理仰都評議使申敎司憲府典法司都巡問按廉使詳究情法毋用律外之刑徒役有年限其已滿者放免禁錮作賤亦宜根究以聞二年七月禑曰諸州流配之人與妻子南北異居豈無思怨酌其輕重

可赦者釋之不赦者從便宜量移遣妻子同居九月以金義殺使奔元下毋妻于巡軍將殺之憲司上言義雖叛逆婦女何知請勿殺乃沒為尚州官婢六年五月憲府上疏曰凡大辟必三覆奏君臣同議斷決者乃先王之成憲而今中外官吏斷大辟皆不奏聞擅決遂致無辜殞命感傷和氣請自今中外大辟所在官吏具報都堂擬議以聞施行禑納之恭讓王元年十二月都評議使司啓自立春至立秋停死刑在京五覆啓在外三覆啓方許斷罪事干軍機及叛逆不在此限憲司上疏曰書曰罰不及嗣傳曰罪人不孥故舜殛鯀而相禹武王誅紂而封武庚即天地生物之心也至於近世殺人如飲食滅人之族猶恐其有後不仁甚矣願自今凡有罪者法三代盛王之制妻子無隨坐以示盛朝不忍之政

訴訟

睿宗十七年判凡父祖田無文契者適長為先決給

恭讓王三年十月郞舍上疏曰殿下即位首革私田之弊明立差科爾清訟源誠三韓風俗之萬幸也但有民口者本無限際又謂之私財爭訟萬端有甚於爭田之弊也歲在丁未元朝遣闊里吉思平章本朝

儀制一皆革正並舉一國之爭田民者推覈明正而尚有更改之煩故丙申年宣旨一款內忠烈王丁未年以前事雖祖業田土人口毋得爭訟又以五決從三三決從二每降宣旨以遏爭訟之風頑貪未革爭訟蠭起而聽之者亦媚於權勢牽於朋比不論前判所禁又不覈事之是非互相更改而簿書山積爭訟無窮至於骨肉反為仇讎多興謗毀之俗而無敦篤之風和氣不達妖孽屢騰此殿下之深慮也今縱令都官每衙朝獻課訟者雲屯頗有積年未決者豈可以都官遽絕其冤訟乎伏惟殿下命立別司擇其才

국역
휘찬여사 3
지2

국역 휘찬여사 3 지2

초판1쇄 발행 | 2012년 2월 28일

기획 군위문화원 · 군위군
지음 홍여하
옮김 김현영 · 박한남 · 이재희 · 류주희

펴낸이 홍기원
총괄 홍종화
디자인 정춘경
편집 오경희 · 조정화 · 오성현 · 신나래 · 정고은 · 임민영
관리 박정대 · 최기엽

펴낸곳 민속원 출판등록 제18-1호
주소 서울 마포구 대흥동 337-25 전화 02) 804-3320, 805-3320, 806-3320(代) 팩스 02) 802-3346
이메일 minsok1@chollian.net 홈페이지 www.minsokwon.com

ISBN 978-89-285-0243-1 94380
978-89-285-0240-0(세트)

© 김현영 · 박한남 · 이재희 · 류주희, 2012
© 민속원, 2012, printed in Seoul, Korea

※ 책 값은 뒤표지에 있습니다.
※ 잘못된 책은 바꾸어 드립니다.
※ 저자와의 협의하에 인지는 생략합니다.

木齋家塾彙纂麗史

국역 휘찬여사 3

《지志 2》

목재木齋 홍여하洪汝河 저

김현영
박한남
이재희
류주희 역

민속원

일러두기

1. 모든 고유명사(인명, 지명 등), 관직명, 한자 성어에는 해당 한자를 병기하였다. 다만 한 페이지에 중복되어 나오는 경우에는 한자를 생략하였다.
2. 원문에 인명에서 생략되어 이름만 나오는 경우에도 성명을 모두 써주었다.
3. 번역 과정에 원문 교감을 병행하였다. 『고려사』나 전후의 사실로 미루어 명확한 오탈자나 오류인 경우에는 주석을 붙여서 설명하였다.
4. 원주(쌍행) 번역 부분을 역자 주와 구별하기 위하여 { } 안에 원주를 넣었다. 역자 주는 각주로 처리하였으나 10자 이내로 짧은 것은 괄호 속에 처리하였다.
5. 연대 표기는 먼저 고려의 왕대를 쓰고 괄호 속에 서기 연대와 중국 연대를 써주었다.
   예) 충렬왕 9년(1283, 元 世祖 至元 20) *밑줄 부분은 경우에 따라 생략하였다.
6. '帝'는 '황제'로, '王'은 '왕' 혹은 '국왕'으로 번역하였다. 혼동의 염려가 있을 경우에는 괄호 속에 그 왕이나 황제의 시호를 넣어주었다.
7. 송宋, 요遼, 금金, 원元, 몽골[蒙古]은 혹은 송나라, 요나라, 금나라, 원나라라고도 번역하였다.
8. '붕崩', '훙薨', '졸卒', '서逝'는 '붕어하다', '훙거하다', '죽었다', '서거하다' 등으로 번역하였다.
9. 이 책은 원본 총 48권을 6책으로 나누어 간행하였다. 제1책에는 세가世家, 제2책과 제3책에는 지志, 제4책에서 제6책까지는 열전列傳이다. 다만 원본의 제21권 신서인전辛庶人傳(우왕, 창왕)은 세가편의 공민왕 다음 공양왕 앞으로 옮겼다. 왕대의 계속성을 보이는 측면도 있지만, 각 권의 분량을 염두에 둔 편집이다.

10. 거란, 여진, 몽골 등의 이름이나 용어는 한자어대로 쓴 후 한자를 병기하고 괄호 속에 원래의 발음을 써 주었다.

11. 번역본에 사용한 주요 부호는 다음과 같다.
    - 『 』 : 저서나 저작물. 예) 『삼국사기三國史記』
    - 「 」 : 논문이나 편명, 관작명이나 공신명. 예) 『서경書經』 「무일편無逸篇」
    - [ ] : 의역한 부분의 원문. 예) 군사에 관련된 주요한 일[軍機]
    - { } : 원문 주를 번역한 것. 예) 예종의 장자로 어머니는 순덕왕후順德王后 이씨이다.{예종 4년 기축년(1109)에 태어났다.}
    - ( ) : 역문에 대한 간단한 주석 또는 원문에 없는 것을 보완한 사항. 예) 숭녕崇寧(송나라 휘종의 연호)
    - " " : 원문에서의 인용 문장 및 대화 부분.
    - ' ' : 인용 문장 또는 대화 안에 있는 인용어.

12. 영인본은 독자의 편의를 위하여 왕대, 연기, 사론 등 부분에 색도를 넣어 구분하였다.

13. 각 권의 번역자는 다음과 같다.
    - 김현영 : 권1, 5, 9, 13, 17, 21, 25, 29, 33, 37, 41, 45
    - 박한남 : 권2, 6, 10, 14, 18, 22, 26, 30, 34, 38, 42, 46
    - 이재희 : 권3, 7, 11, 15, 19, 23, 27, 31, 35, 39, 43, 47, 48
    - 류주희 : 권4, 8, 12, 16, 20, 24, 28, 32, 36, 40, 44

『국역 휘찬여사 3 지2』 **목차**

휘찬여사 권17 병지

휘찬여사 권18 형법지 1

휘찬여사 권19 형법지 2

『국역 휘찬여사』 **총목차**

국역 휘찬여사 4 열전1

【권20】 왕후 제원비전 종실
【권22】 명신 1
【권23】 명신 2
【권24】 명신 3
【권25】 명신 4
【권26】 명신 5
【권27】 명신 6
【권28】 명신 7
【권29】 명신 8

국역 휘찬여사 5 열전2

【권30】 명신 9
【권31】 명신 10
【권32】 명신 11
【권33】 명신 12
【권34】 명신 13
【권35】 명신 14
【권36】 명신 15
【권37】 명신 16
【권38】 의열전 유학전 탁행전 행인전 양리전

국역 휘찬여사 6 열전3

【권39】 문원전
【권40】 방기전 환자전 혹리전 폐행전 1
【권41】 폐행전 2
【권42】 간신전
【권43】 반역 1
【권44】 반역 2
【권45】 반역 3
【권46】 반역 4
【권47】 외이 부록 거란전
【권48】 외이 부록 일본전

| 휘찬여사 권14 |

선거지

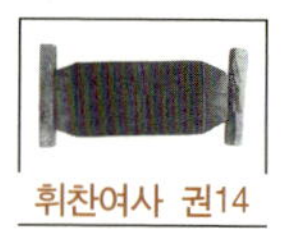

휘찬여사 권14

선거지選擧志

(선거지론選擧志論)

삼국三國 이전에는 아직 과거科擧의 법이 없었다. 고려 태조太祖가 먼저 학교를 세웠지만, 과거로 선비를 취할 겨를은 없었다. 광종光宗이 쌍기雙冀의 말을 채용하여 과거로써 선비를 뽑으니 이로부터 문풍이 비로소 일어났다.

대체로 그 법은 거의 당唐 나라의 제도를 썼는데, 학교에는 국자國子・대학大學・사문四門이 있고 또 구재학당九齋學堂이 있었으며 율학律學・서학書學・산학算學은 모두 국자감國子監에 소속되어 학습하였다. 과거시험으로는 제술製述과 명경明經의 2업業과 의醫・복卜・지리地理・율律・서書・산算・삼례三禮・삼전三傳・하론何論의 잡업雜業이 있었는데, 각각 그 업으로써 시험하여 출신出身을 주었다. 국자시國子試와 승보시升補試도 또한 후학을 면진勉進키 위한 것이다.

비록 명경・대부名卿大夫라도 반드시 과목科目을 통하여 진출하였다. 또 유일遺逸의 천거薦擧와 문음門蔭의 서용敍用과 성중애마成衆愛馬의 선보選補와 남반南班・잡로雜路의 승전陞轉이 있었으니, 관료가 되는 길은 하나가 아니었다.

법을 세우고, 제도를 정비한 처음을 살펴보면, 양육養育의 방안方案과 선취選取의 제도制度와 전주銓注의 법이 정연하여 조리가 있어 누대 자손이 이를 근거로 삼아 유지維持하여 동방의 문물의 번성함이 중화中華(중국)에 비견되었다. 권신權臣이 사사로 정방政房을 두면서부터 정사政事(인사)가 뇌물[賄賂]로써 이루어져 (관리 선발)의 전법銓法이 크게 무너지고 과목科目으로 선비를 취하는 것도 또한 따라서 어지러워져 흑책黑册[1]의 비방誹謗과 분홍粉紅[2]의 비난非難이 일시에 전파되니 고려의 과업은 드디어 쇠하여졌다.

그 제도制度와 절목節目의 상세한 것은 거의 모두 유실遺失되어 우선 역사책에 있는

것만을 채집하여 그 자세한 것과 거친 것을 나누고 같은 종류의 것을 모아 선거지選擧志를 만든다.

과목科目

○ 광종 9년(958) 5월에 쌍기雙冀의 건의로 처음 과거제를 시작하여 시詩, 부賦, 송頌 및 시무책時務策을 시험 쳐서 진사進士를 뽑고 겸하여 명경明經과 의업醫業과 복업卜業 등도 뽑았다.

○ 경종 2년(977)에 왕이 친히 진사 시험을 보았다.

○ 성종 2년(983)에 처음으로 왕이 친히 시험장에 나가서 복시覆試[3]를 실시하였다. 그러나 상례가 되지 않았다. 왕이 친히 복시를 실시할 때에는 통례로 시부詩賦를 가지고 시험을 쳤다.

○ 목종 7년(1004) 3월에 과거법을 고쳤다. 이전에는 매년 봄에 시험을 치고 가을이나 겨울에 가서 발표하였는데 이때에 와서는 3월에 시험을 개시하되 시험장에 외인의 출입을 금하고 『예경禮經』 10조條를 첩경貼經[4] 방법으로 시험치고, 다음날에는 시와 부를 시험 치고, 하루 건너서는 시무책時務策을 시험하여 열흘 뒤에 시험 성적 등급을 사정하여 왕에게 보고하고 시험장 봉쇄를 해제하기로 하였다. 명경과明經科 이하 여러 과

1 흑책이란 아이들이 두꺼운 종이를 꺼멓게 하여 기름을 먹여 글씨 연습을 하는 책을 말한다. 흑책정사란 충숙왕 때 인사를 담당하는 정방政房에서 일하는 자들이 벼슬 임명안을 먹을 가지고 마음대로 고쳐 분간할 수 없게 만들었는데 당시 사람들이 이를 비방하며 한 말이다.

2 어린 아이들이 분홍 옷을 입는 데서 온 말로서, 당시 과거 합격자들의 대부분이 모두 세력 있는 권세가의 어린 아이들이었던 것을 풍자한 말이다.

3 초시에 합격한 자들이 왕 앞에서 다시 시험보는 것.

4 경서의 일부분 한 줄만 내놓고 그 중에서 3자만 적힌 종이쪽[貼]을 시험 보는 사람에게 내주어 앞뒤의 내용을 암송하게 하는 것.

는 지난해 11월에 선발을 끝냈는데 진사進士와 같은 날에 발표하였다.

○ 현종 2년(1011)에 예부시랑禮部侍郎 주기周起가 시험지에 쓴 이름에 종이를 붙이는 제도[糊名試式]를 정할 것을 왕에게 아뢰었다.

○ (현종) 15년(1024) 12월 판判. 모든 주・현州縣에서 장정 천 명 이상 되는 곳은 3명, 5백 명 이상 되는 곳은 2명, 그 이하는 1명씩 천거하되 계수관界首官으로 하여금 이를 시험 쳐 선발하도록 하고, 제술업製述業는 5언6운시五言六韻詩 한 수를 시험치고 명경업明經業은 5경五經에서 각각 한 궤一机씩 시험 쳐 선발하여 규례대로 서울 국자감國子監 보내 다시 시험을 쳐 입격한 사람은 과거科擧를 보도록 허가하며, 나머지는 모두 본 고장에 돌려보내 다시 공부하게 한다. 만일 계수관界守官이 적임자를 제대로 천거하지 않았으면 국자감에서 검토하여 (계수관에게) 죄를 준다.

○ 정종 2년(1035) 7월 판判. 생도生徒가 입학하여 만 3년이 되면 감시監試(생원, 진사가 보는 과거) 볼 것을 허가한다.

○ (정종) 11년(1045) 4월 판判. 5역五逆, 5천五賤과 불충不忠, 불효不孝한 자와 향鄕과 부곡部曲 및 악공 잡류樂工雜類의 자손들에게는 과거에 응시하는 것을 허용하지 않는다.

○ 문종 9년(1055) 10월에 내사문하內史門下에서 아뢰어 세계世系가 호적에 등록되어 있지 않은 사람은 과거를 보지 못하도록 하였다.

○ (문종) 16년(1062) 3월에 국자사업 황항黃抗이 국학의 여러 학생들을 시험 쳤는데 성적의 등급이 매우 문란하였으므로 중서사인中書舍人 정유산鄭惟産에게 명하여 다시 시험을 치르게 하였다. 정유산은 봉미封彌(이름을 봉하는 것)하는 법을 실행하자고 제의하니, 과거 시험장에서 이름을 가리는 봉미법封彌法이 이때부터 시작되었다.

○ (문종) 33년(1079) 6월 판判. 삼례업三禮業, 하론업何論業, 정요업政要業 들의 감시는 모든 과목의 시험을 다 끝낸 뒤에 국자감이 해당 과목의 시험관과 함께 집행하도록 한다.

○ 선종宣宗 즉위년(1084)에 조서를 내려 진사 이하 모든 과거시험을 3년에 한 번씩 시험 보도록 하였다.

○ (선종) 원년(1085) 11월 판判. 삼례업三禮業과 삼전업三傳業은 그전부터 인재를 뽑던

법이니 폐지할 수 없으니 삼례업은 『예기禮記』 20권을 편업대경偏業大經으로 삼아 거기에서 10군데를 첩경帖經 방법으로 시험 쳐 통달하는 것이 여섯 이상 되어야 하며 10곳을 삽주揷籌 방법으로 시험 쳐 문리를 잘 알아 대답을 하되 글 뜻이 6곳 이상 통해야 한다. 또한 『주례周禮』와 『의례儀禮』는 소경小經으로 삼되 한 경은 10곳을 삽주 방법으로 시험 쳐 문리를 잘 알고 글 뜻에 6곳 이상 통해야 하며, 다른 한 경에서는 두 궤의 문리를 잘 알고 읽어야 한다. 삼전업은 『좌전左傳』을 이업대경肄業大經으로 삼되 거기에서 10곳을 첩경 방법으로 시험 쳐 6곳 이상 통달하여야 하고, 10곳을 삽주 방법으로 시험 쳐 문리를 잘 알아 답하는 것이 6곳 이상 뜻이 맞아야 한다. 또한 『공양전公羊傳』과 『곡량전穀梁傳』을 소경小經으로 삼되 한 전傳에서는 10곳을 삽주 방법으로 시험 쳐서 문리를 잘 알고 글 뜻을 6곳 이상 통하여야 하고 다른 한 전에서는 다만 두 궤를 읽히도록 한다.

○ (선종) 8년(1091) 12월에 판判. 내시 인리內侍人吏들의 행권行券[5]은 상喪 중에 과거보는 사람의 전례대로 시험 전까지를 기한으로 하여 바치게 하였다. 또 진사進士로서 부모상을 당한 사람은 그 업業의 선발이 있기 전에 복服이 끝날 경우에는 행권과 가장家狀을 써서 과거를 주관하는 공원貢院에 보내면 비록 기한 내에 성명이 등록되지 못하였더라도 응시하게 하였다. 나머지 다른 시험[業]의 응시자도 이와 같이 처리한다.

○ 숙종 7년(1102) 윤6월에 식목도감式目都監에서 삼례업三禮業와 삼전업三傳業의 출신자를 따로 등용하지 않아 점점 쇠퇴해지니 이제부터는 그들에게 우선 벼슬을 주어 국자감에서 이 업을 공부하는 후진을 장려할 수 있도록 해줄 것을 아뢰었다.

○ 예종 5년(1110) 9월 판判. 제술, 명경 등 여러 과에 새로 추천된 사람들은 국자감에 3년 동안 붙여 두어 3백 일이 찬 사람을 각 과 감시에 응시케 하되 서경西京에서는 유수관留守官이 이를 뽑아 올리고 지방에서는 동경東京, 남경南京, 8목八牧 3도호부三都護府 등의 계수관이 추천하여 이전처럼 시험을 쳐 뽑아 성省에 보고한다.

5 과거보는 사람이 자기가 지은 글을 두루마리에 써서 밀봉하여 시험관에게 제출하는 것.

○ (예종) 11년(1116) 11월에 판判하여 모든 과거 업業의 응시자 추천은 11월부터 시작하되 명경과를 먼저 뽑고 진사는 다음해 2월에 밤과 낮이 평균되는 춘분에 뽑을 것이며 응시자의 행권과 가장 및 시험관 결정 등 사업은 도성都省 및 추밀원樞密院과 국자감國子監에서 왕에게 보고하여 시행할 것이며 모든 과의 첫 응시자와 한번 과거를 정지당한 자에게 대하여는 정한 법대로 물어 검토하며 연속하여 과거보는 자에게는 가장에 흠이 있고 없는 것을 조사하여 응시케 할 것이다. 부모의 상을 당한 자에게 대하여는 부部, 방坊, 리里의 책임자 및 본 고장의 기인其人과 사심관事審官에게 물어 검토하며 27개월이 이미 찼으면 그 가장의 결함이 있고 없는 것을 조사하여 응시케 할 것이다. 무릇 성명 등록은 진사는 12월 20일을 기한으로 하여 가장과 행권을 내는 것을 끝내게 하고 명경과 이하는 11월을 기한으로 하여 끝내게 하였다. 기한 후에 휴가가 이미 만기된 자와 공사로 인하여 지방에 나가서 기한 내에 서울에 올라오지 못한 자에게 대하여는 시험 날을 기한으로 하여 가장과 행권을 써서 공원貢院에 올려 보내게 하였다.

○ (예종) 14년(1119) 동당시東堂試에 처음으로 경의經義(경전 내용을 주제로 글을 짓는 것)를 시험에 포함시켰다.

○ 인종 14년(1136) 11월 판判.

제술업 시험은 경의經義와 시·부詩賦를 연권連卷하여 시취試取한다. 명경업의 시험은 첩경貼經 방법으로 하고 시험을 3일 내에 실시하되[6] 첫날은 『상서尙書』를 전문[偏業]으로 하는 사람에게는 『주역周易』에서, 『주역周易』을 전문으로 하는 사람에게는 『상서尙書』에서 각각 10조씩 뽑아 치고 다음날에는 『모시毛詩』 10조를 첩경 방법으로 시험 쳐서 각각 통달한 것이 6조 이상 되어야 한다. 제3일에는 대·소경을 각각 10궤씩 읽히는데 문리와 글 뜻을 잘 안 것이 6궤가 되어야 하는데 글 뜻은 6군데를 묻으면 4궤를 통하여야 한다. 또 『주역』을 전문으로 하는 사람에게는 『상서』, 『모시毛詩』, 『춘추春秋』의 각 질秩에서 1궤씩 읽히는데 매 질마다 삽주揷籌[7] 방법으로 시험 치는 것을 상례로 한

6 『고려사』 권73, 지27 선거지 과목에는 '2일내'로 되어 있다.

7 경서를 조목별로 가르고 같은 번호 중 하나를 경서에 붙이고 하나는 통에 넣었다가 통에 든 번호를 뽑은

다. 여기서 소경은 『업경業經』을, 대경은 『예기』를 말한다.

명법업明法業의 시험은 첩경 방법으로 하는데 2일 내에 실시하되 첫날에는 율律에서 10조를, 다음날에는 영슈에서 10조를 시험 쳐 이틀 동안 친 것이 모두 다 통하여야 한다. 제3일 이후에는 율을 읽히는데 문리와 글 뜻을 잘 안 것이 6궤가 되어야 하며 글 뜻은 6군데를 물으면 문리는 4궤를 통하여야 한다. 영슈을 읽히는데 문리와 글 뜻을 잘 안 것이 6궤가 되어야 하는데 글 뜻은 6군데를 묻고 문리는 4궤를 통하여야 한다.

명산업明算業의 시험은 첩경 방법으로 하는데 시험을 2일 내에 실시하되 첫날에는 『구장九章(고대의 산법)』에 10조를, 다음날에는 『철술綴術』에 4조, 『삼개三開』에 3조, 『사가謝家』에 3조를 시험 쳐 이틀 동안 모두 다 통하여야 한다. 『구장九章』에 10권을 읽는 데는 문리와 글 뜻을 잘 안 것이 6궤가 되어야 하는데 글 뜻은 6군데를 묻고 문리는 4궤를 통하여야 한다. 『철술』 4궤를 읽는 데는 그 안에서 뜻 묻기를 겸한 것이 2 궤요, 『삼개』 3권에는 뜻 묻기를 겸한 것이 2궤요, 『사가謝家』는 3궤인데 그 안에 뜻 묻기를 겸한 것이 2궤이다.

명서업明書業의 시험은 첩경 방법으로 하되 2일 내에 실시한다. 첫날에는 『설문說文』에 6조, 『오경 자양五經字樣』에 4조를 첩경 방법으로 시험 쳐서 다 통하여야 하며, 다음날에는 서품書品에서 장구시長句詩 한 수首와 해서眞書, 행서行書, 전서篆書, 인문印文 하나씩을 시험하되 『설문』의 10궤 안에서 문리와 글 뜻을 잘 안 것이 6궤가 되어야 하며 글 뜻은 6군데를 묻고 문리는 4궤를 통하여야 한다.

의업醫業 시험 방식도 첩경 방법으로 2일 내에 실시하되 첫날에는 『소문경素問經』에서 8조, 『갑을경甲乙經』에서 2조를, 다음날에는 『본초경本草經』에서 7조, 『명당경明堂經』에서 3조를 첩경 방법으로 시험 쳐 이틀 동안에 각각 통한 것이 6조 이상이 되어야 한다. 『맥경脈經』 10권을 읽는 데는 문리와 글 뜻을 잘 아는 곳이 6궤를 통해야 하는데 문리를 잘 아는 것은 4궤가 되어야 한다. 『침경針經』 9권, 『난경難經』 1권을 합하여 10

다음 같은 번호의 책을 응시자에게 독해하도록 하는 시험 방법.

권을 읽는 데는 문리와 글 뜻을 잘 안 것이 6궤여야 하는데 문리를 잘 안 것이 4궤가 되어야 한다. 또 『구경灸經』을 읽히는 데서 문리 잘 아는 것이 2궤가 되어야 한다.

주금업呪噤業의 시험 방식은 첩경 방법으로 하며, 2일 내에 실시하되 첫날에는 『맥경』에 10조를, 다음날에는 『유연자방劉涓子方』에 10조를 시험 쳐, 어느 것이나 6조 이상을 통하여야 하며 소경小經인 『창저론瘡疽論』 7권과 『명당경』 3권과 그 안에 글 뜻을 겸한 것을 읽어서 6궤를 통하여야 한다. 대경大經인 『침경針經』 10궤도 그 안에 글 뜻을 겸한 것을 읽어서 6궤를 통하여야 하고 또 『7권본초경七卷本草經』 2궤를 읽힌다.

지리업地理業 시험 방식은 첩경 방법으로 2일 내에 실시하되 첫날에는 『신집지리경新集地理經』에 10조를, 다음날에는 『유씨서劉氏書』에 10조를 첩경으로 시험 쳐 이틀 동안 것이 모두 6조 이상씩 통하여야 한다. 『지리결경地理決經』 8권, 『경위령經緯令』 2권 합하여 10권을 읽히는데 문리와 글 뜻을 잘 안 것이 6궤가 되어야 하며, 문리 잘 안 것이 4궤가 되어야 한다. 또 『지경경地鏡經』 4권, 『구시결口示決』 4권, 『태장경胎藏經』 1권, 『가결謌決』 1권 합하여 10권을 읽는데 문리와 글 뜻을 잘 안 것이 6궤이라야 하는데 문리 잘 안 것이 4궤가 되어야 한다. 또 『소씨서蕭氏書』 10권을 읽는데 그 안에서 문리 잘 안 것이 1궤가 되어야 한다.

하론업何論業의 시험 방식에는 진서주장소첩眞書奏狀小貼[8]과 긱산喫算이 있는데 『하론何論』 10궤와 『효경孝經』과 『곡례曲禮』 각각 2궤를, 율의 전질律前秩과 후질後秩을 각각 1궤씩 읽힌다.

명경업 감시明經業監試의 격식은 장정庄丁은 12궤로 하되 『주역』, 『상서』, 『모시』 각각 2궤씩과 『예기』, 『춘추』 각각 3궤로 하고, 백정白丁은 9궤로 하되 『주역』, 『상서』 각각 1궤와 『모시』, 『예기』 각각 2궤와 『춘추』 3궤로 한다.

서업 감시書業監試의 (격식은) 『자설문字說文』 30권 안에서 백정은 3책, 장정은 5책을 문리를 잘 알아서 각각 읽고 또 해서眞書를 쓰게 한다.

---

8 상소문, 장계 및 기타 임금에게 올리는 글월을 정자로 쓰는 것.

산업 감시算業監試의 (격식은) 백정은 『업경業經』 3궤와 『산筭』 두 궤로, 장정은 『업경』 5궤와 『산』 두 궤로 한다.

율업 감시律業監試의 (격식은) 백정은 율律 2궤와 영令 3궤로, 장정은 율 3궤, 영3세 궤로 한다.

의업醫業, 복업卜業, 지리업地理業의 시험은 각각 해당 기관本司에서 시험해 뽑는다.

각 주州에서의 인재 천거는 종전의 정액수대로 하되 만일 재능으로 보아서 천거할 만한 자가 있을 경우에는 그 수에 국한하지 않는다. 천거된 사람을 보내는 날에는 향음주례鄕飮酒禮를 행하는데 그때에 쓰는 짐승은 양[小牢]을 쓰며 국가에서 충당한다.

○ (인종) 17년(1139) 10월에 예부禮部 공원貢院에서 왕에게 아뢰기를 "범중엄范仲淹이 말하기를 '먼저 책과 논策論으로 시험하여 그 대체를 보고 다음에 시, 부詩賦로 시험하여 그 완전한 재능을 보되 대체에 의하여 그 합격 여부를 정하고 재능에 의하여 등급을 정한다'고 하였는데 이는 인재를 고르는 근본이며 나라를 다스리는 기초입니다. 우리나라 제술과는 순서를 바꾸어 제3결장三決場에서 운도 달지 않고 대귀도 맞추지 않는 책과 논으로 시험하므로 시와 부의 학이 점점 쇠퇴하여 갑니다. 이 뒤부터는 초장初場에서 경의, 2장二場에서 논, 책을 시험하고 서로 바꾸어 3장三場에서 시, 부를 시험하는 것을 영구한 법식으로 삼으소서. 또 국학國學이 설립되기 전에는 초장에서 첩경하는 방법으로 시험 쳤는데 국학을 설립한 이후에는 대소 경의를 겸하여 시험을 치니 과거 응시자들이 어려워합니다. 이 뒤부터는 겸하여 시험하는 경의를 없애고 본 경의만 시험하시옵소서."라고 하였다.

○ (인종) 18년(1140) 윤6월에 중서문하성中書門下省에서 왕께 아뢰기를 "명법업明法業은 다만 율령律令을 읽게 하므로 급제하기가 매우 쉬울 뿐만 아니라 그들을 지방 관리로 임명할 때도 반드시 처음부터 고을 원으로 배치하니 참으로 출세의 빠른 길로 됩니다. 이 때문에 양반 자제와 지방에서 천거된 사람貢士들이 (명법과를) 희망하는 자가 점점 많아지고 제술업와 명경업 두 대과 및 의복업, 지리업은 국가에서 폐할 수 없는 것임에도 불구하고 지금 응시자가 적습니다. 이 뒤부터 명법업을 가지고 벼슬에 나가는 자는 청백 공정하고 성적이 현저한 자를 등용할 것이며 또한 지방에서 천거된 사람

貢士이 이 명법업을 희망하는 것을 금하소서."라고 하였다.

○ (인종) 20년(1141) 2월에 판判하여 동당감시東堂監試에 응시하는 학생들諸生은 반드시 겨울과 여름에 열리는 도회都會 때에 와서 성명을 등록하도록 하고, 지방에 있는 생도生徒는 각 계수관界首官 소재지 향교鄕校의 도회에서 증명을 주어 파견하게 하였다.

○ 충렬왕 6년(1280) 5월에 왕이 친히 문신들을 시험 보게 하여 급제한 사람들에게 황패黃牌를 주고 내시內侍에 적籍을 두게 하였다. 왕은 시문詩文에 유의하였다. 혹 학생들 중 과거에 급제한 사람이 왕이 친히 보이는 시험에 합격하면 전시 문생殿試門生이라고 하면서 특별하게 대우하였다. 전시殿試의 제도는 오직 그 해에 과거에 급제한 사람만 시험 치기로 되었는데 승僧 조영祖英이 왕에게 신임을 얻었으므로 그의 조카와 친근한 자들이 끝없이 등제하였으며 가까운 이들이 다투어 권세를 믿고 응시하였다.

○ (충렬왕) 14년(1288) 9월에 재상 채인규蔡仁規의 아들 채우蔡禑가 과거에 급제하여 동진사同進士의 수석을 차지하였다. 우리나라 제도에 과거의 등급이 을과乙科 3명, 병과丙科 7명, 동진사同進士 23명을 뽑게 되었는데 동진사의 수석은 벼슬이 올라가지 못한다는 데서 사람들이 모두 그것을 동두同頭라고 하면서 꺼렸다. 그래서 왕은 채우가 동진사 수석을 차지한 것을 유감스럽게 생각하고 승지承旨 이혼李混에게 상의하니 이혼이 대답하기를, "병과를 더 뽑아서 8명으로 하고 채우를 끝자리로 하는 것이 좋겠습니다."라고 하였더니 왕이 그대로 하였다.

○ 충숙왕 2년(1315) 정월에 심왕瀋王이 동당시東堂試를 고쳐 응거 시험應擧試 제도로 하였다.

○ (충숙왕) 7년(1320) 6월에 이제현李齊賢과 박효수朴孝修가 과거 시험 행정을 맡으면서 시부詩賦 시험을 폐지하고 책문策問 시험을 택하였다.

○ (충숙왕 7년) 7월에 왕이 교敎하여 "근래에 원元 나라의 과거시험에 응시할 수재秀才를 뽑는 일로 하여 고예考藝 시험을 폐지하였기 때문에 성균成均 칠관七館 여러 학생들이 다 초장에 응시하게 된 것은 옛 제도에 맞지 않는 것이다. 옛 제도대로 다 고예 시험에 응시하게 하여 그 점수를 정하고 곧 중장에 응시하도록 할 것이다."라고 하였다.

○ 충목왕 즉위년(1345) 8월에 초장初場에서 육경의六經義와 사서의四書疑를, 중장에서 고부古賦를, 종장에서 책문策問을 시험 치르게 고쳤다.

○ 공민왕 14년(1365) 10월에 이인복李仁復과 이색李穡이 건의하여 과거에 응시하는 사람들이 책을 가지고 들어가거나 시험지試卷를 바꾸어 쓰는 것을 금하여 협잡을 막아야 한다고 하였다.

○ (공민왕) 16년(1367)에 임박林樸이 상서上書하여 과거科擧 시험을 전적으로 중국에서 하는 수검 통고搜檢通考의 방법에 의하여 치를 것을 청하였다.

○ (공민왕) 17년(1368)에 왕의 친시親試에서 경의經義를 시험 과목으로 채용하였다.

○ (공민왕) 18년(1369)에 처음으로 원 나라의 향시鄕試, 회시會試, 전시殿試의 제도를 도입하고 그것을 규정으로[常式] 하였다.

○ (공민왕) 23년(1374) 3월에 왕이 하교하여 각 도의 향시鄕試에 응하는 학생은 각기 본 고장에서 응시한다는 규정이 이미 있음에도 불구하고 다른 지역에 가서 응시하는 경우가 있는데 앞으로 그런 사람은 회시會試에 응시하지 못하도록 하였다.

○ 신우 5년(1379) 정월에 간관諫官이 상언上言하기를, "현릉(공민왕)은 경학을 숭상하여 선비를 양성하고 인재를 뽑아 썼는데, 근년 이래로 시부詩賦로 시험하니 선비들이 오로지 사장詞章을 숭상하게 되고 경학은 점점 없어져 갑니다. 이제부터는 한결같이 공민왕이 정한 기유년己酉年(공민왕 18년)의 과거법을 준수해야 할 것입니다."라고 하였다.

○ 신우 12년(1386) 5월에 이색李穡이 지공거知貢擧가 되어 다시 책문策文을 시험과목으로 하고 엄격하게 규율을 세워 20살 미만자는 응시하지 못하게 하였다.

○ 신창이 즉위하여(1389) 하교下敎하기를 과거법은 한결같이 기유년(공민왕 18년 : 1369) 규정대로 하되 이를 주현 학교에서 시행하는데, 주현 학교에서 서울로 보낸 응시생이 소정의 인원수에 차지 못할 때는 수령들을 처벌하도록 하였다.

○ 공양왕 원년(1389) 12월에 대사헌 조준趙浚 등이 상서上書하기를 "오늘날의 학자들이 문장을 아름답게 짓는 것으로 과거에 합격하여 일신에 영예가 돌아오면 만족해하며 관직에 오른 후에는 공부한 것을 다 버리므로 실무에 어둡습니다. 그리하여 국가가 선비를 우대하고 도학道學을 중히 여기는 것을 저버리고 있으니 원컨대 지금부터는 각

년各年에 급제한 4품 이하의 관리들에 대해서는 궁궐에 모아 대책을 가지고 시험하여 합격한 사람은 제교製敎를 맡기고, 불합격자는 좌천시킴으로써 유풍儒風을 진작시켜야 할 것입니다."라고 하였다.

선장選場

모든 과거科擧는 해마다, 혹은 한해 건너[間歲]에 실시하여 기간이 정해 진 것이 아니었으며, 선비를 뽑는 데도 정원이 없었다.

○ 광종 9년(958) 5월에 한림학사翰林學士 쌍기雙冀가 지공거知貢擧가 되어 진사進士를 뽑았는데 갑과甲科 최섬崔暹 등 2명, 명경에 3명을 급제시켰다. 이때부터 많이 뽑을 때는 8명, 적게 뽑을 때는 두세 명에게 급제를 주었다.

○ 경종 2년(977) 3월에 왕이 친시親試하여 진사 고응高凝 등 6인을 급제시키니, 친시는 이때부터 시작되었다.

○ 성종 2년(983) 12월에 왕이 복시覆試를 실시하여 갑과 강은천姜殷川 등 4인을 급제시키니 복시는 이때부터 시작되었다. 이로부터 격년으로 복시를 행하든가 혹은 태자에게 명하여 복시를 하게 하고 국왕의 친시는 거의 드물었다.

○ (성종) 8년(989)에 을과乙科 최득중崔得中 등 19인을 급제시켰다.

○ 목종 원년(998)에 강주재姜周載 등 70인을 급제시켰는데,[9] 전후로 볼 때 합격자가 가장 많은 것이다. 현종을 거처 문종에 이르기까지 가장 많이 진사를 뽑았을 때 많은 것은 28인에 불과하고, 적게 뽑을 때는 19인이었다. 적게 뽑을 때는 갑과 급제자가 많았고, 많이 뽑을 때는 병과를 우두머리로 했다.

○ 문종 17년(1063)에 홍기洪器 등 36인에게 급제를 주었는데 이때부터 많이 뽑는 것을 중히 여겼다.

---

9 『고려사』 권73, 지27 선거지 1, 선장選場에 보면, 목종 원년 3월 최성무崔成務가 지공거가 되어 진사를 뽑았는데, 갑과 장주재 등 7명 외에 을과 25명, 동진사 18명, 은사 1명을 뽑고, 명경과에 20명, 명법과에 23명, 명서과에 5명, 명산과에 11명을 뽑았다고 기록되어 있다. 그런데 목재가 70명을 뽑았다고 표현한 것으로 보아 제술과와 명경과 합격자만을 헤아린 것으로 보인다.

○ 숙종 7년(1102)에 강척康滌 등 41인에게 급제를 주었다. (귀화한) 송宋나라 진사 장침章忱에게는 별두을과別頭乙科를 주었다.

○ 예종 9년 송 진사 임완林完에게 별사을과別賜乙科를 주었다.

○ 문종 때부터 200년 동안 과거시험을 통해 많이 뽑을 때도 40명에 불과하였으며, 적게 뽑을 때도 30명 이하로 내려가지는 않았다.

○ 충렬왕 14년(1288)에 윤선좌尹宣佐 등 33인에게 급제를 주었다. 이때부터 비로소 급제자 33인 뽑는 것을 법으로 하였으나, 친시親試에는 정원이 없었다. 성종대 이후로 친시를 한 경우는 오직 의종, 충렬왕, 공민왕 때에 불과하였다. 의종 6년(1152) 5월에 친시親試를 하여 유희劉羲 등 35인을 뽑았으며, 충렬왕 28년(1302) 5월에 친시하여 조광한曺匡漢 등 7인을 뽑았으며, 공민왕 17년(1368) 4월에 구재九齋의 학생들을 친시하여 이섬李詹 등 7인을 뽑았다. 문신을 친시하여[文臣親試] 충렬왕 6년(1280) 5월에 서적점 녹사書籍店錄事 조간趙簡 등 9인을 뽑았다. (문신을 친시한 것은 고려) 500년 동안 바로 이 한번 뿐이었다.

시관試官

광종 때[10] 처음 쌍기雙冀를 시험관인 지공거知貢擧로 임명하였다. 이후부터는 문신文臣 1명을 지공거로 임명하였으며, (광종) 23년(972)에는 동지공거同知貢擧를 더 두었다. 그러나 얼마 후에는 이를 폐지하였다.

○ 경종 2년(977)에 왕융王融을 독권관讀卷官으로 임명하였는데, 왕의 친시親試에 시험관을 독권관이라고도 하였다.

○ 성종 15년(996)에 지공거를 도고시관都考試官으로 고쳤다가 다음해에 다시 지공거로 불렀다.

○ 문종 37년 (1053)에는 동지공거 1명을 더 두었는데 이것이 마침내 상례로 되었다.

10 광종 9년(958) 5월의 일이다.

○ 원종 14년(1273) 10월에 참지정사參知政事 김구金坵를 지공거로 임명하였다. 옛 법에 의하면 (문하부와 밀직사) 2부에서는 지공거를 선출하고, 경卿과 감監에서는 동지공거를 선출하였다. 과거에 응시하는 사람들은 답안지의 첫머리에 성명과 본관本貫, 4조[11]를 기록하여 풀로 봉하여 시험일 수일 전에 (과거시험 운영을 담당하는) 시원試院에 제출하였다. 시험 전날 오후에 공거貢擧가 3장三場[12]의 시험 문제를 적어 왕 앞에 가서 봉한 대로 올리면 왕이 친히 이를 개봉하고 제목 위에 점을 찍고 다시 봉하여 싸인[押]을 한 다음 내준다. 이것을 공거가 가지고 시원에 가서 시험 날 이른 새벽에 문제를 내건다. 승선承宣이 금인金印을 받들어 오면 동지공거同知貢擧는 뜰에 내려가 영접하고 지공거는 자리를 피하여 기다리는데 그 상세한 것은 『예지禮志』에 있다. 다음 하루를 지나 승선이 또 가서 이름을 뜯어 본 후에 합격자를 발표한다. 제2장[중장]에서도 이와 같이 한다. 3장[종장]에서는 공거가 합격한 각 답안지 후면에 천거하는 등급, 순위를 매겨 왕에게 바치면 왕은 공원의 천거에 의하여 합격자를 발표하게 한다. 그런데 초장 시험날初場日 승선 홍자번洪子藩이 공원에 와서 책망하기를 "내가 왕의 명령을 받고 왔으니 지공거는 반드시 뜰에서 영접하여야 한다." 하였으므로 (지공거인) 김구金坵는 하는 수 없이 계단 아래에 내려갔다.

○ 충숙왕忠肅王 2년(1334)에 지공거를 고시관考試官으로, 동지공거를 동고시관同考試官으로 고쳤다가 (충숙왕) 17년(1330)에 다시 지공거, 동지공거라고 불렀다. 우리나라 풍속에 시험관[掌試者]을 학사學士라 하였는데 문생門生(과거 급제자)은 그를 은문恩門이라고 부른다. 문생과 좌주座主 사이의 예절은 매우 정중하다. 학사에게 부모가 있더라도 만일 학사의 좌주가 있으면 학사는 과거의 결과를 발표한 후에 반드시 좌주를 가서 뵙는데 문생들은 행렬을 지어서 뒤를 따라 간다. 학사가 앞에서 절하면 문생은 뒤에서 절하고 관중들도 비록 웃어른일지라도 마루에서 내려 뜰에 서 있다가 예가 끝나기를 기다려 읍하고 올라가서 차례로 절하며 축하한다. 이때에 학사는 좌주를 자기 집에 맞이

11 4조는 부父, 조부祖父, 증조부曾祖父, 외조부外祖父이다.

12 3장은 초장, 2장(중장), 3장(종장)을 말한다.

하여 술잔을 드리고 만수무강을 축원한다.

선비를 우대하고 장려하는 조치[崇奬之典]

○ 광종이 처음 진사進士를 뽑으면서 친히 위봉루威鳳樓에 나아가 합격자를 발표하였다.

○ (광종) 15년(964)에 천덕전天德殿에 나아가 여러 신하들과 함께 연회를 할 때에 새로 급제한 김책金策에게 벼슬을 주고 공복을 주어 연회에 참석시켰다.

○ 경종 2년(977)에 왕이 친시하여 급제자에게 즉시 벼슬을 줄 것을 명하였다.

○ 성종 6년(987) 3월에 과거 급제자를 발표[放榜]하면서 교敎하기를 "지금 시험에 응한 여러 사람의 시詩, 부賦, 책策을 살펴보니 문장이 서로 어긋나고 격식이 난잡하여 취할 만한 것이 없고 다만 진사 3명의 시, 부, 책과 명경과明經科 이하 여러 과목에서 합격한 자 6인의 대답이 경서의 뜻에 맞았다. 모두 공원에서 보고한 바와 같을 뿐이다. 그리고 진사 정우현鄭又玄은 밤이 깊어갈 때에 벌써 두 편의 글을 완성하였다 하니 비록 탁월한 재주는 아니라 할지라도 또한 민첩한 솜씨라 할 만하다. 마땅히 우선적으로 등용해서 후배들을 고무할 것이며, 명경明經 이하 여러 과목의 학생들은 각각 해당한 학업에 열성을 다하여 그 뜻을 이루었을 때는 너그러운 혜택을 내리어 그들을 뛰어난 등급에 올려주고 해당 기관으로 하여금 전례에 준하여 배치하게 할 것이다. 또 이제부터는 진사와 여러 학생이 시험관이 제시한 규정에 의거하지 않고 자유로 규율을 어긴다면 시험 보이지 않기로 하고 이를 영구한 규정으로 삼을 것이다."라고 하였는데 급제자 발표하면서 하교하는 것은 이때부터 시작되었다.

○ 현종 10년(1019) 정월에 새로 급제한 자가 부모에게 예를 드리는 법[新及第榮親之法]을 규정하였다. 양친이 없는 사람은 시양부모侍養父母 또는 처부모로 대신하며, 이들도 없는 경우에는 백부모 또는 숙부모로 대신하게 하였다.

○ (현종) 21년(1030) 4월에 왕이 시詩를 지어서 새 급제자에게 주어 특별히 장려하는 뜻을 보였다.

○ 문종 30년(1076) 12월에 판判하여 모든 주州, 현縣에서 방에 빠진 지闕榜 30년 혹은 40~50년 만에 제술과製述科, 명경과明經科에 처음 합격한 자에게는 전田 17결結을 주고,

방에 빠진 지 백 년 후에 처음 합격한 자에게는 전 20결을 주고 남녀 종을 각각 한 명씩 주게 하였다.

○ (문종 30년 12월) 이 달에 판判하기를, "우리나라 제도에 의하면 제술製述, 명경明經, 명법明法, 명서明書, 명산明算 과목 출신出身들에게는 첫해에 토지를 주되 갑과甲科 합격자는 20결을 주고 그 밖에는 17결을 준다. 어떤 과목 출신을 물론하고 그 뜻을 통달한 사람에게는 이듬해에 토지를 주고 기타 수공업과 잡과 출신들에게도 4년 후에는 토지를 주기로 하였는데 오직 의학, 복학醫卜과 지리地理과에는 정한 규정이 없으니 역시 명법, 명서, 명산과의 예에 의하여 토지를 주라."고 하였다.

○ 선종 7년(1090) 7월에 왕이 새로 급제한 사람들을 올려 술과 음식을 주고 겸하여 공복 한 벌씩을 주었다.

○ 숙종 2년(1097)에 김부철金富轍의 어머니에게 쌀 40석을 주었다. 옛 제도에 세 아들이 과거에 합격하면 해마다 그 어머니에게 나라 창고의 쌀 30석을 주었는데 김부철의 형제 4명이 과거에 합격하였으므로 10석을 더 준 것인데, 이것이 마침내 상례常例로 되었다.

○ (숙종) 7년(1102) 7월에 식목도감式目都監이 아뢰어 삼전三傳[13]과 삼례三禮[14] 과목 출신에게 벼슬을 주어 후배를 장려해야 한다고 하니 왕이 이를 허락하였다.

○ 인종 11년(1133) 12월에 판判하여 아들 네 명이 제술과製述科 또는 명경과明經科에 합격한 자에게 대하여는 5부와 양경兩京, 모든 주州, 부府, 군郡, 현縣에서 그 부모를 조사 보고하게 하여 특별히 쌀 30석을 주고, 이미 죽은 자에 대해서는 한 등급을 뛰어 벼슬을 추증하기로 하였다.

○ 의종 10년(1157) 6월에 조서를 내려, "금년 과시에 장원급제를 한 황문장黃文莊은 곧 병인丙寅[15] 과거에서 장원급제를 한 황문부黃文富의 동생이다. 형제가 모두 과거에서

---

13 『춘추좌씨전春秋左氏傳』, 『춘추공양전春秋公羊傳』, 『춘추곡량전春秋穀梁傳』을 말한다.

14 『주례周禮』, 『의례儀禮』, 『예기禮記』를 말한다.

15 인종 24년(1146) 과장에서 이인실李仁實이 지공거가 되고, 최함崔諴이 동지공거가 되어 황문부黃文富를 장원급제로 선발하였다.

첫째를 한 것은 옛날에도 듣기 드문 일이니 마땅히 세 아들이 과거에 급제한 예에 준하여 그 어머니에게 해마다 곡식 30석씩을 주라."고 하였다.

○ 명종 6년(1176) 8월에 새로 급제한 자는 합격 발표 후에 거리에서 풍악을 치며 영광을 떨치게 하던 것이 근래에는 전쟁으로 인하여 오랫동안 폐지되었더니 이때에 와서 회복되었다.

○ (명종) 8년(1178) 6월에 어사대御史臺에서 아뢰기를, "종래의 법에 의하면 새로 급제한 자에게 주는 홍패紅牌는 사신을 보내 그 집에 가서 주었으나 사신을 접대하는 비용이 많으므로 가난한 선비가 이것을 담당하기 곤란합니다. 이제부터는 전하의 앞에서 홍패를 주기를 바랍니다."라고 하였다. 이에 중서문하부中書門下府에서 논박하기를, "선왕의 법에 반드시 사신을 보내 그 집에 가서 주게 한 것은 그 마을에 영예를 떨침으로써 사람들이 이것을 부러워하며 학업에 힘쓰게 하자는 것입니다. 하물며 시행하여 온 지가 이미 오래 되었으니 옛 법대로 하는 것이 편할 듯합니다."라고 하니 왕이 이를 옳다고 하였다.

○ 고종 17년(1230)에 최우崔瑀가 처음으로 새로 급제한 사람들에게 나라에서 주는 선물인 의물儀物을 주어 은혜를 표시하였다.

○ 원종 7년(1266) 5월에 새로 급제한 사람들로 하여금 축하 행사를 하게 하되 여덟 방상坊廂[16]의 노인들과 관리, 백성들을 시켜 피리 불고 노래 부르며 잘 차리고 따르게 함으로써 은혜를 표시하게 하였다.

○ 충렬왕 28년(1302) 5월에 친시에 합격한 사람들에게 각각 백은白銀 3근과 말 1필씩을 주었다.

○ 충목왕 3년(1348) 10월에 김인관金仁琯이 3장에 걸쳐 1등을 하였으므로 말과 붉은 띠를 주었으며 금화모자金花帽 쓰는 것을 허락하고 또 왕이 친히 홍패를 주는 등 두터운 총애를 표하였다. 이달에 새로 급제한 사람들로 하여금 4일간 축하 행렬을 하게 하였고

16 서울 안의 말단 행정 구역의 이름.

또 얼마 후에는 6일간 축하 행렬을 하게 하였다. 무릇 과거에 급제한 사람들은 남색 관복과 무소뿔 띠犀帶를 차고, 머리에 꽃을 꽂고 일산을 받게 하여 영광스럽게 하였다.

은례恩例

○ 목종이 즉위하여 조서를 내려 진사와 명경과에 열 번 응시하고 합격하지 못한 자와 명서과明書科, 지리과地理科 학생으로서 만 10년이 된 자는 모두 관직을 줄 것[脫麻]을 허락하였다.

○ 원년(998) 3월에 은사恩賜과 한 명을 뽑았는데 동당東堂에서 은사과를 뽑는 것이 이때부터 시작되었으나 상례常例가 되지 않았다.

○ 문종 19년(1065) 6월에 참지정사 김의진金義珍이 지공거가 되어 진사를 뽑고 왕이 복시覆試를 보일 때에 노단盧旦의 아뢴 말이 왕의 귀에 거슬렸으므로 왕은 노하여 과거를 실시하지 않았다. 대신 열 번 과거에 응시하여 급제하지 못한 이원장李元長 등 5인에게 은사과 출신을 주었고 또 명경과明經科 2인에게 급제를 주었다.

○ 충선왕忠宣王이 즉위하여 교教하기를, "여러 과科의 동당 감시에는 각각 한 번씩 응시하게 하고 진사과와 명경과 응시가 이미 열 번이 된 사람에게는 벼슬을 줄 것[脫麻]을 허락한다."고 하였다.

제과制科[17]

○ 경종 원년(976)에 김행성金行成이 송나라 국자감國子監에 입학하였고, 2년(977)에는 김행성이 송나라 과거에 급제하였다.

○ (경종) 5년(980)에 최한崔罕과 왕림王琳을 송나라에 보내 입학시켰는데 (성종) 11년(992)에 그들이 빈공과賓貢科에 합격하여 비서랑秘書郎에 임명되었다.

○ 목종 원년(998)에 김성적金成積이 송나라에 가서 과거에 급제하였다.

---

17 송나라와 원나라에서 실시한 과거 급제자.

○ 숙종 4년(1099) 2월에 송나라에서 국서를 보내 빈공과賓貢科에 응시할 것을 승낙해 왔다.

○ 예종 10년(1115) 7월에 김단金端, 진유저甄惟底, 조석趙奭, 강취정康就正, 권적權迪을 송나라에 보내 태학에 입학시켰는데 (예종) 12년(1117) 에 권적, 조석, 김단이 상사上舍[18]에 승급하였다.

○ 충숙왕 원년(1314) 정월에 원元 나라에서 과거에 관한 국서國書를 보내 각 지방에서 합격한 사람 중에서 세 사람을 뽑아 추천하여 회시會試에 응시하게 하였다.

○ (충숙왕) 4년(1317) 12월에 안진安震을 원나라에 보냈는데, 5년에 안진이 제과 제3갑第三甲 15위에 합격하였다.

○ (충숙왕) 7년(1320) 10월에 안축安軸, 최해崔瀣, 이연종李衍宗을 원나라에 보내 과거에 응시하게 하였는데 8년(1321)에 최해가 제과制科에 합격하여 요양 개주遼陽盖州의 판관이 되었다.

○ (충숙왕) 10년(1323) 12월에 안축安軸, 조렴趙廉, 최용갑崔龍甲을 원나라에 보내 과거에 응시하게 하였는데 11년(1324)에 안축이 제과에 합격하였다.

○ 충숙왕 후2년(1334)에 이곡李穀이 원 제과 제2갑에 합격되어 한림국사원 검열관翰林國史院檢閱官에 임명되었다.

○ 충혜왕 후3년(1343)에 이인복李仁復이 원 제과에 합격하여 대녕로 금주大寧路錦州 판관에 임명되었다.

○ 충목왕 초년(1346) 11월에 윤안지尹安之, 안보安輔, 곽연郭瑌을 원나라 과거에 응시하게 했는데 다음해(1347)에 안보가 제과에 합격하였다.

○ 충목왕 3년(1347) 9월에 윤안지尹安之, 백미견白彌堅, 박중미朴中美를 원 제과에 응시하게 하였다.

○ 충정왕 원년(1350)에 윤안지尹安之가 제과에 합격하여 대령로大寧路 판관判官에 임

18 송나라 태학생의 세 개 승급 단계에서 가장 높은 단계.

명되었다.

○ 공민왕 2년(1353)에 이색李穡을 서장관書狀官으로 보내 원 제과에 응시하게 하였는데 3년(1354) 에 이색이 제과 제2갑 제2위에 합격되어 응봉 한림 문자應奉翰林文字로 임명되었다.

○ (공민왕) 19년(1370) 6월에 명明 나라에서 과거에 관한 조서를 보내어 "귀국의 향시鄕試에서 합격한 자를 경사京師(명 수도)에 보내 회시會試에 응시케 하되 인원수에는 관계없이 선발한다." 하였다.

○ (공민왕 19년) 8월에 이인복李仁復과 이색李穡이 고시관考試官이 되어 삼장 문자三場文字에 걸쳐 시험을 쳐서 이숭인李崇仁, 박실朴實, 권근權近, 김도金濤, 유백유柳伯濡를 뽑아 공사貢士(과거 응시생)로 명나라에 보내려 하였으나 이숭인과 권근은 나이 25살이 못되어 보내지 못하였다.

○ (공민왕) 20년(1371)에 김도金濤가 제과 제25위에 합격하여 동창부 승東昌府丞에 임명되었다.

무과武科

○ 공민왕 원년(1353) 4월에 진사 이색李穡이 글을 올려 무과武科의 과목을 설치할 것을 청하였으나 시행되지 못하였다.

○ 공양왕 2년(1391) 윤 4월에 도평의사사都評議使司에서 아뢰기를, "문무文武의 두 길은 그 어느 하나도 폐지할 수 없는 것인데 본조에서는 다만 문과文科만 보고 무과武科는 보지 않아 무술武藝에 통달한 사람이 적습니다. 마땅히 인년寅年과 신년申年과 사년巳年과 해년亥年에는 무과 시험을 실시하고, 고시관考試官은 문하부와 추밀원 양부兩府 이상 관원 중에서 1명을 선정하고, 동고시관同考試官은 3품, 4품 중에서 문·무관 각 1명씩을 선정할 것이며, 시험 선발과 합격증[牌]를 주는 것도 전부 문과 의식과 같이 할 것입니다. (그리고) 1등은 3인으로 하되 제가諸家의 병서兵書를 다 통달하고 또 무술에 정통한 사람을 뽑을 것이며, 2등은 7인으로 하되 대강 무술을 학습하고 병서에 통달한 사람을 뽑고, 3등은 23인으로 하되 병서를 통달하였거나 혹은 한 가지 군사 기술에 정

통한 사람을 뽑는 것을 영구한 규정으로 하소서."라고 하니 왕이 이 제의를 좇았다.

국자감시國子監試

국자감國子監 시험은 곧 진사進士 시험인데 덕종德宗이 처음으로 설치하고 부賦와 6운韻 및 10운 시詩를 시험을 보았다. 후에는 이를 혹은 성균시成均試이라고도 하고 혹은 남성시南省試이라고도 하였다. 문종 25년(1071)에는 다만 6운시와 10운시를 시험보았으며, 의종 2년(1148)에는 부와 10운시를 시험하였다. 충선왕은 이를 폐지하였고 충숙왕 4년(1317)에 와서는 구재九齋의 삭시朔試로써 이를 대신하였다. (충숙왕) 7년(1320)에 와서는 이를 거자시擧子試라고 하였다. 공민왕 17년(1163)에 왕이 경서에 정통한 사람을 뽑아서 시험관을 삼으려고 하였으나 신돈辛旽은 감찰대부監察大夫 손용孫湧을 추천하려고 하였으며 환자宦者 이강달李剛達은 판전교시사判典校寺事 이무방李茂芳과 권사복權思復을 추천하려고 하였으므로 왕이 그들의 다투는 것을 싫어하여 말하기를, "국자감 시험에서 선발하는 것은 대개 다 어린 아이들이며 경서에 밝고 품행이 단정한 선비가 아니므로 국가에 이익이 없다."고 하면서 이를 폐지하였다가 신우辛禑 2년(1377)에 다시 회복시켰다.

국자감 시험관[國子試試員]

국자감 시험의 시험관은 3품 이하의 관원으로서 임명하였다.

○ 고종 14년(1227) 3월에 유경현庾敬玄이 시험관이 되어 "상여일분기기 위신적국相如一奮其氣威信敵國"[19]의 10운시十韻詩의 제목을 내었다. 응시자들이 뜻을 해석하여 주기를 청하니, 유경현이 신信자의 뜻을 성신誠信의 신信으로 잘못 해석하였다. 이에 한 응시자가 앞으로 나와 시비를 따지니 유경현이 노하여 그를 내쫓았다. 이에 사람들은 유경현을 나무랐다.

---

19 국역을 하면, "상여가 한번 그 기세를 뽐내어 적국을 위압하여 복종시켰다."이다.

○ 충렬왕 13년(1287) 5월에 임정기林貞杞가 시험관이 되어 율律, 부賦의 시험 문제를 내어 "태종호요순지도, 여어의수, 불가잠무, 이호요순도 불가잠무太宗好堯舜之道, 如魚依水, 不可暫無, 以好堯舜道 不可暫無"[20]로 운을 삼으니, 여러 학생들이 "운자韻字 중 여섯 자가 다 칙음則音(높은 소리)이니 되겠습니까?"라고 하였다. 임정기가 부끄러워하면서, "호요지도 여어의수好堯之道 如魚依水"[21]라고 고쳤다. 여러 학생들이 또 말하기를 "운자 중에서 다섯 자가 다 평음平音(낮은 소리)인데 되겠습니까?"라고 하였다. 임정기는 크게 부끄러워서 또 "호요순도, 여어의수好堯舜道 如魚依水"라고 고쳤다.

○ 신우 11년(1386) 3월에 윤취尹就가 시험관이 되어 뽑은 자가 다 세력 있는 집의 젖내 나는 어린 아이들이었다. 이에 당시 사람들이 이를 '분홍방粉紅榜'이라고 기롱하였으니 그것은 아이들이 분홍 옷을 입는 데서 나온 말이다.

국자감시 선발 인원[國子試之額]

국자감 시험에서 뽑는 인원수는 제한이 없었다. 덕종 초년初年에 우습유右拾遺 염현廉顯에게 명하여 정공지鄭功志 등 60명을 뽑았다. 그 후에 적을 때는 39인을 뽑고, 많을 때는 100인을 뽑기까지 하였다가 최후에는 99인을 정원으로 하였다.

승보시升補試

승보시升補試는 곧 생원生員을 뽑는 시험이다. 의종 원년(1147)에 처음으로 실시하여 시, 부와 경의經義를 시험 쳐 임유공任裕公 등 55명을 뽑았다. 명종 이래 많이 뽑아도 40명에 불과하였다. 충렬왕 17년(1291)에 최응崔凝 등 150명을 뽑았으며,[22] 공민왕 때와 신우 때에는 갑자기 100여 명을 뽑기도 하였다.

---

20 국역을 하면, "태종이 요·순 임금의 도를 좋아하는 것은 고기가 물에서 살면서 잠시라도 물을 떠날 수 없는 것과 같다. 요, 순의 도를 좋아하는 사람으로는 요, 순의 도를 잠시라도 떠날 수 없기 때문이다."이다.

21 국역을 하면, "요임금의 도를 좋아하는 것은 고기가 물에 사는 것과 같다."이다.

22 최응을 뽑은 것은 『고려사』 권74, 지28 선거지 과목 승보시조에는 충렬왕 27년으로 되어 있다.

학교學校

○ 태조 13년(930)에 왕이 서경西京에 행차하여 학교學校를 창설하고 수재秀才 정악廷鄂을 서학박사書學博士로 임명했다. 따로 학원學院을 창설하고 6부六部의 생도를 모아 가르쳤으며, 후에 태조가 그 학업이 진흥된다는 말을 듣고 비단綵帛을 주어 장려하였다. 이에 의학醫과 복학卜學의 두 과목을 병설하고 또 창고의 곡식 100석을 주어 교육 기금[學寶]으로 쓰게 하였다.

○ 성종이 조서를 내려 모든 주, 군, 현에서 학생을 뽑아 서울에 보내 공부하게 하였다.

○ (성종) 5년(986) 7월에 하교하여 "내가 덕이 적음을 본래 부끄럽게 생각하나 그래도 유교를 숭상할 마음이 간절하여 주공周孔(주공과 공자)의 풍교風教를 일으키며 당우唐虞(요와 순)의 정치를 본받고자 학교에서 인재를 양성하고 과목으로 시험 쳐 이를 뽑기로 하였다. 지금 여러 고을에서 올라 온 학생들이 고향을 그리는 사람이 있을까 염려되니 편리에 따라 돌아갈 사람은 가고 머물러 있을 사람은 머물러 있게 하되 고향으로 돌아가는 학생 207명에게는 베布 1천 4백 필을 주고 머물러 있으려는 학생 53명에게도 역시 복두(갓의 일종) 106매와 쌀 265석을 줄 것이다."라고 한 다음 곧 통사사인通事舍人 고영암高榮嵓으로 하여금 객성客省에 가서 왕명을 전달하고 술과 과실을 주게 하였다.

○ (성종) 6년(987) 8월에 지난해 고향으로 돌아간 학생들을 가르칠 스승이 없다하니 교教하기를, "경서를 능통하고 서적을 많이 본 사람을 택하여 경학박사, 의학박사를 삼아 12목牧에 각각 1명씩을 파견하여 열심히 교수하게 하고 그 주, 군, 현 장리長吏들과 백성들의 아들로서 공부시킬 만한 자가 있으면 모두 교육시키도록 할 것이다. 만일 경서를 열심히 연구하고, 효제孝悌로 소문이 있거나 의술이 쓸 만한 사람이 있다면 목牧, 주州, 현縣의 관원들로 하여금 한漢나라 고사故事에 근거하여 구체적으로 기록하고 중앙에 추천하는 것을 항식恒式으로 삼으라."고 하였다.

○ (성종) 8년(989) 4월에 교教하기를, "대학조교大學助教 송승연宋承演과 남해도南海道 나주목羅州牧의 경학박사經學博士 전보인全輔仁은 학생들을 가르침에 게으름이 없으니 마땅히 표창하여 송승연에게는 9등九等을 뛰어 국자박사國子博士에 임명하고 붉은 비단 공

복公服 1벌을 주고, 전보인에게는 공복 1벌과 쌀 50석을 하사한다. 그리고 지금부터 문관으로서 제자弟子 10명 이상을 가진 자에게 대하여는 만기滿期가 되어 전근할 때에 해당 관리가 이를 구체적으로 기록하여 보고하여 상과 벌을 줄 조건으로 하며 12목의 경학박사로서 과거에 응시할 만한 제자가 한 사람도 없을 때에는 비록 만기가 되어도 다시 유임시켜 교육성과를 올리도록 책임을 지우며 그 성적에 따라 등급을 올려 주는 것으로 항식을 삼는다."고 하였다.

○ 성종 11년(992) 12월에 유사有司에게 교教하기를, "경치 좋은 장소를 택하여 서재와 학교를 크게 세우고 적당한 토지를 주어서 학교의 식량을 해결하고, 또 국자감國子監을 창설하라."고 하였다.

○ 문종 17년(1063) 8월에 제制하기를 "국자감 학생중에 학업을 태만히 하는 자가 많으니 그 책임이 교수學官에게 있다. 지금부터는 그들을 특별히 장려하고 연말에 성적을 비교하여 출학과 재학을 결정하되 유생儒生으로서 국자감에 재학한 지 9년이 되고 율생律生으로서 재학한 지 6년이 되었어도 공부에 성과가 없는 자는 모두 출학시킬 것이다."고 하였다.

○ 예종 2년(1107)에 제制하기를, "학교를 세우고 어진 이를 양성하는 것은 3대三代 이래 정치의 근본이다. 그런데 책임 맡은 자들의 의논이 아직 결정되지 못하였으니 응당 속히 실행하여야 할 것이다."라고 하였다. 예종이 바야흐로 문학文學을 지향하여 이러한 명을 내리니 사류士類들로서 기뻐하지 않는 이가 없었으나 대신大臣 가운데는 한 사람도 이를 받든 자가 없었으므로 당시의 여론이 애석하게 여겼다.

○ (예종) 4년(1109) 7월에 국학國學에 7재七齋를 설치하였다. 주역周易과는 여택麗澤, 상서尙書과는 대빙待聘, 모시毛詩과는 경덕經德, 주례周禮과는 구인求仁, 대례戴禮과는 복응服膺, 춘추春秋과는 양정養正, 무학武學과는 강예講藝가 이것이다. 태학에서 최민용崔敏庸 등 70명과 무학武學에서 한자순韓自純 등 8명을 시험 쳐서 뽑아 여기에 나누어 배치하였다.

○ (예종) 9년(1114) 2월에 국자감 학생 장자張仔 등 60명이 궁궐에 가서 국학國學을 세울 것을 청하였다.

○ (예종) 11년(1116) 4월에 제制하기를, "문무文武의 두 가지 학문은 국가 교육의 근원이므로 일찍이 지시하여 그 두 가지 학교를 세우고 학생들을 양육하여 장래의 장령과 재상을 준비하려고 하였으나 책임 맡은 자들이 각각 딴 의견을 고집하여 아직 결정하지 못하였다. 마땅히 빨리 결정하고 시행하라."고 하였다.

○ (예종) 14년(1119) 7월에 국학에 처음으로 양현고養賢庫를 두고 인재를 양성하게 하였다. 국초부터 문선왕 묘文宣王廟를 국자감 안에 창건하고 관원을 두고 선생을 배치하였으며 선종宣宗 때에 이르러서는 교육을 실시하려 하였으나 미처 실행하지 못했다. 예종이 유교 교육에 뜻을 두고 유사에게 명하여 널리 학교를 세워 유학儒學에 60명과 무학武學에 17명을 배치하였으며 근신近臣으로 하여금 그 사무를 감독하게 하고 유명한 유학자를 뽑아서 학관學官과 박사를 삼아 경의經義를 강론하며 가르치고 지도하게 하였다.

○ 인종조에 식목도감式目都監이 학칙學式을 (다음과 같이) 제정하였다.

국자감생은 문무관 3품 이상의 자손 및 훈관 2품으로서 현공縣公 이상의 직위를 가진 자와 또 경관京官 4품으로서 3품 이상의 훈봉勳封을 받은 자의 아들로 한다.

태학생은 문무관 5품 이상의 아들 손자와 또는 정·종 3품관의 증손 및 훈관勳官 3품 이상의 봉작이 있는 자의 아들로 한다.

4문학四門學의 학생은 훈관 3품 이상 봉작이 없는 자와 4품으로서 봉작이 있는 자 및 문무관 7품 이상의 아들로 한다.

이들 3개 학교의 학생 수는 각각 3백 명으로 하며 연령순으로 재학시킨다.

잡로雜路 및 장인工, 상인商, 악공樂 등 천한 일을 하는 자와 대공친大功親,[23] 소공친小功親[24] 간에 혼인한 자와 가정 도덕家道이 바르지 않은 자와 극악무도하여 귀향歸鄕 간 자는 입학을 허락하지 않는다. 율학律學, 서학書學, 산학算學은 다 국자감에 속하되 율학, 서학, 산학의 학생 및 주, 현의 학생은 모두 8품관 이상의 아들 및 일반 서인을

23 대공大功이란 아홉 달 입는 상복으로, 4촌 형제, 시집간 고모, 시집간 누이 등의 친척.

24 소공小功이란 다섯 달 입는 상복으로, 증조부모, 6촌 형제, 5촌 숙질 등 친척.

받는다. 그러나 7품 이상의 아들도 자신이 원한다면 이를 허락한다.

국자감, 대학, 4문학에는 다 박사와 조교를 두되 반드시 경서의 지식이 풍부하고 덕행이 높아서 능히 스승이 될 만한 자를 택하고 경서를 나누어 학생을 가르치되 한 경서를 가르칠 때마다 마친 뒤에 반드시 강을 받는다. 강에 통하지 못하면 다른 과목으로 바꿀 수 없다. 연말에 강의한 분량을 계산하여 박사와 조교의 성적을 등급 차례로 정한다.

율학, 서학, 산학에는 다만 박사만 두는데 율학박사는 율령律令을 맡아 교수하고 서학박사는 8서八書를 맡아 가르치며 산학박사는 산술을 맡아 가르친다.

경서로는 『주역周易』, 『상서尙書』, 『주례周禮』, 『예기禮記』, 『모시毛詩』, 『춘추좌씨전春秋左氏傳』, 『춘추공양전春秋公羊傳』, 『춘추곡량전春秋穀梁傳』을 각각 한 가지 경서로 하고, 그 밖에 『효경孝經』과 『논어論語』를 반드시 겸하여 잘 알아야 한다. 학생들의 수업 연한에서 『효경』, 『논어』는 아울러 1년, 『상서』, 『공양전』, 『곡량전』은 각각 2년 반, 『주역』, 『모시』, 『주례』, 『의례儀禮』는 각각 2년, 『예기』, 『좌전』은 각각 3년으로 하되, 모두 먼저 『효경』과 『논어』를 읽은 다음에 여러 경서와 산술과 시무책時務策을 학습한다. 여가가 있으면 꼭 겸하여 글씨를 하루에 한 장씩 쓰며 아울러 『국어國語』, 『설문說文』, 『자림字林』, 『삼창三倉』, 『이아爾雅』를 학습한다.

○ (인종) 5년(1127) 3월에 조서를 내려 모든 주州에 학교를 세워 교육의 길을 넓히라고 하였다.

○ (인종) 8년(1130) 6월에 국학國學에서 아뢰기를, "근년 이래에 명경明經이 점차 쇠퇴하여지니 마땅히 30명 이하의 학생을 뽑아서 입학시켜 교육하되 겸하여 교도관教導官으로서 참상관參上官과 참외관參外官 각 1명을 배치하여 학업을 장려해야 하겠습니다."라고 하였다.

○ (인종 8년) 7월에 국자감생들이 궐에 나아가 상서上書하기를, "저희들이 듣건대 어사대御史臺에서 아뢰기를 '국학에서 교육시키는 학생이 너무 많아서 공급하는 비용이 매우 많이 드니 청컨대 품행이 단정하고 학업이 우수한 학생 몇 명만 추려서 재학시키고 나머지는 다 내어 보내기를 바랍니다.'라고 하였다 하니 국가를 위하여 애석하게

여깁니다. 대개 학문을 숭상하며 인재를 양성하는 것은 곧 나라를 다스리는 근본 정책이므로 옛 성현들이 반드시 이것을 먼저 힘쓸 일로 삼았던 것입니다. 공자孔子는 비록 지위를 얻지 못하고 사방에 두루 돌아 다녔으나 오히려 3천 명의 인재를 양성하였으며 당唐나라 한문공韓文公(韓愈)은 강직되어 조주潮州를 지켰는데 조주는 작은 고을이었습니다. 그러나 그는 '주의 학교가 오래 폐지되어 중앙에 추천할 만한 학문 가진 인재를 구할 수 없으니 이것은 본 주의 큰 수치다.'라고 하고 곧 수재秀才 조덕趙德에게 명하여 주의 교육 사업을 주관하게 하고 생도를 모아 자기 봉급을 제공하여 식사비에 충당케 하였습니다. 더군다나 우리나라는 삼한三韓을 다 차지하여 부유하며 또 교육도 잘 하여 풍속과 문물文物이 3대三代에 비길 만한데 국학의 학생이 2백 명에 불과하며 해당 기관에서는 경비가 든다고 삭감하려고 하니 이것이 어찌 유도儒道를 존중하고 선비를 우대하는 우리 왕의 뜻이겠습니까? 또 불교의 절은 서울과 지방의 각처에 널려 있어 평민들이 여기에서 부역을 도피하여 배부르게 먹고 편안히 살고 있는데 그 수가 몇 천만인지 알 수 없을 정도이지만 책임 맡은 자들은 이런 것은 한 번도 생각하지 않고 도리어 국학의 비용을 문제로 삼고 있으니 이것은 공정하고 지당한 논의가 아닙니다. 바라건대 폐하는 이런 의견을 물리치고 채택하지 않기를 바랍니다."라고 하니 왕이 조서를 내려 옳다고 하였다.

○ (인종) 9년(1131) 3월에 중서문하성中書門下省에서 아뢰기를, "참외參外 문신들에게 각각 경서를 정하여 학습하게 하고 정안政案에 등록하여 적당한 학관學官을 보내소서."라고 하니 왕이 이 제의를 좇았다.

○ (인종) 11년(1133) 정월에 판判하기를, "무학재武學齋의 학생은 과거응시자가 적으므로 시무책時務策과 논문에 합격하지 못하여도 점수에 따라 뽑으니 합격하기가 매우 쉬워서 모든 학생들이 다투어 무학과에 들어가고 있다. 이것은 근본을 버리고 말단을 따라 가는 것으로서 다만 학생들의 기풍이 요행을 바라게 될 뿐만 아니라 거의 다 재능과 궁량이 노둔하고 졸렬하여 군사 임무를 맡겨도 이름만 가지고 실력이 없다. 또 무학武學이 점차 성하여진다면 앞으로 문학인과 대립되어 불화를 가져오게 될 것이니 아주 온당치 않다. 이제부터는 이미 과거에 급제한 자는 문사와 같이 일체로 등용하되

무학으로 인재를 선발하는 제도와 무학재齋의 칭호는 모두 폐지한다."라고 하였다.

○ (인종) 13년(1135)에 판判하기를 "국학의 학생들을 4계절에 시험을 쳐 그 점수를 통산한 다음 직접 과거에 응시케 하되 한겨울과 한여름 두 달에는 시험을 보이지 않는다."고 하였다.

○ (인종) 15년(1137) 9월에 문하성에서 아뢰기를 "국학 6재六齋[25]의 학생이 각각 학습하는 대소 경서를 가지고 강당에 들어가면 박사와 학유學諭는 경서를 가지고 강단에 올라가되 학생들은 매일 5명을 지나지 못하게 하며 1사람 당 질문도 2문제를 지나지 못하게 하고 조용히 논란하여 의혹을 깨닫고 해명하게 합시다."고 하였다.

○ 의종 22년(1168) 3월에 조서에 이르기를, "백성을 교화하며 풍속을 아름답게 하는 것은 반드시 학교 교육에 달렸으므로 조종祖宗 때부터 지방 각 고을에 문사文師 한 사람씩 보내었고 또 문관이 고을 원으로 있는 경우에는 학교 사업을 겸하여 감독하게 하여 교육을 장려하여 왔다. 그런데 근래에 들으니 이 직책에 있는 사람들이 먼저 사사 잇속을 찾는 데 힘쓰고 학업을 장려하는 방도에는 뜻을 두지 않으므로 학문을 지향하는 인재들이 알려질 길이 없어졌다 하니 내가 심히 근심하고 있다. 만일 각 고을에서 문사文師 및 학사學事 감독자로서 학업을 장려하고 인재를 양성하여 나의 의사를 돕는 사람이 있다면 양계兩界의 병마사兵馬使와 각 도의 안찰사按察使는 그 명단을 작성하여 급보로 알릴 것이다. 그러면 나는 그들의 임기가 끝나기를 기다리지 않고 곧 뽑아 올려 쓰겠다."고 하였다.

○ 고종 5년(1218) 7월에 중군中軍과 재추宰樞가 협의하고 학생으로서 관리 명부에 등록되지 못한 사람들에게 시詩를 시험 쳐 80명을 뽑고 불합격자는 다 군에 편입시켰다.

○ 원종 2년(1261) 3월에 동서 학당東西學堂을 설치하고 각각 별감別監, 교학敎學, 교도敎道를 배치하였다.

○ 충렬왕 6년(1280) 3월에 교敎하기를, "지금 유학 선비[儒士]들은 오직 과거 볼 학문

25 이택麗澤, 대빙待聘, 경덕敬德, 구인求仁, 복응服膺, 양정養正이다.

만 학습하고 널리 경서와 역사에 통하는 자가 없으니 한 가지 경서와 한 가지 역사에 정통한 사람을 시켜 국자國子를 가르치게 하라."고 하였다.

○ (충렬왕) 30년(1304)에 안향安珦이 건의하여 각품 관원들로 하여금 은銀과 베[布]를 차등있게 내어 국학의 섬학전贍學錢에 충당하게 하니 왕이 또한 내고內庫의 돈과 곡식을 내어 이를 도왔다. 안향이 남은 재산을 가지고 중국 강남江南에 사람을 보내 육경六經[26]과 제자서와 역사책을 구입하여 오니 이때부터 학업을 지망하는 선비들과 7관七管 12도十二徒의 학생들로서 경서를 끼고 학습하는 사람들이 모여 수백 명으로 계산하게 되었다.

○ (충렬왕 30년) 6월에 국학의 대성전大成殿이 낙성되었다. 처음에 원元나라의 사신使臣 야율희일耶律希逸이 전각殿宇의 구조가 협착하여 반궁泮宮 제도에 맞지 않는다는 것을 왕에게 말하였으므로 다시 세운 것이었다.

○ 충선왕이 즉위하여(1309) 양현고養賢庫에 은銀 50근을 주고 예문관藝文館으로 하여금 군, 현의 수재秀才를 불러다가 직첩을 주고 훈도訓道에 임명하게 하였다.

○ 공민왕 원년(1352) 2월에 교敎하기를, "학교와 상서庠序는 풍속을 바로 잡고 백성을 교화하는 근원인데 국학이 유명무실하고 12도와 동·서학당이 헐고 무너졌으나 수리하지 않고 있으니 마땅히 이를 수리하고 생도들을 양성할 것이다. 한 가지 경서經書에라도 능통하는 사람이 있으면 명부를 작성하여 올리도록 하라."고 하였다.

○ 공민왕 6년(1357) 정월에 서울과 지방의 학교를 수리하라고 명령하였다.

○ (공민왕) 12년(1363) 5월에 교敎하기를, "근래에 전쟁으로 인하여 교육이 매우 해이하여졌다. 이제부터 성균관, 12도, 동서 학당과 모든 주, 군의 학교에서는 특별히 교육에 노력하여 인재를 양성할 것이며 그에 따르는 토지와 인구로서 혹 세력자들에게 점령된 것은 관에서 조사하여 학교 비용을 넉넉하게 하라." 하였다.

○ (공민왕) 16년(1367)에 성균좨주成均祭酒 임박林樸이 상언上言하기를 "바라건대 성균

26 6경은 『주역周易』, 『서경書經』, 『시경詩經』, 『춘추春秋』, 『예기禮記』, 『악기樂記』.

관을 개조하며 국학을 숭문관崇文館 옛터에 고쳐 짓도록 명하되 서울과 지방의 문관들이 직품에 따라 베布를 내어 그 비용을 보조하게 하며 생원生員을 더 모집하여 일상적으로 100명을 양성해야 할 것입니다."라고 하였다. 이로부터 국학을 처음으로 오경재五經齋[27]와 사서재四書齋[28]로 나누었다.

○ (공민왕) 20년(1371) 12월에 교教하기를, "문무의 용도는 어느 한 가지도 폐지할 수 없다. 서울의 성균관成均館으로부터 지방의 향교鄕校에 이르기까지 문무 두 과목을 병설하고 인재를 양성하여 관리 등용을 준비할 것이다."라고 하였다.

○ 공양왕 2년(1390) 2월에 서울 5부五部[29]와 서북면의 부府·주州에 유학교수관儒學教授官을 두었다.

○ (공양왕) 3년(1391) 정월에 각 도의 목牧과 부府에도 유학교수관을 두도록 하였다.

○ (공양왕 3년) 6월에 김첨金瞻 등이 상소上疏하여 원자 및 종실 자제의 입학을 청하였다.

사학私學

○ 사학에 대한 자세한 내용은 최충崔沖 열전[30]에 있다.

○ 인종 11년(1133) 6월에 판判하여 각 도徒의 유생 중에서 본래 수업受業하던 스승을 배반하고 다른 도에 옮겨 속한 자는 동당감시東堂監試에 응시하지 못하게 하였다.

○ (인종) 17년(1139) 6월에 판判하여 동당감시東堂監試가 있은 후에는 모든 도徒의 유생들이 총 회합할 시일을 국자감에서 알려주어 50일 동안 학습시킨 다음 해산시킨다. 그런데 절寺에 모여서 30일 동안 학습하고 사사 시험私試에서 시詩 15수 이상을 지은 자들에게 대하여는 교도教導가 정밀히 이를 심사하여 각기 그 이름 아래에 어느 절에

27 5경은 『시전』, 『서전』, 『주역』, 『예기』, 『춘추』.

28 4서는 『대학』, 『중용』, 『논어』, 『맹자』.

29 5부는 중부, 동부, 서부, 남부, 북부.

30 『휘찬여사』 권23, 명신열전名臣列傳 최충전崔沖傳 참조.

서 며칠 동안 거주하였으며[接寺] 사사 시험私試이 몇 수라고 기록하고 의견을 붙여 보고한 다음에야 비로소 모임에 참가토록 한다. 모든 도의 교도敎導로서 접소接所를 떠나지 않고 학업을 장려한 자에게 대하여는 학관學官이 결원이 있을 때에 그를 우선적으로 그 자리에 임명함으로써 표창하는 뜻을 보이라고 하였다.

○ 공민왕 6년(1358) 7월에 한림원翰林院에서 아뢰어, 예전에는 하기 학습[夏習]이 끝난 후에 반드시 지제고知制誥로 하여금 시험관을 삼아 학생들의 실력을 시험하였는데 근래에는 폐지하고 실행하지 않으니 이를 복구시킬 것을 청하였다.

○ (공민왕) 7년(1359) 6월에 12도徒에 매달 초하루 시험인 삭시朔試를 실시하였다.

○ 공양왕 3년(1392) 6월에 12도徒를 폐지하였다.

전주銓注

선법選法

○ 인재를 뽑는 선법選法은 성종 8년(989) 4월에 처음으로 경관京官 6품 이하는 실적을 네 번 살핀 다음에 등급을 올려 주고, 5품 이상은 등급을 높일 때 반드시 왕의 명령을 받아서 집행하는 것을 상례로 삼게 하였다.

○ 명종 20년(1190)에 성의 재상省宰을 8명으로 늘렸다. 이에 앞서 성의 재상을 7명으로 늘렸을 당시 여론이 옛 제도가 아니라고 하였는데 이번에 또 8명으로 늘렸으므로 항간에서 비웃어 노래하기를, "나라에 절寺은 없고 성省에 7재七齋 있더니 이제 7재가 없어지고 다시 8재가 돌아오네."라고 하였다. 이것은 재宰와 재齋가 음이 서로 가까우므로 슬그머니 기롱한 것이다.

○ 신종 5년(1202) 4월에 식목도감사式目都監使 최선崔詵 등이 아뢰어 문반文班 참외관 5, 6품은 모두 무소뿔 띠犀角帶를 띠게 하고 참상관으로 할 것이라고 하였으나 왕이 말하기를 "인원수가 너무 많은데 어찌 일시에 승급시킬 수 있겠는가?"라고 하면서 참상

관을 6~7명만 더하였다.

○ 희종 때에 최충헌崔忠獻이 정권을 잡으면서 관리의 임면[頒政]에 대중이 없었다. 옛 법에 의하면 반정頒政은 6월에 내는 것을 '권무權務'라 하고 12월에 내는 것을 '대정大政'이라고 불렀는데 이부판사吏部判事와 병부판사兵部判事가 여러 관료官僚와 함께 본부에 모여서 토의하고 공로가 있는 사람은 승진시키고 죄가 있는 사람은 사임시키되 다 왕명을 받고 집행하였으며 이 시기가 지나면 비록 결원이 있어도 보충하지 않았다. 또 이부에서는 해마다 각 관청의 서리胥吏들을 조정하여 그 자리에 두기도 하고 다른 부서로 이동시키기도 하였는데 이것을 '동정動靜'이라고 불렀다.

○ 고종 12년(1225)에 최우崔瑀가 정방政房을 자기 집에 두고 여러 관리를 선발 배치하였는데, 문사文士를 뽑아 소속시키고 '필자적必者赤'이라고 불렀다. 옛 법에 의하면 이부吏部는 문관의 인사를 담당하며 병부兵部는 무관의 인사를 맡았는데, 근속 연월 수를 고려하며 근면과 태만을 구별하고 공로와 허물을 표준하며 재능의 유무를 평가하여 다 서면에 기록하여 두고 이것을 '정안政案'이라고 불렀다. 이것을 가지고 중서성中書省에서 벼슬을 올릴 것과 내쫓을 것을 토의하고 왕에게 보고하면 문하부門下部에서는 왕명을 받아 집행하였다. 최충헌이 정권을 마음대로 할 때부터는 부府를 설치하고 보좌관[僚佐]들과 더불어 저희들끼리 정안을 가져다 놓고 관리 인사를 하였는데 자기의 당파를 승선承宣으로 임명하고 이를 '정색승선政色承宣'이라고 불렀으며 보좌관으로서 이 책임을 맡은 사람 중에서 3품은 '정색상서政色尙書'라 하고, 4품 이하는 '정색소경政色小卿'이라 하였다. 또 붓을 들고 밑에서 일하는 사람은 '정색서제政色書題'라고 불렀고, 모이는 곳을 '정방政房'이라고 불렀다.

○ 충렬왕 초에 승선 박항朴恒이 관리 인사를 맡아 처음으로 궁궐 안에 유숙하면서 인사 작업을 마친 후에야 나왔다. 이전에는 정방원政房員이 관리를 임명할 때마다 새벽에 들어갔다가 저녁에 나왔었는데 청탁을 하려고 오는 사람으로 문이 막힐 정도였으므로 이때에 고친 것이다.

○ 충렬왕 24년(1298) 정월에 충선왕이 즉위하여 하교하기를, "본조本朝의 3품의 위계는 재상 다음 가는 자리이므로 경솔하게 임명한 일이 없다. 그러므로 4품으로서 임기

가 끝난 사람이라도 임명하지 못한 사람이 혹시 있었더니 근대에는 혹 5품에게도 차례를 뛰어 넘어 올려 주어 치사하고 녹을 받는 사람의 수가 현직 관리보다 배나 된다. 그런데 각 영領의 교위校尉 이하는 나라일[國役]에 부대끼면서도 나이가 늙도록 녹을 받지 못한 자도 있으니 매우 불합리한 일이다. 5품에게 차례를 뛰어 넘겨 올려 주는 경우에는 담당자를 파면시킬 것이다."라고 하였다.

○ (충렬왕 24년) 4월에 충선왕이 정방政房을 폐지하고 한림원翰林院으로 하여금 선법選法을 주관하게 하였다.

○ (충렬왕) 33년(1307) 7월에 전리사典理司와 군부사軍簿司에서 관리 선발법을 다시 결정하였다.

○ 충선왕 2년(1310) 10월에 문관과 무관의 선발은 선총부選摠部에 나누어 위임하고 수상首相과 아상亞相을 시켜 통솔하게 하였다. 그러나 한두 사람 행신幸臣이 다른 관직에 있으면서 이를 겸임하고 오래도록 바꾸지 않았다.

○ 충숙왕 7년(1320)에 정방政房을 회복하였다.

○ 충숙왕 16년(1329) 9월에 밀직密直 김지경金之鏡[31]이 전주銓注를 맡아 관리 임명을 함부로 하였으며 그 비준서[批目] 밑에는 일을 하는 사람들이 서로 주朱와 먹[墨]으로 썼다 지웠다 하여서 알아 볼 수가 없게 하므로 당시의 사람들이 이것을 흑책정사墨册政事{흑책이란 두터운 종이에 먹칠을 하고 기름을 먹여 아이들이 습자를 하는 것이다.}라고 불렀다.

○ 충목왕 즉위년(1345) 12월에 정방政房을 폐지하고 문관, 무관의 선발 배치하는 일을 전리사典理司와 군부사軍簿司에 맡겼다가 얼마 안 되어 정방을 회복하였다.

○ 공민왕 원년(1353) 2월에 다시 정방을 폐지하였다.

○ (공민왕 원년) 3월에 전리 판서典理判書 백문보白文寶가 다음과 같이 상서上書하였다.

정치에서 요긴한 것은 유능한 사람을 얻는데 있으며 사람을 알아내기 어려운 것은

31 『휘찬여사』에는 김지경金之競으로 되어 있으나 『고려사』에 의하여 바로잡는다.

성현聖賢들도 힘들게 생각한 터입니다. 그러기 때문에 공자孔子는 말하기를 '네가 아는 사람을 추천하라.' 하였으며 『서전書傳』에서는, '완전한 사람을 구하려고 하지 말라.' 하였습니다. 만일 결함만 지적하고 좋은 점은 엄폐한다면 쓸 만한 사람이 없을 것이요. 각기 재능에 따라 임무를 맡긴다면 버릴 인재가 없을 것입니다. 그러니 현직에 있는 달관達官들로 하여금 각각 자기의 잘 아는 사람을 추천케 하는 것보다 더 좋은 방법은 없으니 이렇게 한다면 지극히 온당하고 공평하여 민간의 어진 선비가 다 등용될 것입니다. 바라건대 사마광司馬光이 건의하였던 10과科를 설치하고 인재를 다음과 같이 추천하기 바랍니다. 즉 1과는 사상이 확고하고 행동이 순수하여 가히 남의 스승이 될 만하며 2과는 경서의 학식이 넓어서 가히 고문이 될 만하며 3과는 품행이 방정하고 원칙을 지켜 가히 대간臺諫이 될 만하며 4과는 문장文章이 고상하고 아름다워서 가히 저술을 할 만하며 5과는 송사를 처리하고 법령을 집행하는 데 지극히 공정하고 이해를 판단할 만하며 6과는 청렴하고 의리가 있어서 재정과 부세를 취급하는 데 공公과 사私가 다 편리하게 할 만하며 7과는 공정하고 위신이 있어 한 지방을 맡길 만하며 8과는 백성을 사랑하며 절도節度를 지켜서 가히 고을 원이 될 만하며 9과는 지혜와 용기와 재주가 있어서 적을 방어할 장수가 될 만하며 10과는 행동行動이 법도에 합치하여 가히 전례典禮가 될 만한 사람을 뽑는 것입니다. 직사관職事官은 양부兩府의 여러 봉익 대부奉翊로부터 종3품 이상에 이르기까지, 시종관侍從官은 첨의僉議로부터 감찰監察, 제학提學까지, 지방 관직은 6품 이상까지의 관리들이 해마다 꼭 10과 내에서 1과를 감당할 만한 사람 1명씩을 추천케 하되 추천 후보자는 반드시 1과에 해당한 사람만 국한하지 말 것이요. 적임자 아닌 사람을 추천하여 실패하게 하면 추천한 사람까지 파면시킬 것입니다.

전리사典理司와 군부사軍簿司는 옛날의 정부 조직입니다. 옛날에는 문관과 무관의 길을 달리 하여 대대로 그 길의 벼슬을 하면서 서로 바꾸지 못하였고 문관은 전리사에서, 무관은 군부사에서 각각 적합하게 심사하여 뽑았습니다. 그런데 의왕毅王(의종) 이후로는 문무가 서로 통하여 관직도 바꾸어 주기 때문에 양사兩司(전리사와 군부사)의 행정관들이 궁궐 안 별청別廳에서 한 자리에 모여 인사 행정을 토의하고 해당한 문무관을

일시에 심사해 뽑았으니 이것이 이른바 인사 행정은 융통성이 귀한 것이라는 옛것을 참작하여 지금 실정에 맞게 한 것입니다. 그런데 근래에는 인재 뽑는 법이 매우 어지러워져서 승급할 순서와 공로와 죄과도 논의하지 않고 결원만 있으면 교체하니 관원을 마치 쌓아 놓은 땔나무와 같이 전직前職자가 나라 안에 가득 차게 되며 다투어 요행을 바라는 자가 가득합니다.

또 선왕先王이 제정한 관청 이외에 따로 세운 여러 관청의 쓸 데 없는 관원들은 근무 일수가 많건 적건, 근면하건 태만하건 헤아리지 않고 다투어 자리 오르기를 구하고 있습니다. 마땅히 관청을 줄이어 합치며 요긴하지 않은 관원은 없애고 모두 도목都目[32]에 기록하여 이름을 다투는 길을 끊어 놓아야 할 것입니다.

○ (공민왕) 5년(1356) 6월에 하교하여 이르기를, "정방政房의 설치는 권신의 손에서 된 것이니 이것이 어찌 사람을 조정에 벼슬시키는 본 뜻이겠는가? 이제 이를 영구히 폐지하고 그 3품관 이하는 재상과 함께 올리고 내릴 것을 토의할 것이요, 7품관 이하는 이부와 병부에서 토의하여 보고하라."

○ (공민왕) 6년(1357) 정월에 명命하여 "도목都目에서 거관去官한 자로서 4서四書에 능통한 사람은 부임하게 하고, 4서를 통하지 못한 사람들은 교위校尉와 대정隊正으로 삼을 것을 상용 규정으로 할 것이다. 그러나 지금 사람을 써야 할 날짜가 임박하여 쉽게 갑자기 4서를 학습할 수 없으니 우선 『천자문千字文』을 다 읽히고 천자千字 내에서 백 자를 능히 쓰는 사람이면 그의 부임을 허락하고 이것을 쓰지 못하는 사람은 연한이 비록 오래 되었더라도 채용을 허락하지 않도록 하라"고 하였다.

○ (공민왕 6년) 12월에 전선銓選의 일을 다시 이부吏部와 병부兵部로 돌렸다.

○ (공민왕) 10년(1361) 2월에 왕이 이부 낭중郎中 이강李岡을 불러 이르기를, "네가 사람을 뽑는 사무에 참가하되 대간臺諫으로서 직무를 게을리 한 사람은 철직시키고 우수한 인재로서 채용되지 못한 사람을 등용하며 부모의 상사로 인하여 휴직하고 있다

32 6월과 12월에 관리의 실적을 평가하던 제도.

가 상기喪期가 끝난 사람도 꼭 뽑아서 등용하라." 하였다.

○ (공민왕) 11년(1362)에 밀직제학密直提學 백문보白文寶가 차자箚子를 올려 이르기를, "9품에서부터 1품에 이르기까지 품마다 각각 직첩(임명장)을 주는 것은 협잡을 방지하자는 것입니다. 그런데 근래에 품관[品職]들을 조사朝謝(署經)를 하는데 처음에는 여러 관원이 서명을 하고 나중에는 한 관원만 서명을 하므로 처음에는 어려우나 나중에는 쉬워서 관리들이 이로 인해 농간을 부리니 이제부터는 6품 이상은 각각 자필로 직첩을 써서 성省에 내게 하여 여럿이 서명을 하고 도장을 찍으며 7품 이하는 전리사와 군부사가 모두 서명을 하고 도장을 찍게 하고 매 품관이 같은 품위의 부서로 이동할 때에는 다만 사첩謝牒만 줄 것입니다."라고 하였다.

○ (공민왕) 17년(1368) 12월에 순자격循資格 제도를 채용하였다.

○ 신우 원년(1375) 10월에 헌사憲司에서 차자방箚子房을 폐지하고 문반 무반의 두 가지 뽑는 사무를 이부와 병부에 나누어 예속시킬 것을 청하니, 왕이 이 제의를 따랐으나 실행하지는 못하였다.

○ (신우) 2년(1376) 9월에 권신權臣이 권세를 농락하여 비준된 인사안[政批]을 여러 날 숨겨 두었다가 발표하였다. 당시에 이것을 '은비隱批'라고 불렀다.

○ (신우) 6년(1380) 6월에 간관諫官 이숭인李崇仁 등이 아뢰기를, "근년에 벼슬[官爵]에서 진작眞爵과 첨작添爵이 서로 혼동되었으며 그 임명장[謝牒]에는 다만 당후堂後 서명만 있고 도장이 없으므로 후일에 반드시 가짜 임명장이 함부로 나갈 염려가 있습니다. 동반은 전리사에서, 서반은 군부사에서 각각 도장을 찍고 서명을 한 뒤에 내주기를 바랍니다."라고 하였다.

○ (신우) 9년(1383) 3월에 헌사憲司에서 아뢰기를, "본조本朝에서는 벼슬에 종사한 근속 기간의 길고 짧은 것과 공로의 많고 적은 것을 가지고 차례에 따라 품계를 올리어 공적을 상 주었던 것인데 근래에는 다투어 이름을 내려는 염치없는 풍속으로 되어서 벼슬자리[名器]가 날로 천하여지며 공로 있는 사람이 올라가지 못하고 공로 없는 사람이 함부로 승급합니다. 이제부터는 엄격히 심사하여 차례에 따라 등용함으로써 인물을 뽑는 법을 공정히 해야 할 것입니다."라고 하였다.

○ 신창 즉위년(1389) 8월에 처음으로 전선법銓選法을 회복하였다. 종래의 제도에 의하면 부府와 위衛에서는 대정隊正 이상과 각사各司에서는 9품 이상과 부사府史, 아전[胥徒] 등에게 대하여는 모두 근속 연한과 공로와 과실過失를 기록하였다가 매번 세초歲抄에 벼슬을 올리거나 내리거나 하였는데 이것을 '도목정都目政'이라고 불렀다. 그런데 신우辛禑 때부터 권세 잡은 간신奸臣들이 국권을 가로채고 벼슬[官爵]이 모조리 사삿집[私門]에서 나오게 되었기 때문에 도목정이 오래 폐지되었다가 이때에 와서 이전의 공로를 추가로 기록[追錄]하였다.

이 달에 조준趙浚이 공경公卿, 사대부士大夫의 어린 자제들은 동반東班 9품 이상의 관직에 임명하는 것을 허락하지 않을 것이며 함부로 임명 받은 자에게 대하여는 그 부모에게 논죄論罪할 것을 청하였다.

○ 공양왕 원년(1389) 12월에 문하부 낭사門下府郎舍 구성우具成祐 등이 상소上疏하기를, "벼슬자리와 녹봉[名器爵祿]은 어진 이를 기르고 선비를 대우하기 위한 것입니다. 벼슬에는 정한 제도가 있고 심사해 뽑는 데도 또한 이루어 놓은 법이 있습니다. 우리 태조太祖가 3국을 통일한 초기의 다섯 성省, 일곱 추樞의 제도는 나라 사람들이 다 전하여 듣는 바입니다. 그런데 원나라와 국교를 맺은 뒤로 부터는 문하성과 추밀원이 함께 회의하는 제도가 시작되고 첨설添設직이 배나 많아져서 동서반의 각 품관이 번잡하여졌으며 불행하게도 갑인년(1374, 우왕 즉위년) 이래로는 간신이 정권을 마음대로 좌우하면서 좋은 논밭과 집을 뇌물로 바치기만 하면 사람이 어질거나 못나거나를 가리지 않고 성과 추에 등용하였습니다. 뇌물 바치는 자는 많고 관직의 수는 적어서 드디어 상의商議라고 불렀으며 그 수가 70~80명에 달하고 있었습니다. 성과 추는 비록 회의라는 명목으로 모이기는 하지만 곧 모였다가 흩어질 뿐이고 나라의 정치에는 참여하지 않는 적이 많았습니다. 이렇게 되니 벼슬 지위가 혼란하고 벼슬이 난잡하여졌습니다. 대체로 임금의 직분은 재상을 고를 따름이니 재상이 적임자이면 나라가 다스려지고 재상이 적임자가 아니면 나라가 혼란하여지는 것입니다. 또 재상의 직분은 정사를 토의하고 정책을 수립하며 음양陰陽을 조화[燮理]하고 자신을 바르게 하여 모든 관원을 바르게 인도하며 군자를 추천하고 소인을 배격하는 데 있을 따름입니다. 그런데 지금의 50~60

명의 재상이 과연 능히 일일이 이럴 수 있습니까? 옛날에는 적임자가 없으면 그 자리를 비워 두었던 것입니다. 원컨대 전하는 태조의 법을 지켜서 친하거나 사이가 뜨거나 새롭거나 오래된 사람이거나를 차별하지 말고 오직 현명하고 현명하지 못한 것만 살펴서 적임자를 택하면 관직에는 여유가 생기고 사람은 모자라게 될 것이니 다섯 성 일곱 추의 제도를 회복하지 못할 염려가 어디 있겠습니까. 지금부터는 도리를 토의하고 나라를 다스리며 음양을 조화하고 자신을 바르게 하여 백관百官을 옳게 인도할 만한 인재가 아니거나 또한 청백하고 충직하며 나라를 위하여는 자기 집을 잊어버릴 만한 인재나 또는 싸우면 이기고 치면 빼앗으며 용맹이 3군三軍에 으뜸이 되고 위엄이 적국을 누를 만한 인재가 아니라면 양부兩府에 들이지 말기를 바랍니다."라고 하였다.

○ (공양왕) 2년(1390) 12월에 도평의사사都評議使司가 아뢰기를 "선왕先王은 도목정都目政을 설치하고 근무 연한의 차이로 직무에 오래된 정도를 가지고 등용하였는데 근래는 각 사司에서 각 성중애마成衆愛馬로부터 부사府史와 아전[胥徒]에 이르기까지 함부로 관직을 받았고 공장, 장사꾼, 천인들까지도 도목都目에 올라 있습니다. 원컨대 옛 제도에 의하여 이조吏曹와 병조兵曹로 하여금 공로를 조사하여 관직을 주게 하고 유명무실한 자를 삭제하며 임무가 같으면서 벼슬 이름이 다른 것은 합치게 하기를 바랍니다."라고 하니, 왕이 따랐다.

○ (공양왕) 3년(1391) 5월에 중앙 및 지방관의 인수 인계법[解由格]을 발표하였다.

○ (공양왕 3년) 11월에 도당都堂에서 계啓하기를 "3년 만에 관원들의 성적을 심사하며 세 번 심사하여 올리고 내리는 것은 옛날과 오늘에 공통된 규정입니다. 그리고 우리나라의 관리 뽑는 제도는 중앙과 지방 관원은 30개월, 기타 관원[吏員]은 90개월의 만기가 된 사람에게 자리를 올려 주었는데 원나라와 국교가 성립된 이래로 관리 제도가 문란하여지고 사람을 쓰는 데 규율이 없어져서 자주 교체하였습니다. 이로 인하여 성과는 나타나지 못하고 직무에 게으르니 바라건대 도당과 이조, 병조, 상서시尙瑞寺로 하여금 옛것과 지금 것을 참작하여 뽑는 법을 규정하되 아직은 옛 제도에 의거하여 중앙과 지방의 관원들은 근속이 만 3년 된 자, 성중애마로서 특별 배치 받은 자 및 각 기관의 이속들은 근속이 만 9년 된 자를 채용하기 바랍니다."라고 하니, 왕이 이를 따랐다.

인재를 추천하는 제도[薦擧之制]

○ 성종 11년(992) 정월에 교敎하기를, "은殷나라 고종高宗은 부암傅岩에서 죄인胥靡을 불러 채용하였으며, 주周나라 문왕文王은 위수渭水에서 어부漁師를 등용하였으며 혹은 보좌하는 직책을 맡기고 혹은 재상의 지위를 주었으므로 능히 사직社稷을 지키고 국가를 꾸려 나갈 수 있었다. 내가 왕위에 오른 때로부터는 모든 정사를 잘 총괄하려고 생각했다. 그러나 학문을 깊이 연구하지 않고는 착한 정치를 알 수 없으며 어진 인재를 등용하지 않고는 성과를 거둘 수 없다. 그러므로 안으로는 상서庠序를 세우고 밖으로는 학교를 설치하여 재능을 비교할 장소를 열며 선비 뽑을 길을 넓히고 있으나 아직도 재능을 가지고 무리에 뛰어난 선비를 구하지 못하였으니 어찌 어진 이를 가리고 재능 있는 이를 막는 사람이 없다고 하겠는가? 글재주와 군사적 수완을 가진 사람이라면 궁궐에 나와서 자신을 직접 천거할 것을 허락한다."고 하였다.

○ (성종 11년) 5월에 교敎하기를, "왕王은 선비를 널리 구하여 모든 관직에 채우되 재능이 뛰어난 사람을 우선적으로 등용하고 성실하고 근면한 사람이 아니면 관직을 맡기지 않는 것이다. 이제 나는 큰 덕을 밝혀 모든 관직의 자리를 다 채우려 하니 5품 이상의 중앙 관리들은 각각 한 사람씩 추천하되 추천된 자의 덕행德行과 재능을 이름 밑에 자세히 기록하여 제출하라."고 하였다.

○ (성종) 16년(997) 8월에 유사有司에게 명命하기를, "기발한 재주과 특이한 능력을 가지고도 구원丘園에 숨어 있는 사람은 두루 찾아서 보고하라." 하였다.

○ 인종 5년(1127) 3월에 시종관侍從官에게 조서를 내려 각각 한 사람씩 추천하되 추천된 자가 볼 것이 없으면 추천자를 처벌한다고 하였다.

○ (인종) 8년(1130) 12월에 시종관에게 조서를 내려 각기 숨은 선비 한 사람씩 추천하게 하였다.

○ (인종) 16년(1138)에 유사有司에게 명하여 청백하고 절개 지키는 사람을 추천하라고 하였다.

○ 충선왕 즉위교서에 이르기를, "사람을 등용하는 데는 오로지 세가世家의 자제만을 쓸 것이 아니니 훌륭한 재간과 큰 덕이 있고 효도하고 청렴하며 품행이 바른 선비

로서 산골에 은둔하여 사는 사람들은 그가 사는 곳의 관청에서 추천하여 보고하되 만일 빈한하여 여비가 없으면 관에서 의복과 양식을 주고 후하게 해서 보낼 것이다."고 하였다.

○ 공민왕 원년(1353) 2월에 교教하기를, "만일 경서에 밝고 행실이 바르며 훌륭한 재능이 있고 절개를 지키는 선비가 산림 향곡山林鄕曲에 있다면 안렴사按廉使는 보고하고 전리사典理司와 군부사軍簿司에서는 그를 적당한 자리에 등용하라."고 하였다.

○ (공민왕) 5년(1356) 6월에 교教하기를, "재주를 품고 도道를 지니고 세상을 피하여 벼슬하게 하는 사람은 그가 사는 곳의 관에서 덕행을 기록하고 두텁게 예우하여 나오도록 하라."고 하였다.

관리의 성적을 평정하는 법[考課之典]

○ 현종 9년(1018) 8월에 판判하기를, "모든 관리들에 대하여 정월 초하루부터 12월 말일까지의 출근 일수 및 모든 휴가 일수를 빠짐없이 기록하여 고공사考功司에 보고하고 이것을 '연종도력年終都歷'이라고 한다." 하였다.

○ 문종 원년(1047) 8월에 제制하여, "상서 고공尙書考功은 그의 직책이 백관의 성적을 고사하는 것인데 지금에는 다만 서리胥吏들의 잘하고 못하는 것만 살피는데 이제부터는 중앙, 지방의 현직 관원[現官]의 성적도 모두 평정하라"고 하였다.

○ (문종) 2년(1048) 4월에 제制하여, "각 기관에서 사시巳時(오전 10시) 초에 출근하였다가 유시酉時(오후 6시)에 퇴근하는 것이 규정으로 되어 있으나 사철[四時]의 시간이 길고 짧은 것이 같지 않다. 이제부터는 해가 긴 때에는 진시辰時(오전 8시) 초에, 해가 짧은 때에는 사시巳時(오전 10시)초에 출근하라"고 하였다.

○ 충렬왕 6년(1280) 10월에 감찰사監察司로 하여금 각 기관의 근면과 태만을 검열하게 하였는데 이것을 '아시衙時'라고 불렀으며 매년 겨울과 여름의 첫 달에 이를 진행하였다.

○ 공민왕 5년(1356) 6월에 교教하기를, "감찰, 전법典法, 도관都官, 장관長官들은 매월 관원들에게 부과한 소송의 판결 건수를 조사하고 6개월 만에 우열을 따져서 벼슬을

올리거나 떼거나 하라."고 하였다.

○ (공민왕) 19년(1370) 11월에 정언正言 이첨李詹이 청請하기를, "고공사考功司를 시켜 각 기관의 출근부를 조사하되 모든 관원은 해가 돋으면 출근하였다가 오후에 퇴근하는 법이니 만일 법을 어기는 자가 있다면 사헌부에 보내 따지게 하기를 바랍니다." 하였다.

○ 공양왕 3년(1391) 4월에 도당都堂에서 청하기를 "대성臺省의 출근 정형을 따져서 한 번 결근한 사람에게는 벌을 주고 세 번 결근한 사람은 삭직削職시켜야 합니다."라고 하였다.

수령을 등용하는 법[選用守令]

○ 성종 원년(982) 6월에 최승로崔承老가 상서上書하여 "외관을 설치하는 것을 비록 일시에 다 파견할 수는 없다 하더라도 먼저 10여 주, 현을 아울러 한 관청을 설치하고 관청에는 각각 2~3명의 직원을 두어 백성들을 무마 애호하는 일을 맡겨야 하겠습니다."라고 청하였다.

○ 현종 9년(1018) 2월에 여러 주州와 부府의 관원이 지켜야 할 6조항을 다음과 같이 새로 제정하였다[新定諸州府員奉行六條].

1조는 인민들의 고통을 살필 것이요, 2조는 아전[黑綏長吏]들의 잘하고 못하는 것을 살필 것이요, 3조는 도적과 간사 교활한 자들을 살필 것이요, 4조는 백성들이 금지 규정을 위반하는 것을 살필 것이요, 5조는 백성들 중에서 효도하고 우애하고 청렴하고 결백한 자를 살필 것이요, 6조는 아전들이 나라의 돈과 곡식錢穀을 손실시키는 것을 살필 것이다.

○ 명종 8년(1178) 4월에 병부에서 무반武班의 산관散官을 모아서 전문箋文[33] 짓기를 시험치고 이들을 지방관에 임명하게 하였다.

33 나라에 경사나 궂은 일이 있을 때에 올리는 사륙병려체 글.

○ 원종 원년(1170) 10월에 중서성中書省에서 아뢰어 대관大官들이 자청하여 지방 관리가 되고 백성들을 착취하니 이제부터 관계官階가 높은 사람을 지방 관리로 보내지 말도록 하니, 왕이 옳다고 하였다.

○ 충렬왕 원년(1275) 6월에 왕이 무관을 고을 원守令으로 파견하려고 하니 승선承宣 이분성李枌成이 말하기를, "무인으로서는 백성을 다스릴 수 있는 사람이 적습니다. 만일 재능이 문文과 무武를 겸하고 너그럽고 모진 것이 조화된 사람이 있다면 문무반을 물론하고 고을 원을 시킬 수 있습니다."라고 하니 왕이 이를 받아들였다. 경인庚寅년(1170, 의종 24년) 계사癸巳년(1173, 명종 3년) 이래로 권신이 국권을 잡고 문관과 무관을 교대로 보내는 예를 주창하면서 항상 무관으로 고을 원을 삼았더니 박항朴恒이 전주銓注의 일을 맡아 왕에게 아뢰기를 "고을 원은 동반東班의 자리입니다. 그러므로 동반은 반드시 고을 원을 시킨 연후에야 중앙 관리로 임명할 수 있는 것이요, 서반은 순서에 따라 등급을 올릴 것인데 어찌 반드시 고을 원을 요구하겠습니까."라고 하여 드디어 무관을 고을 원으로 보내지 않았었다. 그러나 이때에 와서 무관들이 왕의 친근 자들과 결탁하여 전례대로 회복하기를 요청하였다.

○ 공민왕 3년(1354) 12월에 교敎하기를 "바닷가[沿海]의 고을원은 방어사防禦使를 겸임시키기 때문에 적임자를 구하기 곤란하다. 봉익奉翊 이하 대언代言 이상의 관원들은 각각 청백하고 군사 기술을 가진 사람 2명씩 추천하라."고 하였다.

○ (공민왕) 8년(1359)에 전이도全以道가 감무監務와 현령縣令에는 문관만을 임명할 것을 청請하니 왕이 전이도의 말을 옳게 여겨 5~6품으로 안집安集을 삼고 옛 폐단을 없애버리려고 하였다. 그러나 안집은 왕이 비준하지 않고 다 당시 재상들이 천거하여 쓰는 직첩이 없는 직임이므로 그 후에도 군공軍功으로 첨설되기도 하고 공상工商 등 천한 사람들도 모두 안집으로 될 수 있었다.

○ (공민왕) 11년(1362) 10월에 대간臺諫이 상언上言하기를 "전리田里의 안정 여부는 고을 원에게 달렸는데 비록 대간과 정부와 6조에 대한 보증 추천保擧의 명령이 있었으나 다 친분 관계에 따라 추천한 것이기 때문에 심지어는 글자도 모르는 사람들이 있습니다. 바라건대 이제부터는 친히 불러 보시고 그 소문과 실지를 따지시되 적임이 아닌

사람을 추천하였을 때에는 추천한 사람을 꼭 처벌해야 할 것입니다."라고 하였다.

○ (공민왕) 12년[34] 5월에 하교하기를, "수령의 어질고 어질지 못한 것은 곧 백성들의 휴척休戚에 관계된다. 이제부터는 첨의僉議, 감찰監察 및 6조의 5품 이상의 관리들이 각각 아는 사람을 추천하여 등용할 준비를 갖추어 둘 것이되 추천된 자가 적임자가 아니면 추천한 사람에게 죄가 미칠 것이다."라고 하였다.

○ 신우 원년(1375) 2월에 수령의 근무성적을 매기는 법[守令考績之法]을 (다음과 같이) 교教하였다.

전야田野의 개간, 호구戶口의 증가, 부역賦役의 공평, 소송訴訟의 간명, 도적이 없어진 것 등 다섯 가지로써 성적의 우열優劣을 규정케 할 것이며 교체할 때는 반드시 신관이 오기를 기다려서 인계한 다음 그곳을 떠나서 왕에게 복명할 것이다.

○ 신우 6년(1380) 6월에 간관諫官 이숭인李崇仁 등이 아뢰기를, "수령을 교체하는 기간이 너무 빨라서 비록 적임자라도 성적을 나타낼 기간이 없으니 청컨대 3년 만에 성적을 따지던 법을 본받아 만 3년 후에야 교대하게끔 허락하고 안렴사按廉使로 하여금 성적을 보고하게 하며 만일 다스리는 성적이 현저한 사람이 있다면 순서를 뛰어 건너 승급시키도록 하기를 바랍니다."라고 하였다.

○ (신우) 9년(1383) 3월에 헌사憲司에서 말하기를, "수령은 백성을 직접 상대하는 직책이므로 조심스럽게 임명하지 않을 수 없습니다. 그런데 근년에 간사하고 아첨하며 탐오하고 포악한 무리들이 권세 있는 자에게 붙어서 고을 원이 된 후에는 법이 아닌 행동을 마음대로 하며 공사公事를 빙자하고 사리를 도모하며 백성을 도탄 속에 빠뜨리고 있어 각 고을이 날로 쇠퇴하여 집니다. 원컨대 이제부터는 대성臺省과 6조六曹로 하여금 청렴 정직하고 욕심이 적으며 순량하고 근검한 사람을 추천케 하여 각 고을에 나누어 보내고 도순문사都巡問使와 안렴사按廉使로 하여금 그 어질고 안 어진 것을 보아 올리고 내림으로써 상과 벌을 밝히며 만일 잘못 추천한 자가 있다면 추천한 사람을

34 『휘찬여사』에는 12월로 되어 있으나 12년이 옳다.

처벌하고 철직과 승급이 부정확한 경우에는 헌사에서 조사해 처리하도록 해야 할 것입니다."라고 하였다.

○ 신창 즉위년(1389) 8월에 대간과 6조에 명령하여 수령이 될 만한 사람을 추천케 하고 또다시 선비[士人]로서 현령縣令과 감무監務를 삼았다. 신우 때부터 권세 있는 간신이 정권을 잡고 다투어 가며 제 사람[私人]을 쓰며 감정에 따라 벼슬을 올려주기도 하고 쫓아내기도 하였다. 혹은 1년에 3~4차씩 지방관을 바꾸기도 하며 모든 주, 현의 안집安集들은 무식한 사람이 많아서 남의 토지와 노비를 빼앗아서 권세 있는 집에 바치고 심지어는 권신의 말과 소와 매[鷹]와 개를 길러 주면서 아첨하며 이를 벼슬 오르는 미끼로 삼고 있었으니 그들의 탐오, 잔인한 폐해가 아전胥吏들보다 더 심하였는데 이때에 와서 비로소 선비[士流]를 채용하게 된 것이다.

감사의 등용[選用監司]

○ 문종 10년(1056) 8월에 여러 주와 목의 자사刺史, 통판通判, 현령縣令, 위尉 및 장리長吏의 실적과 근만, 청렴 탐오에 대하여, 또 백성들의 빈부, 고락에 대하여 사신을 파견해 안검按檢하게 하였다.

○ 명종 11년(1181) 9월에 왕은 지난해에 찰방사察訪使가 집행한 벼슬을 올리고 내린 사업이 많이 잘못 되었다고 하면서 파직당한 관리들을 이전대로 다시 썼다. 나라의 제도는 수령을 중히 여기므로 안찰사按察使를 파견하여 주와 현을 순찰하고 인민들의 고통을 조사케 하되 봄과 가을로 이를 교대시키며 또 이따금 찰방사를 파견하여 행정에 어두운 고을 원은 파직시키고 착한 고을 원은 승급시켰는데 인종仁宗 임술壬戌년[35] 이후에는 찰방사를 파견하지 않고 오직 안찰사에게만 위임하였기 때문에 안찰사로 된 사람은 다만 보통대로만 따라 나갈 뿐이요. 규탄할 것을 규탄하고 추천할 것을 추천하지 못하였다. 그러므로 관리들은 조금도 두려움과 꺼림이 없이 백성들을 착취하는 데

35 인종 20년(1142).

만 힘썼으므로 백성들이 계속 갈 곳 없이 떠나갔으며 경인庚寅(1170), 계사癸巳(1173)[36]년 이후에는 수령의 정사가 더욱 가혹하여 백성들의 생활이 더욱 곤란하여졌다. 그리하여 무술戊戌(1178)년에 재상 송유인宋有仁과 이광정李光挺 등이 왕에게 건의하여 10도道에 찰방사를 파견하여 벼슬을 올리거나 내리게 하였는데 뇌물 받은 죄로 철직시킨 자가 990여 명이나 되었다. 그들을 이때 이르러 신원해 준 것이다.

○ 명종 18년(1188) 3월에 재추宰樞의 건의에 따라 제制하기를, "백성은 곧 나라의 근본이다. 짐이 그들이 향토에 안착하여 생업을 즐기게 하려고 하기 때문에 정부의 관리들을 지방에 파견하여 백성을 위한 나의 근심을 나누며 덕화德化를 베풀고자 하였다. 그런데 근래 수령들이 긴급하지도 않은 공사公事를 가지고 백성을 침해하며 괴롭히고 소란스럽게 하므로 백성들이 그 폐해에 견딜 수 없어서 도망해 흩어지며 죽을 땅으로 굴러 떨어진다고 하니 매우 안타까운 일이다. 양계兩界의 병마사兵馬使와 5도道의 안찰사按察使들은 고을을 순찰하여 정확히 조사를 하되 각 고을 관리들의 청렴, 탐오와 근면, 태만을 정밀히 따지고 알아보아 조금이라도 백성들을 착취하고 뇌물을 받으며 공무에 빙자하고 사리를 도모하는 사람이 있으면 두루 심문하여 사실을 확인하고 징벌할 것을 보고하며 청백하고 절개를 지키며 국가에 이익을 주고 해독을 제거하며 송사에서 공평한 판결을 하는 사람이 있으면 그 공로를 표창할 것을 보고하라."고 하였다.

○ 공민왕 5년(1356) 6월에 교敎하기를, "존무사存撫使와 안렴사按廉使와 주, 현의 원들은 나와 함께 백성을 위한 근심을 나누며 정치를 함께 하는 자이다. 존무와 안렴이 공사公事를 빙자하고 사리를 도모하여 백성을 해롭게 하거나 해이하여 공사를 일삼지 않는 자는 도평의사와 감찰사監察司에서 보고하고 삭직시킬 것이며 주, 현의 관원이 자기 임무를 감당하지 못하거든 존무사와 안렴사와 체찰사體察使가 조사하여 밝히라."고 하였다.

○ 신우 4년(1379) 12월에 헌사憲司에서 상언上言하기를, "각 도의 안렴사는 군사, 행

36 경인년은 무신난이 일어난 의종 24년이고, 계사년은 김보당의 난이 일어난 명종 3년이다.

정의 중대한 사업과 민생의 고통, 수령의 잘못과 형벌形獄, 송사爭訟 등 사무를 다 위임받고 이를 통찰하는 터이므로 그 임무가 지극히 중대한데 지금 6개월 만에 교대하기 때문에 착수한 공무들을 완결 짓지 못한 채 교체되니 규율이 퇴폐하고 해이해 지고, 또 1년에 두 번씩 환영하고 송별하는 데에도 폐단이 있습니다. 원컨대 이제부터는 1년이 되어야만 교대하게 하소서."라고 하였다.

○ 신창 즉위년(1389) 7월에 조준趙浚이 아뢰기를, "안렴按廉의 직책은 곧 개국 초의 절도사節度使인데 절도사는 군무軍務와 민사民事를 다 맡아 보면서 지방을 전제하였기 때문에 수령들은 직책에 충실하고 백성은 자기 직업에 안착하며 방진方鎭은 두려워서 복종하여 전투와 방비에 온 힘을 다하게 되고 권세가 한 곳에 귀착되어 딴 생각을 가지는 사람이 없었으니 지금까지 이를 '일방통찰一方統察'이라고 합니다. 그런데 지금에 와서는 도적이 주, 군州郡을 침략하여도 방진은 두려워하지 않고 군대를 가지고 위신만 부리고 앉아서 바라만 보고 싸우지 않으니 적의 형세는 날로 더욱 강해지고 있습니다. 그리고 수령은 자기 마음대로 놀아서 뇌물이 공공연하게 유행되며 노래와 여색에 빠져 백성이 도탄에 헤매건만 구제하지 않는데 안렴사라는 자는 문서와 돈과 곡식錢穀의 문제에만 구구히 따지면서 올리고 내리고 상주고 벌주는 일을 엄격히 하여[黜陟賞罰] 군민軍民에 대한 행정 사업을 진흥시키지 못하는 까닭은 다름이 아닙니다. 그것은 즉 고을 원[知官]들이 모두 정순正順(정3품 문관 산계), 봉순奉順(정3품 문관 산계)의 관원이며 방진方鎭, 부윤府尹, 지주사知州事, 목사牧事, 도호부사都護府使도 다 양부兩府의 대신, 봉익奉翊(종2품 문관 산계) 등 고위급 관원이므로 안렴사가 자신이 임금의 사람이라는 원칙을 생각하지 못하고 도리어 벼슬이 낮다는 사소한 형식에 구애되기 때문에 규율이 서지 못한 것입니다. 바라건대 양부의 고관을 안렴사로 파견하던 선대 임금들의 법을 본받고 대신을 파견한 당나라 왕실의 옛일을 참고하여 양부 관리 중에서 청렴, 위엄, 총명, 수완 등 네 가지 장점이 있는 사람을 골라서 도 안렴 출척 대사都按廉黜陟大使로 삼아서 전야의 개간과 호구의 증가와 송사의 간명과 부역의 공평과 학교의 진흥을 표준으로 하고 주와 군을 순찰하여 벼슬을 올리고 내리는 일을 단행케 하며 호령의 엄숙과 무기의 정예와 병졸의 훈련과 둔전屯田의 정비와 해적의 침략이 멎은 것을 표준으로 하여 방

진을 순찰하여 상과 벌을 시행케 하며 군관으로서 전투에서 크게 패하여 한 주州와 군郡을 몰락시킨 자와 고을 원으로서 탐오하고 뇌물을 받아들이는 자는 사형에 처하고 그 다음 죄는 삭직시켜 죄를 논할 것이요. 그 다음 죄도 해당한 벌에 처함으로써 나라의 규율을 떨치게 하며 고을 원은 3년 만에 교대하되 도 안렴사의 견책譴責을 받지 않은 자는 곧 경관京官에 임명해야 할 것입니다. 그리고 도 안렴사는 대간臺諫으로 하여금 추천하게 하고 그 추천에 대한 왕의 결재가 내리기를 기다려서 파견할 것입니다. 방진에서는 원수元帥 이하의 관원들이 다 교외에 나가서 그를 맞이하고 참장參狀을 드리며 이때에 앉는 것을 허하지 않게 할 것입니다. 비록 5~6품으로서 안렴사가 된 자라도 1년에 서로 갈리는 기한과 올리고 내릴 성적을 따지는 법이 도 안렴사와 같습니다. 그러나 서로 갈아 바꾸는 것을 상례로 할 것은 아닙니다. 또 도 안렴사로서 주, 군, 방진에 대하여 벼슬을 올리고 떼고 하지 못하는 자는 사헌부에서 왕에게 보고하여 삭직시키고 엄중하게 처리할 것입니다."라고 하였다.

○ (신창 즉위년) 8월에 각 도에 파견할 도관찰출척사都觀察黜陟使는 모두 대간臺諫에서 추천한 자를 썼다.

환관에 관한 직제[宦寺之職]

○ 의종 5년(1151)에 정함鄭諴을 권지 합문지후權知閤門祗候로 임명했는데 어사대御史臺에서는 환관으로서 조관朝官에 참여하는 것은 옛 법에 없다고 간쟁하였다.

○ 원종 원년(1260) 6월에 왕이 제制를 내리기를, "환자宦者 민세충閔世冲은 짐이 어렸을 때부터 오늘에 이르기까지 두 번씩이나 나의 병을 고쳐 주었으니 그 공로를 저버릴 수 없다. 6품관에 국한하여 등용하라."고 하였다. 환관으로서 참상관이 된 것이 여기에서 시작되었다.

○ 공민왕 원년(1352) 5월에 간관諫官이 상소上疏하여 내시內侍로서 검교관檢校官이 되고 녹을 받는 사람이 너무 많으니 간추려 줄일 것을 요청하였다.

○ 신우 6년(1380) 6월에 간관 이숭인李崇仁이 말하기를, "관직을 설치하고 사무를 나눈 것은 각각 해당한 것이 있는 것입니다. 그렇기 때문에 선왕이 내시부內侍府를 설치

하고 중관中官(환관)을 채용한 것이니 이것은 법전으로 된 것이라 변경할 수 없습니다. 바라건대 다시 이 관직을 설치하고 중관으로서 조심성 있고 신중한 사람을 그 재능에 따라 쓰되 조관에는 참여하지 말게 할 것입니다."라고 하였으나 왕이 듣지 않았다.

○ 공양왕 원년(1389) 12월에 대간臺諫에서 번갈아 글을 올려 옛 제도에 의거하여 환관은 6품관에 임명하는 것을 허락하지 않을 것과 위조僞朝(우왕, 창왕 대)에서 이미 참상관에 임명한 사람은 그 고신告身(임명장)을 빼앗고 전리田里로 돌려보낼 것을 청하였다.

○ (공양왕 원년 12월에) 조준趙浚이 상언하여 청하기를, "환관은 국초로부터 충렬왕 때에 이르기까지 참상관이 될 수 없었더니 근래에 궁중에서 왕의 명령을 전달하는 임무로부터 출발하여 도道를 논하며 나라를 다스리는 반열班列에 참여하게 되었으니 이는 조정을 높이는 일이 아닙니다. 원컨대 충렬왕 때의 제도를 따라 환관은 조관에 임명하는 것을 허락하지 말기를 바랍니다."라고 하였다.

○ (공양왕 원년 12월에) 좌사의左司議 오사충吳思忠 등이 말하기를, "선대 임금들의 제도에는 환시宦寺에 관원이 없었으며 문종 때에 환시의 급사給事는 10여 명에 지나지 않았으나 녹은 준 일이 없었고 충렬왕 때에도 그들을 참관參官에 임명하지 않았는데 공민왕 때 이르러 환관을 양부兩府와 8위八衛의 반열에 참여시켰다가 결국 최만생崔萬生의 사변을 일으켰습니다. 그런데 지금 다시 내시부內侍府를 세우고 환자를 3품급에 등용한다는 것은 곧 다시 망국의 길을 답습하는 것입니다. 원컨대 궁중의 급사에게는 의식衣食만을 줄 것이요, 내시부는 폐지해야 할 것입니다."라고 하였다. 이에 왕은 판判하기를, "이제부터 환자에게 조관朝官을 허락하지 않지만 내시부內侍府는 없앨 수 없다."라고 하였다.

관직 임명의 제한[限職]

○ 정종靖宗 6년(1040) 4월에 판判하기를, "남반南班과 유외流外 관리人吏, 장교 등의 아들로서 장인 명부[工匠案]에 등록되지 않은 사람은 아버지와 할아버지에게 결함이 있는 사람의 예에 따라 입사入仕하게 한다."고 하였다.

○ 문종 7년(1053) 10월에 판하기를 "악공樂工으로서 세 아들 또는 네 아들이 있는 자

는 그 한 아들이 아버지의 직업을 계승하고 그 밖에는 주선注膳, 막사幕士, 구사驅史에 소속시켰다가 배융부위陪戎副尉, 교위校尉에 전직시키며 요무교위曜武校尉에까지 급을 올려 주도록 하라."고 하였다.

○ (문종) 10년(1056) 12월에 판하기를, "잡직에 종사한 사람[雜路人]의 자손은 그의 부친, 조부, 증조부가 출신한 벼슬길을 따를 것이며 외손은 남반에 소속됨을 허가한다. 만일 조모의 부친이 잡직에 종사한 사람[雜路人]인 자에게는 동반에 등용하는 것을 허락한다."고 하였다.

○ (문종) 16년(1062)에 판하기를, "중의 아들은 벼슬을 금하고 그 손자 대에 가서야 벼슬을 허락한다."고 하였다.

○ (문종) 27년(1073) 정월에 유사有司가 아뢰기를, "법전[令典]을 살펴보건대 '공상工商들은 기술을 취급하는 관계상 직업을 전문할 뿐이요, 관원이 되어 선비와 나란히 하지는 못할 것이다.'라고 하였습니다. 군기 주부軍器注簿 최충행崔忠幸과 양온령 동정 양운梁惲은 모두 공인工人의 외손이요, 별장別將 나례羅禮와 대정隊正 예순禮順이 또 공인工人의 적손인데 9품의 벼슬[九流]를 사모하여 자기 업을 버리고 이미 벼슬에 올라 있으니 다시 공장工匠에 충당시킬 수는 없습니다. 각각 현재의 직에 국한하고 벼슬 올리는 것은 허락하지 말기를 바랍니다."라고 하였다. 이에 왕은 제制하기를, "신해辛亥년에 낭장郎將 충맹忠孟을 대장군에 한하여 승급시킨 예에 의하여 등용할 것이라."고 하였다. 그런데 중서성中書省에서 왕에게 반박하여 아뢰기를, "최충행崔忠幸 등은 조상의 미천한 신분[賤累]을 덮어 줄 만한 큰 공로도 없이 함부로 유품流品에 들어와 있으니 이는 충맹忠孟이 국경 방비에 공이 있는 그 예와 같이 논의할 수 없는 것입니다."라고 하였다. 이에 또 왕은 제制하기를, "청요직清要職과 백성을 다스리는 이민직理民職을 제외하고는 한결같이 이전에 정한 것과 같이 하라."고 하였다.

○ 숙종 원년(1096) 2월 판判. "소공친小功親과 혼인하여 낳은 사람은 대공친과 혼인하여 낳은 자식의 예에 의하여 벼슬을 금한다."고 하였다.

○ (숙종 원년) 7월 판判. 주선注膳, 막사幕士, 소유所有, 문복門僕, 전리電吏, 장수杖首 등 잡류는 비록 고조高祖 이상이 삼한 공신三韓功臣일지라도 다만 정로 남반正路南班에서

내전內殿의 숭반崇班에 승직시키는 데 국한한다.

○ 인종 3년(1125) 정월 판判. 전리電吏, 장수杖首, 소유所有, 문복門僕, 주선注膳, 막사幕士, 구사驅史, 대장大丈 등의 자손은 군인 자손이 모든 과거에서 벼슬길을 택하는 예에 의하여 과거에 응하게 하되 제술製述, 명경明經의 양 대과大科에 합격한 사람은 5품에 한하여, 의복醫卜, 지리地理, 율학律, 산학算의 과거에 합격한 사람은 7품에 한하여, 만일 의지가 곧고 바르며 절조가 있기로 이름이 있으며 성적이 특수한 사람으로서 대과大科 갑과와 을과에 뽑힌 사람이면 청요 이민직淸要理民職의 벼슬을 허락하며, 병과, 동진사과는 3품직을 허락한다. 의복醫卜, 지리, 율학, 산학의 과거는 4품직을 허락할 것이요, 과거에 오르지 못하고 벼슬에 임명된 사람은 7품직에 국한하되 현손玄孫에 이르러서 일반과 같이 벼슬할 것을 허락한다.

○ (인종) 18년(1140) 6월 판判. 공·상工商, 악인樂人의 아들은 비록 공로가 있어도 다만 물품으로 상을 주고 관직에 나아가는 것을 금지한다.

○ 의종 원년(1147) 12월 판判. 대공大功과 소공小功의 친척 내에서는 사촌 이상과 혼인하는 것을 금할 뿐이고 5~6촌의 친족간의 혼인은 일찍이 금하지 않았으므로 흔히 서로 혼인하여 마침내는 풍속이 되었으니 이들에게 갑자기 벼슬을 금하기가 곤란하므로 이전에 혼인하여 낳은 사람에게는 벼슬길[仕路]을 허락하되 이제부터는 일체 관직에 오르지 못하도록 한다.

○ 충렬왕 2년(1276) 윤3월에 첨의부僉議府에서 상언上言하기를, "환자 가운데서 미천한 자들이 왕을 따라다닌 공로로 벼슬길에 올라 정부 관리들과 뒤섞여졌으니 이는 선대 임금들의 법제에 위반되는 일입니다. 청컨대 임명한 것을 취소하여 주십시오."라고 하였으나 왕이 허락하지 않았다.

나라 법에 내료內僚의 직職은 남반 7품南班七品에 국한하는 것을 보통 법식이라고 하며 만일 큰 공로와 특이한 기능이 있어도 다만 물품을 상으로 더 주었을 뿐이요 5~6품관에 올린 자는 없었다. 그런데 원종元宗 때에 처음으로 그 길을 열어 주었으나 장군과 낭장郎將에 임명한 것이 1~2명에 불과하였더니 충렬왕이 임금이 된 뒤로부터는 환자로서 공功이 없는 자들이 훌륭한 벼슬을 차지하여 허리에 황색 가죽띠를 띠게 되었으며

자손 때에 와서는 대성臺省과 정부와 6조에 임명된 사람이 상당히 많았으며, 별장別將과 산원散員 같은 것은 이루 그 수를 헤아릴 수가 없게 되었다.

음서蔭敍

○ 조상의 공로로 벼슬을 주는 것은 18세 이상 된 자에게 한하였다. 목종穆宗이 즉위하여 5품 이상 문무관의 아들에게는 음직蔭職을 준다고 하교下敎하였다.

○ 예종 3년(1108) 2월에 조서詔書를 내려, "양경兩京의 문무반 5품 이상에게 각각 한 아들의 음관을 허락하되 친아들이 없는 사람에게는 수양아들 또는 손자에게 이를 허락한다." 하였다.

○ 인종 12년(1134) 6월 판判. 치사致仕 및 현임 재상의 친아들에게는 군기주부軍器注簿 동정同正을, 그의 수양자 및 친손자와 외손자와 생질에게는 양온령 동정良醞令同正을 임명하며, 전대前代 재상의 친아들에게도 양온령 동정을 임명하며 그의 친손자와 외손자에게는 영사 동정令史同正을 임명하고, 추밀원樞密院 장관의 친아들에게는 양온령 동정을, 그의 수양자 및 친손자, 외손자와 생질에게는 양온승 동정良醞丞同正을 임명한다. 좌복야, 우복야左右僕射와 6상서六尙書 이하의 문무 정 3품관의 친아들에게는 양온령 동정을, 그의 수양자 및 친손자, 외손자와 생질에게는 주사 동정主事同正에 임명한다. 종3품관의 친아들에게는 양온령 동정을, 그의 수양자 및 내외 손자와 생질에게는 영사 동정令史同正을 임명한다. 정4품, 종4품관의 친아들에게는 양온승 동정을 임명하며 정5품, 종5품관의 친아들에게는 주사 동정主事同正을 임명한다.

○ 충렬왕 8년(1282) 5월에 문무관의 치사한 자와 고급 관원 3품 이상에게는 그 한 아들에게 음직을 허락하되 아들이 없는 경우에는 조카, 생질, 사위 또는 호적에 올린 양자[過房付籍者] 중에서 그 한 명에게 첫 벼슬을 허락하며 선대先代의 재신이나 밀직密直의 친손, 외손의 벼슬 못 한 자에게도 또한 한 호에 1명씩의 첫 벼슬을 허락하며 문무관 현직 4품과 중사中事, 전서典書, 시승侍丞과 각 조曹의 정랑正郞 이상의 관원에게 대하여는 해관解官과 시섭試攝(정식 임명을 받지 못한 관직)을 물론하고 그 한 아들에게 음직을 허락하며 지방 관원에게 대하여는 이전에 근무하던 조관朝官에서 한 등급을 낮추어서 그

한 아들에게 음직을 허락하였다.

○ 충선왕 복위(1308) 교서에 이르기를, "재상의 친아들 1명에게는 첫 벼슬을 주고 7품 현직과 치사한 3품관에게는 각각 그 한 아들에게 실무직實職을 허락하되 아들이 없는 경우에는 친조카, 생질, 사위 중 1명에게 음직을 허락하며 문무 4~5품관은 현직자나 해임된 자를 물론하고 각각 그 한 아들에게 음직을 허락한다."고 하였다.

왕의 조상 후손의 등용[敍祖宗苗裔]

○ 왕의 조상의 후손들을 관직에 올려 쓰는 것에 대하여 숙종이 즉위하여 조서를 내려, "태조의 후손으로서 군적軍籍에 있는 사람은 이를 면제하고 벼슬이 없는 자에게는 벼슬 줄 것을 허락한다." 하였다.

○ (숙종) 3년(1098) 10월에 조종祖宗의 후손으로서 벼슬 없는 자에게 한 급을 주었다.

○ (숙종) 5년(1100) 2월에 조서를 내려 태조의 친현손의 손자 및 외현손의 아들과 태조와 같은 어머니에게서 낳은 형제의 현손의 아들 및 외현손과 후대의 정통正統을 계승한 임금들의 현손의 아들 및 외현손에게는 각 호 1명에게 벼슬을 주었다.

○ 예종 3년(1108) 4월에 조서를 내려 태묘 10능太廟十陵(태조 이하 10대)의 모든 후손으로서 관직이 없는 사람에게 첫 벼슬初職을 허락하였다.

○ 고종 40년(1253) 6월에 조서를 내려 태조의 후손으로서 11대의 손녀 사위[挾十一女]에게는 한 집에 한 명씩의 첫 벼슬을 허락하고 이미 관원이 된 사람은 뽑아서 특별 명부에 기록하여 등용하며 군적에 있는 사람은 이를 면제시킬 것을 허락하였다.

○ 충렬왕 8년(1282) 5월에 교敎하여 성조聖祖(태조)의 자손은 비록 20대의 사위까지라도 1호 1명의 예에 의하여 벼슬을 허락하며 이미 관원이 된 사람은 뽑아서 특별 명부에 기록하고 만일 남반에 있으면 동반으로 고치고 국선國仙으로 보내지 말며 군대에 있는 사람은 군적을 면제시키고 태조의 친형제의 손은 1호 1명의 예에 의하여 벼슬을 허락하였다.

○ 충숙왕 12년(1325)에 교敎하여 태조의 후손은 비록 3대 외손녀 사위라도 첫 벼슬[初入仕]을 허락하며 남반에 속한 자는 고쳐서 동반에 붙이고 국선으로 보내지 말고 군

역도 면제시키도록 하였다.

공신 자손의 등용[敍功臣子孫]

○ 현종 5년(1014) 12월에 태조 때 공신의 자손으로서 관직이 없는 사람을 등용하였다.

○ 문종 6년(1052) 10월에 제制하기를, "배현경裵玄慶 등 6공신六功臣[37]은 우리 태조를 도와 대업을 이루게 하였다. 그 공덕功德을 종과 솥鍾鼎에 새겼으니 그 후손은 증손 현손에 이르기까지 남녀 중[僧尼]과 벼슬 없는 자[無官者]에게는 첫 벼슬을 주며 벼슬 있는 자[有官者]에게는 등급을 높여 준다."고 하였다.

○ 숙종 즉위년(1095)에 조서詔書를 내리기를, "태조 시대의 공신 및 삼한 공신의 친손, 외손으로서 관직이 없는 자에게는 1호 1명의 벼슬을 허락하고 현종顯宗 시대의 공신 하공진河拱辰과 장군 송국화宋國華와 경술庚戌년에 거란에 가서 억류된 사신과 부사副使에게는 그들의 자손 1명에게 각각 벼슬을 준다."고 하였다.

○ 예종 3년(1108) 2월에 조서를 내려 태조대의 6공신과 삼한 전후 공신三韓前後功臣과 대대의 배향 공신配享功臣과 서경西京, 홍화興化, 구주龜州, 선주宣州, 자주慈州, 구비仇比, 강반령江盤嶺 등을 고수한 관원들과 장수들의 자손에게 각각 첫 벼슬 한 사람씩을 허락하였다.

○ 충선왕의 즉위(1298) 교서는 다음과 같다. "태조대 공신의 친 5대 현손 아들과 외 5대 현손의 아들과 대대 배향 공신의 친 5대 현손의 증손과 외 5대 현손의 증손, 그리고 태조대에 국가를 보위하고 전쟁에서 죽은 김락金樂, 김철金哲, 신숭겸申崇謙과 거란병을 퇴각시킨 서희徐熙, 하공진河拱辰, 노전盧戩, 양규楊規 등의 친손자와 외손자 및 현손 중 각각 1명에게 첫 벼슬을 허락한다.

현종顯王이 남방에 갔을 때에 공을 세운 사람과 항상 수종한 공신과 서경, 홍화, 구주, 선주, 자주, 구비, 강반령江盤嶺에서 공을 이루고 전사한 사람과 전투에 참가한 장교와

37 배현경, 신숭겸, 복지겸, 홍유, 김락, 김철.

군인 등의 친손자와 외손자 및 현손 중 1명씩을 예에 의하여 첫 벼슬을 허락한다.

갑신甲申, 정해丁亥년 동번 원수東蕃元帥 윤관尹瓘, 오연총吳延寵과 나라를 위하여 몸을 바친 유익庾益과 절개를 가진 총방寵方, 최보崔甫 및 특출한 공을 이루고 전쟁에서 죽은 양반 군인 및 정탐하러 갔다가 돌아오지 못한 기사記事 유일儒一의 친현손 외현손 중에 예에 의하여 1명씩의 첫 벼슬을 허락한다. 을묘乙卯년 서경 사변西京事變(묘청의 난)에서 공을 세운 사람 및 전사한 양반의 관원, 장령들과 경술庚戌년에 창화군昌化軍으로 국가를 보위한 경순景純, 이웅李雄 등의 친손자 외손자 중 각각 1명에게 첫 벼슬을 허락한다.

평장사平章事 최사전崔思專은 선대에 난리를 평정하여 왕실로 하여금 길이 융성하게 하였으니 그 친현손 외현손들을 채용하며 병신丙申년에 국가를 보위한 오탁吳卓, 윤선보尹先甫, 인총진麟寵珍, 이작李作, 이유李儒와 국가를 보위하다가 죽은 김진金縝, 신충辛忠의 친손 외손과 현손에게 첫 벼슬을 허락한다.

임인壬寅년에 국가를 보위하고 죽은 평장사平章事 한안인韓安仁과 낭중郎中 이중약李中若의 친손과 외손과 현손에게 상으로 벼슬을 시킨다. 시랑侍郎 유응규庾應圭는 금金 나라에 사신으로 가서 7일간이나 먹지 않고 북조北朝(금나라) 왕의 질문에 훌륭히 답변한 공이 있고 또 대궐 안에 일어난 불을 끌 때에 경령전景靈殿 5실五室의 신어神御(*죽은 왕의 초상화)를 받들고 나왔으며 낭중郎中 황문상黃文裳은 을묘년 서경 사변 때에 선유사宣諭使로 갔다가 죽었고, 낭중 최균崔均은 갑오甲午년에 선유사가 되었다가 죽었으니 그들의 친손, 외손 1명에게 첫 벼슬을 허락한다.

이 해에 권유權有는 성문 밖으로 나가 제일 먼저 적군賊軍 중에 돌입하여 진을 함몰시키고 죽었으며 별장別將 최숙崔淑과 산원散員 수기守磯, 백인수白仁壽, 배용보裴龍甫와 교위校尉 조숙보趙叔甫, 전의충錢義忠과 신묘辛卯년 구주龜州 선유사 박문성朴文成 김중온金仲溫, 김경손金慶孫과 계사癸巳년 남로에서 적을 잡은 이자성李子晟과 선유사 정의鄭義 박녹금朴錄金과 갑오甲午년 서경 병마사西京兵馬使 민희閔曦와 정유丁酉년 남로 역적 처치사南路逆賊處置使 김경손金慶孫은 다 그 친손, 외손 중 1명에게 첫 벼슬로 채용할 것을 허락한다. 공신의 자손으로서 천한 기술을 가지고 장사치, 장인바치, 악공樂工에 떨어져 있는 사람들을 조사하여 그들을 관직에 올릴 것을 허락하며 남반에 속한 사람은 동반

으로 옮긴다.

○ 충선왕 복위(1308) 교서에 이르기를, "태조 때의 6공신 및 벽상 공신壁上功臣과 현종顯王이 남방에 갔을 때에 따라다닌 공신 등의 친현손, 외현손, 외현손의 현손과 역대 배향 공신配享功臣의 친현손의 증손, 외현손의 증손은 한 집 한 명의 예에 의하여 첫 벼슬을 허락한다. 태조대 국가를 보위한 공신 김락金樂, 김철金哲, 신숭겸申崇謙 및 성종成王 대의 공신 서희徐熙와 현왕顯王(현종) 대의 공신 하공진河拱辰, 노전盧戩, 양규楊規 등의 친현손의 현손, 외현손의 현손도 한 집 한 명의 예에 의하여 첫 벼슬을 허락한다. 인종仁王 대의 공신 최사전崔思全과 전분全奮 등은 난을 구한 공이 크므로 그 친현손의 손자, 외현손의 손자는 특별 명부에 기록하여 등용하며, 선왕의 기사己巳년과 4년간 따라 다닌 관료들은 공로가 이미 나타났으니 응당 그를 등용하며 그 자손에게까지 연장하여 벼슬을 시킨다."고 하였다.

○ 공민왕 12년(1363) 5월에 교教하여 전쟁에서 죽은 군리軍吏의 자손들을 등용하라고 여러 번 명령하였으나 해당 관리들이 이를 문서로만 대하고 있어서 매우 유감스럽게 생각하니 각각 대상자들의 성명을 기록하여 올리도록 하였다.

○ (공민왕) 20년(1371) 3월에 교教하여 전란戰亂이 생긴 이래 전쟁에서 죽은 장사將士의 자손을 벼슬시키도록 하였다.

○ 신우 원년(1375) 2월에 교教하여 전쟁에서 죽은 군사에 대하여 도평의사사都評議使司에 명하여 그 자손을 추록하여 등용하도록 하였다.

(관리의 친족에게) 작위를 주는 제도[封贈之制]

○ 성종 7년(988) 10월에 교教하여 문무 상참관常參官 이상의 부모와 처에게는 작위를 주도록 하였다.

○ 예종 3년(1108) 4월에 배향공신配享功臣에게 각각 작위를 더 추봉追封하였다.

○ 의종 3년(1149) 정월에 판判하여 세 아들이 전쟁에 나가 공을 세운 사람에게는 세 아들이 과거에 급제한 부모의 예에 따라 작위를 주고 쌀을 하사하도록 하였다.

○ 충선왕 즉위교서(1308)에 이르기를, "태조대 국가를 보위한 공신 및 거란병을 물

리친 사람들에게 작호爵號를 더 주는데, 중앙과 지방의 문무 현직 상참관 이상과 산관 4품 이상에 대하여는 그 부모와 처에게 작위를 봉하고, 3품 이상의 관원이 만일 부모에게 작위를 봉하지 않고 대신으로 조부·증조부에게 작위를 봉할 것을 청한다면 또한 이를 허락한다."고 하였다.

○ 공민왕 11년(1362) 10월에 김속명金續命이 상언上言하기를, "지금 바느질하는 여자와 내료內僚의 여자에게도 옹주翁主, 택주宅主를 봉한 것이 있는데 이는 신분에 넘치는 참람한 것이요 신분이 높고 낮은 체계를 잃은 것입니다. 부득이한 종실宗室, 훈구勳舊들을 제외하고는 작위를 봉하지 말 것이며, 이미 봉한 것은 박탈하기를 청합니다."라고 하였다.

○ (공민왕) 12년(1363) 11월에 하교하여 홍건적[紅賊]을 격퇴한 3등 공신은 모두 그 부모와 처에게 세 등급을 뛰어 올려 작위를 봉하도록 하였다.

○ (공민왕) 20년(1371) 3월에 전쟁에서 죽은 장사將士들에게 모두 관직을 추증하였다.

○ 신우 5년(1379) 정월에 문하낭사門下郎舍가 아뢰기를, "중僧을 군君으로 봉한 것과 관례에 의하여 봉한 것 이외의 옹주翁主, 택주宅主의 봉작은 모두 제거해야 합니다."라고 하였다.

○ 공양왕 2년(1390) 정원에 헌사憲司에서 부인婦人들과 중들에게 작위를 봉하는 것을 허락하지 말 것을 청請하니 왕이 이를 좇았다.

○ (공양왕 2년) 12월에 조준趙浚이 상언上言하기를, "공로 있는 사람이 아니면 후작侯爵을 주지 못하는 것이 나라의 법입니다. 김부식金富軾은 참람한 반란을 제거하여 서도西都를 평정하였으므로 낙랑후樂浪侯에 봉하였고, 김방경金方慶은 반역하는 탐라耽羅의 (삼별초)를 토벌하고 동왜東倭의 죄를 힐문하였으므로 상락공上洛公을 봉하였던 것입니다. 이제부터는 재상으로서 나라를 안정시키고 외적을 평정한 공신이 아니면 봉군封君하지 못하게 하소서."라고 하였다.

○ (공양왕) 3년(1391) 8월에 헌사憲司에서 상언上言하기를, "성인聖人이 예법을 제정하고 적자와 서자의 구분을 엄하게 하였습니다. 적자嫡子이어야 아버지의 작위를 계승할 수 있으며 지자支子(맏아들 이외의 아들)는 여기에 관여할 수 없는 것입니다. 만일 종자宗子

(적자)가 아들이 없이 죽으면 중자衆子(지자) 중 종자의 다음 아들이 곧 작위를 계승할 수 있습니다. 그런데 본조本朝에서는 왕의 후손이면 적과 서를 논의하지 않으며 가깝고 먼 것을 분별하지 않고 일률로 다 작위를 봉하니 이는 실로 옛 제도가 아닙니다.

또 이른바 작위를 계승한다는 것은 아버지가 죽은 연후에야 계승하는 것인데 지금은 아버지가 살아 있으면서 그 아들은 많으나 적으나 다 봉군封君할 수 있게 되었으니 이는 오직 적서의 차등이 없어졌을 뿐 아니라 예법에 위반되는 것이며 또한 한정이 있는 작록을 가지고 끝이 없는 자손에게 다 봉하기도 곤란한 것입니다. 청컨대 유사有司로 하여금 종친의 족보宗籍를 정확히 조사하여 선대 임금의 친아들의 후손으로서 정파 적장손嫡長孫과 전하殿下의 백숙부, 친아우[伯叔親弟]와 친중자親衆子에게만 봉군하되, 봉한 후에는 맏아들로 하여금 작위를 계승하게 하고 그 먼 족속族屬에게 이미 군을 봉한 것은 다 고신告身을 회수할 것입니다. 그 중에서 재능있는 사람은 택하여 문무 관직에 채용함으로써 선대 임금의 제도를 지키며 종족宗族의 멀고 가까운 것을 구별하도록 해야 할 것입니다."라고 하였으나 왕은 답하지 않았다.

○ (공양왕 3년 8월에) 도평의사사都評議使司에서 상언上言하기를, "예로부터 천자天子의 아내를 후后라 하고 제후諸侯의 아내를 비妃라 하며 천자의 딸을 공주公主라 하고 제후의 딸을 옹주翁主라 하여 상하의 예법을 문란치 않게 하는 것은 명분名分을 정하고 신분의 높고 낮음을 구별하기 위한 것이었습니다. 그런데 우리나라에서는 근대 이래에 국가의 규율이 문란해져 예제禮制를 지키지 않고 후비, 옹주, 택주 등의 칭호가 당시 임금의 욕망에서 나오거나, 혹은 권력자의 사정私情에 달리게 되어 모두 그 본의를 잃어 신하의 아내에 대한 봉작과 조종祖宗에 대한 추증에 이르기까지 다 일정한 규정이 없습니다. 원컨대 이제부터 왕의 정처正妻를 비妃라 하고 금도장金印으로 책봉하며, 세자世子의 정처를 빈嬪이라 하고 은도장銀印으로 책봉하며, 중왕자衆王子(세자 이외의 아들)의 정처를 옹주翁主라 하고, 왕의 딸을 궁주宮主라 하여 모두 은도장銀印으로 비준할 것입니다. 왕이 복服을 입는 동성同姓의 자매 질녀 및 동성의 모든 군君의 정처를 옹주라 하고, 문무 1품관의 정처에게 소국부인小國夫人을 봉하며 2품관의 정처에게 대군부인大郡夫人을, 3품관의 정처에게 중군부인中郡夫人을 봉하며, 어머니에게는 모두 대부인大夫人을 봉

하고 4품관의 정처에게는 군군郡君을 봉하며 어머니에게는 군대군郡大君을 봉하고 5~6품관의 정처에게는 현군縣君을 봉하며 어머니에게는 현대군縣大君을 봉해야 할 것입니다. 그리고 세 아들이 과거에 급제한 어머니로서 관직이 없는 사람의 처에게는 특별히 현군縣君을 봉하고 해마다 주는 것은 옛 법과 같이 할 것이며 관직이 있는 사람의 처에게는 두 등급을 더 하여 줄 것입니다. 대체로 부인婦人은 처녀[室女]에서 남의 정처가 되었을 때에 봉작을 받을 수 있는데 아버지가 관직이 없으며 적모에게 아들이 없고 둘째 아내의 아들이 관직이 있을 때에는 그 적모에게 작위를 봉할 것이요, 둘째 아내는 비록 남편으로 인하여 봉작을 받지는 못하나 그의 낳은 아들이 관직이 있으면 어머니는 당연히 아들로 인하여 귀하게 되는 예에 따라 현군縣君의 작위를 받을 것입니다. 이상 내외 명부命婦로서 남편이 죽고 다시 시집 간 사람에 대하여는 작위를 빼앗을 것이요, 30세 전에 과부로 되어 60세에 이르도록 절개를 지킨 사람에게는 그가 살아있거나 죽었거나를 막론하고 정문旌門(표창하는 붉은 문)을 세우고 납세와 부역을 면제시키소서.

사대부士大夫의 선대 조상에게 작위를 추증追贈하는 법은 2품 이상에게는 3대를 추증하되 아버지는 아들의 관직에 준하며 조祖와 증조曾祖에게는 차례로 한 등급씩 낮추며 비妣[38]도 모두 이와 같이 하고, 3품에게는 그 대를 추증하며 4품으로부터 6품까지는 부모에게만 추증하되 모두 이조吏曹에서 왕의 명령을 받아 직첩을 발급하도록 하소서."라고 하니 왕이 이를 좇았다.

첨설직添設職

○ 공민왕 3년(1354) 6월에 6부의 판서判書, 총랑摠郎은 정조政曹(이조)를 제한 외에 모두 배수倍數로 더 늘리고, 각 부서[司]의 3, 4품관도 역시 모두 더 늘렸다. 또 42도부都府에도 매 영領에 중랑장中郎將과 낭장 각 2명과 별장, 산원 각 3명을 더 늘려 임명하고 이를 상군정賞軍政이라고 불렀으니 첨설직添設職은 이때부터 시작되었다.

---

38 죽은 어머니, 조모, 증조모 등을 말함.

○ (공민왕) 20년(1371) 12월에 좌승선左承宣 김흥경金興慶에게 명하기를, "지금 전쟁이 아직 끝나지 않고 재정이 모두 고갈되었으므로 군공軍功이 있는 사람을 포상할 방법이 없으니 문관 3품 이하와 무관 5품 이하의 정원을 늘여 군공을 표창하라."고 하였다.

○ 신우 4년(1378) 8월에 헌사憲司에서 상언上言하기를, "첨설관직은 다만 군공軍功을 표창하기 위한 것인데 공로도 없이 한가히 지내는 사람과 또한 간혹 함부로 연줄을 타고 관직을 얻기 때문에 명기名器(관직)가 아주 천하게 되었습니다. 이제부터는 전쟁에 나가 공을 세운 사람을 제외하고는 첨설직을 주지 말아야 할 것입니다."라고 하였다.

○ (신우) 5년(1379) 정월에 간관諫官이 상언上言하기를, "관직을 설치하고 직무를 분담하는 것이 본래 정한 제도가 있는데 지금 양부兩府의 인원이 많을 때면 60명이나 되며 밀직密直 이하 군君을 봉한 것과 통헌通憲 이상 첨설한 관직이 너무 많습니다. 바라건대 다 폐지하고 정순正順 이하의 첨설직은 관직館職[39]을 맡기지 않도록 해야 합니다. 또 우리나라의 출사出謝[40] 규칙에는 임관한 지 만 백일이 지나면 출사하지 않게 되었습니다. 첨설직은 그것이 비록 실무직實職은 아니지만 여러 해 된 사람이 또한 출사하는 것은 실로 옛 법이 아닙니다. 더군다나 여러 해를 경과하면서 성명이 서로 비슷한 사람은 혹 속이고 출사할 수도 있는 것입니다. 청컨대 정사丁巳(우왕 3년) 이전에 첨설한 대소 관원은 출사하지 못하게 하십시오."라고 하였다.

○ (신우) 9년(1383) 2월에 좌사의左司議 권근權近이 아뢰기를, "근래 사방에서 전란이 일어나 나라의 재정이 부족하니 전쟁에서 승리한 공이 있는 사람에게 대하여서도 재정이 부족한 관계상 다 물품으로 상 주기 어려우며 또 관직은 정원이 있으므로 다 임명할 수도 없습니다. 그렇기 때문에 선대 임금은 첨설직을 임시로 설치하되 정원이 있어 이것으로서 그 공로를 표창하며 군공 있는 사람이 아니면 함부로 이를 주지 않았던 것입니다. 그런데 지금에는 첨설직이 대단히 많아져서 그 수효가 셀 수 없게까지 되었고 공이 있는 사람과 없는 사람이 혼돈되어 요행을 바라는 자가 날로 많아지고 있습니다.

39 홍문관 부제학 이하의 관직 총칭.

40 임명된 관리가 임금을 뵙고 인사를 드리는 것.

심지어는 공・상・천예工商賤隷까지 함부로 이 관직을 받으니 벼슬의 천하기가 진흙과 모래[泥沙]같이 되었습니다. 우리나라에서 공로 있는 사람을 상 주어 인심을 집결시키게 하는 수단은 오직 관작뿐인데 관작이 소중하지 않게 되어 사람들이 다 가벼이 생각한다면 후일에 비록 공로 있는 사람이 있다 해도 무엇으로 상 줄 것이며 또 저 전투하는 전사들이 어찌 귀하지도 않은 첨설직을 바라고 헤아릴 수 없는 위태한 곳에 출전하려고 하겠습니까? 원컨대 이제부터 공로를 표창하는 첨설직은 일체 선왕의 정원수를 준수하되 출전하여 공훈을 세운 사람을 제외하고는 이를 주지 마소서."라고 하였다.

○ 공양왕 원년(1389) 12월에 간관諫官이 상소上疏하여 위조僞朝(우・창왕) 때에 첨설한 관직을 폐지하며 공민왕의 병신丙申(왕 5년)과 계묘癸卯(왕 12년)년에 첨설한 관직을 없애 버릴 것을 요청하니, 병신년에 첨설한 관직만 없애라고 명命하였다.

역관의 제도[役官之制]

○ 역관의 제도는 어느 시대에 시작된 것인지 알 수 없으나 추밀원樞密院의 당후관堂後官, 문하녹사門下錄事, 권무權務, 입록入祿 이상의 인원이 백은白銀 60~70근을 내고 참직參職으로 임명받는 것을 역관役官이라고 불렀다. 후에 곡식 값이 비싸져서 이 관직을 요청하는 사람이 한 명도 없으므로 양반 자제에게 억지로 시켰으나 혹은 사직하고 혹은 도피하였다. 고종 43년(1256)에 5군軍 3관官 등 7품으로서 우두머리가 된 사람이 태창太倉의 곡식粟을 받아서 공급하였다.

○ 공양왕 2년(1390) 6월에 도당都堂에서 계啓하기를, "문하녹사門下錄事, 주서注書, 3사의 도사三司都事, 밀직사密直司의 당후관堂後官, 내원內院의 영・승令丞, 선관서膳官署의 영・승들이 모두 개인 재산을 내어 관비官費에 충당하면서 명칭을 역관이라 하니 이는 관官을 설치한 본의에 어긋납니다. 청컨대 이제부터는 식사宣飯와 종이 등을 모두 관에서 공급하도록 하소서."라고 하니 왕이 이를 좇았다.

벼슬을 파는 제도[鬻爵之制]

○ 충렬왕 원년(1275)에 국가의 재정이 부족하므로 사람들로 하여금 은銀을 바치게

하고 관직에 임명하되 바친 은이 많고 적은 데 따라 관등의 차이가 있었다.

○ 신우 2년(1377)에 서북지방[西北鄙]에 명하여 곡식을 받고 관리를 임명하여 이것으로써 군비[軍需]에 충당하도록 하였다.

성중관의 선발의 법[成衆官選補之法]

○ 내시원內侍院, 다방茶房, 사순司楯, 사의司衣와 사이司彝를 처음 설치한 시기를 상고할 수 없다.

○ 명종 16년(1186)에 중방重房의 무신이 내시內侍와 다방茶房을 겸하여 붙여 주기를 청하였으니 여기에 뽑히는 것이 오히려 영광이었던 것을 알 수 있다.

○ 공양왕 2년(1390) 10월에 이조吏曹에서 계啓하여 "내시內侍와 다방茶房은 대궐에 출입하는 직책이므로 그 책임이 가볍지 않은데 정원이 없으므로 군역軍役을 회피하는 사람들이 서로 경쟁하여 여기에 입직하였다가 겨우 수개월이 되면 곧 고향으로 돌아가서 부역에 동원되지 않는 수가 수백 명에 이르니, 용모가 단정한 사람으로 1백 명만 택하여 충당하되 좌우번左右番으로 나누어 한 번番에 각각 50명씩으로 해야 할 것입니다."라고 하니 왕이 이 말을 받아들였다.

○ (공양왕) 3년(1391) 4월에 이조吏曹에서 또 계啓하기를, "내시內侍, 다방茶房, 사순司楯, 사의司衣, 사이司彝 등의 성중관成衆官과 아막阿幕은 궁궐 수위와 근시近侍의 임무에 쓰는 것이니 잘 고르지 않을 수 없습니다. 그것을 처음 설치할 때에는 반드시 그 집안 내력[家系]과 재능과 용모를 심사하여 채용하였는데 근래에는 군역을 피하는 자가 서로 다투어 들어와 있으니 간혹 집안 내력이 분명치 않으며 용모가 변변치 못하고 재능이 없는 사람도 섞여 있습니다. 그런데 그 임기가 다 차면 그들의 현명 여부도 보지 않고 다만 도목都目에 의하여 관직을 주기 때문에 중앙 관리로 임명된 자들이 간혹 그 벼슬에 적임자가 아니며 고을 원으로 나가는 자들도 간혹 인민에게 해독을 주고 있으니 이는 작은 문제가 아닙니다. 때문에 채용하는 사람을 신중히 뽑지 않으면 안 됩니다. 바라건대 이제부터 해당 조曹에서는 반드시 호적戶籍을 상고하고 처음 관리에 임명되어 왕에게 사은謝恩할 때에는 그 용모를 관찰하며 인하여 재능을 시험하되 글씨書, 셈

算, 활쏘기射, 말 타기御 중에서 한 가지라도 재능이 있는 사람을 채용하고, 비록 이전에 채용한 사람일지라도 모두 심사해야 할 것입니다."라고 하였다.

사심관事審官

○ 태조 18년(935)에 신라 왕 김부金傅가 항복해 옴으로 신라국新羅國을 경주慶州로 만들고, 김부로 하여금 경주의 사심관事審官을 삼아 부호장副戶長 이하 관직에 관한 일들을 주관하게 하였는데 이때부터 여러 공신들도 이것을 본받아 각각 자기 고을의 사심관이 되었으니 사심관 제도는 이로부터 시작되었다.

○ 성종 15년(996)에 대체로 성년 남자丁 5백 명 이상이 있는 주州에는 사심관을 4명두고, 3백 명 이상이 있는 주에는 3명을 두기로 정하고 그 이하는 2명을 두기로 하였다.

○ 현종 10년(1019)에 판判하여 모든 사심관을 파견하는 데는 기인其人 및 백성들의 추천에 따라 결정할 것이며, 비록 추천하는 사람이 적더라도 만약 그가 조정의 직위 높은 관원이었거나 여러 대 문벌가일 때는 모두 왕의 허가를 얻어서 파견할 것이요 일찍이 아첨하고 정직하지 못하며 간사한 죄를 진 사람이라면 파견하지 않도록 하였다.

○ 충숙왕 5년(1318) 4월에 주군州郡의 사심관을 폐지하니 백성들이 매우 기뻐하였다. 그러나 얼마 안 되어 권세 있는 토호들이 다시 제 마음대로 사심관이 되어서 그 해독이 이전보다 더 심하였다. 그리하여 5월에 하교下敎하여 이르기를, "사심관을 설치한 뜻은 본래 인민의 종주宗主로서 인품을 분별하며 부역을 균일하게 하며 풍속을 바르게 하자는 데 있었는데 지금은 그렇지 않고 나라의 땅公田을 많이 차지하고 민호民戶를 많이 숨기며 만약 조금이라도 부역을 시키거나 예例에 의하여 녹전미를 거두는 일이 있으면 서울에 올라간 향리鄕吏를 잡아다가 개인 집에서 장형杖刑을 집행하고 벌금으로 구리銅를 징수하며 녹전祿轉을 회수하는 등 백성들을 억압하고 용서하는 것을 제멋대로 하니 향읍鄕邑에 해를 줄 뿐이고 나라에 도움이 없다. 그러므로 이것을 이미 다 폐지하였으니 숨겼던 토지와 민호를 추쇄하라."고 하였다.

○ 공민왕 18년(1369)에 신돈辛旽이 자신이 5도 도사심관五道都事審官이 되려고 삼사三司로 하여금 상서하여 사심관 제도를 다시 회복하기를 청하게 하였다. 이에 왕이 이르기를, "우리 황고皇考께서 가뭄을 만나서 향불을 피우고 하늘에 고하여 이 사심관을 폐지하였더니 하늘에서 비가 내렸다. 내가 선왕의 뜻을 잊을 수 있겠는가?"라고 하면서 올린 글을 불살라 버렸다.

기인其人

○ 처음에는 향리鄕吏의 자제를 뽑아서 서울에 볼모[人質]로 두고 겸하여 그 고을의 사정을 물어 보는 고문으로 썼는데 이것을 '기인其人'이라고 하였다.

○ 문종 31년(1077)에 판判하여 모든 기인 제도는 1천 정丁 이상의 고을이면 족정足丁이라 하여 연령 40세 이하 30세 이상의 사람을 뽑아 올려 보내게 하고, 1천 정 이하의 고을이면 반족정半足丁이라 하여 병창정兵倉正 이하 부병창정 이상을 물론하고 신체가 건강하고 마음이 정직한 사람을 뽑아 올려 보내게 하되 1족정은 15년을 기한으로 하며 반족정은 10년을 기한으로 한다. 역사를 시키는데 반족정은 7년, 족정은 10년이 되면 동정직同正職을 허락해 주고 역사하는 기한이 끝나면 관직을 더 주도록 하였다.

○ 충숙왕 5년(1318)에 교敎하기를, "기인의 역사役使가 노예보다 더 심하므로 고통을 견디지 못해서 도망하는 자가 계속 있다. 또 관할 부서에서는 그 일수日數를 계산하여 당직을 시키므로 주와 군에서도 그 폐단을 견딜 수 없어 백성들이 많이 흩어지며 그렇게 된 주와 군에서는 사심관 및 제역소除役所와 음호蔭戶로 이를 대신하고 있으니 이를 없애도록 하라."고 하였다.{제역소除役所란 곧 궁宮, 사司 및 이에 소속된 민호民戶로서 부역을 하지 않는 자를 말한다.}

향직鄕職

○ 향직鄕職 1품은 삼중대광三重大匡과 중대광重大匡이요, 2품은 대광大匡과 정광正匡이요, 3품은 대승大丞과 좌승佐丞이요, 4품은 대상大相과 원보元甫요, 5품은 정보正甫요, 6

품은 원윤元尹과 좌윤佐尹이요, 7품은 정조正朝와 정위正位요, 8품은 보윤甫尹이요, 9품은 군윤軍尹과 중윤中尹이다.

○ 성종 2년(988)에 주州, 부府, 군郡, 현縣의 아전들의 직제를 개정하여 병부兵部를 사병司兵으로 하고 창부倉部를 사창司倉으로 하고 당대등堂大等을 호장戶長으로 하고 대등大等을 부호장副戶長으로 하고 낭중郎中을 호정戶正으로 하고 원외랑員外郎을 부호정副戶正으로 하고 집사執事를 사史로 하고 병부경兵部卿을 병정兵正으로 하고 연상筵上을 부병정副兵正으로 하고 유내維乃를 병사兵史로 하고 창부경倉部卿을 창정倉正으로 하였다.

○ 목종 원년(998) 3월에 판判하여 모든 주, 현의 호장戶長으로서 나이 70이 되면 안일安逸(퇴직)에 속하게 하였다.

○ 충숙왕 12년(1325)에 교敎하여, "우리나라 향리鄕吏는 과거에 합격하지 않고는 그 역을 면하고 관리로 될 수 없는 법인데 근래에는 향리로서 도망하여 세도가에 의탁하고 함부로 서울 벼슬[京職]을 받으며 또 그 자체들을 시켜 소재지 관청에 고하지도 않고 서울에 와 있는 자에게 붙어 향역鄕役을 모면하기 때문에 서울 안에는 함부로 임명한 관리가 많아지고 지방에는 호구戶口가 줄어든다. 이제부터는 지방 아전 및 그의 자제들을 함부로 본 역을 떠나지 말게 할 것이며 중앙관직[京職]을 임명 받은 자는 7품에 한하여 파직시키고 향리에 종사케 할 것이다."라고 하였다.

○ 공민왕 12년(1363) 5월에 교敎하기를, "근년에 향리들이 그 역을 모면하기 위하여 잡과雜科에 응시하는 자가 많으므로 향읍鄕邑이 쇠퇴되고 있다. 이제부터는 그들을 정과正科(제술 · 명경과)에만 응시케 하고 잡과에는 참여하지 못하도록 하라."고 하였다.

○ 신우 9년(1384) 2월에 좌사의左司議 권근權近 등이 아뢰기를, "국가의 편안과 위태는 주와 군의 잘 되고 못 되는데 달려 있습니다. 근년 이래로 지방 주, 현의 향리들이 본역을 모면하고자 명서과明書業, 지리과地理業, 의율과醫律業 등 과거에 응시한다 하면서 모두 실력 없이 과거에 출신하여 역사를 모면하고 있습니다. 그러므로 향리만 날로 감소되어 공무를 처리하기 곤란하며 심지어는 고을 수령들이 부릴 사람이 없게 되었습니다. 한편 여러 가지 잡과諸業 출신자들은 자기 마을에 물러 나와 앉아서 제멋대로 놀고 있으나 고을 수령들이 이를 시비할 수 없으므로 주와 현에서 몇 명 남아 있는 향리들도

다 그것을 넘겨보는 마음이 생깁니다. 이로 인하여 주 · 현州縣이 더욱 쇠잔하여 질 것이 걱정되오니 청컨대 동당 잡과東堂雜科와 명경明經을 다 같이 폐지하십시오."라고 하니, 신우辛禑가 영令을 내려, "동당 잡과와 명경은 이전과 같이 시행하되 향리의 세 아들 중 한 아들은 과거에 응시하게 하라."고 하였다.

○ 공양왕 원년(1389) 12월에 조준趙浚이 상언하기를, "근년 이래로 국가 규율이 해이해져 향리鄕吏들이 군공軍功을 내세워 함부로 관직을 받으며, 혹은 잡과雜科를 빙자하고 향역鄕役을 모면하고 있거나, 혹은 권세 있는 사람에게 의탁하여 관직에 함부로 오른 사람이 그 수를 셀 수 없이 많아져서 주와 현이 텅 비고 8도道가 쇠퇴하게 되었습니다. 청컨대 이제부터는 비록 세 아들 중 한 아들이 과거에 급제하여 3~4대 향역을 면하였다 할지라도 확실한 문건이 없는 사람과 군공으로 향역을 면하고 있으나 특출한 공을 세우지 못하고 훈패功牌를 받은 사람과 잡과雜科로서 성균관의 전교典校, 전법典法, 전의典醫 출신이 아닌 사람과 첨설添設한 봉익奉翊으로부터 실직實職 3품 이하까지 모두 강제로 본래의 향역에 종사하게 하여 주군州郡을 충실하게 할 것입니다. 또 이제부터 향리에게 명경과나 잡과에 출신하여 향역을 면하는 것을 허락하지 않는 것을 항식恒式으로 삼으소서."라고 하였다.

| 휘찬여사 권15 |

백관지

휘찬여사 권15

백관지百官志

(백관지론百官志論)

고려가 처음 세워졌을 때 관제는 태봉泰封의 것을 그대로 이어받았으므로 태조 2년(937)에 3성省 6관官 9시寺 6위衛를 세우고 각각 그 소속된 관서를 통솔하게 하여 모든 업무를 고르게 하였다. 신분의 귀하고 천한 것을 분별하고, 애쓴 자와 능력있는 자에게 관작을 주어 품品이 있고 작爵이 있었다.{국공國公은 정2품, 군공郡公은 종2품, 현후縣侯·현백縣伯·개국자開國子는 모두 정5품, 현남縣男은 종5품이다.} 또 훈직勳職이 있고 계階가 있었다. {훈직에는 상주국上柱國·주국柱國이 있었고 계에는 문文·무武산계散階로 각각 29계가 있었다.} 대개 당唐나라의 제도를 본뜬 것이었다.

성종대에 이르러 제도가 새로워져 관서에는 일정한 직무가 있고 관직에는 정원이 있게 되어 한시대의 제도가 이때부터 크게 갖춰졌다. 문종·예종대에는 조금씩 더하고 빼고 하였는데 모두 성종대의 옛 제도를 따르고 준수하여 조심하였다. 충렬왕대에는 모든 관제에서 원나라 것과 비견할 만한 것은 모두 고쳤다. 충선왕은 부자가 서로 어지럽게 바꾸어 관제가 크게 문란해졌다. 공민왕은 20년 동안 관제를 네 번 고쳤는데 옛 것과 새로운 것이 뒤섞여 그 번잡한 것을 이루 말할 수 없었다.

대개 나라가 처음 세워질 때는 반드시 적임자를 찾아서 맡겼다. 그 적임자를 찾았으므로 관서를 세우는 것이 간결하고 일이 잘 처리되었다. 관서가 간결하므로 온전히 맡겨서 일은 더욱 잘 처리되었다. 이것이 좋은 정치를 하는 요체이다.

적임자를 얻지 못하면 검교檢校[1]나 판지判知 같은 제도로 어지럽고, 관직을 만든 것이 더욱 많았으나 일은 더욱 처리되지 않으니 이것은 사리의 추세에서 필연적인 것이다.

모든 아문을 관품의 고하에 따라 차례대로 서술하되, 일이 있으면 설치했다가 일이

끝나면 혁파한 것을 다 기록할 수 없으므로, 그 대강大綱와 세목細目을 취하고 정리하여 후세에 본받을 만한 것을 이 편에 쓰려고 한다.

○ 고려 초에 내의성內議省, 광평성廣評省, 삼사三司를 설치하여 삼성三省이라 하였다. 성종은 내의성을 내사문하성內史門下省으로, 광평성을 어사도성御史都省으로 바꾸었다가 다시 상서도성尙書都省으로 고쳤다. 문종 15년(1061) 내사성을 중서문하성中書門下省으로, 삼사三師와 이공二公을 정1품으로 하였으나 사공司空은 동렬로 생각하지 않았고 그 적임자가 없으면 비워두었다. 처음 설치한 시기는 확인할 수 없다. 충렬왕 원년(1275) 상서성尙書省을 중서문하성에 병합하여 첨의부僉議府를 만들었고 충렬왕 7년(1281)에는 원元나라에서 첨의부 3품 인印을 주었다. 오래지 않아 도첨의사사都僉議使司로 고쳤다. 공민왕이 삼사를 없애고 상서성을 만들었으며 첨의사를 중서문하성으로 바꾸었다. 공민왕 11년(1362) 다시 도첨의부都僉議府로 고쳤다가 이윽고 문하부라 칭하였다.

○ 판문하判門下는 그 시작이 내의령內議令·내사령內史令·중서령中書令이다. 또 문하시중門下侍中을 두었는데 중서령과 함께 모두 종1품이다. 그 다음으로 시랑평장사侍郎平章事(정2품), 중서문하中書門下를 각각 두었고 그 다음은 참지정사參知政事(종2품)였다. 그 속관으로 정당문학政堂文學(종2품), 지부사知府事(종2품), 산기상시散騎常侍(정3품), 직문하直門下(종3품)이고 그 다음은 간의대부諫議大夫(정4품), 급사중給事中(종4품), 사인舍人(종4품), 기거주起居注(종5품), 기거랑起居郎(종5품), 기거랑사인起居郎舍人(종5품), 좌·우보궐左右補闕(정6품), 습유拾遺(종6품), 녹사錄事(종7품), 주서注書(종7품)이다.

○ 상서성은 상서령尙書令이 1품이고 그 다음은 좌·우복야左右僕射(정2품), 그다음은 지성사知省事(종2품), 그 다음은 좌·우승左右丞(종3품)이다. 속관屬官으로 좌·우사낭중左右司郎中, 원외랑員外郎, 도사都事, 주사主事가 있었다.

○ 삼사는 판삼사사判三司事가 있는데 재신이 겸임하였고 그 다음에 지삼사사知三司

1 관직에 정원이 있어 승진에 제한이 있자 실직實職이 아닌 훈직勳職인 검교檢校제를 통해 승진의 기회를 부여하였다. 고려 후기에는 향리나 백성에게까지 제수 대상이 확대되었다.

事, 부사副使가 있었다.

○ 충렬왕 원년(1275)에 중서령을 도첨의령都僉義令으로, 시중을 중찬中贊으로, 시랑평장사를 시랑찬성사侍郞贊成事로, 참지정사를 참리參理로, 정당문학을 참문학사參文學事로 바꾸었다. 그러나 오래지 않아 영令을 둔 것이 원나라와 동격인 혐의가 있다고 하여 판도첨의사사判都僉議使事로 고치고, 후에 영도첨의領都僉議로 고쳤다. 충렬왕 24년(1298) 충선왕이 왕위를 물려받아[受禪] 관제를 많이 고쳤으나 오래지 않아 옛 제도를 복구하였다. 공민왕 11년(1362)에 충렬왕대의 관제를 참고하여 고쳤다. 1품에 정을 둔 것은 충선왕대부터 시작되었고 정1품에 다시 상하가 있는 것은 공민왕대부터 시작되었다. 그 후 참리는 평리評理로, 간의대부는 사의司議로, 사간·보궐은 헌납獻納으로, 습유는 정언正言으로 바꾸었다.

○ 밀직사密直司는 오늘날 승정원이다. 성종 10년(991)에 송나라 추밀원樞密院을 따라 중추원中樞院을 두었다. 후에 은대銀臺와 남·북원南北院을 모두 중추원에 병합하여 중대성中臺省이 되었고 일직원日直員은 승선承宣이 되었다. 충렬왕 원년(1275)에 밀직사라 불렀고 승선은 승지가 되었다. 충선왕은 지신사知申事, 좌·우승지를 모두 정3품으로 올렸다. 이윽고 밀직사의 관질官秩을 높여 첨의부와 함께 양부兩府라 부르게 하고 승지는 대언代言으로 바꾸었다.

○ 처음 법을 만들 때 재상이 6부를 통할하고, 6부가 그 아래 여러 관사를 통할하여 간단한 것으로 번잡한 것을 제어하게 하고 낮은 것으로 높은 것을 받들게 하여 성의 재신宰臣이 5명을 넘지 않았고, 추신樞臣은 7명을 넘지 않아 상직相職이 움직이면 모든 관청에서 각각 그 직을 수행하였으나 그 폐단이 생기면서는 성의 재신이 7, 8인이었다. 원나라를 섬긴 이후 갑자기 첨의와 밀직이 매번 도평의사에 모여 의논하고 상의한 일이 많아져 함께 국정을 논의하는 자들이 6~70인에 이르렀다. 이에 6부는 허설虛設이 되어 모든 관청이 흩어지고 통령統領이 없어져 정령政令이 다시 회복되지 않았다.

○ 이른바 6부는 처음 선관選官, 민관民官, 예관禮官, 공관工官, 병부령兵部令, 의형대義刑臺이다. 성종 14년(995)에 상서尙書를 세우고 6부는 이부吏部, 호부戶部, 예부禮部, 병부兵部, 형부刑部, 공부工部라 불렀다. 성종은 판부사判部事는 재신이 겸하게 하고 상서의

관질은 정3품으로 하였다. 또 시랑(시랑侍郞, 낭중원외랑郎中員外郎), 지부사가 있었는데 다른 관직에 있는 자가 겸임하도록 하였다. 충렬왕 원년(1275)에 이부와 병부를 합쳐 전리사典理司를 만들었고, 병부는 군부사軍簿司로, 호부는 판도사版圖司로, 형부는 전법사典法司로 바꾸었으며 공부는 없앴다. 상서는 판서判書로, 시랑은 총랑摠郞으로, 낭중은 정랑正郞으로, 원외랑은 좌랑佐郞으로 바꾸었다. 충선왕대에는 전조銓曹, 병조兵曹, 민조民曹, 형조刑曹라 불렀고 예부, 공부를 복구하여 의조儀曹, 공조라 불렀다. 얼마 있지 않아 이조와 병조를 합쳐 선부選部로, 호조는 민부民部로, 형조는 언부讞部로 고쳤다. 그리고 판서를 전서典書로, 시랑을 의랑議郞으로, 낭중은 직랑直郞으로, 원외랑은 산랑散郞으로 바꾸었다. 후에 다시 사司라 불렀다. 공민왕 5년(1356)에 6부를 다시 세웠고, 11년(1362)에 다시 사로 불렀다. 공민왕 18년(1369)에 3부라 불렀고, 21년(1372)에 다시 사로 불렀다. 공양왕 원년(1389)에 6조曹를 세웠는데 현재까지 이것을 따르고 있다.

○ 대臺・부府・관館・각閣 같은 것은 그 설치하고 폐한 것이 모두 정치와 관계가 있으므로 여기서 함께 서술하며, 시寺・감監 같은 것도 간략하게 붙인다. 사헌부司憲府는 고려 초에 사헌대司憲臺라 불렀고 또 어사대御史臺라 부르기도 했는데 대부大夫, 중승中丞, 잡단雜端, 시어사侍御史가 있었다. 충선왕 때 현재의 이름(사헌부)으로 고쳤고 대부는 대사헌大司憲으로, 중승은 집의執義로, 시어사는 장령掌令으로, 전중시어사는 지평持平으로, 감찰어사는 규정糾正으로 바꾸었다. 후에 때로는 어사대로 때로는 감찰사로 부르기도 하였는데 장령은 시사侍史로, 지평은 잡단으로 바뀌었다.

○ 예문관藝文館은 애초에는 태봉의 제도를 따라 원봉성元鳳省을 두었는데 후에 학사원學士院, 한림원翰林院, 문한서文翰署, 사림원詞林院으로 부르기도 하여 그 명칭이 일정하지 않았다. 충선왕대에 예문춘추관藝文春秋館이 되었고 우문관右文館, 진현관進賢冠, 서적점書籍店을 병합하였다. 대학사大學士를 두었는데 다시 대학사를 대제학大提學으로 고쳤다.

○ 춘추관春秋館은 애초에는 사관史館이라 불렀다. 감수국사監修國史는 시중이 겸임하였고, 수국사守國史・동수국사同守國史는 2품 이상이 겸임하였으며 수찬관修撰官은 한림원翰林院의 3품 이하가 겸임하였다. 예문관과 춘추관을 합쳐 문학이 뛰어나고 행실이 바른 자 8인을 뽑아 사관과 한림의 직을 같이 맡도록 하였는데 양 관이 나뉘고 사관과

한림의 학學도 갈라졌다.

○ 보문각寶文閣은 현재의 옥당玉堂(홍문관)과 비슷하다. 예종이 궁궐 안에 청연각淸燕閣을 만들고 직학사直學士를 두어 경서를 강론하게 하였는데 오래지 않아 각이 궁궐 안에 있어 학사들이 숙직할 때 출입하기 곤란하다고 하여 그 옆에 별도로 각을 만들고 보문각이라 이름 지었다. 대제待制를 더 두었다. 홍루紅樓 아래 남쪽 행랑을 수리하여 학사들이 모여 강론하는 건물로 삼아 그 이름을 정의精義라 하사하였고 그 좌우를 휴식하는 장소로 만들었다. 이 선발에 든 자들은 모두 한시대의 뛰어난 사람들이었다. 충숙왕대에 대제학大提學을 두었다. 충렬왕 이후로 보문각에서 옛날부터 행해지던 일들이 모두 폐해졌는데 충목왕 초에 다시 세워졌다. 대신이 서연관書筵官을 두어 격일로 모시고 강독하자고 청하였다. 공양왕대에 경연經筵이라 고치고 영경연사領經筵事, 지사, 강독관講讀官을 두었다.

○ 여러 관館과 전殿[諸館殿]에서 숭문관崇文館을 홍문관으로, 문덕전文德殿을 수문전修文殿으로, 연영전延英殿을 집현전集賢殿으로 바꾸었는데 모두 대학사大學士가 있었다. 옛 제도에서는 학사직에 있더라도 대간臺諫이나 지제고知制誥가 아니면 시종의 반열에 들 수 없었으나 신종神宗대에 모든 학사직을 가진 자는 시종이라 부를 수 있게 되었다. 지제고는 한림원과 보문각의 관원이 겸임하는 자를 내지제고內知制誥라 일컬었고, 다른 관직에 있는 관원이 겸임하는 경우 외지제고外知制誥라 일컬었다. 우문관右文館, 진현관進賢館도 대제학을 두었다. 성균관成均館은 성종조에 국자감國子監을 세울 때 사업司業, 박사博士를 두었다. 문종대에 판사判事, 좨주祭酒를 더 두었고, 후에 악정樂正, 승丞을 더 두었다. 충선왕 때 현재의 이름으로 고쳤는데 그 후에 때로는 감監이 되기도 하고, 관館이 되기도 하였으며 판사를 대사성大司成으로, 좨주를 사성司成으로, 사업을 사예司藝로, 승을 직강直講으로 바꾸었고 사업도 악정이라 불렀다.

○ 전교시典校寺는 고려 초기에는 비서성秘書省이었고 지금의 교서관校書館이다. 통례문通禮門은 합문사閤門使로 바뀌었고 지금 통례원通禮院이다. 전의시典儀寺는 처음 태상시太常寺였고 지금의 봉상시奉常寺이다. 종부시宗簿寺는 처음에는 전중감殿重監이었는데 충렬왕대에 종정시宗正寺로 고쳤다. 위위시衛尉寺는 공양왕 원년(1389)에 중방重房에 병합되

었다. 사복시司僕寺는 처음에 태복시太僕寺였고, 전농시典農寺는 처음에 사농시司農寺였으며, 선공시繕工寺는 처음에 장작감將作監이었다. 예빈禮賓은 성省이었고 서운書雲은 관館이었다. 내부內府·소부小府·군자軍資·사수司水·사재司宰·전의典醫는 모두 시寺라 불렀다. 시에는 판사判事가 있었고 그 다음에 경卿과 소경少卿이 있었는데 영令과 부령副令으로 고쳤다. 어떤 곳은 감監과 소감少監이 있었는데 윤尹과 소윤少尹으로 고쳤으며, 정正과 부정副正이 있는 곳도 있었다. '서署'라고 이름 붙인 곳이 23곳, 창고倉庫 같은 곳이 20곳이었으며 도감都監 같은 곳은 전후로 설치하고 혁파革罷한 것을 모두 헤아리면 100여 곳이나 되어 다 자세히 쓸 수 없다.

3사三師 3공三公

{문종대 제도를 정했는데 각각 1인으로 하고 모두 정1품이었다. 충렬왕대에 없앴다가, 공민왕 5년(1356)에 다시 두었고, 공민왕 11년(1362)에 또 없앴다.}

문하부門下府

모든 정무[百揆庶務]를 담당하며 그 낭사郎舍는 간쟁諫諍과 봉박封駁을 담당하였다. {고려 초에는 내의성內議省이라 불렀다. 성종 원년(982)에 내사문하성內史門下省이라 고쳤고, 문종 15년(1061)에 중서문하성中書門下省으로 고쳤다. 충렬왕 원년(1275)에 상서성尙書省과 합하여 첨의부僉議府가 되었다. 충렬왕 5년(1279)에 원나라에서 첨의부 정4품 인印을 주었으며, 충렬왕 7년(1281)에 원나라에서 종2품 관서로 높였다. 공민왕 5년(1356)에 다시 중서문하성中書門下省이라 불렀고 별도로 상서성을 세웠다. 공민왕 11년(1362)에 다시 도첨의부都僉議府라 고쳤다가 공민왕 18년(1369)에 문하부門下府로 고쳤다.}

○ 판문하判門下 {고려 초에 내의령內議令이라 불렀다. 성종대에 내사령內史令으로 고쳤고 문종대에 중서령中書令으로 고쳤으며 정원 1인에 관질官秩은 종1품이었다. 충렬왕 원년(1275)에 폐지하여 두지 않다가 충렬왕 21년(1295)에 도첨의령都僉議令을 두고 김방경金方慶을 임명하였다. 오래지 않아 원나라[上國]에 중서령中書令이 있는 것을 꺼려 판도첨의

사사判都僉議司事로 바꾸었으며 후에 영도첨의사사領都僉議司事로 고쳤다. 공민왕 5년(1356)에 다시 중서령으로 바꾸었고, 공민왕 11년(1362)에 다시 영도첨의로, 공민왕 18년(1369)에 영문하領門下로 고쳤다. 신우 때 판문하判門下로 고쳤다.}

○ 시중侍中 {성종대에 문하시중門下侍中을 두었고 문종대에 정원 1인에 관질은 종1품으로 하였다. 충렬왕 원년(1275)에 첨의중찬僉議中贊으로 고치고, 좌·우첨의중찬 각 1인으로 늘렸다. 충렬왕 24년(1298)에 충선왕이 왕위를 잇고 도첨의시중都僉議侍中으로 고쳤으며 오래지 않아 다시 중찬中贊으로 고쳤다. 충렬왕 34년(1308)에 충선왕이 원나라에 있으면서 정승政丞으로 고치고 1인을 줄였다. 충숙왕 17년(1330)에 충혜왕이 다시 중찬으로 고쳤고 후에 다시 좌·우정승으로 바꾸었다. 공민왕 3년(1354)에 다시 시중으로 고쳤고 오래지 않아 다시 우·좌정승으로 고쳤다. 공민왕 5년(1356)에 문하시중, 수시중守侍中으로 고쳤고, 공민왕 11년(1362)에 다시 첨의우정승, 첨의좌정승으로 고쳤으며 공민왕 12년(1363)에 첨의좌시중, 첨의우시중으로 고쳤다. 공민왕 18년(1369)에 문하좌시중, 문하우시중으로 고쳤다. 신창 때 다시 시중, 수시중으로 고쳤다.}

○ 찬성사贊成事 {성종대에 내사시랑평장사內史侍郎平章事, 문하시랑평장사門下侍郎平章事를 두었고 문종대에 문하시랑평장사, 중서시랑평장사 각 1인으로 정하였다. 또 중서성과 문하부에 각각 평장사를 두었는데 관질은 모두 정2품이었다. 충렬왕 원년(1275)에 첨의시랑찬성사僉議侍郎贊成事, 첨의찬성사로 고쳤다. 충렬왕 24년(1298)에 충선왕이, 재상으로 정사를 맡은 인원이 쓸데없이 많아서 논의할 때 의견이 서로 달라 일이 많이 늦어진다고 하여 없앴다가 복구하였다. 충렬왕 34년(1308)에 충선왕이 중호中護로 바꾸고 정원을 3인으로 품계는 정2품으로 하였는데 뒤에 다시 찬성사라 하였다. 공민왕 5년(1356)에 문종대의 옛 제도를 복구하였고, 9년(1360)에 평장정사平章政事라 불렀으며, 11년(1362)에 다시 첨의찬성사가 되었고, 18년(1369)에 문하찬성사로 고쳤다.}

○ 평리評理 {목종 때에 참지정사參知政事가 있었는데 문종대에 정원을 1인으로 관질을 종2품으로 정하였다. 충렬왕 원년(1275)에 첨의참리僉議參理로 고쳤으며, 34년(1308)에 충선왕이 평리로 고치고 정원을 3인으로 늘렸다. 충숙왕 17년(1330)에 참리參里로 고쳤고 공민왕 5년(1356)에 다시 참지정사로 고쳤다. 공민왕 11년(1362)에 다시 첨의평리로 고쳤고, 18년

(1369)에 참지문하부사參知門下府事로 고쳤으며, 21년(1371)에는 문하평리로 고쳤다.}

○ 정당문학政堂文學 {문종대에 정원 1인에 관질은 종2품으로 정하였다. 충렬왕 원년(1275)에 참문학사參文學事로 고쳤고, 16년(1290)에 다시 정당문학으로 고쳤다. 충선왕이 없앴다가 후에 다시 두었다.}

○ 지문하부사知門下府事 {문종대에 지문하성사知門下省事를 정원 1인에 관질은 종2품으로 정하였다. 충렬왕 원년(1275)에 지첨의부사知僉議府事로 고쳤고 충선왕대에 없앴다. 공민왕 5년(1356)에 다시 지문하성사知門下省事로 고쳤고, 11년(1362)에 지도첨의사知都僉議事로, 18년(1369)에 지문하부사로 고쳤다.}

○ 상시常侍 {목종대에 좌·우산기상시左右散騎常侍가 있었는데 문종대에 정원은 좌, 우 각 1인에 관질은 정3품으로 정하였고 그 후에 좌·우상시左右常侍로 고쳤다. 충렬왕 24년(1298)에 충선왕이 다시 좌·우산기상시로 고쳤고 얼마 후에 또 다시 좌·우상시로 고쳤다. 공민왕 5년(1356)에 다시 좌·우산기상시로, 11년(1362)에는 다시 좌·우상시로, 18년(1369)에는 다시 좌·우산기상시로 고쳤다. 공민왕 21년(1371)에 다시 좌·우상시로 고쳤다.}

○ 직문하直門下 {문종대에 정원 1인에 관질은 종3품으로 정하였다. 예종 11년(1116)에 왕이 조서詔書로 본품本品(종3품)의 첫머리[本品行頭]에 서게 하였다.[2] 충렬왕 24년(1298)에 충선왕이 없앴다. 공민왕 원년(1352)에 직도첨의直都僉議를 두었고 5년(1356)에 다시 직문하로, 11년(1362)에 다시 직첨의로 고쳤다. 그 후에 다시 직문하로 고쳤다.}

○ 사의대부司議大夫 {목종대에 좌·우간의대부左右諫議大夫가 있었는데 문종대에 정원 좌, 우 각 1인에 관질은 정4품으로 정하였다. 예종 11년(1116)에는 왕의 명령으로 본품 첫머리에 서게 하였다. 그 후에 좌·우사의대부左右司議大夫로 고쳤다. 충렬왕 24년(1298)에 충선왕이 좌·우간의대부로 고치고 품계를 종4품으로 낮추었다가 후에 다시 좌·우사의대부로 고쳤다. 공민왕 5년(1356)에 다시 간의대부로 고치고 종3품으로 올려 반열班列에서 직문하보다 위에 있게 하였다. 공민왕 11년(1362)에는 다시 우·좌사의대부로,

2 조회 시 해당 품계의 관직에서 가장 앞에 서는 것을 말한다.

18년(1369)에는 다시 좌·우간의대부로, 21년(1371)에는 다시 좌·우사의대부로 고쳤다.}

○ 급사중給事中 {문종대에 정원 1인에 관질은 종4품으로 정하였고 뒤에 중사中事로 고쳐 불렀다. 충렬왕 24년(1298)에 충선왕이 다시 급사중으로 고쳤고 충렬왕 34년(1308)에 충선왕이 없앴다. 공민왕 원년(1352)에 다시 중사를 두었다가 얼마 후에 없앴다.}

○ 사인舍人 {태조 13년(930)에 내의사인內議舍人을 두었고 성종대에 내사사인內史舍人으로 고쳤다. 문종대에 중서사인中書舍人으로 고치고 정원 1인에 관질은 종4품으로 정하였다. 충렬왕 24년(1298)에 충선왕이 도첨의사인都僉議舍人으로 고치고 정4품으로 올렸다. 공민왕 5년(1356)에 다시 중서사인으로 고치고 종4품으로 낮추었으며, 11년(1362)에는 내서사인內書舍人으로, 18년(1369)에는 문하사인門下舍人으로 고쳤다.}

○ 기거주起居注 {문종대에 정원 1인에 관질은 종5품으로 정하였다. 예종 11년(1116)에는 조서로 본품本品의 첫머리[行頭]에 서게 하였다. 공민왕 5년(1356)에는 정5품으로 올렸다.}

○ 기거랑起居郎 {문종대에 정원 1인에 관질은 종5품으로 정하였다. 공민왕 5년(1356)에 정5품으로 올렸다.}

○ 기거사인起居舍人 {문종대에 정원 1인에 관질은 종5품으로 정하였다. 공민왕 5년(1356)에 정5품으로 올렸다.}

○ 헌납獻納 {목종대에 좌·우보궐左右補闕이 있었는데 예종대에 좌·우사간左右司諫으로 고치고 정원 각 1인에 관질은 정6품으로 정하였다. 그 뒤에 좌·우보간左右補諫으로 고쳤다. 충렬왕 24년(1298)에 충선왕이 다시 좌·우사간으로 고쳤으며 34년(1308)에 충선왕이 좌·우헌납으로 고치고 정5품으로 올렸다. 공민왕 5년(1356)에 다시 좌·우사간으로 고치고 종5품으로 내렸으며, 11년(1362)에 다시 좌·우헌납으로 고치고 정5품으로 올렸다. 공민왕 18년(1369)에 다시 좌·우사간으로, 21년(1371)에 다시 좌·우헌납으로 고쳤다.}

○ 정언正言 {목종대에 좌·우습유左右拾遺가 있었는데 예종 11년(1116)에 좌·우정언으로 고치고 정원 각 1인에 관질은 종6품으로 정하였다. 충렬왕 34년(1308)에 충선왕이 사보思補로 고치고 정6품으로 올렸다. 공민왕 5년(1356)에 다시 좌·우정언으로 고쳤다.}

○ 녹사錄事 {목종대에 문하녹사門下錄事가 있었는데 문종대에 정원 1인에 관질은 종7품으로 정하였다. 충렬왕 24년(1298)에 도첨의녹사都僉議錄事로 고치고 정7품으로 올렸다.

공민왕 5년(1356)에 다시 문하녹사로 고쳤고, 11년(1362)에 다시 첨의녹사僉議錄事로 고치고 관질[階梯]을 정7품으로 하였으며, 18년(1369)에 문하녹사로 고쳤다.}

○ 주서注書 {목종대에 내사주서內史注書가 있었는데 문종대에 중서주서中書注書로 고치고 정원 1인에 관질은 종7품으로 정하였다. 충렬왕 24년(1298)에 도첨의주서都僉議注書로 고치고 정7품으로 올렸다. 공민왕 5년(1356)에 다시 문하주서門下注書로, 11년(1362)에 다시 첨의주서僉議注書로, 18년(1369)에 다시 문하주서로 고쳤다.}

○ 전무典務 {영令은 1인에 관질은 종7품이고 승丞은 2인에 관질은 종8품이며 녹사錄事는 2인에 관질은 정9품이었다. 모두 충렬왕 34년(1308)에 충선왕이 처음 두었는데 얼마 안 가서 없앴다.}

○ 수령관首領官 {경력經歷이 1인, 도사都事가 2인으로 모두 충선왕대에 처음 두었는데 얼마 안 가서 없앴다.}

○ 연속掾屬(아전) {문종대에 주사主事 6인, 영사令史 6인, 서령사書令史 6인, 주보注寶 3인, 대조待詔 2인, 서예書藝 2인, 시서예試書藝 2인, 기관記官 20인, 서수書手 26인, 직성直省 8인인데 중국인·고려인 각 4인, 전리電吏 180인, 문복門僕 10인을 두었다. 충선왕이 조마照磨 1인, 영사令史 20인, 역사譯史 2인, 통사通事 2인, 지인知印 2인, 주차奏差 10인을 더 두었다.}

상서성尙書省

태조대에 태봉의 제도를 따라서 광평성廣評省을 설치하고 백관百官을 통솔하게 하였는데 시중侍中, 시랑侍郎, 낭중郎中, 원외랑員外郎이 있었다. {태조 때에 또 내봉성內奉省이 있었는데, 『삼국사기三國史記』에서 '내봉성이 지금의 도성都省이다.'[3]라고 하였지만 도성의 연혁은 이와 같지 않다. 성종 원년(982)에 광평성을 어사도성御史都省으로 고쳤고, 14년(995)에 상서도성尙書都省으로 고쳤다. 문종대에 상서령尙書令은 정원 1인에 관질은 종1

3 『삼국사기』 권40, 잡지雜志 제 9 직관職官 하下.

품, 좌・우복야左右僕射는 각 1인에 정2품, 지성사知省事는 1인에 종2품, 좌・우승左右丞은 각 1인에 종3품, 좌・우사낭중左右司郎中은 각 1인에 정5품, 좌・우사원외랑左右司員外郎은 각 1인에 정6품, 도사都事는 2인에 종7품으로 정하였다.

연속掾屬은 주사主事 4인, 영사令史 6인, 서령사書令史 6인, 기관記官 20인, 산사算士 1인, 직성直省 2인으로 정했다.

충렬왕 원년(1275)에 중서문하성에 병합되어 첨의부가 되었고 아울러 관원을 없앴으며, 충렬왕 24년(1298)에 충선왕이 첨의부에 좌・우복야를 두었고 좌・우사낭중, 원외랑, 도사를 각 2인씩 두어 도첨의부 별청別廳에 모여 일을 보게 하였는데 오래지 않아 없앴다. 공민왕 5년(1356)에 삼사三司를 없애고 다시 상서성을 설치하여 문종대의 옛 제도를 모두 회복하였으나 지성사知省事만은 두지 않았고 도사를 정7품으로 올렸다. 공민왕 11년(1362)에 상서성을 없애고 다시 삼사를 설치하였다.}

삼사三司

중앙과 지방의 돈과 곡식의 출납 회계의 업무를 다루었다. {태조 때에 태봉의 조위부調位府를 삼사로 고쳤다. 현종 5년(1014)에 무신武臣의 요청에 따라 삼사를 혁파하고 도정사都正司[4]를 설치하였다가, 14년(1023)에 다시 삼사를 두었다. 문종대에 판사判事는 1인에 재신의 겸임으로, 사使는 2인에 정3품으로, 지사사知司事는 1인 부사副使는 2인에 종4품으로, 판관判官은 4인으로 정하였다. 예종 11년(1116)에 조서로 본품의 첫머리에 서도록 하였다.

충렬왕 때에 좌・우사左右使를 두었다. 충혜왕 원년(1331)에 도사都事를 두었다. 공민왕 5년(1356)에 삼사를 없애고 상서성으로 하였다가, 11년(1362)에 다시 삼사를 설치하였는데 판사는 1인에 종1품으로, 좌・우사는 각 1인에 정2품으로, 좌・우윤左右尹은 각 2인에 종3품으로, 부사는 4인에 정4품으로, 판관은 2인에 정5품으로, 도사의 관질[階梯]은 정7품으로 정하였다. 공민왕 18년(1369)에 부사를 소윤少尹으로 고쳤다. 신우 때에 처음 영삼

---

4 『휘찬여사』의 목판에는 도都자의 우부방이 떨어져 자者로 되어있다.

사사領三司事를 두었다. 이속吏屬[5]은 문종대에 주사主事 6인, 영사令史 11인, 서령사書令史 2인, 기관記官 25인, 중감重監 2인, 계사計史 2인, 산사筭士 4인을 두었다. 이속이 문종 이전 및 이후에 어떻게 달랐는지를 역사책에서 상고할 수 없다. 모든 관청이 이와 같다.}

밀직사密直司

왕의 명령을 내고 왕에게 올릴 문서를 받아들이는 일, 왕을 시위侍衛하는 일[宿衛], 군사에 관련된 주요한 일[軍機]을 다루었다. {성종 10년(991)에 병관兵官 시랑侍郞 한언공韓彦恭이 송나라에 사신으로 갔다가 돌아와서 송나라의 추밀원樞密院이 곧 우리나라의 번을 들어 숙직하는[直宿] 관원의 직이라 아뢰어 이때 처음 중추원을 설치하였다. 현종이 즉위하여 중추원 및 은대銀臺, 남북원南北院을 없애고 중대성中臺省을 설치하여 여기서 세 관청이 맡았던 주요한 업무를 맡게 하였는데 사使, 부사, 직중대直中臺, 겸직중대兼直中臺의 관직이 있었다. 현종 2년(1011)에 중대성을 폐지하고 다시 중추원을 두었으며 14년(1023)에는 중추원의 일직원日直員들을 좌·우승선左右承宣으로 부르고 좌·우부승선을 두었는데 부추副樞이하의 관원들이 겸임하였다. 문종대에 판원사判院事 1인, 원사院使 2인, 지원사知院事 1인, 동지원사同知院事 1인에 모두 종2품으로 정하고, 부사 2인, 첨서원사簽書院事 1인, 직학사直學士 1인에 모두 정3품으로 정하였다. 또 지주사知奏事 1인, 좌·우승선左右承宣 각 1인, 좌·우부승선左右副承宣 각 1인에 모두 정3품으로 정하고, 당후관堂後官 2명은 정7품으로 정하였다. 헌종 원년(1095)에 추밀원으로 고쳤다. 예종 11년(1116)에 조서로 승선이 본품의 첫머리에 서게 하였다.

충렬왕이 즉위하고 바로 집주執奏를 두었는데, 최충수崔忠粹가 죽은 이후 집주의 관직이 없어진 것을 이때에 이르러 복구한 것이다. 충렬왕 원년(1275)에 밀직사密直司로 고쳤고, 2년(1276)에 승선을 승지承旨로 고쳤다. 충렬왕 24년(1298)에 충선왕이 광정원光政院으로 고치고 관원을 줄여서 사使는 종1품으로, 동지원사同知院事는 정2품으로, 부사는 종2

5 고려시대의 품관品官 이외의 하급 관리직으로 중앙과 지방의 모든 관아에서 기록·문서·전곡錢穀을 관장하는 말단행정에 종사하였다.

품으로, 첨원사僉院事는 정3품으로, 동첨원사同僉院事는 종3품으로, 도승지都承旨는 종5품으로, 승지와 부승지는 모두 종6품으로, 계의관計議官은 정7품으로, 계의참군計議參軍은 정8품으로 하였다. 오래지 않아 다시 밀직사로 고치고 사使 1인, 지사사知司事 2인, 동지사사同知司事 3인, 부사副使 4인은 모두 종2품으로, 지신사知申事 1인, 좌·우승지 각 1인, 좌·우부승지 각 1인은 모두 정3품으로, 당후관은 정7품으로 하였다. 충렬왕 34년(1308)에 충선왕이 (밀직사를) 폐지하였으나 충선왕이 즉위하고는 이를 회복하고 판사사判司事를 더 두었다. 충선왕 2년(1310)에 밀직사의 관질官秩을 올려서 첨의부와 같게 하여 양부兩府라고 불렀으며 승지는 대언代言이 되었다. 충선왕 3년(1311)에는 부사를 정3품으로 낮추었다. 공민왕 3년(1354)에 판사사, 지신사 및 4인의 대언代言이 모두 녹관祿官[6]이 되었다. 공민왕 5년(1356)에 다시 추밀원으로 고치고 관원의 정원과 관질은 모두 문종대의 옛 제도를 회복하였다.

공민왕 11년(1362)에 또다시 밀직사로 고치고 판사사判司事, 사사司使, 지사사知司事, 첨서사사簽書司事, 동지사사同知司事는 모두 종2품으로, 부사, 제학提學, 지신사, 우·좌대언右左代言, 우·좌부대언副代言은 모두 정3품으로, 당후관은 관질[階梯]을 정7품으로 하였다. 18년에는 첨서簽書를 정3품으로 낮추고 제학은 학사學士로, 대언은 승선으로 고쳤는데 그 후에 다시 학사는 제학으로, 승선은 대언으로 고쳤다.

이속吏屬은 문종대에 별가別駕 10인, 주사 10인, 시별가試別駕 2인, 영사令史 2인, 기관記官 8인, 통인通引 4명을 두었다.}

자정원資政院

{충렬왕 24년(1298)에 충선왕이 신설하였다. 사使는 관질이 종1품, 동지원사同知院事는 정2품, 첨원사僉院事는 종2품, 동첨원사同僉院事는 정3품, 판관은 정5품, 계의관計議官은 정7품, 계의참군計議參軍은 종8품이었다. 오래지 않아 없앴다.}

---

6 고유 업무를 가지고 녹봉을 받는 관원 또는 관직을 이른다. 겸관과 대비된다.

이조吏曹

문관文官의 선발[文選], 훈봉勳封에 관계되는 정무를 맡아 보았다. {건국한 초기에 선관選官이라고 하였는데 어사御事, 시랑侍郎, 낭중郎中, 원외랑員外郎이 있었다. 성종 14년(995)에 상서이부尙書吏部로 고쳤다. 문종대에 판사判事는 1인에 재신이 겸임하게, 상서尙書는 1인에 관질이 정3품이 되게, 지부사知部事는 1인에 다른 관직에 있는 관원이 겸임하게 정하였다. 시랑은 1인에 정4품, 낭중은 1인에 정5품, 원외랑은 1인에 정6품으로 정하였다. 지부사 이상은 6조가 같고 시랑은 이조·예조·공조에 1인을 두며, 병조·호조·형조에 2인을 두었다. 낭중·원외랑은 이조에는 각 1인, 다른 조에는 모두 각 2인을 두었다.

충렬왕 원년(1275)에 이부吏部와 예부禮部를 병합하여 전리사典理司가 되었고, 상서를 판서判書로, 시랑은 총랑摠郎으로, 낭중은 정랑正郎으로, 원외랑은 좌랑佐郎으로 고쳤다. 충렬왕 24년(1298)에 충선왕이 전조銓曹로 고치고 예부禮部를 따로 세웠다. 판서를 상서로 다시 고치고 이전대로 1인으로 하였으며, 총랑은 시랑으로 고치고 3인으로 늘려 그 중 1인은 다른 관직에 있는 관원이 겸임하게 하였으며, 정랑은 낭중으로, 좌랑은 원외랑으로 고치고 모두 3인으로 늘려 그 중 1인은 모두 무반武班이 겸임케 하였다. 다른 조曹들도 이것을 따랐다. 곧이어 6조六曹의 판사, 지사를 없앴다가 오래지 않아 다시 두었다. 충렬왕 34년(1308)에 충선왕이 이부와 병부兵部와 예부를 합쳐서 선부選部를 만들고 그와 함께 선군選軍, 당후堂後, 위위衛尉를 합쳤다. 상서를 전서典書로 고치고 3인으로 늘렸으며, 시랑을 의랑議郎으로, 낭중을 직랑直郎으로, 원외랑을 산랑散郎으로 고쳤는데 모두 전처럼 3인이었다. 주부注簿 2인을 더 두었는데 정7품으로 다른 관직에 있는 관원이 겸임하게 하였다. 그 후 다시 전리사典理司라고 하였다.

공민왕 5년(1356)에 6부六部를 다시 세웠는데 이부吏部에는 상서, 시랑, 낭중, 원외랑을 두고 관품은 모두 문종 때의 옛 제도를 복구하였다. 공민왕 11년(1362)에는 다시 전리사로 고치고 상서는 판서로, 시랑은 총랑摠郎으로, 낭중은 정랑으로, 원외랑은 좌랑으로 고쳤다. 공민왕 18년(1369)에는 다시 선부選部로 고쳤고 상서, 의랑, 직랑, 산랑이라 불렀다. 공민왕 21년(1372)에 다시 전리사로 고치고 인하여 판서, 총랑, 정랑, 좌랑의 명칭을

썼다. 다른 조도 마찬가지였다. 공양왕 원년(1389)에 이조吏曹로 고쳤다.

이속은 문종대에 주사 2인, 영사 2인, 기관 6인을 두었다.}

고공사考功司

관리들의 공과를 조사하는 일을 담당하였다. {고려 건국 초에는 사적司績이라 불렀는데 성종 14년(995)에 상서고공尙書考功으로 고쳤다. 문종대에 낭중郎中 2인에 관질은 정5품으로, 원외랑員外郎 2인에 정6품으로 정하였다. 충렬왕 원년(1275)에 낭중을 정랑正郎으로, 원외랑을 좌랑佐郎으로 고쳤고, 24년(1298)에는 충선왕이 전조銓曹에다 고공사를 병합하였다. 공민왕 5년(1356)에 다시 고공사와 낭중, 원외랑을 두었고, 11년(1362)에는 다시 정랑, 좌랑으로 불렀다. 공민왕 18년(1369)에는 직랑直郎, 산랑散郎으로 고쳤고 21년(1372)에 또다시 정랑, 좌랑으로 불렀다.

이속은 문종대에 주사主事 2인, 영사令史 4인 서령사書令史 4인, 계사計史 1인, 기관記官 2인, 산사算士 1인을 두었다.}

병조兵曹

무관의 선발, 군사 관련 업무, 왕의 시위, 우역郵驛의 업무를 담당하였다. {태조 원년(918)에 병부兵部를 설치하고 관원으로 영令, 경卿, 낭중郎中을 두었다가 후에 병관兵官으로 고치고 여기에 어사御事, 시랑, 낭중, 원외랑을 두었다. 속관屬官으로 고조庫曹가 있었다. 태조 원년에 순군부徇軍部[7]와 관원으로 영令, 낭중郎中이 있었다. 태조 16년(933)에는 병금관兵禁官과 관원으로 낭중, 사史가 있었다. 광종光宗 11년(960)에는 순군부를 군부軍部로 고쳤는데 관직과 담당 업무를 자세히 알 수 없으나 모두 군사 업무를 담당하는 관직이 아닌가 생각된다. 후에 모두 없앴다. 성종 14년(995)에 병관을 상서병부尙書兵部로 고쳤고 그와 함께 고조를 상서고부尙書庫部로 고쳤다. 현종 2년(1011)에 고부庫部를 없앴다. 문

7 순군부는 고려 초기 정치세력의 중심이었던 호족豪族들의 군사력과 연결된 협의체적인 군사지휘권의 통수부로 기능하였다.

종대에 병부兵部의 직제를 정했다.

충렬왕 원년(1275)에 군부사軍簿司로 고치고 그와 함께 상서는 판서判書로, 시랑은 총랑摠郞으로, 낭중은 정랑正郞으로, 원외랑은 좌랑佐郞으로 고쳤다. 충렬왕 24(1298)년에 충선왕이 병조兵曹로 고쳤고 또 판서는 상서尙書로 고치고 2인으로 늘렸으며 그 중 1명은 반주班主[8]가 겸임하게 하였다. 총랑은 시랑으로 고치고 3인으로 늘렸는데 그 중 1인은 다른 관직에 있는 관원이 겸임하게 하였다. 정랑은 낭중으로, 좌랑은 원외랑으로 고치고 모두 3인씩으로 늘렸으며 그 중 1인씩은 서반西班(무반)이 겸임하게 하였다. 충렬왕 34년(1308)에 충선왕이 선부選部에다 병합하였고 후에 총부摠部로 고쳤으며 또 다시 군부사로 불렀다.

공민왕 5년(1356)에 다시 병부兵部로 고쳤고, 11년(1362)에는 다시 군부사로 고쳤다. 공민왕 18년(1369)에 다시 총부摠部로 고치고 상서, 의랑議郞, 직랑直郞, 산랑散郞으로 불렀으며 21년(1372)에는 다시 군부사로 고치고 그와 함께 판서, 총랑, 정랑, 좌랑으로 불렀다. 공양왕 원년(1389)에는 다시 병조兵曹로 고쳤다.

이속은 문종대에 주사 2인, 영사 2인, 서령사 2인, 기관 12인을 두었다.}

호조戶曹

호구戶口, 공물과 부세, 돈과 식량에 관계되는 정사를 맡아 보았다. {고려 건국 초에 민관民官이라 불렀고 어사御事, 시랑, 낭중, 원외랑이 있었으며 속관屬官으로 사탁司度, 금조金曹, 창조倉曹가 있었다. 성종 14년(995)에 상서호부尙書戶部로 고치고 그와 함께 사탁은 상서탁지尙書度支로, 금조는 상서금부尙書金部로, 창조는 상서창부尙書倉部로 고쳤는데 후에 속관屬官은 모두 없앴다. 문종대에 호부戶部의 직제를 정하였다.

충렬왕 원년(1275)에 판도사版圖司로 고치고 그와 함께 상서는 판서로, 시랑은 총랑으로, 낭중은 정랑으로, 원외랑은 좌랑으로 고쳤다. 충렬왕 24년(1298)에 충선왕이 민조民曹로 고치고 또 판서는 상서로 고치고 그전대로 1인으로 하였으며 총랑은 시랑으로 고치

8 고려시대 이군육위二軍六衛 중 응양군鷹揚軍의 최고지휘관인 상장군을 가리키는데 전무반의 대표자 격이었다.

고 3인으로 늘렸다. 충렬왕 34년(1308)에 충선왕이 민부民部로 고치고 그와 함께 삼사三司, 군기시軍器寺, 도염원都鹽院을 병합하였다. 상서를 전서典書로 고치고 3인으로 늘렸으며 총랑은 의랑議郞, 정랑은 직랑直郞, 좌랑은 산랑散郞으로 고쳤는데 모두 그대로 각 3인으로 하였다. 그 후 판도사로 고쳤다. 공민왕 5년(1356)에 다시 호부로 고쳤고 11년(1362)에는 다시 판도사로 고쳤으며, 18년(1369)에는 다시 민부民部로 고치고 상서로 불렀다. 공민왕 21년(1372)에는 다시 판도사로 고치고 그와 함께 판서로 불렀다. 공양왕 원년(1389)에 호조戶曹로 고쳤다.

이속은 문종대에 주사 6인, 영사 6인, 서령사 10인, 계사計史 1인, 기관 25인, 산사算士 1인을 두었다.}

형조刑曹

법률, 소송, 재판[詳讞]에 관계되는 정사를 맡아 보았다. {태조는 태봉의 제도를 따라서 의형대義刑臺를 두었고 뒤에 형관刑官으로 고쳤는데 어사御事, 시랑, 낭중, 원외랑이 있었다. 성종 14년(995)에 상서형부尙書刑部로 고쳤다. 문종대에 또 율학박사律學博士 1인에 종8품, 조교助教 2인에 종9품을 따로 두었다.

충렬왕 원년(1275)에 전법사典法司로 고치고 그와 함께 상서는 판서로, 시랑은 총랑으로, 낭중은 정랑으로, 원외랑은 좌랑으로 고쳤다. 충렬왕 24년(1298)에 충선왕이 형조刑曹로 고쳤고, 34년(1308)에 충선왕이 언부讞部로 고치고 그와 함께 감전색監傳色, 도관都官, 전옥典獄을 병합하였다. 판서는 전서典書로 고치고 2인으로 늘렸으며 시랑은 의랑議郞으로 고치고 다시 2인으로 줄였다. 낭중은 직랑으로, 원외랑은 산랑으로 고쳤는데 각 3인 그대로 두었다. 후에 다시 전법사로 불렀다.

공민왕 5년(1356)에 다시 형부로 고쳤고 11년(1362)에는 다시 전법사로 고쳤다. 공민왕 18년(1369)에는 이부理部로 고쳤고, 21년(1372)에는 다시 전법사로 고쳤다. 공양왕 원년(1389)에 다시 형조刑曹로 고쳤다.

이속은 문종대에 주사 2인, 영사 6인, 서령사 4인, 계사計史 1인, 기관 6인, 산사算士 2인, 장수杖首 26인을 두었다.}

도관都官

노비奴婢 문서 및 노비 관계의 소송을 담당하였다. {문종대에 상서도관尙書都官을 설치하고 낭중은 2인에 정5품으로, 원외랑은 2인에 정6품으로 정하였다. 충렬왕 원년(1275)에 낭중을 정랑으로, 원외랑을 좌랑으로 고쳤다. 충렬왕 24년(1298)에 충선왕이 다시 낭중, 원외랑으로 고쳤으며, 34년(1308)에는 충선왕이 언부讞部에 병합하였다. 충선왕 2년(1310)에 원래 양인이라 호소하는[訴良] 노비가 많으나 언부에서 변별하지 못해 다시 도관을 설치하고 정랑, 좌랑을 두었다. 공민왕 5년(1356)에 낭중, 원외랑으로 고쳤고, 9년(1360)에 원외랑員外郞 2인을 더했다. 공민왕 11년(1362)에 정4품인 총랑摠郞을 더 두었고 낭중은 정랑으로, 원외랑은 좌랑으로 고쳤다. 공민왕 18년(1369)에는 총랑을 없애고 정랑은 직랑으로, 좌랑은 산랑으로 고쳤다. 공민왕 21년(1372)에 다시 정랑, 좌랑으로 불렀다.

이속은 문종대에 주사 6인, 영사 6인, 서령사 6인, 계사計史 1인, 기관記官 5인, 산사算士 1인을 두었다.}

예조禮曹

예의禮儀, 제향祭享, 조회朝會, 외국 사신[交聘], 학교, 과거科擧에 관한 정사를 맡아 보았다. {건국한 초기에 예관禮官이라 불렀고 관원으로 어사御事, 시랑, 낭중, 원외랑이 있었으며 속관屬官으로 사조祠曹가 있었다. 성종 14년(995)에 예관을 상서예부尙書禮部로 고치고 그와 함께 사조는 상서사부尙書祠部로 고쳤다. 현종 2년(1011)에 사부를 없앴다. 문종이 예부의 직제를 정하였다.

충렬왕 원년(1275)에 전리사典理司에 병합하였고, 24년(1298)에 충선왕이 다시 설치하여 의조儀曹라 불렀으며 상서는 1인으로, 시랑은 3인으로 정했는데 1인은 다른 관직에 있는 관원이 겸임하도록 하였다. 낭중과 원외랑은 모두 3인씩으로 그 중 1인씩은 서반 관원이 겸임하였다. 충렬왕 34년(1308)에 충선왕이 다시 선부選部에 병합하였다.

공민왕 5년(1356)에 다시 예부禮部를 세우고 상서, 시랑, 낭중, 원외랑을 두었다. 공민왕 11년(1362)에 예의사禮儀司로 고치고 그와 함께 상서는 판서로, 시랑은 총랑으로, 낭중은 정랑으로, 원외랑은 좌랑으로 고쳤다. 공민왕 18년(1369)에 다시 예부로 부르고 또 판

서는 상서로, 총랑은 의랑으로, 정랑은 직랑으로, 좌랑은 산랑으로 고쳤다. 공민왕 21년(1372)에 다시 예의사로 고쳤다. 공양왕 원년(1389)에 예조禮曹로 고쳤다.

이속은 문종대에 주사 2인, 영사 4인, 서령사 2인, 기관 6인, 전서 서자篆書書者 2인을 두었다.}

공조工曹

산림천택山林川澤과 장인[工匠], 공사[營造]에 관한 일을 맡아 보았다. {건국한 초기에 공관工官이라 불렀는데 어사御事, 시랑, 낭중, 원외랑이 있었다. 그 속관으로 우조虞曹, 수조水曹가 있었다. 성종 14년(995)에 공관을 상서공부尙書工部로 고치고 그와 함께 우조를 상서우부尙書虞部로, 수조를 상서수부尙書水部로 고쳤는데 그 후 우부와 수부는 없앴다. 문종대에 공부의 직제를 정했다.

충렬왕 원년(1275)에 혁파하였고, 24년(1298)에 충선왕이 다시 설치하며 공조로 불렀는데 상서는 1인이고, 시랑은 3인이며 그 중 1인은 다른 관직에 있는 관원이 겸임하였다. 낭중과 원외랑은 모두 3인씩인데 그 중 1인씩은 서반이 겸임하였다. 공민왕 5년(1356)에 공부工部를 다시 세우고 상서, 시랑, 낭중, 원외랑을 두었으며 11년(1362)에는 전공사典工司로 고치고 상서는 판서로, 시랑은 총랑으로, 낭중은 정랑으로, 원외랑은 좌랑으로 고쳤다. 공민왕 18년(1369)에 다시 공부로 불렀고, 21년(1372)에는 다시 전공사로 고치고 판서, 총랑, 정랑, 좌랑으로 불렀다. 공양왕 원년(1389)에 다시 공조工曹로 고쳤다.

이속은 문종대에 주사 2인, 영사 4인, 서령사 4인, 계사計史 1인, 기관 8인을 두었다.}

사헌부司憲府

당대 정치의 잘잘못[得失]에 대하여 논박論駁하고 임금에게 충고하며, 풍속을 바로 잡고 관리들의 행동을 감찰하며 그들의 죄과를 탄핵하는 임무를 맡았다. {건국한 초기에는 사헌대司憲臺라고 불렀다. 성종 14년(995)에 어사대御史臺로 고쳤는데 대부大夫, 중승中丞, 시어사侍御史, 전중시어사殿中侍御史, 감찰어사監察御史가 있었다. 현종 5년(1014)에 무신武臣 김훈金訓 등이 어사대를 없애라고 요청하여 그에 따라 어사대를 없애고 금오대金

吾臺와 사使, 부사副使, 녹사錄事를 두었는데 모두 상임이 아니었다. 현종 6년(1015)에 금오대를 없애고 다시 어사대를 사헌대로 고쳤으며 대부大夫, 중승中丞, 잡단雜端, 시어사헌侍御司憲, 전중시어사헌殿中侍御司憲, 감찰사헌監察司憲을 두었다. 현종 14년(1023)에는 다시 어사대로 고쳤다.

정종 11년(1045)에 권지감찰어사權知監察御史를 반열班列에서 합문지후閤門祗候보다 위에 있도록 올렸다. 문종대에 판사判事 1인, 대부 1인은 모두 관질을 정3품으로, 지사知事 1인, 중승 1인은 모두 종4품으로, 잡단 1인, 시어사 2인은 모두 종5품으로, 전중시어사 2인은 정6품으로 정하였고, 감찰어사 10인은 종6품인데 문관과 서리 각 5인씩으로 정하였다. 예종 11년(1116)에 조서로 지사와 잡단은 본품의 첫머리에 서게 하였다. 신종 5년(1202)에 어사 2인을 참질參秩(관질 6품 이상 곧 참상)로 올렸다.

충렬왕 원년(1275)에 감찰사監察司로 고치고 아울러 대부는 제헌提憲으로, 중승은 시승侍丞으로, 시어사는 시사侍史로, 감찰어사는 감찰사監察史로 고쳤다. 충렬왕 24년(1298)에 충선왕이 사헌부司憲府로 고치고, 제헌을 다시 대부로 고쳤는데 종2품으로 올렸으며, 시승은 중승으로 고치고 2명으로 늘리며 종3품으로 올렸다. 시사는 내시사內侍史로 고치고, 전중시어사는 전중내시사殿中內侍史로 고쳤으며, 감찰사監察史는 감찰내사監察內史로 고치고 6명으로 줄였다. 새로 정7품의 주부主簿 1인을 두며, 지사知事와 잡단雜端은 없앴다. 오래지 않아 다시 감찰사로 고치고 내시사內侍史는 다시 시어사侍御史로, 전중내시사는 전중시어사로, 감찰내사監察內史는 감찰어사로 고쳤다. 충렬왕 34년(1308)에 충선왕이 또다시 사헌부로 고쳤는데 대부는 대사헌大司憲으로 고치고 정2품으로 올렸으며, 중승은 집의執義로 고치고 정3품으로 올렸다. 시어사는 장령掌令으로 고치고 종4품으로 올렸으며, 전중시어사는 지평持平으로 고치고 정5품으로 올렸다. 감찰어사는 규정糾正으로 고치고 14인으로 늘렸는데 그 중 4인은 겸임하는 관직으로 하고 그대로 종6품으로 하였다. 충선왕 3년(1311)에 대사헌을 정3품으로, 집의를 종3품으로 낮추었고 다시 감찰사로 고치고 대사헌은 대부大夫로 고쳤다.

공민왕 5년(1356)에 다시 어사대로 고쳤는데 대부는 그대로 두고, 집의는 중승中丞으로 고쳐 1인을 줄였다. 장령은 시어사로, 지평은 전중시어사로 고치고 종5품으로 낮추었으

며 규정은 감찰어사로 고쳤다. 공민왕 11년(1362)에 다시 감찰사로 고치면서 중승은 집의로, 시어사는 장령으로 고치고 전중시어사는 지평으로 고쳐 정5품으로 올렸으며 감찰어사는 규정으로 고쳤다. 공민왕 18년(1369)에 다시 사헌부로 부르면서 대부는 대사헌으로 고치고 집의를 없앴으며 지사知事와 겸지사兼知事를 두었는데 종3품으로 하였다. 장령은 시사侍史로 고치고, 지평은 잡단으로 고쳤는데 종5품으로 낮추었으며 겸규정兼糾正을 더 두었다. 공민왕 21년(1372)에 지사를 없애고 다시 집의를 두었으며, 시사는 다시 장령으로 고치고 잡단은 지평으로 고쳤다.

이속은 문종대에 녹사 3인, 영사 4인, 서령사 6인, 계사 1인, 지반知班 2인, 기관 6인, 산사 1인, 기사 10인, 소유所由 50인을 두었다.}

개성부開城府

{성종대에 처음 윤尹을 두었는데 현종대에 부府를 폐지하고 현령縣令을 두었다. 문종대에 다시 개성부로 부르면서 지부사知府事를 두었다. 충렬왕 34년(1308)에 충선왕이 급전도감給田都監 및 5부部를 개성부에 병합하고 도성都城 안의 일을 담당하게 하였다. 판부윤判府尹은 1인으로 종2품이고, 윤尹은 2인인데 1인은 겸임관으로 정3품이며, 소윤少尹은 3인인데 1인은 겸임관으로 정4품이었다. 판관判官은 2인으로 정5품이고, 기실참군記室參軍은 2인으로 정7품이었다. 모두 관품에 따라 선공시繕工寺의 관직을 겸임[帶]하였다. 별도로 개성현령開城縣令을 두어 도성 밖의 일을 담당하게 하였다. 공민왕 5년(1356)에 윤은 종2품으로, 소윤은 정4품으로, 판관은 정5품으로, 참군은 정7품으로, 현령縣令도 정7품으로, 현승縣丞은 정8품으로 고쳐 정하였다.

공민왕 11년(1362)에 판부사判府事를 더 두었는데 역시 종2품이지만 반열의 차례는 윤尹보다 위였다. 공양왕 원년(1389)에 가옥家舍, 재물財物, 추배追倍 등에 관한 업무를 담당하게 하였다. 공양왕 2년(1390)에 (중국의) 응천부應天府가 중서성中書省에 직접 보고하는 예를 따라 개성부에서 도평의사都評議司에 직접 보고하도록 하고, 또 효자孝子, 조부모를 잘 받드는 손자[順孫]을 발탁해 임용하도록 하였으며, 의리 있는 남편[義夫]과 절개 있는 아내[節婦]들을 정문旌門을 세워 표창하도록 하였다. 크고 작은 학교들을 점검하고 살펴서 인재를 양성

하며, 악한 행위와 간사한 짓을 금하여 풍속을 바로잡도록 하였다. 또 농사, 양잠, 호적, 혼인, 토지, 조세 포탈, 묵은 빚 등 백성의 삶과 직접 관계되는 일을 담당하게 하였다.}

예문관藝文館

왕의 문서나 명령서를 짓는 일을 담당하였다. {태조대에 태봉의 제도를 그대로 따라서 원봉성元鳳省을 두었는데 그 뒤에 학사원學士院으로 고쳤고 한림학사翰林學士가 있었다. 현종대에 한림원翰林院으로 고쳤다. 문종대에 판원사判院事는 재신이 겸임하게 하고, 학사승지는 1인에 정3품으로 학사는 2인에 정4품으로 정하였다. 시독학사侍讀學士는 1인이고, 시강학사侍講學士도 1인이며, 직원直院은 4인인데 그 중 2인은 권무權務(임시직)로 하였고 의관醫官은 2명으로 정하였다. 예종 11년(1116)에 한림원의 관제를 정하여 학사승지와 학사는 모두 정3품으로, 시독학사 및 시강학사는 모두 정4품으로 하였고, 본원의 관직을 겸임한 모든 관원들은 반열에서 본품의 첫머리[行頭]에 서게 하였다. 또 여러 지제고知制誥들도 본품의 첫머리에 서게 하였다. 한림원과 보문각寶文閣의 관직에 있는 자가 겸임할 때는 '내지제고內知制誥'라고 하며 다른 관직에 있는 자가 겸임할 때에는 "외지제고外知制誥"라고 하였는데 후에 지제교知製敎로 고쳤다. 그 뒤 직원直院의 품계를 8품으로 올렸다. 고종 7년(1220)에 직원을 다시 권무權務로 하였다.

충렬왕 원년(1275)에 문한서文翰署로 고쳤다. 충렬왕 24년(1298)에는 충선왕이 직사관直史館 1인, 직문한直文翰 1인에게 격일로 문한서에 근무하도록 하였고 또 정방政房을 없애고 본서에서 인사를 주관하게 하였다. 얼마 후에 사림원詞林院으로 고치고 왕의 명령을 내고 들이는 임무를 맡기었다. 학사승지學士承旨는 종2품으로 올리고, 학사는 2인에 정3품으로, 시독학사와 시강학사는 각 1인에 종3품으로 하였으며, 정4품인 대제待制 1인을 새로 두었다. 얼마 후에 다시 문한서로 고쳤고 그 후에 학사를 사학司學으로 고쳤다.

충렬왕 34년(1308)에 충선왕이 문한서와 사관史官을 병합하여 예문춘추관藝文春秋館으로 하였고 아울러 우문관右文館, 진현관進賢館, 서적점書籍店을 여기에다 병합하였다. 대사백大詞伯은 3인에 종2품으로, 사백詞伯은 2인에 정3품으로, 직사백直詞伯은 2인에 정4품으로, 응교應敎는 2인에 정5품으로, 공봉供奉은 2인에 정6품으로 하였는데 이상은 모두

다른 관직에 있는 관원이 겸임하는 자리였다. 수찬脩撰은 2인에 정7품으로, 주부注簿는 2인에 정8품으로, 검열檢閱은 2인에 정9품으로 정하였다. 충선왕 3년(1311)에 사백詞伯을 제학提學으로 고쳤다. 충숙왕忠肅王 12년(1325)에 예문춘추관을 두 관館으로 나누고 예문관에는 수찬脩撰, 주부注簿 각 1인과, 검열檢閱 2인을 두었다. 그 후에 공봉供奉은 정7품으로, 수찬은 정8품으로, 검열은 정9품으로 고쳤다.

공민왕 5년(1356)에 다시 한림원으로 불렀고 학사승지는 정3품으로, 대제待制는 정5품으로, 공봉은 1인에 정7품으로, 검열은 1인에 정8품으로, 직원直院은 2인에 정9품으로 정하였다. 공민왕 9년(1360)에 대학사大學士 2인을 더 두었고 11년(1362)에는 다시 예문관藝文館이라 하고 대학사는 대제학大提學으로 고쳐 종2품으로 하였으며 정3품의 제학提學, 정4품의 직제학直提學, 정5품의 응교應敎를 두었다. 공봉은 그대로 정7품으로 하였으며 수찬脩撰은 정8품으로 하고 검열은 정9품으로 낮추었다. 공민왕 18년(1369)에 제학提學은 학사로 고쳤고, 21년(1372)에는 다시 제학으로 고쳤다. 공양왕 원년에 다시 병합하여 예문춘추관이 되었다.

이속은 문종대에 녹사 2인, 승사랑承事郎 2인, 대조待詔 2인, 기관 1인, 서수書手 1인을 두었다.}

춘추관春秋館

당대 정사의 기록을 담당하였다. {건국한 초기에 사관史館이라 불렀는데 감수국사監修國史는 시중侍中이 겸임하였고 수국사修國史 및 동수국사同修國史는 2품 이상 관원이 겸임하였다. 수찬관修撰官은 한림원의 3품 이하 관원이 겸임하였고, 직사관直史館은 4인으로 그 중 2명은 임시직[權務]이었다. 그 후 직관直館을 8품으로 올렸다. 고종대에 직관을 다시 권무관權務官으로 하였다.

충렬왕 34년(1308)에 충선왕이 사관을 문한서文翰署에다 병합하여 예문춘추관이 되었다. 충숙왕 12년(1325)에 예문춘추관을 두 관으로 나누고 춘추관春秋館에는 수찬脩撰, 주부注簿 각 1인, 검열檢閱 2인을 두었다. 그 후에 공봉供奉은 정7품으로, 수찬은 정8품으로, 검열은 정9품으로 고쳤다. 또 영관사領館事, 감관사監館事가 있었는데 수상首相이 이를

겸임하고 지관사知館事, 동지관사同知館事는 2품 이상의 관원들이 겸임하며 충수찬관充修撰官, 충편수관充編修官 및 겸편수관兼編修官은 3품 이하의 관원이 겸임하게 하였다.

공민왕 5년(1356)에 다시 사관史館이라 부르고 편수관 1인에 정7품을, 검열 1인에 정8품을, 직관直館 2인에 정9품을 두었다. 공민왕 11년에 다시 춘추관이라 부르고 공봉供奉은 정7품으로, 수찬은 정8품으로, 검열은 정9품으로 정하였다.

공양왕 원년에 사관史官 최견崔蠲 등이 상서上書하기를 "사관의 임무는 임금의 언행과 정사, 백관의 옳고 그름과 잘잘못을 모두 사실 그대로 써서 후세에 보여 주어 권장과 경계를 남기는 것입니다. 그러므로 예로부터 국가를 다스리는 자는 사관의 직책을 중하게 여겼습니다. 우리나라에서도 예문춘추관을 설치하고 학문이 있고 행실이 바른 자 8인을 뽑아 사관과 한림의 직무를 함께 맡게 하였으며 또 겸관을 두어 이들을 거느리게 하였으니 이것은 그 임무를 중요하게 여겼기 때문입니다. 근년에 와서 사관과 한림이 나뉘어 두 관이 되었고 겸임하는 관원들도 직무를 수행하지 않으며 공봉供奉 이하의 4명만이 이 일을 담당하고 있으므로 제대로 기록하지 못하니 이는 국가에서 사관史官을 둔 본래의 의도가 아닙니다. 원컨대 이제부터는 사관과 한림 8인이 그 직임을 함께 하여 각자 사초史草 두 부를 작성하고 임기가 차서 다른 관직으로 옮기면 한 부는 관館에 들이고 한 부는 집에 두어 나중에 상고할 수 있도록 해야 합니다. 겸관 중 충수찬관 이하는 각자 보고 들은 것을 바탕으로 기록하여 사초를 만들어 모두 사관史館에 보내도록 해야 합니다. 또 본관에서는 서울과 지방의 크고 작은 아문에 직접 공문을 보내 모든 시행한 일을 일일이 사관에 보고하게 하여 그것을 근거로 기록해야 합니다. 이 일을 길이 지켜야 항식恒式으로 삼으십시오." 하니 왕이 따랐다.

이속은 문종대에 서예書藝 4인, 기관 1인을 두었다.}

보문각寶文閣

{예종 11년에 궁궐 안에 청연각淸燕閣을 만들고 학사學士, 직학사直學士, 직각直閣 각 1인씩을 선발해 두고 아침저녁으로 경서經書를 강론講論하게 하였다. 학사는 종3품으로, 직학사는 종4품으로, 직각은 종6품으로 간주하였다. 또 교감校勘 4인을 두었는데 그 중

2인은 어서원御書院의 교감校勘으로 채우고, 2인은 직사職事에게 겸임하게 하였다. 얼마 후에 청연각이 궁궐 내에 있어서 학사들이 숙직하러 드나들기 어렵다고 하여 그 곁에 따로 각閣을 두고 관청의 명칭을 보문寶文으로 고쳤다. 대제待制를 더 두었는데 관직의 반열은 급사중給事中, 사인舍人과 같으며 왕이 금자金紫를 직접 주었다. 그와 함께 홍루紅樓 아래의 남쪽 월랑月廊을 수리하여 학사들이 모여 강론하는 건물로 삼고 왕이 그 이름을 '정의精義'라고 지어 주었으며 그 좌우는 휴식하는 장소로 삼았다. 그 선발에 든 자들은 모두 한시대의 호걸豪傑들이었다. 또 제거提擧, 동제거同提擧, 관구管句, 동관구同管句도 두었는데, 모두 중추원中樞과 내신內臣이 겸임하였다. 그 후에 대학사大學士 1인을 더 두었다. 의종 5년에 처음으로 문첩소文牒所를 보문각에 설치하고 문사文士 14인 및 보문각의 교감校勘에게 그 일을 전담하게 하였으며 사공司空 임광林光을 별감別監으로 삼았다.

충렬왕 원년(1275)에 보문서寶文署로 고쳤고, 24년(1298)에 충선왕이 동문원同文院에 병합하였다. 동문원은 문종대에 병과丙科 권무관權務官으로 만들어 사使는 1인에 3품인 관원이 겸임하고, 부사副使는 1인에 5품인 관원이 겸임하며, 녹사錄事는 4인으로 그 중 2인은 다른 관직에 있는 자가 겸임하였다. 충숙왕 원년(1314)에 심왕瀋王[9]의 명령[鈞旨]으로 다시 보문각을 설치하고 대제학大提學은 종2품으로, 제학은 정3품으로, 직제학은 정4품으로 정하였다.

공민왕 5년(1356)에 대제학을 대학사로 고치고 제학은 없앴으며 직제학은 직학사直學士로 고치고 정5품인 대제待制를 두었다. 공민왕 11년(1362)에 대학사를 다시 대제학으로 하고 제학을 다시 두었다. 직학사는 직제학으로 고치고 대제는 없앴으며, 정4품인 직각直閣을 두었다. 공민왕 18년(1369)에 제학을 다른 관직처럼 학사로 고치고 직각은 없앴으며 정5품인 응교應敎를 두었다. 공민왕 21년(1372)에 다시 11년의 관제를 썼다.

충렬왕 이후로 보문각은 다만 그 이름만 있었는데 충목왕忠穆王이 즉위한 초기에 대신大臣이 서연관書筵官을 두고 네 번番으로 나누어 격일로 모시고 시독侍讀하게 할 것을 청

9 고려 후기 심주瀋州·요양遼陽의 고려인들을 통치하기 위해 원元에서 고려의 왕족에게 수여한 봉호封號로 여기서는 충선왕을 가리킨다.

하였다. 공민왕 원년(1352)에 서연書筵을 열었는데 역시 번番을 나누어 입시하게 하였다. 신우 원년(1375)에는 5품 이하의 4인을 시학侍學으로 삼아 두 번番으로 진강進講하게 하였는데 이들이 임기가 다하면 4품으로 올려주었다. 공양왕 2년(1390)에 경연經筵으로 고치고 영경연사領經筵事, 지경연사知經筵事 및 강독관講讀官을 두었다.}

여러 관전[諸館殿] 학사學士의 폐치 연혁

설치와 폐지에 관한 내력은 자세히 알 수 없으나 모두 문관 중에 재주와 학식이 있는 자들을 선발하여 그 벼슬을 겸임하게 하여 시종侍從에 대비하게 하였다. {성종 14년(995)에 숭문관崇文館을 홍문관弘文館으로 고치고 학사學士를 두었다. 문종대에 관제를 정할 때 모든 전殿들의 대학사大學士는 관질을 종2품으로, 학사는 정4품으로 하였다. 예종 11년(1116)에 조서를 내려 모든 전의 학사는 본직 관품의 첫머리[行頭]에 서게 하였다. 인종 14년(1136)에 문덕전文德殿을 수문전修文殿으로, 연영전延英殿을 집현전集賢殿으로 고쳤다. 문덕전과 연영전에는 예전에 대학사, 학사가 있었는데 이제 전의 이름이 바뀜에 따라 벼슬 이름도 고쳐서 부르게 하였다. 신종 2년(1199)에 모든 학사의 관직을 가진 자들은 시신侍臣의 반열班列에 참여할 수 있도록 하였다. 이전의 제도는 비록 학사의 직을 겸임하더라도 대간臺諫, 지제고知制誥가 아니면 시종이 될 수 없게 하였는데 이때에 중서성中書省에서 아뢰어 고쳤다.

충렬왕 24년(1298)에 충선왕이 홍문관弘文館과 학사學士, 직학사直學士를 두고 또 숭문관崇文館과 학사를 다시 두었다. 이에 따라 수문전修文殿을 수문관으로 고쳤고 얼마 안 되어 다시 전으로 고쳤다. 충렬왕 29년(1303)에 학사를 사학司學으로 고쳤다가 그 후에 모두 없앴고 우문관右文館과 진현관進賢館을 설치하였다. 충렬왕 34년(1308)에 우문관과 진현관을 문한서文翰署에 병합하였으며 얼마 후에 다시 우문관을 설치하였는데 대제학은 정2품으로, 제학은 정3품으로, 직제학은 정4품으로 두었다. 진현관을 다시 설치하고 대제학은 종2품으로 정하였으며 제학, 직제학은 우문관과 같게 하였다. 공민왕 5년(1356)에 우문, 진현의 두 관을 폐지하고 수문전, 집현전을 설치하였는데 대학사와 직학사를 두었다. 공민왕 11년(1362)에 다시 우문관과 진현관을 설치하고 대제학, 제학, 직제학을

두었다. 공민왕 18년(1369)에는 다시 수문전과 집현전을 설치하였고 이전의 예에 따라 제학은 학사로 고쳤다. 공민왕 21년(1371)에 또다시 우문관과 진현관을 설치하고 학사는 제학으로 고쳤다.}

성균관成均館

유학을 가르치는 임무를 맡았다. {성종대에 국자감國子監을 설치하였는데 국자사업國子司業·박사博士, 조교助教, 대학박사大學博士·조교, 사문박사四門博士·조교助教가 있었다. 문종대에 정한 관제에는 제거提擧, 동제거同提擧, 관구管句 각 2인과 판사判事 1인은 모두 다른 관직에 있는 관원이 겸임하도록 하였다. 좨주祭酒는 1인에 종3품, 사업司業은 1인에 종4품, 승丞은 종6품, 국자박사는 2인에 정7품, 대학박사는 2인에 종7품, 주부注簿는 종7품, 사문박사는 정8품, 학정學正 2인과 학록學錄 2인은 모두 정9품, 학유學諭 4인과 직학直學 2인, 서학박사書學博士 2인과 산학 박사算學博士 2인은 모두 종9품으로 정하였다. 예종 11년(1116)에 판사判事를 대사성大司成으로 고치고 종3품으로 하였으며, 좨주는 정4품으로 낮추었다.

충렬왕 원년(1275) 국학國學으로 고치고 그와 함께 좨주는 전주典酒로, 사업은 사예司藝로 고쳤다. 24년(1298)에 충선왕이 성균감成均監으로 고치고 대사성을 정3품으로 올렸으며, 전주는 좨주로, 사예는 사업으로 다시 고쳤다. 또 국자박사는 성균박사成均博士로 고치고 명경박사明經博士와 명경학유明經學諭를 더 두었다. 34년(1308)에 충선왕이 성균관成均館으로 고치고 관원을 조정하였는데 좨주는 1인에 종3품으로, 악정樂正은 1인에 종4품으로, 승丞은 1인에 종5품으로, 성균박사는 2인에 정7품으로, 순유박사諄諭博士는 2인에 종7품으로, 진덕박사進德博士는 2인에 종8품으로, 학정學正과 학록學錄은 각 2인에 모두 정9품으로, 직학直學 2인과 학유學諭 4인은 모두 종9품으로 정하였다. 그 후에 다시 정3품인 대사성을 두었고 악정은 사예司藝로, 승은 직강直講으로 고치고 진덕박사는 정8품으로 올렸다.

공민왕 5년(1356)에 다시 국자감으로 부르고 대사성은 정3품으로, 좨주는 종3품으로, 사업은 종4품으로, 직강은 종5품으로, 국자박사는 정7품으로, 대학박사는 종7품으로, 사문四門박사와 명경明經박사는 모두 정8품으로, 율학律學 박사는 종8품으로, 학정과 학록

은 정9품으로, 직학直學·학유學諭·서학書學박사·명경학유明經學諭·산학算學박사·율학조교律學助敎는 종9품으로 정하였다. 공민왕 11년(1362)에 다시 성균관이라 부르게 하고 사업은 사예로, 국자박사는 성균박사로 고쳤으며, 사문박사는 순유諄諭박사로 고치고 종7품으로 올렸다. 공민왕 18년(1369)에는 좨주祭酒를 사성司成으로 고쳤다.

이속은 문종대에 서사書史 2명과 기관記官 2명을 두었다.}

전교시典校寺

경서를 비롯한 서적과 축문, 제문[疏文]을 담당하였다. 건국한 초기에 내서성內書省이라 불렀다. 성종 14년(955)에 비서성祕書省으로 고치고 감監, 소감少監, 승丞, 낭郞, 교서랑校書郞, 정자正字를 두었다. 문종대에 판사의 관질을 정3품으로 정하였다.{문종 5년(1051)에 내사문하성에 아뢰기를 "여러 사司의 판사는 본래 모두 임시로 겸임[權帶]였는데 요즘은 모두 녹관祿官이 되어 옛 제도에 어긋나니 고치시기 바랍니다." 하였으므로 왕이 따랐다.} 충렬왕 34년(1308)에 충선왕이 전교서典校署로 낮추고 예문관의 관할이 되게 하였다. 그 후에 전교시로 올렸다.

통례문通禮門

조회朝會와 의례儀禮에 관한 일을 맡았다. 목종대에 합문閤門이 있었는데 여기에 사使, 부사副使, 지후祗候가 있었다. 예종 11년(1116)에 조서를 내려 지합문사知閤門事가 본품의 첫머리[行頭]에 서게 하였다. 신종 5년에 지후祗候와 문리文吏 각 3인씩을 참질參秩로 올렸다. 충렬왕 원년(1275)에 통례문으로 고쳤고 24년(1298)에 충선왕이 다시 합문閤門으로 고치고 판사 이하의 모든 관직은 옛 제도로 되돌렸다.

전의시典儀寺

제사祭祀, 시호諡號를 주는 것에 관한 일을 맡았다. 목종대에 태상경太常卿, 소경少卿이 있었다.

종부시宗簿寺

왕실의 집안[族屬] 족보에 관한 일을 맡았다.

위위시衛尉寺

의례 때에 쓰는 물건과 기계에 관한 일을 맡았다.

사복시司僕寺

왕이 타는 수레와 말, 마구와 목장에 관한 일을 맡았다.

예빈시禮賓寺

외국 사신을 맞이하고 연회를 베푸는 일을 맡았다. 태조 4년(921)에 예빈성禮賓省을 두었다. 성종 14년(955)에 객성客省으로 고쳤다.

전농시典農寺

제사에 쓰는 곡물[粢盛]을 공급하는 일을 맡았다. 목종 때에 사농경司農卿이 있었는데 후에 없앴다. 충선왕이 전농사典農司를 설치하였는데 그 관서의 관원 중 지방에 사신으로 파견되는 자는 무농염철사務農鹽鐵使라 불렀다. 오래지 않아 저적창儲積倉으로 고쳤다. 공민왕 5년(1356)에 다시 사농시司農寺를 설치하였다.

내부시內府寺

재물財貨와 창고 저장[廩藏]에 관한 일을 맡았다. 문종이 태부시太府寺의 관제를 정하였다.

소부시小府寺

공예품[工技]과 보물 창고[寶藏]에 관한 일을 맡았다. 태조대에 태봉의 제도를 따라서 물장성物藏省을 설치하였는데 영令, 경卿이 있었다. 광종 11년(960)에 보천寶泉으로 고쳤고 그 후에 소부감小府監으로 고쳤다.

군자시軍資寺

군수품의 비축에 관계되는 일을 맡았다. 공양왕 2년(1390)에 소부시小府寺를 혁파하고 군자시를 설치하였다. 또 전수도감轉輸都監을 없애고 거기서 관리하던 돈과 곡식과 문서를 모두 군자시에 맡겼다.

선공시繕工寺

토목 공사와 건축과 수리에 관한 일을 맡았다. 목종대에 장작감將作監이 있었다. 충렬왕 34년(1308)에 충선왕이 선공사繕工司로 고치고 소부시, 궁궐도감宮闕都監, 창고도감倉庫都監, 연등도감燃燈都監, 국신國贐을 여기에 병합하였다. 공양왕 원년(1389)에 조준趙浚이 선공시가 업무는 많은데 관원이 적으니 중방重房의 상장군上將軍, 대장군大將軍, 낭장郎將, 별장別將이 판사 이하의 관직을 겸임하게 하자고 건의하였다.

사재시司宰寺

물고기를 잡는 어장[魚梁]과 하천 및 호수에 관계되는 일을 맡았다. 충렬왕대에 사진감司津監으로 고쳤고 또 도진사都津司로 고쳤다.

사수시司水寺

병선兵船과 수군에 관한 일을 맡았다. 충선왕대에 도부서都府署를 도진사都津司의 관할 기관으로 만들었다. 공양왕 2년(1390)에 도부서를 폐지하고 사수서司水署로 하였다가 얼마 후에 사수시로 바꾸었다. 공양왕 3년(1391)에 도당都堂(도평의사사)에서 왕에게 아뢰어 청하기를 "사수시에 한漢나라 도선령都船令의 예에 따라 도선지유都船指諭를 두고 또 제齊나라 관선전군官船典軍의 예에 따라 관선전군을 두십시오." 하니 왕이 따랐다.

군기시軍器寺

병기兵器를 만드는 일을 맡았다. 공양왕 원년(1389)에 조준趙浚이 군기시가 업무는 많은데 관원은 적으니 중방의 상장군, 대장군, 낭장, 별장에게 판사 이하의 관직을 겸임

하게 하자고 건의하였다.

서운관書雲觀

천문을 관측하고, 역서曆書를 편찬하며, 날씨를 살피고, 시각을 맡아보았다. 건국한 초기에 태복감太卜監과 태사국太史局으로 나뉘었는데 태사국에는 영令, 승丞, 영대랑靈臺郞, 보장정保章正, 설호정挈壺正, 사신司辰, 사력司曆, 감후監候가 있었다. 태복감을 사천대司天臺로 고쳤다.

전의시典醫寺

의약과 치료를 맡았다.

○ '시寺'라고 부른 곳은 모두 관질이 정3품인데 다만 소부시와 선공시, 군기시, 전의시는 관질이 종3품이었다.

통문관通文館

충렬왕 2년(1276)에 처음으로 설치하였고 금내학관禁內學官 등의 참외參外(관질 7품 이하)의 관원이면서 나이가 40살 미만되는 자들에게 한어漢語[10]를 배우게 하였다. {금내학관은 비서秘書, 사관史館, 한림翰林, 보문각寶文閣, 어서원御書院, 동문원同文院이다. 식목도감式目都監, 도병마都兵馬, 영송도감迎送都監를 합쳐서 금내 9관禁內九官이라고 하였다.} 당시에 통역관[舌人]들이 대개 미천한 신분 출신으로 통역하여 전달할 때 있는 대로 하지 않고 간사한 생각으로 자신의 이익을 취하는 경우가 많았다. 그리하여 참문학사參文學事 김구金坵가 통문관을 설치하자고 건의하였다. 그 후에 사역원司譯院을 설치하여 외국어의 번역과 통역에 관한 일을 맡게 하였다.

10 원래 중국어를 가리키는 말이지만 당시는 몽골어를 말한다.

침원서寢園署

종묘宗廟를 지키는 일을 맡았다. 문종대에 태묘서太廟署를 종5품 관원의 관청으로 정하였다.

제릉서諸陵署

왕과 왕비의 능을 수호하는 일을 맡았다.

사온서司醞署

술과 감주를 공급하는 일을 맡았다. 문종대에 관제를 정할 때 양온서良醞署는 영令 2인에 정8품으로 하였다.

사선서司膳署

선수膳羞(귀한 음식)를 공급하는 일을 맡았다. 문종대에 관제를 정할 때 봉어奉御 1인에 관질은 정6품으로 정하였다.

봉의서奉醫署

왕이 쓸 약[御藥]을 조제하는 일을 맡았다. 공양왕 3년(1391)에 전의시典醫寺에 병합하였다.

장복서掌服署

왕이 입을 옷[御衣]을 공급하는 일을 맡았다. 공양왕대에 공조工曹에 병합하였다.

사설서司設署

행사 때 장막을 치고 자리를 마련하는 일을 맡았다.

봉거서奉車署

궁궐 안의 말과 마구간을 맡았다. 공양왕 3년(1391)에 중방重房에 병합하였다.

공조서供造署

왕이 쓰는 기물과 장식품을 맡았다.

경시서京市署

시전市廛을 감독하는 일을 맡았다. 문종대에 영令 1인에 정7품으로 정하였다.

선관서膳官署

제사와 연회의 음식물[饌膳]을 대는 일을 맡았다. 문종대에 영 2인에 종7품으로 정하였다.

장야서掌冶署

금속을 녹여서 물건을 만드는 일을 맡았다. 공양왕 3년(1391)에 공조工曹에다 병합하였다.

도교서都校署

물건 만드는 일을 맡았다. 문종대에 영 2인에 종8품으로 정하였다.

전악서典樂署

음악을 가르치고 훈련하는 일을 맡았다. 문종대에 영 1인에 관질은 종7품으로 정하였다. 충선왕대에 전악서로 고치고 자운방紫雲坊에 속하게 하였다. {자운방도 이 해에 설치되었는데 제점提點이 1인에 정5품이고, 사使도 1인에 정5품이며 부사는 2인에 정6품, 판관은 2인에 정7품이었는데 얼마 후에 없앴다.} 공양왕 3년(1391)에 따로 아악서雅樂署를 설치하여 종묘宗廟에서 쓰는 음악과 노래를 익히게 하였다.

내원서內園署

정원의 관리를 맡았다.

공역서供驛署

도로와 역驛의 관리를 맡았다.

전구서典廐署

가축을 관리하는 일을 맡았다.

장생서掌牲署

제사에 바칠 짐승인 희생犧牲을 드리는 일을 맡았다. 문종대에 영 1인을 두었는데 관질은 종8품이었다.

도염서都染署

염색色染하는 일을 맡았다. 문종대에 영 1인에 관질은 정8품으로 정하였다.

잡직서雜織署

옷감 짜는 일을 맡았다.

사의서司儀署

의례儀禮를 이끄는 일을 맡았다.

수궁서守宮署

왕이 쓸 장막帳幕을 공급하는 일을 맡았다.

전옥서典獄署

감옥에 갇힌 죄인들에 관한 일을 맡았다. 건국한 초기에 처음 전옥서를 설치하였다. 성종 14년(955)에 대리시大理寺로 고쳤는데 평사評事가 있었다. 문종대에 다시 전옥서로 고쳤다.

대창서大倉署

문종대에 영은 2인에 관질은 종 7품으로 정하였다.

대영서大盈署

풍저창豊儲倉

궁궐에 올리는 쌀 창고를 맡았다. 문종 때에 개경에 좌·우창이 있었는데 왕을 가까이 모시는 관원이 별감이 되었다. 충선왕대에 우창을 풍저창으로 고치고 관질이 정5품인 사使 1인을 두었다.

광흥창廣興倉

관리들의 녹봉錄俸에 관한 일을 맡았다. 충렬왕 34년(1308)에 충선왕이 좌창左倉을 광흥창으로 고쳤다.

요물고料物庫

왕실의 창고와 곡물에 관한 일을 맡았다. 충선왕 2년(1310)에 비용사備用司를 요물고로 고치고 관질이 종5품인 사使를 두었다.

의영고義盈庫

충렬왕 34년(1308)에 충선왕이 관질이 종5품인 사使 1인을 두었다.

장흥고長興庫

충렬왕 34년(1308)에 충선왕이 태부상고太府上庫를 장흥고로 고치고 사使 1인을 두었다.

상만고常滿庫

충선왕이 태부하고太府下庫를 상만고로 하고 사使 1인을 두었다.

내고內庫

문종대에 사使 1인을 두었는데 관질은 종6품이었다.

내방고內房庫

충선왕 원년(1309)에 운진창雲臻倉을 부흥창富興倉에다 합쳤고 얼마 후에 의성창義成倉으로 고치고 사使를 두었는데 관질은 종5품이었다.

덕천고德泉庫

충선왕 때에 덕천창德泉倉이 있었고 사使의 관질은 종5품이었다.

의염창義鹽倉

공민왕대에 승丞을 두었는데 관질은 종7품이었다.

상적창常積倉

충렬왕 34년(1308)에 충선왕이 처음으로 설치하였는데 사는 1인에 정 5품이었다.

보흥고寶興庫

충숙왕 후後8년(1339)에 충혜왕이 개인적으로 설치하였다. 충혜왕 후後 4년(1343)에 유비창有備倉을 없애고 보흥고에 합쳤다. 충목왕忠穆王이 보흥고를 없애고 모은 토지와 노비는 원래 있던 곳에 돌려주었다. {유비창有備倉에는 종5품인 사使와 종 6품인 부사가 있었다.}

전해고典廨庫

가각고架閣庫

서적과 문서를 보존하는 일을 맡았다.

혜제고惠濟庫

의제고義濟庫

공민왕 10년(1361)에 영令을 두었는데 관질은 종7품이었다. 공양왕 3년(1391)에 혜제고에 병합되었다.

자섬사資贍司

충렬왕 34년(1308)에 충선왕이 제용사濟用司를 설치하고 지사 2인을 두었는데 관질은 정5품이었다.

보원해전고寶源解典庫

공민왕 18년(1369)에 사使를 두었다. 공양왕 3년(1391)에 공판서供辦署[11]와 제용고濟用庫를 본고本庫에 병합하였다.

대청관大淸觀

충선왕대에 판관判官을 두었는데 관질은 종9품이었다. 큰 깃발인 독纛을 보관하는 일을 주관하였다. 모든 출정의 경우 반드시 대청관에서 군신軍神에게 제사를 지냈다. 공민왕이 홍건적을 토벌하려 할 때 큰 독기를 만들고 이를 맡을 관원을 두었는데 독치纛赤이라 하였다. 신우 3년(1377)에 독치를 매번 인사가 있을 때마다 서용하는 것이 그 폐단이 작지 않다고 하여 없앴다.

5부五部

태조 2년에 세웠다. 문종대에 관제를 정할 때 5부에 4품인 사使 1인을 두는 것으로

11 『휘찬여사』에는 공변서供辨署로 되어 있다.

정했다.

연경궁제거사延慶宮提擧司

문종대에 연경궁에 사使 1인 두는 것으로 정했다.

액정국掖庭局

건국한 초기에 액정원掖庭院이라 불렀다. 또 전전승지殿前承旨, 부승지副承旨, 상승내승지尙乘內承旨, 상승부내승지가 있었는데 남반南班[12]이 처음 벼슬하는 통로였다. 예종 11년(1116)에 전전승지를 삼반봉직三班奉職으로, 부승지를 삼반차직三班借職으로, 상승내승지를 삼반차사三班差使로, 상승부내승지를 삼반차차三班借差로 고쳤다. 충렬왕 4년(1278)에 김주정金周鼎이 내료內寮[13]들이 모두 왕에게 아뢸 수 있게 해서는 안 된다고 건의하여 알맞은 사람을 선발해 신문색申聞色으로 삼았다.{내료 중에 왕의 명령을 전달하는 자를 '사辭'라 부르고 문의 열쇠를 맡은 자를 '금직金直'이라 불렀는데 어느 시기에 시작되었는지 알 수 없다.} 충렬왕 34년(1308)에 충선왕이 내알사內謁司로 고치고 정3품인 백伯 2인을 두었다.

내시부內侍府

공민왕 5년(1356)에 환관들의 관직을 고쳐 내첨사內詹事, 내상시內常侍, 내시감內侍監, 내승직內承直, 내급사內給事, 궁위승宮闈丞, 해관령奚官令을 두었다. 그 후에 내시부內侍府를 설치하고 그 관질을 개성부開城府에 준하게 하여 판사는 1인에 정2품이었다.

---

12 고려시대 국왕의 시위, 왕명의 전달, 의장儀仗 등의 일을 맡아 보던 내관직이다.

13 궁궐에서 명령을 전달하고 잡무에 종사하던 관리들을 일컫는다.

| 휘찬여사 권16 |

식화지

휘찬여사 권16

식화지食貨志

(식화지론食貨志論)

대체로 들으니 나라가 흥성할 때에는 법은 간단하고 일은 줄이는 까닭에 그 백성에게 취하는 것도 가볍다. 백성에게 취하는 것이 가벼우면 백성이 잘 살게 되고 전야田野가 개척되니 재화가 이루 다 쓸 수 없을 정도이다. 재화가 이루 다 쓸 수 없을 정도로 많고 쓰임에도 절도가 있으면 그 나라는 날로 부유해진다. 온 나라 사람이 모두 넉넉하면 예속禮俗이 일어나 행해진다.

그런데 이미 부유해지게 되면 생물의 이치는 차고 비고 성하고 쇠하는 변화가 없을 수 없으니, 이에 재화는 날로 소모되는 데로 이르며 인심은 날로 교만하고 사치한 데로 나아간다. 마치 제방이 뚫리고 강이 무너지면 막을 수가 없게 되는 것과 같다. 매일 소모되는 재화로 끝없는 욕심을 채우려면 쓰임을 절제할 수 없게 된다. 쓰임을 절제할 수 없게 되면 백성에게 취하는 것도 무거워지고, 백성에게 취하는 것이 무거워지면 백성이 흩어져 달아나는 자가 많아지고 전야도 날로 황무지가 되어 버려 그 나라는 반드시 가난하게 된다.

나라가 가난하게 되면 약해지고 기강은 떨쳐지지 않아서 선왕先王의 법이 무너지게 되어 안으로는 권호權豪가 좀먹고 도둑질하며 잠식하고, 밖으로는 이웃 적들이 무력으로 침입하여 물어뜯게 되며, 온갖 폐단이 한꺼번에 일어나 그 사단이 끝이 없어서 이루 다 막을 수 없을 정도가 된다. 이에 일은 줄일 수 없게 되고, 일을 줄일 수 없게 되면 법을 만들어서 다방면으로 백성에게 취하므로 법은 갈수록 번다해지고 백성은 갈수록 곤궁해진다. 곤궁해짐이 더해져 극도에 달하면, 나라의 형세는 지탱할 수 없게 되어 망하는 데에 이르게 된다. 이것이 천하와 국가를 차지한 자의 공통된 근심거리이다.

무릇 이와 같으면 입법立法을 잘 하였더라도 이를 잘못 계승하게 되는데, 하물며 처음의 입법을 잘못하였다면 어떠하겠는가. 중국도 그러한데 하물며 우리나라같이 조그마한 나라에서랴.

우리나라[三韓] 땅은 사방에서 배와 수레가 모두 모여드는 곳이 아니므로 물산이 풍부하지도 않고 화식貨殖하는 이익도 없다. 그리하여 나라의 재용財用이나 백성의 산업은 오로지 지력地力에만 의지할 뿐이다. 그런데 압록강 이남 지방은 대체로 모두 산지여서 100리 정도 넓이의 평야 지대가 없는 데다 험준한 산지와 들쭉날쭉한 해안 지대여서 영세하고 척박하여 평년[中歲]에 경작하는 것이 60만 결을 넘지 못한다. 2결은 1경頃에 해당하니 겨우 중국 큰 고을[大州]의 30만 경에 견줄 수 있을 뿐이다. 그러므로 경계經界가 바르지 않으면 그 이해利害가 중국에 비하여 훨씬 더하게 되니 삼가지 않을 수 있겠는가.

고려는 대략 당나라 제도를 모방하여 문무백관이나 부위府衛의 군사들과 이서吏胥들로서 국역國役을 가진 자는 모두 토지를 주었다. 그러나 당나라는 백성에게 구분전口分田을 주어서 여기에서 조租·용庸·조調를 거두어들이는 법이었는데,[1] 이는 세록世祿의 뜻은 아니었다. 고려에서는 토지를 받은 자는 모두 세금이 없었다. 백관에 이르러서는 녹봉 외에 별도로 토지를 주었으니 이는 모두 당나라 제도가 아니다.

무릇 작위爵位는 세습할 수 없는 것이다. 그런데 역을 담당하는 자가 혹은 연립連立할 정丁이 있거나[2] 혹은 정丁이 없더라도 작위를 이어받았다. 역을 담당하는 자는 무궁한데 토지는 제한되어 있다. 일찍이 토지를 받은 자가 사망하면 관에 반납할 수가 없

---

1 당나라에서는 18세 이상 59세까지의 정남丁男에게 구분전口分田 80무畝, 세업전世業田(당 태종이 죽은 이후에 세世자를 피해 영업전永業田이라 함) 20무, 도합 100무를 공평히 분배하고, 그 토지를 지급받은 백성에게는 조·용·조를 부담하게 하였다. 본인이 사망하면 구분전은 국가에 반납하고 영업전은 자손 상속이 가능하였다.

2 전시과田柴科 제도에서 과전科田은 본인 당대에 한하여 지급되고, 본인이 사망하면 국가에 일단 환수하도록 되어 있었다. 따라서 수전자가 사망한 뒤에는 그 유가족들에 대한 생계대책이 필요하였으므로, 공음전시과功蔭田柴科나 한인전閑人田·구분전 등을 통해 아직 사환仕宦하지 못한 5품 이상의 자식이나 연립할 자손이 없는 양반·군인의 처와 형제가 없이 고아로 남게 된 양반의 미가녀자未嫁女子에 대하여 일정한 액수의 토지를 지급하였다.

는데, 또 그 부인이나 딸이 벼슬한 사람과 혼인토록 하여 이것을 법으로 만들었으니,[3] 분할된 시일의 오래되고 짧은 것이나 곡절의 자질구레하고 번잡함은 이루 헤아릴 수 없을 정도이다. 요컨대 오래 행할 수 없었으니, 이것은 그 입법立法을 잘하지 못하였기 때문이었다.

그 개국한 처음에는 인심이 질박하고, 위에서는 어진 임금이 절약하고 검소하며 밑에서는 재화가 충만하였으며, 변경은 편안하니 정치는 간단하고 일은 줄어들어 법이 비록 좋지는 않더라도 폐단이 일어나지 않았다. 중세中世 이래 국가가 다사다난하여 권간權姦이 안에서 갉아먹고 강국強國이 밖에서 재물을 강제로 빼앗으면서 가가호호에 추렴하는데 거두어들이는 세금에 온갖 명목을 끌어대었다. 호구 수는 날로 줄어들고 나라의 힘은 갈수록 약해졌다. 이때에 바야흐로 전제田制가 크게 무너져 전시과田柴科가 폐해지고 사전私田으로 되어버렸다. {오직 서북면西北面과 동북면東北面에만 사전私田이 없었다.}

권세 있고 힘 있는 자들은 토지가 산기슭이나 밭두둑[阡陌]으로 연달아 있으면서도 왕세王稅를 내지 않았다. 그러나 양민良民들로 부역을 제공하는 자들은 치우치게 그 해를 당하였다. 그러니 어찌 무너지고 어지러워져서 수습할 수 없게 되어 망하는 데에 이르지 않을 수 있었겠는가? 그러므로 전법田法의 폐단이 고려 때만큼 심하였던 적이 없었다. 판적版籍과 화폐貨幣 및 염법鹽法과 상평常平과 같은 따위는 모두 한결같은 법이 없어서 폐해졌다가 복구되기를 반복하였으나 마침내 능히 행해지지 못하였다. 그리고 식화食貨의 출입出入 제도는 여러 차례 병란을 겪으면서 갖추어 참고할 것이 없다. 지금 대략 사적에 보이는 것들을 모아서 식화지를 짓는다.

---

3 전시과 제도에서는 직역이 승계되지 않을 경우에 전정은 연립되지 않는 대신 구분전을 지급하였다. 그러므로 여기에서는 종사從仕를 벼슬살이보다는 토지를 승계하는 뜻으로 봐야할 듯하다.

전제田制 {경리經理, 전시과田柴科, 공음전시功蔭田柴, 공해전시公廨田柴, 녹과전祿科田, 답험손실踏驗損實, 조세租稅, 공부貢賦}

경리經理

○ 태조太祖 23년(940)에 처음으로 역분전役分田을 정하였다. 삼국을 통합하는 시기였기 때문에 조정 관료들과 군사들에게 그 관계官階의 높고 낮음은 논하지 않고, 그 사람의 성품과 행동[性行]의 착하고 악함과 공로가 크고 적음을 참작하여 토지를 차등이 있게 주었다.

○ 경종景宗 원년(976)에 직관職官[4]과 산관散官[5]의 각품各品에 대한 전시과를 비로소 정하였는데, 역시 인품人品으로 등급을 결정하였다. 자삼紫衫 이상은 18품品으로 나누었다. 문반文班 단삼丹衫 이상은 10품으로 나누었다. 비삼緋衫은 8품으로 나누었다. 녹삼綠衫 이상은 10품으로 나누었다. 잡업雜業과 무반武班은 혹은 10품으로 나누기도 하고 5품으로 나누기도 하였다. 이하以下의 잡직 관리[雜吏]는 각각 인품에 따라서 차이를 두고 나누어 주었다. 자삼紫衫 1품은 전田 110결, 시柴 110결이고, 단삼丹衫 1품은 전과 시를 합쳐 120결이다.[6] 이로부터 모두 5결씩 차례로 내려 계산한다.

○ 목종穆宗 때에 처음으로 양반兩班의 위차에 따라 (전시과를) 개정하여 18과科로 하였다.

○ 문종文宗 30년(1076)에 양반 전시과를 다시 개정하였다. 제1과는 전田 100결, 시柴 50결이며, 이로부터 제18과에 이르는데, 제18과는 전 17결이다. 이를 과전科田이라 한다.

○ 개국 공신開國功臣 및 문무 양반 5품 이상은 각각 그 관품에 따라 토지를 주어 자손 대대로 이어받도록 하였는데, 이를 공음전시功蔭田柴라고 한다.

○ 성종成宗 2년(983)에 주州・부府・군郡・현縣・관館・역驛의 전田(공해전)을 정하였다.

---

4 일정한 직무를 맡고 있는 현직 관원.

5 일정한 직무 없이 관리의 등급[관계官階]만 가지고 있는 관원.

6 전田은 65결이고 시柴는 55결이었다.

대주大州는 공수전公須田[7] 300결, 지전紙田[8] 15결, 장전長田[9] 5결이며, 그 다음은 공수전 150결이다. 또 그 다음은 공수전 70결이다. 향鄕・부곡部曲・대로역大路驛・중로역中路驛도 각각 차례대로 토지를 지급받았다. 이를 공해전公廨田이라 한다.

○ 원종元宗 12년(1271)에 관료들의 봉록俸祿을 주지 못하자 경기京畿 8현縣에 있는 토지를 품계에 따라서 나누어 주었다. 이를 녹과전祿科田이라 한다.

○ 요물고料物庫에 딸린 공상供上 토지 360개 처處를 장전庄田이라 한다.

○ 백관百官과 군사가 토지를 반납한 후에 수절[守信][10]하는 부인과 혼인하지 않은 자녀에게 주는 토지를 구분전口分田이라 한다.

○ 토지를 받을 자의 재예才藝를 시험하여 (합격한 자에게는) 20세가 되면 토지 10결을 받고 60세가 되면 관청에 반납하게 하는데 이를 군전軍田이라 한다.

○ 외국인으로 우리나라에 귀화하여 온 자에게 땅을 주어 그 생전에 받아먹게 하는 것을 투화전投化田이라 한다.

○ 유수留守・주州・부府・군郡・현縣의 이속들과 원직院直 및 관직館直들은 모두 구분전口分田을 주는데, 이를 외역전外役田이라 한다.

○ 성황城隍(서낭당)・향교에 딸린 지장紙匠・묵척墨尺(먹을 만드는 장인)・수급水汲(물을 긷는 관청의 여자 종)・도척刀尺(희생 동물을 도살하는 자)에게 나누어 주는 토지를 위전位田이라 한다.

○ 백성百姓으로 등록되어 차역差役을 담당하는 자에게는 토지 1결을 주는데, 이를 대전代田[11]이라 한다.

○ 마위馬位[12]에 주는 토지는 역전驛田이라 한다.

---

7 지방 관청의 경비를 위해 지급하던 토지로 공수위전公須位田이라고도 한다.

8 지방 관청의 문구용품 경비를 마련하기 위해 지급했던 토지.

9 향리의 수장인 호장戶長의 직전職田으로 보는 견해와 호장에게 직무 수당을 주기 위한 재원財源으로서의 토지로 보는 견해가 있다.

10 절개를 지키고 재혼再婚하지 않는 것을 말한다.

11 백정 대전白丁代田이라고 하는데, 백정은 군역軍役・역역驛役 등과 같은 특정한 직역職役을 부담하지 않고 주로 농업에 종사하던 농민층을 가리킨다.

12 역마驛馬를 기르기 위한 재원財源으로 설치된 토지로 마위전馬位田 또는 마분전馬分田이라고도 한다.

○ 유수留守·목牧·도호都護·지관知官[13]과 감무監務[14]는 품계에 따라서 정하는데, 그 지역의 인구수에 의하여 (차등을 두어) 토지를 주는데 이를 외록전外祿田이라고 한다.

○ 대개 태조가 토지를 나눈 이래로 여러 차례 전제田制를 고쳤다. 중세中世 이후로 명칭이 번다하여 이루 다 기록할 수 없다. 이것이 그 전법田法 명칭의 대강이다.

○ 토지를 받은 모든 자는 본인이 죽으면 관청에 토지를 반납해야 하나 그 자식이 입사入仕하지 않았으면 아비의 토지를 나누어 받았다. 이미 입사하였으면 각각 그 과科에 따라 토지를 받았다. 부인과 딸은 결혼하면 구분전을 거두어들였다. 음전蔭田을 받은 자는 아들이 비록 죄가 있더라도 그 손자에게 주었다. 부병府兵과 직역職域을 부담하는 사람은 그 아들에게 전해주고, 아들이 없는 사람은 친척이나 사위가 있으면 전정田丁을 체립遞立[15]토록 하였다.

○ 토지를 지나치게 많이 받은 사람은 토지를 반납하게 하고 사실대로 하지 않은 자는 모두 죄를 주도록 하였다. 공문公文을 작성하지 않은 자, 복역에 성실히 하지 않는 자, 동성同姓 간에 결혼한 자는 모두 그 토지를 빼앗도록 하였다. 공천公賤·사천私賤·공인工人·상인商人·창기倡妓는 본인 및 그 자손이 토지를 받는 것을 허락하지 않았다.

○ 토지를 받은 모든 사람은 전세田稅가 없으며, 나머지는 모두 공전公田이다.

○ 문종文宗 8년(1054)에 모든 전품田品(토지의 등급)을 판判하였다. 불역不易[16]하는 땅은 상上으로 하고, 일역一易[17]하는 땅은 중中으로 하며, 재역再易[18]하는 땅은 하下로 삼았다. 불역하는 산전山田 1결結과 일역하는 전田 2결 및 재역하는 전 3결은 평전平田(평야에 있는 좋은 밭) 1결에 해당한다.

---

13 지주사知州事·지부사知府事·지군사知郡事 등을 가리킨다.

14 군郡과 현縣에 파견되었던 지방관으로 조선 태종 13년(1413)에 이르러 현감縣監으로 바뀌었다.

15 전정연립田丁連立과 같은 뜻으로 군인이나 향리 등 특정의 직역을 부담하는 사람들의 과전을 대상으로 자손이나 친척이 있는 경우에 직역職域과 과전科田을 인계하는 것이다. 그 범위와 순서는 적자嫡子－적손嫡孫－동모제同母弟－서손庶孫－여손女孫의 차례였다.

16 매년 경작할 수 있는 비옥한 토지.

17 한 해는 경작하고 한 해는 묵히는 토지.

18 한 해는 경작하고 2년간 묵혔다가 다시 경작하는 척박한 토지.

○ (문종) 23년(1069)에 양전量田의 보수步數를 정하였다. 전田 1결은 사방 33보步이고, 2결은 사방 47보이며, 3결은 사방 57보 3푼[分]이다. 이로부터 10결에 이르는데, 10결은 사방 104보 3푼이다. 보척步尺은 6치[寸]를 1푼[分]으로 하고, 10푼을 1자尺로 하며, 6척을 1보로 한다. 그때의 결수結數는 역사책에 기록되어 있지 않다.

○ 공양왕恭讓王 때에 타량打量(현지 조사하고 측량함)하여 경기에서는 실전實田(경작하는 땅) 13만 1천 7백 55결, 황원전荒遠田(오래 묵인 땅) 8천 3백 87결을 얻고, 6도六道에서는 실전 49만 1천 3백 42결, 황원전 16만 6천 6백 43결을 얻어 내니, 총 78만 8천 1백 27결이다. 이 가운데 실전은 61만 3천 97결이다.

○ 대개 고려의 토지를 나누는 데에서 갖가지 요구는 백만 결을 밑돌지 않았으나 온 나라의 전토는 80만 결이 채 못 되었다. 그 전토를 주는 이외의 공부貢賦와 조세租稅는 어디에서 거둘 수 있단 말인가. 이는 그 기록이 흩어지고 없어져버려 고증할 수가 없다. 그러나 국초國初에 80만 결의 토지는 모두 실전이었기 때문에 나누어주고도 남은 땅이 있었다. 그런데 다사多事했던 이래로[19] 백성은 떠돌며 흩어져버리고 전토는 황무지가 된 것이 거의 3분의 1이나 되었으므로 국가가 드디어 빈약해져서 망하는 지경에 이르고 말았다.

○ 태조太祖 원년(918)에 조서를 내려 온 나라의 조세를 3년간 면제해 주었다. 담당 관청에서 말하기를, "태봉泰封 때에 1경頃의 전토에서 조세 6섬[碩 : 1섬은 15말]을 거두어들여 마침내 백성들로 하여금 농사짓기를 그만 두고 정처 없이 떠돌아다니는 자가 잇따르게 하였다. 지금부터 부세의 징수는 마땅히 신라의 제도를 준용해야 할 것이다."라고 하였다. 전田 1짐[負]에 조세 3되[升]를 납부하도록 하였다.

○ 성종成宗 11년(992)에 공전公田의 조租를 판判하였다. 수전水田(논)은 상등上等 1결에 조세 2섬[碩] 11말[斗]이고, 중등中等은 2섬이며, 하등下等은 1섬 10말이다. 한전旱田(밭)은 상등 1결에 조세 1섬 12말이고, 중등은 1섬 10말이며, 하등은 기록이 누락되어 있다.

19 여기서는 고려의 대몽항쟁對蒙抗爭을 가리키는 듯하다.

○ 정종靖宗 때에 공물貢物로 황금黃金·백은白銀·백적동白赤銅·철鐵·소금·베[布]·실[絲]·무명[緜]·기름[油]·꿀[蜜]을 정하고 각각 주州와 군郡의 대소에 따라 액수에 차등을 두었다. 세금을 납부할 때에 수입에 따라서 스스로 헤아리도록 하였다.

○ 수재와 가뭄, 충재蟲災나 서리 및 화곡禾穀(알곡)이 잘 여물지 못하였을 때에 촌전村典이 수령에게 고하면 수령이 직접 현지에 가서 조사하고 호부戶部에 보고하는데, (개경에서) 가까운 도道는 8월까지, 중간 거리의 도는 9월 10일까지, 먼 거리의 도는 9월 15일까지 보고하도록 하였다. 그리고 이를 항구적으로 준수하여야 할 법식으로 결정하였다.[20] 호부에서 (수령의 보고를 접수하여) 삼사三司에 보내면, 삼사에서는 공문을 보내 그 허위 여부를 검토 조사한 다음에 그 지역의 안찰사로 하여금 별도 인원을 파견하여 자세히 검사케 한다.

○ 토지 1결의 작황을 10등분으로 나누어 손실된 액수를 정하는데, 손해가 4등분에 이르면 조租를 면제하고, 6등분에 이르면 조租와 베[布]를 면제하며, 7등분에 이르면 조와 포 및 역役을 모두 면제해준다.[21]

○ 대체로 태조太祖는 즉위 이래로 농상農桑을 장려하였으며 백성들에게 숨을 돌려 쉬도록 하여 주었다.

○ 성종成宗이 조서를 내려 12목牧은 봄부터 가을에 이르기까지 여러 가지 잡무雜務들을 보는 것을 일체 중지하고 오로지 농업農業에만 전념도록 하였다.[22]

○ 정종靖宗이 모든 도의 수령들로 하여금 모두 권농사勸農使를 겸하게 하고 혹은 농기구를 내려주기도 하고 혹은 농우와 양곡을 주기도 하여 밭 갈고 씨를 뿌리게 하였다. 세금은 적게 거두어들이고 농정農政에는 부지런한 것이 이와 같았다. 그리하여 백성들이 안심하고 생업에 종사하며 즐거이 생활하니 일이 흥하여 전야田野가 다 개척되어 남은 땅이 없었으며, 그 이로움은 문종文宗 때까지 이르렀다.

---

20 『고려사』 권78, 지 32, 식화 1, 전제田制, 답험손실踏驗損失에 따르면 이는 성종成宗 7년(988) 2월의 일이다.
21 『고려사』 권78, 지 32, 식화 1, 전제田制, 답험손실踏驗損失에 따르면 이는 문종文宗 4년(1050) 11월의 일이다.
22 『고려사』 권79, 지 33, 식화 2, 농상農桑에 따르면 이는 성종成宗 5년(986) 5월의 일이다.

○ 문종이 몸소 절검節儉을 행하자, 창고에 곡식은 쌓인 지 오래 되어 벌겋게 썩어가고, 집집마다 넉넉하고 풍족하니, 백성이 많고 부유한 다스림[富庶之治]이 여기에서 성대하여졌다. 바야흐로 이때에는 풍속이 순후하고 예의가 유지되었으므로 법의 편부便否는 논할 바가 아니었다.

○ 의종毅宗과 명종明宗 이래로 권간權姦이 멋대로 농단하면서 임금의 권위는 신하가 빼앗고 기강은 떨쳐지지 않았다. 전시과는 변하여 사패전賜牌田[23]이 되었다가 또다시 변하여 사전私田이 되어 버렸다. 그리하여 별사別賜의 명색은 대대로 늘어나고, (토지를) 나누어주거나 거두어들일 때에 속임수가 아울러 일어나니, 전토田土를 관장하는 관원이 번잡하고 자질구레함을 감당치 못하였다. 이에 점점 무너져 해이해졌으며 전제田制는 문란하여졌다.

○ 최씨崔氏 4대가 권력을 잡기에 이르러서는 분수에 어긋난 참월僭越과 사치를 무도하게 행하여 이에 강화江華의 전토 2천 결은 왕부王府에 속하게 하고 3천 결은 최씨에게 속하게 하였다.

○ 권신權臣이 이미 제거된 후에도 전법田法은 크게 무너졌으니 전토가 있는 집안은 모두 유음幽陰에 의지하고 몰래 궁액宮掖과 통하여[24] 심복들과 친당親黨을 맺어 조정에 뿌리를 내리고 몰래 의탁하였다. 이에 비록 관직에서 물러나 폐거廢居하더라도 각각 오랜 문권文券을 가지고 앉아서 천백 결의 봉록을 받아먹었다. 혹은 원진전遠陳田[25]이라는 구실을 붙여 가지고 산천으로써 그 경계표지로 정하고 외람되이 사패를 받아서는 국가에 바쳐야 할 조세도 바치지 않는다. 어장御庄의 전토가 많이 탈점되었는데, 신진사대부들은 그 세력이 구가舊家(권문세족)와 대항하기 어렵기 때문에 관직은 비록 높아도

23 국가나 왕실에 공훈을 세운 신하들에게 특별히 하사하는 전토田土. 그 패문牌文에 영세가전永世可傳이라고 쓰여 있을 경우에는 자손 대대로 소유권이 주어졌다.

24 『고려사』 권28, 세가 28, 충렬왕 3년 2월 기사己巳에 몽골 공주가 사적으로 데려온 겁령구怯怜口와 궁내의 내료內僚(남반南班)들이 좋은 땅을 많이 차지하였다는 내용이 나타난다. 유음幽陰과 궁액宮掖은 이러한 사실을 말하는 듯하다.

25 개간되지 않은 토지인 황원전荒遠田과 묵은 땅인 진전陳田을 아울러 가리킨다.

송곳 꽂을 만한 전토조차 받지 못하였다. 일찍이 고려왕조는 신하들을 예우하여 봉록이 매우 많아서 1품과 2품의 녹봉은 360석이고 별사 전시別賜田柴는 각각 100결이었다. 그런데 이때에 이르러 재신의 봉록은 30곡[斛]도 못 되었다.

○ 원종元宗 12년(1271)에 도병마사都兵馬使에서 경기 8현縣에 있는 토지를 품계에 따라서 녹과전祿科田으로서 주자고 요청하였다. 제왕諸王과 왕의 측근 관료들이 여러 방면으로 이 건의를 막고 방해하였으므로 왕이 자못 주저하였다. 우승선右承宣 허공許珙 등이 누차 이를 말하니, 왕이 하는 수 없이 이 건의를 따랐다. 그러나 8현의 과전科田은 마침내 세가勢家에게 점탈되어 버렸다.

○ 이때에 모든 세가가 경쟁하며 점탈하니, 명목상 전토는 하나의 전토인데도 2, 3명의 주인이 있기도 하고, 혹은 5, 6명의 주인도 있어서 각각 심부름꾼을 보내어 대거 수종하는 사람들을 이끌고 와서는 무리를 이루어 횡행하면서 수령을 업신여기고 모욕을 주며 주전廚傳(여관)의 경비를 낭비하고, 멋대로 난폭하게 약탈해 가는 것이 도적떼보다 심하였다. 전호佃戶[26]는 의례적으로 도조賭租(소작료)를 바치는 외에 무명과 삼베 및 각전脚錢(여비)을 내야하고 아니면 억지로 싸게 팔아 제공해야 하므로 매우 많은 사람이 파산하면서 이를 채웠다. 그런데 이들이 가버리면 다른 집에서 도조를 거두는 자들이 잇달아 이르니, 이로 말미암아 사조私租의 수입은 공조公租보다 열 배에 이르렀으며, 백성은 더욱 곤궁해졌다.

○ 원나라를 섬긴 이래로 백성의 재물을 강제로 빼앗는 데에 한이 없는 데다 군대가 여러 번 일어나고 기근이 거듭되었으니, 내외의 경비가 말할 수 없을 정도로 많았다. 매번 국신國贐[27]·궤유饋遺[28]·조근朝覲[29] 등의 일이 있을 때면 명을 내려 백관들에게서 품계에 따라 백저포白紵布·비단[錦綺]·은銀·쌀[米] 등을 거두어들였는데 차등이 있었

26 지주의 땅을 빌려서 농사를 지은 후에 소작료를 치르던 농민.

27 국가에서 외국에 사신을 보내거나 혹은 왕이 원나라에 갈 때에 여행 경비로 돈과 물품을 주는 것.

28 특산품이나 보물 등의 물건을 중국에 보내는 것.

29 고려 국왕이 원나라 황제 등을 방문하는 것.

다. 온 나라가 이 때문에 시끄러웠다.

○ 충렬왕忠烈王 때에 반전색盤纏色을 설치하여 거두어들이는 것을 주관하게 하였다.

○ (충렬왕) 15년(1289)에 요동遼東에 기근이 들자 우리나라로 하여금 10만 석을 마련하여 요동으로 운반하게 하였다. 왕이 신하들에게 명령하여 쌀을 내게 하였다.

○ 충혜왕忠惠王 때에 또 직세職稅를 거두어들였다. 전직 관리[前銜]로서 시골에 거처하는 사람들에게 독촉하는 것을 매우 엄격히 하자 어떤 관인은 아버지와 아들이 목메어 죽기도 하였다. 이때에 공전公田이 적어서 부세를 거두는 것이 날로 다급하였기 때문에 세금을 거두는 소요가 진신搢紳(모든 벼슬아치)에까지 미쳤는데, 백관의 봉록이 박하였으므로 능히 감당하지 못하였다.

○ 공민왕恭愍王이 명령을 내려 민결民結에서 세금을 추가로 징수하였다. 상호上戶는 2섬石을, 중호中戶는 1섬을 내게 하고, 이것을 무단미無端米라고 불렀다. 백성들이 이것을 매우 고통스러워하였다.

○ 바야흐로 이때에 국가의 위세가 쇠약해지고 호구수가 날로 줄어들면서 창고의 곡식은 텅 비어 상공上供도 왕왕 지급되지 못하였다. 나라 안의 명전名田과 비옥한 토지는 모두 권문세가에 귀속되어 버렸는데, 왕세王稅(나라에 바치는 조세)를 바치지 않으니 조세 수입은 해마다 줄어들었다. 이에 사패전賜牌田을 회수할 것을 요청하므로 여러 차례 도평의都評議에 하교하여 평균하게 만들도록 하였으나 끝내 금할 수 없었다. 다투어 점탈하고 빼앗고 빼앗기니 강한 자와 약한 자가 서로 빼앗으면서 옥사와 소송이 번다하게 일어나 몇 년이 지나도록 판결이 나지 않았다. 강상綱常은 땅에 떨어지고 풍속은 크게 무너졌다. 전법田法의 폐단을 옛날과 지금에서 살펴보더라도 고려만큼 심하였던 적이 없었다.

○ 신우辛禑 14년(1388) 대사헌大司憲 조준趙浚 등이 상소를 올려 말하기를, "조종祖宗의 땅을 주는 법제가 이미 무너지고 토지를 겸병하는 문이 한번 열리자 재상으로서 마땅히 300결을 받아야 할 자가 일찍이 한 치[寸]의 땅을 얻어 생계를 꾸릴 수도 없게 되었습니다. 도부都府[30]에 속한 병사의 의복과 양식 및 기계器械(병기와 군사 기자재)는 모두 토지에서 나오기 때문에 국가에는 군사들을 양성하는 비용이 없으니, 곧 군사를 농민 속

에 간직하던 뜻입니다.[31] 지금에 와서는 군인과 토지가 함께 없어졌으므로 농부農夫들을 몰아세어 군대로 보충하기 때문에 군대는 약하여 적의 먹이가 되었습니다. 선대 임금들이 공평하게 나누어주던 토지는 한 집안의 사사로운 수입이 되어버려 한 번도 조정에 벼슬하지도 않은 자와 한 번도 군문軍門에 드나들지도 않은 자는 비단 옷을 입고 옥玉 그릇에 밥을 먹으면서 가만히 앉아서 그 이익을 받아먹습니다. 비록 밤낮으로 왕을 시위侍衛하는 신하나 여러 번 전투에 참가하여 힘껏 싸운 군사들이라도 도리어 1무畝[32]의 토지를 얻어 그 부모를 봉양할 수가 없습니다. 그러므로 그 무엇으로 충성과 의리를 권장하며 외적을 막으라고 할 수 있겠습니까? 안으로는 판도사版圖司와 전법사典法司에서, 밖으로는 수령守令과 안렴사安廉使가 그 본래의 직무는 폐하고 날마다 전송田訟(땅 송사)을 처리하느라 추위와 더위를 피하지 못하고 땀을 닦고 언 붓을 입김으로 녹이며 문권文券의 상고하고 증거를 조사합니다. 무릇 그 송사에 관련된 자가 감옥에 넘치고 뜰에 가득한데, 몇 개월씩 밀린 안건이 언덕과 산처럼 쌓여 있습니다. 침식을 잊어버리고 재판하여도 판결을 내려 주지 못하는 것은 사전私田으로 쟁의爭議의 발단으로 삼아 소송이 번거롭기 때문입니다. 부자간이나 형제간에 1무의 토지를 요구하였다가 간혹 뜻대로 되지 않으면 도리어 원한을 품어 길 가는 사람처럼 보게 됩니다. 이는 사전 때문에 사람의 윤리 도덕을 짐승과 같은 지경에 떨어뜨리는 것입니다. 조정의 사대부士大夫들이 겉으로는 서로 좋은 듯하나 속으로는 서로 시기하여 심지어는 암암리에 중상하는 일까지 있으니, 이는 사전으로써 함정을 만든 것입니다. 선대 임금들이 백성에게서 취하는 것은 10분의 1에 그칠 뿐이었는데, 사가私家(사전을 가진 자)에서 백성에게 취하는 것은 10분의 10에 이르고 있으니, 슬픈 우리의 무고한 백성들은 사방으로 흩어져 떠돌고 있거나 부인과 자식을 팔아서 내고 있습니다. 원통스러운 마음이 하늘에 사무쳐 화기和氣를 손상케 하여 수재와 한재를 초래하였습니다. 호구戶口는 이로 말미암

30 『고려사』 권78, 지 32, 식화 1, 전제田制, 녹과전祿科田에는 42도부都府로 되어 있다. 이는 고려의 중앙군 조직인 6위六衛에 딸린 영領을 모두 합한 숫자이다.

31 평상시에는 생업에 종사하다가 유사시에 군사로 동원하는 병농일치兵農一致의 징병제도를 말한다.

32 논밭 넓이의 단위. 1무는 한 단段의 10분의 1이니, 곧 30평으로 약 99.174㎡에 해당한다.

아 텅 비어버리고 왜놈들은 이로써 깊이 침입하여 와서 천 리에 백성들의 시체가 널려 있어도 아무도 방어하는 자가 없습니다. 이에 사직과 종묘가 달걀을 쌓아올린 것보다 위태롭습니다. 신들은 바라건대 성조聖祖(태조)의 지극히 공정한 법을 준수하여 후세 사람들이 사사로이 주는 폐단을 혁신하여 관원도 아니고 군사도 아닌 데다 국역國役을 지는 자가 아니면 전토를 주지 말며, 금지하는 규정을 엄격히 세우고 백성들과 더불어 새로 시작하여야 할 것입니다. 지금 양전量田하는 때를 당하여 전토를 나누어 주기 전에 3년만 기한으로 하여 임시로 국가에서 그 전조를 징수하시기 바랍니다. 전제田制가 이미 정해진 연후에는 법으로써 토지를 나누고 받도록 하며, 공전과 사전의 도조는 매 1결에 쌀[米] 20말로 하여 백성 살림을 넉넉하게 하고 국용國用을 충족시키며 조정 관료들을 우대하고 군사들에게 충분히 공급되도록 하여 주십시오. 그리하면 나라는 부유하게 되고 군사는 강성해지며, 예의가 일어나고 염치가 행해져서 인간의 윤리 도덕이 밝게 되고 소송 사건이 없어질 것입니다. 그리하면 사직社稷의 기초는 반석과 같이 편안하게 될 것입니다." 하였다.

○ 간관諫官 이행李行 등이 또 상소를 올려 아뢰기를, "세력 있는 자들이 토지를 겸병하니 국가 비용이 고갈되었으며, 조세租稅는 곱절이나 가혹하니 백성들은 쪼들리게 되었습니다. 힘이 센 자와 약한 자가 서로 집어삼키려고 싸우니 쟁송爭訟이 끊임없이 일어납니다. 한 집안의 사람들이 서로 시기하여 풍속이 무너져버렸으니, 이는 사전私田의 폐단입니다. 부강한 자가 이익을 잃게 되니 원망과 비방이 막기 어려울 정도로 일어나고, 사족士族이 실업失業하게 되니 생계를 잇기가 막연합니다. 토지가 넓고 많은 데다 문서들이 번다하여서 자세히 상고하기가 어렵습니다. 간사한 관리가 은닉해버려 다 적발해 내기가 어렵습니다. 비바람과 쥐들 때문에 쌓아두는 것을 은밀히 하기가 어렵습니다. 도로가 멀기도 하고 가깝기도 하니 조운漕運을 고르게 하기가 어렵습니다. 양곡의 출입과 거두고 나누는 데는 소모되는 것을 다스리기가 어렵습니다. 이것들이 폐단을 혁신하기에 어려운 일입니다. 비록 그렇다고 해도 사업이 공정한 데서 나오면 인심에 부합되므로 즐거워하는 자가 많을 것이며, 원망과 비방은 그치게 할 수 있습니다. 선비로서 관직이 없는 자에게는 토지를 주어 농경을 할 수 있도록 하고, 관직이

있는 자에게는 녹봉을 주어 농경을 대신할 수 있도록 하면 생계를 잇게 할 수 있습니다. 공정하고 청렴한 자를 가려 뽑아 안렴사按廉使로 임명하고, 정밀하고 유능한 자를 택하여 수령守令으로 임명하여 각각 한 고을[邑]을 맡아서 그 사실을 있는 그대로 조사하도록 하고, 안렴사는 1도道를 총괄적으로 살펴서 수령의 전최殿最[33]로 삼으면, 토지도 빠짐없이 조사할 수 있고 문서도 정밀하게 살펴볼 수 있으며, 간사한 관리들이 은닉한 것도 규명해 낼 수 있습니다. 창고를 설치하고 문과 담을 견고하게 하면 양곡을 쌓아 두는 것이 정밀하게 될 것입니다. 경중輕重을 헤아리고 원근遠近을 따져 (운임을 준다면) 조운漕運이 고르게 될 것입니다. 평미레[量槩][34]를 고르게 하고 계약서[契券]을 분명히 한다면 양곡의 소모를 다스릴 수 있습니다. 창고의 곡식이 충실해져 양곡을 쌓음에 여유가 있게 되고, 녹봉이 후해져 염치가 일어나게 되며, 횡포한 수탈이 없어져서 백성들의 생활이 펴지게 되고, 쟁송이 끊어져서 풍속이 순후하게 될 것입니다. 전야는 더 개척되고 세금 징수는 적어지며, 호구는 번성해지고 요역徭役은 고르게 될 것이니, 그 혁신의 이로움이 어떠하겠습니까? 아! 우리나라의 한 자 한 치의 땅은 모두 우리 태조께서 바람과 비를 맞아 가면서 험난한 곳에서 어려움을 겪고 열어놓은 것입니다. 지금 해구海寇(왜구)가 제멋대로 날뛰고 나라 영토는 날로 줄어드는데, 나라 땅에서 거두어들이는 조세의 절반은 하는 일 없는 사람들에게 들어갑니다. 군사들은 굶주린 기색을 하고 있고, 운수되는 곡식은 다 떨어졌다고 고하니, 비록 이주伊周[35]와 같은 재상과 방소方召[36]와 같은 명장이라 하더라도 사전私田을 개혁하여 그것을 국가에 귀속시키지 않는다면 장차 무엇으로 사직을 중흥시킬 계책을 삼겠습니까? 신들은 이것을 매우 애통히 여깁니다."[37]

---

33 경외 관원京外官員의 근무 상태를 여러 면에서 조사해 성적을 매기는 고과 평정. 전殿은 최하의 등급을 말하고 최最는 최상의 등급을 말하는데, 매년 음력 6월과 12월에 시행하였다.

34 말이나 되에 곡식을 담고 그 위를 평평하게 밀어 고르게 하는 데 쓰는 방망이 모양의 기구.

35 상商나라의 이윤伊尹과 주周나라의 주공周公을 가리킨다.

36 주나라 선왕宣王 때의 현신賢臣인 방숙方叔과 소호召虎를 가리킨다. 방숙은 형만荊蠻을 평정하였고, 소호는 회이淮夷를 정벌하였다.

37 『휘찬여사』에는 "어시於是" 두 글자가 덧붙여져 있는데, 연자衍字인 듯하다.

○ 판도 판서版圖判書 황순상黃順常 등이 상소하여 (전법에 대해) 논하였다.

○ 전법 판서典法判書 조인옥趙仁沃 등도 상소하여 아뢰기를, "엎드려 보건대 전하께서는 전법田法이 무너진 것에 대해 깊이 주의하시는 듯합니다. 신들도 또한 이것은 바로 오늘날의 급선무로서 사직의 안위와 백성들의 행불행이 달려 있는 만큼 불가불 중요할 수밖에 없다고 생각합니다. 전법이 올바르면 사직은 편안할 것입니다. 그렇지 아니하면 사직의 안위는 가히 알 수가 없게 됩니다. 선대 임금들의 토지를 나누는 제도를 가만히 살펴보면, 임금께서 직접 적전籍田을 경작하시는 것은 천지天地와 종묘宗廟에 제사를 지내기 위함입니다. 360개의 장처전庄處田은 공상供上을 받들기 위함입니다. 전시田柴와 구분전口分田은 사대부들을 우대하고 그들에게 염치를 장려하기 위함입니다. 주州·부府·군郡·현縣·향鄕·소所·부곡部曲·진津·역驛의 관리들로부터 모든 국역國役을 부담하는 자들에 이르기까지 토지를 받지 않은 이가 없었던 것은 백성들의 생활을 넉넉히 하여 나라의 근본을 기르기 위함입니다. 42도부都府의 4만 2천 명에 달하는 군사들에게도 모두 토지를 주었으니, 이는 무비武備를 중히 여기기 때문입니다. 그리고 대대로 성헌成憲(선왕이 이루어놓은 법)을 준수하여 사직이 반석과 같이 안정되어 5백 년에 이르렀습니다. 근래에 욕심 많고 속이 검은 자들이 권력을 천단하면서 장처庄處·전시田柴·외역전外役田·군전軍田이 모두 그들의 수중에 들어가니, 찬성粢盛[38]과 공상供上도 때때로 잇지 못하게 되었고, 사대부로서 현직에 있으면서 나라를 다스리는 일에 애쓰는 자들도 그 생계를 꾸리고 염치를 기를 밑천이 없게 되었으며, 주·현·진·역에서 국역을 부담하는 자들은 그 토지와 가옥을 잃고, 한 토지에 땅 주인이 5, 6명이나 되어 일 년에 5, 6차례나 전조田租를 징수하는 것에 곤란을 겪으면서 그 부모가 얼고 굶주려도 능히 봉양하지 못하며, 처자가 흩어져도 능히 보전하지 못합니다. 하소연할 곳이 없자 정처 없이 떠나므로 호구戶口가 텅 비어버리니, 이로 말미암아 국용國用과 군수軍需와 녹봉祿俸이 나올 곳이 완전히 없어져 버렸습니다. 그리하여 나라에는 열흘이나 달포

38 종묘와 사직의 제사 때에 신에게 바치는 공물.

가량의 저축도 없고, 군대는 몇 개월의 식량도 없습니다. 총재冢宰(수상)의 녹봉은 한갓 옛 정액 규정만 남아 있고, 지금 받는 것은 겨우 10여 섬[石]에 불과할 뿐입니다. 그러니 하물며 그 밑의 관원들은 어떠하겠습니까? 부전府田[39]이 없어지자 부병府兵 또한 없어졌습니다. 무뢰배들이 편안히 자기 집에 앉아서 정역征役의 수고로움은 알지 못하고, 그 선조가 사사로이 준 토지를 조업전祖業田이라고 하면서 먹을 것이 천백 결에 이르러도 국가의 전토라고 생각하지 않고 부모의 덕이라고 여기면서 조금도 나라의 은혜에 보답할 마음을 가지지 않습니다. 그런데 종군從軍하는 군사들은 목숨을 돌보지 않고 화살과 돌덩어리를 무릅쓰고 숱한 싸움에서 겨우 살아남았는데도 도리어 1무畝의 토지도 얻지 못하고 있습니다. 적을 막으러 떠난 군사들의 부모와 처자식은 굶주림과 추위 속에 여기저기 떠돌아다니는데, 나라에서는 한 말의 곡식이나 한 치의 비단도 주지 않습니다. 게다가 저 무위도식하는 무뢰배들은 그들의 말[馬]까지 알곡이 싫증나도록 먹어대고, 그들의 첩은 비단 옷을 질질 끌고 다니니, 이것은 조그마한 일이 아닙니다. 어찌하여 태조께서 간난신고를 겪으면서 얻은 토지로써 군사를 양성하지 아니하고, 도리어 무뢰한 무리들의 생활 밑천으로 주겠습니까? 이 때문에 외구外寇와 도적들이 기승을 부려도 그것을 막지 합니다. 군사들과 말들이 피곤하여도 그들을 기를 수가 없습니다. 만약 긴급한 사변이 발생한다면 장차 무엇으로써 대처하겠습니까? 종묘사직의 위태로움이 달걀을 쌓아올린 것처럼 심하니 진실로 통탄하고 애석한 일입니다. 또 이보다 더 심한 것도 있으니 형제간에 토지를 쟁탈하다가 서로 죽이는 일까지도 있으며, 장수와 재상이 토지를 쟁탈하다가 서로 죽이는 지경에 이르기도 하였습니다. 부자와 형제가 도리어 길 가는 사람처럼 되고, 동렬同列이 변하여 원수가 되어버렸습니다. 옥송獄訟이 번다하게 일어나고 풍속은 무너져서 사람의 도리가 짐승과 같은 지경에 떨어졌습니다. 추한 소문이 천자天子에게까지 들리니, 비록 해마다 공헌貢獻을 부지런히 하여도 천자의 뜻을 얻지 못한 것은 모두 전폐田弊의 소치에서 말미암은 것입니다. 전폐를 바로잡지 않고

39 부병府兵이 군역의 대가로 국가로부터 받는 토지 곧 군인전軍人田을 가리킨다.

조종의 제도를 회복하지도 않으면서 사직의 안정을 바라는 것을 신들은 감히 알지 못하겠습니다. 전傳에 이르기를 '나라에 3년의 저축이 없으면 나라가 나라가 아니다.'[40]라고 하였는데, 지금의 축적한 것은 오히려 애통할 만합니다. 나라가 나라가 아니면 비록 편안하고 부유하며 지위가 높고 영화롭기를 바란들 그 가히 얻을 수 있겠습니까? 전라·경상·양광의 3도는 나라의 심장이라 할 수 있는데, 왜놈들이 깊이 침입하여 우리 백성을 노략하고 우리의 부고府庫를 분탕질하니, 천 리의 넓은 땅이 쓸쓸합니다. 서북면의 근심 또한 예측할 수 없는데, 군대의 식량은 다 없어지고 백성들은 괴롭고 야위었으니, 이는 진실로 존망存亡이 위급한 시기입니다. 원컨대 전하께서는 일의 기미를 잃지 마시고, 금년부터 공사公私의 전조를 임시로 (국가에서) 징수하여 군대의 식량을 갖추게 하소서. 그런 다음에 선대 임금들이 분전分田하던 법을 복구하여 사민士民들을 대우한다면 군국軍國의 임무가 갖추어질 것이며, 사민들의 바람이 편안해질 것입니다."라고 하였다. 창왕昌王이 이를 허락하였다.

○ 얼마 후에 왕이 하교하기를, "사전私田의 도조는 이제 (국가에서) 임시로 절반을 징수하도록 하라."라고 하였다.[41] 우상시右常侍 허응許應 등이 상소하여 이르기를, "신들이 근래에 사헌부司憲府·판도사版圖司·전법사典法司와 함께 교대로 소장을 올려 선왕先王의 제도를 복구할 것을 요청하였는데, 전하께서 그것을 허락하시어서 온 나라 사람들이 듣고 기뻐하지 않는 자가 없었습니다. 그러데 며칠 지나지 않아 절반만 징수하라는 명령을 내리셨습니다. 대저 입법立法은 폐단을 혁파하기 위한 것입니다. 법을 제정하여 폐단이 아직 생겨나지도 않았는데 갑자기 스스로 중지하는 것은 옳지 않은 일이 아니겠습니까?" 하였다. 이에 창왕이 마침내 그 명령을 중지하였다.

○ 공양왕恭讓王이 즉위하자 조준趙浚 등이 또 상소하여 전제田制를 논하며 이르기를, "하늘이 화란禍亂을 뉘우쳐서 흉악한 사람들이 이미 멸망되었습니다. 마땅히 사전私田을 일체 개혁하여 백성을 부유하고 오래 살도록 하셔야 하는데, 이때가 그 기회입니

---

40 『예기禮記』 제5, 왕제王制에 나온다.

41 『고려사』 권78, 지 32, 식화 1, 전제田制, 녹과전祿科田에 따르면 이는 신창辛昌이 즉위한 8월의 일이다.

다. 그런데 전하께서는 경기京畿에서 전토를 받았는데도 수량이 차지 않은 자에게 외방外方에서 이를 지급하고자 하십니다. 이것은 전하께서 다시 겸병兼幷의 문을 열어서 우리나라의 온 백성들을 끓는 물과 타는 불 속에 집어넣는 것이니, 애석하지 않을 수 있겠습니까? 지금 6도에서 보고한 개간된 전토의 수량은 50만 결이 채 되지 못합니다. 그러나 공상供上은 풍족하게 하지 않을 수 없으므로 10만 결을 우창右倉에 속하게 하고, 3만 결을 사고四庫에 속하게 했습니다. 녹봉도 넉넉히 주지 않을 수 없으므로, 10만 결을 좌창左倉에 속하게 했습니다. 조정 관료들을 우대하지 않을 수 없으므로 경기京畿의 전토 10만 결을 이들에게 나누어 주었습니다. 그 나머지는 불과 17만 결뿐입니다. 무릇 6도의 군사와 원院·역驛과 향리鄕吏·사객使客·늠급廩給·아록衙祿의 쓰임도 오히려 부족한데, 군수軍需가 나올 곳도 없습니다. 그런데 지금 또 사전을 외방에서 주려고 하니, 자세히 모르겠습니다만 공상供上과 녹봉의 비용은 어느 곳에서 나오겠으며, 방진方鎭의 병졸과 해도海島의 군사들은 무엇으로 먹이겠습니까? 모든 개경開京에 거주하는 자에게만 경기 안의 전토를 주고, 외방에서 지급하는 것은 허락하지 않으시는 것으로 정하여 성헌成憲으로 삼으소서." 하였다. 왕이 이것을 허락하였다.

○ (공양왕) 2년(1390) 9월에 공전公田과 사전私田의 문서를 저자거리에서 불살랐는데, 불길이 3일 동안 계속되면서 꺼지지 않았다. 왕이 눈물을 흘리며 말하기를, "조종祖宗의 전법田法이 과인의 대에 이르러 갑작스레 변혁되니 애석한 일이다."라고 하였다.

○ (공양왕) 3년(1391) 5월에 도평의사사都評議使司에서 글을 올려 과전科田 지급의 법을 정할 것을 요청하므로 왕이 이것을 따랐다. 문종文宗이 정한 바에 따라 18과科로 나누었다.

○ 경오년庚午年, 공양왕 2년(1390) 이전의 공전과 사전의 문서는 모두 불태워 없애버렸는데, 감히 사사로이 감춘 자가 있으면 국법國法을 파괴한 죄로 논하여 그 재산을 몰수한다.

○ 모든 공전과 사전의 도조는 수전水田(논)은 1결에 조미糙米(현미) 30말, 한전旱田(밭) 1결에 잡곡 30말로 한다. 이 밖에 횡렴橫斂하는 자는 장물죄贓物罪로서 논한다.

○ 무릇 전토를 받은 자는 모두 세稅를 바치는데, 수전 1결에 백미白米 2말, 한전 1결

에 콩[黃豆] 2말이다.

○ 만약 대군大軍을 징발하게 되어 군량이 부족하게 되면, 공전이나 사전을 불문하고 임시로 수량을 결정하여 국가에서 징수하여 경비로 쓰며, 일이 없으면 중지한다.

전시과田柴科

○ 문종文宗 30년(1076)에 양반 전시과兩班田柴科를 다시 개정하였다.

제1과 전田 100결, 시柴 50결 {중서령中書令, 상서령尙書令, 문하시중門下侍中}

제2과 전 90결, 시 45결 {문하시랑門下侍郎, 중서시랑中書侍郎}

제3과 전 85결, 시 40결 {참지정사參知政事, 좌·우복야左右僕射, 상장군上將軍}

제4과 전 80결, 시 35결 {6상서[六尙書][42], 어사대부御史大夫, 좌·우상시左右常侍, 태자첨사太子詹事, 태자빈객太子賓客, 대장군大將軍}

제5과 전 75결, 시 30결 {7시七寺[43]의 경卿, 비서감秘書監, 전중감殿中監, 국자좨주國子祭酒, 상서좌·우승尙書左右丞, 사천감司天監. 태자소첨사太子少詹事, 제위諸衛의 장군將軍, 우소첨사右少詹事}

제6과 전 70결, 시 27결 {이부제조시랑吏部諸曹侍郎, 장작감將作監, 소부감少府監, 군기감軍器監, 태의감太醫監, 좌·우서자左右庶子, 좌·우유덕左右諭德, 제 중랑장諸中郎將}

제7과 전 65결, 시 24결 {7시의 소경少卿, 비서소감秘書少監, 전중소감殿中少監, 장작소감將作少監, 소부소감少府少監, 사천소감司天少監, 급사중給事中, 중서사인中書舍人, 어사중승御史中丞, 국자사업國子司業, 태자복太子僕, 태자수경령太子率更令[44], 태자가령太子家令}

제8과 전 60결, 시 21결 {제 낭중諸郎中, 태의소감太醫少監, 군기소감軍器少監, 내상시內常侍, 합문인진사閤門引進使, 태자좌·우찬선대부太子左右贊善大夫, 태자중윤太子中允, 태

---

42 상서공부尙書工部·상서병부尙書兵部·상서예부尙書禮部·상서이부尙書吏部·상서형부尙書刑部·상서호부尙書戶部의 정3품 관원.

43 7시는 위위시衛尉寺·태복시太僕寺·예빈시성·태부시太府寺·사농시司農寺·태상시太常寺·사재시司宰寺를 말한다.

44 첨사부詹事府에 딸린 종5품의 수경시사수경령率更寺事率更令을 가리키는 것으로 보인다.

자중사인中舍人, 합문사閤門使, 국자박사國子博士, 제 낭장諸郎將}

제9과 전 55결, 시 18결 {비서승秘書丞, 전중승殿中丞, 합문부사閤門副使}

제10과 전 50결, 시 15결 {제 원외랑諸員外郎, 기거랑起居郎, 기거사인起居舍人, 시어사侍御史, 6국[45] 봉어六局奉御, 전중내급사殿中內給事, 태사령太史令, 제릉諸陵의 영令, 태묘령太廟令, 내알자감內謁者監, 대학박사太學博士, 중상서中尙書, 사관정四官正, 태자약장랑太子藥藏郎, 전선랑典膳郎, 태자세마太子洗馬}

제11과 전 45결, 시 12결 {통사사인通事舍人, 좌·우보궐左右補闕, 전중시어사殿中侍御史, 7시의 승丞, 3감三監[46]의 승丞, 사천승司天丞, 비서랑秘書郎, 6위 장사六衛長史, 국자조교國子助教, 경시령京市令, 내직內直[47] 전설랑典設郎, 궁문감宮門監, 시어의侍御醫, 제별장諸別將}

제12과 전 40결, 시 10결 {감찰어사監察御史, 좌·우습유左右拾遺, 합문지후閤門祗侯, 문하녹사門下錄事, 중서주서中書注書, 군기승軍器丞, 6국의 직장直長, 4문박사四門博士, 첨사부사직詹事府司直, 내시백內侍伯, 내전숭반內殿崇班, 제 산원諸散員, 대상大相, 좌승左丞}

제13과 전 35결 시 8결 {상서도사尙書都事, 7시의 주부主簿, 3감의 주부主簿, 태학조교太學助教, 태관령太官令, 태악령太樂令, 태영령太盈令, 전구령典廐令, 내원령內園令, 공역령供驛令, 장야령掌冶令, 태사승太史丞, 제릉諸陵의 승丞, 태묘승太廟丞, 사천주부司天主簿, 동·서두공봉관東西頭供奉官, 제 교위諸校尉, 원보元甫, 정조正朝}

제14과 전 30결, 시 5결 {6위의 녹사錄事, 군기주부軍器主簿, 4문조교四門助教, 경시승京市丞, 중상승中尙丞, 무고승武庫丞, 태악승太樂丞, 태영승太盈丞, 태창승太倉丞, 대관승大官丞, 전구승典廐丞, 내원승內園丞, 공역승供驛丞, 장야승掌冶丞, 비서교서랑秘書校書郎, 양온령良醞令, 사의령司儀令, 수궁령守宮令 전옥령典獄令, 도염령都染令, 잡직령雜織令, 도교령都校令, 장생령掌牲令 태의박사太醫博士, 태의승太醫丞, 설호정挈壺正, 보장정保章正, 율학박사律學博士, 좌·우시금左右侍禁, 좌·우반전직左右班殿直, 제 대정諸隊正, 원윤元尹}

---

45 상사국尙舍局·상승국尙乘局·상식국尙食局·상약국尙藥局·상의국尙衣局·상의국尙醫國의 여섯 관청을 가리킨다.

46 장작감將作監·소부감小府監·태의감太醫監을 말한다.

47 목종 원년 전시과에서는 전선 내직典膳內直으로 나타난다.

제15과 전 25결 {도염승都染丞, 잡직승雜織丞, 도교승都校丞, 장생승掌牲丞, 수궁승守宮丞, 사의승司儀丞, 전옥승典獄丞, 양온승良醞丞, (상승)사름尙乘司廩, 상승사고尙乘司庫, 태사사신太史司辰, 사력감후司曆監候, 상식식의尙食食醫, 율학조교律學助敎, 서학박사書學博士, 산학박사算學博士, 사천박사司天博士, 태의의정太醫醫正, 사천복정司天卜正, 비서정자秘書正字, 제 주사諸主事, 어사대녹사御史臺錄事, 중추원별가中樞院別駕, 문하대조門下待詔, 문림랑文林郎, 장사랑將仕郎, 전전승지殿前承旨, 도지都知, 선두船頭, 전구관典丘官,[48] 사인司引, 마군馬軍}

제16과 전 22결 {제령사諸令史, 서사書史,[49] 주사主事, 중서서예中書書藝, 비서서예秘書書藝, 사관서예史館書藝, 태사서예太史書藝, 의침사醫針師,[50] 사천복사司天卜師, 사천복조교司天卜助敎, 부전전승지副殿前承旨, 예빈승지禮賓承旨, 합문승지閤門承旨, 수의박사獸醫博士, 당인當印, 당직當直, 감선監膳, 전식典食, 전설역典設役, 보군步軍}

제17과 전 20결 {제 서령사諸書令史, 제사諸史,[51] 상승내승지尙乘內承旨, 상승부내승지副內承旨, 태사전사太史典史, 주약注藥, 약동藥童, 통인通引, 직성直省, 지반知班, 주금사呪禁師, 공선供膳, 주식공설酒食供設, 장설掌設, 당종堂從, 추장追杖, 인알引謁, 계사計史,[52] 시계사試計史, 시서예試書藝, 감문군監門軍}

제18과 전 17결 {한인閑人, 잡류雜類[53]}

○ 무산계武散階

전 35결, 시 8결 {관군대장군冠軍大將軍, 운휘장군雲麾將軍}

전 30결 {장무장군掌武將軍, 선위장군宣威將軍, 명위장군明威將軍}

---

48 전구관殿驅官이라고도 쓴다.

49 국자감과 7시 등에 있던 이속의 명칭이다. 여기서는 제 서사諸書史로 되어야 한다.

50 『휘찬여사』와 『고려사』 권78, 지 32, 식화 1, 전제田制, 전시과田柴科에는 "의계사醫計師"로 되어 있으나, 『고려사』 권77, 지 31, 백관 2, 전의시典醫寺에 따라 의침사醫針師(醫針史)의 고친다.

51 사史는 대개 각 부서에 소속된 이속의 하나이다.

52 계사計士로도 쓰는데 3사三司·상서 고공尙書考功·호부戶部 등에 딸린 이속吏屬의 하나이다.

53 잡로雜路라고도 하여 각 관아의 말단 이속吏屬들이다.

전 25결 {영원장군寧遠將軍, 정원장군定遠將軍, 유기장군遊騎將軍, 유격장군遊擊將軍}

전 22결 {요무교위耀武校尉,[54] 요무부위耀武副尉, 진위교위振威校尉, 진위부위振威副尉, 치과교위致果校尉, 치과부위致果副尉, 익휘교위翊麾校尉,[55] 익휘 부위翊麾副尉}

전 20결 {선절교위宣折校尉, 선절부위宣折副尉, 어모교위禦侮校尉, 어모부위禦侮副尉, 인용교위仁勇校尉, 인용부위仁勇副尉, 배융교위陪戎校尉, 배융부위陪戎副尉}

전 17결 {대장大匠, 부장副匠, 잡장인雜匠人, 어전부 악건御前部樂件, (어전부) 악인樂人, 지리업 승인地理業僧人}

○ 별사別賜

전 40결, 시 10결 {대덕大德}

전 35결, 시 8결 {대통大通}

전 30결 {부통副通}

전 25결 {지리사地理師}

전 20결 {지리 박사地理博士}

전 17결 {지리생地理生, 지리정地理正}

○ 시지柴地(땔나무 베는 땅)

1일정一日程 개성開城, 정주貞州, 배주[白州], 염주鹽州, 행주幸州, 강음江陰, 토산兎山, 임강臨江, 신은新恩, 마전麻田, 적성積城, 파평坡平, 창화昌化, 현주見州, 사천沙川, 봉성峯城, 임진臨津, 장단長湍, 교하交河, 동성童城, 고봉高峯, 송림松林, 통진通津, 덕수德水

2일정二日程 안주安州, 동주洞州, 봉주鳳州, 수주樹州, 포주抱州, 양주楊州, 동주東州, 수안遂安, 토산土山, 당성唐城, 인주仁州, 김포金浦, 양골梁骨, 동음洞陰, 황평荒坪, 승지僧旨, 황선黃先, 도척道尺, 아등갑阿等岬, 안협安俠, 수안守安, 공암孔岩

54 『고려사』 권76, 지 30, 백관 1, 무산계에는 요무 장군耀武將軍으로 되어 있다.

55 『고려사』 권76, 지 30, 백관 1, 무산계에는 익위 교위翊威校尉로 되어 있다.

공음전시功蔭田柴

○ 경종景宗 2년(977) 3월에 개국 공신 및 향의 귀순 성주向義歸順城主[56]들에게 훈전勳田을 주었는데, 50결로부터 20결에 이르기까지 차등 있게 나누어 주었다.

○ 현종顯宗 12년(1021) 10월에 판判하기를, "공음전功蔭田은 공신의 직자直子(적자)가 죄를 범하면 그 손자에게 옮겨서 주라."고 하였다.

○ 문종 3년(1049) 5월에 양반 공음 전시법兩班功蔭田柴法을 정하였다. 1품은 문하시랑평장사 이상으로 전田 25결, 시柴 15결을 주고, 2품은 참정參政(참지정사) 이상으로 전 22결, 시 12결을 주며, 3품은 전 20결, 시 10결을 주고, 4품은 전 17결, 시 8결을 주며, 5품은 전 15결, 시 5결을 주어 이것을 자손들에게 전해가도록 하였다. 산관散官은 5결씩 줄여서 주었다. 악공樂工과 천인 및 천인으로 양인良人이 되어 관원이 된 자들은 모두 공음 전시를 받지 못한다. 공음전을 받은 자의 자손으로서 사직을 위태롭게 하고자 도모하거나 모반 대역죄에 연좌되었거나 공사간의 죄를 여러 가지로 범하여 제명된 이외에는 비록 그 아들이 죄가 있어도 그 손자가 죄가 없으면 공음 전시의 3분의 1을 지급하게 하였다.

○ 신우辛禑 6년(1380) 6월에 간관諫官 이숭인李崇仁 등이 상소하여 이르기를, "공이 있어서 상을 주면 사람들이 반드시 서로 권장할 것이나, 공이 없는데도 상을 주면 사람들은 반드시 기운을 잃게 될 것입니다. 그러므로 전傳에 이르기를 '한 사람에게 상을 주어 천만 명을 권장한다.'라고 하였습니다. 그러하니 상전賞典을 아무에게나 경솔하게 주어서는 안 됩니다. 국가에서 전토를 사패賜牌하는 것은 본래 공로가 있는 자를 대우하기 위해서인데, 근래에는 함부로 사패를 받아서 전토를 너무 많이 점유하고 있는 자들이 있습니다. 바라건대 담당 관청에 명령하여 철저히 조사하고 추쇄推刷토록 하소서. 공이 여러 차례 칭하稱下한 남행南幸,[57] 흥왕興王[58] 계묘癸卯[59]의 세 등급에 있지 않는 자

56 고려 초기에 왕건王建에게 투항해 온 삼국三國의 성주들을 가리킨다.

57 공민왕 10년(1361)에 홍건적이 침입하여 왕이 남쪽으로 피난갈 때 호위하여 따라간 공로.

58 공민왕 12년(1363)에 김용金鏞 일파가 왕을 흥왕사興王寺의 행궁行宮에서 살해하려 했을 때에 왕을 수호한 공로.

에게서는 그 토지를 회수하소서. 비록 세 등급의 예에 있다고 하여도 그 점유한 토지가 규정 수량[元數]보다 초과한 자에게서는 그 여분을 회수하여 군수軍需에 충당하소서. 또 바라건대 공신의 칭호 또한 공이 있는 자 외에는 마땅히 신중하게 하소서."라고 하였다.

공해전시公廨田柴

○ 성종成宗 2년(983) 6월에 주州·부府·군郡·현縣·관館·역驛의 전田(공해전)을 정하였다. 1,000정丁 이상의 주·현은 공수전公須田 300결이고, 500정 이상은 공수전 150결, 지전紙田 15결, 장전長田 5결이며, 200정 이상은 기록이 누락되었다. 100정 이상은 공수전 70결, 지전 10결이고, 100정 이하는 공수전 60결, 장전 4결이며, 60정 이상은 공수전 40결이다. 30정 이상은 공수전 20결이고, 20정 이하는 공수전 10결, 지전 7결, 장전 3결이다. 향鄕·부곡部曲은 1,000정 이상이면 공수전 20결이고, 100정 이상이면 공수전 15결이며, 50정 이하이면 공수전 10결. 지전 3결. 장전 2결이다. 대로역大路驛은 공수전 60결, 지전 5결. 장전 2결이고. 중로역中路驛은 공수전 40결, 지전과 장전 각 2결이며, 소로역小路驛은 공수전 20결, 지전 2결이다. 대로관大路館은 전田 5결이고, 중로관中路館은 4결이며, 소로관小路館은 3결이다.

○ (성종) 12년(993) 8월에 여러 주·부·군·현·역로驛路의 공수 시지公須柴地[60]를 정하였다. 1,000정丁 이상은 80결이고, 500정 이상은 60결이며, 500정 이하는 40결이고, 100정 이하는 20결이다. 12목牧[61]은 정丁의 많고 적음을 막론하고 100결이다. 지주사知州事가 있는 주州는 100정 이하라 하더라도 60결이다. 동도東道와 서도西道[62]의 대로역大路驛은 50결이고, 중로역中路驛은 30결이다. 양계兩界의 대로역은 40결이고, 중로역은 20

---

59 계묘년癸卯年(공민왕 12년(1363))에 공민왕 8년(1359)에 홍건적을 격퇴한 공을 세운 자들을 공신으로 책봉하였다.

60 관청에서 쓰는 땔나무를 베는 땅.

61 성종 12년(993)에 설치한 행정 구역 단위로서 광주廣州·충주忠州·청주淸州·공주公州·진주晉州·상주尙州·해주海州·황주黃州·양주楊州·나주羅州·승주昇州·전주全州의 12개소에 설치.

62 양계兩界를 제외한 지역의 역도驛道.

결이다. 동서남북東西南北(고려의 전 지역)의 소로역小路驛은 15결이다.

녹과전祿科田

○ 고종高宗 44년(1257) 6월에 재추宰樞들이 모여서 전토를 분급하여 녹봉을 대신할 것을 의논하고, 마침내 급전도감給田都監을 설치하였다.

○ 원종元宗 12년(1271) 2월에 도병마사都兵馬使에서 아뢰기를, "근래에 병란兵亂이 일어났기 때문에 창고들이 텅 비어 백관의 녹봉을 주지 못하여 군사들을 권면할 수 없으니, 청컨대 경기 8현의 전토를 품계에 따라서 녹과전으로서 지급하소서."라고 하였다. 이때 제왕諸王 및 측근 관료들이 비옥한 토지를 많이 차지하고 있어서 다방면으로 저해하여 왕이 자못 주저하였으나, 우승선右承宣 허공許珙 등이 여러 번 말하자 왕이 마지못해 이를 따랐다.

○ (원종) 13년(1272) 정월에 품록品祿이 감소되었기 때문에 문무 관료들에게 경기의 전토를 차등 있게 지급하는데, (개경에서) 가까운 지역을 교위校尉와 대정隊正에게 분급하도록 의논하니, 이는 대개 고역苦役이기 때문이었다.

○ 충렬왕忠烈王 4년(1278) 12월에 녹과전을 고쳐 절급折給하였다.

○ 충목왕忠穆王 원년(1345) 8월에 도평의사사에서 아뢰기를, "선왕先王이 관직을 베풀고 녹祿을 제정하여 1품과 2품은 360여 석石으로 하고, 품계에 따라서 차등이 있게 하여 오위伍尉와 대정隊正에 이르기까지 과科의 액수에 따라 지급하지 않음이 없었습니다. 그리하여 의식衣食이 넉넉하게 지급되었으므로 일체 나라를 위해 힘을 바쳤습니다. 그 후에 다시 병란兵亂으로 인하여 전야가 황폐해지고 공부貢賦가 결핍하여 창고가 텅 비었으므로 재상의 녹봉이 30석을 넘지 못하였습니다. 이에 경기 소속 현縣들에 있는 양반 조업전兩班祖業田 이외의 반정半丁을 폐지하고 녹과전을 설치하여 과科에 따라서 절급하였습니다. 근래에 여러 공신들과 권세 있는 집안에서 사패賜牌를 함부로 받아 본전本田이라고 자칭하면서 산천山川으로 경계를 삼으며 앞다투어 거집據執[63]하고 있습니다. 이는 고제古制에 위배되는 것입니다. 바라건대 선왕이 제정한 경기 8현의 전토들에 대해 다시 경리經理를 실시하여 어분전御分田과 궁사전宮司田 및 향리鄕吏·진척津

尺・역자驛子들의 잡구분위전雜口分位田[64]은 원 장부를 조사하여 양급量給하고, 양반・군인・한인의 구분전은 원종 12년(1271) 이전의 공문公文을 조사하여 절급하소서. 그 밖의 여러 사급전賜給田은 모두 다 회수하여 직전職田으로 골고루 지급하고, 남은 전토는 국가에서 조세를 거두어 국용國用에 충당하소서."라고 하니, 왕이 제가制可하였다.

답험손실踏驗損實

○ 성종成宗 7년(988) 2월에 판判하기를, 화곡禾穀(알곡)이 잘 여물지 못한 주현州縣으로써 (개경에서) 가까운 도道는 8월까지, 중간 거리의 도는 9월 10일까지, 먼 거리의 도는 9월 15일까지 호부戶部에 보고하도록 하고, 이를 항구적으로 준수하여야 할 법식으로 하였다.

○ 문종文宗 4년(1050) 11월에 판判하기를, 토지 1결의 작황을 10등분으로 나누어 손실된 액수를 정하는데, 손해가 4등분에 이르면 조租를 면제하고, 6등분에 이르면 조租와 베[布]를 면제하며, 7등분에 이르면 조와 포 및 역役을 모두 면제하도록 하였다.

○ 공양왕恭讓王 3년(1391) 5월에 도평의사사都評議使司에서 청하여 다음과 같이 정하였다. 손실損實은 10분율로 정하여 손해가 1등분이면 10분의 1만큼 조租를 감해 주고, 손해가 2등분이면 10분의 2만큼 조를 감해 준다. 차례로 이에 준하여 감해주는데, 손해가 8등분에 이르면 그 조를 전부 감해주도록 한다. 답험踏驗은 그 고을의 수령守令이 자세히 조사하여 감사監司에게 보고하고, 감사는 위관委官(위임 맡은 관원)을 보내어 다시 심사하고, 감사의 수령관首領官[65]이 또 이를 심사하여 만일 답험이 부실하면 이를 죄준다.[66] 각품各品이 받은 과전科田의 손실은 그 전토의 주인으로 하여금 스스로 심사하여 조를 거두도록 한다.

---

63 거짓으로 꾸민 문서를 내세워 남의 것을 차지하고서 돌려주지 않음.

64 향리・진척・역자 등이 특별한 신역을 수행하는 대가로 국가로부터 지급받는 토지.

65 지방의 각 감영監營과 유수부留守府에 두었던 경력經歷과 도사都事를 통틀어 이르던 말.

66 『휘찬여사』에는 "부실자죄칠不實者罪七"로 되어 있으나, 『고려사』 권78, 지 32, 식화 1, 전제田制, 답험손실踏驗損失에는 "부실자죄칠不實者罪之"로 되어 있다.

조세租稅

○ 태조太祖 원년(918) 7월에 담당 관청에 이르기를, "태봉泰封의 군주[67]는 백성들을 제 마음대로 하여 오직 거두어들이는 것만 일삼고 구제舊制를 준수하지 않았다. 1경頃의 전토에 조세가 6섬[碩 : 1섬은 15말]이고, 관역管驛의 호戶에 부과된 실[絲]이 3속束이니, 마침내 백성들로 하여금 밭갈이와 베 짜기를 그만 두고 정처 없이 떠돌아다니는 자가 잇따르게 하였다. 지금부터 조세租稅와 정부征賦는 마땅히 구법舊法을 쓰도록 하라."라고 하였다.

○ 광종光宗 24년(973) 12월에 판判하기를, 진전陳田(황무지)을 개간하여 경작한 사람은 그것이 사전私田이면 첫 해에는 그 수확을 (경작자에게) 모두 주고 2년째부터 비로소 토지 주인과 절반씩 나누도록 한다. 공전公田이면 3년에 한하여 (경작자에게) 모두 주고 4년째부터 비로소 법에 따라 조세를 징수하기로 하였다.

○ 성종成宗 11년(992)에 공전公田의 조租는 4분의 1을 취하도록 판判하였다. 수전水田(논)은 상등上等 1결에 조세 2섬[碩] 11말[斗] 2되升 5홉合 5작勺이고, 중등中等 1결에 조세 2섬 11말 2되 5홉이며, 하등下等 1결에 조세 1섬 11말 2되 5홉이다. 한전旱田(밭)은 상등 1결에 조세 1섬 12말 1되 2홉 5작이고, 중등 1결에 조세 1섬 10말 6되 2홉 5작이며, 하등 1결은 기록이 누락되어 있다. {또 수전은 상등 1결에 조세 4섬 7말 5되이고, 중등 1결에 3섬 7말 5되이며, 하등 1결에 2섬 7말 5되이다. 한전은 상등 1결에 조세 2섬 3말 7되 5홉이고, 중등 1결에 1섬 11말 2되 5홉이며, 하등 1결에 1섬 3말 7되 5홉이다.}

○ 현종顯宗 4년(1013) 11월에 판判하기를, 문무 양반과 모든 궁원宮院의 전토를 30결 이상 받으면 예例에 따라 1결마다 조세 5되[升]를 징수하도록 하였다.

○ 정종靖宗 7년(1041) 정월에 삼사三司에서 상주하기를, "제도諸道의 외관外官 관료들이 관할하는 주州·부府의 세공稅貢은 1년에 쌀[米] 3백 섬, 벼[租] 4백 곡斛(10말), 황금 10량兩, 백은 2근斤, 베[布] 50필匹, 구리[白赤銅] 50근, 철鐵 200근, 소금 3백 섬, 명주[絲綿]

67 궁예弓裔를 가리킨다.

40근, 유밀油蜜 1섬인데, 미납하는 자는 청컨대 현재의 직임에서 파면하소서."라고 하므로 왕이 이를 따랐다.

○ (정종 7년(1041)) 4월에 문하성門下省에서 상주하기를, "북로北路의 영주寧州 등 33주州와 동로東路의 고주高州(지금의 함경남도 고원)·화주和州(지금의 함경남도 영흥) 등은 오랑캐의 경계와 인접하여 방어하는 일이 많기 때문에 일찍이 조세를 징수하지 않았습니다. 기묘년己卯年, 정종 5년(1039)에 담당 관청에서 상주하여 세액稅額을 정하였는데, 앞에 적은 양로兩路(북로와 동로)의 주州와 진鎭에서 1년에 공포貢布 50,209필匹을 말린 양식 14,049곡斛으로 절납折納하게 하였습니다. 이로 말미암아 변방 백성들이 편안치 않으니 청컨대 세적稅籍에서 제외하여 주소서."라고 하므로 왕이 이를 따랐다.

○ 충선왕忠宣王 2년(1310) 11월에 재추宰樞들이 제도諸道에 채방사採訪使를 보내어 세법稅法을 다시 정할 것을 의논하였다. 어떤 사람이 말하기를, "지금 군현의 전야田野가 모두 개간되었으니 마땅히 양전量田하여 부세를 늘려서 국용國用을 넉넉하게 해야 한다."고 하자, 재추들이 그 점유한 전원田園이 국가에 회수될 것을 두려워하여 일이 마침내 중지되었다.

○ 충숙왕忠肅王 5년(1318) 5월에 하교하기를, "태위왕太尉王(충선왕)께서 주·현의 세액稅額이 날로 줄고 민생이 날로 쇠잔해지는 것을 염려하여 사신들을 보내어 순방하여 공부貢賦를 고르게 정하였다. 지금 황폐해진 논밭에서 은銀과 포布를 징수하여 공물의 수량을 채워 공부貢賦가 부실할 뿐만 아니라 사민士民들의 원망만 불러일으키고 있다. 지금부터 황폐한 논밭에서는 도조賭租를 징수하지 말라. 순방사巡訪使가 정한 전세田稅는 해마다 주·군에서 액수에 의거하여 조세를 거두는데, 권세 있는 집에서 거부하고 납부하지 않자, 향리鄕吏와 백성들이 남에게 빌려서 액수를 채우는데 한정이 없으니 생업을 잃고 정처 없이 떠돌게 되었다. 납세하지 않는 자는 지위가 높고 권세가 있는 자라도 피하지 말고 규찰하여 보고하도록 하라."라고 하였다.

○ 공민왕恭愍王 5년(1356) 6월에 하지下旨하기를, "서북면의 전토는 일찍이 조세를 거두지 않고 방수防戍를 위임한 것이 그 유래가 오래 되었다. 근래에 권세가에서 많이 겸병하고 있으니, 지금부터 관청에서 검사하고 총괄하여 매 1결에 도조 1섬을 받아서

군수에 지출하도록 하라. 옛날에는 조세를 바칠 때에 백성들로 하여금 자량자개自量自概[68]하는 것을 허락하였는데, 지금은 관리들이 되를 크게 만들어 양을 남기니 백성들이 이를 매우 고통스러워한다. 주·군의 관리들로 하여금 직접 감시토록 하고, 중앙과 지방이나 공사 간에 두곡斗斛을 동일하게 하라."라고 하였다.

○ (공민왕) 11년(1362)에 밀직 제학密直提學 백문보白文寶가 차자箚子를 올려 아뢰기를, "우리나라 토지제도는 한漢나라의 한전限田에서 법을 취하여 10분의 1을 세稅로 받을 뿐입니다. 경상도의 토지로 말하면 조세는 타도他道와 같지만 조운과 수레의 운송비용이 또한 그 조세의 곱절이나 됩니다. 그리하여 농민田夫들이 먹는 것은 열에 하나밖에 되지 않습니다. 원래 정한 족정足丁에는 7결, 반정半丁에는 3결을 더해주어 세가稅價를 충당하게 하소서."라고 하였다.

○ 신우辛禑 9년(1383) 2월에 좌사의左司議 권근權近 등이 상서上書하여 아뢰기를, "전傳에 이르기를 '백성은 나라의 근본이고 재물은 백성의 마음이므로, 그 마음을 잃으면 백성이 흩어지고 그 근본을 잃으면 나라는 위태로워진다.'[69]라고 하였습니다. 근년 이래로 전쟁이 그치지 아니하고 수재와 가뭄이 잇따르니, 백성들은 굶주린 기색이 있고 들판에는 굶어죽은 시체가 나뒹굴고 있습니다. 게다가 하나의 전토에 주인은 둘 셋이나 되어 각각 도조賭租를 징수하여 민심民心(백성의 재물)을 빼앗아가도 소재 관청과 안렴사按廉使 및 찰방察訪들은 능히 금지하지 못하니, 이 가여운 곤궁한 백성들은 누구에게 의지하고 또 누가 도와주겠습니까? 나라의 근본인 백성의 위태로움이 이보다 더 심함이 없으니, 신들은 매번 생각이 이에 미치면 깊이 통탄하는 바입니다. 원컨대 지금부터는 한결같이 우리나라의 전법田法에 따라 개경開京은 판도사版圖司가, 지방에서는 안렴사가 토지 쟁의를 판단하고 처리하여 이긴 자가 도조를 거두게 하고 하나의 전토에 한 사람의 주인이 있게 함으로써 백성들로 하여금 소생하도록 하고, 만일 위반하는 자가 있으면 통렬히 금하여 다스리소서."라고 하였다.

---

68 관아에 세금을 바칠 때에 바치는 사람이 스스로 되질하고 자기의 밀대로 그 위를 밀어 고르게 하는 것.
69 육지陸贄, 『한원집翰苑集』 권11에 나오는 내용이다.

○ (신우 9년(1383)) 8월에 우리 태조[이성계]가 변방을 안정시키는 계책을 올렸다. 아뢰기를, "동북東北 1도道의 주・군들은 산과 바다 사이에 위치하여 지세가 좁고 땅은 척박합니다. 지금 조세를 거두면서 경작지의 많고 적음을 논하지 않고 다만 호구의 크고 적음만을 따집니다. 화녕和寧[70]는 도내에서 땅이 넓고 비옥한데, 모두 이민吏民의 지록地祿[71]으로 되어 그 지세地稅를 관청에서 거두지 못하므로 백성에게 취하는 것이 공평하지 못하고 군량도 넉넉하지 못합니다. 금후로는 도내의 제주諸州와 화녕은 오로지 경작지의 많고 적음으로써 과세科稅하여 공사公私가 편하도록 하소서."라고 하였다.

공부貢賦

○ 정종定宗 4년(949)에 광종光宗이 왕위에 오르자 원보元甫 식회式會와 원윤元尹 신강信康 등에게 명하여 주州와 현縣의 세공歲貢 액수를 정하게 하였다.

○ 문종文宗 20년(1066) 6월에 판判하기를, 여러 주・현에서 매년 바치는 상공常貢[72]인 소가죽[牛皮]와 힘줄과 뿔[筋角]을 평포平布로 환산하여 대신 납부하도록 하였다.

○ 예종睿宗 3년(1108) 2월에 판判하기를 경기의 주・현은 상공常貢 외에 요역徭役이 번다하고 무거워서 백성들이 이를 고통스러워하여 날로 점점 도망하여 흩어지니, 주관하는 관청에서는 그 공물과 요역의 많고 적음을 계수관界首官에게 하문하여 잘 헤아려 결정하여 시행하라. 동소銅所・철소鐵所・자기소瓷器・지소紙所・묵소墨所 등 잡소雜所의 별공別貢 물품에 대한 징수 요구가 몹시 지나치므로 장인匠人들이 고통을 견디지 못하여 도피한다. 해당 관청에서는 각 소所에서 바치는 별공과 상공의 물품의 많고 적음을 잘 헤아려 결정하고, 이를 상주上奏하여 결재를 받도록 하였다.

○ (예종) 9년(1114) 10월에 판判하기를, 공중포貢中布(공물로 바치는 중포) 1필은 공평포貢

70 화주和州와 영주寧州를 가리키는 것으로 보인다.
71 토관土官이 국가에 봉사한 대가로 녹봉 대신 받는 토지.
72 품목이나 수량 및 시기 등이 해마다 똑같이 정해져 있던 공물.

平布 1필 15자[尺]로 환산하고, 공저포[貢紵布] 1필은 공평포 2필로 환산하며, 공면주貢綿紬 1필은 공평포 2필로 환산하게 하였다.

○ 명종明宗 18년(1188) 3월에 하제下制하여 "여러 주·부·군·현의 백성들은 각각 공물과 부역이 있는데, 근래에 지방 관료들이 부정하게 사령使令들을 시켜 역가役價를 징수하고 그 공부貢賦는 해가 지나면 면제케 한다. 아전들 또한 이 방식을 따라하여 부역은 고르지 않게 되었으며, 공호貢戶(공물 바칠 호구) 백성들이 이로 말미암아 도망하여 흩어졌다. 각도에 파견된 사신使者들은 순행하여 조사하고, 이러한 관원들은 그 죄를 상주하여 아뢰고, 그 나머지 아전들은 형법刑法에 따라 직임에서 내쫓아서 공물과 부역을 공평하게 하라."라고 하였다.

○ 충렬왕忠烈王 14년(1288) 9월에 사신을 충청도·전라도·경상도·서해도에 보내어 공부貢賦를 잘 헤아려 결정하도록 하였다.

○ (충렬왕) 22년(1296) 6월에 중찬中贊 홍자번洪子藩이 상서하였다. 첫 번째로 "지금 제도諸道에서 거두는 세모시[細紵布]를 거두어들이는데 백성들이 진실로 감당하지 못하니, 마땅히 관비官婢와 면역免役받은 자로 하여금 길쌈을 하게 하여 백성들의 힘을 풀어주소서."라고 하였다. 두 번째로 "공부貢賦는 이미 정해진 액수가 있는데, 또 제도諸道에서 집집에서 가는 베[細麻布]를 추렴하니, 진실로 횡렴橫斂하는 것입니다. 마땅히 이를 엄중히 금하여 근절하소서."라고 하였다. 세 번째로 "전토에는 역주役主[73]가 없어서 도망한 사람丁이 많으며, 백성들은 항심恒心이 없어서 도망한 가호家戶가 많습니다. 무릇 공부貢賦가 있으면 그대로 남아있는 백성들로 하여금 감당하게 하니, 이것이 날로 더욱 쇠잔해지고 피폐해지는 이유입니다. 마땅히 사급전賜給田으로 하여금 그 많고 적음에 따라 공부를 납부하게 하소서."라고 하였다. 네 번째로 "제도諸道의 공부는 이미 정해진 액수가 있는데, 지금 또 호랑이·표범·곰의 가죽을 공물로 바치라 하니, 이것은 과렴科斂이 번다하고 무거울 뿐만 아니라 맹수들이 사람을 해치게 될까 두렵습니

73 국가의 역을 부담해야 하는 사람.

다. 진실로 마땅히 금지하소서."라고 하였다.

○ 충숙왕忠肅王 원년(1314) 정월에 충선왕忠宣王이 전민계정사田民計定使에게 유시하여 이르기를, "선왕先王이 주·현을 설치하고 공부貢賦를 정하여 백성에게서 거두어들이기를 시기에 알맞게 하여 국용國用에 충당하였는데, 전쟁이 일어난 이래 호구수가 적고 전토가 황폐해져 공부의 수입이 예전 같지 않았다. 기사년己巳年[원종 10년(1269)인 듯]에 양전量田하여 액수를 정한 뒤로도 제찰提察과 수령守令들이 그 액수를 고집하여 징수하기를 그치지 않으니 백성을 괴롭게 함이 실로 많다. 마땅히 현재의 전토와 호구를 가지고 공부를 다시 정하라. 백성이 떠나버려 전야가 황폐해진 것은 기한을 정하여 면제하고, 그 나머지 잡공雜貢 또한 마땅히 상정詳定하되 감할 수는 있어도 더하지는 말 것이며, 모든 여러 민폐民弊를 상황에 맞게 없애거나 바로잡으라."라고 하였다.

○ 충숙왕 원년(1314) 2월에 지밀직사知密直事 채홍철蔡洪哲을 5도 순방 계정사五道巡訪計定使로 삼고, 내부령內府令 한중희韓仲熙를 부사副使로 삼고, 민부 의랑民部議郎 최득평崔得枰을 판관判官으로 삼아서 양전量田하여 부세를 제정하게 하였다. 모든 백성을 편하게 하는 일은 마땅히 식목도감式目都監에서 계문하는 바의 조획條劃들을 가지고 잘 헤아려 가감토록 하고, 제도諸道의 제찰사提察使 및 수령으로서 죄가 있는 자는 그 경중을 논하지 말고 곧바로 과단科斷하게 하였다.

○ 충숙왕 원년(1314) 윤3월에 충선왕이 전지傳旨하여 이르기를, "순방 계정사 채홍철 등이 정한 공부貢賦는 주州와 군郡의 쇠잔함가 번성함을 보아서 그 액수를 고르게 정하여 국용國用을 넉넉하게 한 것이니, 요컨대 백성들로 하여금 편안하게 생업에 종사하도록 하라."라고 하였다.

○ (충숙왕) 후8년(1339) 5월에 감찰사監察司에서 다음과 같은 금령禁令을 방문을 붙여 공포하였다. "양창兩倉의 녹전祿轉[74]과 각사各司의 공물貢物이 근래에 수납하는 시기를 잃어 용도가 부족하여서 모리배들로 하여금 이 기회를 이용하여 이익을 노리게 하였

74 관리들에게 녹봉을 주기 위하여 각 지방에서 미곡을 거두어 운반하는 일.

다. 먼저 그 본전을 바치고는 곧바로 그 고을에 가서 이자[利息]를 배나 거두어들이니, 백성들이 무엇으로 견디어낼 수 있겠는가? 각도의 존무사存撫使와 안렴사 및 수령 등의 관원들은 수납 기한을 늦춘 자에게 엄중히 죄를 추궁할 것이다."

○ 충혜왕忠惠王 後4년(1343) 7월에 각도에서 지난해의 공부貢賦를 추징하였는데, 여미현餘美縣의 아전이 그 고통을 견디지 못하여 마침내 스스로 목을 찔러 죽었다.

○ 공민왕恭愍王 원년(1352) 2월에 유지宥旨하기를, "여러 관청에 외군外郡의 공부를 아직 수납하지 못한 것은 먼저 그 고을 사람으로 개경開京에 거주하는 자에게 징수하니, 개경에 거주하는 자는 대가를 꾸어주었다 하여 백성들에게서 배나 거두어들인다. 또 2~3년 혹은 4~5년이나 앞서서 그 공부를 징수하니 폐단이 막심하다. 금후로는 모든 공부를 수령과 안렴사가 기한 내에 보내 납부할 것이며, 감찰監察은 엄중히 몸소 깊이 살펴서 백성의 해를 제거하도록 하라."라고 하였다.

○ 선종宣宗 5년(1088) 7월에 잡세雜稅를 정하였다. 밤과 잣은 큰 나무에 3되[升], 중간치 나무는 2되, 작은 나무에 1되이다. 옻나무는 1되이고, 삼밭[麻田] 1결에 생삼[生麻] 11량兩 8도刀이며, 어저귀[白麻] 5량 2목目 4도刀[75]이다.

○ 충혜왕忠惠王 後4년(1343) 11월에 강릉도江陵道에서 산세山稅로 잣[松子] 3천 섬[石]을 바쳤다.

○ 공민왕恭愍王 5년(1356) 6월에 하지下旨하기를, "적신賊臣(기철奇轍을 가리킨다)의 무리들이 제멋대로 산택山澤을 점유하여 그 세를 많이 거두어들여 국용國用은 날로 부족하고 민생民生은 더욱 피폐해졌다. 지금부터 산림山林은 선공시繕工寺에 소속시키고, 택량澤梁은 사재시司宰寺에 소속시켜 금령을 늦추고 세금 징수를 가볍게 하라."라고 하였다.

75 10도刀가 1목目이고, 10목이 1량兩이며, 16량이 1근斤이라고 한다. 백남운白南雲, 『조선봉건사회경제사』(상) 참조.

호구戶口

○ 고려 제도[國制]에 백성들은 나이 16세가 되면 정丁이 되어 비로소 국역國役에 복무하고, 60세가 되면 연로하므로 국역을 면제하였다. 주州·군郡에서는 해마다 인구를 조사하고 호적에 등록하여 호부戶部에 올려 보내면, 모든 징병徵兵이나 조역調役은 호적을 근거로 뽑아 정하였다.

○ 인종仁宗 13년(1135) 2월에 판判하기를, "개경開京에 사는 대소 인원大小人員(높고 낮은 모든 벼슬아치)의 자제들이 요역徭役을 회피하려고 꾀하여 각자 본관本貫의 친척 호적에 붙여서 이름과 실상이 뒤섞이는 결과를 초래하였다. 지금부터 개경 사람이 지방 호적에 붙이는 것을 엄격히 금하라."라고 하였다.

○ 충렬왕忠烈王 5년(1279) 9월에 계점사計點使를 제도諸島에 파견하였다. 처음에 도평의사사都評議使司에서 아뢰기를, "태조께서 5도五道의 주·군을 세우고, 토지 구획을 정하며 백성에게 세를 거둠에는 모두 항구적인 제도가 있었습니다. 근래에 전쟁과 기근이 서로 잇달아 창고의 저축이 다 떨어져 불법 징수가 상공常貢보다 무거우니, 포호逋戶(부세를 포탈한 호)가 남아 있는 백성들에게 누를 끼칩니다. 마땅히 호구를 계산하고 부세를 다시 정하여 임시방편적인 폐단을 없애소서."라고 하였다. 이로부터 여러 번 계점사를 파견하였으나 성과를 보지 못하였다. 일본 정벌[東征]의 전쟁이 있게 되어 백성들을 징발하여 군대로 만들어야 하였으므로 다시 이러한 명이 있게 된 것이다.

○ 충숙왕忠肅王 12년(1325) 10월에 하교하기를, "개성부의 5부五部 및 외방의 주·현에서 백성을 양반兩班으로 만들고 천인賤人을 양인良人으로 만들어 호구戶口를 위조한 자는 법률에 의하여 단죄하라. 권세가에서 전장田庄을 널리 두고 인민을 불러 은닉하고 부역을 바치지 않는 자는 소재지 관청에서 그 백성들을 추쇄推刷하여 공호貢戶(공물 바칠 호구)에 충당하도록 하라."라고 하였다.

○ 공민왕恭愍王 20년(1371) 12월에 하교하기를, "우리나라의 호구법戶口法이 근래에 파천播遷(왕이 지방으로 피난한 것)으로 인하여 모두 옛것을 잃어버렸으니, 임자년壬子年[공민왕 21년(1372)]으로부터 시작하여 모두 구제舊制에 따라서 양인과 천인과 생구生口(포로)를

분간하여 호적을 작성하고, 그 식년式年(정해진 호적 연도)을 따라 민부民部에 보내어 참고에 대비토록 하라. 단정單丁[76]이 부역에 종사하는 것은 병신년丙申年[공민왕 5년(1356)인 듯]부터 이미 금지시켜왔다. 관리들이 나의 뜻을 체득하지 못하고 그전처럼 사역시키고 있으니, 더욱 가련하고 애처롭다. 모름지기 조역助役[77]을 주어 생업을 잃지 않도록 할 것이며, 나이 만 60이 되면 부역을 면제해주도록 하라. 동계東界와 서계西界의 양계兩界에서 새로 편입된 인호人戶는 도리상 마땅히 안집安集시켜야 하니, 그 도순문사都巡問使에게 명하여 양곡과 전토를 주어 생업을 잃지 않도록 하라." 하였다.

○ 신우辛禑 4년(1378) 12월에 호구를 계점計點하였다.

○ (신우) 14년(1388) 8월에 대사헌大司憲 조준趙浚이 상소하여 아뢰기를, "근래에 호적법이 무너져서 수령은 그 주州의 호구를 모르고 안렴사는 한 도道의 호구를 모릅니다. 역을 징발할 때를 당하여 향리鄕吏들이 속이고 은폐하여 뇌물을 받아들이니, 부유하고 건장한 자는 면제되고 가난하고 약한 자가 징발됩니다. 빈약한 호戶가 그 고통을 견디지 못하여 도망하면, 부유하고 건장한 호戶가 그 고통을 대신 받게 되므로 역시 가난해지고 약해져서 도망가 버립니다. 그 징발을 책임진 자가 향리들이 속이고 은폐하는 것을 분하게 여겨 엄중히 혹형을 가하여 귀를 베고 코를 자르는 등 하지 않는 바가 없으니, 향리 역시 그 고통을 감당하지 못하여 도망하고 맙니다. 향리와 백성이 유망流亡하여 사방으로 흩어지고 주·군이 텅비게 된 것은 호구를 호적에 올리지 아니하여 미친 앙화殃禍입니다. 원컨대 이제 양전量田할 때를 당하여 그 경작하는 전토를 조사하여 경지의 많고 적음에 따라 그 호戶를 상·중·하의 3등으로 나누고, 양인·천인 및 생구生口를 분간하여 호적을 작성하게 하소서. 이것을 수령은 안렴사에게 바치고 안렴사는 판도사版圖司에 바치면, 조정에서 모든 징병徵兵과 조역調役할 때에 근거할 바가 있게 되어 제때에 징발하여 보낼 수가 있으며, 수령과 안렴사로 만일 법을 어기는 자가 있으면 곧바로 법으로써 다스릴 수 있습니다."라고 하였다.

76 하나의 호戶에 과역課役할 수 있는 정丁이 한 사람만 있는 것.

77 국가 부역에 동원된 자의 생업生業을 도와주는 사람.

○ 공양왕恭讓王 2년(1390) 7월에 도당都堂(도평의사사)에서 계啓하기를, "옛 제도에 양반兩班들의 호구는 반드시 3년마다 한 번씩 호적을 작성하여 한 벌[件]은 관가에 바치고 한 벌은 자기 집에 보관하였습니다. 호적에는 각각 호주의 세계世系 및 동거하는 자식·형제·조카·사위의 족파族派를 쓰고, 노비에 이르러서는 전해오는 종파宗派와 소생 자식들의 이름과 나이, 남자종의 아내와 여자종의 남편이 양인인지 천인인지를 일체 모두 갖춰 기록하여 쉽게 살펴볼 수 있도록 하였습니다. 근년 이래로 호적법이 무너져서 양반들의 세계가 찾기 어려울 뿐만 아니라 혹은 양인을 강제로 천인으로 만들고[壓良爲賤] 혹은 천인으로 양인이 되기도 하여 마침내 송옥訟獄이 관청 뜰에 가득 차고 문서들이 어지럽게 되었습니다. 원컨대 지금부터는 옛 제도에 따라서 시행하여 호적이 없는 자는 고신告身(관리 임명장)을 내어 벼슬살이하는 것을 허락하지 마소서. 또 호적에 올라있지 않은 노비는 일체 모두 관청에 귀속시키소서."라고 하므로, 왕이 이를 가납하였다. 그러나 마침내 시행하지는 못하였다.

농상農桑

○ 농사짓기와 누에치기[農桑]는 의식衣食의 근본이며 왕정王政에서 우선적으로 해야 할 일이다. 태조太祖는 즉위한 처음에 가장 먼저 조서를 내려 온 나라의 전조田租를 3년간 면제하고 농상을 장려하여 백성들에게 숨을 돌려 쉬도록 하였다.

○ 성종成宗 5년(986) 5월에 하교하기를, "나라는 백성을 근본으로 삼으며, 백성은 먹는 것을 하늘[天]로 삼는다. 만약 만백성의 마음을 얻고자 한다면 오직 3농三農[78]의 일을 빼앗지 말아야 한다. 아! 너희들 12목牧과 모든 주州·진鎭의 관리들은 지금으로부터

78 봄에 밭 갈고 여름에 김매고 가을에 수확하는 세 단계의 농사.

가을에 이르기까지 모두 마땅히 잡무를 그만두고 오로지 권농勸農에 종사하도록 하라. 나는 장차 사신을 보내 전야田野의 황벽荒闢(황폐하고 개간된 것) 여부와 지방 관리들의 근태勤怠를 조사하게 하여 이것으로 포폄褒貶을 삼을 것이다."라고 하였다.

○ (성종) 6년(987) 6월에 주·군의 무기들을 거두어 농기구를 만들었다.

○ 현종顯宗 3년(1012) 2월에 하교하기를, "서북西北의 주州·진鎭은 병란을 겪은 이래로 백성의 식량이 궁핍하다. 이제 농사지을 때를 당하여 개간하여 심지 않을 수 없다. 그 본도本道 관리로 하여금 식량과 종자를 지급하여 백성들이 생업을 잃지 않게 하라."고 하였다.

○ 현종 3년(1012) 3월에 하교하기를, "홍범洪範의 팔정八政[79]은 먹는 것을 으뜸으로 삼았으니, 이는 부국강병의 방도이다. 요즈음 사람들은 경박하고 사치스러운 것에 익숙하여 근본을 버리고 말단을 좇아 농사지을 줄은 모른다. 제도諸道의 금기방錦綺坊[80]·잡직방雜織坊[81]·갑방甲坊[82]의 장인들은 모두 그 인원을 축소하여 농업에 종사하도록 하라."라고 하였다.

○ (현종) 7년(1016) 정월에 하교하기를, "강남江南[83]의 군·현은 지난해에 흉년이 들어 백성들이 많이 기근에 시달리고 있다. 소재지 관리들은 식량과 종자를 지급하여 농사에 힘쓰도록 하라."라고 하였다.

○ (현종) 9년(1018) 2월에 도병마사都兵馬使가 상주上奏하기를, "홍화진興化鎭은 외적의 침입[寇亂][84]을 겪은 이후로 민호民戶에 있던 소와 가축이 모두 없어졌으니, 빌건대 관청

---

79 『서경書經』 홍범洪範에 나오는 내용으로, 팔정八政은 식食·화貨·사祀·사공司空·사도司徒·사구司寇·빈賓·사師의 나라를 다스리는데 필요한 여덟 가지 일이다.

80 지방 관아에 속하여 비단을 생산하던 공방.

81 지방 관아에 속하여 여러 가지 천을 짜던 공방.

82 동경東京(경주)에 있었던 능라綾羅를 보관하던 창고.

83 지방행정구역인 10도十道의 하나로 금강錦江 이남 지역에 설치한 강남도江南道를 말한다. 전주全州·영주瀛州(지금의 정읍 지방)·순주舜州(지금의 순창 지방)·마주馬州(지금의 익산 지방) 등 9주 43현을 관할하였다. 현종 9년(1018)에 해양도海陽道와 함께 전라도로 개편되었다.

84 현종 8년(1017)에 있었던 거란의 소합탁蕭合卓이 홍화진을 포위하고 9일간 침공한 일을 가리키는 듯하다.

의 소[官牛]를 빌려주어 농사짓는 것을 돕게 하소서."라고 하니, 왕이 이를 따랐다.

○ 현종 9년(1016) 11월 우산국于山國(울릉도)이 동북 여진東北女眞의 침구侵寇를 받아 농업을 폐하게 되자 이원구李元龜를 보내 농기구를 내려주었다.

○ (현종) 16년(1025) 3월에 판判하여 외방 사람[外人]으로 개경開京에 와서 소송하는 자는 3월 초1일부터는 모두 돌아가 농사짓도록 하였다.

○ (현종) 19년(1028) 정월에 판判하여 제도諸道의 주·현에서 매년 뽕나무 모종을 심도록 하고, 정호丁戶는 20뿌리[根], 백정白丁[85]은 15뿌리를 논머리에 심어서 누에치는 일을 돕도록 하였다.

○ 덕종德宗 3년(1034) 3월에 하교하기를, "농상農桑은 의식衣食의 근본이니, 제도諸道 주·현의 관리들은 조정의 명령을 힘써 준수하여 3시三時[86]를 빼앗지 말아 백성을 편안하게 하라."고 하였다.

○ 정종靖宗 2년(1036) 정월에 어사대御史臺에서 아뢰기를, "제도諸道의 외관外官이 불시에 백성을 사역시켜 농사를 방해하고 있습니다. 바라건대 사신을 보내 상세히 조사하고 출척黜陟(관직에서 내쫓거나 혹은 승진시켜주는 것)하소서."라고 하니, 왕이 이를 따랐다.

○ (정종) 7년(1041) 2월에 문하성門下省에서 논주論奏하기를, "군·현에서 근래에 흉년이 들어 백성들이 항상 먹고 살기에 힘들어하는데, 사실은 방악方岳(지방) 관리들의 정사가 민심民心에 부합하지 않고 형벌이 하늘의 뜻에 순응치 않음으로써 화기和氣를 상하게 하여 이 지경에 이르게 한 것입니다. 바라건대 명령을 내리시어 형벌을 가볍게 하고 농사를 장려하여 백성들의 괴로움을 구하소서."라고 하니, 왕이 제가制可하였다.

○ 문종文宗 원년(1047) 2월에 서북로 병마사西北路兵馬使 양대춘楊帶春이 상주하기를, "관할 내에 있는 연주 방어진連州防禦鎭의 장리長吏와 군민軍民 등 8백여 명이 고하기를 '방어 부사防禦副使 소현蘇顯은 부임한[下車] 이래 농상을 장려하고 백성들을 잘 돌보아주었습니다.'라고 하니, 공적이 현저하므로 도리상 마땅히 조정에 알립니다."라고 하니,

85 특정한 직역職役을 부담하지 않고 주로 농업에 종사하던 농민층.

86 농사에 중요한 세 시절로 밭 갈고 씨 뿌리는 봄, 김매는 여름, 곡식을 수확하는 가을을 가리킨다.

왕이 제制하여 이부吏部로 하여금 제도에 준하여 헤아려 등용[量用]하도록 하였다.

○ (문종) 3년(1049) 3월에 동북로 감창사東北路監倉使가 상주하기를, "교주交州(지금의 강원도 회양淮陽) 방어판관防禦判官 이유백李惟伯의 관할하는 연성連城·장양長楊 등의 이민吏民들이 말하기를, '이유백이 부임한 이래 농사를 장려하고 백성들을 구휼하였습니다.'라고 하니, 비록 임기가 끝나서 교대해야 하지만 바라건대 유임[見借]시켜 주소서."라고 하였다.

○ (문종 3년) 12월에 동북로 병마사가 상주하기를, "영흥진永興鎭의 군사 성후成厚 등 320여 명이 서장書狀으로 고하기를, '진장鎭將인 상사 직장尙舍直長[87] 정작염丁作鹽은 농상을 장려하고 부역을 균등하게 하며, 성곽을 수리하고 전투 기구[戰具]들을 갖추어 놓았습니다. 또 모래와 자갈이 많아 경작할 수 없던 땅에는 잡곡을 심도록 권하여 한 해에 2백여 곡斛을 수확하였습니다.'라고 하니, 그 공과功課가 으뜸입니다. 비록 이미 만기가 되었으나, 바라건대 그대로 유임시켜 주소서."라고 하였다. 왕은 가상히 여겨 감탄하고 모두 허락하였다.

○ (문종) 20년(1066) 4월에 제制하여 이르기를, "『서경書經』에 이르기를 '식량을 넉넉하게 하는 것은 농사철을 잘 맞추는 데 달려 있다.'고 하였다. 한 사람의 농부가 밭 갈지 않으면 반드시 그만큼 굶주리는 자가 있게 될 것이다. 지방 관리[郡牧]의 직무는 농상을 가장 급하니, 제도諸道 외관外官의 수장들은 모두 권농사權農使를 겸대하도록 하라."고 하였다.

○ 예종睿宗 3년(1108) 2월에 제制하기를, "근래에 주·현의 관원들이 다만 궁원전宮院田과 조가전朝家田만 사람을 시켜 밭 갈고 씨 뿌리면서 군인전軍人田은 비록 비옥한 땅이라도 농사짓기에 정성을 쏟지 않는다. 또 양호養戶[88]로 하여금 식량을 운반하게 하지도 않으니, 이로 말미암아 군인들이 굶주리고 추워서 도망하여 흩어져 버렸다. 지금부터 우선 군인전부터 각각 전호佃戶(소작인)를 정하여 농사를 장려하고 식량을 운송하는

87 상사국尙舍局의 정7품 관직.

88 군인전을 경작하여 군인 가족을 부양하던 군속軍屬.

일을 담당 관청에서는 상세히 상주하여 재결을 받도록 하라."고 하였다.

○ 인종仁宗 5년(1127) 3월에 조詔하여 농사를 장려하고 밭갈이에 힘써서 백성들의 식량을 풍족하게 하도록 하였다.

○ (인종) 6년(1128) 3월에 조詔하여 이르기를, "농상을 장려하여 의식衣食을 풍족하게 함은 어진 임금[聖王]이 급선무로 하던 일이다. 지금 수령들은 많이 거두어들이는 것만 이익으로 알아 근검하여 백성들을 위무하는 자는 드물다. 창고가 텅 비고 백성들은 궁핍한데, 그 위에 역역力役까지 더하니 백성들이 어찌할 바를 몰라 일어나 서로 모여서는 도적이 되어버리니, 부국안민富國安民의 뜻과는 아주 딴판이다. 주·군으로 하여금 쓸데없는 일을 정지하고 급하지 않은 일은 파하여 백성을 편안하고 부유하게 하여 짐이 우려하고 애쓰는 뜻에 부합하도록 하라."고 하였다.

○ (인종) 23년(1145) 5월에 수량도감輸粮都監에서 상주하기를, "제도諸道 주·현으로 하여금 땅의 품질이 나빠서 논밭을 이루지 못하는 곳에는 뽕[桑]·밤[栗]·옻[漆]·닥[楮] 나무를 땅의 성질에 따라 심도록 장려하소서."라고 하니, 왕이 이를 따랐다.

○ 고종高宗 30년(1243) 2월에 제도諸道에 순문사巡問使를 파견하였다. 민희閔曦는 경상주도慶尙州道에, 손습경孫襲卿은 전라주도에, 송국첨宋國瞻은 충청주도에 보냈다. 또 각도에 산성 겸 권농별감山城兼勸農別監을 파견하니, 모두 37명이었다. 이름은 권농勸農이지만, 사실은 방어에 대비하기 위해서였다. 순문사가 얼마 후에 번잡하다고 하여 권농별감을 없애자고 청하니, 왕이 이를 따랐다.

○ (고종) 42년(1255) 5월에 제도諸道에 권농사를 나누어 파견하였다.

○ (고종) 46년(1259) 2월에 신흥창新興倉의 백은白銀 10근斤을 내어 곡식 씨앗과 바꾸어 빈민들에게 지급하였다.

○ 원종元宗 15년(1274) 5월에 원나라에서 사신을 보내 조詔하여 농상을 장려하고 군량을 저축하라고 하였다. 또 홍다구洪茶丘에게 명하여 농사를 감독하라고 하였다.

○ 충렬왕忠烈王 3년(1277) 2월에 농무도감農務都監을 설치하였다.

○ 충렬왕 34년(1308) 8월에 충선왕忠宣王이 다시 왕위에 올랐다. 11월에 하교下敎하기를, "농상은 의식衣食의 근본이니 마땅히 담당 관청에서는 마땅히 이를 장려하여 땅을

묵히거나 수확이 줄어드는 일이 없도록 하고, 무뢰배들이 소와 말을 풀어 곡식을 먹거나 밟는 일이 없게 하라. 수재와 가뭄을 만난 곳은 각도의 제찰提察들이 조사하여 아뢰면 일 년간의 조세와 부세를 면제해 주도록 하라."고 하였다.

○ 공민왕恭愍王 11년(1362)에 밀직제학密直提學 백문보白文寶가 차자箚子를 올리기를, 강회江淮[89]의 백성이 농사를 지으면서 수재와 가뭄을 걱정하지 않는 것은 수차水車의 힘을 이용하기 때문입니다. 우리나라 사람으로 수전水田을 경작하는 자는 반드시 도랑의 물을 끌고올 뿐으로 수차로 쉽게 물을 댈 수 있음을 알지 못합니다. 그러므로 논밑에는 물웅덩이가 있으나 일찍이 한 길[尋丈]의 깊이도 되지 못하는데, 내려다만 볼 뿐이고 감히 물을 퍼 올리지는 못합니다. 이 때문에 거칠고 묵혀진 땅[汚萊之田]이 십중팔구나 됩니다. 마땅히 계수관界首官에게 명하여 수차를 만들게 하여 만드는 법을 배우고 모양을 취하게 한다면 가히 민간에 전해지게 될 것입니다. 이것이 한재旱災에 대비하고 황무지를 개간하는 가장 좋은 방책입니다. 또한 백성이 씨 뿌리고 모내기를 아울러 힘쓰게 되면 역시 가히 한재에 대비할 수 있어 곡식 종자를 잃지 않을 것입니다."라고 하였다.

화폐貨幣 {시고市估}

○ 화폐 제도는 나라를 위하여 먼저 할 일이니, 대체로 이것으로 국용國用을 넉넉히 하고 민력民力을 부유하게 하기 때문이다.

○ 성종成宗 15년(996) 4월에 처음으로 철전鐵錢을 사용하였다.

○ 목종穆宗 5년(1002) 7월에 하교하기를, "예로부터 국가를 가진 자는 솔선하여 양민

89 중국 양자강揚子江과 회수淮水이니, 지금의 강소성江蘇省 일대를 가리킨다.

養民 정치를 하고, 백성을 넉넉히 하는 방책을 힘껏 숭상하였다. 혹은 3시三市[90]를 열어 백성을 이롭게 하고, 혹은 이수二銖[91]를 써서 세상을 구제하여 마침내 백성들의 생활을 윤택하게 하고 풍속을 순박하게 하였다. 생각건대 우리 선조先朝(성종成宗)께서는 전대의 전법典法에 따라서 이에 단조丹詔(임금의 조칙)를 반포하시어 청부靑蚨[92]를 주조케 하여 수년간에 돈꿰미[貫索]가 창고에 가득 찼다. 사각형과 원형[方圓]을 적용하고 중신重臣에게 명하여 잔치를 베풀게 하고는 이미 길일吉日을 택하여 전화錢貨를 사용케 하니, 이때부터 끊임없이 유통되어왔다. 과인이 외람되이 왕위를 계승하여 삼가 이모貽謀(조상이 후손을 위하여 남겨 놓은 계책)를 받드는데, 특히 화폐로 매매하는 바탕[貨買之資]을 홍하게 하고 준행하는 제도를 엄격히 세웠다. 근래에 시중侍中 한언공韓彦恭의 상소를 보니 이르기를, '사람을 편안하게 하고 사물을 이롭게 하려면 모름지기 옛 법을 따라서 항구적인 것으로 하여야 합니다. 지금 선조를 계승하여 전폐錢幣를 사용하고 추포麤布(굵고 거친 베)를 쓰는 것을 금하여 백성을 놀라게 하니, 이는 국가의 이익을 이룸이 아니라 한갓 백성의 원망만 불러일으킬 뿐입니다.'라고 하였다. 짐이 바야흐로 깨우쳐주는 정성스러운 말을 듣고 어찌 가히 버려서 받아들이지 않겠는가? 곧 근본에 힘쓰는 마음을 가지고 돈을 사용하는 길을 중단하고자 한다. 차[茶]와 술과 음식 등을 파는 모든 상점에서의 교역交易은 이전과 같이 돈을 사용하고, 그 밖에 백성들이 사사로이 서로 교역하는 데에는 임의로 토산물을 쓰도록 하라."고 하였다.

○ 숙종肅宗 2년(1097) 12월에 하교하기를, "예로부터 우리나라는 풍속이 소박하였는데, 문종文宗 때에 이르러 문물文物과 예악禮樂이 이에 성대해졌다. 짐이 선왕先王의 유업을 계승하여 장차 민간에 큰 이익을 일으키고자 한다. 그 주전관鑄錢官(화폐를 주조하는 관청)을 설치하니, 백성으로 하여금 통용케 하라."고 하였다.

---

90 도성都城에서 열리는 하루 세 번의 시장인 대시大市·조시朝市·석시夕市를 가리킨다. 『주례周禮』 지관地官 사시司市 참조.

91 송나라 폐제廢帝 때 악전惡錢을 몰아내기 위하여 새로 만들어 통용한 화폐.

92 구멍 뚫린 동전銅錢 또는 돈을 가리킨다. 청부충靑蚨蟲은 모자母子의 피를 취하여 동전에 각각 발라 놓으면, 한쪽이 다른 한쪽을 생각하여 돌아온다고 하는 고사에서 유래하였다. 『수신기搜神記』 권13 참조.

○ (숙종) 6년(1101) 4월에 주전도감鑄錢都監에서 상주하기를, "나라 사람들이 비로소 돈을 사용하는 이익이 편리하다는 것을 알게 되었습니다. 빌건대 종묘宗廟에 고하소서."라고 하였다. 이 해에 또 은병銀甁을 사용하여 화폐로 삼았다. 그 제도는 은銀 1근斤으로 이를 만드는데, 우리나라의 지형地形을 본떴다. 민간에서는 활구闊口라고 불렀다.

○ 숙종 6년(1101) 6월에 조詔하기를, "금金과 은銀은 천지의 정수[精]이며 나라의 보배이다. 근래에 간사한 백성이 구리와 섞어서 위조하니, 지금부터 은병을 쓸 때에는 모두 표인標印을 하여 이를 항구적인 법식으로 삼고, 위반하는 자는 중죄로 논하라."고 하였다.

○ (숙종) 7년(1102) 12월에 제制하기를, "백성을 부유하게 하고 나라에 이롭게 하는 것으로 돈보다 중요한 것은 없다. 서북西北의 두 나라[兩朝 : 송宋과 요遼를 가리킨다.]에서는 이를 시행한 지가 이미 오래인데, 우리나라만 홀로 아직 시행하지 않고 있다. 이제 비로소 고주鼓鑄의 법[93]을 제정하노라."고 하였다. 그 주조한 돈 15,000꿰미[貫]를 재추와 문무 양반 및 군인들에게 나누어 주어 돈 유통의 시초[權輿][94]가 되게 하고, 돈의 겉면에 해동통보海東通寶라고 새겼다. 또 처음으로 돈을 통용하는 것을 태묘太廟에 고하고, 곧바로 경성京城(개경開京)에 좌우 주무左右酒務를 설치하였다. 또 길거리 양편에 신분의 고하를 막론하고 각각 점포店鋪를 설치하여 돈을 사용하는 이로움을 일으키게 하였다.

○ (숙종) 9년(1104) 7월에 주·현에 명하여 미곡米穀을 내어 주식점酒食店을 열고 백성의 무역을 허락하여 돈의 이로움을 알도록 하였다. 이때에 돈[泉貨]을 시행한지 이미 3년이나 되었으나, 백성이 가난하여 능히 흥용興用할 수가 없었기 때문에 이러한 명령이 있었다.

○ 예종睿宗 원년(1106)에 중앙과 지방의 신료들이 선조先朝(숙종肅宗) 때에 돈을 사용케 한 것이 불편하다고 많이 말하였다.

---

93 금속을 녹여서 돈을 주조하는 것으로, 고鼓는 풀무질을 가리킨다.

94 사물의 시초를 뜻한다. 저울을 만들 때는 저울대[權]를 먼저 만들고, 수레를 만들 때는 수레의 판자[輿]를 먼저 만드는 것에서 유래한 말이다.

○ 예종 원년(1106) 7월에 조詔하여 이르기를, "전법錢法은 옛 제왕帝王이 나라를 부강케 하고 백성을 편리하게 하고자 한 것이고, 나의 부왕이 재화를 늘리고자 시행한 것이 아니다. 더구나 듣건대 요遼나라에서도 근년에 돈을 사용하기 시작하였음에랴. 무릇 하나의 법을 세우면 많은 비방이 뒤따라 일어나기 때문에 '일을 처음 시작할 때에 백성과 의논할 수는 없다.'[95]고 하는 것이다. 뜻밖에도 여러 신하들이 태조의 유훈遺訓에 가탁하여 '당나라와 거란[丹狄]의 풍속을 금한다.'는 말로써 돈의 사용을 배척하고 있다. 그러나 그 금한 바는 대개 풍속이 너무 사치스러움을 가리켰을 뿐이다. 문물文物과 법도法度 같은 것은 중국에서 배우지 않고 무엇으로 할 것인가?"라고 하였다.

○ 충렬왕忠烈王 13년(1287) 4월에 시중에서 은과 구리를 배합하여 돈을 주조하는 것을 금하였다. 이때에 쇄은碎銀을 써서 화폐를 만들었는데, 은과 구리를 배합하여 주조하는 자가 있어서 이를 금한 것이다.

○ (충렬왕 13년(1287) 4월) 이 달에 원나라에서 사신을 보내 조詔하여 지원보초至元寶鈔와 중통보초中統寶鈔를 반포하여 통용하게 하였다. 지원보초 한 꿰미[貫]를 중통보초 다섯 꿰미에 해당하게 하여 자모子母[96]로 삼아 사용하게 하였다.

○ (충렬왕) 22년(1296) 5월에 중찬中贊 홍자번洪子藩이 상서하기를, "국용國用에서 금과 은이 중요한데, 나는 곳이 없으니, 마땅히 문무[東西] 각방各房의 행역行役[97]과 각관各官의 새로 임명된 행역으로 하여금 거두어들이는 물건 가운데 3분의 2를 취하여 국용에 보충하소서."라고 하였다.

○ 충혜왕忠惠王 원년(1331) 4월에 처음으로 새로 만든 작은 은병銀甁을 사용하였다. 은병 하나를 오종포五綜布 15필에 해당하게 하고, 옛 은병의 사용을 금하였다.

○ 공민왕恭愍王 5년(1356) 9월에 도당都堂에서 백관으로 하여금 화폐를 의논하게 하였다. 간관諫官이 헌의獻議하기를, "우리나라는 근고近古에 쇄은碎銀으로 은병의 무게를

95 『사기史記』 권126, 골계열전滑稽列傳에 기록된 서문표西門豹의 말이다.

96 모母는 무겁고 가치가 더 나가는 돈의 단위이고, 자子는 가볍고 가치가 덜 나가는 돈의 단위이니, 두 가지를 섞어 쓰게 하였다는 뜻이다.

97 국가의 사명使命으로 집을 떠나 토목사업이나 국경 수비에 종사하는 것을 가리킨다.

달아 화폐로 삼고, 오승포五升布를 보조 화폐로 사용하였는데, 오래됨에 미치어 폐단이 없을 수가 없었습니다. 은병은 날로 변하여 구리로 되기에 이르렀고, 마사麻絲는 날로 거칠어져 베[布]를 이루지 못하니, 논의하는 자들이 다시 은병을 사용하고자 합니다. 저희들은 생각건대 한 개의 은병은 그 무게가 1근斤이며, 그 값은 베 100여 필인데, 지금 민가에는 1필의 베를 저축한 집도 오히려 적으니, 만일 은병을 사용한다면 백성은 무엇으로 물건을 사고팔고 하겠습니까? 어떤 사람은 논의하기를 '마땅히 동전銅錢을 사용해야 한다.'고 합니다. 그러나 우리나라 풍속에 오랫동안 돈[錢]을 사용하지 않았기 때문에 하루아침에 갑자기 명령을 내려 이를 사용하게 한다면 백성이 반드시 비방하게 될 것입니다. 어떤 사람은 말하기를 '마땅히 쇄은碎銀을 사용해야 한다.'고 합니다. 그러나 민간에 풀어놓고 어떠한 표식이 없다면 화폐의 권한은 위에 있지 않게 되니, 역시 편하지 않습니다. 지금 은 1냥은 그 값어치가 베 8필입니다. 마땅히 관청에 명하여 은전銀錢을 주조하게 하고, 돈에 표식을 하여 그 양수兩數와 가볍고 무거움에 따라서 포백이나 곡물의 많고 적음을 기준하게 하소서. 이는 은병에 비해 주조하기가 쉬워서 힘이 적게 들 것이며, 동전에 비해 운반하기가 가벼워서 이익을 많이 볼 것입니다. 관민官民과 군대에서 거의 모두 편리하게 될 것입니다. 무릇 은을 생산하는 곳이라면 거주하는 백성들을 면세해 주어 그들로 하여금 은을 캐서 관에 공납하게 하고, 나라 사람들이 가지고 있는 은그릇들은 모두 관청에 바치게 하여 은전을 주조하여 돌려주고, 아울러 오승포五升布를 사용케 한다면 공사 간에 모두 편리할 것입니다. 또 그 베[布子]는 정유년丁酉年[공민왕 6년(1357)]부터 시작하여 관에 바쳐 표인標印을 찍게 한 뒤에 매매를 허락하소서. 그 표인을 관장하는 관서는 개경에서는 경시서京市署가 주관하고 어사대御史臺에서 고찰하며, 지방에서는 지관知官 이상이 주관하고 존무사存撫使와 안렴사按廉使가 때때로 규찰하게 하소서. 만일 표인이 찍히지 않은 베를 사용하는 자나 표인을 관장하는 자가 사정私情에 따라 함부로 사용하는 것을 모두 법으로 다스린다면 몇 년 사이에 속이거나 위조하는 것이 근절되어 물가가 안정될 것입니다."라고 하였다.

○ 공양왕恭讓王 2년(1390) 6월에 명나라의 전관錢貫과 우리나라 포필布疋의 교환 비율을 정하기가 어려우므로 금후부터 매 1관貫을 베 5필에 준하기로 하였다.

○ (공양왕) 3년(1391) 3월에 중랑장中郞將 방사량房士良이 상서하여 아뢰기를, "하늘과 땅 사이에 비록 지방이 다르면 풍속도 다르지만, 사·농·공·상은 (어느 지방이나) 각기 그들의 업으로써 그들의 생활을 하게 됩니다. 있는 것을 가지고 없는 것과 교역함에 피차간에 통용하는 것은 돈입니다. 우禹 임금이 도산塗山에서 돈을 주조하고 9부九府[98]를 설치한 이후로 지금에 이르기까지 통행되는 것은 다름이 아닙니다. 그 질이 단단하고 그 사용이 가볍고 편리하며, 불에도 타지 않고 물에도 젖지 않으며, 서로 바꾸고 옮겨 다닐수록 더욱 빛이 나며, 먼 곳에 보내도 탈이 없으며, 쥐도 이를 축내지 못하고 칼날도 이를 상하게 하지 못하니, 한번 주조하여 이루어지면 만세토록 전할 수 있으므로 천하에서 이를 보배로 여기기 때문입니다. 우리나라에서 추포麤布를 쓰는 법은 동경東京(경주慶州) 등지의 몇몇 주·군에서 나왔습니다. 또 이 추포의 폐단은 10년 동안 오래 사용하는 것이 없고, 조금만 연기나 습기에 닿으면 곧 타버리거나 썩어버리니, 설사 관청 창고[公廩]에 가득 채워둔다 하더라도 쥐가 갉아먹고 비가 새어 생기는 손실을 면할 수가 없습니다. 바라건대 관청을 세워 돈을 주조하고 아울러 저폐楮幣(종이돈)도 만들어 화폐로 삼아 추포의 통행을 일절 금하소서."라고 하니, 왕이 이를 받아들였다.

○ (공양왕 3년(1391)) 4월에 삼사三司에 명하여 중앙과 지방의 전곡錢穀 출납을 회계會計하도록 하였다.

○ (공양왕 3년(1391)) 7월에 도평의사사에서 홍복도감弘福都監을 파하여 자섬저화고資贍楮貨庫로 삼을 것을 상주하고, 저폐楮幣를 만들 것을 청하였다. 그 글에 이르기를, "그윽이 듣건대 우禹 임금은 9년간 수재가 있고, 탕湯 임금은 7년간 한재가 있을 때에 역산歷山과 장산庄山의 금金으로 모두 화폐를 주조하여 백성의 곤궁함을 구제하였으며, 주周나라에 이르러서는 태공太公이 또 구부환법九府圜法[99]을 제정하였다고 하니, 이것이 전화錢貨의 시초입니다. 한漢나라 때부터 지금에 이르기까지 시대마다 각기 돈이 있었

98 중국 주周나라 때에 재화財貨를 맡아보던 아홉 관아. 대부大府·왕부王府·내부內府·외부外府·천부泉府·천부天府·직내職內·직금職金·직폐職幣이다.

99 주나라 태공太公이 제정하였다는 화폐 제도로, 환법圜法은 화폐를 고르게 유통시키는 것을 이른다.

습니다. 송나라의 회자會子와 원나라의 보초寶鈔 같은 것은 비록 전법을 고친 것이지만, 사실상 옛 전법의 뜻을 계승한 것이니 대체로 역시 재해나 환란에 대비하고 백성의 사용을 편리하게 한 것입니다. 우리나라의 돈으로는 삼한중보三韓重寶·동국통보東國通寶·동국중보東國重寶·해동중보海東重寶·동해통보東海通寶 같은 것이 중국 전적에 기록되어 있어 대개 상고할 수 있습니다. 근세에 와서 또 은병을 만들어 화폐로 삼아 모두 포필布匹과 함께 자모字母가 되어 서로 맞추어 사용하였는데, 후에 법의 폐단으로 인하여 동전과 은병을 모두 폐하여 통용하지 못하고 드디어 오로지 오승포만 화폐로 쓰게 하였습니다. 근년 이후로 베가 굵고 거칠어져서 점차 이승포, 삼승포에 이르게 되니, 여자들의 공은 비록 힘들지만 백성의 이용은 편하지 못합니다. 이것을 운반하면 소 등에 땀이 흠뻑 젖고, 이것을 쌓아두면 쥐가 갉아먹으니, 상인들이 통행하지 않고 미곡 값이 뛰어오른 것은 대개 여기에서 말미암은 것입니다. 지금 전하께서 정성을 다해 정치에 힘을 써서 정치와 교화가 다시 새로워졌는데 오직 이 한 가지 일만은 오히려 옛 폐습을 그냥 따르고 있으니, 만약 1, 2년 계속하여 수재와 한재가 있거나 수십만 명의 군대를 출동시켜야 할 사변이 일어난다면 그 비용은 장차 무엇으로 대처하시겠습니까? 지금의 계책으로는 은과 구리는 본래 우리나라에서 산출되는 것이 아니므로 동전과 은병의 화폐는 갑자기 다시 시행하기는 어렵습니다. 마땅히 담당 관청에 명하여 고금古今을 참작하여 회자會子와 보초寶鈔의 법을 본떠서 고려에 통용할 저화楮貨를 만들어 유포하고 오승포와 함께 통용시키소서. 민간에서 여러 물건을 매매하는 것과 개경에 나아가는 것 이외에 창고가 있는 곳에서 여러 가지 미공米貢과 물화物貨를 돈으로 대신 바치게 하고, 거칠고 성긴 베를 일절 금지한다면 편리하고 유익하게 될 것입니다."라고 하였다.

○ (공양왕) 4년(1392) 4월에 시중侍中 심덕부沈德符 등이 상언上言하였다. 첫째는 "자섬저화고資贍楮貨庫를 폐하고 이미 인쇄한 저화는 도로 거두어 종이로 만들고 그 인판印板을 불태워 버리소서."라고 하였다. 둘째는 "국가의 전재錢財 출납은 도평의사사에서 해당 관청에 직접 문첩文牒을 보내고, 해당 관청에서는 원래의 액수와 소비된 수량을 매달 말에 곧바로 삼사三司에 보고하게 하소서."라고 하였다.

시고市估(물건 값)

○ 현종顯宗 5년(1014) 6월에 삼사三司에서 상주하기를, "물가가 뛰어올라 추포麤布 1필의 값이 쌀 8말[斗]이나 됩니다. 비록 풍년이 들었기 때문이라 하지만, 곡식이 천해지는 것을 어떻게 하겠습니까? 청컨대 그 무게를 달아보아서 그 값을 올리거나 내리도록 하소서."라고 하니, 왕이 이를 따랐다.

○ 충렬왕忠烈王 8년(1282) 6월에 도평의사사에서 방문榜文을 붙여 이르기를, "민생의 근본은 미곡에 있다. 백금白金이 비록 귀하다고 하나 굶주리고 추운 것을 구제하지는 못한다. 지금부터 은병銀甁 한 개를 쌀로 환산할 때에 개경은 15, 16석으로 셈하고 지방은 18, 19석으로 셈하는데, 경시서京市署에서 그 해의 풍흉을 보아서 가격을 정한다."라고 하였다.

○ (충렬왕) 9년(1283) 7월에 감찰사監察司에서 방문을 내어 "옛 관례에는 은병의 값이 쌀 20석이었으나, 이제는 10석으로 개정한다."라고 하였으나, 9월에 상인들이 매매를 하지 않자, 이에 이전대로 복구하도록 허락하였다.

○ 충숙왕忠肅王 15년(1328) 12월에 자섬사資贍司에서 장신狀申하기를, "은병의 값이 날로 떨어지니, 지금부터는 상품上品의 은병은 종포賨布 10필로 값을 정하고, 첩병貼甁은 베 8, 9필로 정하여, 위반한 자로써 관직에 있는 자는 구리를 징수하고, 관직이 없는 자[白身]와 천인은 과죄科罪하소서."라고 하니, 판判하여 승인하였다. 당시 은병을 만들면서 구리를 섞었는데 은은 적고 구리가 많았기 때문에 관官에서 비록 값을 정하여도 사람들이 모두 따르지 않았다.

○ 충혜왕忠惠王 후4년(1343) 7월에 각 사원寺院으로 하여금 낡은 구리병銅甁을 사서 등차等差에 따라 진상하도록 하고, 적어도 30개 이하는 안 된다고 하였다. 그리하여 병 값이 다시 올랐다.

○ 공민왕恭愍王 11년(1362) 11월에 쌀 4[斗]의 값이 베 1필에 해당하였다. 금・은의 값은 떨어져서 혹은 금 1정錠이 쌀 5, 6섬[石]에 해당하기도 하였는데, 중앙과 지방 모두 그러하였다.

○ 신우辛禑 7년(1381) 8월에 개경開京의 물가가 뛰어올랐다. 상인들이 조그마한 이익

을 가지고 다투자, 최영崔瑩이 이를 미워하여 모든 시장에 나오는 물건은 모두 경시서京市署로 하여금 그 물건의 값을 상정詳定하고, 세를 바쳤다는 도장[稅印]을 찍어 표시한 뒤에야 비로소 매매를 허락하였다. 세인의 표시가 없는 자는 장차 갈고리로 등가죽을 꿰어 죽이게 하였다. 이에 경시서에 큰 갈고리를 걸어 보이니, 시장 사람들이 벌벌 떨었다. 그러나 이 일은 결국 시행되지 않았다.

○ 공양왕恭讓王 3년(1391) 3월에 중랑장中郞將 방사량房士良이 상서하여 아뢰기를, "사마천司馬遷이 말하기를 '가난한 사람이 부자가 되기를 바란다면 농업이 공업만 같지 못하고 공업이 상업만 같지 못하며, 여자가 수놓는 일[刺繡文]이 문에 기대어 웃음을 파는 것만 같지 못하다.'라고 하였습니다. 신 또한 생각하기를, 사・농・공・상의 4민四民 가운데 농민이 가장 힘들고 공인工人이 그 다음으로 힘이 드는데, 상인은 놀면서 무리를 지어 다니며 누에를 치지 않아도 비단옷을 입고, 지극히 천한 신분으로도 좋은 음식만 먹으면서 부유함은 왕실을 능가하여 참람하게도 왕후王侯에 비기고 있으니, 참으로 잘 다스려지는 시대의 죄인이라 하겠습니다. 그윽이 보건대 우리나라에서는 농부에게는 밭이랑을 일일이 조사하여 세를 부과하고, 공인은 국가[公室]를 위해 노역을 하는데, 상인은 역역力役도 없을 뿐만 아니라 세전稅錢도 없습니다. 원컨대 지금부터 사라紗羅・능단綾緞・초자綃子・면포綿布 등에 모두 관인官印을 사용하여 그 무게와 길이에 따라 빠짐없이 세를 거두고, 몰래 매매하는 자는 자는 모두 법을 어긴 죄로 다스리소서."라고 하였다.

염법鹽法

○ 국가가 의뢰하는 것으로는 소금에서 나오는 이익이 가장 크다. 고려 초기의 제도는 사서에 가히 참고할 바가 없다.

○ 충렬왕忠烈王 14년(1288) 3월에 처음으로 제도諸道에 사신을 보내 소금을 전매[榷鹽]

하게 하였다.

○ (충렬왕) 18년(1292) 7월에 경상·전라·충청 3도에 염세 별감鹽稅別監을 각각 파견하였다.

○ (충렬왕) 22년(1296) 6월에 중찬中贊 홍자번洪子藩이 상서하여 아뢰기를, "소금에는 세가 있어서 액수가 정해져 있는데, 지금 주·현에서 과렴科斂을 강행하니, 진실로 마땅히 이를 금지하소서."라고 하였다.

○ (충렬왕) 24년(1298) 정월에 충선왕忠宣王이 즉위하여 하교하기를, "염세鹽稅는 예로부터 천하의 공용公用이다. 지금 여러 궁원宮院과 사사寺社 및 권세가들이 모두 앞 다투어 강제로 차지[據執]하고 세를 바치지 않아서 국용國用이 부족하다. 담당 관청에서는 끝까지 조사하여 제파除罷하라."고 하였다.

○ 충선왕 원년(1309) 2월에 전지傳旨하기를, "옛날에 소금을 전매하는 법은 국용國用에 대비하려는 것이었다. 우리나라의 여러 궁원·사사 및 권세가에서 사사로이 소금가마[鹽盆]를 설치하고 그 이익을 독차지 하니 국용은 무엇으로 가히 넉넉하게 할 것인가? 이제 장차 내고內庫·상적창常積倉·도염원都鹽院·안국사安國社 및 여러 궁원과 중앙과 지방의 사사寺社에서 소유하고 있는 소금가마는 모두 관官에 들이도록 하라. 값[估價]은 은 1근에 64섬, 은 1냥兩에 4섬, 베 1필에 2섬으로 하여 이것을 규례로 삼으라. 소금을 쓰려는 자는 모두 의염창義鹽倉에 가서 화매和買하고, 군·현 사람은 모두 그 관할 관사官司에 가서 베를 바치고 소금을 받도록 하라. 만약 사사로이 소금가마를 설치하거나 사적으로 서로 무역하는 자가 있으면 죄를 엄중히 다스릴 것이다."라고 하였다. 이에 비로소 군·현에 명을 내려 백성을 뽑아 염호鹽戶로 만들고 또 염창鹽倉을 설치하도록 하니, 백성이 매우 괴로워하였다.

양광도楊廣道는 소금가마 126, 염호 231이고, 경상도는 소금가마 174, 염호 195이고, 전라도는 소금가마 126, 염호 220이고, 평양도平壤道는 소금가마 98, 염호 122이고, 강릉도江陵道는 소금가마 43, 염호 75이고, 서해도西海道는 소금가마와 염호가 아울러 49개였다. 제도諸道에서 소금 값으로 받는 베는 한 해에 4만 필이었다.

○ 충숙왕忠肅王 5년(1318) 5월에 하교하기를, "태위왕太尉王(충선왕)께서 조빙朝聘할 물품

이 넉넉하지 못한 것을 깊이 염려하시어 제도諸道의 소금가마를 모두 민부民部에 소속시키고 값을 정하여 소금을 지급함으로써 공사 간에 모두 이롭게 하였다. 이제 염장관鹽場官이 소금 값으로 베를 먼저 받고는 소금은 백성에게 돌아가지 못하는 것이 10에 8, 9나 되니, 그 소금을 받지 못한 자들을 조사하여 모두 지급해주도록 하라."고 하였다.

○ (충숙왕) 12년(1325) 10월에 하교하기를, "각처의 염호鹽戶들은 그 인원에 정해진 수가 있고 공납에도 정해진 수량이 있다. 근년 이래 염호가 날로 주는데도 공물 수량은 그대로 있다. 중앙과 지방에서 소금을 관리하는 관원들이 실지 조사[體察]를 하지 않고 포호逋戶가 공납해야 할 소금을 공호貢戶에게 덧붙여 징수하여 본래의 액수에 충당하니 백성이 매우 괴로워한다. 만일 도망간 자가 있으면 그곳 관사官司에서 조사하여 본역本役으로 돌리고, 뒤쫓아서 찾지 못했거나 본인이 죽고 후사도 없는 자는 모두 공납 액수를 면제해 주어라. 여러 창고들의 공민貢民[100] 또한 이 예대로 하라."고 하였다.

○ 충혜왕忠惠王 원년(1331) 7월에 5도五道에 염장별감鹽場別監을 두었으나, 얼마 안 되어 파하였다.

○ 공민왕恭愍王 6년(1357) 9월에 제도諸道에 염철별감鹽鐵別監을 각각 파견하였다.

우간의右諫議 이색李穡·기거사인起居舍人 전녹생田祿生·우사간右司諫 이보림李寶林·좌사간 정추鄭樞 등이 상서하여 염철별감의 폐해를 논하였다. 아뢰기를, "이제 특별히 별감을 파견하면서 염철이라 이름을 지으면 백성들이 이를 듣고서 반드시 놀랄 것입니다. 하나의 새로운 명을 내리면 아전들은 이것을 빙자하여 간악한 짓을 하니, 그 폐단은 백 가지로 나오게 됩니다. 별감들은 반드시 세포稅布를 많이 거두어들여 그로 인하여 왕의 총애를 받고자 할 것입니다. 백성들이 소금을 받지 못하기는 평일平日과 다름이 없는데 세포를 납부하는 괴로움은 이제 더욱 심해질 것입니다. 만약 일 존무사存撫使나 안렴사按廉使로 하여금 시행하게 하면, 백성들은 그것을 보통으로 여겨 놀라지 않을 것입니다. 특히 세월을 두고 그 공적을 고과考課한다면, 백성이 감히 어기지 못하여

100 창고에 소속되어 일정한 공물을 바치게 되어 있는 민호.

반드시 성과가 있을 것입니다. 더구나 영릉永陵(충혜왕) 시절에도 무릇 세금을 거두어들이는 데에 못할 짓이 없을 정도였지만, 오직 염철별감만은 한번 시행하여 보고는 다시는 논의하지도 않았습니다. 하물며 지금은 한결같이 조종祖宗의 법도를 준수하여 맑고 밝은 정치를 한려고 하는데, 논의가 이 일에 미침은 아마도 성대한 세상에 허물이 될까 두렵습니다."라고 하였다.

왕이 재상과 대성臺省들을 불러서 염철의 이해利害를 물었는데, 이색과 이보림은 병을 칭탁하여 나오지 않고, 전녹생과 정추는 이전의 의견을 고집하였다. 좌간의 남궁南兢은 동료들과 평소에 잘 지내지 못하였는데, 혼자 말하기를, "염철별감을 보내는 것이 좋겠습니다."라고 하였다. 좌시중左侍中 염제신廉悌臣 또한 말하기를, "염철사 문제는 이미 결정된 것이므로 고칠 수 없습니다."라고 하니, 왕이 그 말을 따랐다.

○ (공민왕) 9년(1360) 4월에 각도의 염세鹽稅를 면제하였다.

○ (공민왕) 11년(1362) 밀직제학密直提學 백문보白文寶가 차자箚子를 올려 아뢰기를, "충선왕 때 정한 염호가 흩어지고 도망가서 원래의 액수가 날로 줄어드니, 다달이 나누어주어야 할 소금[朔鹽]이 부족합니다. 그러나 민간에서 바치는 삭포朔布(매달 바치던 베)는 한결같이 전례대로 수납하고 있습니다. 그리하여 소금은 없으면서 베만 바치도록 하니, 아전들이 이것을 빙자하여 간악한 짓을 하여 백성은 비록 베를 바치지만 1되[升]의 세염稅鹽도 받지 못합니다. 금후로는 소금의 많고 적음을 베의 수량과 견주어서 고르게 갈라주고, 이것을 법식으로 정하소서."라고 하였다.

○ (공민왕) 12년(1363) 5월에 하교하기를, "염법鹽法을 설치한 것은 본래 나라를 부유하게 하고 백성을 편리하게 하기 위해서였는데, 법이 오래되어 폐단이 생겨 도리어 백성의 걱정거리가 되었다. 각도의 존무사와 안렴사에게 명하여 염호鹽戶를 조사하여 현재의 수량대로 소금을 지급한 다음에 바야흐로 베를 바치도록 허락하라."라고 하였다.

○ (공민왕) 19년(1370) 12월에 문하부門下府에서 계啓하기를, "소금을 전매하는 법은 오래되었습니다. 그리하여 선왕先王께서 바닷가 고을에 염창鹽倉을 설치하고 이에 내륙 백성에게서 세를 거둔 다음 화매和賣해서 상하 간에 이익이 통하도록 하였습니다. 근래에는 법이 오래되어 폐단이 생기니, 세포稅布를 바치고도 소금을 받지 못한 것이 간

혹 10년에 이른 자도 있습니다. 백성은 의지할 데가 없고 사사로운 소금 판매가 급속히 성행하니, 이는 선왕의 본뜻이 아닙니다. 청컨대 이제부터 염호로 하여금 그 생업에 안정하도록 하고, 또 수령으로 하여금 백성이 바친 바대로 보상하게 할 것이며, 이와 동시에 소금의 사사로운 판매를 금하소서."라고 하니, 왕이 이를 따랐다.

○ 공양왕恭讓王 2년(1390) 8월에 도당都堂에서 계啓하기를, "동서 양계兩界는 경계가 상국上國(명나라)과 인접하였고, 또 수재와 한재로 인하여 백성들의 생활이 곤란하니, 청컨대 염세鹽稅를 감해주소서."라고 하니, 이를 따랐다.

○ (공양왕) 3년(1391) 7월에 도당에서 계啓하기를, "염철은 나라에서 부과하는 세금 가운데 큰 것입니다. 우리나라는 철야鐵冶에 종사하는 사람이 모두 사사로이 할 뿐이고, 관官에서는 법을 세우지 않았습니다. 마땅히 야관冶官과 철호鐵戶를 설치하여 한결같이 염법과 똑같이 하여 국용國用에 도움이 되게 하소서." 라고 하니, 임금이 이를 따랐다. 그러나 일은 결국 시행되지 않았다.

과렴科斂

○ 무릇 국가에 대사大事가 있어서 용도用度가 넉넉하지 못하면 임시로 과렴科斂하여 그 비용을 지출하였다.

○ 의종毅宗 11년(1157) 10월에 태부시太府寺의 기름과 꿀이 떨어졌으므로 여러 사원寺院에서 거두어 재초齋醮[101] 비용으로 충당하였다.

○ 고종高宗 13년(1226) 3월에 제왕諸王 및 대소 신민臣民에게 콩[豆]을 차등 있게 내게 하여 원나라 군대의 둔전屯田에 쓰는 소[牛]의 사료를 보충하였다.

101 사찰에서 재齋를 올리는 일과 성신星辰에 지내는 제사를 가리킨다.

○ (고종) 18년(1231) 12월에 모든 관리로 하여금 옷을 차등 있게 내게 하여 국신國贐(국가에서 외국에 주는 선물)을 돕게 하였다. 제왕·재추宰樞 이상은 권금卷錦(비단 필)과 2색 능의二色綾衣(두 가지 색깔의 비단옷)를, 3품과 4품은 2색 능의를, 5품과 권참權參[102] 이상은 제주의綈紬衣(두꺼운 명주 옷)를 각각 한 벌씩 내게 하였다.

○ (고종) 40년(1253) 12월에 몽고의 여러 관인官人 및 영녕공永寧公[103]의 비주妃主·비모妃母와 홍복원洪福源 등에게 진상하고 선물로 줄 금은과 포백布帛이 이루 다 헤아릴 수 없었으므로 나라 창고[府庫]가 모두 텅 비었다. 문무 관원에게 명하여 4품 이상은 백금白金 1근을, 5품은 저포紵布 4필을, 권참權參 이상은 3필을, 8품 이상은 1필을 내게 하여 그 비용에 충당하였다.

○ (고종) 46년(1259) 4월에 태자 전倎을 보내어 표문을 받들고 몽고에 가게 하였다. 문무 관원으로 4품 이상은 각각 백금 1근을 내고, 5품 이하는 베[布]를 차등 있게 내게 하여 그 비용에 충당하였다.

○ 원종元宗 원년(1260) 10월에 중서문하성에서 상주하여 외관外官의 은그릇들을 신흥창新興倉에 거두어들여 국용國用에 지출하도록 하였다.

○ (원종) 2년(1261) 4월에 태자 심諶을 보내 몽고에 가서 아리발가阿里孛哥를 평정한 일을 축하하도록 하였다. 이때 재추로부터 4품까지의 관원은 은 1근을, 5품 관원은 백저포白紵布 2필을, 6품은 1필을, 7·8·9품은 2명이 1필씩 내게 하여 여비를 보조하게 하였다.

○ (원종) 5년(1264) 7월에 외방外方 각도에 명하여 백은白銀을 과렴科斂하여 친조親朝(왕이 직접 몽고를 예방하는 것) 여비를 준비하도록 하였다.

○ (원종) 7년(1266) 7월에 권신權臣 김준金俊이 4품 이상으로 하여금 은을 차등 있게 내게 하여 국신國贐에 충당하였다.

---

102 임시로 참질參秩의 품계를 가진 자를 말한다.

103 왕준王綧으로 현종顯宗의 후손이다. 고종 28년(1241) 왕자로 가장하여 독로화禿魯花로 몽골에 갔다가 원나라 세조에 의하여 안무고려군민총관按撫高麗軍民摠官으로 되었다.

○ (원종) 11년(1270) 11월에 종실宗室과 백관에 명하여 명주[紬絹]를 차등 있게 내게 하여 군사들의 옷을 공급하였다.

○ (원종) 12년(1271) 2월에 해당 관청에 명하여 은붙이[銀物]와 포목[布貨]을 거두게 하였다. 재추는 각각 백은 1근을, 3품은 저포紵布 4필을, 4품은 3필을, 5·6품은 2필을, 7·8품은 1필을 내게 하여 친조親朝의 비용으로 충당하였다.

○ (원종 12년(1271)) 11월에 몽고 군마軍馬가 오래 머무르니, 나라 창고가 텅 비어서 공급을 지탱할 수 없었다. 말먹이를 개경 안의 민호民戶들에게 2섬씩 징수하자, 백성이 많이 도망가 버려 이에 1섬으로 줄였다.

○ (원종) 13년(1272) 12월에 또 말먹이를 문무[各班] 관원에게 거두었다. 3품은 6섬을, 4품은 5섬을 내게 하고, 하급 관원에 이르기까지 차등 있게 징수하였다.

○ (원종 13년(1272) 12월) 이 달에 세자 심諶이 원나라에 가니, 태부太府에서 황금 3근 7냥, 장흥고長興庫에서 백금白金 430근 7냥, 홍왕사興王寺에서 150근, 안화사安和寺에서 100근, 보제사寶濟寺에서 70근을 내게 하고, 또 재추와 승선承宣 이상의 관원으로 하여금 각각 1근씩 내게 하여 여행 경비에 충당하였다.

○ (원종) 14년(1273) 2월에 6품 이상으로 하여금 술을 차등 있게 내게 하여 군사들을 대접하였다. 6품 이하는 말먹이를 개성開城으로 실어 나르게 하였다. 또 제왕·재추 및 4품 이상으로 하여금 각각 말 1필을, 5·6품은 2명이 1필씩 내게 하였다. 어떤 사람은 백성의 말을 빼앗아 군사들의 여윈 말과 바꾸었다.

○ (원종 14년(1273)) 5월에 백관들로 하여금 은을 차등 있게 내게 하여 세자의 가례嘉禮 비용에 충당하였다.

○ 충렬왕忠烈王 원년(1275) 3월에 내탕고內帑庫의 저장이 고갈되었으므로 백은을 거두어들였다. 제왕·재추·승선·반주班主[104]는 8냥을, 재추로 치사致仕한 자 및 3품은 6냥을, 3품으로 치사한 자 및 4품은 4냥을, 5품은 3냥을, 6품은 2냥을 내어 원나라 사신[客

104 응양군 상장군鷹揚軍上將軍으로서 병부상서兵部尙書를 겸한 사람을 일컫는다.

使]의 요구에 충당하였다.

○ (충렬왕 원년(1275)) 12월에 반전색盤纏色을 설치하여 은을 거두어들였다. 제왕·재추·승선·반주는 1근을, 재추로 치사한 자 및 정3품은 13냥을, 종3품은 11냥씩 내게 하고, 권무權務[105]·위정尉正[106]에 이르기까지 각각 차등 있게 내게 하였다. 방리坊里에서는 2호戶가 합쳐 1냥씩 내게 하였다. 또 각도에서 은과 저포를 거두었다.

○ 충렬왕忠烈王 4년(1278) 정월에 명하여 제왕·재추로부터 권무에 이르기까지 말먹이[草料]를 차등 있게 내게 하여 흔도忻都와 홍다구洪茶丘의 군마軍馬를 먹였다.

○ (충렬왕 4년(1278)) 2월에 또 명하여 제왕으로부터 권무에 이르기까지 건초[蒭]와 콩[豆]을 내게 하여 흔도와 홍다구의 군마에 지급하였다.

○ (충렬왕 4년(1278)) 12월에 재추가 원나라에 친조親朝하기를 청하므로 이를 허락하였다. 명하여 제왕으로부터 5·6품에 이르기까지 세저포細紵布를 차등 있게 내게 하여 국신國贐에 충당하였다.

○ (충렬왕) 5년(1279) 10월에 제왕·백관들로부터 은과 저포를 차등 있게 거두어들여 여행 경비[盤纏]에 충당하였다.

○ (충렬왕) 14년(1288) 10월에 양부兩府의 재추가 논의하기를, "선왕께서 창고를 설치하고 저축을 쌓은 것은 그것으로 국용을 충당하고 흉년에 대비한 것입니다. 근래에 군·현이 환난을 만나[107] 부세賦稅를 많이 바치지 못하여 백관의 월봉月俸도 제대로 주지 못합니다. 만약 국가에 불의의 수요가 생긴다면 장차 무엇으로 지출하겠습니까? 마땅히 창고를 지키는 원리員吏를 두어서 양반兩班의 녹과전祿科田 액수에 의거하여 가을이 되면 과렴科斂하여 그 비용을 넉넉하게 하소서."라고 하니, 왕이 이를 따랐다. 이에 방을 붙여 날짜를 정하여 쌀을 거두는데, 품계에 따라 차등 있게 하여 공상工商·천예賤隸에 이르기까지 모두 등급을 매겨 수납하였다.

---

105 정직正職의 소관 업무 이외에 수시로 발생하는 사무를 처리하기 위해 설치한 임시 관직.

106 하급 장교인 교위校尉와 대정隊正을 아울러 일컬은 말이다.

107 『휘찬여사』에는 "유환부세다흠惟患賦稅多欠"으로 되어 있으나, 『고려사』 권79, 지 33, 식화 2, 과렴科斂에는 "이환부세다흠罹患賦稅多欠"으로 되어 있다.

지어는 빌린 자들로 하여금 집을 잃고 생업까지 잃게 만드니, 이는 국가에서 백성들을 구휼하는 뜻과 맞지 않습니다. 원컨대 지금부터는 이자를 원금과 같은 액수만 받게 하고, 그 이상은 취하지 말게 하소서."라고 하였다.

조운漕運

○ 국초國初에 남도南道의 수군水郡[111]에 12개의 창고를 설치하였다. 충주忠州의 덕흥창德興倉, 원주原州의 흥원창興元倉, 아주牙州의 하양창河陽倉, 부성富城(지금의 충청남도 서산)의 영풍창永豊倉, 보안保安(지금의 전라북도 부안)의 안흥창安興倉, 임피臨陂의 진성창鎭城倉, 나주羅州의 해릉창海陵倉, 영광靈光의 부용창芙蓉倉, 영암靈岩의 장흥창長興倉, 승주昇州(지금의 전라남도 순천)의 해룡창海龍倉, 사주泗州의 통양창通陽倉, 합포合浦의 석두창石頭倉이 그것이다. 또 서해도 장연현長淵縣에는 안란창安瀾倉을 설치하였다.

창고에는 판관判官을 두었다.

주州·군郡의 조세租稅는 각각 부근에 있는 여러 창고에 운반하였다가 이듬해 2월에 조운漕運하게 하였다. 개경에서 가까운 지역은 4월을 기한으로 하고, 먼 지역은 5월을 기한으로 하여 경창京倉으로 수송을 마치도록 하였다. 기한 내에 출발하였으나 바람이 순조롭지 못하여 뱃사공[梢工] 3명 이상, 뱃사람[水手]과 잡부[雜人] 5명 이상이 미곡과 함께 침몰한 경우에는 조세를 다시 징수하지 않는다. 기한보다 늦게 출발하여 뱃사공과 뱃사람의 3분의 1이 침몰한 경우에는 그 수령과 색전色典(담당 아전) 및 뱃사공과 뱃사람 등이 평균하여 징납하도록 하였다.

---

110 보寶는 공공사업을 운영하기 위하여 설치된 재단으로 돈이나 곡물을 빌려주어 그 이자로 경비를 지출하였다. 장학獎學·육영育英을 위한 학보學寶와 승려들의 권학勸學을 위한 광학보廣學寶 등 여러 종류가 있었다.

111 수운이 가능한 하천 또는 바다를 끼고 있는 고을.

○ 성종成宗 11년(992)에 조선漕船으로 경창京倉으로 운반하는 운송비를 정하였다.

5섬 운반에 운송비가 1섬인 곳

통조포通潮浦 {이전에는 말조포末潮浦라고 하였으며, 사주의 통양창이 있다.}

나포螺浦 {이전에는 골포骨浦라고 하였으며, 합포현의 석두창이 있다.}

6섬 운반에 운송비가 1섬인 곳

파평포波平浦 {이전에는 부사포夫沙浦라고 하였으며, 낙안군樂安郡에 있다.}

조양포潮陽浦 {이전에는 사비포沙飛浦라고 하였으며, 승평군昇平郡의 해룡창이 있다.}

풍조포風調浦 {이전에는 마서량포馬西良浦라고 하였다.}

해안포海安浦 {이전에는 마로포麻老浦라고 하였으며, 광양군光陽郡에 있다.}

안파포安波浦 {이전에는 동조포冬鳥浦라고 하였으며, 조양현兆陽縣에 있다.}

이경포利京浦 {이전에는 소정포召丁浦[112]라고 하였으며, 여수현麗水縣에 있다.}

여수포麗水浦 {이전에는 금천포金遷浦라고 하였으며, 대원군大原郡에 있다.}

은섬포銀蟾浦 {이전에는 섬구포蟾口浦라고 하였으며, 평원군平原郡에 있다.}

8섬 운반에 운송비가 1섬인 곳

조동포潮東浦 {이전에는 신포薪浦라고 하였으며, 영암군의 장흥창이 있다.}

남해포南海浦 {이전에는 목포木浦라고 하였으며, 통의군通義郡에 있다.}

통진포通津浦 {이전에는 치을포置乙浦라고 하였으며, 나주의 해릉창이 있다.}

덕포德浦 {이전에는 덕진포德津浦라고 하였으며, 무안군務安郡에 있다.}

곤강포昆岡浦 {이전에는 백암포白巖浦라고 하였으며, 음죽현陰竹縣에 있다.}

황려포黃驪浦 {이전에는 황리내지黃利內地라고 하였다.}

해위포海葦浦 {이전에는 위포葦浦라고 하였으며, 장연현長淵縣에 있다.}

9섬 운반에 운송비가 1섬인 곳

이통포利通浦 {이전에는 굴내포屈內浦라고 하였으며, 합풍군合豊郡에 있다.}

---

112 『휘찬여사』에는 "명정포名丁浦"로 되어 있으나, 『고려사』 권79, 지 33, 식화 2, 조운漕運에는 "소정포召丁浦"로 되어 있다.

여섭포勵涉浦 {이전에는 주을재主乙在라고 하였으며, 희안군希安郡에 있다.}

부용포芙蓉浦 {이전에는 아무포阿無浦라고 하였으며, 영광군의 부용창이 있다.}

속통포速通浦 {이전에는 소진포所津浦라고 하였으며, 승화군承化郡에 있다.}

조종포朝宗浦 {이전에는 진포鎭浦라고 하였으며, 임피군의 진성창이 있다.}

제안포濟安浦 {이전에는 무포無浦라고 하였으며, 보안군의 안흥창이 있다.}

고총포古塚浦 {이전에는 대모포大募浦라고 하였으며, 안산군安山郡에 있다.}

서하군포西河郡浦 {이전에는 풍주豊州라고 하였다.}

13섬 운반에 운송비가 1섬인 곳

이섭포利涉浦 {이전에는 갈성포葛城浦라고 하였으며, 풍산현豊山縣에 있다.}

풍해포風海浦 {이전에는 송관포松串浦라고 하였으며, 해풍군海豊郡에 있다.}

회해포懷海浦 {이전에는 거이미포居伊彌浦라고 하였으며, 신평군新平郡에 있다.}

편섭포便涉浦 {이전에는 타이포打伊浦라고 하였으며, 아주의 하양창이 있다.}

15섬 운반에 운송비가 1섬인 곳

미풍포媚風浦 {이전에는 부지포夫支浦라고 하였으며, 한남군漢南郡에 있다.}

식랑포息浪浦 {이전에는 가서포加西浦라고 하였다.}

백천포白川浦 {이전에는 금다천포金多川浦라고 하였으며, 대천군大川郡에 있다.}

21섬 운반에 운송비가 1섬인 곳

조해포潮海浦 {이전에는 성초포省草浦라고 하였다.}

청수포淸水浦 {이전에는 갈근실포㔓斤實浦라고 하였다.}

광통포廣通浦 {이전에는 진포津浦라고 하였으며, 공암현孔岩縣에 있다.}

양류포楊柳浦 {이전에는 양등포楊等浦라고 하였으며, 김포현金浦縣에 있다.}

덕양포德陽浦 {이전에는 소지포所支浦라고 하였으며, 덕양군德陽郡에 있다.}

영석포靈石浦 {이전에는 소근포召斤浦라고 하였다.}

거안포居安浦 {이전에는 거을포居乙浦라고 하였으며, 김포현金浦縣에 있다.}

자석포慈石浦 {이전에는 감암포甘岩浦라고 하였으며, 김포현에 있다.}

10섬 운반에 운송비가 1섬인 곳

징파포澄波浦 {이전에는 등승포登承浦라고 하였다.}

안석포安石浦 {이전에는 범귀이포犯貴伊浦라고 하였다.}

유조포柳條浦 {이전에는 유정포柳頂浦[113]라고 하였다.}

이화포梨花浦 {이전에는 이포梨浦라고 하였다.}

녹화포淥花浦 {이전에는 화인수사포花因守寺浦라고 하였다.}

장암포丈嵒浦 {이전에는 앙암포仰嵒浦라고 하였다. 이상은 모두 천녕군川寧郡에 있다.}

양원포陽原浦 {이전에는 황진포荒津浦라고 하였다.}

화제포花梯浦 {이전에는 화련제포花連梯浦라고 하였다.}

은파포恩波浦 {이전에는 구지진仇知津이라고 하였다.}

우산포虞山浦 {이전에는 산척포山尺浦라고 하였다.}

신어포神魚浦 {이전에는 소신사포小神寺浦라고 하였다. 이상은 모두 양근군楊根郡에 있다.}

18섬 운반에 운송비가 1섬인 곳

상원포尙原浦 {이전에는 상진촌포上津村浦라고 하였으며, 회안군淮安郡에 있다.}

화평포和平浦 {이전에는 무한포無限浦라고 하였다.}

노수포鹵水浦 {이전에는 미음포未音浦라고 하였으며, 광릉군廣陵郡에 있다.}

종산포從山浦 {이전에는 거지산포居知山浦라고 하였으며, 광릉군에 있다.}

20섬 운반에 운송비가 1섬인 곳

덕원포德原浦 {이전에는 치음연포置音淵浦라고 하였으며, 광릉군廣陵郡에 있다.}

심원포深原浦 {이전에는 과주포果州浦라고 하였다.}

동덕포同德浦 {이전에는 동지포同志浦라고 하였으며, 회안군에 있다.}

---

113 『휘찬여사』에는 "유정포柳汀浦"라고 되어 있으나, 『고려사』 권79, 지 33, 식화 2, 조운漕運에는 "유정포柳頂浦"로 되어 있다.

심축포深逐浦 {이전에는 하치음연포下置音淵浦라고 하였으며, 시흥군始興郡에 있다.}

단천포丹川浦 {이전에는 적어포赤於浦라고 하였으며, 시흥군에 있다.}

○ 정종靖宗 때에 12창의 조선漕船 숫자를 정하였다. 석두창·통양창·하양창·영풍창·진성창·부용창·장흥창·해룡창·해릉창·안흥창은 각각 배 6척인데, 모두 초마선哨馬船[114]으로 한 척에 1천 섬을 싣는다. 덕흥창은 20척이고, 흥원창은 21척인데 모두 평저선平底船(밑이 편평한 배)으로 한 척에 2백 섬을 싣는다.

○ 문종文宗 33년(1079) 정월에 판判하여 공사 간에 조운漕運하는 미곡을 뱃사공과 뱃사람들이 배가 침몰되었다거나 곡물이 물에 빠졌다고 가탁하여 사사로이 나누어 쓰는 자는 모두 그것을 징납하도록 하였다.

녹봉祿俸 {비주록妃主祿, 종실록宗室祿, 문무반록文武班祿, 외관록外官祿}

○ 고려의 녹봉 제도는 문종文宗 때에 이르러 크게 갖추어졌다. 좌창左倉의 세입歲入인 쌀[米]·조[粟]·보리[麥] 총 13만 9천 7백 36섬 13말을 등급[科]에 따라 지급하였다. 안으로는 비주妃主·종실宗室·백관百官으로부터 밖으로는 삼경三京[115]과 주州·부府·군郡·현縣에 이르기까지 녹祿을 받지 않음이 없었는데, 이로써 염치廉恥를 길렀다. 그리고 잡직雜職·서사胥史·공장工匠에 이르기까지 무릇 직역職役이 있는 자는 역시 모두 일정한 녹봉[常祿]이 있어서 이로써 그 경작耕作을 대신하게 하였는데, 이를 별사別賜라고 하였다.

서경西京 관원의 녹봉은 서경의 태창太倉에서 해마다 거두는 서해도西海道의 세량稅粮 1만 7천 7백 22섬 13말로 지급하였다. 외관外官의 녹봉은 절반은 좌창에서 주고, 절반

114 화물 적재선으로 연안해로의 운항에 적합하여 주로 조운漕運에 사용했다.

115 문종 때의 3경은 동경東京(경주)·서경西京(평양)·남경南京(한양)을 가리킨다.

은 외읍外邑에서 지급하였다.

고종高宗과 원종元宗 이후에는 나라에 일이 많아서 창고 곡식이 텅 비어 녹질祿秩이 원래의 녹료祿料와 같지 못하니, 재상의 녹봉이 몇 휘[斛]에 불과하였다. 이제 그 제도에서 상고할 만한 것들을 취하여 뒤에 갖추어 열거한다.

비주록妃主祿

○ 문종文宗 30년(176)에 다음과 같이 정하였다.

233섬 5말 {모든 원주院主}

200섬 {귀비貴妃, 숙비淑妃, 모든 공주公主와 궁주宮主}

○ 인종仁宗 때에 다음과 같이 개정하였다.

330섬 {왕비王妃}

200섬 {귀비, 숙비, 모든 공주와 궁주}

종실록宗室祿

○ 문종文宗 30년(1076)에 다음과 같이 정하였다.

460섬 10말 {공公}

400섬 {후侯}

350섬 {상서령尙書令}

300섬 {수태위守太尉, 후侯}

240섬 {수사도守司徒, 수사공守司空, 백伯}

220섬 {사공司空}

○ 인종仁宗 때에 다음과 같이 개정하였다.

600섬 {국공國公}

350섬 {제공諸公, 상서령}

300섬 {제후諸侯}

240섬 {제백諸伯}

220섬 {제 수사공諸守司空}

문무반록文武班祿

○ 문종文宗 30년(1076)에 다음과 같이 정하였다.

400섬 {중서령中書令, 상서령尙書令, 문하시중門下侍中}

366섬 10말 {중서시랑中書侍郎, 문하시랑門下侍郎}

353섬 5말 {제전 대학사諸殿大學士, 참지정사參知政事, 중추원사中樞院使, 동지원사同知院事}

333섬 5말 {좌·우복야左右僕射}

300섬 {6부 상서六部尙書, 좌·우상시左右常侍, 어사대부御史大夫·중추원부사副使, 첨서원사簽書院事, 한림학사승지翰林學士承旨, 삼사사三司使, 중추원직학사中樞院直學士, 판합문사判閤門事, 상장군上將軍}

280섬 {시6상서試六尙書, 시좌·우상시試左右常侍}

246섬 10말 {판예빈성사判禮賓省事, 판위위시사判衛尉寺事, 판태부시사判太府寺事, 판사재시사判司宰寺事, 판태복시사判太僕寺事}

233섬 5말 {6경六卿[116], 비서감秘書監, 전중감殿中監, 상서좌·우승尙書左右丞, 국자좨주國子祭酒, 판장작감사判將作監事, 판소부감사判少府監事, 대장군大將軍}

213섬 5말 {시6경試六卿, 시비서감試秘書監, 시전중감試殿中監, 시상서좌·우승試尙書左右丞, 시국자좨주試國子祭酒}

200섬 {직문하直門下, 판사천대사判司天臺事, 판태의감사判太醫監事, 이부제조시랑吏部諸曹侍郎, 급사중給事中, 중서사인中書舍人, 어사중승御史中丞, 장군將軍}

180섬 {시제시랑試諸侍郎, 시급사중試給事中, 시중서사인試中書舍人, 시어사중승試御史

---

116 6시六寺의 종3품 관원이다. 고려의 시寺는 그 명칭이나 수가 고정되지는 않았는데, 태조 때에는 9시를 두었다가 성종 때 태상시太常寺·위위시衛尉寺·태복시太僕寺·예빈성禮賓省·태부시太府寺·사농시司農寺·사재시司宰寺의 7시로 정비되었으며, 그 후에도 여러 번 변화를 겪었다. 6시는 대략 예빈성·위위시·태부시·사재시·태복시·사농시로 여겨진다.

中丞}

173섬 5말 {사천감司天監, 좌·우간의左右諫議, 장작감將作監, 소부감少府監, 군기감軍器監}

160섬 {인진사引進使, 시간의試諫議, 시장작감試將作監, 시소부감試少府監, 시군기감試軍器監}

153섬 5말 {태의감太醫監, 6소경六少卿[117], 국자사업國子司業, 비서소감秘書少監, 전중소감殿中少監, 장작소감將作少監, 소부소감少府少監, 내상시內常侍, 합문사閤門使, 시인진사試引進使}

140섬 {시태의감試太醫監, 시6소경試六少卿, 시국자사업試國子司業, 시비서소감試秘書少監, 시전중소감試殿中少監, 시장작소감試將作少監, 시소부소감試少府少監}

120섬 {사천소감司天少監, 군기소감軍器少監, 좌·우사낭중左右司郎中, 이부제조낭중吏部諸曹郎中, 어사잡단御史雜端, 비서승秘書丞, 전중승殿中丞, 기거랑起居郎, 기거사인起居舍人, 합문부사閤門副使, 중랑장中郎將}

100섬 {기거주起居注·시사천소감試司天少監, 시군기소감試軍器少監, 시좌·우사낭중試左右司郎中, 시이부제조낭중試吏部諸曹郎中, 시어사잡단試御史雜端, 시비서승試秘書丞, 시전중승試殿中丞}

93섬 5말 {시어사侍御史}

86섬 10말 {좌·우사원외랑左右司員外郎, 이부제조원외랑吏部諸曹員外郎, 좌·우보궐左右補闕, 전중시어사殿中侍御史, 6국 봉어六局奉御, 낭장郎將}

86섬 4말 {태의소감太醫少監}

83섬 5말 {시기거랑試起居郎, 시기거사인試起居舍人}

80섬 {인진부사引進副使, 태사령太史令}

73섬 5말 {시태의소감試太醫少監, 시좌·우사원외랑試左右司員外郎, 시이부제조원외

---

117 예빈성·위위시·태부시·사재시·태복시·사농시의 종4품 관원.

랑試吏部諸曹員外郞, 시6국봉어試六局奉御}

66섬 10말 {사천4관정司天四官正,[118] 전중내급사殿中內給事, 좌·우습유左右拾遺, 6위장사六衛長史, 7시 승七寺丞, 시어의侍御醫, 시인진부사試引進副使, 시태사령試太史令, 태초문시위太初門侍衛, 춘덕문시위春德門侍衛, 중광전시위重光殿侍衛}

63섬 5말 {합문지후閤門祗候}

60섬 {제릉령諸陵令, 태묘령太廟令, 시4관정試四官正}

53섬 5말 {비서랑秘書郞, 국자승國子丞, 태부승太府丞, 장작승將作丞, 내고사內庫使, 시제릉령試諸陵令, 시태묘령試太廟令}

46섬 10말 {문하녹사門下錄事, 중서주서中書注書, 6국 직장六局直長, 군기승軍器丞, 별장別將, 시비서랑試秘書郞, 시국자승試國子丞, 시태부승試太府丞, 시장작승試將作丞·시내고사試內庫使}

46섬 {내전숭반內殿崇班}

40섬 5말 {사천승司天丞}

40섬 {상서도사尙書都事, 7시 주부七寺主簿, 소부주부少府主簿, 장작주부將作主簿, 국자주부國子主簿, 시군기승試軍器丞·시문하녹사試門下錄事, 시중서주서試中書注書}

36섬 10말 {시상서도사試尙書都事, 시7시주부試七寺主簿, 시소부주부試少府主簿, 시장작주부試將作主簿, 시국자주부試國子主簿}

33섬 5말 {액정내시백掖庭內侍伯, 산원散員}

33섬 {시사천승試司天丞}

30섬 {국자박사國子博士, 동·서두공봉관東西頭供奉官}

27섬 {대학박사大學博士·시국자박사試國子博士}

26섬 10말 {태사령太師令, 태부령太傅令, 태보령太保令, 태위령太尉令, 사공령司空令, 사도령司徒令, 중상령中尙令, 태창령太倉令, 태관령太官令, 태영령太盈令, 태악령太樂令, 장야

118 사천대司天臺에 둔 춘관정春官正·하관정夏官正·추관정秋官正·동관정冬官正을 통틀어 이르는 말로 모두 종5품 관원.

령掌冶令, 공역령供驛令, 내원령內園令, 전구령典廐令, 태사승太史丞, 사천주부司天主簿, 좌·우시금左右侍禁}

25섬 {시대학박사試大學博士}

23섬 10말 {시액정내시백試掖庭內侍伯}

23섬 5말 {좌·우반전직左右班殿直, 교위校尉, 시중상령試中尙令, 시태창령試太倉令, 시태관령試太官令, 시태영령試太盈令, 시태악령試太樂令, 시장야령試掌冶令, 시공역령試供驛令, 시내원령試內園令, 시전구령試典廐令}

22섬 5말 {제릉승諸陵丞, 태묘승太廟丞}

20섬 {4문박사四門博士, 무학박사武學博士, 6위 녹사六衛錄事, 중상승中尙丞, 경시승京市丞, 군기주부軍器主簿, 도염령都染令, 잡직령雜職令, 양온령良醞令, 사의령司儀令, 전옥령典獄令, 수궁령守宮令, 내고부사內庫副使, 영대랑靈臺郎, 보장정保章正, 비서교서랑秘書校書郎, 전전승지殿前承旨, 시제릉승試諸陵丞, 시태묘승試太廟丞}

18섬 {정양전시위正陽殿侍衛}

16섬 10말 {제전 학사諸殿學士, 태창승太倉丞, 태관승太官丞, 태영승大盈丞, 태악승太樂丞, 장야승掌冶丞, 공역승供譯丞, 내원승內園丞, 전구승典廐丞, 도교령都校令, 장생영掌牲令, 제왕부 전첨諸王府典籤, 내알자內謁者, 한림의관翰林醫官, 태의박사太醫博士, 태의승太醫丞, 율학박사律學博士, 태사太史, 설호정挈壺正, 대정隊正}

14섬 {내알자감內謁者監}

13섬 5말 {삼사부사三司副使}

10섬 {국학학정國學學正, 국학학록國學學錄, 도염승都染丞, 잡직승雜織丞, 양온승良醞丞, 사의승司儀丞, 전옥승典獄丞,[119] 수궁승守宮丞, 도교승都校丞, 장생승掌牲丞, 태사사진太史司辰, 사력감후司曆監候, 상약의좌尙藥醫佐, 상식식의尙食食醫, 상승사고尙乘司庫, 상승사름尙乘司廩, 비서정자秘書正字, 율학조교律學助教, 사천복정司天卜正, 사천박사司天博士, 서산박사

119 『휘찬여사』와 『고려사』에는 "전사典使"라고 되어 있으나, 이는 "전옥典獄"의 오기로 보인다.

書算博士, 주금박사呪噤博士, 제왕부 녹사諸王府錄事, 태의조교太醫助校, 태의의정太醫醫正}

외관록外官祿

○ 인종仁宗 때에 다음과 같이 정하였다.

200섬 {서경유수西京留守}

166섬 10말 {동경유수東京留守, 남경유수南京留守}

120섬 {안서대도호부사安西大都護副使, 안북대도호부사安北大都護副使, 안변소도호사安邊小都護使, 안남소도호사安南小都護使, 8목 부사八牧副使}

86섬 10말 {동경판관東京判官, 서경판관西京判官, 남경판관南京判官, 안변도호부사安邊都護副使, 안남도호부사安南都護副使, 안북도호판관安北都護判官, 안서도호판관安西都護判官, 8목 판관八牧判官, 제 지주사諸知州事, 제 지부사諸知府事, 제 지군사諸知郡事}

60섬 {운주雲州·용주龍州·연주延州·창주昌州·정주靜州·삭주朔州·인주麟州·맹주孟州·정주定州·장주長州·의주義州 등의 부사副使, 영덕진寧德鎭·정융진定戎鎭·평로진平虜鎭·위원진威遠鎭·영삭진寧朔鎭·청새진淸塞鎭·영인진寧仁鎭·선덕진宣德鎭·원흥진元興鎭·요덕진耀德鎭·영원진寧遠鎭 등의 부사副使}

46섬 10말 {서경녹사西京錄事, 선주宣州·철주鐵州·화주和州·금주金州·양주梁州·울주蔚州·예주禮州·명주溟州·풍주豊州 등의 부사副使}

40섬 {동경·서경·남경의 장서기掌書記, 안변도호판관安邊都護判官, 안남도호판관安南都護判官, 안북·안서도호 및 8목의 사록 겸 장서기司錄兼掌書記, 제지주부사諸知州副使, 제지부부사諸知府副使, 운주雲州·용주龍州·인주麟州·연주延州·맹주孟州·창주昌州·의주義州·정주靜州·삭주朔州·장주長州·정주定州 등의 판관判官, 정융진定戎鎭·청새진淸塞鎭·평로진平虜鎭·위원진威遠鎭·영인진寧仁鎭·영삭진寧朔鎭·선덕진宣德鎭·영덕진寧德鎭·원흥진元興鎭·영원진寧遠鎭 등의 판관, 정변진靜邊鎭·영흥진永興鎭·진명진鎭溟鎭·용진진龍津鎭·장평진長平鎭·조양진朝陽鎭·백령진白嶺鎭 등의 장將, 무주撫州·위주渭州·박주博州·가주嘉州·숙주肅州·자주慈州·곽주郭州·은주殷州·성주成州·순주順州·덕주德州·고주高州·문주文州·예주豫州·구주龜州·태주泰州·의주宜州·교주交州 등의 부사副

使, 안의진부사安義鎭副使}

33섬 5말 {선주宣州·철주鐵州·화주和州·금주金州·양주梁州·예주禮州·명주溟洲·풍주豊州·울주蔚州 등의 판관判官, 용강현龍岡縣·함종현咸從縣·통해현通海縣·영청현永清縣·금양현金壤縣·옹진현瓮津縣·익령현翼嶺縣·고성현高城縣·간성현杆城縣·삼척현三陟縣·울진현蔚珍縣·고성현固城縣·거제현巨濟縣 등의 현령縣令}

26섬 10말 {성주成州·순주順州·덕주德州·무주撫州·곽주郭州·가주嘉州·구주龜州·태주泰州·위주渭州·숙주肅州·자주慈州·은주殷州·고주高州·문주文州·예주豫州·의주宜州·곡주谷州·평주平州·춘주春州·동주東州·교주交州·수주水州·인주仁州·원주原州·홍주洪州·공주公州·협주峽州·승주昇州 등의 판관判官, 승천부昇天府·천안부天安府·장흥부長興府·안동부安東府·경산부京山府·개성부開城府 등의 판관, 남원군南原郡·고부군古阜郡·영암군靈岩郡·영광군靈光郡·보성군寶城郡·밀성군密城郡 등의 판관, 안의진安義鎭·양암진陽岩鎭·운림진雲林鎭·애수진隘守鎭 등의 장將, 정변진靜邊鎭·용진진龍津鎭·장평진長平鎭·조양진朝陽鎭·백령진白嶺鎭 등의 부장副將, 진명현위鎭溟縣尉, 서경 6현西京六縣[120]의 현령縣令, 강화현江華縣·탐라현耽羅縣·장단현長湍縣·해양현海陽縣·수안현遂安縣·가림현嘉林縣·부성현富城縣·금구현金口縣·임피현臨陂縣·진례현進禮縣·김제현金堤縣·남해현南海縣·진도현珍島縣·능성현綾城縣·관성현管城縣·대구현大丘縣·일선현一善縣·의성현義城縣·기양현基陽縣·순안현順安縣·연일현延日縣·동래현東萊縣·만경현萬頃縣·우봉현牛峯縣·영덕현盈德縣·김포현金浦縣 등의 현령}

23섬 5말 {용강현龍岡縣·함종현咸從縣·통해현通海縣·영청현永清縣·고성현高城縣·간성현杆城縣·금양현金壤縣·익령현翼嶺縣·삼척현三陟縣·울진현蔚珍縣·옹진현瓮津縣·고성현固成縣 등의 위尉, 안융진장安戎鎭將}

20섬 {동경·서경·남경·안북도호·안서도호·황주黃州·광주廣州·청주淸州·충주忠州·전주全州·나주羅州·진주晋州·상주尙州·용주龍州 등의 법조法曹, 영풍진永豊鎭·

120 인종 14년(1136)에 서경 소속으로 설치한 강동江東·강서江西·중화中和·순화順和·삼화三和·삼등三登의 현을 가리킨다.

수덕진樹德鎭 등의 장將, 13창十三倉의 판관判官, 서경 6현의 위尉, 가림현嘉林縣·부성현富城縣·임피현臨陂縣·진례현進禮縣·김제현金堤縣·해양현海陽縣·능성현綾城縣·탐라현耽羅縣·관성현管城縣·대구현大丘縣·일선현一善縣·강화현江華縣·의성현義城縣·순안현順安縣·동래현東萊縣·수안현遂安縣 등의 위尉, 제 감무諸監務}

16섬 6말 {안남도호의 법조法曹, 명주溟州·풍주豊州의 법조}

15섬 10말 {안변도호의 법조}

13섬 5말 {개성부開城府·승평부昇平府·안동부安東府·경산부京山府 등의 법조, 춘주春州·공주公州·홍주洪州 등의 법조}

○ 선종宣宗 5년(1088) 윤12월에 판判하기를, "문무백관으로서 3월 전에 임명되어 6월 전에 출근[出官]한 관원에게는 해당 녹봉의 전부를 지급하고, 6월 이후에 출근한 관원에게는 절반을 지급한다. 3월 후부터 6월 전에 임명되어 10월 전에 출근한 관원에게는 해당 녹봉의 절반을 지급한다. 10월 후에 출근한 관원에게는 녹봉을 지급하지 않는다."라고 하였다.

○ 예종睿宗 10년(1115)에 삼사三司에서 녹祿을 다른 물품들로 환산[折計]하는 법례를 개정하였다. 대견大絹 1필匹은 쌀 1섬 7말로, 사면絲綿·소견小絹 각각 1필은 쌀 7말로 환산한다. 소평포小平布 1필은 쌀 1말 2되 5홉[合]이고, 대릉大綾 1필은 쌀 4섬으로 환산한다. 중견中絹 1필은 쌀 1섬이고, 면주綿紬 1필은 쌀 6말이며, 상평 문라常平紋羅 1필은 쌀 1섬 7말 5되이고, 대문라大紋羅 1필은 쌀 2섬 5말로 환산한다.

○ 충렬왕忠烈王 6년(1280) 10월에 전함戰艦을 수리하고 궁실宮室을 영조하는데 우창右倉의 축적이 텅 비어서 지급하지 못하자, 좌창左倉으로 하여금 잡권무雜權務의 봉창 녹봉封倉祿俸[121]을 적당히 줄이어 우창의 경비를 보충하고, 후에 우창에 수입이 들어오면 그 액수만큼 돌려주도록 하였다. 그러나 좌창 역시 비었으므로 재추宰樞의 봉창 녹봉은 절

121 창고에 축적해 두었다가 일정한 시기(예를 들어 7월 7일)에 나누어 주는 녹봉을 말한다.

반으로 줄고, 전과前科(전함前銜) 인원과 잡권무는 오직 멥쌀과 보리 각각 1섬뿐이었다.

○ (충렬왕) 9년(1283) 정월에 무사武士로서 산직散職에 속한 자 60여 명에게 금년의 녹봉을 주었다. 정방政房에서 원망을 풀고 비방을 막고자 하여 이 명령이 있었다.

○ 충숙왕忠肅王 11년(1324) 3월에 하교하기를, "임금의 녹을 먹으면서 두 마음을 가지는 것은 신하된 도리가 아니다. 경사京師[122]에 상서하여 심왕瀋王을 세울 것을 청한[123] 자로서 3품 치사三品致仕 이상은 모두 녹봉을 정지하도록 하라."고 하였다.

○ (충숙왕) 16년(1329) 10월에 광흥창廣興倉에서 녹봉을 나누어 주었다. 이때 나라에는 기강이 없고 사람들은 염치가 없어서 제위諸衛의 산원散員과 별장別將 등이 직접 창고 문 앞에 와서 혹은 함부로 받기도 하고 혹은 겁탈해 가기도 하였는데, 규정糾正(사헌부의 종6품 관직)이 규찰하고 다스리지 못하여 손에 채찍과 몽둥이를 들고서도 마침내 능히 금하지 못하였다.

○ 공민왕恭愍王 원년(1352) 정월에 감찰사監察司에서 계청啓請하기를, "제군諸君은 맡은 직무가 없이[閑居] 녹을 먹으니, 청컨대 농복을 정지하소서."라고 하니, 왕이 이를 따랐다.

○ (공민왕 원년(1352)) 2월에 하지下旨하기를, "녹을 많이 주어서 선비를 장려함은 국초國初에 대체로 이루어진 법[成法]이 있었다. 중세 이후로 정지井地는 고르지 못하고 국가 창고[公府]는 점점 줄어 관리들이 염치를 기르기에 부족하니, 그들에게 절개 닦기를 바라는 것도 어렵다. 담당 관청에서는 긴요하지 않은 관직을 없애고 겸병하는 자들을 금하여 창고를 충실히 하여 녹봉을 늘리도록 하라."고 하였다.

○ (공민왕) 5년(1356) 6월에 하교하기를, "충성스럽고 신의 있는 자에게 녹을 많이 주는 것은 선비를 장려하기 위해서이다. 마땅히 담당 관청으로 하여금 적당히 마련하여 더 주도록 하라. 또 계림鷄林(지금의 경상북도 경주)·복주福州(지금의 경상북도 안동)·경산부京山府(지금의 경상북도 성주)에서 바치는 비단[綾羅]과 명주[紬布]를 덕천고德泉庫에 납부하지 말고 광흥창廣興倉에 실어 보내어 백관의 녹봉에 보충하도록 하라."고 하였다.

122 원나라 수도인 대도大都로 지금의 북경北京이다.

123 충숙왕 9년(1322)에 권한공權漢功 등이 심왕 고暠를 고려 국왕으로 옹립하려고 일으킨 사건.

○ (공민왕) 6년(1357) 9월에 녹봉을 나누어 주었다. 이때 왜구倭寇로 인하여 조운漕運이 통하지 아니하므로 9품 관원의 녹과祿科는 지급하지 못하였다.

○ (공민왕) 7년(1358) 5월에 도평의사사에서 계啓하기를, "근래에 왜구로 인하여 조운이 통하지 않아서 백관의 녹봉을 지급하지 못하니, 청컨대 백伯으로 책봉된 모든 사람들 중에 이미 시중侍中을 지낸 자는 재추宰樞의 녹과에 따르고, 그 나머지 백伯들은 이성제군異姓諸君[124]의 녹과에 따르도록 하소서."라고 하니, 왕이 이를 따랐다.

○ (공민왕) 11년(1362)에 밀직제학密直提學 백문보白文寶가 차자箚子를 올려 아뢰기를, "3대三代의 제도에 대국大國은 사방 100리의 땅을 가졌고, 그 다음은 사방 70리였습니다. 대국의 경卿이 받는 녹봉으로 가히 288[125]명을 먹일 수 있고, 대부大夫의 녹봉으로는 가히 70명을 먹일 수 있으며, 사士의 녹봉으로는 가히 36명을 먹일 수 있고, 하사下士와 서인庶人으로는 가히 9명을 먹일 수 있었습니다. 지금 우리나라는 1천 리의 두 배가 되니, 산림이 비록 그 절반을 차지한다 하더라도 1백 리의 나라보다는 10배가 됩니다. 그런데 경대부卿大夫의 녹봉이 9명을 먹여 살리기에도 부족하니, 더구나 그 나머지의 관리들이야 말할 나위가 있겠습니까? 녹봉을 늘리는 방법을 담당 관청의 5품 이상 관리들로 하여금 다시 의논하여 신문申聞하게 하소서."라고 하였다.

○ 공양왕恭讓王 2년(1390) 7월에 도당都堂에서 계啓하기를, "공이 있지 않으면 봉하지 않는 것이 옛날의 제도입니다. 근래에 공덕功德의 있고 없음과 관자官資의 높고 낮음을 논하지도 않고 봉군封君된 자가 너무 많으니, 원컨대 지금부터는 큰 공을 세워서 봉군된 자 및 찬성사贊成事 이상으로 봉군된 자가 아니면 녹을 주는 것을 허락하지 마소서."라고 하니, 왕이 이를 따랐다.

○ (공양왕) 3년(1391) 정월에 삼사좌사三司左使 성석린成石璘이 환관宦官의 녹을 각 품品마다 (해당 녹과보다) 한 등급 낮추자고 청하니, 왕이 단지 월봉月俸만 파하였다.

---

124 왕실과 성姓이 다른 여러 군君. 나라에 공을 세워 봉작封爵을 받은 공신들을 말한다.

125 『휘찬여사』에는 "이백팔십인인二百八十人人"으로 되어 있으나, 『고려사』 권80, 지 34, 식화 3, 녹봉에는 "이백팔십팔인理百八十八人"으로 되어 있다.

○ (공양왕 3년(1391)) 10월에 봉창록封倉祿을 나누어 주는데, 1품부터 3품까지는 각각 1섬을 주고, 그 나머지의 각 품에는 주지 않았다.

상평 의창常平義倉

○ 상평 의창은 한漢나라와 당唐나라에서 비롯된 것으로, 흉년에는 백성에게 손상을 주지 않고, 풍년에는 농민이 손해 보지 않게 하니, 진실로 구황救荒의 좋은 법이다.

○ 국초國初에 그 뜻을 이어받아 흑창黑倉을 창설하였다.

○ 성종 5년(986) 7월에 이르러 하교하기를, "내가 듣건대 '덕이 있어야 선정善政을 베풀 수 있고, 참다운 정사는 백성을 잘 기르는 데 있다.'[126]고 한다. 나라는 사람을 근본으로 삼고, 사람은 먹는 것을 하늘로 삼으니, 우리 태조께서 이에 흑창을 설치하여 빈궁한 백성에게 진대賑貸하는 것을 일정한 법식으로 삼으셨다. 그런데 지금 인구[生齒]는 점점 늘어가는데 저축은 많지 못하니, 쌀 1만 섬을 더 보태고 동시에 이름을 의창義倉이라 고친다. 또 여러 주州·부府에도 각기 의창을 설치하고자 하니, 담당 관원은 주·부 인호人戶의 다소와 창고 곡식의 수량을 조목별로 점검하여 아뢰라."고 하였다.

○ (성종) 12년(993) 2월에 양경兩京(개경과 서경)과 12목에 상평창常平倉을 설치하였다. 하교하기를, "『한서漢書』 식화지食貨志에 '천승千乘의 나라는 반드시 1천 금金의 값어치가 있어서 해마다 풍흉에 따라서 곡식을 팔거나 사들이는데[糶糴], 백성에게 남음이 있으면 싼 값으로 거두어들이고 백성이 부족하면 비싼 값으로 나누어 준다.'라고 하였다. 지금 이 법에 의거하여 시행한다. 1천 금金을 시가에 준하면 금 1냥이 베[布] 40필에 해당하니, 1천 금은 베 64만 필에 해당한다. 쌀로 환산하면 12만 8천 섬이 되는데,

126 『서경書經』 대우모大禹謨에 나온다.

그 절반은 쌀 6만 4천 섬이다. 그 중 5천 섬을 개경에 올려 보내 경시서京市署에 위탁하여 팔거나 사들이게 하고, 대부시大府寺와 사헌대司憲臺로 하여금 그 출납을 관리하게 하라. 나머지 5만 9천 섬은 서경西京 및 주州·군郡의 창고 15개 소에 나누어, 서경에서는 분사 사헌대分司司憲臺에 위임하고, 주·군의 창고는 그 지역의 관원에게 위임하여 관리하게 하여 빈약한 백성을 구제하게 하라."고 하였다.

○ 충렬왕忠烈王 22년(1298) 6월에 중찬中贊 홍자번洪子藩이 상서하기를, "나라는 백성을 근본으로 삼고 백성은 먹는 것을 하늘로 삼는데, 나라에 평소의 저축이 없으니 만약 흉년이 든다면 백성들을 구제하여 살리기가 어렵습니다. 마땅히 중외中外에 의창을 창설하여 집집에서 미곡米穀을 거두어 제때에 모아 쌓아두어 이것으로 완급에 대비하소서."라고 하였다.

○ 공민왕恭愍王 20년(1371) 12월에 하교하기를, "흉년을 구제하고 기근을 진휼하는 것은 왕정王政의 급무이다. 충선왕이 일찍이 유비창有備倉을 설치하고 또 연호미법烟戶米法[127]을 둔 것은 그 생각하심이 매우 앞일을 내다본 것인데, 근래에 이름만 남고 실상이 없어졌으니 특히 진제賑濟하는 뜻을 잃었다. 충선왕의 상평 의창常平義倉 제도를 복구하도록 하라."고 하였다.

○ 신우辛禑 4년(1378) 8월에 헌사憲司에서 상언上言하기를, "제도諸道에 몇 년째 한재로 흉년이 들어 군사들의 식량은 넉넉하지 못하고 백성은 죽을 지경에 빠져 있으니, 진실로 마음 아픈 일입니다. 마땅히 수령들로 하여금 올해 농사의 풍흉 실상을 조사하여 호戶의 대소를 참작하여 곡물을 차등 있게 내게 하고, 이를 주州의 창고에 저장하여 내년의 흉황凶荒을 구제하고 또 불의의 용도에 대비하게 하소서."라고 하였다.

○ 공양왕恭讓王 원년(1389) 12월에 대사헌大司憲 조준趙浚 등이 상소하여 아뢰기를, "상평 의창尙平義倉의 법은 흉년을 구제하는 좋은 정책입니다. 경수창耿壽昌[128]은 의창義

127 환곡 기관의 원곡元穀을 확보하기 위해 토지를 소유한 가호家戶에서 일정한 미곡을 거두던 세제稅制.

128 중국 한漢나라의 정치가. 선제宣帝 때 대사농 중승大司農中丞이 되어 의창義倉 제도를 창설하였으며, 그 후 관내후關內侯에 봉해졌다.

倉을 세우자고 아뢰고, 장손평長孫平[129]은 사창社倉을 두자고 건의하였는데, 그 법은 대체로 주관周官 위인委人[130]의 직무에서 나온 것으로, 국가를 가진 자가 마땅히 먼저 힘써야 할 일입니다. 지난해 더위가 한창일 때에 군사를 일으켰고, 게다가 왜구倭寇가 침입하여 농사짓는 시기를 놓치고 수확도 제때에 하지 못하였는데, 올해에는 또 수재를 입어 동남쪽의 주州·군郡들이 쓸쓸히 헐벗게 되었으니, 흉년을 구제할 계책을 생각하지 않을 수 없습니다. 국가에서 이미 사전私田을 혁파하여 이르는 곳마다 모두 쌓아놓은 것이 있으니, 원컨대 이제부터 군郡·현縣에 모두 상평창을 두어 그 풍흉에 따라 거두고 나누어주는 법을 모두 근일에 도평의사사에서 아뢴 대로 행하소서. 듣건대, 양광도楊廣道에는 이미 상평창을 설치했다고 하니 마땅히 각도各道로 하여금 이에 의거하여 시행하게 하고, 수령 중에 법대로 하지 않는 자가 있으면 이를 벌주소서."라고 하였다.

○ (공양왕) 3년(1391) 4월에 5부五部[131]에 의창을 설치하였다.

진휼賑恤 {은혜를 베풀어 면세하는 제도[恩免之制], 재해에 대하여 세를 면제해 주는 제도[災免之制], 홀아비·과부·고아·자식 없는 늙은이를 구제하는 제도[鰥寡孤獨賑貸之制], 수해·한재를 입은 자와 전염병 환자에게 곡식을 꿔주는 제도[水旱疫癘賑貸之制], 곡물 바친 자에게 벼슬 주는 제도[納粟補官之制]}

은혜를 베풀어 면세하는 제도[恩免之制]

○ 태조太祖 원년(918) 8월에 조詔하기를, "짐이 듣건대 옛날 한나라 고조高祖가 항우項羽의 변란을 수습한 후에 산택山澤(초목이 무성한 산과 습지)에 은신했던 백성들을 각각 전

129 중국 수隋나라 문제文帝 때 탁지 상서度支尙書로 사창社倉 설치를 건의하였다.

130 주周나라 때 전곡錢穀을 맡아보던 관원.

131 개경開京을 동부東部·서부西部·남부南部·북부北部·중부中部의 다섯 구역으로 나눈 행정 구역.

리田里에 돌아가게 하여 조세 징수의 수량을 줄여주고 호구가 줄어든 것을 살피게 하였다. 주나라 무왕武王은 은나라 주왕紂王의 학정을 몰아내고 이에 거교鉅橋[132]의 곡식을 내고 녹대鹿臺[133]의 재물을 흩어 빈민에게 지급하였다. 이는 대개 어지러운 정치가 오래 계속되어 사람들이 그 생을 즐기지 못하였기 때문이다. 짐은 매우 부끄럽게도 덕이 적은 사람으로 왕업을 이어받으니, 비록 하늘의 도우심에 의뢰한 바이지만 또한 백성의 추대에 힘입은 것이다. 백성으로 하여금 생업에 안도하고 집집마다 어진 사람이 나기를 바란다.[134] 그러나 먼저 임금[前主 : 궁예]의 비색한 운을 이어받았으니, 만약 조세를 면제하고 농상農桑을 권장하지 않으면 무엇으로써 집집마다 넉넉하고 사람마다 풍족한 데에 이르게 하겠는가. 백성에게 3년간의 조세와 부역[租役]을 면제하고, 사방에 떠돌아다니는 자들은 전리로 돌아가게 하며, 동시에 대사大赦하여 백성에게 휴식을 주도록 하라."고 하였다.

○ 경종景宗 즉위년(976)에 나라 재산을 축낸 빚[欠債]을 면제하고 조세와 조調를 줄여주었다.

○ 성종成宗 즉위년(981)에 3년간의 부역을 면제하고 조세租稅의 절반을 줄여주었다.

○ (성종) 7년(988) 10월에 송나라에서 예부시랑 여단呂端을 보내와 왕을 책봉하니, 왕이 사령赦令을 선포하여 나라 재산을 축낸 빚[欠負]을 면제하고 궁핍한 자들을 진휼하였다.

○ (성종) 13년(994) 4월에 태묘太廟에 제사하고[有事] 대사大赦하였다. 아비 없는 어린이[孤]와 자식 없는 늙은이[獨]를 구휼하고, 덕망 있는 노인들[耆舊]에게 상을 주었으며, 나라 재산을 축낸 빚[欠負]을 면제하고, 오랫동안 납부하지 않은 조세[逋懸]를 탕감하였다.

○ (성종) 16년(997) 8월에 왕이 동경東京(지금의 경상북도 경주)에 행차하는데, 지나는 길목에 있는 주州·현縣의 올해 조세田租의 절반을 줄여주었다.

---

132 중국 은나라 주왕의 곡식 창고 이름. 중국 하북성河北省 곡주현曲周縣 동북쪽에 있다.

133 중국 은나라 주왕이 재물과 보화를 쌓아놓았던 창고 이름.

134 요순堯舜 시대에는 교화가 천하에 두루 미쳐 집집마다 모두 책봉될 만큼 덕행이 뛰어난 인물이 많았음을 뜻한다.

○ 성종 16년(997) 12월에 목종穆宗이 즉위하여 3년간의 부역과 1년간의 조세를 면제하고, 덕망 있는 노인들[耆舊]을 돌보아 주었으며, 나라 재산을 축낸 빚[欠負]을 면제하고, 오랫동안 납부하지 않은 조세[逋懸]를 탕감하였다.

○ 목종穆宗[135] 4년(1001) 11월에 왕이 중원부中原府(지금의 충청북도 충주)에 행차하여 그 지방의 풍속을 두루 살피는데, 지나는 길목에 있는 주·현의 1년의 전조田租를 면제하고, 행차 도중에 나아와 왕 일행을 받든 주·현은 그 절반을 면제하였다.

○ 현종顯宗 5년(1014) 12월에 올해 조세의 절반을 감하고, 임자년壬子年(현종 3년(1012)) 이전의 납부하지 않은 조세[逋欠]를 면제하여 주었다.

○ (현종) 9년(1018) 12월에 주州·군郡에서 2년 이전에 납부하지 않은 조세를 면제하였다.

○ (현종) 12년(1021) 2월에 안주安州 백성[民戶]의 2년간의 조세를 면제하고, 경술년庚戌年(현종 원년(1010)) 이래의 납부하지 않은 조세[逋租] 절반을 면제하였다.

○ 문종文宗 10년(1056) 11월에 시중侍中 이자연李子淵이 상언上言하기를, "근래 흥왕사興王寺를 창건하는 일로 덕수현德水縣을 양천楊川으로 옮기니, 이로 말미암아 백성들이 집을 짓느라 편안히 지낼 겨를이 없으며, 남자는 짐을 지고 여자는 짐을 들어 이리저리 떠도는 자들이 도로에 잇닿아 있습니다. 가난한 사람들은 죽을 지경에 빠질 우려가 있고, 부자라 하더라도 편안히 안착할 곳이 없습니다. 마땅히 지금 백성 보기를 자식과 같이하고, 백성 덮기를 하늘과 같이하시니, 청컨대 덕수현의 1년간 부역賦役을 면제하여 주소서."라고 하니, 왕이 제制하여 특별히 2년간 면제하게 하였다.

○ (문종) 11년[136] 4월에 조詔하기를, "책봉冊封을 거행하는 정사正使와 부사副使의 두 행차가 동시에 함께 왔으므로, 그 지나가는 길목의 주·현은 올해 조세의 반을 줄여주라."고 하였다.

---

135 『휘찬여사』에는 빠져 있지만, 『고려사』 권80, 지 34, 식화 3, 진휼에는 목종 4년(1001)의 일로 되어 있다.

136 『휘찬여사』에는 "월月"로 되어 있으나, 『고려사』 권80, 지 34, 식화 3, 진휼에는 "년年"으로 되어 있다. 여기에서는 『고려사』를 따른다.

○ (문종) 36년(1082) 9월에 왕이 남쪽으로 순행巡幸하여 온천溫泉(온양 온천)에 이르렀다가 10월에 개경으로 돌아왔다. 연로의 주·현과 역참驛站은 올해 조세의 절반을 면제하여 주었다.

○ 헌종獻宗 원년(1095) 겨울에 숙종肅宗이 왕위에 오르자 조詔하기를, "주·현의 올해 조세를 면제하고, 요공徭貢을 미납한 자는 계유년癸酉年(선종 10년(1093)) 이전에 한하여 면제하라."고 하였다.

○ (숙종) 3년(1098) 10월에 태묘에서 협제祫祭[137]를 지내고, 모든 주·부·군·현·부곡部曲의 올해 조세의 절반을 감해 주었다.

○ (숙종) 5년(1100) 2월에 주·부·군·현·부곡과 잡소雜所의 올해 세포稅布의 절반을 면제하여 주었다.

○ (숙종) 7년(1102) 11월에 왕이 서경西京에서 돌아오다가 임패역臨淇驛에 머무르며 사령赦令을 내리고, 연도의 주·현의 올해 조세를 감해 주었다.

○ 예종睿宗 원년(1106) 3월에 서해도 안찰사가 상주하기를, "곡주谷州 협계현峽溪縣의 백성들이 많이 유망하여 공부貢賦를 많이 빠뜨리고 있으니, 청컨대 3년간 조세를 면제하여 주소서."라고 하므로, 제가制可하였다.

○ (예종) 3년(1108) 2월에 왕태후王太后를 책봉한 일로[138] 여러 주·군·현의 진봉 장리進奉長吏와 종졸從卒 등이 각 전정田丁에 바치는 세포稅布를 전부 면제하였다. 내장택內庄宅 및 궁宮·원院의 모든 보寶[보라는 것은 우리나라 말로 돈이나 곡물을 주기도 하고 받기도 하여 그 본액은 남겨 두고 이자를 받아서 쓰는 것인데, 오래도록 이익을 얻을 수 있기 때문에 보라고 한 것이다.]의 곡미穀米를 빌려가서 아직 갚지 못한 자는 을미년乙未年(헌종 원년(1095)) 이전에 한하여 모두 면제하여 주었다. 동계東界와 서계西界의 주州·진鎭 및 여러 주·현·향鄕·부곡部曲 등과 잡소雜所의 장리長吏로 여러 물색物色을 징환徵還을 빠뜨렸거나 요공徭貢을 아직 수납하지 못한 자는 을유년乙酉年(숙종 10년(1105)) 이전에 한하고, 은과 금은 계묘년癸卯年(문종

137 협祫은 합合의 뜻으로, 여러 조상의 신주를 한곳에 모셔놓고 제사지내는 일을 말한다.
138 예종 3년(1108) 1월에 어머니 명의태후明懿太后 유씨柳氏를 왕태후로 봉한 일이다.

17년(1063)) 이전에 한하여 모두 면제해 주었다.

○ 인종仁宗 14년(1136) 5월에 조詔하기를, "여러 주·현의 군사로서 축성한 자와 수군水軍으로서 군향軍餉을 운송한 자는 올해 전조田租의 절반을 면제[賜]해 주었다.

○ 의종毅宗 16년(1162) 4월에 제도諸道 군·현의 미납된 조세[逋租]를 면제하였다.

○ (의종) 21년(1167) 9월에 왕이 남경南京(한양)으로부터 돌아와 남경과 광주廣州의 올해 조세稅租와 운송 요역[輸役]을 면제하고, 그 나머지 주·현은 절반을 면제해 주었다.

○ (의종) 23년(1169) 4월에 왕이 서경西京으로부터 돌아와 하조下詔하기를, "지나는 길목의 주·부·군·현에서 바치는 공세貢稅와 운송 요역[輸役]을 전부 면제해 주어라. 공사 간의 이자도 또한 모두 면제해 주어라."고 하였다.

○ 고종高宗 22년(1235) 5월에 조詔하기를, "광주廣州는 신묘년辛卯年(고종 18년(1231))과 임진년壬辰年(고종 19년(1232))에 몽고군[狄兵]의 포위 공격을 받았으나 능히 굳게 지켜 항복하지 않았으니, 그 일상적인 요역과 잡역雜役을 면제해 주어라."고 하였다.

○ (고종) 40년(1253) 6월에 선지宣旨하기를, "전미轉米[139] 이하의 잡공세雜貢稅 및 여러 궁宮·원院에 소속된 공해전公廨田에서 과식科式대로 받지 못한 것은 경술년庚戌年(고종 37년(1250)) 이전에 한하여 전부 면제하라. 여러 궁·원, 중앙과 지방의 양반兩班, 크고 작은 사사寺社의 부실한 곡식은 지급 연도가 먼 것에 따라 일체 면제하라. 여러 주·부·군·현에서 백성들이 공사 간의 곡식을 받았다가 사망[物故]한 자는 비록 추수기가 되었더라도 이전에 '죽은 자와 유배된 자에게는 징수하지 말라.'고 판判한 뜻에 따라 모두 면제하라. 피폐함이 더욱 심한 주·현의 수양장輸養帳은 경술년 이전에 한하여 모두 면제하라. 양계兩界 주·진의 장상將相과 장교將校의 녹봉과 예식例食(정례적으로 주는 곡식)으로 지급이 중지되었던 것은 도로 지급하라. 장작감將作監에서 땔나무와 숯을 수납하지 못한 것은 경술년 이전에 한하여 전부 면제하라."고 하였다.

○ (고종) 44년(1257) 윤4월에 병진년丙辰年(고종 43(1256)) 이전의 미납된 조세[逋租]를 면

139 녹전미祿轉米를 가리키는 듯하다. 녹미祿米라고도 하며, 관리의 녹봉祿俸으로 지급했던 쌀이다.

제해 주었다.

○ 원종元宗 원년(1260) 6월에 하제下制하기를, "정사년丁巳年(고종 44년(1257)) 이전의 공사 간에 미납된 조세[逋租]를 면제하라."고 하였다.

○ (원종) 10년(1269) 12월에 서해도의 제군諸郡에서 어가를 맞이하여 공억供億[140]하는 어려움이 있었으므로 올해의 조세와 부역[租賦]를 면제하였다.

○ 충렬왕忠烈王 4년(1278) 4월에 하교하기를, "서해의 군·현을 두루 다녀보니 그 피폐함이 이미 심하다. 정축년丁丑年(충렬왕 3년(1277))부터 올해까지의 조세와 요공徭貢을 모두 면제하라."고 하였다.

○ (충렬왕) 8년(1282) 2월에 일본 정벌[征東]에서 전사한 자가 나라 재산을 축낸[欠負] 관전官錢을 면제하여 주었다.

○ (충렬왕 8년(1282)) 5월에 하교하기를, "개성開城은 성조聖祖(태조 왕건)의 고향이니, 일상적인 세[常稅] 이외의 다른 요역은 모두 면제하라."고 하였다.

○ (충렬왕) 9년(1283) 5월에 공사 간에 나라 재산을 축낸 돈[逋欠錢]을 면제하였다.

○ (충렬왕) 22년(1296) 정월에 하지下旨하기를, "지방에서 바치던 공물을 3년간 면제하고, 가난한 백성이 조세로 인하여 자식을 내다판 자는 관청에서 이를 속환贖還해 주라."고 하였다.

○ (충렬왕) 24년(1298) 정월에 충선왕忠宣王이 즉위하여 하교하기를, "합단哈丹이 국경 안으로 들어오자 주·군이 소문만 듣고 항복하였는데, 오직 원주原州만은 외로운 성으로써 적의 예봉을 꺾었으니, 그 고을의 일상적인 요역과 잡공을 마땅히 3년간 면제하라. 개성開城은 태조의 고향이니, 세 개의 대공大貢[141] 이외에 일상적인 요역과 잡공을 면제하라. 여러 주·부·군·현의 세와 일상적인 요역과 잡공으로 지난해에 받지 못한 것은 올해의 요공徭貢과 아울러 역시 전부 면제하라. 각도各道에서 바치는 땔나무와 숯의 공납과 여러 원院·사寺·관사官司에 소속되어 있는 공해전과 여러 보미寶米 등으

140 음식이나 잠자리 등 필요한 물품을 제공하는 일.

141 교지 중에 삼세대공三稅大貢이라고도 하고 있는데, 백성에게 부과하는 조租·용庸·조調를 가리키는 듯하다.

로 지난해에 받지 못한 것은 정유년丁酉年(충렬왕 23년(1297)) 이전에 한하여 면제하라. 원나라에 입조入朝하는 행차의 길목인 서해도는 삼세 대공三稅大貢 이외에 일상적인 요역과 잡공 및 각 역驛의 땔나무와 숯의 공납을 금년에 한하여 전부 면제하라."고 하였다.

○ 충숙왕忠肅王 12년(1325) 10월에 하교하기를, "서해도와 평양도 두 도는 근래에 사신들의 왕래로 인하여 접대[供億]가 번다하였으니, 평양도는 관청에서 식량을 지급하여 이를 진휼토록 하고, 서해도는 올해 조세의 절반을 면제하라. 한양漢陽과 부원富原은 지금 남순南巡(임금이 남쪽 지방을 순행하는 것)을 당하여 접대가 많을 것으로 염려되니, 올해 조세의 절반을 면제하라. 관리로서 공부貢賦를 미납한 자는 갑자년甲子年(충숙왕 11년(1324)) 이전의 것을 일체 면제하라."고 하였다.

○ 공민왕恭愍王 원년(1352) 2월에 하지下旨하기를, "모든 관아의 공부貢賦를 경인년庚寅年(충정왕 2년(1350)) 이전에 한하여 모두 면제하라."고 하였다.

○ (공민왕) 12년(1363) 5월에 하교하기를, "경자년庚子年(공민왕 9년(1360)) 이전의 제도諸道 주・현의 3세三稅(조・용・조)와 잡공으로 아직 관청에 미납한 것은 모두 추징을 면제하라. 신축년辛丑年(공민왕 10년(1361)) 이후에 몰수한 여러 집의 토지는 모두 군수軍需에 충당하고, 그 빼앗은 전토와 백성은 모두 옛 주인에게 돌려주어라. 경기京畿 백성이 전란 때문에 유리하여 논밭이 많이 황폐한데, 만약 관대하게 구휼하지 않는다면 무엇으로 불러올 수 있겠는가? 경기의 공사 간의 전조田租를 3년에 한하여 3분의 1을 감해주어라. 용구龍駒 이북의 여러 역驛은 3도의 요충지여서 접대 비용이 더욱 많으니, 땔나무와 숯의 공납을 3년간 면제하라."고 하였다.

○ (공민왕) 20년(1371) 12월에 하교하기를, "백성은 나라의 근본인데 근래에 군국軍國의 일이 번다하여 백성의 동원이 더욱 많아졌으니, 홍무洪武 3년(공민왕 19년(1370)) 이전에 각도에서 납부하지 않은 부세를 면제하라."고 하였다.

○ 신우辛禑 원년(1375) 2월에 유지宥旨하기를, "근년 이래 군수전軍須田의 백성이 거듭되는 징수와 먼 길을 운송하느라 고단하여 밭갈이를 하지 못하며 묵인 땅이 많으니, 무릇 군수전에서 받을 양은 그 3분의 1을 줄여 받도록 하라."고 하였다.

○ (신우) 14년(1388) 6월에 신창辛昌이 즉위하여 하교하기를, "공부貢賦를 만들 때에

는 본래 일정한 제도가 있었다. 근래에 변고가 많아서 징렴하는 데에 한도가 없어 백성이 그 해를 입었다. 각도의 주·부·군·현에서 지난해에 나라 재산을 축낸 빚[逋欠]과 미납한 공물은 모두 다 면제하고, 올해 무진년戊辰年(창왕 즉위년(1388))의 공물 역시 저 죄인들의 재산으로 충당하여 쓰도록 하라. 미리 개인 돈[私錢]을 바치고 향리에 내려가 곱절을 징수하는 자는 다만 그 본전만 주도록 하라. 기사년己巳年(창왕 원년(1389))부터는 비로소 공물을 이전과 같이 납부하게 하는데, 이미 출발하여 관청에 이른 것들은 이 제한에 들지 않는다."라고 하였다.

○ 공양왕恭讓王 2년(1390) 9월에 도당都堂에서 계啓하기를, "의주義州·이성泥城·강계江界는 나라의 울타리이니, 마땅히 위로하고 구휼해야 합니다. 청컨대 요역을 면제해 주소서."라고 하니, 왕이 이를 따랐다.

재해에 대하여 세를 면제해주는 제도[災免之制]

○ 모든 주·현에서 수재와 한재, 충해와 서리 피해를 상주하면, 번번이 그 조세를 면제해주었다. 이미 운송한 것은 다음 해의 수량에서 환산하여 감해주기도 하고, 혹은 3년에 한하여 관대하게 감해주기도 하였다. 지금 능히 다 기록하지 못한다.

○ 현종顯宗 20년(1029) 7월에 삭방도朔方道 등주登州와 명주溟州 관할 내의 삼척三陟·상음霜陰·학포鶴浦·파천派川[142]·흡곡歙谷·금양金壤·벽산碧山·임도臨道·운암雲巖·환가豢猳·고성高城·안창安昌·열산列山·간성杆城·익령翼嶺·동산洞山·연곡連谷·우계羽溪 등 19개 현縣이 모두 번적蕃賊(여진)의 침요侵擾를 겪었으므로 특별히 조세를 면제하였다.

○ 정종靖宗 2년(1036)에 밀성密城 관할 내의 노산 부곡牢山部曲 등 세 곳이 홍수 피해를 입어 1년간의 조세를 면제하였다.

○ (정종 2년(1036)) 12월에 금주金州 관내의 주·현에 갑자기 큰물이 나서 제방이 무

142 『휘찬여사』에는 '파주派州'로 되어 있으나, 『고려사』 권80, 지 34, 식화 3, 진휼에는 "파천派川"으로 되어 있다. 여기에서는 『고려사』를 따른다.

너지고 집들이 허물어지고 농작물이 손상되었으므로, 사신을 보내 위로하였다.

○ 문종文宗 4년(1050) 2월에 서북면의 홍화도 감창사興化道監倉使가 상주하기를, "지난 무자년戊子年(문종 2년(1048))에 도내道內의 창주昌州(지금의 평안북도 창성군)에 황충蝗蟲의 재해가 있었으니 그 해에 이미 조세를 납부한 자는 청컨대 법령에 따라 손실의 다소를 참작하여 감면하여 주소서."라고 하니, 왕이 이를 따랐다.

○ (문종) 5년(1051) 11월에 숙주肅州·통해通海·영청永淸·안융安戎의 조세를 면제하였다.

○ (문종) 6년(1052)에 쌍부雙阜·만경萬頃·옥구沃溝·이성利城 4현의 조부租賦를 면제하였다.

○ (문종) 15년(1061) 정월에 용천역龍泉驛이 수재를 입어 올해와 내년 두 해의 조세를 감면하여 주었다.

○ (문종) 30년(1076) 봉주鳳州(지금의 황해도 봉산)가 수재를 입어 올해의 조세와 요역徭役을 면제하였다.

○ 숙종肅宗 6년(1101) 6월에 장연현長淵縣은 매해 수재와 한재를 입었으므로 3년간의 부역賦役을 면제하였다.

○ (숙종) 7년(1102) 3월에 삼사三司에서 상주하기를, "동경東京 관내의 주·군·향·부곡 19개 곳이 작년에 오랫동안 가물어 많은 백성이 굶주리고 곤궁하니, 빌건대 법령에 의거하여 손해가 4분 이상이면 조세를 면제하고, 6분 이상이면 조조租調를 면제하고, 7분 이상이면 과역課役을 모두 면제하며, 이미 수납한 자는 다음 해의 조세에서 환산하여 감면토록 하소서."라고 하니, 제가制可하였다.

○ 명종明宗 25년(1195) 9월에 조詔하기를, "형정刑政이 적중하지 아니하면 하늘로부터 견책을 받게 된다. 근래에 독촉하여 징수하기를 마지 아니 하므로, 원망하는 자들이 많아서 변이變異가 있게 되었다. 그 미납된 조세[逋租]는 5년을 기한으로 기일을 늦추어 주고, 공사 간의 묵은 빚 또한 불문에 부치도록 하라."고 하였다.

○ 고종高宗 33년(1246) 5월에 제制하기를, "서해도의 주·군이 전란의 피해를 입었으니, 요역과 공납을 7년간 면제하고, 곡주谷州와 수덕樹德에서 바치는 은銀의 공납을 5년

간 면제하라."고 하였다.

○ (고종) 45년(1258) 2월에 해도海島로 피난해 들어간 주·현에 1년간의 조세를 면제해 주었다.

○ 충렬왕忠烈王 3년(1277) 11월에 경상도에서 곡식이 잘 여물지 못하였으므로 조세를 감면해 주었다.

○ (충렬왕) 7년(1281) 5월에 경성京城(개경開京)에 기근이 들어 백성이 채소를 먹는데 소금이 없었기 때문에 9월[143]까지 염세鹽稅를 면제하였다.

○ (충렬왕 17년(1291))[144] 9월에 명하여 전란을 겪은 주·군의 조세를 면제하고, 또 충청도·교주도交州道·서해도의 3도는 전쟁으로 인하여 백성이 생업을 잃었으므로 땔나무와 숯의 공납을 감면하게 하였다.

○ 신우辛禑 원년(1375) 2월에 유지宥旨를 내리기를, "각도의 주·군이 누차 왜적의 침입을 겪고 게다가 수재와 한재가 겹쳐 민생이 피폐해졌으니, 도평의사사都評議使司에서는 계축년癸丑年(공민왕 22년(1373)) 이전의 녹전미祿轉米와 잡공으로 아직 받지 못한 것은 모두 면제하라. 연해의 주·군으로 피해가 더욱 심한 곳은 지난 갑인년甲寅年(공민왕 23년(1374))의 잡공 역시 면제하라. 이미 납부되어 관청에 도착한 것은 다음해의 수량에 포함시켜 그만큼 면제하라. 연우延祐(원나라 인종 연호) 갑인년甲寅年(충숙왕 원년(1314)) 이후에 늘려 정한 공물은 적당히 참작하여 면제하라."고 하였다.

○ (신우 원년(1375)) 윤9월에 도평의사사에서 상주하기를, "각도의 주·현이 누차 왜란倭亂을 겪으면서 쇠잔해짐이 더욱 심하니, 연해 각 고을의 일상적인 요역과 잡공 및 염세鹽稅 등을 전라도는 5년까지로 한하고, 양광도와 경상도는 3년까지로 한하여 면제하소서."라고 하니, 왕이 이를 따랐다.

○ (신우) 7년(1381) 3월에 전라도 안렴사가 보고하기를, "많은 백성들이 굶어 죽고

143 『휘찬여사』에는 "9년九年"으로 되어 있으나 『고려사』 권80, 지 34, 식화 3, 진휼에는 "9월九月"로 되어 있다. 여기에서는 『고려사』를 따른다.

144 『휘찬여사』에는 7년(1281) 9월로 되어 있으나, 『고려사』 권80, 지 34, 식화 3, 진휼에는 충렬왕 17년(1291) 9월의 일이다.

여러 수자리 군사[戍卒]와 백성들이 도망하여 흩어진 자가 절반 이상이나 됩니다."라고 하였다. 최영崔瑩이 의논하여 청하기를, "바닷가 주·군에 3년간 조세를 면제하소서."라고 하니, 왕이 이를 따랐다.

○ 공양왕恭讓王 2년(1390) 정월에 흉년이 들었으므로 전조田租의 6분의 1을 감면하였다.

○ (공양왕) 3년(1391) 6월에 하교하기를, "제도諸道에서 수재와 한재, 서리와 우박 피해, 황충의 재해를 입은 주·군은 조사하여 조세를 면제하라."고 하였다.

홀아비·과부·고아·자식 없는 늙은이를 구제하는 제도[鰥寡孤獨賑貸之制]

○ 성종成宗 10년(991) 7월에 판判하여 부모와 친척이 없는 아이들로 병이 있는 자들에게는 관청에서 곡식을 주어 구휼하도록 하였다.

○ (성종) 13년(994) 3월에 해당 관청에 명하여 이르기를, "어려서 고아가 되어 양육할 사람이 없는 아이들은 10세까지 관청에서 식량을 주라."고 하였다.

○ 현종顯宗 2년(1011) 12월에 하교하기를, "홀아비·과부·고아·자식 없는 늙은이에게 소재 관청으로 하여금 의복과 식량을 주도록 하라."고 하였다.

○ 충렬왕忠烈王 34년(1308) 11월에 하교하기를, "70세 이상으로 돌보아줄 자가 없는 사람은 그 자손이 죄를 지어 유배되었더라도 마땅히 죄의 경중을 헤아려 유배지를 옮기거나 면제하여 봉양하게 하라. 80세 이상으로 심한 병을 앓거나 고칠 수 없는 병에 걸려 자기 힘으로 살아갈 수 없는 자는 그 희망에 따라 가깝거나 먼 친척임을 막론하고 1명을 역에서 면제시켜 봉양하게 하라. 만약 친척 중에 봉양할 자가 없으면 마땅히 동서대비원東西大悲院으로 하여금 그들을 모아 편안히 거처케 하고, 관청에서 양식을 지급하고 관원을 보내 그것을 관리하도록 하라."고 하였다.

○ 충선왕忠宣王 5년(1313) 8월에 균지鈞旨하기를, "내[孤]가 백성들의 식량이 부족한 것을 가엾이 여겨 중앙과 지방에 창고들을 설치하여 저축을 증가시켰다. 근래에 수재와 한재로 인하여 백성들이 마음 놓고 살 수가 없어서 이미 민부고民部庫의 곡식을 방출하여 궁핍한 자들을 구휼하였으나, 아직도 아무 데도 의지할 곳 없는 사람들이 다 혜택을 받지 못하였을까 염려된다. 해당 관청에서는 유비창有備倉의 곡식을 더 방출하여 구

휼하도록 하라."고 하였다.

○ 충숙왕忠肅王 12년(1325) 10월에 하교하기를, "홀아비·과부·고아·자식 없는 늙은이와 중환자와 불구자들에게는 소재지의 관청에서 넉넉하게 진휼을 더해주어라."고 하였다.

○ 공민왕恭愍王 5년(1356) 6월에 하교하기를, "적신賊臣(역적을 도모한 신하)들의 집에서 소유한 미곡을 값을 낮추어 발매하여 홀아비·과부·고아·자식 없는 늙은이와 능히 자기 힘으로 살아갈 수 없는 자들을 구휼하라."고 하였다.

수해·한재를 입은 자와 전염병 환자를 구휼하는 제도[水旱疫癘賑貸之制]

○ 현종顯宗 3년(1012) 5월에 서경西京에 수재와 한재가 들어서 창고 곡식을 방출하여 진휼하였다

○ (현종) 7년(1016) 9월에 강남江南[145]에 기근이 들어 관내關內[146]의 창고 곡식을 운반하여 진휼하였다.

○ (현종) 8년(1017) 7월에 경성京城(개경)의 빈민을 진휼하였다.

○ 정종靖宗 2년(1036) 11월에 동대비원東大悲院을 보수하고, 굶주림과 추위에 아무데도 갈 곳 없는 병든 사람들을 거처하게 하고, 의복과 식량을 지급하였다.

○ (정종) 5년(1039)에 동남해東南海 제도諸道의 주·현에 곡물이 여물지 않았기 때문에 의창義倉의 곡식을 방출하여 진휼하였다.

○ (정종) 6년(1040) 2월에 영광군靈光郡 및 임피현臨陂縣에 기근이 들었으므로 의창의 곡식을 방출하여 진휼하였다.

○ 문종文宗 원년(1047)에 변경 지역의 백성들이 굶주리고 있으므로 의창의 곡식을 방출하여 진휼하였다.

---

145 고려시대 지방행정구역인 10도十道 가운데 하나인 강남도江南道를 가리키는 듯하다. 지금의 금강錦江 이남 지역을 포함한다.

146 고려시대 10도의 하나인 관내도關內道를 가리키는 듯하다. 지금의 경기도와 황해도 일원을 포함하는 지역이다.

○ (문종) 5년(1051) 2월에 제制하여 "지난해에 농작물이 여물지 않아서 백성들이 굶주리므로, 어사잡단御史雜端 김화숭金化崇을 서경西京·관내關內·서도西道[147]의 선무사宣撫使로 삼고, 병마판관兵馬判官 김계삼金繼參을 북계선무사北界宣撫使로 삼아 창고 곡식을 방출하여 진휼하라."고 하였다.

○ (문종) 6년(1052) 2월에 관서도關西와 안북도安北의 두 도道에 기근이 들었으므로 창고 곡식을 방출하여 진휼하였다.

○ (문종 6년(1052)) 3월에 경성京城(개경)에 기근이 들었으므로 해당 관청으로 하여금 굶주린 백성 3만여 명을 모아서 쌀·조[粟]·소금·된장[豉]을 주어 진휼하게 하였다.

○ (문종) 18년(1064) 3월에 지난해 큰물이 나서 (곡식 수확이 손상되었으므로) 개국사開國寺 남쪽에 음식을 마련하여 궁핍한 백성에게 베풀어 주었다.

○ (문종 18년(1064)) 4월에 제制하기를, "5월 15일부터 7월 15일까지 임진현臨津縣 보통원普通院[148]에서는 죽과 채소를 마련하여 길가는 사람들에게 베풀어 주라."고 하였다.

○ (문종) 21년(1067) 4월에 제制하기를, "관내도와 패서도는 지난해에 곡식이 잘 여물지 못하여 백성들이 굶주리고 있으니, 안란창安瀾倉의 곡식을 방출하여 진휼하라."고 하였다.

○ (문종) 22년(1068) 3월에 제制하기를, "지난해에 개경 북쪽[京北]의 군·현에서는 가을 수확이 잘 되지 않아 백성이 많이 굶주리고 있으니, 국자사업國子司業 이성미李成美를 파견하여 창고 곡식을 방출하여 진휼하라."고 하였다.

○ 선종宣宗 3년(1086) 12월에 청주淸州와 전주全州 두 고을에 큰물이 나서 곡식이 손실되었다. 예부원외랑禮部員外郎 유석庾晳을 파견하여 창고 곡식을 방출하여 진휼하였다.

○ (선종) 11년(1094) 2월에 동로東路의 고주高州·화주和州·문주文州·용주湧州·정주定州·장주長州·등주登州·교주交州 등 여덟 고을과 선덕宣德·원흥元興·영인寧仁·장평長平·영흥永興·용진龍津 등 6진鎭에서 지난해에 수재와 한재로 인하여 많은 백성이

147 고려시대 10도 가운데 하나인 패서도浿西道의 약칭인 듯하다.
148 백성들의 구제 및 자선 사업을 위해 설립한 절.

굶주리고 있으므로, 동로감창사東路監倉使인 원외랑 김의선金義瑢과 삭방도감창사朔方道監倉使인 합문지후閤門祗候 소충蘇忠 및 감찰어사 임연林衍 등을 파견하여 선무宣撫하고 진휼하였다.

○ 예종睿宗 4년(1109) 정월에 서경 역로西京驛路의 백성들이 굶주리고 있으므로 창고 곡식을 방출하여 진휼하였다.

○ (예종 4년(1109)) 5월에 제制하기를, "개경 안의 백성들이 전염병에 걸렸으니, 구제도감救濟都監을 설치하여 (이를 치료하고), 또 시체와 뼈를 거두어 매장하여라."고 하였다.

○ (예종 4년(1109)) 12월에 근신近臣들을 홍화興化·운중雲中·서해西海·남경南京·광주廣州·충주忠州·청주淸州 등 제도諸道에 나누어 보내어 굶주린 백성을 진휼하였다.

○ 인종仁宗 5년(1127) 3월에 조詔하여 제위포濟危鋪와 대비원大悲院에서 저축을 넉넉히 하여 질병에 걸린 자들을 구휼하게 하였다.

○ 의종毅宗 16년(1162) 4월에 창고 곡식을 방출하여 가난하여 거처할 곳을 잃은 자들을 진휼하였다.

○ 명종明宗 18년(1188) 8월에 관동關東의 여러 성城이 수재를 당하였다. 삭방도朔方道[149]로 곡식을 옮기게 하고, 사신을 보내어 창고 곡식을 방출하여 굶주린 백성들을 진휼하였다.

○ (명종) 23년(1193) 3월에 사신들을 경상도·전라도·양광도에 나누어 파견하여 창고 곡식을 방출하여 굶주린 백성들을 진휼하였다.

○ (명종 23년(1193)) 9월에 창고 곡식을 방출하여 경성京城(개경)의 굶주린 백성들을 진휼하였다.

○ 고종高宗 13년(1226) 3월에 제制하기를, "전라도에 기근이 심하니 저축이 있는 주·군에서는 마땅히 창고 곡식을 방출하여 나누어주고, 저축이 없는 주·군에서는 각

149 고려시대 지방행정구역인 10도의 하나로 지금의 강원도 북부 지방을 관할하였다.

각 사사로이 가진 곡식의 여유분을 취하여 나누어주어 풍년을 기다려 갚아주도록 하라. 갑신년甲申年(고종 11년(1224)) 이후의 3세三稅(조·용·조)와 일상적인 요역 및 잡공雜貢은 모두 정지하거나 감면하여 풍년을 기다려 수납하도록 하라."고 하였다.

○ (고종) 45년(1258) 4월에 구급도감救急都監에서 흉년이 들었다 하여 최의崔竩의 창고 곡식을 방출하여 태자부太子府에 2천 휘[斛] 제왕諸王과 재추宰樞에게는 각각 60휘, 재추로서 치사致仕한 자 및 현임 관원[顯官] 3품 이상에게는 각각 30휘, 3품으로 치사한 자 및 문무반 4품에게는 각각 20휘, 5품과 6품에게는 각각 10휘, 9품 이상에게는 각각 7휘를 주었다. 또 양반 과부 및 성안의 주민, 군사, 승도僧徒, 모든 역인役人[150]에게도 차등 있게 나누어 주었다.

○ (고종) 46년(1259) 정월에 성안에 기근이 들어서 사람들끼리 서로 잡아먹으니, 승천부昇天府로 옮겨서 식량과 전토를 주었다. 또 창고 곡식을 방출하여 재추 과부宰樞寡婦(재추의 미망인), 전함前銜 6품 이하의 관원 및 제위諸衛의 군인과 방리坊里의 백성을 진휼하였다.

○ 충렬왕忠烈王 6년(1280) 4월에 군량 2만 섬을 방출하여 전라도의 굶주리는 백성들을 진휼하였다. 또 장군 김윤부金允富를 원나라에 보내 조미糶米[151]를 요청하니, 중서성中書省에서 군량 2만 섬을 빌려주므로 경상도와 전라도를 진휼하고 가을에 이르러 이것을 상환하였다.

○ (충렬왕) 13년(1287) 2월에 동계東界의 굶주린 백성들을 진휼하였다.

○ (충렬왕 13년(1287)) 3월에 전라도에 기근이 들어 창고 곡식을 방출하여 진휼하였다.

○ (충렬왕) 17년(1291) 6월에 원나라에서 해도 만호海道萬戶 황흥黃興·장유張侑와 천호千戶 은실殷實·당세웅唐世雄을 보내 배 47척에다 강남江南(양자강 이남 지역)의 쌀 10만 섬을 실어와 굶주린 백성들을 진휼하였다. 세자世子가 일찍이 상주하기를, "근래에 우리나라 사람들이 변경 수비[征戍]와 군량 운반으로 농사를 짓지 못하여 기근을 당하게

150 신역身役을 부담하고 있는 자.

151 국가에서 춘궁기 때에 굶주리는 백성에게 꾸어주던 환곡을 가리킨다.

되었습니다."라고 하였기 때문에 이렇게 보낸 것이다.

이에 7품 이하에게 쌀을 나누어 주었는데 7품은 7섬, 8품은 6섬, 9품은 5섬, 권무權務와 대정隊正은 4섬, 방리坊里의 대호大戶는 3섬, 중호中戶는 2섬, 소호小戶는 1섬을 주었다. 황제의 뜻은 본래 가난하고 궁핍한 자들에게 주려는 것이었는데, 이때에 빈민들에게 우선적으로 나누어 주지 않고 부자들이 얻은 것이 더 많았다.

○ (충렬왕) 18년(1292) 3월에 하교하기를, "충청도가 적賊(합단哈丹)의 침입으로 농사를 그르쳤으니, 작년의 녹전祿轉과 요역과 공납을 낮춰주어라. 전라도 역시 녹전에서 1천 섬을 면제하여 진휼하라."고 하였다.

○ (충렬왕 18년(1292)) 윤6월에 원나라에서 조詔하기를, "강남 조운 만호江南漕運萬戶 서흥상徐興祥 등 두 명으로 하여금 쌀 10만 섬을 운반하여 굶주린 백성들을 진휼하라." 고 하였는데, 풍랑을 만나 물에 떠내려 보내고 단지 4천 2백 섬만을 가져 왔다. 왕이 여러 영領·부府 및 5부五部의 민호民戶에 각각 1섬씩 나누어 주었다.

○ (충렬왕) 21년(1295) 4월에 원나라 요양성遼陽省에서 제지帝旨를 받들어 강남에서 운반해온 쌀[江南運米][152] 3천 섬으로 쌍성雙城을 진휼하였다.

○ 충선왕忠宣王 3년(1311) 3월에 전지傳旨하기를, "동서대비원은 본래 질병을 치료하기 위하여 설치한 것이니, 개성부開城府로 하여금 대비원[本院]의 녹사錄事와 함께 유비창有備倉의 쌀을 받아다가 환자들을 부양하게 하라."고 하였다.

○ 충목왕忠穆王 4년(1348) 2월에 사신을 파견하여 서해도·양광도 두 도의 굶주린 백성을 진휼하게 하였다. 진제도감賑濟都監을 설치하고, 왕은 어선御膳을 줄여 그 비용으로 충당하였다. 유비창의 쌀 5백 섬을 방출하여 진제도감으로 하여금 굶주린 자들에게 죽粥을 주게 하였다. 또 전라도의 창고 쌀 1만 2천 섬을 방출하여 굶주린 백성을 진휼하였다.

○ (충목왕 4년(1348)) 4월에 경성京城(개경)에 크게 기근이 들고 전염병이 돌아서 길에

152 충렬왕 20년(1294) 이전에 원나라의 강남 지방에서 강화도로 10만 섬을 운송해준 것을 고려가 요양성에 상환하였는데, 그 일부인 3천 섬을 쌍성총관부雙城摠管府 지역에 내어준 것이다.

굶어죽은 시체가 서로 잇달았다. 전라도의 쌀 1천 4백 섬을 조운하여 6백 섬으로는 충청도·서해도 두 도를 진휼하고, 8백 섬은 그 값을 싸게 하여 5부五部의 빈민들에게 베[布]와 맞바꾸어 주었다.

○ 공민왕恭愍王 3년(1354) 6월에 흉년이 들었으므로 유비창의 곡식을 방출하여 그 값을 싸게 하여 백성들에게 팔았다. 연복사演福寺에 진제색賑濟色을 설치하고, 유비창의 쌀 5백 섬을 방출하여 죽을 쑤어서 굶주린 백성들을 구제하였다.

○ (공민왕) 9년(1360) 6월에 경성京城(개경)에 기근이 들어 대포大布 한 필의 값이 겨우 쌀 5되[升]에 해당하므로 왕이 창고의 곡식 2천 섬을 방출하여 백성으로 하여금 대포 1필을 바치고 쌀 한 말[斗]을 받아가게 하였다.

○ (공민왕) 10년(1361) 3월에 용주龍州(지금의 평안북도 용천)에 기근이 들어 사람들이 서로 잡아먹으니, 창고 곡식을 방출하여 진휼하였다.

○ (공민왕) 11년(1362) 4월에 용문창龍門倉의 곡식 1만 섬을 방출하여 경기京畿의 굶주린 백성들에게 진대賑貸하였다.

○ (공민왕) 20년(1371) 12월에 하교하기를, "동서대비원은 선왕先王이 본래 백성들에게 혜택을 주고자 설치한 것이다. 근년 이래로 주관하는 자가 마음을 쓰지 않아서 가난하고 병들어 떠돌아다니는 자들로 하여금 공급[仰給]을 바랄 곳이 없게 하였으니, 내가 매우 민망하게 여긴다. 도평의사사와 사헌부에서는 항상 직접 살펴보고 본래 소속되었던 전민田民을 조사하여 돌려주어 의약醫藥과 죽粥과 밥[飯]의 밑천을 넉넉하게 하라. 의약으로 사람을 살리는 것은 어진 정치[仁政]에서 먼저 해야 할 일이다. 국초에 군·현에 모두 의사醫師를 두어 백성들이 일찍 죽는 자가 없었다. 지금부터 수령守令들은 의원들을 찾고 약물을 모아 백성을 구제하도록 하라. 근래에 왜구倭寇로 인하여 조운이 통하지 않아 원근의 운반이 모두 육로를 경유하니, 그 주·군으로 하여금 원院과 관館들을 수리하고 땔나무와 꼴을 쌓아두어 길가는 사람들에게 편리하게 하라."고 하였다.

○ (공민왕) 22년(1373) 4월에 전라도와 경상도에 기근이 들었으므로 사신을 파견하여 진휼하였다.

○ 신우辛禑 2년(1376) 4월에 이숙림李淑林을 서북면 완호사完護使로 임명하였다. 지난 해에 정북征北[153]하는 군마軍馬가 오랫동안 머무르면서 소란스럽게 하니, 많은 백성들이 굶주리게 되었다. 그리하여 이숙림을 파견하여 베[布] 1천 5백 필을 가지고 가서 진휼하게 하였다.

○ (신우) 4년(1378) 2월에 쌀[租] 3백 섬으로 강화부江華府의 굶주린 백성들을 진휼하였다.

○ (신우) 7년(1381) 2월에 사신을 파견하여 경상도와 전라도의 굶주린 백성들을 진휼하였다.

○ (신우) 8년(1382) 2월에 경상도·전라도·강릉도江陵道의 굶주린 백성들을 진휼하였다.

곡물 바친 자에게 벼슬 주는 제도[納粟補官之制]

○ 충렬왕忠烈王 원년(1275) 12월에 도병마사都兵馬使에서 국용國用이 부족하자 사람들에게 은銀을 바치게 하고 관직을 주었다.

○ (충렬왕) 3년(1277) 2월에 도병마사에서 아뢰기를, "옛날에 벼슬을 판 것[鬻爵]은 아름다운 법이 아닙니다. 그러나 국고國庫가 텅 비어 재화財貨를 마련할 길이 없습니다. 청컨대 을해년乙亥年(충렬왕 원년(1275))의 판判과 같이 공료가 없는 자 및 순서를 밟지 않고 벼슬하려는 자들로 하여금 등급[科等]에 따라 국신도감國贐都監에 은을 납부하게 한 후에 관직을 제수하소서."라고 하니, 왕이 이를 따랐다.

○ 충목왕忠穆王 4년(1348) 2월에 정동성 도사征東省都事 부우장缶友章과 종사從事인 전 원외랑前員外郎 석말완택石抹完澤·봉의奉議 등이 왕에게 상서上書하여 아뢰기를, "지금 고려의 서해·양광·재성在城[154] 등 세 곳은 지난해부터 가뭄과 장마와 서리의 재해가

153 우왕 원년(1375)에 북원北元에서 심왕 호瀋王暠의 손자 탈탈불화脫脫不花를 고려왕으로 책봉하고 고려 경내에 들어왔기 때문에 이를 막고자 군사를 서북면에 파견하였다.

154 『고려사』 권1, 세가 1에 따르면, 태조 5년(922)에 "왕이 서경으로 가서 관청 관리들을 새로 배치하고 처음으로 재성在城을 쌓았다."는 기록이 있어, 서경을 가리키는 것으로 여겨진다.

들어서 온갖 식물이 말라버렸고 백성들이 죽은 자가 매우 많으니 진실로 애통하고 가엾은 일입니다. 고려[本國]에는 이미 선법選法(관리 임명법)이 있는데, 장차 원나라의 곡식을 바치고 벼슬을 얻는[入粟補官] 예에 맞추어 굶주리는 백성을 진휼한다면, 원나라[聖朝]에서 백성을 구휼하는 뜻에 어긋남이 없을까 합니다. 관직 임명은 쌀을 내는 자가 백신白身(아무 관직도 없는 자)으로 종9품에 들어가려는 자는 쌀 5섬을 내고, 정9품에 들어가려는 자는 10섬을 내고, 종8품에 들어가려는 자는 15섬을 내고, 정8품에 들어가려는 자는 20섬을 내고, 종7품에 들어가려는 자는 25섬을 내고, 정7품에 들어가려는 자는 30섬을 내게 하여 여기에서 그치게 하소서. 혹 전직前職이 있는 자가 쌀 10섬을 납입하면 1등급을 올려주는데 4품 내지 3품 이상은 이 예에 구애되지 말게 하소서."라고 하였다.

| 휘찬여사 권17 |

병지

병지兵志

(병지론兵志論)

군사는 왜 두는가? 하늘은 살리는 것으로 덕을 삼고 죽이는 것으로 위세를 삼는다. 그래서 성왕聖王은 인仁으로 생육生育을 이루고 의義로서 숙살肅殺을 이루는 것을 상징하였으니 군사를 설치한 것이 오래되었다. 요컨대 근본이 있고 말단이 있는데, 근본을 버리고 말단을 말하는 것은 잘못이다. 말단을 할 수가 없는데 내가 장차 오로지 근본만 일삼는다는 것도 역시 잘못이다. 하물며 그 본말을 겸한다고 하면서 모두 잃어서야 되겠는가? 그러므로 병제兵制의 득실에 대해서 왕이 된 자는 기록[簡册]에 있는 것은 진심을 다해서 살펴보아야 할 것이다. 무릇 나라를 가진 자와 천하를 가진 자가 규모는 비록 다르지만, 그 득실을 살피는데 있어서는 어찌 크게 다르겠는가?

우리나라에 국가가 성립되어 기자箕子가 수봉受封을 받아 대립하고 있을 때에 전쟁[干戈]이 매일 이어졌으나 군사제도兵制의 자세한 것은 아득하여 상고하기 어렵다. 오직 고려 시조가 부위府衛의 병을 세워서 자못 일컬을 만한 것이 있었다. 대개 옛날의 병법은 정전井田에서 일어났는데, 주周나라가 쇠퇴하여 성왕의 제도[王制]가 무너졌다. 당나라에 이르러 부병제府兵制를 세우고 비로소 농업에 의지하였는데, 행한지 수십 년 만에 부병제가 혁파되고 병兵과 농農이 분리되었다. 송나라 원나라 때까지 끝내 복구할 수가 없었다. 고려 태조의 6위衛 38령領의 제도는 체통이 서로 유지되어 자못 당나라 부병제를 법으로 하였다. 정丁을 점검하여 전田을 주고 또 정전의 남긴 뜻을 얻었으니 가히 좋은 법이라고 할 것이다. 그러나 그 교양敎養과 동작動作의 절목이 자세한 것은 옛날의 성대함과 같을 수는 없었다. 자손 대에 이르러서는 때때로 계속되고 혁파된[沿革] 것이 있어서 이익에 구애되고 편함을 좇아서 마침내는 그 요령을 얻지 못하게 되었다. 이에 평상

의 군사 제도가 없고 항상 지켜야 할 법이 없게 되니 왕실이 능이陵夷해지고 군사권이 밑으로 옮겨지게 되었다. 심지어는 나라에 도적이 일어나는 데도 공가公家에 한 부대의 군사도 없게 되었으니, 나라의 형세를 다시 복구할 수 없게 된 것이다. 그런데도 오히려 백 년이나 부지하고 이어진 다음에 망한 것은 정말 다행이라고 하겠다.

대개 고려가 나라를 세운지 400여 년인데, 군사 제도의 대세가 세 번 변화하였으니, 그간에 대강 6위衛가 있었고 또 5군軍이 있었다. 이때부터 혹 3군이 되기도 하고 혹 5군으로 복귀하기도 하였다가 끝내는 모두 혁파되었다. 그 말년에는 장수는 많고 힘이 분산되어 직임職任이 통일되지 않았다. 이에 3군의 칭호를 복구하였으나 고려는 드디어 망하였다. 조치의 득실은 안위와 관계가 있으니 살펴야 하지 않겠는가! 주진州鎭의 제도와 익군翼軍의 소속 같은 것은 모두 다 기록할 수가 없어서 그 큰 것만을 기록하여 세상의 교훈으로 삼고자 한다.

(위군)

○ 태조 2년(919) 정월에 6위衛를 두었다. 좌우위左右衛는 보승保勝 10령領, 정용精勇 3령이다. 신호위神虎衛는 보승 5령, 정용 2령이다. 흥위위興威衛는 보승 7령, 정용 5령이다. 금오위金吾衛는 정용 6령, 역령役領 1령이다. 천우위千牛衛는 상령常領이 1령이고 해령海領이 1령이다. 감문위監門衛는 1령이다. 각 위에는 모두 상장군上將軍, 대장군大將軍이 있어서 여러 령을 통괄하고, 령에는 모두 장군 1인, 중랑장中郎將 2인, 낭장郎將 5인, 별장別將 5인, 산원散員 5인, 위尉 20인, 대정隊正 40인이 있고, 매 령에는 정군正軍 1000에 망정望丁 600이 있어서, 군軍은 령領으로부터 통제를 받고, 령은 위衛로부터 통제를 받으며, 위는 병부령兵部令으로부터 통제를 받았다. 뒤에 응양군鷹揚軍, 용호군龍虎軍의 2군을 두었는데, 모두 3령이 있다. 각 군에는 상장군, 대장군이 있어서 근장近仗이라고 칭하였고 6위의 윗 등급에 있었다.

○ 정종靖宗 2년(1036)에 호부戶部에 명령하여 여러 위군衛軍에 명전名田을 지급하도록 하고 부족한 것은 공전公田으로 지급하게 하였는데, 여러 위에는 흩어져 도망간 자[散亡

者]가 많았다. 처음에 호가扈駕라든가 내외의 역역力役을 모두 정군正軍과 망정望丁이 맡아서 하였고, 여러 차례 전화戰禍와 난리를 겪으면서 정인丁人이 많이 모자라게 되어, 60녹관祿官으로 하여금 그 역을 대신하게 하였다. 이 때문에 영역領役이 어렵고 고생스러워서 서로 다투어 피하려고 하니 오위伍尉, 대정隊正이 감당해 내지를 못하였다.

○ (정종) 11년(1045) 5월에 방榜을 내걸고, 5부 방리坊里로 하여금 각사의 공무를 보는[從公] 영사令史, 주사主事, 기관記官, 유음품관有蔭品官의 아들, 역이 있는 천구[有役賤口]를 제외하고는 양반 및 내외의 백정白丁을 선출하여 충보充補하여 전례대로 전정田丁을 연립連立시켰다. 장수 10명과 60명의 군사가 모자라면 모두 령領 내의 정인丁人으로 전보轉補하게 하였다.

○ 문종文宗 18년(1064)에 (군반) 씨족의 장적[氏族帳籍]을 개정하였다.

○ 의종毅宗 21년(1167), 부병府兵이 대궐 뜰[闕庭]에 들어와 주둔하였다. 이때 국왕이 황음荒淫하여 여러 아우들을 기피하고 군사를 옹위하게 하여 불우不虞에 대비하였다. 용감한 자를 선발하여 내순검內巡檢이라고 부르고 양 번으로 나누어 갑옷을 입고 활과 칼을 갖추어 호위[仗] 밖에 나누어 세우고 눈비가 와도 쉴 수가 없었다. 밤에는 경계를 도는 것이 새벽까지 하니 여러 위衛의 군사들이 그 고통을 감내할 수가 없어서 드디어 난을 모의하였다. 처음에는 2군이 6위의 윗 등급에 있어서 서로 통속하지 않았으나 뒤에 2군의 상장군 및 6위의 여러 장군이 함께 한 곳에 모여서 일을 의논하였는데, 이를 중방重房이라고 불렀다. 권력이 한 곳에 집중이 되니 무신이 처음으로 강해졌다. 이에 이르러 상장군 정중부鄭仲夫가 별장 이의민李義旼, 산원 이의방李義方·이고李高 등과 난을 일으켰다. 내순검군을 이용하여 조정의 문사를 대량으로 살해하고 크든 작든 남기지 않았다. 국왕을 쫓아내서 시해하였다. 이로부터 무신武臣이 용사用事를 하게 되고 중방의 권한이 더욱 무거워졌다. 장군 경대승慶大升이 정중부를 죽인 후에 곧 죽으니, 이의민이 섭장군攝將軍이 되었다가 최충헌崔忠獻에게 살해되었다. 최충헌이 드디어 국가의 운명[國命]을 잡고 조신朝紳을 죽이고[磔戮] 백성[生靈]들에게 독을 주고 아프게[毒痡]하였는데, 정중부나 이의민보다 심하였고, 방위에 소홀한 데에서 징험할 수 있다. 이에 문무의 관리, 한량, 군인 중에서 용력이 있는 자들은 모두 초치하여 6번으로 나누어

하루씩 번갈아 그의 집에서 직숙하게 하고 이를 도방都房이라고 불렀다.

금산金山 왕자[1]의 군사가 이르자 정숙첨鄭叔瞻이 중군 원수中軍元帥가 되고 조충趙冲이 부원수가 되었으며, 이연수李延壽가 도지병마사都知兵馬事가 되어 5령군領軍을 이끌고 방어하였다. 정숙첨 등이 순천관順天官에서 군사를 점검[點兵]하니, 사납고 용감한[獷勇] 군사들은 모두 최충헌 부자가 점유하였고 관군은 모두 노쇠하여 전투를 감당할 수 없을 정도였다. 여러 장수들도 마음이 해이해져서 전투할 의욕이 없었다. 최충헌이 가병을 검열하는데, 좌경리左梗里에서 우경리右梗里까지 몇 겹으로 대오를 만들어서 창대 위에는 은활구銀濶口 3~4개를 걸어서 나라 사람들에게 과시하여 용사들을 모집하였다. 그 후 5군軍이 궤산潰散되고 국내가 흉흉하게 되자 최충헌 부자는 수 만 명의 군사가 (자신을) 옹위하게 하여 자위自衛하였다. 조충을 재차 파견하여 거란병을 격파 패퇴시키었으나 최충헌은 그(조충)를 꺼려하여 그 노고에 보답하지 않았다. 이에 6위의 군사들이 날로 손모해가고 도방의 병력은 날로 융성해졌다. 최충헌이 죽고, 최이崔怡·최항崔沆·최의崔竩가 그 뒤를 이었다. 4세 동안 나라의 국권을 잡으니 그 죄악이 가득 찼다. 당시에 충신이나 맹장들도 둘러서서 보기만 하고 감히 토적討賊을 할 수가 없었는데, 그것은 도방의 군사가 있었기 때문이다.

○ 명종明宗이 일찍이 서정西征(조위총의 난)한 것을 계기로 젊은 위사衛士를 선발하였다. 양가良家의 자제 400명을 선발하여 창을 들고 구정毬庭을 호위하게 하고 위국초맹반衛國抄猛班이라고 불렀다. 그러나 이때부터 금여禁旅가 더욱 해이해지고 다투어 도방에 붙었는데, 오직 김방경金方慶만이 견룡행수牽龍行首로써 왕궁에 입직하여 진심으로 숙위하였다. 김인준金仁俊이 최의를 주살하고 낭장 임연林衍은 김인준을 주살하고 원종을 폐립하여 더욱 용사用事를 하게 되었다. 한 사람의 권신이 제거되면 한 사람의 권신이 생겨나서 앞뒤로 100년 동안 화변禍變이 더욱 치열해졌다. 왕실을 통해서는 스스로 권신을 토적할 수가 없고 세상의 권력이 있는 자는 대중들이 더욱 분노하여 바로 주살하고 그 지위를 빼앗았기 때문이다. 원종이 복위함에 밖으로는 대원大元의 병력에 기

1 요나라의 후예로 자칭 대금大金을 칭하며 고려의 북쪽 경계를 침입하였다.

대어 임유무[林氏]를 주살하여 제거한 뒤에야 권신의 화변은 비로소 식어지게 되었다.

그런데 삼별초의 난이 일어났다. 처음에 최이가 나라에 도적이 많아서 용사를 모집하여 밤에 경계에 수비를 하여 이름을 야별초夜別抄라고 하였다. 여러 도에 도적이 일어나 별초를 파견하여 잡아들이게 되자 군세가 점차 융성해져서 드디어 좌우로 나누고 또 나라의 사람들 중에 포로가 되었다가 돌아온 자들을 신의군神義軍이라고 칭호하고 한 부대를 이루었는데, 이것이 삼별초이다. 식량과 자산을 넉넉하게 해주고 급료와 하사품을 많이 주어 조아爪牙처럼 사용하였다. 그러므로 권흉權兇이 하려고 하는 것은 바로 목숨을 바쳐서 하였다. 김인준이 최의를 주살하고, 임연林衍이 김준金俊을 주살하고, 송송례宋松禮가 임유무林惟茂를 주살한 것은 모두 그 힘을 빌려서 한 것이다. 왕이 옛 수도로 환도하자, 삼별초는 두 마음을 품고 따르지 않았다. 국왕이 장군 김지저金之氐를 파견하여 강화에 들여보내 삼별초를 혁파하고 그 군적을 빼앗아갔다. 삼별초는 그것을 취하여 원나라에 알릴까 의심하여 장군 배중손裵仲孫이 별초지유別抄指諭 노영희盧永禧 등과 난을 일으켜 승화후承化侯 온溫을 핍박하여 왕으로 삼고 관부를 두었으며, 공사 간의 옥백玉帛과 자녀들을 모두 배에 싣고 남하하여 진도珍島에 들어갔다. 이때 백관들은 모두 섬에서 나와서 왕을 맞이하였는데, 처자식들은 모두 적(삼별초)에 잡혀가게 되니 통곡 소리가 천지를 진동하였다. 다음 해에 김방경이 몽골 원수 흔도忻都와 함께 진도를 격파하자 나머지 무리들이 탐라로 도망갔다. 김방경이 (탐라에까지) 진공하여 격파하였다.

이때에 여러 차례 변란을 겪어서 부위병府衛兵이 그 액수를 채우지 못하자 문무산직文武散職, 백정白丁, 잡색雜色 및 승려[緇髡]를 검열하여 채웠다. 김준을 주살할 때에는 권세가의 자제를 뽑아서 궁전 내를 호위하게 하여 후벽後壁이라고 칭하였다.

○ 충렬왕이 즉위하고 독로화禿魯花가 번番을 나누어 숙위하였는데 홀적忽赤이라고 하였다.

○ 공민왕이 충용忠勇 4위衛를 두고 그들에게 녹봉을 주는 것을 8위와 같이 하였으나, 남행南行(홍건적의 침입으로 남쪽으로 피난한 것)하였을 때에는 한 사람도 호가하는 사람이 없어서 드디어 혁파하였다.

○ (공민왕) 20년(1371)에 부병府兵에게 토지를 지급하라고 하였다.

○ (공민왕) 22년(1373)에 의용좌우군義勇左右軍을 설치하였다.

○ 공양왕 즉위하자, 헌사憲司에서 상소하였다. "부병府兵은 8위衛에게 영솔되고 8위는 군부에게 통제되는데, 42도부都府의 병兵이 12만이고 대隊에는 대정隊正이 있고 오伍에는 오위伍尉가 있어서 상장上將에 이르게 통속이 됩니다. 금위禁衛를 엄하게 하고 외부의 침입[外侮]를 방어하기 위한 것입니다. 원나라를 섬긴 이래로, 무비武備가 날로 이완되어서 근시하는 호군[近侍護軍]으로 금위를 대신하고 그들에게 녹을 주니, 8위의 제도가 모두 허설이 되었습니다. 우달치迂達赤, 속고치速古赤, 별보別保와 각 애마愛馬(『元史』의 注에 각 愛馬는 군병을 통제한다고 하였다.)가 더울 때나 추울 때나 이른 아침이나 한 밤중이나 근로하는 것이 매우 심합니다. 그런데 한 말 한 되의 녹봉도 먹을 수가 없습니다. 5원員 10장將 60의 녹봉을 먹는 것은 약한 (귀족의) 자제가 아니라 천예賤隷가 혹 녹봉을 먹고 일은 하지 않으며, 혹 왕의 일에 열심이지만 녹봉을 먹지 못하니 어찌 대대로 충신에게 녹봉을 중히 한다는 뜻이 되겠습니까? 원컨대 근시近侍는 좌우위左右衛에, 사문司門은 감문위監門衛에, 충용忠勇은 신호위神虎衛에 병합하고 각 애마愛馬는 유형별로 여러 위衛에 병합하여 날짜별로 입직入直하고 그 근태勤怠를 살펴서 녹봉을 주면 식량은 줄이고 금위는 엄해질 것입니다."

○ (공양왕) 2년에 궁성숙위부宮城宿衛府를 두고 밀직密直과 봉익奉翊 중에 산직에 있는 자를 제조궁성숙위사提調宮城宿衛事로 하고 3, 4품은 제거궁성숙위사提擧宮城宿衛事로 하였다. 도총제부가 세워진 후에 3군이 번을 나누어 숙위를 하였다.

후벽後壁을 둔 이래로 금여禁旅가 산락散落하여 왕궁이 호위가 없어졌어도 끝내는 안전을 얻었지만, 3군이 숙위로 들어옴에 미쳐서는 (숙위가) 이처럼 성대하였으나 오히려 위태롭고 혼란스러운 것은 왜 그런 것인가? 대개 태조가 6위를 둔 이래 500년이 되어 중간에 비록 바뀌기는 했어도 5군을 건립하고 부병은 일찍이 폐지되지 않았다. 6위는 시위侍衛를 주관하고 5군은 정벌征伐을 주관하여서 비록 바꾸어 사용하더라도 이름은 폐지할 수 없었다. 이름을 폐지하지 않으면 태조의 법은 오히려 존속하는 것이다. 이에 이르러 3군이 들어와 호위를 하니 6위의 이름이 폐지되고 태조의 법은 없어지게 된 것이다. 어찌 위란危亂을 면할 수 있겠는가?

(5군)

이른바 5군은 역시 태조가 남긴 제도[遺制]이다. 태조가 백제를 격파하자 대상大相 견권堅權 등이 좌강左綱이 되고 대상大相 홍유洪儒 등은 우강右綱이 되었으며 대광大匡 왕순식王順式 등은 중군中軍이 되니 그 제도는 상세하지 않지만 군제를 세운 칭호는 이로서 시작되었다.

○ 정종定宗 2년(947)에 군사 30만을 선발하여 광군光軍이라고 부르고 광군사光軍司를 설치하였다.

○ 숙종肅宗 7년(1102)에 여진이 정주定州에 침입하자 윤관尹瓘에게 명하여 방어하게 하였으니 패배하였다. (윤관이) 맹서하여 청하고 돌아와 왕에게 고하기를 "신이 패한 것은 적敵은 기병騎兵이고 우리는 보병步兵이어서 적대할 수가 없었습니다." 왕이 발분하여 다시 거병하려고 계획하였다. 이에 건의하여 별무반別武班을 세웠다. 문무산관文武散官, 이서吏胥에서부터 아래로 상고복예商賈僕隷 및 주부군현州府郡縣에 이르기까지 무릇 말이 있는 자는 신기神騎로 하고 말이 없는 자는 신보神步로 하여 나이가 20이 된 남자는 과거를 보는 자가 아니면 모두 소속하게 하였다. 여러 반을 11개로 나누어 불렀는데, 신기神騎, 신보神步, 경궁梗弓, 정로精弩, 석투石投, 대각大角, 철수鐵水, 강노剛弩, 도탕跳盪, 사궁射弓, 발화반發火班이다. 좌우에 각각 도령都領 및 지유指諭를 두고, 중군은 병진도지유兵陣都指諭 및 도장교都將校, 오병도지유五兵都指諭와 장교도업사將校都業師를 두고, 좌우전후군左右前後軍도 각각 병진도지유兵陣都指諭를 두었는데, 이것이 5군이다. 마침 숙종이 홍거하여 군사가 출병하지는 못하였다.

○ 예종睿宗 2년(1107)에 여진이 다시 반란을 일으키자 윤관을 원수로 삼고 오연총吳延寵을 부원수로 삼아, 왕이 위봉루威鳳樓에 임어하여 부월斧鉞을 주어 파견하였다. 윤관과 오연총이 군사를 장춘역長春驛에 주둔시키니 무릇 17만 명인데, 20만이라고 호하였다. 드디어 여진을 공격하여 대파하고 고구려의 옛 강토를 모두 복구하고 9진에 성을 쌓았다. 여진이 곧 화친을 구걸하고 울며 하늘에 제사를 지내며 맹서하므로 마침내 9성을 여진에게 돌려주었다. 어떤 논자들은 윤관이 패배하였다고 허물을 하였다. 그러나 이로부터 여진은 그에 대하여 매우 덕이 있는 것으로 여기고 다시는 일을 일으키지

않았다. 대금大金을 칭하고 중국[中州]의 황제가 되었을 때, 고려를 대우하는 것이 특별히 후하였다.

○ 김부식金富軾이 묘청妙淸을 토벌하는데 처음으로 3군을 썼고, 서경西京에 이르러 전후군前後軍을 설치하였다.

○ 의종毅宗 3년(1149)에 중군병마사中軍兵馬使가 아뢰기를 "옛 제도에 천자天子는 6군이고 대국大國은 3군이니 청컨대 5군을 바꾸어 3군으로 하게 하소서." 하니, 제制하여 "옳다."고 하였다.

○ 군제가 변화하고 정중부鄭仲夫가 난을 일으키자 이른바 군은 평상의 제도가 없고 군사권은 아래로 내려갔다. 그러나 윤인첨尹鱗瞻이 조위총趙位寵을 격파하고 조충趙冲이 거란병을 격파한 것은 모두 5군으로 승리를 한 것이다. 일본을 정벌하는[東征] 전역戰役에서 김방경金方慶이 중군中軍 김신金侁을 좌군사左軍使로 하고 김문비金文庇를 우군사右軍使로 하여 3익군翼軍이라고 부르고 바다를 건넜지만 이기지를 못하고 회군하였다.

○ 공민왕 10년(1361)에 홍건적이 압록강을 건너자 안우安祐를 상원수上元帥로 하고 김득배金得培를 도병마사都兵馬使로 하였으며 이방실李芳實을 도지휘사都指揮使로 하였다. 그 다음해에 홍건적이 개경을 함락시키자, 안우安祐·이방실李芳實·김득배金得培·황상黃裳·한방신韓方信·이여경李餘慶·안우경安遇慶·이구수李龜壽·최영崔瑩이 군사 20만을 내서 동교東郊에 주둔하고 정세운鄭世雲을 총병관摠兵官으로 하여 제군諸軍을 감독하여 진군하여 왕경을 회복하였지만 5군의 칭호는 들리지 않았다. 제주를 정벌할 때에 최영이 도통사都統使가 되고 염흥방廉興邦이 도병마사都兵馬使가 되었으며, 이희필李希泌·변안열邊安烈·목인길睦仁吉·임견미林堅味·지윤池奫·나세羅世·김유金庾가 모두 원수의 칭호를 가졌는데, 이때부터 제도에 모두 원수가 있고 또 도원수都元帥, 상원수上元帥, 부원수副元帥, 지병마사知兵馬事, 병마사兵馬使, 절도사節度使 따위가 있어서 이루 다 기록할 수가 없다. 호령이 여러 군데에서 나오고 군정이 통속이 없어서 상하가 서로 숨겨서 공죄를 가릴 수가 없었다.

○ 수십 년간 왜구[島倭]가 흔단을 일으키고 도적질을 하고 약탈을 하는 것이 없는 해가 없었다. 신우辛禑 원년(1375)에 양광, 경상, 전라도 각 도에서 군대를 모집하여 익위군翊衛軍이라고 칭하고 동서강東西江에 주둔하였다. (신우) 2년(1376)에 사신을 여러

도에 파견하여 군사 12000명을 점검하였다. 양광도는 기병騎兵이 5000, 보졸步卒이 20000, 경상도는 기병이 3000, 보졸이 22000, 전라도는 기병이 2000이고 보졸이 8000이며, 교주도交州道는 기병이 400이고 보졸이 4600이었으며, 강릉도江陵道는 기병이 200, 보졸이 4700, 삭방도朔方道는 기병이 3000, 보졸이 7000이고, 평양도平壤道는 기병이 600, 보졸이 9000, 서해도는 기병이 500, 보졸이 4500이어서 총 94500이었다. 또 5부 가리街里의 호수戶數를 점검하여 10간間에 1정丁을 내게 하고 9간 이하는 군 장비[軍具]를 내게 하였다. 가을에 왜구가 침입했다는 급보가 있어서 도성의 여러 문에 원수를 두고 5부의 방리坊里를 나누어 맡게[分領] 하고, 부오部伍를 약속하였다. 땅을 그어서 지키게 하고 할당된 땅을 잃은 자는 참하였다. 백관으로 하여금 그 족속을 거느리고 연해에 나아가 지키게 하였고, 참여하지 않은 곳은 오직 문하성門下省, 헌부憲府, 다방茶房, 예문춘추관藝文春秋館 및 각사各司의 성상城上 뿐이었다. 이때 양광, 전라, 경상 3도의 왜적이 크게 치성하여 천 리가 소조蕭條하여 사람 사는 모습을 볼 수가 없었다. 봉화烽火가 강화도에서부터 낮부터 끊이지 않았고 서울은 계엄에 들어갔다.

○ (신우) 4년(1378)에 도당都堂에서 논의하여 익군翼軍을 두었는데, 헌사가 논하여 혁파하였다.

○ (신우 5년 정월에) 간관이 또 상언하기를 "『주역周易』에 '자격이 있는 사람이 군사를 거느려야 하고 자격이 없는 사람이 대신하면 실패할 것이다[長子帥師 弟子輿尸 凶].'[2]고 하였는데, 지금 원수가 너무 많아서 체통이 문란하니 청컨대 옛 제도에 따라서 원수를 하나만 두고 나머지는 모두 혁파하고 다른 칭호를 주어 모두 원수의 절제를 받도록 하십시오."[3] 이라고 하고, 또 "국가가 이미 각도에 3원수를 두었는데, 근래에 조그마한 왜구라도 있으면 3원수 외에 별도로 여러 원수, 여러 병마사를 파견하니, 위임하는 것이 통일되어 있지 않아서 성공을 책임지우기가 어렵습니다."[4]라고 하였다.

---

2 『주역周易』 사괘師卦에 나오는 말. 장자長子는 장인丈人을 가리키고 제자弟子는 소인小人을 가리킨다. 여시輿尸는 전차에 시체를 싣고 온다는 말.

3 『고려사』 (신우) 5년 정월에 간관諫官이 올린 상언.

4 『고려사』 (신우) 6년 6월에 간관이 올린 상언. 앞 주의 기사와 통합, 축약하였다.

요동을 공격하는 전역戰役에 조민수曹敏修가 좌군도통사左軍都統使가 되고 심덕부沈德符 등 9원수가 소속되었다. 우리 태조는 우군도통사右軍都統使가 되어 정지鄭地 등 7원수가 소속되었다. 최영崔瑩에게 팔도도통사八道都統使를 더해주어서 통제하게 하였는데, 군의 칭호[軍號]가 문란한 것이 여기에서 극에 달하였다.

○ 공양왕 즉위년(1389)에 헌부가 계하기를 "한 도에 3장수가 있어서 각각 중병重兵을 옹위하니 일이 통제가 없고 군정軍政이 정연하지 못합니다. 혹 몸은 서울에 있으면서 멀리 각도의 향·사·리장鄕社里長을 영솔하니 역시 모두 예속되어 있습니다. 일이 없을 때에도 군현에 문서를 보내어[下牒] 군민軍民을 징발하여 모아서 여러 달 동안 머물게 하니 인마가 피곤하고 농무를 폐지하게 하는 것입니다. 청컨대 매 1도에 절제사 한 사람을 두고 군민을 방환放還하여 권농하고 안업하게 하여 3군과 6위가 상하가 서로 유지하게 하면 군정이 하나로 통일이 될 것입니다."라고 하였다. 이에 우리 태조가 중외의 여러 군사를 통일하여 여러 원수의 인장을 모두 회수하였다.

○ (공양왕) 2년(1390) 겨울에 삼군도총제부三軍都摠制府를 세웠다.

○ (공양왕) 3년(1391) 정월에 우리 태조가 삼군도총제사三軍都摠制使가 되고 배극렴裵克廉이 중군총제사中軍摠制使, 조준趙浚이 좌군총제사左軍摠制使, 정도전鄭道傳이 우군총제사右軍摠制使가 되었다. 이때 정도전이 은밀하게 본조(조선)에 충성을 하여 실제로 군사권을 잡으려고 하여 일부러 짐짓 양보하는 척하며 왕의 뜻을 견고하게 하면서 말하기를, "3군을 만든 것은 신이 중국에 있을 때에 헌사가 건의한 것이어서 신은 모르는 일입니다. 원수를 혁파하고 3군으로 하여 신을 총제사로 하면 여러 원수들이 하루아침에 실직을 하여 반드시 앙앙불락하고 구가세족舊家世族들은 역役이 없으면서 토지의 소출을 먹게 되는데, 하루아침에 이름이 군적에 속하게 되면 역이 몸에 더해져서 대소의 원망이 신에게 돌아올까 두렵습니다. 사전私田을 혁파하고 관복官服을 개정하는 것은 신의 일이 아닙니다만, 좌우가 모두 신을 지목하는데, 지금 또 이곳에 무릅쓰고 있으면 참언이 날로 생겨서 신이 위태로울 것입니다. 감히 사퇴하고자 합니다." 국왕이 "대국이 3군인 것은 옛 제도이다. 중간에 권신이 폐지하여 재상들이 각각 원수를 칭하면서 백성은 하나도 가진 것이 없다. 이제 원수를 혁파하고 3군을 세우니 이는 복고의

계기이다. 단연코 나의 마음에서 나왔으니 경이 어찌 관계가 있겠는가. 이러한 비방이 없을 것을 보증한다."고 하니, 정도전이 "신이 만약 비방을 받으면 반드시 보고하겠습니다. 전하께서도 신이 그 일에 관여하지 않았는데 비방을 받은 것이 모두 이렇다는 것을 알 것입니다. 신의 다른 비방도 역시 명확하니 어찌 다행한 일이 아니겠습니까?" 하였다. 드디어 사퇴하지 않으니, 왕이 기뻐하였다.

○ 다음 해에 왕이 원주原州에서 손위遜位하니 고려가 망하였다.

(주진군)

이른바 주진州鎭의 군사는 주둔하며 수자리를 서는[鎭戍] 것이다. 태조 때에 여러 번 장령개정군將領開定軍을 파견하여 서북계西北界를 진수하게 하고 진두鎭頭라고 불렀다. 이로부터 매번 서북에 진수를 두고 익군翼軍이라고 불렀다. 서경西京에는 10익군이 있고, 안주부安州府에는 8익군, 의주義州・니성부泥城府・강계부江界府에 모두 4익군이 있었다. 그런데 충렬왕 이후에 동남에도 진수를 두었다.

무릇 주진군州鎭軍은 농한기에는 매월 6아일衙日에 활쏘기를 연습하여 계관界官, 행수원行首員으로 하여금 직접 감독하여 활[弓]은 40보, 노弩는 50보로 하여 표적에 10발 중 5중자는 직사원職事員은 녹봉을 주고 매년 산직을 더해주었으며, 남동반南東班은 서용하고, 인리人吏는 자원하는 데에 따라 일을 맡겼다. 무릇 전함 산직 및 재경 양반은 윤번으로 부방赴防하게 하고 이름을 진변별초鎭邊別抄라고 하였다. 무릇 수군戍軍은 순무진변사巡撫鎭邊使로 하여금 군현의 잔성殘盛을 헤아려 그 수목數目을 정하였다.

○ 공민왕 5년(1356)의 교敎에, 각 처의 별초別抄를 강제로 먼 곳에서 진수하게 하니 왕래하는 것이 피곤하여 도망이 계속 이어졌다. 그래서 연해의 군민을 모두 방수에 충당하고 그 역을 감해주니, 원방에 있는 자가 그 역을 대신 제공하고 진수하는 곳에 나가는 것을 정지하게 하였다. 또 동계의 군사로 하여금 쌍성雙城에 진수하게 하고, 서해의 군사는 압록강을 진수하게 하였으며, 3남 지방의 군사는 오로지 왜구를 막게 하였다.

○ (공민왕) 18년(1369)에 여러 익군에 모두 상만호上萬戶, 부만호副萬戶를 두었다.

○ 신우 3년(1377)에 새로이 안주安州 2익翼을 두었는데, 안주는 드디어 10익이 되어

서경과 같아졌다.

○ (신우) 4년(1378)에 도당都堂이 의논하여 각도에 서북면西北面의 예에 따라서 왜구가 수그러들 때까지 모두 익군을 두도록 하였다. 그 제도는 봉익奉翊에서 4품까지 천호千戶라고 하고 1000정을 통솔하며, 5~6품은 백호百戶로 100정을 통솔하고, 참외관參外官은 통주統主로 하여 10정을 통솔하며, 한산자閑散者는 각 익에 분속하게 하여 의갑衣甲을 갖추게 하여 양반兩班·백성百姓·재인才人을 군역호軍役戶로 하고 공사천을 연호군煙戶軍으로 하여 명령을 듣게 하였다. 스스로 활과 화살, 창, 칼과 5정丁에 노구爐臼 1, 도끼 3, 낫 2개를 갖추게 하여 수부帥府 및 군목장관軍目長官이 점검하게 하였다. 일이 없으면 귀농하고 변란이 있으면 영솔하여 원정에 나가게 하였다. 이에 원수를 나누어 파견하여 호구를 계산하여 징발을 하였다. 그런데 수령은 대체를 돌보지 않고 오직 벗겨내고 모이게 하는데 힘써서 단정單丁이나 과부도 모두 자손이나 협거인狹居人을 내게 하고 심지어는 죽은 자나 멀리 벼슬하는 자도 역시 모두 군적에 붙여서 바야흐로 농사철을 당해도 구속되어 있는 자가 옥에 가득하고 죄수를 참하여 효수하니 인정이 흉흉하고 두려워하였다. 각 익의 두목頭目은 반드시 직이 있는 자를 차출하니 속정屬丁이 왕래하는 것이 많고 멀어서 복역하는 것과 비용이 말할 수가 없이 많았다. 헌부에서 "서북면西北面은 전면적으로 군무를 위임하여 공부나 잡역은 모두 견면蠲免하고, 그 전조田租를 거두어 모두 각 익에 제공하면 군정에 결함이 없을 것이고 폐단은 백성에 미치지 않을 것입니다. 다른 도는 그렇지 않으니, 크고 작은 공부가 모두 거기에서 나오는데, 이제 익군을 더하면 농사철에 일을 못하게 되어 백성들이 살 수가 없을 것입니다. 청컨대 익군을 파하고 그 건장한 자를 군적에 올려, 일이 없으면 귀농을 하고 변란이 있으면 징발하는 것을 상제常制로 하십시오." 하니, 우왕이 그 글을 도당에 내려 논의하게 하여 드디어 익군을 혁파하였다.

(마정/참역/감목)

○ 말은 군사에서 쓰는 것이고, 참역站驛은 명령을 전달하기 위한 것이며, 감목監牧은 말을 기르기 위한 것이므로 그 대강을 기술한다. 고려 왕조에 역驛을 둔 것이 무릇 21

개도個道이다. 산예도狻猊道는 10역을 관장하고, 금교도金郊道는 16역을 관장하며, 절령도岊嶺道는 11역을 관장하고, 홍교도興郊道는 12역을 관장하며, 홍화도興化道는 29역을, 운중도雲中道는 43역을, 도원도桃源道는 21역을, 삭방도朔方道는 42역을, 청교도靑郊道는 15역을, 춘주도春州道는 24역을, 평구도平丘道는 30역을, 명주도溟州道는 28역을, 광주도廣州道는 15역을, 충청주도忠淸州道는 34역을, 전공주도全公州道는 21역을, 승나주도昇羅州道는 30역을, 산남도山南道는 28역을, 금주도金州道는 31역을, 상주도尙州道는 25역을, 경산부도京山府道는 25역을 관장한다. 다만 그 연로가 요충인지 궁벽진 곳인지, 하는 일이 한가한지 번거로운지에 따라 6과科로 나누어, 1과는 75정丁, 2과는 60정, 3과는 45정, 4과는 30정, 5과는 12정, 6과는 7정으로 하여, 현령懸鈴으로 전송하였다. 일의 완급에 따라 1급急, 2급, 3급으로 하고, 날이 길고 짧음에 따라 역驛을 많고 적게 두었다. 공역서供驛署를 두어서 여러 도를 관장하게 하고 또 정역별감程驛別監을 설치하였는데, 관원은 적고 사람은 미미한데 사절이 계속 이어지고 호세가가 침폭侵暴하여 역호驛戶가 조폐凋弊하여 꼴이 아니게 되었다. 공양왕 원년에 처음 5품 역승驛丞을 두고 수령의 예에 따라 추천하게 하였으며 반쪽 인장[半印]을 주었다.

○ 목장을 설치한 것이 무릇 10군데인데, 황주黃州에 있는 것을 용양龍驤, 동주洞州에 있는 것을 농서隴西, 백주白州에 있는 것은 은천銀川, 개성開城에 있는 것은 양란羊欄, 정주貞州에 있는 것은 좌목左牧, 청주淸州에 있는 것은 회인懷仁, 견주見州에 있는 것은 상자원常慈院, 광주廣州에 있는 것은 엽호현葉戶峴, 강음江陰에 있는 것은 동주東州라고 하였다. 누른 풀의 절기[黃草節]와, 푸른 풀의 절기[靑草節]에 따라 콩을 지급하는 것에 차등을 두었다. 노새, 당나귀, 낙타 등[驢騾駱駝]을 모두 길렀다. 섬 말[島馬] 중에는 탐라에서 나는 것이 가장 성하였다. 탐라는 원나라에 속한 이래로 세공歲貢이 매우 적어서 매번 친조親朝할 때에 정벌을 도왔다. 백관으로 하여금 품계에 따라 말을 내게 하고 또 백성들의 말을 약탈해 가니 내외에서 괴로워했다.

○ 충렬왕 13년(1287)에 자축별감滋畜別監을 두었다.

군사 제도[兵制]

2군二軍

응양군鷹揚軍 1령領 용호군龍虎軍 2령

6위六衛

좌우위左右衛 보승保勝 10령, 정용精勇 3령. 신호위神虎衛 보승 5령, 정용 2령. 흥위위興威衛 보승 7령, 정용 5령. 금오위金吾衛 정용 6령, 역령役領 1령. 천우위千牛衛 상령常領 1령, 해령海領 1령. 감문위監門衛 1령.

제부諸府

도부외都府外, 의장부儀仗府, 견예부堅銳府, 노부弩府.

별호제반別號諸班

신기神騎, 신보神步, 경궁梗弓, 정노精弩, 석투石投, 대각大角, 철수鐵水, 강노剛弩, 도탕跳盪, 사궁射弓, 발화發火.

5군五軍

중군中軍에는 병진도지유兵陣都指諭 및 도장교都將校, 오병도지유五兵都指諭, 장교도업사將校都業師, 신기도령神騎都領, 지유, 좌우경궁도령左右梗弓都領, 지유, 좌우정노精弩도령, 지유를 두었고 신보, 석투, 대각, 철수, 발화, 도탕, 강노에도 각각 도령과 지유를 두었다. 그리고 전군, 후군, 좌군, 우군에도 각각 병진도지유, 신기도령과 지유, 신보도령과 지유, 정노도령과 지유를 두었다.

○ 태조 2년(919) 정월에 6위를 설치하였다.

○ 성종 9년(990) 10월에는 좌우 군영軍營을 설치하였다.

○ 목종 5년(1002) 5월에는 6위의 군영을 짓고 직원과 장수를 배치하였으며 그 군사들에게 잡역을 면제하였다.

○ 현종 9년(1018) 9월에 왕이 선화문宣化門에 나가서 3위 응양군 공신의 자손과 문반 6품 이하로서 무예武藝이 있는 사람들을 모아 놓고 시험을 쳐서 등급을 정하였다.

○ (현종) 10년(1019) 7월에 도병마사都兵馬使가 "이번에 거란을 방어하는 싸움에서 공이 있는 9천 4백 72명에게 각각 관계官階와 직위를 올려 줍시다."라고 아뢰니, 왕이 이 말을 좇았다.

○ (현종) 11년(1020) 채중순蔡忠順이 "군사 중에서 부모의 연령이 80세 이상 된 자는 제대시켜 부모를 봉양하게 할 것"을 청하니, 왕이 이 제의를 좇았다.

○ 덕종 원년(1032) 3월에 상사 봉어尙舍奉御 박원작朴元綽이 해당 관리를 시켜 혁차革車, 수질노繡質弩, 뇌등석포雷騰石砲를 만들 것을 청하였고, 또 우노牛弩 8개와 24종의 병기를 변방의 성에 차려 놓을 것을 청하니 왕이 이 제의를 좇았다.

○ (덕종 원년) 11월에 9도九道에 사신을 보내 군사를 뽑게 하였다.

○ 정종 6년(1040) 8월에 서북로 병마사가 아뢰기를 "금해 병서金海兵書는 전략 상 요긴한 말을 적은 책이니 이를 국경의 주와 진州鎭들에 각각 한 책씩 보내 주시기를 청합니다."라고 하니 왕이 이 제의를 좇았다.

○ (정종 6년) 10월에 서면西面 병마사 박원작朴元綽이 수질구궁노繡質九弓弩를 만들어서 바쳤는데 그것이 극히 신기하고 교묘하였다.

○ 문종 즉위년(1046)에, 시중侍中 최제안崔齊顔 등이 아뢰기를 "병서에 이르기를 만 명이 되는 군대는 3천 명을 뽑아서 "기奇"(군대 편성상 명칭, 좌우로 공격하는 특수 조직)로 하고, 1천 명이 되는 군대는 3백 명을 뽑아서 '기'로 한다 하였으니, 청컨대 6위군 내의 매 장군이 영솔한 부대에서 각각 2백 명씩 뽑아 선봉군으로 조직합시다."라고 하니 왕이 허락하였다.

○ 판判에, 대체로 군인으로서 70세 이상의 부모가 있고 형제가 없는 자는 경군京軍이면 감문위監門衛에 배속시키고 외군外軍이면 촌류村留 2, 3품군에 배속시켰다가 부모가 사망한 뒤에 다시 본 역에 배속시키기로 하였다.

○ (문종) 원년(1047) 2월에 위위시衛尉寺(경위에 관한 기계 등을 관할한다)에서 아뢰기를 "규정에 의하여 노수 화살弩手箭 6만 개와 차노 화살車弩箭 3만 개를 서북로 병마소兵馬所에 보낼 것을 청합니다."라고 하니 왕이 허락하였다.

○ (문종) 5년(1051) 판判에, 유음기광군有蔭奇光軍을 문무 7품 이상의 아들과 5품의 손자와 경직京職 태상太常 이상의 아들로 하기로 하였다.

○ (문종) 25년(1071) 6월의 제制에, "요사이 들으니 여러 위衛에서 도망하는 군인이 매우 많다 하니 이것은 일을 맡은 사람이 일을 공평하게 하지 않은 데서 비롯되었다. 부유한 자는 세력에 의탁하여 면제되고 빈궁한 자만 힘든 일을 부담하는 데서 먹고 입을 것이 부족하고 조금도 휴식하지 못하며 또 여러 번 조서를 내려 힘든 일을 덜어 주라고 하였으나 해당 기관들에서 계속 부리기만 한다. 근년에 군민들이 자못 원망하여 말하기를 내가 구제해 주지 않는다고 하니 이제부터는 급하지 않은 역사는 마땅히 줄이고 각 처를 순찰하여 점검한 군대 수를 이전 수의 절반으로 줄일 것이며 해당 관청과 군장軍將들은 군대를 마음대로 부려 먹지 못하게 하되 이를 위반하는 자에게는 벌을 주도록 병부 선군별감兵部選軍別監으로 하여금 규정에 의하여 실시하게 할 것이다."

○ (문종) 27년(1073) 3월에 주진州鎭에 와서 사는 군인에게 이전의 예대로 본관지에 양호養戶(출정 군인의 토지 경작 및 기타 생활을 돌봐 주는 사람) 두 명을 줄 것을 명하였다.

○ (문종) 29년(1075)의 판判에, 국경 방비에 나간 군인이 병이 들면 반드시 의약으로 치료해 주고 죽으면 관과 덧관[棺槨]을 공급하여 대전隊典으로 하여금 시체를 호송케 하며, 그 재물은 처자에게 주고 장례에 쓰는 비용은 나라에서 주기로 결정하였다.

○ (문종) 30년(1076) 정월에 해당 기관에 명령하여 두루마기와 바지를 국방에 나간 군사들 중의 빈곤한 사람에게 주라고 하였다.

○ 선종 8년(1091) 정월에 서북면병마사 유홍柳洪이 병차兵車를 만들어 구주龜州에 설치하여 불의의 변을 방비할 것을 청하니, 왕이 허락하였다.

○ (선종 8년) 8월에 도병마사가 "평안할 때에도 위태함을 잊지 않는 것은 나라의 급무이니 청컨대 호부 남랑南廊(남쪽 행랑)의 빈 터에 활 쏘는 장소를 만들고 각 영의 군사들과 활 쏘기를 배우는 사람들을 모두 모아 놓고 연습하게 할 것이며, 만약 과녁을

쏘아 맞춘 자에게는 은주발 대접[銀椀楪] 한 벌을 상 주기로 합시다."라고 아뢰니, 왕이 허락하였다.

○ (선종) 10년(1093) 8월에 도병마사가 "병서에 급히 행군하는 자는 전락縛絡을 입는다고 하였으니 지금의 봉의縫衣가 그것입니다. 청컨대 대영고大盈庫(천 두는 창고)에 있는 좀 먹은 천을 정포도감征袍都監에 주어서 전락 3, 4천 벌을 만들어 동북 양계에 나누어 보내고 나머지는 병영 창고에 저장하였다가 급한 때에 입도록 할 것입니다."라고 아뢰니, 왕이 허락하였다.

○ 숙종 원년(1096) 8월에 왕이 구령각龜齡閣에 나가 친히 무반의 장군 이하 대정 이상이 활 쏘고 말 타는 것을 사열하였는데 4개월 만에 그만두었다. 왕이 동쪽 못東池 사정射亭에 나아가 황중보黃仲寶 등과 근장近仗, 6위, 상대장군, 시신侍臣, 중금中禁, 도지都知들을 소집하여 활과 화살을 하사하여 과녁을 쏘게 하니 어사 중승御史中丞 김경용金景庸이 먼저 과녁 한가운데를 쏘아 맞췄으므로, 은 쟁반[銀楪] 다섯 벌과 구마廐馬 한 필을 주고 그 밖에도 과녁을 맞춘 자들에게는 모두 상을 주었다.

○ 의종 3년(1149) 8월에 서북면병마사 조진약曹晋若이 아뢰기를 "봉확烽㸂의 법식을 정하여, 평시에 밤에는 불을 들고 낮에는 연기를 피우되, 각각 한 번씩으로 하고, 2급二急이면 2회, 3급이면 3회, 4급이면 4회로 하고, 매 곳에 방정防丁 2명과 백정 20명씩 두고, 전례대로 각각 평전平田 1결一結을 주기로 합시다."라고 하였다.

○ 고종 5년(1218) 8월에 부모가 전쟁에서 죽어 고아로 된 자에게 관작을 주었다.

○ 공민왕 원년(1352) 윤3월에 재추宰樞 이하 각 사司의 영사令史들까지 매 사람이 활 한 개, 화살 50개, 창戈 한 개, 칼 한 자루씩 갖추게 하고 이것을 점검하였다.

○ (공민왕) 5년(1356) 6월에 다음과 같이 하교하였다.

"첫째, 행성行省 3개 소, 여러 군軍, 만호부萬戶府에 예속된 정구丁口들을 추쇄하여 융병戎兵으로 갖출 것이다. 둘째, 국경을 방비하는 군졸은 한 집에 장정이 두 사람일 때에 한 명을 보내는 것도 딱한 일이며 한 집에 장정이 한 사람뿐이고 그 형편이 불쌍할 경우에는 종군시키지 말게 할 것이다. 셋째, 군대를 동원하는 이때 중으로서 규율을 위반한 자는 강제로 속인으로 돌아가게 하여 군대에 충당시킨다. 넷째, 국가에서 토지

17결을 한 족정足丁으로 하여 군인 1정丁에게 주는 것은 옛날 토지 제도가 남긴 법의 뜻이다. 모든 군호軍戶들은 본래 연립連立(공동 합작)한 것인데 이 토지를 남에게 빼앗긴 자가 있으면 그들이 신고에 의하여 다시 돌려주게 할 것이다. 또 간사한 자들이 자식은 없으면서 한인閑人이라고 자칭하고 토지에 연립連立되어 있는 것이 매우 많으니 선군별감選軍別監을 시켜 그 근본을 밝히고 모두 몰아다가 수졸戍卒로 삼고, 역적들의 토지도 결結을 계산하여 족정을 만들어 모집한 군사에게 주게 할 것이다. 다섯째, 각처 역적의 노비들이 달로화적達魯花赤라고 자칭하고 남의 토지를 빼앗고 양민을 부려 재산을 축적하고 있으니 소재지 관원을 시켜 그들의 재산을 몰수하고 수졸로 삼을 것이다."

○ (공민왕) 20년(1371) 7월에 나주羅州 목사 이진수李進修가 다음과 같은 글을 올렸다. "도적이 사방에서 일어나나 국가 군무軍務는 하나도 통일된 규율이 없으니 만일 창졸간에 일을 당하면 어느 때에 처리하겠습니까? 마땅히 4겁설四怯薛 외에 별도로 군수부軍帥府를 두고 좌, 우, 전, 후군으로 하여금 각각 장수와 요좌僚佐를 두어서 현직과 산직[時散] 문무 품관을 관리하게 하여 도통사都統使에게서 지시를 받고, 도통사는 겁설관에게서 지시를 받게 하며, 겁설관怯薛官은 큰일과 작은 일을 막론하고 다 전하의 허가를 얻어서 시행하여야 할 것입니다. 그리고 외방에 있어서도 역시 이 방법대로 동면東面은 좌군左軍에 소속시키고 남면南面은 전군前軍에 소속시키고 서해西海는 우군右軍에 소속시키고 북계北界는 후군後軍에 소속시킬 것입니다. 이렇게 하면 안팎과 아래위가 서로 연락이 통하고 그물벼리를 들면 그물코가 펴지듯이 명령 계통이 서게 될 것입니다."

○ 신우 9년(1383) 8월에 우리 태조(이성계)가 변방을 안전하게 할 대책을 바쳤다. "첫째로 외적을 방어하는 방법은 군사를 단련시켜 두었다가 일제히 행동하는 데 있습니다. 그런데 지금은 훈련하지 않은 군사를 먼 곳에 흩어 놓았다가 적이 온 다음에야 부리나케 소집하는 까닭에 군사들이 목적지에 갔을 때면 적은 벌써 노략하여 가지고 가 버립니다. 비록 같이 싸운다 하더라도 군사 규율[旗鼓]과 공격 방법[擊刺]에 숙련되지 못한 데야 어찌 하겠습니까? 바라건대 이제부터는 군사를 훈련하되 규율을 엄격히 세우고 호령을 명확히 하여서 사변을 대기하고 있다가 싸울 기회를 잃지 않도록 할 것입니다. 둘째로 군대와 백성이 연결되어 있지 않아서 일이 있을 때 서로 돕기 어렵게 되었습

니다. 그러므로 선왕의 병신년丙申年(1356, 공민왕 5) 교서에는 세 집을 한 호로 하고 백호를 통주統主로 하여 병영에 예속시키되, 일이 없으면 세 집이 번갈아 나오고 일이 있으면 모두 나오게 하며 일이 급하면 여러 집 장정들을 다 나오게 하였으니 참 좋은 법이었습니다. 근래에 그 법이 폐기되고 매인 데가 없이 되어 매번 징발할 때면 여기 저기 사는 백성들은 산골로 도망쳐 숨으니 소집하기가 매우 곤란합니다. 지금 또 가물과 흉년이 들어 민심이 더욱 이탈되었는데 적들이 돈이나 곡식을 미끼로 하여 백성들을 불러가며 몰래 군사를 거느리고 와서 노략해 가지고 갑니다. 도내의 빈궁한 백성들은 본래부터 확고한 생각이 없으며 또 이러저러한 잡류들인지라 서로 추세만 바라보고 자기들에게 유리한 데로 따라가니 실로 처리하기 곤란합니다. 바라건대 병신년 교서에 의하여 다시 군호軍戶를 정하여 체계를 확립하고 그들의 결의를 굳게 다지게 할 것입니다."

○ 공양왕 원년(1389) 12월에 헌사에서 세 가지 일을 올렸다.

"첫째는 근년에 장병將兵을 임명하는데 재능을 묻지 않고 다만 그 직위가 재상이면 갑자기 명령하여 보내니 그들이 군사 통제를 잘못 함에 따라 나라에는 적의 세력이 더욱 확장되면서 군현이 엉성하게 되어 갑니다. 옛 사람이 말하기를 '왕이 장수를 옳게 뽑지 못하면 그것은 나라를 적에게 내맡기는 것이요, 장수가 군무를 잘 알지 못하면 그것은 임금을 적에게 내맡기는 것이다.'라고 하였으니 장수를 옳게 선택하여 왜적을 제거하는 것은 실로 급한 일입니다. 바라건대 도평의사都評議使와 대간臺諫으로 하여금 위신과 덕망이 일찍부터 알려진 사람을 추천하여 장수로 삼고 군사 행정을 실시하게 할 것입니다. 또 군사 행정이 여러 곳에서 나오면 명령이 엄격하게 서지 못하는데 지금 한 개 도에 세 절제사節制使를 둔 것은 옛 제도가 아닙니다. 바라건대 지금부터 동북면, 서북면 외에는 한 도에 다만 한 절제사만 보내고 나머지는 모두 폐지할 것입니다.

둘째로 군사는 백성의 사명司命(하느님을 도와 인간의 출생과 사망 및 상과 벌에 대한 일을 맡아 본다는 별 이름)이며 나라의 큰 정사니 그것은 왕실을 보위하고 화란禍亂을 소멸시키기 때문입니다. 본조本朝의 5군 42도부都府는 대개 한漢나라의 남북군이나 당唐나라의 부위병府衛兵과 비슷한 것입니다. 요금遼金이 양계兩界와 국경을 접하고 있을 때 중국의 진제晉帝(석경당石敬瑭을 세워 아들이라 한 것)를 세워 아들로 삼고 천하를 엿보면서 친선 관계를 요청

하여 왔으나 우리 태조는 이를 거절하였습니다. 요금은 요나라, 송나라의 세 임금을 포로하고 그 세력이 온 세상에 떨쳤으나 감히 우리나라는 엿보지 못하고 지금까지 내려 온 것은 우리 조상들이 군사 행정을 엄격히 실시한 까닭이었습니다. 그러나 근세에 와서 병제가 대단히 문란하여 군사를 쓴 지가 30여 년에 되는 데도 군정이 통일되지 못하였으며 전술을 모르는 장수가 배우지 못한 백성들의 전투를 지휘하게 되니 적의 기세를 바라보기만 해도 흩어져 버리며 해골이 천리 길에 널려 있게 됩니다. 조그마한 왜적도 국가의 큰 우환거리로 되었으니 참 통탄할 일이 아니겠습니까? 원컨대 지금부터는 전함前銜 4품 이상을 3군에 소속시키고 군에는 장수를 돕는 사람[將佐]을 두며, 5품 이하는 부위府衛에 소속시키고 군부시軍簿寺가 통제하게 하여 위아래가 서로 체계가 연결되어 군정이 한 곳에서 나오게 하고 여러 사람의 마음이 하나로 통일되게 된 후에 군령을 명확히 하고 군사를 훈련한다면 백만 대중이 마치 몸은 팔 놀리는 것 같고 팔은 손가락 놀리는 것 같이 될 것입니다. 이렇게 된다면 무엇을 지켜서 견고하지 못하며 무엇을 쳐서 이기지 못하겠습니까. 그런데 근세에는 간신들이 정치를 문란케 하여 장수가 될 수 없는 자들이 중방重房에 많이 들어가 있고 많은 싸움에서 힘껏 싸운 사람들이 첨설직添設職(덧붙이기 벼슬)에 있으며 상벌에 규정이 없고 군사들이 해이되어 싸우는 곳마다 승리하지 못합니다. 원컨대 지금부터는 강한 적을 쳐부순 공로와 적의 장수를 죽이고 기를 빼앗은 용맹성 있는 자, 많은 싸움에서 공로를 세운 사람들에게 크면 상호군上護軍, 대호군大護軍을 주고 다음 공로자에게는 호군護軍, 중랑장中郎將 및 별장, 산원까지의 실직을 적당히 주어서 적을 격파한 공로를 장려하면, 사람들이 다 자기 상부를 사랑하며 그 상관을 위하여 목숨을 바칠 것입니다. 그리고 나라에서는 최근에 반란을 평정할 때에 참가한 사람들에게 벼슬과 상을 주어서 후대사람들을 고무하여야 할 것입니다.

셋째, 군인들이 왜적과 싸워서 노획한 말과 무기, 그리고 백성들이 적을 죽이고 얻은 물건에 대하여 당시 관리들이 관내에 공문을 띄워서 그들을 도적과 같이 닦달하고 노획한 물건을 죄다 빼앗아 서울에 보내고 큰 상을 받으려 하니 상부를 속이고 백성에게 해독을 주는 것이 이보다 더 심한 것이 있겠습니까? 그러므로 군사들이 흩어지고 적세가 강대하여지니 아주 잘못된 일입니다. 원컨대 지금부터는 각 도의 장수가 적을

격파하면 죽인 적의 머리만 바치게 하고[獻馘] 군사나 백성들이 얻은 왜적의 물건은 추궁하지 않는 규정을 정한다면 사람들이 노획하는데 재미가 나서 더 용감하게 싸울 것입니다. 그리고 이 규정을 위반한 자에 대하여서는 중앙에서는 헌사, 지방에서는 관찰사가 파렴치죄[不廉]로 논할 것입니다."

(공양왕) 2년(1390) 12월에 헌사가 상소하기를 "우리나라 백성은 사변이 있으면 군사가 되고 사변이 없으면 농민이 되므로 군사와 백성이 일치하게 되는 것입니다. 그런데 근년에 와서 각 도의 절제사들은 서로 다투어 가면서 통첩을 내려도 내의 군, 현 및 경기 농민들을 전쟁 없는 때에도 여러 달 동안 사울에 와서 있게 하니 사람과 말이 피곤해지고 백성들의 원망이 대단합니다. 다만 백성들에게서 세납을 받았을 뿐만 아니라 향장, 사장, 촌장鄕社村長에 이르기까지 모두 절제사에 예속되니 나라에 불리하고 인민에게 불편합니다. 금후에는 재능과 지혜가 겸비한 사람을 뽑아서 절제사로 삼고 그 수를 정하여 서울과 시골의 군사를 통솔케 할 것이며 그 밖의 절제사는 모두 없애며 외방 또는 경기 군현의 군민을 돌려보내 농사에 힘쓰게 함으로써 직업에 고착시키고 국가의 근본을 튼튼케 해야 할 것입니다."라고 하니 왕이 이 제의를 좇았다.

○ (공양왕) 3년(1391) 7월에 도당이 수륙水陸 군인을 등록하고 호패號牌를 차게 할 것을 청하였다.

숙위宿衛

○ (성종 원년(982) 6월에 정광正匡 최승로崔承老가 다음과 같은 글을 올렸다.)

"시위侍衛 군졸이 태조 때에는 다만 궁성을 시위하는 데 충당되었으므로 그 수가 많지 않았는데 광종光宗 때에 와서 참소하는 말을 듣고 장수와 대신들을 책벌하고는 스스로 의혹하는 마음을 가지게 되었습니다. 그래서 주군에서 풍채 좋은 사람들을 뽑아 왕궁을 호위케 하니 그때에 의견들이 '도움은 없다.' 하였으며, 그 후 경종景宗 때에 와서는 비록 그 수를 약간 줄였습니다."

○ 현종 10년(1019) 2월에 예사禮司에서 아뢰기를 "바라건대 궁궐 수위하는 군사[禁衛士]는 봄철에 철갑을 입게 합시다."라고 하니, 왕이 이를 좇았다.

○ 명종 11년 7월 밤에 수창궁壽昌宮 북쪽 담에서 돌을 던져 왕이 자는 방 북쪽 벽창에 미친 일이 3, 4번이나 있었으므로 숙위들이 모두 놀라 담장 안을 수색하였으나 범인을 찾아 내지 못하였다. 중방重房에서 아뢰기를 "매일 밤에 한 명의 장군이 부하의 장교와 군인을 거느리고 궁성 문 밖과 모든 요충지에 복병하여 경비해야 할 것입니다."라고 하니 왕이 이를 좇았다.

○ 공민왕 13년(1364) 7월에 여러 도에서 양민의 집 자제를 뽑아 8위에 보충하고 순번으로 숙위를 서게 하였는 바, 양광도에서 8500명, 전라도에서 5500명, 경상도에서 9000명, 교주도에서 3000명, 강릉도에서 1000명을 뽑아 5군에 갈라 붙여 서울의 각 성문에 주둔시키고 강릉도 자제는 본도에 주둔시켜 동북을 방어케 하였다.

○ (공민왕) 20년(1371) 7월에 나주羅州 목사 이진수李進修가 다음과 같은 글을 올렸다. "시위侍衛가 궁궐을 호위하는 것은 마치 팔다리가 신체를 보호하는 것과 같습니다. 그러니 첫째로 도의를 아는 사람을 뽑아야 하고 다음으로 용감한 사람을 뽑아야 합니다. 또 겁설관怯薛官 네 명과 각 나연那演 약간 명을 두되, 문관, 무관을 가리지 말고 나이가 많고 덕망이 높은 사람을 뽑을 것이며, 8상장군과 16대장군을 두어, 42도부, 홀적, 충용 각 4번에 고루 분속시켜 군사를 훈련하고 무기 쓰는 법을 잘 알게 하며 날짜를 번갈아 시위하고 군령을 받들게 하며 또 중앙과 지방의 지휘부를 겸해서 관리케 하면 군사와 행정의 중요한 일이 몸이 팔을 쓰는 것 같고 팔이 손가락을 놀리는 것 같아서 몸이 편안하고 일이 잘될 것입니다."

진수鎭戍

○ 태조 3년(920) 3월에 유금필庾黔弼에게 명령하여 개정군開定軍 3천 명을 거느리고 골암성에 가서 동산에 큰 성을 쌓고 주재케 하니 이로 인하여 북방이 평안하게 되었다.

○ (태조) 10년(927) 8월에 배산성拜山城을 수리하였다.

○ (태조) 11년(928) 2월에 대상大相 염경廉卿 능강能康 등을 안북부安北府에 보내 성을 쌓게 하고, 원윤元尹 박권朴權으로 진두鎭頭를 삼아 개정군 7백 명을 거느리고 이곳에 주둔하여 지키게 하였다. 4월에 운주運州 옥산玉山에 성을 쌓고 주둔군을 두었다. 이 해

에 왕이 북계를 순시하고 진국성鎭國城을 옮겨 쌓고 이름을 통덕진通德鎭이라 고치고 원윤元尹 충인忠仁을 진두鎭頭로 삼았다.

○ 현종 즉위년(1009)에 전투할 때 쓰는 배[戈船] 75척을 만들어 명구진溟口鎭에 정박시켜 동북의 해적을 막았다.

○ 문종 원년(1047) 정월에 왕이 제制하기를, "상음霜陰, 학포鶴浦 두 고을의 연해에 군사를 주둔시켜서 변방 도적의 침입을 제압하게 하라." 하였다.

○ 충숙왕 5년(1318) 4월 판判으로 다음과 같이 결정하였다.

"진변별초鎭邊別抄는 원래 전함 산직前銜散職과 서울에 있는 양반으로서 돌림차례로 국경 방어에 나갔었는데, 근년에 와서 주장하는 관리들이 친분과 사정을 보고 이속들이나 백성으로 대신시켰다. 이로 인하여 공부貢賦가 날로 적어지고 또 무식한 사람이 서로 이어 도망쳐 흩어져서 그들이 살던 주현에는 빠진 군대를 징발하는 일이 많이 거듭되어 백성이 폐해가 적지 않으니 이제부터는 전함 산직과 서울에 있는 양반을 철저히 조사하여 돌림차례로 전선 방어에 나가게 할 것이다."

○ 공민왕 6년(1357) 정월에 도평의사가 다음과 같이 청하였다.

"동서북면에 수자리하는 병졸들은 2월에 갈리고 군관은 8월에 갈리는데 군관과 병졸이 각각 한 번씩 갈리므로 방어 사업이 공허하게 되니 마땅히 2월, 3월과 8월, 9월로 먼저와 뒤의 번을 정하여 차례로 수자리를 갈되 3월에 갈리는 것은 반드시 상순에 하여 농사에 방해가 되지 않도록 해야 할 것입니다."

○ 공양왕 3년(1391) 정월에 안주安州, 압록鴨綠, 용천龍泉, 대동大同 각 요해지에 파절관把截官과 참부站夫를 두었다.

참역站驛

산예도狻猊道는 10개소를 관할한다. 즉 산예狻猊{개성開城}, 금곡金谷{백주白州}, 심동深洞{염주鹽州}, 청단淸端, 가율嘉栗, 망정望汀, 금강金剛, 양계楊溪{안서安西}, 유안維安{청송靑松}, 좌구佐丘{영강永康}.

금교도金郊道는 16개소를 관할한다. 금교金郊{강음江陰}, 홍의興義{우봉牛峯}, 옥지玉池

{강음江陰}, 안신安信, 백원白原{우봉牛峯}, 금암金岩, 보산寶山, 안성安城{평주平州}, 용천龍泉{동주洞州}, 반석班石, 기린麒麟, 온천溫泉{평주平州}, 관산管山{협계俠溪}, 금물今勿{곡주谷州}, 생곡栍谷{협계俠溪}, 천두泉頭{곡주谷州}.

절령도岊嶺道는 11개소를 관할한다. 절령岊嶺{봉주鳳州}, 동선洞仙, 단림丹林{황주黃州}, 도공陶工{봉주鳳州}, 금동金洞{안주安州}, 사암射嵒{수안遂安}, 회교迴郊, 생양生陽, 고원高原, 신지神地, 운봉雲峯{서경西京}.

흥교도興郊道는 12개소를 관할한다. 흥교興郊{박주博州}, 흥재興材, 운암雲嵒{영주寧州}, 통덕通德{숙주肅州}, 영덕迎德, 심원深原{영청永淸}, 안정安定, 임원林原, 현암玄嵒{서경西京}, 영화迎和{함종咸從}, 연성連城{용강龍岡}, 안수安壽{안융安戎}.

흥화도興化道는 29개소를 관할한다. 장녕長寧{황주黃州}, 안신安信{가주嘉州}, 신안新安, 운흥雲興{곽주郭州}, 임반林畔, 통양通陽{선주宣州}, 풍양豊陽{철주鐵州}, 광지光池{영주寧州}, 창태昌泰{영덕寧德}, 압록鴨綠{정주靜州}, 회원會元{의주義州}, 명구名駒{용주龍州}, 영기靈騏{인주麟州}, 종화從化{위원威遠}, 장흥長興{태주泰州}, 성양城陽, 삼기三妓, 통의通義, 대평大平{구주龜州}, 보봉寶峯, 회인懷仁{안의安義}, 화전花田, 임천臨川{정융定戎}, 은암銀嵒, 진전榛田{영삭寧朔}, 암사嵒舍{구주龜州}, 방전芳田, 창평昌平{삭주朔州}, 안부신역安富新驛{안융安戎}.

운중도雲中道는 43개소를 관할한다. 장수長壽{서경西京}, 통덕通德, 선전善田, 김천金川{자주慈州}, 장리長梨, 장환長歡, 풍세豊歲{연주連州}, 소민蘇民, 신정新定, 통로通路{철주鐵州}, 원림圓林{연주延州}, 영안永安{청새靑塞}, 석성石城, 앵곡櫻谷, 평녕平寧{평로平蘆}, 관동寬洞{성주成州}, 밀전密田, 함덕咸德{순주順州}, 안덕安德, 안동安洞, 덕림德林{박주博州}, 견우牽牛, 치담淄潭, 관천寬川{영원寧遠}, 임동臨洞{수덕樹德}, 청간淸澗{양암陽嵒}, 신풍新豊{무주撫州}, 운곡雲谷, 동산東山, 태래泰來{맹주孟州}, 관화寬化, 석우石牛{위주渭州}, 위계葦溪, 안태安泰{태주泰州}, 문평問平, 사천沙川, 풍천豊川{연주延州}, 옥아玉兒, 운반雲畔{운주雲州}, 옥관玉關, 자전梓田{창주昌州}, 장림長林{성주成州}, 홍덕興德{은주殷州}.

도원도桃源道는 21개소를 관할한다. 도원桃源{송림松林}, 백령白嶺{단주湍州}, 옥계玉溪{장주章州}, 용담龍潭, 풍천楓川{동주東州}, 임단臨湍{평강平康}, 송간松間, 단림丹林{남곡嵐谷}, 은계銀溪{교주交州}, 임강역臨江驛, 전원田原{동주東州}, 도창桃昌, 남역南驛, 단암丹嵒{금화金

化}, 동음역洞陰驛, 삭녕역朔寧驛, 봉곡烽谷{승령僧嶺}, 통언通堰{교주交州}, 이령梨嶺, 직목直木{금성金城}, 웅양熊壤{기성岐城}.

삭방도朔方道는 42개소를 관할한다. 고산孤山{위산衛山}, 남산嵐山{문주文州}, 보룡寶龍{서곡瑞谷}, 삭안朔安{등주登州}, 원심原深{파천派川}, 요지瑤池{학포鶴浦}, 추풍追風{상음霜陰}, 철관鐵關, 통달通達{고주高州}, 지원知遠{화주和州}, 덕령德嶺{문주文州}, 장춘長春, 통기通岐{장주長州}, 장창長昌{정주定州}, 무림茂林{장주長州}, 귀후歸厚{요덕耀德}, 안신安身{청변靑邊}, 정산靜山{영인寧仁}, 회녕懷寧, 선덕宣德, 거천巨川{원흥元興}, 조동朝東{진명鎭溟}, 평원平元{영흥永興}, 통화通化{장평長平}, 장풍長豊{금양金壤}, 동덕同德{흡곡歙谷}, 등로藤路{임도臨道}, 초진超塵{운암雲嵒}, 고잠高岑{고성高城}, 양린養麟{환가豢猳}, 태강泰康{안창安昌}, 죽포竹苞, 청간淸澗{간성杆城}, 관목灌木, 운근雲根{열산列山}, 장부長富{용진龍津}, 벽목碧木, 임운林雲, 거방巨坊, 일수溢守, 장기長岐, 부녕富寧{운암雲嵒}.

청교도靑郊道는 15개소를 관할한다. 청교靑郊{개성開城}, 통파通波{임진臨津}, 마산馬山{봉성峯城}, 벽지碧池{고봉高峯}, 영서迎曙{남경南京}, 평리平理{덕수德水}, 상림橡林, 단조丹棗{적성積城}, 청파淸波{남경南京}, 노원蘆原{남경南京}, 행주역幸州驛, 종승從繩{수안守安}, 금륜金輪{수주樹州}, 중림重林{인주仁州}, 녹양綠楊{견주見州}.

춘주도春州道는 24개소를 관할한다. 보안保安, 원양員壤, 부창富昌, 인람仁嵐{춘주春州}, 감정甘井{가평嘉平}, 천원川原, 방춘芳春, 산량山梁, 원정原貞{낭천狼川}, 수인遂仁{양구楊口}, 연동連同{조종朝宗}, 감천甘泉, 연봉連峯{횡천橫川}, 횡천역橫川驛, 마노瑪瑙{인제麟蹄}, 남교嵐橋{서화瑞禾}, 상수桑樹{풍양豊壤}, 쌍곡雙谷, 안수安遂{포주抱州}, 남경역南京驛, 구곡仇谷{남경南京}, 임천臨川{사천沙川}, 창봉蒼峯, 함춘含春{횡천橫川}.

평구도平丘道는 30개소를 관할한다. 평구平丘{남경南京}, 봉안奉安{광주廣州}, 오빈娛賓{양근楊根}, 전곡田谷, 백동伯冬{지평砥平}, 유원幽原{원주原州}, 양화楊化{천녕川寧}, 가흥嘉興{충주忠州}, 연원連原{충주忠州}, 황강黃剛, 수산壽山, 안음安陰{청풍淸風}, 단구丹丘, 안양安壤, 신림神林{원주原州}, 천남泉南{제주提州}, 연평延平, 온산溫山, 정양正陽{영월寧越}, 영천靈泉, 장림長林{단산丹山}, 의풍義風{영춘永春}, 낙수樂壽{평창平昌}, 신흥新興, 신진新津{황리黃利}, 창락昌樂{홍주興州}, 평은平恩, 창보昌保{강주剛州}, 유동幽洞{감천甘泉}, 도심道深{봉화奉化}.

명주도溟州道는 28개소를 관할한다. 대창大昌, 횡계橫溪, 진부珍富, 대화大化, 방림芳林, 운교雲橋{명주溟州}, 안창安昌, 조원鳥原{횡천橫川}, 목계木界{안인安仁}, 구산丘山, 고탄高坦{명주溟州}, 낙풍樂豊{우계羽溪}, 동덕同德{연곡連谷}, 여량餘粮{정선旌善}, 평릉平陵, 사직史直, 교가橋柯, 용화龍化, 옥원沃原{삼척三陟}, 수산壽山, 덕신德新, 흥부興府, 조소祖召{울진蔚珍}, 상운祥雲, 익령翼令, 강선降仙{양주襄州}, 인구驎駒{동산洞山}.

광주도廣州道는 15개소를 관할한다. 덕풍德風, 경안慶安, 장가長嘉, 안업安業, 남산南山{광주廣州}, 양재良梓{과주果州}, 금령金領{용구龍駒}, 좌찬佐贊, 분행分行{죽주竹州}, 오행五行, 안리安利{이천利川}, 무극無極{음죽陰竹}, 요안遙安{음성陰城}, 단월丹月, 안부安富{괴주槐州}.

충청주도忠清州道 34개소를 관할한다. 동화同和, 장족長足, 청호菁好{수주水州}, 가천嘉川{양성陽城}, 율봉栗峯, 쌍수雙樹, 저산猪山, 장지長池{청주清州}, 장양長楊, 퇴량堆粮{진주鎭州}, 연산역燕山驛, 금사金沙{연기燕岐}, 포곡蒲谷{전의全義}, 성환成歡{직산稷山}, 신은新恩{천안天安}, 금제金蹄{풍세豊歲}, 장세長世{아주牙州}, 창덕昌德{신창新昌}, 이흥理興{온수溫水}, 일흥日興{예산禮山}, 광정廣庭, 일신日新{공주公州}, 탄평坦平{공주公州}, 은산銀山{부여扶餘}, 유구維鳩{신풍新豊}, 유양楡楊{정산定山}, 급천汲泉{이산伊山}, 홍주역洪州驛, 광세光世{대흥大興}, 금정金井{청양青陽}, 득웅得熊{여미余美}, 영유靈楡{가림嘉林}, 비웅非熊{홍산鴻山}, 몽웅夢熊{정해貞海}.

전공주도全公州道는 21개소를 관할한다. 삼례參禮{전주全州}, 양재良材{여양厲陽}, 앵곡鶯谷{이성伊城}, 옥포玉庖{운제雲梯}, 재곡材谷{함열咸悅}, 채평彩平{금마金馬}, 진림榛林, 내재內材{김제金堤}, 고원苽原{고부古阜}, 신보新保, 거산居山{태산泰山}, 천원川原{정읍井邑}, 소안蘇安{임피臨陂}, 진현進賢{진례進禮}, 진화珍化{진동珍同}, 제원濟元{진례進禮}, 경천敬天{공주公州}, 평천平川{연산連山}, 득연得延, 이도利道{공주公州}, 정민貞民{회덕懷德}.

승라주도昇羅州道는 30개소를 관할한다. 청암青巖{나주羅州}, 선암仙巖, 경양敬陽{광주光州}, 덕기德奇{담양潭陽}, 경신慶新, 청연清淵, 용계龍溪{무안務安}, 광리廣里{남평南平}, 인물仁物{능성綾城}, 영신永新{진원珍原}, 조림鳥林{철야鐵冶}, 가림嘉林{화순和順}, 녹사綠沙{영광靈光}, 단암丹巖{장성長城}, 청송青松{무송茂松}, 가풍街豊{함풍咸豊}, 덕수德樹{모평牟平}, 영보永保{영암靈岩}, 통곡通谷{도강道康}, 심산深山{해남海南}, 벽산碧山{수녕遂寧}, 별진別珍{죽산竹山}, 남리南里{황원黃原}, 군지軍知{복성福成}, 가신嘉新{보성寶城}, 파청波清{조양兆陽}, 낙신樂

新{낙안樂安}, 익신益新, 섬거蟾居{광양光陽}, 율양栗陽{평주平州}.

산남도山南道는 28개소를 관할한다. 반석盤石{전주全州}, 축산築山{고산高山}, 단령丹嶺{진안鎭安}, 평거平居, 정수正樹, 조촌竈村, 소남小男{진주晋州}, 관률灌栗{사주泗州}, 신안新安{강성江城}, 율원栗原, 횡포橫浦{하동河東}, 평사平沙{악양岳陽}, 상녕常寧{진해鎭海}, 완사浣沙{곤명昆明}, 부다富多{반성班城}, 지남知男{의령宜寧}, 속양速陽, 권빈勸賓{협주陜州}, 성기星奇{거창居昌}, 무촌茂村{거창居昌}, 유린有鄰{가수嘉樹}, 사근沙斤{이안利安}, 춘원春原, 배둔排頓, 망린望鄰{고성固城}, 덕신德新{남해南海}, 오양烏壤{거제巨濟}, 달계獺溪{청거淸巨}.

남원도南原道는 12개소를 관할한다. 은령銀嶺, 창활昌活, 통도通道{남원南原}, 오원烏原{임실任實}, 찬수鑽燧{구례求禮}, 오수獒樹{거녕居寧}, 인월印月{운봉雲峯}, 갈담葛覃{구고九皐}, 대부大富{옥과玉果}, 지신知新{곡성谷城}, 고양高陽, 낙수樂水{부유富有}.

경주도慶州道는 23개소를 관할한다. 활리活里, 모량牟良, 아불阿弗, 지리知里, 노곡奴谷, 잉기仍已, 구어차仇於且{경주慶州}, 장수長守{신녕新寧}, 청통淸通, 신역新驛, 가화加火{영주永州}, 범어凡於{수성壽城}, 압량押梁{장산章山}, 육질六叱{신광神光}, 안강역安康驛, 송라松蘿{청하淸河}, 인비仁比{기계杞溪}, 병곡柄谷, 적용赤冗{예주禮州}, 아질달阿叱達{평해平海}, 주현酒峴, 남역南驛{영덕盈德}, 금전琴田{영양英陽}.

금주도金州道는 31개소를 관할한다. 덕산德山, 성잉省仍, 적정赤頂, 금곡金谷, 대역大驛{금주金州}, 영포靈浦, 창인昌仁{칠원七元}, 자여自如{의안義安}, 번곡繁谷{함안咸安}, 근주近珠{합포合浦}, 무을이無乙伊, 영안永安, 용가用家{밀성密城}, 내야內也{창녕昌寧}, 성을현省乙峴, 유천楡川, 서지매전西之買田{청도淸道}, 병산竝山{현풍玄風}, 일문一門{계성桂城}, 온정溫井{영산靈山}, 양주역梁州驛, 황산黃山, 원포源浦, 위천渭川{양주梁州}, 소산蘇山{동래東萊}, 아등량阿等良, 기장역機長驛, 굴화屈火, 간곡肝谷{울주蔚州}, 덕천德川{언양彦陽}.

상주도尙州道는 25개소를 관할한다. 유곡幽谷{호계虎溪}, 낙원洛原, 낙동洛東{상주尙州}, 청로靑路, 철파鐵波{의성義城}, 지보智保{용궁龍宮}, 통명通明{보주甫州}, 덕통德通{함창咸昌}, 옹천甕泉, 안기安基{안동安東}, 안교安郊{풍산豊山}, 요성聊城{문경聞慶}, 수산守山{다인多仁}, 쌍계雙溪{비옥比屋}, 안계安溪{안정安定}, 금조琴曹, 통산通山, 송제松蹄{임하臨河}, 연향連鄕, 구기仇旂{선주善州}, 우곡牛谷{의흥義興}, 상림上林{해평海平}, 조계曹溪{효령孝令}, 문거文居, 화목和目{안덕安德}.

경산부도京山府道는 25개소를 관할한다. 안언安堰, 답계踏溪{경산京山}, 안림安林{고령高令}, 수향水鄕, 연정緣情{팔거八莒}, 설화舌火{화원花園}, 무기茂淇{가리加利}, 금천金泉{금산金山}, 속계屬溪{황간黃間}, 장곡長谷{지례知禮}, 순양順陽{양산陽山}, 토현土峴{이산利山}, 이인利仁{안읍安邑}, 증약增若{관성管城}, 작내作乃{지례知禮}, 낙양洛陽, 낙산洛山{상주尙州}, 회동會同{영동永同}, 원암猿岩, 사림舍林{보령報令}, 추풍秋風{어모御侮}, 상평常平{중모中牟}, 안곡安谷{선주善州}, 장녕長寧{화령化令}, 부상扶桑{개령開令}.

각 역참에 속한 역졸의 호수를 6과科로 나누되 금교金郊, 임피臨陂, 금암金嵒, 보산寶山, 안성安城, 용천龍泉, 절령岊嶺, 동선洞仙, 고원高原, 생양生陽, 회교懷蛟, 임원林原을 1과科(등)로 하고, 안정安定, 영덕迎德, 통녕通寧, 운암雲嵒, 흥림興林, 흥교興郊, 장약長若, 안신安信, 신안新安, 운흥雲興, 임반林畔, 통양通陽, 풍양豊陽, 흥화진역興化鎭驛을 2과科로 하고, 백령白嶺, 옥계玉鷄, 용담龍潭, 남천嵐泉, 임단林湍, 송간松間, 단림丹林, 은한銀漢, 고산孤山, 남산藍山, 보룡寶龍, 철관鐵關, 덕령德嶺, 통달通達, 화원和遠, 성양城陽, 강락康樂, 대평大平 장흥長興, 옥아玉兒, 위계葦溪, 삭안朔安을 3과科로 하고, 통덕通德, 선전善田, 금천金川, 장리長利, 장환長歡, 풍단風湍, 통언通堰, 웅양熊壤, 통번通蕃, 장수長壽를 4과로 하고, 금곡金谷, 심동深洞, 청단淸湍, 망정望丁, 금강金剛, 단림丹林, 사구沙溝, 석우石牛, 흥천興泉, 밀전密田, 도적桃摘, 전원田原, 임강현역臨江縣驛, 이령利嶺, 직목直木, 보안保安, 안무安撫, 감천甘泉, 산량山梁, 고잠高岑, 죽포竹苞, 관목灌木, 사암射嵒, 청간淸澗, 안기安奇, 상수桑樹, 쌍곡雙谷, 대창大昌, 횡심橫深, 진부珍富, 대화大和, 방림芳林, 운교雲橋, 안인安仁, 수산壽山, 신지新池, 운봉雲峯, 기린麒麟, 반석班石, 도공陶工, 금동金洞, 관산管山, 심원深源, 덕신德新, 동음현역洞陰縣驛을 5과로 하고, 양계楊溪, 가원嘉原, 청간靑澗, 장재長材, 운반雲半, 김화현역金化縣驛, 승령현역僧嶺縣驛, 삭녕현역朔寧縣驛, 원정元貞, 방춘芳春, 수인遂人, 부창富昌, 감천甘泉, 연봉連峯, 인람仁嵐, 창봉蒼峯, 남적嵐嫡, 원양圓壤, 마류瑪瑠, 희적현역希嫡縣驛, 임천臨川, 동덕同德, 인구驎駒, 낙풍樂豊, 평릉平陵, 교가喬柯, 사직史直, 용화龍化, 옥원沃源, 흥부興府, 조소祖召, 목계木界, 오원烏原, 자산慈山, 강선降仙, 옥지玉池, 백원白原, 토산현역兎山縣驛, 온천溫泉, 왕곡往谷, 천두泉頭, 금물今勿, 운암雲嵒, 장림長林을 6과로 하였다. 1과에는 정인丁人이 75명, 2과에는 정인이 60명, 3과에는 정인이 45명, 4과에는 정인이 30명, 5과에는 정인이

12명, 6과에는 정인이 7명이다. 산예狻猊는 비록 양경 사이에 있으나 다른 역驛에 비교하면 하는 일이 긴요하지 않으므로 정인을 50명으로 하고, 임원林原은 비록 양경 사이는 아니나 하는 일이 가장 긴요하므로 1과에 두고, 삭안朔安은 비록 3과로 되었으나 연로沿路가 아니므로 정인을 25명으로 하고, 도원桃源은 비록 3과로 되었으나 동서 요충지에 있으므로 정인을 50명으로 하였다. 만약 토지가 있고 정인이 부족하면 그 역의 백정자제의 자원자로 보충해 세운다.

방울을 달아懸鈴 공문을 전해 보내는데{현령은 가죽 주머니에 봉인한 공문서를 넣어 보내는 것을 말한 것이다.} 제일 급한 일은 방울을 세 개 달고 다음 급한 일은 방울을 두 개 달고 그 다음 급한 일은 방울을 한 개 다는데, 이것은 일이 급하고 급하지 않는데 따라서 다른 것이다.

각 진역津驛에서는 가죽으로 싼 공문서皮角를 전해 보내는데, 2월부터 7월까지는 제일 급한 일은 하루에 여섯 역驛을 가고 다음 급한 일은 하루에 다섯 역을 가고 그 다음 급한 일은 하루에 네 역을 가기로 하며, 8월로부터 정월까지는 제일 급한 일은 하루에 다섯 역을 가고 다음 급한 일은 하루에 네 역을 가고 그 다음 급한 일은 하루에 세 역을 가기로 한다.

현종 23년(1031)은 없음. 22년이 마지막. 22년으로 교정함의 판判에, "서울 각 기관에서 지방의 고을들에 공문서를 보낼 때는 반드시 상서성尙書省에 보고하여 가부可否를 확인한 뒤에 청교역靑郊驛 관사館使에게 주어 보내기로 하였다. 만약 각 기관과 관 아전官衙典이 이것을 준행하지 않으면 관역사館驛使는 그 공문서와 사유를 써서 상서성에 신고할 것이며 이를 위반한 자에게는 벌을 준다."고 하였다.

○ 숙종 8년(1103)의 판判에, 모든 역참 아전들이 말을 내는 일에 성실하지 못한 자는 떨구어 상호常戶로 만들 것을 결정하였다.

○ 원종 13년(1272) 정월에 정역소복별감程驛蘇復別監을 각 도에 나누어 보냈다.

○ (원종) 15년(1274) 판에, 각 도에 나가는 사신의 역마 수를 정하였는데, 재추宰樞는 열 필, 3품관 및 안렴사는 일곱 필, 참상별감參上別監은 다섯 필, 참외별감 및 지방 관리의 참상 이상은 세 필, 참외는 두 필, 참상 도령都領, 지유指諭 등 차사원差使員은 세 필,

장교는 한 필로 정하였다.

○ 충렬왕 2년(1276) 3월에 각 도 안찰사에게 명령하여 홀적忽赤들이 마음대로 역마를 타는 것을 금지하였다.

○ (충렬왕) 5년(1279) 6월에 도평의사가 말하기를, "금년 정월에 황제가 조빙朝聘하는 길에 이리간伊里干을 두고 사신에게 복무시킬 것을 명령하고, 이내 탑백해塔伯海 등을 심주瀋州와 요양遼陽 사이에 보내 토지를 떼 주고 토지의 사면 경계를 확정하였으며, 압록강 이내에는 우리나라가 자체로 두 곳의 이리간을 두도록 시켰습니다. 지금 청컨대 원나라에서 이름 지은 영성營城 이리간이라는 곳에는 각 도의 부유한 백성 2백 호를 옮겨 살게 하고 부호장, 별장들을 골라서 두목을 삼아 각각 50명씩 통솔케 하고, 5년이 되면 이주민을 교체하며 부모 형제가 고향에 남아 있는 사람은 고향에 돌려보내고, 두목으로서 공로가 있는 사람에게는 상을 주며, 이주한 2백 호에는 매 호에 은한 근과 일곱새베[七綜布] 90필을 주어서 집과 농기구, 식량을 장만하는 비용으로 쓰게 하고, 명주[紬] 네 필과 솜[緜] 네 근, 털옷과 관 가죽신[毛衣冠皮鞋] 각 두 켤레, 화로[爐臼] 하나, 식기 둘, 농우 두 마리, 암소 세 마리와 짐 싣는 낙타 한 마리, 기름 종이, 초석草席 각각 다섯 장씩 줄 것입니다. 또 외국에서 도망해 왔거나 우리나라에 귀화하여 서북 두 도에 사는 사람들에게는 토지를 각각 4결씩 주되, 일에서 교체되는 자로 하여금 이를 돌려받게 하며, 몽고어와 중국어를 잘 하는 자를 각각 두 사람씩 뽑고, 이 두 사람으로 하여금 데리고 가서 관리하게 할 것입니다."

○ 공민왕 5년(1356) 6월에 다음과 같이 명령하였다.

"역참을 설치하여 명령을 전달하는 것은 전쟁 시기에 있어서 긴급한 사업이니 적신賊臣 및 행성行省에서 차지한 사람, 내력이 명확하지 않은 자들은 모두 역호驛戶에 충당시키고 급하지 않은 역마와 역차의 사용은 일체 금지할 것이다."

○ 신우 14년(1388) 7월에 대사헌 조준趙浚 등이 다음과 같은 글을 올렸다.

"왕의 명령을 받고 나가는 일을 옛 임금들은 순문사, 안렴사 이외의 사람에게는 시키지 않았으니 그것을 얼마나 신중히 하였는가를 알 수 있는 것입니다. 전쟁 개시 이래로 왕의 명령을 받고 다니는 일이 번다하여 왕래가 빈번한데 역마를 타는 사람들은

한 필을 타라는 명령을 위반하고 8~9필까지 요구하며 사신 한 명을 맞고 보내는 데 수십 명을 내게 합니다. 찰방察訪(여기서는 역의 찰방이 아니라 찰방사察訪使임)은 많으나 간악한 무리들을 멀리 쫓아 내지 못했으며 선위사宣慰使는 자주 갔으나 적을 격파했다는 말은 듣지 못하였습니다. 거기다가 순문사, 안렴사의 차사差使와 여러 원수들이 보낸 사람들이 모두 역마를 타고 주군을 싸다니면서 관역을 분주하게 합니다. 이 길을 한 번 열어 놓으니 성중애마成衆愛馬의 왕래와 지방 산관들의 개인 통행이 삼타래같이 엉켜, 들락날락하면서 나라 양곡을 공공연하게 받고도 조금도 부끄럽게 생각하지 않습니다. 그래도 피폐한 시골의 관과 역의 관리들은 그들에게 머리를 숙이고 팔장을 끼고 있을 뿐이고 하소연할 데도 없습니다. 그러니 한정이 있는 공급으로 한정이 없는 외국 사신들을 수용하게 되니 주군이 피폐해지고 역로에 속한 백성들이 도망가게 됩니다. 바라건대 지금부터는 주군의 모든 사무를 다 순문사, 안렴사에게 맡겨서 하도록 하되, 중요하지 않은 사명使命은 보내지 말게 하고, 정부의 문서를 보내는 데는 모두 방울 다는 법으로 전달하게 하고, 군사상 긴급한 일이 아니면 역마를 주지 말고, 또 역마를 타지 않은 사람은 각 군 각 역에 들어와서 식사 공급을 받지 못하게 할 것이며, 규정을 위반한 경우에는 공급한 자나 공급 받은 자를 모두 파면시키고 관리로 쓰지 말게 하며, 각 도의 순문사, 안렴사도 다 같이 정부에서 제정한 규정대로 하여 감히 위반하지 못하게 하며 위반한 자는 엄하게 처벌하게 할 것입니다."

마정馬政

목장으로는 용양龍驤{황주黃州}, 농서隴西{동주洞州}, 은천銀川{백주白州}, 양란羊欄{개성開城}, 좌목左牧{정주貞州}, 회인懷仁{청주淸州}, 상자원常慈院{견주見州}, 섭호현葉戶峴{광주廣州}, 강음江陰, 동주東州가 있었다.

○ 현종 16년(1025) 판判에, 목감牧監이 말을 기르는데 푸른 풀 철[靑草節, 5~9월]에는 큰 말 네 필에 말 먹이는 노奴는 한 사람으로 정하고 누른 풀 철[黃草節, 10~4월]에는 말 한필에 하루에 부스러기 콩 서 되, 옹근콩 서 되씩 주며, 푸른 풀 시기에는 하루에 부스러기 콩 서 되씩 주기로 결정하였다.

○ 문종 25년(1071) 판에, 섬의 목장에서 말을 기르는데 잘 돌보지 않아서 말을 죽게 한 사람에 대해서는 담당한 섬 관리를 벌을 주게 하고, 또 주진州鎭에서 기르는 관마(관가의 말)가 늙었거나 잃어졌을 때에는 공수둔전公須屯田(관청의 경비에 충당하기 위한 토지)의 수입으로 다시 사 들이기로 결정하였다.

○ (인종 23년??) 상승국尙乘局에서 기르는 임금이 타는 말은 한 필에 누른 풀 시기에는 좁쌀, 옹근콩 및 부스러기콩 각각 닷 되를 주고, 푸른 풀 시기에는 옹근콩만은 주지 않는다. 건마件馬는 한 필에 누른 풀 시기에는 하루에 좁쌀, 옹근콩, 부스러기콩 각각 서 되를 주되 푸른 풀 시기에는 옹근콩은 주지 않는다.

○ 원종 14년(1273) 2월에 제왕諸王과 재추宰樞, 4품 이상 관원은 각각 말 한 필씩 내고 5~6품은 두 사람이 어울려서 한 필씩 내게 하였는데 더러는 백성들의 말을 빼앗아 군사들의 파리한 말과 바꾸기도 하였다.

○ 충렬왕 원년(1275) 7월에 사신을 경상도, 전라도에 보내 여러 섬의 소와 말을 검열하였다.

○ (충렬왕) 13년(1287) 5월에, 모든 관리에게 전마戰馬와 그릇器皿을 내게 하되 재추는 몽고말과 고려말[狄鄕馬]을 각각 한 필씩 내고, 치사한 재추와 현직판사顯官判事 3품은 몽고말 한 필씩, 치사한 3품 현직 4품은 고려말 한 필씩, 5~6품은 두 사람이 아울러 고려말 한 필, 7~8품은 두 사람이 어울러 놋그릇 한 벌, 권무權務와 9품은 세 사람이 어울러 놋그릇 한 벌을 내기로 하였다.

○ (충렬왕) 14년(1288) 2월에 마축자장별감馬畜滋長別監을 두었다. 이에 앞서 말을 여러 섬에 놓아길러 번식시켜서 그 중에서 굳센 것을 뽑아 상승국에 보내고, 그 나머지는 여러 왕족[諸王], 재보宰輔, 문무 관료들에게 나누어 주었는데, 탐라(제주도)의 말이 많은 부분을 차지하였다. 그런데 역적의 반란(삼별초의 난을 말함 - 역자주)이 있은 이후로 원나라가 섬에 살던 백성을 육지로 옮겨 살게 하고, 탐라를 특별히 원나라에 예속시키니, 말 기르는 것이 번성하지 못하여 해마다 바치는 필匹 수가 심히 적어졌다. 나라에서 원나라에 갈 때나 원나라의 일본 원정을 도울 때는 지방 관리들에게 말을 바치게 하고 또 관품에 따라 모든 관리들에게서 거두되 지방의 좋은 말까지 빼앗게 되니 온 나라가

괴로워하였다. 그래서 정부 내의 의논들이 만약 관리를 두고 암말과 암소를 구하여 번식시킨다면 능히 앞날을 준비할 수 있을 것이라 하여 이상과 같은 명령이 있었다.

○ 공민왕 3년(1354) 6월에 모든 관리들이 낸 말은 국가에서 종이돈[鈔]으로 사서 고우高郵에 출정한 군사에게 주었는 바, 3품 이상 여러 왕족[諸君], 재추 이하는 말 세 필을 내고, 6품 이상 4품 이하는 말 한 필을 내고, 중들은 살고 있는 절의 등급에 따라 말을 내게 하였다.

○ (공민왕) 8년(1359) 12월에 승선承宣 이상은 말 한 필을 내게 하고 또 선교禪敎의 각 절 중들의 말을 모아 군용에 보충하였다.

○ (공민왕) 10년(1361) 10월에 각 도로 하여금 중의 절에서 전마戰馬를 모아 차등 있게 내게 하였다.

○ (공민왕 10년) 11월에 공작, 후작公侯 이하로 하여금 전마를 차등 있게 내게 하였다.

○ (공민왕) 11년(1362) 10월에 문신들에게 전마戰馬를 내게 하였다.

성보城堡

○ 태조 2년(919)에 용강현龍岡縣에 성을 쌓았다.{길이가 1천 8백 7간이요, 문이 여섯이요, 수구가 하나였다.} 평양平壤에 성을 쌓았다.

○ (태조) 3년(920)에 함종현咸從縣에 성을 쌓았다.{길이가 2백 36간, 문이 넷, 수구가 셋이다.}

○ (태조) 4년(921)에 운남현雲南縣에 성을 쌓았다.

○ (태조) 5년(922)에 처음으로 서경西京 재성在城{재在란 것은 방언에 밭고랑이란 것}을 쌓기 시작하여 무릇 6년 만에 끝났다.

○ (태조) 8년(925)에 성주成州에 성을 쌓았다.{길이가 6백 91간, 문이 일곱, 수구가 다섯이다.} 운주運州 옥산玉山에 성을 쌓았다. 유금필庾黔弼에게 명령하여 탕정군湯井郡에 성을 쌓게 하였는데 왕이 북계를 순시하다가 이것을 보고 진국성鎭國城에 옮겨 쌓게 하였다.

○ (태조) 13년(930)에 안북부安北府에 성을 쌓았다.{길이가 9백 10간, 문이 12이다.} 조양진朝陽鎭에 성을 쌓았다.{길이가 8백 21간, 문이 넷, 수구가 하나이다.} 마산馬山에

성을 쌓고 안수진安水鎭이라 불렀다. 청주靑州의 나성羅城(성 밖의 큰 성)과 연주連州에 성을 쌓았다.

○ (태조) 17년(934)에 통해현通海縣에 성을 쌓았다.

○ (태조) 20년(937)에 순주順州에 성을 쌓았다.{길이가 6백 10간, 문이 다섯, 수구가 아홉이다.}

○ (태조) 21년(938)에 영청현永淸縣에 성을 쌓았다. 양암진陽嵒鎭에 성을 쌓고, 서경의 나성羅城을 쌓았다. 용강龍岡 평원平原에 성을 쌓았다.

○ (태조) 22년(939)에 숙주肅州에 성을 쌓았다.{길이가 1천 2백 25간, 문이 열, 수구가 하나이다.} 대안주大安州에 성을 쌓았다.

○ (태조) 23년(940)에 은주성殷州城을 쌓았다.

○ 정종 2년에 덕창진德昌鎭에 성을 쌓고 또 서경 왕성王城 및 철옹鐵甕, 삼척三陟, 통덕通德 등의 성을 쌓았다. 박주博州에 성을 쌓았다.{길이가 1천 1간, 수구가 하나, 문이 아홉이다.}

○ 광종 원년(950)에 장청진長靑鎭과 위화진威化鎭에 성을 쌓았다.

○ (광종) 2년(951)에 무주撫州에 성을 쌓았다.

○ (광종) 18년(967)에 낙릉군樂陵郡에 성을 쌓았다.

○ (광종) 20년(969)에 태주泰州에 성을 쌓았다.

○ (광종) 23년(972)에 운주雲州에 성을 쌓았다.

○ (광종) 24년(973)에 화주和州에 성을 쌓았다.{길이가 1천 14간, 문이 여섯, 수구가 셋이다.} 고주高州에 성을 쌓고, 장평長平과 박평博平에도 성을 쌓았으며 또 신도信都를 수축하였다. 가주嘉州에 성을 쌓았다.{길이가 1천 5백 열 여섯 간이다.}

○ 경종 4년(979)에 창새진淸塞鎭에 성을 쌓았다.

○ 성종 2년(983)에 수덕진樹德鎭에 성을 쌓았다.

○ (성종) 3년(984)에 문주文州에 성을 쌓았다.

○ (성종) 13년(994)에 평장사 서희徐熙에게 명령하여 군사를 거느리고 여진을 격퇴하고 장흥長興, 귀화歸化 두 진과 곽주郭州, 구주龜州에 성을 쌓게 하였다. 영주靈州에 성을

쌓았다.{길이가 6백 99간, 문이 일곱, 수구가 둘이다.} 맹주猛州에 성을 쌓았다.

○ (성종) 15년(996)에 선주宣州에 성을 쌓았다.

○ 목종 3년(1000)에 덕주德州에 성을 쌓았다.

○ (목종) 8년(1005)에 진명현鎭溟縣에 성을 쌓았고, 금양현金壤縣에 성을 쌓았고, 곽주郭州에 성을 쌓았다.{길이가 7백 87간, 문이 여덟, 하수구가 하나이다.}

○ (목종) 9년(1006)에 용진진龍津鎭에 성을 쌓았다.{길이가 5백 1간, 문이 여섯이다.} 구주龜州에 성을 쌓았다.

○ (목종) 10년(1007)에 흥화진興化鎭에 성을 쌓았다.

○ (목종) 11년(1008)에 통주通州에 성을 쌓았고, 등주登州에 성을 쌓았다.{길이가 6백 2간, 문이 열 넷, 수구가 둘이다.}

○ 현종 2년(1011)에 송악성松岳城을 증수增修하고 서경西京의 황성皇城을 쌓았다. 청하淸河, 홍해興海, 영일迎日, 울주蔚州, 장기長鬐에 성을 쌓았다.

○ (현종) 3년(1012)에 경주慶州, 장주長州에 성을 쌓고 또 궁올산弓兀山에 성을 쌓았다.

○ (현종) 5년(1014)에 용주龍州에 성을 쌓았다.

○ (현종) 7년(1016)에 의주宜州에 성을 쌓았다.

○ (현종) 19년(1028)에 봉화산鳳化山 남쪽에 성을 쌓고, 고주高州를 (그리로) 옮겼다.

○ (현종) 20년(1029)에 평장사 유소柳韶 등을 보내 옛 석성을 수리하고 위원진威遠鎭을 설치하고 정융진定戎鎭에 성을 쌓았다.

○ (현종) 21년(1030)에 인주麟州에 성을 쌓았다.{길이가 1천 3백 49간, 문이 아홉, 수구가 셋이다.}

○ 덕종 원년(1032)에 삭주朔州에 성을 쌓았다.

○ (덕종) 2년(1033)에 평장사 유소에게 명령하여 북쪽 국경에 처음으로 관방關防을 설치하였다.

○ 정종 원년(1035)에 장성長城을 서북로 송령松嶺의 동쪽에 쌓아서 변방 외적의 요충지를 제압할 수 있도록 하였으며 또 자전梓田에 성을 쌓고 백성을 옮겨 채웠다.

○ (정종) 5년(1039)에 도병마부사 박성걸朴成傑이 아뢰기를, "동로東路에 있는 정변진

靜邊鎭은 외적이 틈을 노리는 지점이므로 여기에 성을 쌓기를 청합니다."라고 하니, 왕이 이 말을 좇았다.

○ (정종) 6년(1040)에 김해부金海府에 성을 쌓았다.

○ (정종) 7년(1041)에 최충崔沖이 영원寧遠, 평로平虜 두 진에 성을 쌓았다. 영원성{길이가 7백 59간, 보자堡子가 여덟이다. 구내 금강초소金剛戍, 선위초소宣威戍, 선덕초소宣德戍, 장평초소長平戍, 정잠초소鼎岑戍, 진하초소鎭河戍, 철용초소鐵墉戍, 정안초소定安戍 등 초소의 관성關城은 1만 1천 7백 간이었다. 평로성平虜城{길이가 5백 82간, 보자가 여섯이다.} 구내의 도융초소擣戎戍, 진융초소鎭戎戍, 직잠초소直岑戍, 항마초소降魔戍, 절충초소折衝戍, 정융초소靜戎戍 등 초소의 관성關城은 1만 4천 4백 95간이다. 동로東路에 있는 환가현豢猳縣에 성을 쌓았다.

○ (정종) 10년(1044)에 김령기金令器, 왕총지王寵之에게 명령하여 장주長州, 정주定州 및 홍원진興元鎭에 성을 쌓았다. 장주성長州城{길이가 5백 75간이고 초소는 여섯 곳에 설치했는데, 그 명칭은 정북靜北, 고령高嶺, 소흉掃兇, 소번掃蕃, 염천厭川, 정원定遠이다.}, 정주성定州城{길이가 8백 9간이고 초소가 다섯 개 소인데 명칭은 방수防戍, 압호押胡, 홍화弘化, 대화大化, 안륙安陸이다.}, 원홍진元興鎭{길이가 6백 83간이고 초소가 네 개인데 명칭은 내항來降, 압로壓虜, 해문海門, 도안道安이다.}

○ 문종 즉위년(1046)에, 병부낭중 김경金瓊을 파견하여 동해로부터 남해에 이르기까지 그 연해에 성보城堡와 농장을 만들어 해적 침공의 요충을 장악케 하였다.

○ (문종) 4년(1050)에 위주渭州성을 수리하였다.

○ 선종 8년에 병마사가 아뢰기를, "안변도호부 관할 내에 있는 상음현霜陰縣은 가장 중요한 변방의 요충이므로 성루를 쌓아 외적의 침입을 막기를 청합니다."라고 하니, 왕이 제가制可하였다.

○ 예종 2년(1107)에 윤관尹瓘이 9성을 쌓았다.

○ (예종) 10년(1115) 동계 예주預州에 성을 쌓았다.

○ (예종) 12년(1117)에 의주義州에 성을 쌓았다.{길이가 8백 65간, 문이 다섯, 성두가 열일곱, 차성遮城이 일곱이었다.}

○ (예종) 14년(1119)에 장성長城을 석 자쯤 중축하자 금나라 변방 관리들이 군사를 출동하여 이를 중지시키려 하였으나 이에 응하지 않고 그들에게 통보하되 "옛 성을 수리 보충한다."고 하였다.

○ 고종 9년(1222)에 의주宜州, 화주和州, 철관鐵關에 성을 쌓아 모두 40일 만에 마쳤다.

○ (고종) 20년(1233)에 강화에 외성外城을 쌓았다.

○ (고종) 37년(1250)에 처음으로 강화에 중성中城을 쌓았다.{주위가 2천 9백 60여 간이요, 크고 작은 문이 모두 열일곱이었다.}

○ (고종) 38년(1251)에 금주金州에 성을 쌓아서 왜구를 대비케 하였다.

○ (고종) 39년(1252)에 처음으로 승천부昇天府 성랑城廊을 만들었다.

○ 공민왕 18년(1369)에 가주嘉州에 성을 쌓았다.

○ 신우 3년(1377)에 개성부에서 다음과 같은 글을 올렸다.

"첫째 외성外城 수리에 대하여, 나라를 정하고 도읍을 창설하는 데는 반드시 먼저 성을 높이 쌓고 못을 깊이 파는 것이 예나 지금이나 공통된 방법입니다. 우리나라는 태조께서 나라를 창건한 규모가 원대하였으나 성곽을 쌓지 못하였고 현종 때에 이르러 처음으로 외성을 쌓고 성 위에 누각을 만들어 굳게 지켜 왔습니다. 그러나 세월이 오래되니 성이 무너지고 또 옛터의 주위가 넓고도 멀어서 1~2년 사이에는 비록 백성들이 힘을 다한다 하여도 능히 중수하지 못할 것 같습니다. 그러니 군사를 단련시키고 백성을 휴식시켜 사변을 기다리는 것이 마땅하겠습니다. 둘째로 내성內城 신축에 대하여, 모든 일에는 반드시 준비가 있어야 하는데 준비가 있으면 근심이 없습니다. 지금 외적이 횡행하면서 해독을 끼치니 서울 안에 사는 백성들이 만일 위급한 경우를 당한다면 어데 의거할 곳이 없으니 정말 걱정거립니다. 바라건대 내성을 견고히 쌓게 하십시오. 셋째로 외방 산성을 보수할 데 대하여, 『당감唐鑑』에는 고려에서 산을 이용하여 성을 쌓는 것을 좋은 방책이라고 하였으니 산성과 가까운 곳을 편의에 따라 수리하여 봉화烽燧로 서로 바라보며 전쟁이 났을 때 서로 구원하게 할 수 있게 하는 것이 좋겠습니다. 넷째로 목牧·부府·군·현에 성을 쌓는데 대하여, 군사와 백성을 휴식시키는 것은 나라로서 제일 먼저 힘쓸 일입니다. 요사이 왜구의 침략이 계속되어 백성들이 살 수가 없고

또 이전에 쌓은 사방에 뻗힌 장성은 계축년(1373, 공민왕 22)에 쌓은 동서강東西江의 성들과 함께 공연히 백성들만 괴롭히고 재물만 허비할 뿐이었습니다. 그러니 외방의 평지에 성을 쌓는 것을 정지하도록 명령하는 것이 좋겠습니다."

○ (신우) 4년(1378) 12월 갑자에 헌사에서 다음과 같이 상소하였다.

"각 도 주군의 산성은 국가에서 이따금씩 사신을 보내 수축하는데 흔히 군대를 동원하여 하루도 못 되어 마치니 그것이 다시 곧 허물어져서 폐해가 매우 큽니다. 바라건대 이제부터는 다시 사신을 보내지 말고 고을 원들에게 명령하여 옆 고을 군대를 징발하여 농한기에 수리하게 하고 만약 끝나지 못하면 정지하였다가 다음 해를 기다려 쌓도록 해마다 이렇게 해야 할 것입니다."

○ 공양왕 3년(1391) 3월에 기장군機張郡과 해주 옹진甕津에 성을 쌓았다.

둔전屯田 {군량兵糧을 첨부함}

○ 현종 15년(1024) 정월에 도병마사가 아뢰기를, "서경西京과 경기 관내 하음河陰(강화도의 일부)의 부곡민部曲民 1백여 호를 가주嘉州 남쪽에 옮겨 둔전을 짓게 합시다."라고 하였다.

○ 문종 18년(1064) 2월에 해당 관리에게 명령하여 예성강 배 1백 7척으로 1년에 여섯 번씩 용문창龍門倉 쌀을 인주麟州, 용주龍州, 철주鐵州, 선주宣州, 곽주郭州 및 위원진威遠鎭에 운반해서 군량에 충당하게 하였다.

○ (문종) 27년(1073) 4월에 서북로 병마사가 아뢰기를, "장성 밖에 개간한 토지 1만 1천 4백 94경頃의 곡식은 가을 수확을 기다려 이것을 군용 저축미로 쓰도록 청합니다."라고 하니 왕이 제가制可하였다.

○ 숙종 8년(1103) 판判에, 주진州鎭 둔전군 1대一隊에 토지 한 결씩을 주되, 밭은 한 결에서 한 섬 아홉 말 닷 되, 논은 한 결에 석 섬을 각각 수확케 하고, 10결에 20섬 이상을 낸 색원色員은 표창하되, 군졸이나 백성에게서 쌀을 거두어 수를 채운 자는 벌을 주기로 하였다.

○ 충렬왕 7년(1281) 3월에 나라 비단 2만 필을 양반 및 서울과 시골의 민호에 나누

어 주어 군량과 바꿔 들였다.

○ (충렬왕) 8년(1282) 4월에 동정군東征軍에 쓸 군량 12만 3천 5백 60여 석을 마련하게 하였다.

○ (충렬왕) 9년(1283) 3월에, 제왕諸王, 백관 및 장인바치, 장사치, 노예, 중들에게 모두 차등 있게 군량을 내게 하였다.

○ 공민왕 5년(1356) 6월에 다음과 같이 하교下敎하였다. "첫째로 전라도 임피臨陂 둔전은 근래에 권세 있는 집들이 이것을 국가에서 자기에게 준 땅이라 하면서 거의 다 빼앗았으니 마땅히 도평의사에 지시하여 둔전관을 별달리 두고 권세 있는 집들이 빼앗아 가진 것을 죄다 복구할 것이며, 또 해안에 제방을 쌓고 물을 막으면 좋은 땅이 될 만한 것이 더러 있으니 마땅히 해당 관리를 시켜 토지를 돌아보고, 왜적을 방어하는 군졸을 시켜 농사를 짓게 할 것이다. 그리고 권세 있는 집들에게 준 토지 중에서 평평하고 비옥하여 둔전으로 할 만한 것은 역적의 가족과 행성行省에서 차지한 사람들을 이용하여 대隊를 나누어 땅을 주고 농사짓는 책임을 맡길 것이며, 각도의 옛날 둔전하던 곳은 모두 임피 둔전의 예대로 할 것이다. 둘째로 외방의 주현에서 관리들이 소유가 없어진 절의 토지 조세를 받아 공용으로 하는데, 그런 토지가 있는 곳은 다 이렇게 하였다. 지금은 전쟁을 하는 때이므로 없어진 절 토지의 조세를 거둔 것은 모두 적을 막는 군사의 식량으로 줄 것이다."

○ 신우 원년(1375) 2월에 다음과 같이 명령하였다.

"둔전법의 목적은 방수군과 역이 없는 백성閑民을 부려서 공한지를 골라 힘에 알맞게 한데 모여서 농사하게 하여 배와 수레로 나르는 고역을 덜게 하려는 것이다. 그런데 지금 집집마다 종자를 주어서 흉풍을 막론하고 거두어들이기를 규정이 없이 하니 백성들이 매우 고통스러워한다. 도평의사에 지시하여 각도에 공문을 보내어, 농가에서 둔전을 붙이는 것은 모두 금지하고 그 밖의 둔전도 넉넉하게 하여 힘을 헤아려 둔전 종자를 주어 농사를 지어 군량을 보충하게 할 것이다."

○ (신우 원년) 10월에, 북원北元을 방비하는 여러 군사가 오랫동안 북계에 주둔하고 있는데 그곳은 전부터 사전私田이 없고 국가가 조세를 받아 군량에 충당하였다. 그런

데 후에 세력 있는 집들이 토지를 제각기 차지하여 사전으로 만들었기 때문에 군량이 보장되지 못하여 백성들에게서 군량을 징수하게 되어 백성들이 매우 고통스러워하였는데, 안주 이북 백성들이 그 해를 가장 많이 받았다.

○ (신우) 3년(1377) 3월에, 최영이 신우에게 말하기를 "교동喬桐과 강화는 왜적을 막는 곳인데 이 두 곳 토지에서 나는 것이 모두 겸병하는 집으로 들어가서 사사로 소비되니 나라에 무슨 도움이 되겠습니까? 그러니 마니산 참성단摩尼山塹城의 제전祭田과 부관府官 녹봉전 외의 남은 토지는 모두 군부시軍簿寺에서 거두어들이고, 또 움집[窖] 두 곳을 설치하여 군량을 저축하도록 할 것입니다."라고 하니 신우가 이 제의를 좇았다.

○ (신우) 5년(1379) 정월에, 문하부門下府 낭사郎舍가 글을 올려 당시 정치의 폐혜에 대하여 다음과 같이 논하였다.

"나라에 3년 먹을 것을 쌓아 놓지 못하면 나라라고 할 수 없는 것인데, 지금 우리나라는 1년 먹을 양식도 부족하니, 일단 위급한 일이 생긴다면 사태가 염려됩니다. 둔전을 운영하는 것은 당장 급한 일인데, 지금 각 도 각 고을에서 둔전의 법이 실시되지 않고 각 농가에 둔전을 나누어 농사시켜 추수한 것은 손님 접대에 쓰고 맙니다. 바라건대 이제부터 그런 일을 못하도록 엄하게 금하고 주군의 크고 작은 데 따라 둔전의 수를 정하여 해마다 순찰하게 하고 따로 고을 원을 지정하고 추수하여 곳간에 넣는 양을 도당에 보고하며 이로써 고을 원들의 성적의 높고 낮은 것을 평가할 것입니다. 동서 양계는 군사 관계가 가장 긴장되어 있는 지대니 마땅히 공한지에 둔전을 설치하고 공평하고 청렴한 사람을 보내어 나라 소와 농기구를 준비시켜 농사를 장려하고 감독하여 군수軍須를 준비하게 할 것입니다. 그리고 갑인년(1374, 공민왕 23) 후로 국가나 개인이 새로 갈던 토지들은 군사를 철수할 때까지 모두 군수에 속하게 하고, 창고와 궁사宮司에 소속된 토지는 각 도 안렴사에게 명령하여 따로 고을 원을 정하여 이를 실지 검사하여 받아들이게 할 것입니다. 만약 부득이 하여 국가에서 쓰려면 도당이 그 비용만 계산 해 주고 그 나머지는 모두 군수에 속하게 하며, 경기와 각 도의 공신의 토지와 병신년(1356, 공민왕 6) 이래 죄인의 토지는 헌사의 보고에 의하여 모두 군수에 속하게 할 것입니다."

○ (신우) 14년(1388) 8월에 사헌부에서 다음과 같이 상소하였다.

"여러 섬에서 고기 잡고 소금 만드는 이익과 목축의 번성과 해산물의 풍족함은 나라에 없어서는 안될 부분입니다. 우리 태조께서 신라, 백제를 아직 평정하지 못하였을 때에 먼저 수군을 양성하여 친히 누선樓船(다락 배)을 타고 금성錦城(나주羅州)에 내려가서 이를 점령하니 여러 섬의 이익이 모두 우리나라로 돌아 왔고 그 재물의 힘을 이용하여 마침내 삼한을 통일하였습니다. 압록강 이남은 대개 산이므로 비옥하여 묵이지 않은 땅은 대개 해변에 있습니다. 기름진 들, 수천 리의 수수밭은 왜놈들에게 점령되어서 갈대가 하늘에 닿고 있습니다.

왜놈들이 오면 앞에 누운 풀도 없어지고 놈들은 산간 고을을 사람 없는 땅처럼 다녔습니다. 나라는 이미 여러 섬의 물고기, 소금, 목축의 이익을 잃었고 또 기름진 들의 곡식 나는 곳을 잃었습니다. 바라건대 한漢나라에서 백성들을 모집하여 성채 안에 집결하여 흉노匈奴를 방어한 옛 경험을 본받아 백성들이 흩어진 고을의 묵은 땅을 일군 자에게는 20년 기한으로 그 땅에서 조세를 받지 않으며 나라 부역도 시키지 않을 것을 약속하고 수군만호부에 명령하여 성보城堡를 쌓고 늙고 약한 자들을 한 곳에 모아 놓고 척후를 멀리 보내 봉화 드는 일을 신중히 해야 할 것입니다. 일 없을 때에는 농사와 고기잡이, 소금구이와 대장간을 경영해서 살게 하며, 때에 따라 배를 만들게 하다가, 왜적이 오면 모든 것을 거두어 가지고 성 안에 들어가고 수군이 배를 타고 나가 쳐야 할 것입니다. 합포合浦에서 의주까지 모두 이와 같이 하면 몇 해 안 되어서 떠돌아다니던 백성들이 다 제 고향에 돌아와서 변경의 주와 군이 충실하게 될 것이고 여러 도가 점차로 충실해질 것입니다. 전함이 많고 수군이 능숙하면 해적은 달아나고 변방 고을은 편안하게 되며 배로 물건을 실어 나르기가 쉽고 서울은 부유하여질 것입니다. 수군 만호와 각도 원수로서 둔전을 잘 경리하고 전함을 잘 수리하며 인심을 잘 결집하고 명령을 잘 실시하며 적을 능히 격멸하고 변방을 능히 안정시킨 사람에게는 섬의 땅을 주어서 그 수입을 대대로 먹게 하여 자손에게 전하게 할 것입니다. 그러나 한 개 성城堡이나 한 개 주와 군이라도 잃은 자는 군법으로 처리하되 가볍게 용서하지 말도록 하여서 선을 장려하고 악을 징계하는 모범을 보여 주도록 해야 할 것입니다."

주현군州縣軍

고려의 병제는 대개 모두 당나라의 부위병府衛 제도를 모방한 것이므로, 주현에 흩어져 있는 군사도 뜻은 역시 다 6위에 속하였을 것이고, 6위 외에 따로 주현군이 있지 않았다. 북계 군병 226035인, 동계 23938인, 교주도 3884인, 양광도 11364인, 경상도 13140인, 전라도 11104인, 서해도 5804인, 경기 2009인, 도합 297278인{군에는 정용, 좌우군, 마노, 보창, 신기의 칭호가 있었다.} 군 중의 직호{중랑장, 낭장, 별장, 교위, 대정}

선군船軍

○ 충렬왕 34년(1308)에, 충선왕忠宣王이 왕위에 올라 다음과 같이 하교하였다.

"선군은 이미 본사本司(군부사軍簿司를 말함)에 소속되었으니 만약 균지鈞旨(왕명)를 받았다고 빙자하고 병역을 회피하려는 자는 즉시 죄를 주어 섬에 귀양 보낼 것이다."

공민왕 23년 정월에, 검교 중랑장 이희李禧가 글을 올리기를, "지금 왜구의 침입이 치열해 지는데 배를 조종할 줄 모르는 연호민煙戶民을 물에서 싸우게 하므로 매번 패배하게 됩니다. 제가 바닷가에서 자라났으므로 일찍이 수전에 경험이 있습니다. 바라건대 바다 섬에 나가 사는 사람 또는 배 조종에 익숙하고 자원해 나서는 사람들을 데리고 적을 친다면 5년 동안이면 바다에서 적을 완전히 숙청할 수 있습니다."라고 하였고, 중랑장 정준제鄭准提도 글을 올려 왜구 방어 대책을 말하니, 왕이 크게 기뻐하여 이희李禧를 양광도 안무사로 임명하고, 정준제를 전라도 안무사로 삼아 왜인 추포追捕 만호를 겸하게 하여, 이희의 부하[伴倘] 67명과 정준제의 부하[伴倘] 85명에게 모두 첨설직添設職을 주고, 또 밀직사를 시켜 공명空名 천호千戶 직첩 2천 장과 백호 직첩 2백 장을 나누어 주게 하였다. 이전에 6도 도순찰사 최영이 배 2천 척을 만들고 6도의 군대를 시켜 배를 타고 나가서 왜적을 잡게 하려고 하니 백성들이 겁내어 집을 허물어 버리고 병역을 도피하는 사람이 10명 중에서 5~6명이나 되었는데, 이때 정준제 등의 건의에 의하여 그 일은 드디어 중지되었다.

공양왕 3년에, 도당에서 아뢰기를, "해변 백성들을 모집하되, 3정을 한 호로 하여 수군으로 배치하고, 각 도의 해변 토지는 조세를 받지 아니 하여 수군의 처자들을 돌보게 해야 할 것입니다."라고 하니, 왕이 이 제의를 좇았다.

| 휘찬여사 권18 |

형법지 1

휘찬여사 권18

형법지刑法志 1

(형법지론刑法志論)

아아! 옛날에는 형서刑書가 없었으니 기록이 없는 것은 당연하다. 기록하는 것은 무슨 뜻인가? 형刑이란 형侀을 뜻하는데, 형侀이라는 것은 '이룬다[成]'는 뜻이다. 그러므로 한번 이루면 바꿀 수가 없는 것이므로 군자君子는 이를 삼갔다. 따라서 기록해도 좋은 것이다.

대저 오직 성인聖人이라야 덕으로 백성을 교화할 수 있으므로 전형典刑의 형상으로 하늘이 형상을 드리워서 사람에게 보이는 것과 같은 것이다. 또 이르기를 "더욱 자세히 형을 살펴야한다."고 했다. 대저 형이란 상서로운 것이 아니다. 그런데 왜 '상서로운 형祥刑'이라 했었는가? 형刑은 형이 없는 것을 기약하는 것이니, 상형은 무형이고, 이미 형이 없다는 것이다.

대저 형서刑書가 덕을 세워 통치하던 말세에 만들어 졌는데 군자는 그르다고 하였으나 감히 없앨 수는 없었다. 왜 없애지 못했는가? 백성들로 하여금 피避하는 것을 알게 하고자 함이었다. 춘추春秋 말년에 진晉나라와 정鄭나라에서 형서를 솥에 새겨 넣었더니 공자孔子와 숙향叔向이 이를 비난하였다. 왜 비난을 하였는가? 형서가 권여權輿(사물의 시초)[1]가 되는 것을 슬퍼했기 때문이다. 이회李悝[2]가 『법경法經』을 편찬하고, 소하蕭何[3]가 『율령律令』을 지어 그 뒤를 이었으니 그 출발은 여기에서 비롯된 것이라. 당나라가 홍

1 권權은 저울대, 여輿는 수레 바탕 곧 저울을 만들 때는 저울대부터 만들고, 수레를 만들 때는 수레 바탕부터 만든다는 뜻으로, 사물事物의 시초.

2 이회는 위魏나라 문후文侯를 받들어 부국강병의 실적을 올린 법가(B.C.455?~B.C.395?).

3 소하는 B.C.193, 漢 재상으로 진의 법률을 취사하여 『구장률九章律』을 편찬하였다.

하자 방현령房玄齡[4] 등이 수隋나라의 형서를 본받아 조격條格을 덜고 보태어 한 때의 제도를 만들었는데,[5] 고려의 형법은 대개 모두 당나라의 것을 기본으로 하고 있다.

당나라의 형서는 4가지가 있으니, 율律·령令·격格·식式이다. 영令이란 존비와 귀천의 등급으로 국가의 제도이다. 격은 백관과 유사有司가 항상 행해야 할 일이다. 식式은 항상 지켜야할 법이다. 무릇 나라를 다스림에는 반드시 이 세 가지를 따라야 하며, 그것을 위반하여 죄에 빠진 자는 하나같이 법으로 처단하여야 한다. 법률서는 12가지가 있다. 즉, 명례名例,[6] 위금衛禁,[7] 직제職制,[8] 호혼戶婚,[9] 구고廐庫,[10] 천흥擅興,[11]

---

4 방현령(578~648)은 당나라의 재상으로 두여회와 더불어 당 태종을 잘 보좌하였다.

5 당唐나라는 건국 직후인 무덕武德 7년에 수隋 양제煬帝 시대의 『대업률大業律』을 폐하고 문제文帝시대의 『개황률開皇律』에 따라 『무덕률武德律』을 제정하였다. 이후 정관기貞觀期(627~649)에 일부 개정한 것을 영휘기永徽期에 또 다시 시의에 맞추어 개정하였고, 그 뜻을 명확히 하고자 해석을 더하였다. 물론 이후로도 5~6차에 걸친 개정이 더 있었지만, 그 개정률들이 남아 있지 않아 상고할 수 없다.(한국법제연구원 간행, 『역주 唐律疏議 解題』 참조)

6 명례란 '형벌의 종류, 등급, 죄명, 적용원칙, 개념 등에 관한 규정'으로서 근대 형법전 중의 총칙에 해당한다. 전국戰國시대 위魏 문후文侯의 재상이던 리李가 제정한 중국 최초의 형법전인 『法經』 六篇의 제6편인 〈具法〉이 그 연원이다.

7 위금이란 '하지 말아야 할 규정'으로, 『당률소의唐律疏議』에 의하면 〈衛禁律〉은 秦·漢 및 (曹)魏에는 아직 없었다. 진晉 태재 가충賈充 등이 한漢·위魏의 률律을 참작하고 일에 따라 더하거나 줄여서 처음으로 이 편을 만들고 이름을 〈宮衛律〉이라 하였다. (劉)宋에서 後周(北周)에 이르기까지 이 이름을 사용하였으나 북제北齊에 이르러 관금關禁을 여기에 덧붙이고 이름을 〈禁衛律〉로 고쳤다. 수隋 개황開皇 년간年間에 (이를) 고쳐 〈衛禁律〉이라 하였다. 위衛라는 것은 경계하고 호위하는 법을 말하고, 금禁이라는 것은 관금關禁으로써 이름을 삼았다. 다만 황제를 공경하고 잘못을 막는 것은 일 가운데 특히 중요하기 때문에 〈名例〉의 다음에 차례 짓고 모든 편의 첫머리에 둔다.

8 직제란 '관리들에 대한 처벌 규정'으로 『당률소의』에 의하면 직제률職制律은 진대晋代에 처음으로 출현하였는데, 당시는 위제률違制律이라 불렀다. 수隋 개황開皇 연간에 개칭하여 직제률職制律이라 하였다. 직관職官(職司)에 관한 법제法制는 이 편에 갖추어져 있다.

9 호혼률이란 '戶口와 婚姻에 관한 규정'이다. 『당률소의』에 의하면, 호혼戶婚은 한漢의 승상丞相인 소하蕭何가 진秦의 육편률六篇律을 계승한 후에 「廐」·「興」·「戶」의 3편을 더해서 구장률九章律에 포함되었다. 북제北齊 때에 혼인婚姻에 관한 사항을 덧붙여 혼호률婚戶律이라고 하였다. 수隋의 문제文帝 개황開皇(581~600)시기에 호戶에 대한 내용을 혼婚 앞에 두어 호혼률戶婚律이라고 고쳤다.

10 구고의 '廐'란 '한데 모은다'는 뜻이니 말과 소를 모아 두는 곳이다. '庫'는 사舍의 의미로서, 병기나 갑옷·재화財貨·포백布帛을 보관하는 곳이다. 그러므로 제齊·로魯 지역에서는 고庫를 사舍라고 하였다. 『당률소의』에 의하면, 구고율은 위魏나라에서 마굿간에 관한 일을 여러 편목篇目에 분산하여 편입한데서 시작한다. 진晋나라에서 목축牧畜에 관한 일을 거기에 합하여 구목률廐牧律이라 불렀다. 수隋의 개황開皇 연간에 창고倉庫의 일을 덧붙여 구고률廐庫律로 명칭을 바꾸었다.

도적盜賊,[12] 투송鬪訟,[13] 작위詐僞,[14] 잡률雜律,[15] 포망捕亡,[16] 단옥斷獄[17]인데, 고려에서는 모두 이를 본떴으며, 옥관령獄官令 2조를 보태서 총 71조이다.

형벌은 5가지가 있다. 하나는 태형笞刑이다. 태笞의 뜻은 수치[恥]를 말한다. 한漢나라에서는 대나무를 썼다. 두 번째는 장형杖刑이다. 장杖은 곤장을 말한다. 장의 뜻은 지持를 뜻한다. 세 번째는 도형徒刑이다. 도는 노奴(종)를 뜻한다. 『주례周禮』에 이르기를 "남자가 죄에 빠지면 일정한 지역에 가두었다가 죽이고 그 죄의 경중을 헤아려 연수年數가

11 천흥은 '뜻밖의 일에 대비한다'는 뜻이다. 『당률소의』에 의하면, 한漢 승상丞相 소하蕭何가 처음으로 흥률興律을 만들었고, 위대魏代에 천사擅事를 덧붙여 천흥률擅興律이라 이름하였다. 시대에 따라 제목에 증감이 있고, 때에 따라 바꾼 것은 있지만, 국가의 큰일은 군사軍事에 있으며 법法을 정함에는 반드시 방위防衛를 중시하여야 한다는 군사에 대한 논술로 그 순서는 구고률廐庫律 다음 차례로 하였다.

12 도적은 '도적을 막는 규정'으로, 『당률소의』에 의하면, 위魏의 문후文侯 때 이리李悝가 처음으로 『법경法經』을 편찬함에 도법盜法·적법賊法이 있었는데, 이로써 법의 편목篇目이 되었다. 진秦·한漢에서 북위北魏(後魏)까지 모두 적률賊律·도률盜律로 명명하였다. 북제北齊에서는 합쳐서 적도률賊盜律로 하여 당唐에 이르기까지 바꾸지 않았다.

13 투송은 '먼저 싸우다가 구타한 죄를 논하고, 다음으로 고소하여 소송訴訟하는 일'을 말한다. 『당률소의』에 의하면, 진한秦漢부터 진晉에 이르기까지 이 편篇이 없었다. 북위北魏(後魏) 태화년간太和年間에 계신률繫訊律을 나누어 투률鬪律로 하였다. 북제北齊에 이르러 송사訟事를 이것에 더하여 투송률鬪訟律이라고 하였다. 북주北周(後周) 때에는 투경률鬪競律이라고 하였다. 수隋의 개황開皇 때 북제北齊의 투송鬪訟이라는 명칭을 따랐으며, 지금까지 고치지 않았다.

14 작위는 '속이는 것에 관한 일'로, 『당률소의』에 의하면, 조위曹魏 때에 적률賊律을 나누어 제정하였다. 역대서로 이것을 답습하였고 당대唐代까지 고치지 않았다. 원래 사위詐僞라 명명하였으나, 어보御寶의 일이 중요하기 때문에 마침내 위조팔보僞造八寶 조문을 첫째로 하였다. 투송鬪訟의 뒤에는 사위詐僞를 방비해야 하므로 투송률鬪訟律의 다음에 두었다.

15 『당률소의』에 의하면, 이리李悝가 처음 『법경法經』을 지었을 때 '잡법雜法'이라는 편목이 있었다. 대대로 그대로 따르다가 북주北周(後周)에 이르러 '잡범률雜犯律'이라고 고쳐 불렀다. 수隋에서는 또 '범犯'자를 없애고 다시 '잡률雜律'이라고 하였다. 모든 편篇의 죄명에 각기 조례條例가 있다.

16 『당률소의』에 의하면, 포망률捕亡律은 위魏 문후文侯 때 이리李悝가 『법경法經』 6편을 제정하면서, 포법捕法을 제4편에 두었던 것에서 유래한다. 북위北魏에 이르러 포망률捕亡律이라 하였고, 수隋에서는 다시 〈포망률捕亡律〉이라 불렀다. 죄의 성질에 따라 형량과 죄명(형명刑名)을 정하였다고 해도, 만약 죄인이 도망하면 그것이 만연될까 두렵기 때문에 반드시 체포하여 관대하지만 빠져나갈 수 없는 법망法網에 가두어야 하는 것에서 제정되었다고 한다.

17 『당률소의』에 의하면, 단옥률斷獄律이란 이름은 이리李悝의 『법경法經』 중 수법囚法을 나누어서 이 편篇을 만들었다. 북제北齊에 이르러 포률捕律과 서로 합쳐 포단률捕斷律로 명칭을 바꾸었다. 북주北周(後周)에 이르러 다시 단옥률斷獄律로 되었다. 『석명釋名』에서 "獄이란 확실하게 한다는 뜻이다. 이로써 죄수의 情狀을 사실대로 밝힌다."고 하였다. 고도皐陶가 옥獄을 만들었는데, 하夏에서는 '하대夏臺'라 했고, 은殷에서는 '리里'라 했으며, 주周에서는 '토土'라 했고, 진秦에서는 '령어囹圄'라 했는데, 한대漢代 이래 '옥獄'이라 이름하였다.

되면 버리는 것이 이것이다."라고 하였다. 네 번째는 유배형[流刑]이니, 『서경書經』에 "오형五刑(사형)을 늦추어 유배형으로 한다[流宥五刑]."라 한 것[18]이 바로 이것이다. 다섯 번째는 사형死刑이니, 곧 옛 대벽大辟의 형벌을 말한다.

수나라 이전에는 사형에 5가지가 있었고, 유사流徙(유배형)에는 채찍형과 태형을 겸해서 썼으나 당나라에 이르러 태형笞刑 5가지로 정하였으니 10대부터 50대까지이다. 장형은 5가지이니, 60대부터 100대까지이다. 도형은 5가지이니 1년부터 3년까지이다. 유형은 3가지가 있으니 1천리 유배부터 3천리까지이다. 사형은 두 가지이니 교수형과 참형이다. 이 5가지 형에는 모두 재물을 바쳐 벌을 감형하는 속법屬法을 통해 죄를 감면해주는 법[減贖當免之法]이 있다. 고려에서는 모두 이를 따랐다.

형벌에 쓰이는 곤장의 규식[刑杖式]은 모두 금나라 자[金尺]을 썼는데, 당률唐律과 다르지 않다. 곤장은 모두 길이가 5척이다. 등을 치는 곤장인 척장脊杖은 큰 부분의 둘레가 9푼, 작은 부분의 둘레가 7푼이다. 볼기를 치는 곤장인 둔장臀杖은 큰 부분의 둘레가 7푼, 작은 부분의 둘레가 5푼이다. 태장笞杖은 큰 부분의 둘레가 5푼, 작은 부분의 둘레가 3푼이다. 당나라 형장식과 비교하면 2척이 길다.

고한辜限(가해자 유치기간)[19]은 손과 발로 사람을 쳐서 다치게 하면 10일이고, 물건으로 사람을 다치게 하면 20일이며, 지체를 꺾거나 뼈를 부스러뜨린 자의 유죄기간은 50일이다. 사람을 다치게 한 시각인 해질 무렵이면 유죄기간도 마지막 날의 해질 무렵까지이다.

금형禁刑(형벌의 집행을 금지하는 날)은 10가지 상치되는 날인 10치일,[20] 속절名節,[21] 근신하는 날[22]에는 형의 집행을 하지 않는다. 감옥을 감찰하는 관원은 먼저 5가지를 들은 후,

---

18 『서경書經』 권1 우서虞書 "象以典刑 流宥五刑…" 즉 "오형을 백성에게 포고한다. 그러나 오형을 경감하여 유형(유배형)으로 대체한다."고 하였다.

19 고한은 피해자의 상해의 경중이 정하여질 때까지 가해자를 유치하여 두는 기간을 뜻한다.

20 십치일, 즉 10가지 일이 상치되는 날은 초하루, 초팔일, 14일, 15일, 18일, 23일, 24일, 28일, 29일, 30일이다.

21 명절은 1월 1일, 정월 보름, 한식날, 3월 3일 삼진날, 9월 9일 중구절, 동지, 팔관회가 열리는 11월 15일, 8월 15일 추석이다.

22 정초의 자일子日과 오일午日인데 이때는 양잠일(고려사 권84, 지38, 관리급가조), 2월 1일이다.

모든 증거를 검토한 후에 사실상 의심나는 점이 있는데도 진실을 자백하지 않는 연후에 고문을 가할 것이며, 범인의 심문은 20일 간격을 두어야 한다. 살인죄에 대하여 처음에는 9가지를 묻고, 21일이 지난 후, 두 번째 12가지를 묻고, 28일을 후에 3번째로 15가지를 질문한다. 지방 죄수의 처결은 계수관界首官과 도호관都護官 및 주현의 수령州縣守令이 직접 참석하여 조사하고, 매년 7월 1일 직접 서류를 가지고 와서 보고한다.

송사를 결정하는 기간은 작은 사건은 5일, 중간 사건은 10일, 큰 사건은 20일 안으로 한다. 도형 이상의 범죄는 30일 간으로 심문기한을 정하고, 기간을 넘어 체옥한 관리는 벌을 준다. 죄수의 형구인 쇠고랑杻校·칼·쇠사슬鉗鎖의 장단과 광협에 대한 규정은 지금 상고할 수 없다.

○ 현종 9년(1018) 윤4월에 시중 유진劉瑨 등이 아뢰기를, "음양이 어긋나고 백성에게 역질이 있는 것은 모두 형정刑政이 때에 맞지 않기 때문입니다. 삼가 『월령月令』을 살펴보면, '3월의 절기에는 감옥[囹圄]을 살피고 족쇄를 벗기며 옥소獄訴를 정지하며, 4월 중기中氣에는 중죄인을 너그럽게 하고 가벼운 죄인을 석방하며, 7월의 중기中氣에는 감옥을 수리하고 족쇄를 갖추고 가벼운 형[薄刑]을 결단決斷하고 작은 죄를 결정한다.' 하였습니다. 또 『옥관령獄官令』을 살펴보면, '입춘부터 추분까지는 사형死刑을 주결奏決하지 못한다.'고 하였으니 청하건대 해당 관청으로 하여금 시행하도록 하게 하소서." 하니 이를 따랐다.

○ 덕종 3년(1034) 7월에 교서하여, "형부에서 아뢴 것을 보니 법으로는 반드시 죽여야 할 것이나 죄가 의심스러우면 가벼운 것을 따르는 것이 전왕前王의 영전令典이다. 그 집주인을 구타한 자 및 살인과 강도를 도모한 자는 곤장을 쳐서 무인도無人島로 유배하고, 비록 강도와 사람을 상하게 한 종범자는 유인도有人島로 찬배竄配하라." 고 하니, 이때에 경성京城에서 사형에서 감면된 자가 69명이었다.

○ 문종 2년(1048) 정월에 제制하여 죄를 범하여 향鄕에 배치되는 사람이 만약 늙은 부모가 있으면 임시로 머물러 봉양케 하고 부모가 돌아가시면 다시 유배에 처하게 하였다.

○ (문종) 33년(1079)에 강음현江陰縣에 사는 맹인盲人이 다른 사람의 아내를 간통하기

를 꾀하다가 인하여 살인한 것은 마땅히 사형死刑에 처할 것이나 율문律文의 나이가 80세 이상과 10살 이하 및 독질자篤疾者의 예에 의하여 논하여 사형死刑를 감하여 섬으로 유배하였다.

○ 예종 6년(1111)에 명령하여 『월령月令』 4월에는 가벼운 죄인을 사면하고, 5월에는 무거운 죄인을 관대하게 해주는 것을 영구한 법식으로 삼았다.

○ 인종 원년(1123)에 청주淸州 사람이 아버지를 구하려다가 사람을 죽였는데 섬에 보내는 것을 제외하고 다만 이향移鄕시키게 하였다.

○ 인종 14년(1136)에 명령하기를 "감옥에 있는 죄인으로 급양給養하여 줄 사람이 없는 자는 관청에서 음식을 먹이라." 하였다.

○ 명종 15년(1185)에 남원군南原郡 사람이 군리郡吏와 틈이 생겨 그 집에 가서 리吏를 기둥에 묶고 드디어 그 집에 불을 질러 태워 죽이니 투살鬪殺죄로 논하였으나 왕이 명령을 내려 얼굴에 문신을 새겨 상호常戶에 충당하라고 하였다. 대개 고려에서 형벌을 내리는 기준이 넉넉한 쪽으로 함이 이와 같았다.

○ 신우 3년(1377) 2월에 중앙과 지방에서 판결하는 옥사는 일체 (원 순제 때 만든) 『지정조격至正條格』를 따르게 하였다.

○ (신우) 6년(1380) 6월에 사헌부에서 상소하기를, "무릇 사형 죄[大辟]에 대하여서는 반드시 세 번 거듭 보고하여 임금과 신하가 함께 의논한 뒤에 판결하는 것이 선왕의 성헌成憲입니다. 그러나 지금은 중앙과 지방 관리들이 사형 죄를 처리할 때 나라에 보고하지 않고 독단으로 판결을 내립니다. 청컨대 이제부터는 중앙이나 지방의 사형 죄는 소재지의 관리가 도당都堂에 상세히 보고하고 도당에서 시행하도록 하소서." 하니, 왕이 이 말을 좇았다.

○ (신우) 14년(1388) 8월에 또 사헌부에서 상소하기를, "근년에 간신들이 정권을 잡게 된 후로 관리의 기풍이 변하여 간악한 자를 어질게 여기고 염치가 있는 사람을 비루하다고 여기며 권세 있는 집에 분주히 드나들면서 국록을 도적질하고 자기 직책에 게을리 하고 있습니다. 지금은 정치를 갱신하고자 하는 초기인지라 이전의 나쁜 풍속이 다 없어지지 않아 각 기관에서 자기 직무를 게을리 하고 있으니, 원컨대 해당 기관들로

하여금 옥사를 판결하고, 송사를 처리하는 일은 아일衙日 다음에 하게하고 모든 관원은 매일 자기 기관에 앉아서 일을 보게 하되 만일 이를 어기는 자가 있으면 직무를 정지시키고 녹봉을 회수하게 하옵소서. 만일 소송을 처리하고 사건을 결단하며 돈과 곡식을 출납하는 기관에 개인 서신이 오고 감으로써 시비가 바뀌거나 국가 물자를 소모하고 절취하는 폐단은 일절 금하게 하시고, 만일 위반하였을 때에는 청한 자나 청을 들어준 자를 탐오 죄[不廉罪]로 논하게 하소서. (또) 전교典校의 관원들은 모두 문학文學하는 신하로서 다른 일을 맡지 않았으니 원컨대 그들에게 형서刑書의 산정刪定을 위임하여 후대에까지 혜택을 주게 하고 일체 조정에서 행하는 의례와 중외의 관원들이 접촉하는 절차, 문서의 왕복 규정 등도 개정하게 하여 반포하게 하소서."라고 하였다.

○ (신우) 14년(1388) 9월에 전법사典法司가 상소하기를, "정책으로써 법을 세우고 형벌로써 다스림을 돕는 것입니다. 예로부터 국가를 다스리는 데는 반드시 법전을 편찬하여 밝히고 일깨워 주고 서로 살피게 하였습니다. 이전 원나라가 중국을 통치할 때에 『조격통제條格通制』를 제정하여 안팎에 법률을 선포하고도 그것이 너무 번거롭고 알지 못할까 염려되어 다시 중국의 속어로 법률을 만들어 『의형이람議刑易覽』이라 이름 하여 전국 관리들로 하여금 누구나 다 알기 쉽게 하였습니다.

그러나 우리나라 속어는 중국과 통하지 않으니 더욱 알기 어렵고 또 이것을 강습하는 자도 없으므로 아전들이 제멋대로 그 뜻을 해석하여 위아래가 모두 간사해지고, 혹은 뇌물을 받거나 권세에 아첨하여, 죄가 있어도 함부로 풀어주고, 죄 없는 사람을 구부려 죄에 빠뜨려 처벌을 받게 되니 슬프고 원망하는 기운이 쌓여 하늘의 천문 이상현상이 나타나 재앙이 이르고, 괴변이 자주 생기니 백성은 살아갈 수 없는 것이 바로 이 때문입니다.

가만히 『대명률大明律』을 『의형이람』과 비교해 보면 고금의 법제를 참작한 것으로서 매우 상세합니다. 더군다나 (대명률은) 중국의 현행 법제이니 응당 모방하여 시행해야 되겠습니다만 우리나라 법률과 맞지 않는 것이 있습니다. 바라건대 조정의 신하들에게 명하여 중국어와 본국의 글과 속어에 능통한 사람으로 이것을 짐작하여 고치게 하여 중앙과 지방 관리들을 가르치게 하여, 한 대의 매[笞－볼기를 치는 형]와 한 대

의 곤장[杖]이라도 법률에 의하여 시행하게 하고, 만일 함부로 경하게 하거나 중하게 하는 자가 있으면 그가 저지른 죄로써 죄를 주십시오.

전법사典法司는 형벌을 맡은 기관인데 한 나라의 형법의 전체를 알지 못하고 있으니 이는 진실로 관청을 세운 본의가 아닙니다. 이제부터는 중앙과 지방의 관에서 형벌을 집행할 일이 있게 되면 반드시 전법사에 보고하게 하여 함부로 처벌하게 하지 말아야 합니다. 주현에서 죄가 태笞에 합당한 자는 율에 따라 바로 시행하고 장杖 이상은 관찰사觀察使에 보고하여 시행할 것이며, 사형[大辟]은 죄상을 갖추어 관찰사觀察使에게 보고하고 관찰사는 다시 전법사에 보고하면 전법사에서 율律에 의거하여 사형에 처할만하다고 판단한 뒤에 도평의사都評議司에게 보고하면 도평의사사는 임금에게 갖춰 아뢰면, 임금께서는 살피시어 전법사에 율律에 따라 처결하라는 문서를 내리도록 명하신 이후에 이를 시행하게 하소서. 홍무洪武 3년(1370년: 공민왕 19) 12월의 판지判旨 중에 전민 추결田民推決의 일은 판도사版圖司(호조)와 도관都官에 맡기고, 전법사典法司는 전적으로 형결刑決과 금란禁亂에 관장하도록 하였습니다. 그러나 근래에는 왕의 명령을 따르지 않고 이전의 관습에 따라 전민을 추징하는 등의 일이 날로 번성하고 달로 쌓여 맡은 바의 형결과 금란은 오히려 여사餘事가 되어 원통한 옥살이가 오래도록 지체되어 옥중에서 사망하는 자가 많게 되오니 이제부터는 전민의 일을 일절 앞서 내린 명령[判旨]에 따라 각각 도관과 판도에 돌리시고 본 전법사는 오로지 맡은 바 직무를 닦도록 하소서." 하니 판判하여 도평의사都評議司에 부쳐 헤아리고 의론하여 시행하라고 하였다.

○ 공양왕 원년(1389) 12월에 헌사憲司(사헌부)가 상소하기를, "벌은 자손에 미치지 않는다 하였고, 사람을 죄줌에 처자에게 죄주지 않는다고 하였습니다. 그러나 근세 이래 사람을 죽여 그 족속을 멸하고서도 오히려 그 뒤가 있을까 두려워하니 심히 불인不仁한 짓이라 하겠습니다. 원컨대 무릇 죄가 있는 자는 3대代 성왕의 제도를 본받아 처자가 따라서 연좌됨이 없게 하여 이로써 어진 임금의 차마 하지 못하는[不忍] 정치를 보게 하소서." 하였다.

○ (공양왕) 4년(1392) 3월에 또 헌사憲司가 상소하기를, "감옥[典獄]은 죄인이 모이는 곳으로 나쁜 기운이 쌓여 있어 질병이 쉽게 생겨 죄인들이 그 죄로서 죽는 것이 아니

니 매우 딱합니다. 바라건대 의관醫官 한 사람을 6개월마다 서로 교대하여 전적으로 감옥을 맡게 하고 매일 병든 죄수의 병세를 살펴 약을 지어 치료하게 하시고, 형조의 낭관으로 하여금 옥관獄官과 의원의 권만勸慢을 살피게 하소서." 하니 이를 허락하였다. 이것은 당시 시행된 것으로 현저히 보이는 것이며, 그 나머지는 족히 기록할 것이 없다. 성인孔子께서 중부中孚의 상象을 칭하여 "옥사를 의논하여 사형을 감면시킨다[曰議獄緩死]."[23]고 했고, 풍괘豐卦에 대해 이르기를 "옥사를 절충하여 신중하게 사형을 내린다[曰折獄致刑]."[24]고 한 것은 한결같이 인仁으로 주장하고, 한결같은 잣대로 주장한다 하였으니 이는 양자를 써서 치우치거나 폐하는 것이 없어야 한다는 뜻이다. 이를 『서경』의 기록을 통해 살펴보면, 비록 순·고요·무왕·주공이라 할지라도 논형의 요지는 모두 이에서 벗어나지 않았으니, 살려주기를 좋아하는 덕好生之德이 백성들의 마음을 적신다는 뜻이다.[25]

또 (『서경』에 이르기를) "은나라의 떳떳한 법으로 결단하여 마땅한 형벌과 마땅한 죽임을 쓸 것이라."[26] 하였으니 대개 옥사를 판단하는 체용은 중으로 말미암아 가볍게 하고, 가벼운 잣대로 시작하여 무거움에 맞춘다 하였으니 경중을 서로 참작할 즈음에 자연의 일정한 법이 나오는 것이니 털끝하나라도 사사로운 감정으로 위아래 사이를 참작해서는 안 되는 것이다.

(그런데) 고려의 형정으로 말한 것 같으며 일체 경중을 논하지 않고 전적으로 너그러움과 임기웅변으로 처리하는 것으로 마음에 두어, 악에 너그럽고, 폭력에 은혜를 베

---

23 『주역』의 중부괘中孚卦에 나오는 말. 가슴 속 깊이 성심을 다하여 믿는다는 뜻.
"中孚象曰 澤上有風中孚, 君子以議獄緩死. 中孚, 誠信也 獄情甚可哀矜 必以誠信而折之 議之於未決之前, 緩之於未死之時也, 易象言刑獄者五 噬嗑利用獄 豐折獄致刑 賁無敢折獄 旅明愼用刑 皆明辨審愼之義 而又無如中孚之尤盡心焉耳."

24 『주역』의 풍괘豐卦에 나오는 말. "豐象曰, 雷電皆至豐 君子以 折獄致刑"이라 하고 그 해석에 "豐 乃噬嗑之反對卦也. 俱有明威之象 故噬嗑曰利用獄 豐曰折獄致刑 然噬嗑離明在上 故言明其獄情 豐震威在上 故竝言用刑 然亦先折衷於獄情 然後致愼於用刑也".라 하였다.

25 『서경書經』 우서虞書에 나오는 말.

26 『서경書經』 주서周書에 나오는 말.

풀었으니 기강이 떨치지 못하고 병들고 무너져 나라가 망하는 데까지 이르렀다. 대개 고려 태조가 태봉의 가혹한 형벌을 제거하고, 다시 소략한 법망을 세워 탕연히 너그러움에 뜻을 두었으니 법도로 아랫사람을 묶지 못하고, 예우로써 군신을 대하니 은혜를 받아도 엄숙하지 않아 법을 제대로 잘 만들지 못하였다. 그러나 바야흐로 그때는 은혜로운 덕택이 이미 깊게 박히고, 풍속이 순박하여 오랫동안 유지하여도 폐단이 없었으나 결국에는 죄수들이 많아지게 되었으니 거의 위태롭게 되지 않았는가?

○ 현종 남행 시에 군령을 만들어 사사로이 적의 꾀에 빠져 적이 군중에 들어왔으나 알면서도 아뢰지 않은 자는 모두 장형 20대에 처하기로 하였더니, 거란군이 물러가 개경으로 돌아와서는 형부刑部에서 아뢰어 조용겸趙容謙, 유승건柳僧虔, 이재李載, 최즙崔檝, 최성의崔成義, 임탁林卓 등에게 임금의 행궁行宮을 놀라게 한 죄로 제명하고 유배하도록 청하니 이를 따랐으니 이는 군자가 형벌을 잘못 다스린 경우이다.

○ 인종 초에 이자겸李資謙이 역모를 일으켜 국가의 운명이 거의 망하게 되었다가 겨우 이를 물리쳤다. 이자겸은 인종에게 있어 외할아버지가 되어 대우하여 사형에 처하지 않은 것은 비록 은혜로서 정의를 가린 것이라 말하여도 가한 것이지만, 이자겸의 친당으로 역모를 돕고 화를 선동한자들에 이르러서도 일체 모두 사면하고 죽이지 않고 법관이 불을 낸 적에게 칼을 채워 3일간 길거리 있게 한 것으로 수치를 당하게 하였으니 그 형정이 엄숙하지 않은 것이 이와 같았으니 이때부터 법률이 가볍고 약하여 간신배들을 잡지 못하고, 군신간의 구분이 날로 업어져 흉악함과 역모가 짝을 이뤄 친압하여도 징계하지 못하더니 의종대 이르러서 정중부鄭仲夫의 난이 일어났으니 그 원인이 어찌 하루아침, 하루저녁에 일어난 일이겠는가?

○ 명종 이래 무신이 서로 이어 권력을 잡고, 조신朝臣들은 꺼리어 문득 죽음을 당하였다. 피고被告가 있어도 일찍이 옥을 설치하여 증거를 묻지 않고 일체 물속에 빠뜨려 죽여 무리를 위협하여 권위를 세우고자 하여 의관들의 머리털을 깎고 사냥하듯 죽이고, 살아있는 사람을 망치로 때리고 상처를 내니 그 독한 학살을 입은 것이 역사 이래로 이와 같은 적이 없었다. 이에 죄를 얻어 목숨을 잃어야 할 자나, 부녀를 간음한 자, 신하가 주인을 배반한자. 아들로 그 아비를 배반한 자들이 권세 있는 무신의 집에

달려와 모이면 문득 비호해 주니 법을 맡은 관리라 할지라도 감히 물을 수가 없으니 형정이 크게 무너져 족히 기록할 것이 없을 정도이다. 그러나 임금은 깊은 궁궐에 거하여 음식과 거동에 자유함을 얻지 못해 눈물을 흘리고 두려워 떨어도 감히 한마디 말도 못하기를 100년 가까이 하였다. 이는 대개 고려 왕조의 정치가 본디 관대하고 각박하지 않았기 때문이다. 무신이 기회를 타서 사납게 하고, 최씨崔氏 부자가 집권하여서는 형벌을 더욱 가혹하게 하여 권력을 한 곳에 집중시켜 다시 움직일 수 없게 하였으니 그 유래는 점진 적이 것이다. 그러므로 인으로 난을 다스리면 약자들이 방종하게 되고, 강한 자는 그르다고 하여 인이 아니라 하니 유약함이 바로 인의 적이라는 말을 어찌 믿지 않으리오.

○ 충렬왕과 충선왕 이래로 큰 나라의 위엄에 눌리어 있어 나라가 조금 안정되니 겨우 일이 없게 되었다. 그러나 김방경金方慶에게 무기를 감춰 반역을 꾀하고자 했다는 모함을 하는 등 궁중에 무고하는 일이 해마다 일어나 옥사의 화가 끊어지지 않았다. 신우[우왕]가 즉위하자 최영崔瑩이 정권을 잡고 일을 꾸미니 신우는 날마다 주살을 일삼아 무도하게 행하였으며 최영 또한 사람 죽이기를 좋아하며 위엄을 세워 홍중선洪仲宣과 김도金湊의 억울한 죽음에 있어 단옥이 과단하고 엄하여 나라사람들이 그 원망함을 이기지 못하였다.

○ 공양왕이 이미 즉위함에 국가에 일이 많아 고려왕실의 옛 신하들 가운데 혹자는 은밀히 자기 스스로를 보전하고자 꾀하는가 하며, 혹자는 국병國柄을 흔들어 놓기를 꾀하는 등 서로 시샘하고 두려워하며 소송과 비방이 날로 극성을 부려 서로 죄수가 되어 옥사가 가득차기에 이르렀다. 무릇 큰 옥사는 5가지였다. 첫째는 왕씨를 세우려는 의논을 가로막고 신우의 아들 신창을 세운 자는 조민수趙敏修와 이색李穡이고, 둘째 신우를 맞이하여 왕위에 오르게 하여 영원히 왕씨를 끊을 것을 모의한 자는 변안열邊安烈·이을진李乙珍·이경도李庚道·원상元庠·이귀생李貴生·정지鄭地·우현보禹玄寶·우홍수禹洪壽·왕안덕王安德·우인열禹仁烈 및 이색李穡이며, 중국을 이간하여 천하에 군사를 움직이게 청한 자[27]는 이색李穡·변안열邊안열·조민수趙敏修·우현보禹玄寶·정지鄭地·이임李琳·김종연金宗衍·이숭인李崇仁·권근權近·이종학李種學·경보慶補·진을서陳

乙瑞・최칠석崔七夕・장하張夏・권중화權仲和이며, 김종연과 모의하여 내응한 자는 박가흥朴可興・지용기池湧奇・이무李茂・정희계鄭熙啓・이빈李彬・윤사덕尹師德・박위朴葳・김식金軾・이귀철李龜哲이며, 선왕의 서손庶孫을 몰래 키워 변란을 모의한 자는 지용기池湧奇이다.

이상 여러 가지 옥사가 바야흐로 일어났으나 이색이 3가지 사건에 연루되어 있는지라 몇 해가 지나도록 처결하지 않고 있었더니 대간들이 일시에 정도전鄭道傳과 부회하여 사람마다 중상을 하니 사람마다 스스로 위험해 처해졌다.

이에 시중 정몽주鄭夢周가 상소하기를 "여러 죄인을 몇 년이나 안험하였으나 사건의 정상이 아직 밝혀지지 않고 있으니 반드시 그 중에는 죄를 짓고도 잘못 은혜를 입어 용서받은 자가 있는가 하면, 죄 없는 데도 시원스레 억울함을 풀지 못하고 있는 자도 있으니 이 때문에 말이 분분하여 지금까지도 그치지 않고 있습니다. 마땅히 성헌省憲(사헌부)과 법사法司(형조)가 서로 합하여 토의하여 사건에 관련된 사람들의 취조 문건을 다시 자세히 살펴 아뢰도록 하소서. 전하께서 친히 앉아 계신 곳에 재신과 관원들을 소집하여 친히 임석하시어 그 앞에서 살피고 살펴 모든 것을 재단하신 연후에 벌을 내릴 자를 벌주고, 용서할 것을 용서하신다면 인심이 복종하고 공도가 행해지게 될 것입니다." 하니 왕이 옳다고 여기고 사헌부와 형조로 하여금 5가지 죄를 논열하게 하였다. 그리고 왕이 정전正殿에 거동하여 정몽주鄭夢周 및 판삼사사判三司事 배극렴裵克廉, 대사헌兼大司憲 김주金湊, 문하평리門下評理 유만수柳曼殊, 좌상시左常侍 허응許應, 우상시右常侍 전오륜全五倫, 간의諫議 박자문朴子文과 전백영全伯英, 헌납獻納 권진權軫, 정언正言유기柳沂와 김여지金汝知, 장령掌令 최함崔咸・김무金畝, 지평持平 이원집李元緝・이작李作, 형조 판서刑曹判書 구성우具成祐, 총랑摠郎 성부成溥, 정랑正郎 하계종河系宗, 좌랑佐郎 박의朴猗 등을 불러 5죄를 의론하여 정하니, 이임・조민수・변안렬・김종연은 이미 죽었으나, 나머지 사람들은 다른 사람의 공초에만 보인다고 하였다.

27 윤이 이초의 난을 뜻함.

왕이 이에 이르기를, "조민수曹敏修가 중군을 장악한 대장으로서 신창辛昌을 세우고자 사사로이 이색李穡에게 물으니 겁을 먹어 조민수를 따른 것뿐이다. 이색은 겁 많은 나약한 유학자니 그의 죄는 가히 용서할 수 있다."고 하니 정몽주鄭夢周가 "그렇습니다. 다만 이색이 절조節操가 없을 뿐이요 무슨 죄가 있겠습니까?" 하였다. (이에) 김주金湊가 논박하기를, "이색은 왕씨王氏가 아님을 알면서도 아들 신창을 세우라고 선창하며 말하기를, '아버지를 폐하면 아들을 세운다.'고 하였으니 이는 신씨辛氏가 임금됨을 성립시킴이요, 신씨辛氏가 임금됨이 성립된다면 전하는 신씨의 신하로써 신씨의 위位를 찬탈한 것입니다. 이색이 세상의 대유大儒로서 국론을 결단함에 삶을 탐내어 의를 망각하였으니 죄를 용서할 수 있겠습니까?" 하였다. 여러 낭사郎舍들이 '옳소, 옳소.' 하였으나 김여지金汝知만이 홀로 임금의 뜻을 맞추어, "신도 또한 이색李穡 등은 죄가 없다고 생각합니다."라고 하였다.

왕이 또 우현보禹玄寶와 박가흥朴可興을 용서하고자 하거늘 김주金湊가 또 말하기를, "전하께서는 개인적인 정이 있는 듯합니다."라고 하니 왕이 화난 얼굴빛으로 말하기를, "그대는 내가 사사로이 한다고 하느냐." 하고 드디어 이색과 우현보 등을 석방하였다. 조민수曹敏修와 변안열邊安烈은 집을 몰수하고 지용기池湧奇와 박가흥朴可興은 그 전대로 부처付處하게 하고, 우인열禹仁烈·왕안덕王安德·박위朴葳는 외방에서 편리한대로 살게 하고 그 나머지는 모두 석방하였다.

정몽주鄭夢周가 왕에게 아뢰어 영令을 만들기를, "지금부터 이후에는 위에 든 사람들의 죄를 논하는 자가 있으면 무고로써 논죄할 것이다."라고 하였다. 이때 왕은 우유부단하여 여러 사람들을 모두 용서해주고 싶었으나 대간들이 두려워 감히 사면을 하지 못한 채 몇 년 동안 옥사가 정체된 것이었는데 하루아침에 결단을 내리게 된 것은 정몽주의 모사였다. 정몽주는 『대명률大明律』과 『지정조격至正條格』 및 본조本朝 법령을 취하여 참작하고 산정刪定하여 『신율新律』을 편찬하여 올렸다.

이해에 정몽주가 살해되고 고려는 망하였다. 아! 고려왕조의 형법이 비록 당나라 법을 본받았다고 하지만 태조가 불교를 좋아하여 자비로서 근본을 삼으니 이로써 마침내 형정이 떨치지 못하였도다. 그러나 인자仁慈 측달惻怛이 사람으로 하여금 차마

배반하지 못하게 하는 마음을 갖게 하니 이 또한 장구한 방도[術]이다. 하지만 그 나라가 쇠함에 옥사를 처리하는 권한이 모두 신하에게 나오니 옥사가 점점 어지러워져 끝내 이것이 나라를 망하게 하였으니 소식蘇軾이 말한 "한漢나라에서 옥사獄事가 가장 많이 일어남에 미쳐 말조末造에 이르렀으니 어찌 믿지 않으리요."라고 하였으니 오호라, 가히 살필지 않을 수가 있겠는가?

명례名例

태형笞刑

다섯 가지이다.

태형 10대는 깎아[折] 곤장 7대를 맞고 속금贖金으로 구리 1근을 낸다.

태형 20대는 깎아 곤장 7대를 맞고 속금으로 구리 2근을 낸다.

태형 30대는 깎아 곤장 8대를 맞고 속금으로 구리 3근을 낸다.

태형 40대는 깎아 곤장 9대를 맞고 속금으로 구리 4근을 낸다.

태형 50대는 깎아 곤장 10대를 맞고 속금으로 구리 5근을 낸다.

장형杖刑

다섯 가지이다.

장형 60대는 깎아 곤장 13대를 맞고, 속금으로 구리 6근을 낸다.

장형 70대는 깎아 곤장 15대를 맞고, 속금으로 구리 7근을 낸다.

장형 80대는 깎아 곤장 17대를 맞고, 속금으로 구리 8근을 낸다.

장형 90대는 깎아 곤장 18대를 맞고, 속금으로 구리 9근을 낸다.

장형 100대는 깎아 곤장 20대를 맞고, 속금으로 구리 10근을 낸다.

도형徒刑

다섯 가지이다.

도형 1년은 곤장 13대를 맞고, 속금으로 구리 20근을 낸다.

도형 1년 반은 곤장 15대를 맞고, 속금으로 구리 30근을 낸다.

도형 2년은 곤장 17대를 맞고, 속금으로 구리 40근을 낸다.

도형 2년 반은 곤장 18대를 맞고, 속금으로 구리 50근을 낸다.

도형 3년은 곤장 20대를 맞고, 속금으로 구리 60근을 낸다.

유배형[流刑]

세 가지이다.

2천리 밖으로 보내는 유배형은 매를 17대를 맞고, 징역 1년에 처하고, 속금으로 구리 80근을 낸다.

2천 5백리 밖으로 보내는 유배형은 매를 18대를 맞고, 징역 1년에 처하고, 속금으로 구리 90근을 낸다.

3천리 밖으로 보내는 유배형은 매를 20대 맞고, 징역 1년에 처하고, 속금으로 구리 100근을 낸다.

사형死刑

두 가지이다.

교수형[絞刑]은 속금으로 구리 120근을 받는다.

참형斬刑도 속금으로 구리 120근을 받는다.{교수형과 같다.}

형장식刑杖式 {자는 금나라의 자를 쓴다.}

척장脊杖(잔등을 치는 매)은 길이가 5척, 끝머리 둘레가 9푼, 첫머리 둘레가 7푼이다.

둔장臀杖(볼기를 치는 매)은 길이가 5척, 끝머리 둘레가 7푼, 첫머리 둘레가 5푼이다.

태장笞杖은 길이가 5척, 끝머리 둘레가 5푼, 첫머리 둘레가 3푼이다.

고한辜限(유죄기간)

손과 발로 사람을 쳐서 상하게 한 자의 고한은 10일이다.

다른 물건으로 사람을 쳐서 상하게 한 자의 고한은 20일이다.

칼이나 끓는 물 또는 불로 사람을 상하게 한 자의 고한은 40일이다.

팔 다리를 꺾거나 뼈를 부스러뜨린 자의 고한은 50일이다. {상처를 저녁 해질 무렵에 입혔다면 고한 기간도 마지막 날의 해질 무렵까지로 한다.}

금형禁刑(형벌의 집행을 금하는 날)

국가 기일國忌, 10가지 일이 상치되는 십치일[十直日] {초하루, 초팔일, 14일, 15일, 18일, 23일, 24일, 28일, 29일, 30일], 명절날[俗節]{정월 초하루, 정월 보름 상원일, 한식, 3월 3일 삼짇날, 5월 5일 단오날, 9월 9일 중구절, 12월 동지, 11월 팔관일, 추석}, 근신하는 날[愼日] {새해 초 자오일子午日, 2월 초 1일}

공식公式

상피相避[28]

본족本族(의 상피 규정)

아버지와 아들과 손자, 같은 어머니에게 낳은 형제들, 종형제들, 친자매의 남편, 종자매의 남편{대성臺省과 정원 6조政曹 외에는 같은 부서에서 근무할 수 있다.}, 백부와 숙부 사이, 백모와 숙모의 남편, 조카 딸의 남편{대성과 정원 6조 외에는 같은 부서에서 근무할 수 있다.}, 사위[女壻], 손자사위[孫女壻].

외족外族(의 상피 규정)

28 친척끼리 같은 부서에서 근무하지 않는 규정.

어머니의 부모, 어머니의 친형제, 어머니 친자매의 남편, 어머니의 친형제 자매의 아들.

처족妻族(의 상피 규정)

처의 조부, 처의 친형제{대성臺省과 정원 6조政曹 외에는 같은 부서에서 근무할 수 있다.}, 처의 친자매의 남편{위와 같다.}, 처의 백모, 숙모의 남편{위와 같다.}, 처의 친형제 자매의 아들{위와 같다.}, 처 조카 딸의 남편{위와 같다.}

관리의 휴가[官吏給暇]

매월 초하룻날. 초팔일. 15일. 23일. 매월 절기 드는 날入節日{하루}. 정월 초하루[元正] {전후 7일간}. 입춘立春 {하루}. 잠가蠶暇 {정월 안에 자일子日과 오일午日}. 인일人日 {정월 7일}. 상원上元 {정월 보름날. 이날을 전후하여 3일간}. 연등燃燈 {2월 15일}. 춘사春社(풍년을 비는 봄 제사) {하루}. 춘분春分 {하루}. 제왕사회諸王社會 {3월 3일}. 한식寒食{3일간}. 입하立夏 {3일간}. 칠석七夕 {하루}. 입추立秋 {하루}. 중원中元 {7월 보름날 전후하여 3일간}. 추석秋夕 {하루}. 삼복三伏 {3일간}. 추사秋社 {사직 제일社稷祭日}. 추분秋分 {하루}. 수의授衣 {9월 초하루} 중양重陽 {9월 9일}. 동지冬至 {하루}. 하원下元 {10월 보름}. 팔관八關 {11월 보름날을 전후하여 3일간}. 납향臘享 {전후 7일간}. 일식 월식日月食 {각각 하루}. 단오端午 {하루}. 하지夏至{전후 3일간}.

○ 성종 원년(982) 판判에 양친 부모의 제삿날에는 하루 낮, 이틀 밤의 휴가를 주고, 조부모의 제삿날로 조부모의 친아들이 없을 때에는 부모의 제삿날과 같이 휴가를 주게 하였다.

○ (성종) 4년(985)에 새로 〈오복五服에 휴가를 주는 규정[五服給暇式]〉을 제정하여 참최, 재최, 삼년斬衰齋衰三年(부모의 복)에는 100일의 휴가를 주고, 재최 기년齋衰朞年(조부모의 복)에는 30일의 휴가를 주었으며, 대공복大功服, 즉 아홉 달 복에는 20일을 주고 소공복小功服, 즉 다섯 달 복에는 15일을 주었으며, 시마복緦麻服 즉 석달 복에는 7일의 휴가를 주었다.

○ 현종 11년(1020)에 판判에 외직 관리로서 부모가 병환에 있을 때에는 왕복 날짜를

제외한 20일의 휴가를 주며, 여러 문무 관원으로 부모의 나이가 70세 이상인데 다른 형제가 없는 자는 외직으로 나가지 못하게 하고 그 부모가 병환에 있을 때에는 2백 일의 휴가를 주어 간병하도록 하였다.

○ 정종靖宗 11년(1045) 2월에 제制하여 문무 관원으로서 부모가 3백 리 밖에 있는 사람에게는 3년에 한 번씩 30일 휴가를 주어 부모를 모시게 하고, 부모가 없는 사람에게는 5년에 한 번씩 15일 휴가를 주어 부모의 무덤에 다녀오게 하되 왕복 날짜는 계산하지 않는다. 휴가를 떠날 때 5품 이상은 임금에게 보고만 하고 6품 이하는 해당 관서에서 휴가를 주며, 과거 급제자도 부모를 모시러 가거나 성묘할 수 있도록 하는 휴가 기간을 이에 준하게 하였다.

○ 문종 2년(1048)의 판判에는 대소 관리들에게 사중四仲(음력 2월, 5월, 8월, 11월) 시제時祭 때에 2일의 휴가를 주기로 결정하였다.

○ 선종 3년(1086) 2월에 판判하기를 새로 임명된 관원으로서 몸이 아파 휴가를 청할 때에는 상참관 이상은 태의감太醫監을 시켜 진찰한 후 휴가를 주고 오래도록 낫지 않을 때에는 나라에 보고하여 교체시키고 병을 거짓 보고하였을 때에는 죄를 주게 하였다.

○ 인종 18년(1140)에 명령을 내려 친아들이 없는 조부모의 제삿날에는 송宋 나라 제도에 의하여 하루 낮, 이틀 밤의 휴가를 주게 하였다.

○ 충목왕이 판判하여 참외원參外員으로서 몸이 아파 휴가를 청할 때에는 그 부部로 하여금 거짓인가 사실인가를 조사하게 한 후 휴가를 주고, 외직 관원이 아프면 그 고을 계수관界首官으로 하여금 조사하게 한 뒤에야 비로소 서울에 올라와서 조리하게 하였다.

피마식避馬式(말을 탔을 때 피하는 규정)

○ 문무 관원들이 길에서 서로 만났을 때의 예절[文武官路上相見禮]에 대해 덕종 2년(1033) 12월에 판判하기를, "『정관정요貞觀政要』에 '3품 이상 6상서尙書, 9경卿은 친왕親王을 만났을 때에 말에서 내리는 것이 타당치 않다.', '친왕들의 지위는 다 삼공三公의 아랫자리에 놓인다.'고 하였다. 제왕諸王 정1품에 대하여 문반 종3품 이상과 무반 상장군

이상은 말위에서 읍을 하고, 문반 4품 이하와 무반 대장군 이하는 말에서 내려 길을 피한다. 재신宰臣 참지정사參知政事, 정당문학政堂文學, 좌우복야左右僕射에 대하여 문반 4품 이상 및 급사 중승給舍中丞과 무반 대장군과 남반南班 인진사引進使와 문반 4품은 길을 천천히 가고 소경少卿, 소감少監, 국자사업國子司業은 말을 탄 채 길을 피한다. 3품 이상에 대하여 문반소경, 소감, 사업 등 5품과 무반 제위諸衛 장군과 남반 인진사는 말위에서 읍을 하고, 5품은 길을 천천히 가고, 6국六局 봉어奉御, 제 능령諸陵令, 태사령太史令 및 문반 6품과 무반 중랑장中郎將, 합문부사閤門副使는 말에서 내린다. 문반 4품 이상에 대하여 문반 상참 6품 및 무반 중랑장과 남반 각문 통사와 사인 등 문반은 길을 빨리 가고, 보궐補闕과 전중殿中은 말 위에서 읍을 하고, 문반 참외 6품 및 7품 이하와 무반 낭장, 합문 지후 이하는 말에서 내려 길을 피한다. 5품에 대하여 격隔문반 7품 이상과 무반 낭장, 합문 지후 등 문반은 길을 빨리 가고 습유拾遺, 감찰은 말 위에서 읍揖을 하고 참외 8품 이하 및 무반 별장과 숭반崇班 이하는 말에서 내려 길을 피한다. 6품에 대하여 문반 참외 8품 이상 및 무반 별장과 숭반 공봉관供奉官은 말 위에서 읍을 하고 문반 9품 이하 및 무반 산원散員과 남반 시금侍禁 이하는 말에서 내려 길을 피한다. 7품에 대하여 문반 9품 이상과 무반 산원과 남반 좌우 시금과 좌우반 전직殿直은 말 위에서 읍을 하고 그 이하는 말에서 내려 길을 피하게 하였다. 이것으로써 영구한 규정을 삼게 하라!"고 하였다.

○ 선종 10년(1093) 6월에 판하기를 "문무관 현직職事 4품 이하와 산관 3품 이하는 중승中丞에 대하여, 직사 5품 이하와 산관 4품 이하는 잡단雜端, 시어侍御에 대하여, 직사 6품 이하 상참 이상과 산관 5품 이하는 전중, 시어와 감찰어사에 대하여 다 말을 피한다. 만일 이부시랑, 상서 좌우승, 급사가 이미 제조諸曹의 3품에 준하게 되었거나 시신으로서 공후公侯의 윗자리에 놓이게 되었으면 중승과 말 위에서 서로 읍을 한다. 지제고知製誥도 상례常例가 아니니 한결같이 벼슬 품계에 따라 중승과 말 위에서 서로 읍을 할 것이며, 낭사와 보유는 벼슬 품계品階에는 관계없이 모두 잡단 이상과 말 위에서 서로 읍을 하되 만일 대부大夫일 때에는 재신, 추밀, 좌우복야, 근신을 제외하고 모두 다 길을 피하라."고 하였다.

공첩상통식公牒相通式(공문서 왕복 양식)

경관京官

○ 내사문하內史門下, 상서도성尙書都省은 6관 제조六官諸曹, 7시[七寺], 3감三監, 출납出納, 문하시랑門下侍郎 이상에 대하여 성姓은 쓰지 않고 초압草押만 한다. 습유 이상에 대하여서는 성을 쓰고 초압을 하며, 녹사錄事, 주서注書, 도사都事에 대하여서는 직위를 갖추고 성명을 쓴다.

6관 제조와, 7시, 3감은 3성의 시랑侍郎과 소경少卿 이하에 대하여 직위와 성명을 갖추어 쓰며, 어사와 경 이상에 대하여는 성을 쓰고 초압草押을 한다.

6관 제조는 칠시, 삼감, 원외랑 이상에 대하여 성을 쓰고 초압을 한다.

7시, 3감은 6관 제조, 소경 이하에 대하여 관직명과 성명을 갖추어 쓰고, 제서국諸署局, 승丞, 주부에 대하여서는 성을 쓰고 초압을 한다.

제서국은 7시, 3감, 직장 이상에 대하여 성명을 쓰고 6관 제조, 식목式目, 7시, 3감, 직장 이하에 대하여서는 직위와 성명을 갖추어 쓴다.

이부吏部와 대성臺省은 6관 제조, 7시, 3감, 문하시랑, 평장 이하와 습유 이상에 대하여 성을 쓰고 수표를 하고 녹사에 대하여서는 관직명과 성명을 갖추어 쓰며 제서국, 녹사, 주서에 대하여서는 초압草押을 한다.

제서국諸署局은 3성 직장三省直長 이상에 대하여 관함과 성명을 갖추어 쓴다.

외관外官

○ 특명 사신[別名使臣]이 목牧과 도호都護에 대하여 마땅히 "아무 사신이 아무 목, 아무 도호에게 통첩한다."고 쓴다. 사명이 중요하고 기사記事 하전下典을 갖춘 7품 이상 사신인 경우에는 성을 쓰고 초압草押을 하며, 8품 사신인 경우에는 성명을 쓴다. 그가 비록 6, 7품 사신일지라도 맡은 사명이 경하고 관리와 하전을 데리고 있지 않는다면 관직명을 갖추어 성명을 쓴다.

3군 병마사三軍兵馬使는 서경유수관, 판관 이상에 대하여 성을 쓰고 초압을 하며 그

이하에 대하여는 성명을 쓴다.

동·서 순검사東西巡檢使는 유수관, 부사 이상에 대하여 성을 쓰고 초압을 한다.

유수관留守官은 중군 병마사, 유수에 대하여 초압을 하며 부유수에 대하여는 성명을 쓰며 좌우 동·서 도순검사, 부유수 이상에 대하여는 초압을 하며 판관判官 이하에 대하여는 성명을 쓴다.

서경 감군사西京監軍使는 중군 병마사에 대하여 성을 쓰며 동서 순검사에 대하여는 초압을 한다.

서경유수西京留守와 삼군 병마사三軍兵馬使는 감군, 판관 이상에 대하여 성을 쓰고 초압을 한다.

동·서 순검사東西巡檢使는 감군, 부사 이상에 대하여 성을 쓰고 초압을 한다.

서경 유수西京留守, 삼군 병마사三軍兵馬使, 동·서 도순검사東西巡檢使, 도부서都部署는 8목, 2대도호부, 제도 부관諸道府官들에 대하여 모두 성을 쓰고 초압을 한다.

8목八牧과 2대도호二大都護는 삼군 병마사 및 서경유수관, 감군사, 동·서 도순검사, 동·서해 순찰사들에 대하여 성명을 쓰며, 여러 도부서 사신에 대하여는 성을 쓰고 초압을 하며 부사 이하에 대하여는 성명을 쓴다.

중도호中都護와 지주知州 이하의 제도 외관諸道外官은 병마사, 서경유수관, 동·서 도순검사, 동·서해 순찰사에 대하여 성명을 쓴다.

각 3도 순찰사三道巡察使와 병마사兵馬使는 중군병마사에 대하여 성명을 쓰고, 오직 3품이상 순찰병마사는 성명을 쓰고 초압을 한다.

3군 병마사三軍兵馬使와 여러 도부서諸都部署는 경상도 순찰사慶尙道巡察使와 서해순찰사西海巡察使와 맹주 도지병마사猛州都知兵馬使에 대하여 성명을 쓰고 초압을 한다.

여러 도부서諸都部署는 삼군병마사에 대하여 성명을 쓰고, 좌우군 병마사에 대하여는 그가 3품 이상의 사使로서 대장군으로 문반의 경卿과 감監을 겸하고 있을 경우에는 성을 쓰고 초압을 하며, 그 이하는 성명을 쓴다.

서경 유수西京留守는 신성장申省狀에 성을 쓰고 초압을 하며 부유수 이하 감군사, 동서 도순검사 등 특명 사신 및 제도 외관에 대하여서는 비록 3품 이상이라도 성명을 쓴다.

진장鎭將과 현령縣令, 감창역순관監倉驛巡官은 방어, 진사鎭使 이상 관원에 대하여 관직명을 밝히고 성명을 쓴다.

○ 예종 9년(1114) 6월에 예의상정소禮儀詳定所에서 아뢰기를, "근래에 조정에서 쓰고 있는 표장表狀과 서간書簡에서의 호칭이 옳지 않으니 이는 명분名分을 바르게 하는 의의가 아닙니다. 신臣들의 생각으로는 일체 표문을 올릴 때에는 '성상聖上', '폐하陛下'로, 전문箋文을 올릴 때에는 '태자太子', '전하殿下'로 부를 것이며, 모든 왕에게는 '영공令公'으로 하게 하소서."라고 하였다.

○ 충렬왕 5년(1274) 5월에 원나라 중서성中書省의 첩牒에 이르기를 "보내 온 글월에 의하여 공문 형식體例에서 품계가 같은 경우에는 왕복에 평첩平牒을 쓰고 정正이나 종從이나 3품은 다 같이 4품에 대하여 모두 금고첩今古牒을 쓰고, 6품 이하에 대하여서는 지휘指揮를 하며, 4품은 5품에 대하여 평첩平牒을 쓰고 6품, 7품에 대하여서는 다 금고첩今古牒을 쓰고 8품 이하에 대하여서는 다 지휘指揮를 하며, 밑에서 회답을 하는 경우에는 4품은 3품에 대하여 '정상呈上'이라 쓰고 6품 이하는 다 '신申'이라고 쓰며 6품은 4품에 대하여 '정상'이라 쓰고 7품 이하는 '신'이라고 쓴다는 것을 알았다. 공사와 관련되는 것은 종속 관계로서 일체 지휘指揮해야 할 경우를 제외하고 직속 부하가 아니면 전항의 규정대로 공문[體式行移]을 낼 것이다."라고 하였다.

○ (충렬왕) 24년(1298) 5월에 충선왕忠宣王이 왕위에 올라 교서를 내리기를 "조정에서 존칭을 남용하는 자가 있으니 실로 예절에 어그러진다. 모든 왕들에게는 문건에 직접 '아무 개공公', '아무개 후侯'라 하고, 안부를 물을 때는 '영후令候', '영지令旨'라 하며, 재집宰執의 모든 2품관에게는 문건에 '영공令公'이라는 말을 뺄 것이며, 안부를 물을 때에는 '균지鈞旨', '균후鈞候'라 하며 모든 3품관에게는 관직에 따라 부르고 안부를 물을 때에는 '태지台旨', '태후台候'라 하되 이것으로 일체 항례를 삼아야 한다. 위반하는 자는 법으로 다스릴 것이다."라고 하였다.

직제職制[29]

○ 감찰하는 관리가 금품을 훔치거나 또는 감찰할 때에 재물을 받고서 법을 어긴

경우에는 도형과 장형杖刑은 논하지 말고 그의 직전職田을 회수한 다음 고향으로 돌려 보낸다. 승려로서 절간의 미곡을 훔친 자는 고향으로 돌려보내 보통 호구에 편입하고, 관가의 물품을 매매한 자는 고향으로 돌려보내는 외에 법에 의하여 죄를 준다.

○ 감림장監臨贓(감찰할 때에 도적질한 자). {베 한 자를 숨긴 자는 태형 40대를 치고, 한 필은 50대, 두 필은 60대, 세 필은 70대, 네 필은 80대, 다섯 필은 90대, 여섯 필은 100대를 각각 치며 여덟 필을 숨긴 자는 도형 1년, 16필은 1년 반, 24필은 2년, 32필은 2년 반, 40필은 3년에 각각 처하며 50필을 숨긴 자는 천리 밖으로 귀양 보내고 이들에게 물품을 제공한 자는 형벌 5등을 감해 주고 매는 100대까지 친다. 만일 감찰 관리가 부서에서 물품을 요구하여 가졌다면 각각 형을 한 등급씩 더 올릴 것이며 그가 만일 위력을 부려 강제로 얻어 가졌다면 법을 굽히어 뇌물을 받은 죄로 논할 것이다.}

○ 왕법장枉法贓(법을 어기고 뇌물 받은 자) {피륙 한 자尺를 받은 자는 장杖 100대를 치고, 피륙 한 필 받은 자는 도형 1년, 두 필은 1년 반, 세 필에 2년, 네 필에 2년 반, 다섯 필에 3년의 징역에 각각 처하고, 여섯 필에는 2천 리 밖으로 귀양 보내고 일곱 필에는 2천 5백 리, 여덟 필에는 3천 리 밖으로 각각 귀양 보내고 15필에는 교형에 처한다. 벼슬 품계를 가진 자가 법을 범하였을 때에는 관청에서 벌금을 징수하고, 4필 이상은 관직을 파면하고, 녹봉을 받지 않는 자면 형을 한 등급 낮추고, 40필에는 귀양을 보내는 외에 요역을 더 시킨다.}

○ 좌장坐贓(백성들에게서 이유 없이 물건을 받은 자) {피륙 한 자(척)를 받으며 태장 20대를 치고, 한 필에 30대, 두 필에 40대, 세 필에 50대, 네 필에 60대, 다섯 필에 70대, 여섯 필에 80대, 일곱 필에 90대, 여덟 필에 100대를 각각 치고 열 필에는 도형 1년, 20필에는 1년 반, 30필에는 2년, 40필에는 2년 반, 50필에는 3년 징역에 각각 처하고 그들에게 물품을 제공한 자는 형벌 5등을 감한다.}

○ 재관침탈사전在官侵奪私田(관직에 있으면서 개인의 토지를 빼앗은 자) {토지 1묘畝에 곤장 60

29 범법한 관리들에 대한 처벌 규정.

대, 3묘에 70대, 7묘에 80대, 10묘에 90대, 15묘에 100대를 각각 치고 20묘에는 도형 1년, 25묘에는 1년 반, 30묘에는 2년, 35묘에는 2년 반 징역에 처하되 그 토지가 터밭園圃이면 형벌을 한 등급 더 올린다.}

○ 인관 협세 걸백성 재물因官挾勢乞百姓財物(관청을 끼고 권세를 부려 백성의 재물을 강요한 자) {피륙 한 필에 태형 20대, 2필에 30대, 3필에 40대, 4필에 50대를 각각 치고, 5필에 곤장 60대, 6필에 70대, 7필에 80대, 8필에 90대, 10필에 100대를 각각 친다. 20필에는 도형 1년, 30필에는 1년 반, 40필에는 2년, 50필에는 2년 반에 각각 처하며, 그들에게 물품을 준 자는 형벌 한 등급을 감하여 적용한다. 친구 사이에 물품을 주었을 때에는 이를 논하지 않는다. 관청 물건을 팔고 사는 자는 귀향형에 처하고, 이외에 법에 의하여 형을 가한다.}

○ 판判하여, 밤에는 사람을 처형하지 못하게 하였다.

○ 판判하여, 지방 죄수의 처결은 서경에서는 분대分臺에서, 동서 각지의 주와 진에서는 그 지방의 병마사가, 관내關內와 서도西道에서는 안찰사按察使가, 동남 해안 지대에서는 도부서都部署가, 기타는 그 지방 계수관界首官이나 판관判官이 수시로 검사하고 심문하되 죄가 경하면 직접 헤아려 결정하고 죄가 중하면 감금한 해와 달을 기록하여 보고할 것이며, 만일 옥사를 지체시킨 관리가 있다면 죄상을 논한 후 보고하도록 하였다.

○ 참형의 죄수를 처형하면서 죽지 않게 한 자는 척장(등에 치는 곤장) 50대를 치고, 교수형을 살려 준 자는 척장(등에 치는 곤장) 40대를 치고, 형이 끝난 후에는 부처付處하게 하였다.

○ 판判하여, 진鎭에 종군한 자가 귀향 죄를 범하였을 때에는 그 진에서 그대로 귀양살이를 하게하고 그가 전장田丁으로 되었을 때에는 그 토지를 회수하여 다른 사람에게 준다. 그리고 귀양 갈 죄를 범한 자가 동계東界의 진鎭에 소속되었을 때에는 그를 북계北界로 옮기고 북계의 진에 소속되었을 때에는 동계로 옮기되 남계南界로 넘기지 않도록 하였다.

○ 3년에 한 번씩 승려의 호적僧籍을 검열하도록 하였다.

○ 성종 5년(986) 8월에 비로소 12목牧으로 하여금 처자를 데리고 부임케 하였다.

○ 성종 7년(988)에 판判하여, "각 도의 전운사轉運使 및 지방관들이 백성의 호소를 잘 처리하여 주려 하지 않았을 때에는 모두 서울의 해당 관청에 제기하여 판결을 구하게 한다. 그리고 이제부터 관할구역을 거치지 않고 상급 관청에 고소한 자와 즉시 판결하지 않은 주현의 장長과 관리도 처벌한다."고 하였다.

○ 현종 7년(1016) 5월에 형부刑部에서 아뢰기를, "업무를 맡은 관리로서 도적질을 한 자는 훔친 물품의 다소를 헤아리지 않고 일률적으로 제명시켜 본 고향으로 유배를 보내십시오." 하니 왕이 이에 좇았다.

○ 정종靖宗 12년(1046)에 판判하여 "매년 봄, 가을로 관가나 개인들이 사용하는 저울, 섬, 말, 되, 평미레平木, 장척長木을 검사하되 지방 관청으로서는 동경과 서경, 4도호부 및 8목에서 이 일을 맡아 보라."고 하였다.

○ 문종 7년(1053)에 판判하기를 "중앙과 지방에서 사용하는 말[斛]의 길이, 너비, 높이, 모서리를 참작 결정하되 쌀을 되는 말[米斛]은 길이, 너비, 높이가 각각 1자[尺] 2치[寸]이요, 피稗나 벼租를 되는 말[稗租斛]은 길이, 너비, 높이가 각각 1자 4치 5푼分이며, 가루[粉末]나 장醬을 되는 말[斛]은 길이, 너비, 높이가 각각 1자 3치 9푼이요, 콩이나 팥을 되는 그릇[豆斛]은 길이, 너비, 높이가 각각 1자 9푼씩으로 한다."고 하였다.

○ 문종 11년(1057)에 왕이 교지를 내려[下旨] 신라, 고구려, 백제 때 왕들의 옛무덤이나 사당 그리고 옛 성현들의 사당 근처에서 밭갈이하거나 이를 침해 파괴하는 행위를 금지케 하였다.

○ 숙종 10년(1105) 10월에 예종이 즉위하여 선비들이 내시들과 교제하여 청탁하는 것을 금지하였다.

○ 예종 13년(1118)에 판判하여 다섯 집 이상이 불에 탔을 때에는 감시하는 장교將校를 처벌하게 하였다.

○ 원종 원년(1260) 8월에 중서성中書省에서 아뢰기를, "현재 참외參外·참상參上의 관원이 길에서 3품 이상 관원을 만났을 때 말 앞으로 달려가서 절을 하고 조정에 굽실거리며 아첨하는 것이 예사로 되어 있으며 지나치게 공손하여 도리어 예의에 어긋나고 있으니 바라건대 이런 것을 다 금지하도록 하소서."라고 하였다.

○ 충렬왕 12년(1286) 3월에 교지를 내리기를, “지방 노비들이 서로 송사를 걸 때에는 당연히 그곳 원이나 안렴사按廉使에게 나아가 처결해야하는데, 나쁜 심보를 가진 자는 권세에 등대고 사건을 서울 관청으로 끌어 옴으로써 소송 상대자로 하여금 양식을 싸 가지고 먼 데까지 오게 한다. 앞으로는 모두 그 지방의 원이나 안렴사가 처리하게 하고 관할구역 이외에서 취급하는 것을 일체 금지하라.”고 하였다.

○ 충렬왕 14년(1288) 3월에 교지를 내려 문무 관원은 말을 타지 않고서는 교외 출입을 못 하도록 하였다.

○ 충렬왕 22년(1296) 5월에 중찬中贊 홍자번洪子藩이 백성들을 편하게 할 조항[便民事目]을 (다음과 같이) 아뢰었다.

“1. 근래 놋쇠나 구리를 다루는 장인들 대부분이 외방에 거주하고 있어, 모든 주, 현의 관리와 사신으로 간 사람들이 저마다 놋쇠와 구리를 거두어 그릇을 만들므로 민간의 그릇이 날로 줄어들고 있으니 마땅히 장인들에게 지시하여 일정한 기한 내에 서울로 돌아오게 해야 합니다.

1. 여러 주, 현의 관리나 사신으로 간 관원들이 처음 벼슬한 관청과 대과, 진사及第進士에게 돈이나 물건을 보내고 이를 ‘봉송封送’이라고 하는데 한 올의 실, 한 알의 곡식이라도 다 백성의 고혈이므로 진실로 이것을 금지해야 합니다.

1. 각 고을에서 신임 수령과 전임 수령을 맞아들이고 보내는 비용으로 실제 민간에 피해를 끼치니 앞으로는 다만 소속 관원들로 하여금 신관과 구관을 영송하도록 해야 할 것입니다.

1. 사신으로 가는 관원이 정리丁吏를 데리고 현지에 나가고 그들이 이르는 주, 현에서는 모두 선물이 있어 이것을 예물例物이라고 하니 이것도 금지하게 하십시오.”

왕이 이 말을 기껍게 받아 들였다.

○ 충렬왕 24년(1298)에 하교[敎]하기를, “어사대를 설치한 것은 오로지 관리들의 잘못을 탄핵하기 위함인데 근래에 풍속이 몹시 어지러워져서 잘못을 서로 숨기고 논죄하지 않으니 앞으로는 모든 관리들을 규탄하여 조정을 깨끗하게 하라!”고 하였다.

○ 이 해 정월에 충선왕이 즉위하여 (다음과 같이) 하교하였다.

"1. 옛날 제도에 지방에 사신을 보낸 것은 안렴按廉, 제고祭告, 마장馬場 등에 국한하였는데 근년에 일이 많아진 탓으로 매사에 다 별감, 장교, 하전들을 내려 보내니 주, 군들에서는 그들의 접대에 골몰하고 역마가 피폐해진다. 뿐만 아니라 안렴사와 모든 별함別銜이 흔히 은, 피륙, 미곡들을 권세 있는 집에 선사하고 심한 자는 사람들을 그들의 농장에 보내 주기까지 한다. 또한 지방 수령들이 탐욕스럽고 횡포한 데 대해서는 안렴사가 이를 살피지 않는다. 이제부터는 매번 그들을 상도주고 벌도 내릴 것이니 모두 나에게 보고하도록 하라.

1. 공로를 평정함에 있어서 최응崔凝, 서희徐熙, 양규楊規, 강감찬姜邯贊, 최사전崔思全, 조충趙沖, 김방경金方慶 등과 같은 사람이라야만 공신이라 할 수 있고 그의 자손도 등용할 수 있다. 요사이 내가 매년 중국을 가게 되는데 따라 가기를 자원한 자는 모두 공신이라 하여 벼슬 등급을 높이고 상을 주며 그들의 자손도 채용하고 그들의 고향을 승격시키며 심지어는 결함 있는 사람까지 벼슬을 주고 있으니 대단히 딱한 일이다. 앞으로는 그런 자에게 벼슬을 주지 말 것이며 위반한 자는 해당 관청에서 엄격히 심의하여 파면하도록 하라.

1. 서울[王京]은 온 나라의 근본이니 주민들로 하여금 안심하고 살 수 있게 해야 하고 소요스럽게 해서는 안 된다. 이제부터 각 관청에서 필요한 물자를 점포에서 빼앗아서는 안 된다. 만일 부득이하게 그들에게서 가져 와야 할 경우에는 응당한 대가를 주도록 하라."

○ 충숙왕 5년(1318) 5월에 하교下敎하기를 "사심관事審官을 둔 것은 원래 인민을 소중히 여기고 관품을 구별하며 부역을 공평하게 하고 풍속을 바로잡기 위한 것인데 지금은 그렇게 하지 않고 있다. 공유지를 널리 차지하고 민호民戶를 흔히 숨기며 약간한 부역에 보낼 때에도 의례히 녹전祿轉을 회수하게 되어 있는데 이렇게 하면 서울로 올라 온 아전은 사삿집에서 장형을 결정하고 벌금[徵銅]을 받으며 녹전을 다시 받는 등 상과 벌주는 것을 제 마음대로 좌우하고 있다. 시골에 해를 주고 국가에 도움이 없는 일은 이미 다 혁파하도록 하였으니, 그들이 숨기고 있는 전호田戶를 모두 추쇄하도록 하라."고 하였다.

○ 충목왕 원년(1345) 정리도감整理都監에서 아뢰기를, "지방 관리들이 탐오를 하여 사욕을 채우며 백성을 해치는 자는 존무사나 안찰사로 하여금 이를 구명 감찰하게 하되 임무를 옮게 하지 못한 자는 죄를 다스리게 할 것입니다. 행성行省에서 지방으로 공사를 시달할 때에는 먼저 도평의사都評議使에 보고하고 도평의사는 그것을 존무사나 안렴사에게 전달하여 시행하게 하는 것이 관례인데 근년에는 행성에서 선사宣使, 나장螺匠들에게 패자牌字를 주어 파견하므로 민간에 소동을 일으키고 있다. 앞으로는 선사, 나장이라는 사람들이 폐단을 부릴 때에는 형틀에 매어 서울로 압송하게 하소서."라고 하였다.

○ 공민왕 원년(1352)에 하교하기를, "중앙이나 지방 관리들이 범인을 취조함에 있어서 그들의 진술을 들어 보기도 전에 그들을 결박하여 놓고 함부로 때려서 살을 상하게 하고 생명을 해치는 일이 있으니 내 이것을 심히 민망스럽게 생각한다. 금후에는 법 밖에 형벌을 함부로 주지 못하게 할 것이며 이것을 위반하는 자는 처벌할 것이다. 군인으로서 현역을 도피한 자는 그 범행에 따라 곤장을 치고 아전이나 백성이 죄를 지었을 때에도 역시 매나 곤장을 칠 것이요 모두 벌금을 받지 말라! 탐오를 하였거나 뇌물을 받은 자에 대하여서는 이에 국한하지 않는다."고 하였다.

○ 공민왕 3년(1354) 8월에 교지를 내려 각 도의 안렴사가 왕과 고별하는 자리에서 속전이나 벌금을 받지 말라고 거듭 지시하였다.

○ 공민왕 4년(1355) 정월에 하교下敎하기를, "모든 관리들은 매일 해당 기관에 출근하여 각 자의 직무에 충실할 것이요 송사를 처리하는 관원은 억울한 사정을 신중히 처리하여야 한다. 위반하는 자에 대하여서는 사헌부에서 이를 탄핵하도록 하라."고 하였다.

○ 공민왕 8년(1359) 7월에 재추宰樞所에서 생각하기를 평상시에 회합하는 장소에서 신발을 신고 높은 탁자에 앉으면 육색장六色掌이 어떤 일로 와서 보고할 때에 서로 내려다보고 쳐다보는 것이 불편하다 하여 높은 걸상을 만들어 각 자의 좌석 앞에 놓고 붉은 비단으로 만든 보를 위에 씌우고 그것을 '자라주안紫羅酒案'이라고 하였다. 또한 문건에 대하여 매번 붓으로 서명하는 것이 불편하다 하여 나무에 이름을 새겼다. 일

체 문건에 이름을 새겨서 찍는 것은 원나라 제도를 참고로 한 것이었다.

○ 공민왕 12년(1363) 5월에 교서를 내리기를, "근래에 각 처의 방어 군관이 군사를 거느리고 아무 때나 사냥을 하여 새끼를 배었거나 알을 가진 짐승을 다치게 하여 어진 정책[仁政]을 위배하고 있으니 각 도 존무사存撫使와 안렴사按廉使에게 지시하여 엄격히 금지하도록 하라."고 하였다.

○ 공민왕 20년(1371) 7월에 나주 목사羅州牧使 이진수李進修가 (다음과 같이) 상소上疏하니 왕이 기꺼이 받아들였다.

"1. 벼슬이란 임금이 현명하고 재능 있는 사람을 등용하는 수단입니다. 신하가 어떻게 국왕의 은혜를 훔쳐 가지고 동료에게 잘 보이며 감히 제가 높은 체할 수 있겠습니까? 경사를 치하하고 상사를 조문하는 외에 각 관청의 관원들이 권세 있는 집에 드나들거나 또는 동반한다는 것으로 말을 타고 따라 다니거나 또는 고정된 과거 외에 모든 도감都監과 잡로雜路를 추천하는 따위의 불법 행위를 다 법 맡은 기관에 지시하여 엄격히 처단하게 하소서.

1. 이미 모든 것을 각기 맡은 백관이 있는 이상 어찌 반드시 도감을 따로 두며 전리電吏, 구사丘史가 있는 이상 어찌 반드시 품관品官이 말을 타고 따라 다녀야 하겠습니까? 품관이 재상의 신복으로서 각 기관의 공무에 대한 것을 품의하는 자가 아니니 여러 고관이 모여 앉은 공석에 나가서 이야기해야 할 것입니다.

1. 사사로운 일로 권세 있는 집에 한 번 가면 관직을 빼앗고 두 번 가면 죄를 주고 세 번 가면 종신토록 채용하지 말며 그 이상 다니면 전민田民으로 만들어 관에 소속시키소서."

○ (공민왕 20년) 12월에 (다음과 같이) 교서를 내렸다.

"1. 백관의 모든 사무는 도당都堂에서 결재하여 왔는데 근년에는 모든 기관에 무슨 공사公事가 있으면 각 도의 존무사, 안렴사들을 함부로 옮기고 사람을 보내 독촉하고 심한 경우에는 주, 현들에 통첩을 보내는 등 백성을 괴롭게 하는 일이 실로 많다. 앞으로는 모든 것을 다 도평의사都評議司에 품의하여 처리하도록 할 것이다.

1. 모든 사람이 도첩度牒을 받기 전에는 중으로 될 수 없다는 것이 이미 명으로 발표되

어 있는데 해당 기관에서 이것을 충분히 이행하지 못한 까닭으로 장정丁口이 노역을 회피하고 중노릇도 잘 하지 못하여 불교를 훼손시키는 데까지 이르고 있다. 앞으로는 중이 되겠다고 청원하는 자는 먼저 소재지의 관청에 가서 베 50필을 바친 뒤라야 비로소 머리를 깎게 하되 이것을 위반한 자는 그의 스승과 부모에게 죄를 줄 것이다. 그리고 지방 아전이나 진, 역津驛 등 공사간에 노역 의무를 가진 자를 일체 통제하도록 하라."

○ 신우 3년(1377) 2월에 중앙과 지방에서 판결하는 옥사는 일체 원나라 법인 『지정조격至正條格』을 따라 시행하게 하였다.

○ 신우 6년(1380) 6월에 헌부憲府에서 상소하기를, "무릇 사형죄에 대하여서는 반드시 세 번 거듭 보고하여 임금과 신하가 함께 의논한 뒤에 판결하는 것이 선대 임금 때부터 내려 온 법입니다. 그러나 지금은 중앙과 지방 관리들이 사형죄를 처리할 때 나라에 보고하지 않고 제 독단으로 판결을 내림으로써 마침내 억울한 죽음을 당하게 합니다. 청컨대 이제부터는 중앙이나 지방의 사형죄는 소재지의 관리가 도당都堂에 상세히 보고하고 도당에서는 나라에 보고한 다음에 시행하도록 하소서." 하니 왕이 이 말을 좇았다.

○ 신우 14년(1388) 7월에 사헌부司憲府에서 (다음과 같이) 상서上書하였다.

"고을의 원으로 된 사람은 백성의 기쁨과 근심을 잘 알아서 그들의 송사를 판결하고 부역을 공평하게 함으로써 백성의 부모노릇을 하는 것이 그들의 직책입니다. 순문사나 안렴사가 주, 군에서 군사를 뽑을 때에 그 지방의 원에게 책임을 지우면 그들은 호구가 얼마나 되고 장정이 얼마나 있는가를 알고 있으므로 정예한 군사를 골라 낼 수 있었습니다. 그러나 지금은 순문사나 안렴사가 매년 군사를 뽑을 때 수령들이 자기 고을에 사정을 둘까 염려하여 남쪽 고을의 군사를 뽑으려면 반드시 북쪽 고을 수령에게 그 임무를 맡깁니다. 북쪽 고을 수령이 남쪽 고을에 가서는 서로 생소한 곳인 만큼 그들에게 기만을 당할까 염려하여 먼저 매질을 가한 후에 군사를 뽑으며 북쪽 고을의 통첩이 남쪽 고을에 가면 남쪽 고을 수령이 어깻바람이 나서 곧추 남쪽 고을로 달려가 수레에서 내리기도 전에 먼저 사람들을 치기 시작하여 그들의 부모를 얽어매고 그들의 처자에게 매질을 합니다. 이런 짓은 비단 군사를 뽑는 일에 그치는 것이 아니라 호

구를 조사하거나 군수 물자를 수송하는 데서도 갖은 수단으로 독촉하고 있습니다. 이리하여 두 고을이 서로 원망하고 마침내 원수로 되어 서로 보복하기 위해서 인정도 사정도 없게 되니 백성들은 고통을 견디지 못하고 호구는 텅 비게 됩니다. 이렇게 되면 임금의 의도를 받들어 교화하는 본의가 어디에 있으며 주, 현의 원들이 다 이러하니 백성들이 누구를 믿겠습니까? 이제 와서 비록 대성臺省 6조로 하여금 각각 잘 아는 인재를 추천하게 한다 하더라도 이상의 폐단을 없애지 않고서는 안 됩니다. 아무리 공승龔勝, 황패黃霸(두 사람은 다 한나라 때 사람)처럼 백성을 사랑하고 정무에 유능한 사람들로 모든 주, 군의 원을 시킨다 하여도 단 하루도 그 고을에 앉아서 일을 보지 못하게 되고서야 백성들의 생활에 무슨 도움이 되겠습니까? 바라건대 고을 원들로 하여금 자기 고을의 경계 밖을 나가지 못하게 하고 자기 고을 일에만 전력하도록 하되 책임을 다 하지 못하는 자는 안렴사가 즉시 그의 직책을 파면하고 조정에 보고하여 후임을 보충하게 하십시오."

○ (신우 14년) 10월에 사헌부에서 또 (다음과 같이) 상서上書하였다.

"1. 옛날에 나라를 다스리는 이들은 반드시 기강紀綱부터 확립하였는바 나라에 기강이 있다는 것은 마치 몸에 혈맥이 있는 것과 같습니다. 몸에 혈맥이 없으면 기운이 통하지 못하고 나라에 기강이 없으면 법령이 시행되지 못하는 법이니 법령이 시행되지 못하면 나라가 나라 노릇을 할 수 없습니다. 전하께서 왕위에 오른 후 바른 말을 할 수 있는 길이 활짝 열려서 재상과 사헌부의 관리들이 각각 당면한 문제를 진술하고 있습니다. 그러나 묵은 폐단이 겨우 없어진 데 불과하고 새 법이 시행되지 않아 원망과 비방이 한창 일어나고 기강이 문란합니다. 병이 혈맥으로부터 골수에 사무치게 되면 비록 편작扁鵲과 같은 명의가 있더라도 갑자기 고치기는 어렵습니다. 바라건대 지금부터는 명령을 내려 제정한 법제를 판에 박아서 시행케 함으로써 그것이 금석 같이 굳고 계절[四時]과 같이 믿음성이 있게 할 것이며 감히 법을 범하거나 금령에 저촉되는 자가 있으면 다 사헌부에 맡겨 처리하게 하소서.

1. 사대부가 조정에서 벼슬을 하는 자는 몸을 바쳐 정무에 종사하는 이상 자기 직책에 충실하게 복무하는 것이 본래 자기의 직분인데 지금은 그렇지 못합니다. 높은 직위

에 임명된 자는 부모를 보러 간다든가 조상들의 무덤에 간다든가 하는 것을 구두로 전달만 하고는 문득 시골로 가서 오랫동안 묵으면서 자리를 비우고 일을 보지 않으니 이것은 임금을 섬기고 나라에 몸을 바치는 도리가 아닙니다. 바라건대 이제부터는 부모의 상사에 가는 이외에 지경 밖으로 떠나지 못하게 하고 부득이한 경우에는 반드시 사직한 뒤에 떠나게 하되 위반하는 자는 그 죄를 엄격하게 다스리소서.

1. 기인其人을 각 기관에 배속시키고 노예와 같이 부리며 지어는 도망간 자가 있을 경우에는 해당 기관에서 경주인京主人에게 추궁하고 궐포를 (결근한 데 대하여 벌로 받는 베) 한 사람의 하루 결근에 대하여 10필을 징수하되 주인이 변상하지 못하게 되면 곧바로 주, 현으로 가서 곱절로 물리게 하니 주, 군이 피폐하여 집니다. 앞으로는 기인을 해산시켜 시골로 돌아가게 하고 각 궁전에 소용되는 인부는 근일에 폐지된 창고의 노비로 대체하며 각 기관에서 부리는 사람도 역시 변정도감辨正都監에 소속되어 있는 공노비公奴婢로 충당하며 각 기관에 배치된 막사幕士, 주선注選 따위들도 모두 없애버리면 민생이 편안해 질 것입니다."

○ 신창 원년(1389) 4월에 도평의사사都評議使司에서 계啓하여 입춘으로부터 입추에 이르는 동안은 사형 집행을 정지하며 서울에서는 다섯 번 다시 심사해 올리고 지방에서는 세 번 심사해 올린 뒤에야 비로소 죄를 처단하되 사건이 군사 기밀이나 반역에 관계되는 경우에는 여기에 구애하지 않도록 하였다.

○ 공양왕 원년(1389) 12월에 사헌부司憲府에서 (다음과 같이) 상소上疏하였다.

"1. 모든 송사를 신중히 처리하였고 문왕文王이 이에 간섭하지 않았기 때문에 주나라가 잘 다스려졌으며 진평陳平은 돈과 곡식에 대한 수량을 몰랐지만 군자는 '그가 재상의 체통을 알았다'고 하였는데 그것은 해당 관리의 권한을 침범하지 않았기 때문이었습니다. 우리나라 제도에는 도당都堂이 백관을 통솔하고 지시를 주며 사헌부에서는 백관을 규찰하고 풍속을 바로 잡으며 전법도관典法都官이 옳고 그른 것을 가리고 형사사건과 송사를 판결하는 것이 그들의 직책입니다. 그런데 근래에는 요행수를 바라면서 이익을 탐내는 무리가 왕실을 속이고 도당을 우롱하고 있으며 송사 문건은 구름처럼 쌓였으나 처리를 제 때에 하지 않고 머뭇거리며 구차스럽게 하여 그 번거로운 폐단

을 감당하지 못하니 이것은 부서를 정하고 직책을 분담시킨 본의가 아닙니다. 바라건대 이제부터는 송사하는 자는 각각 해당 기관에 송사할 것이요 대궐이나 도당으로 직접 가는 것을 금지함으로써 왕실을 높이고 도당을 존엄하게 여기도록 하십시오!

1. 3사三司, 6부六部의 관리들은 때때로 소속 기관에 나가 그들의 보고에 근거하여 문부를 검토하고 체계를 점검하여 해이함이 없도록 할 것이며 만일 법을 위반하는 자가 있을 때에는 사헌부에서 이를 규탄하게 하되 큰 죄에 대하여서는 강직시키거나 별도로 쓸 것이며 철직시키거나 다시 쓰지 않을 것이며 죄상에 따라 논할 것입니다. 작은 죄는 순군巡軍에 지시하여 매나 곤장을 쳐서 본직으로 돌려 보내게 하소서.

1. 서울과 지방의 대소 관리로서 사령장이 내린 뒤에도 즉시 자기 임지로 가지 않아 공사 처리를 늦어지게 하며 문서와 돈 및 곡식이 모두 간사한 아전들의 농간하는 바가 되게 하니 이것은 큰 폐단일 뿐만 아니라 신하가 성심으로 임금을 섬기는 도리가 아닙니다. 바라건대 이제부터는 대성臺省, 정조政曹를 제외하고는 서울과 지방의 대소 관원에 대한 비준이 내린 뒤에 서울 관원은 3일 전으로, 지방 관원이 10일 전으로 대궐에 들어가서 임금께 감사를 드리고 즉시 떠나서 임지로 가게하소서.

1. 임지에 가서는 사무 인계차 권지행사權知行事라는 명목으로 신구 관원이 마주 앉아서 문부와 돈 및 곡식에 관한 문건을 정확히 밝혀서 직접 교부함으로써 후일 성적 고사에 근거가 되게 하며 부임한 후 만일 법대로 하지 않은 자가 있을 경우에는 서울에서는 사헌부에서, 지방에서는 관찰사가 각각 법에 의하여 엄격히 다스리게 하십시오!"

○ (공양왕) 3년(1391) 4월에 도당都堂에서 대성臺省의 근래 정형을 조사하여 하루 결근한 자는 처벌하고, 사흘 결근한 자는 관직에서 물러나게 할 것을 청하였다.

○ (공양왕 3년) 6월에 도당에서 복식 제도를 나중에 시행하라는 왕명을 정지해 줄 것을 아뢰었다.

간비姦非[30]

○ 감찰기관 동안 감찰하는 관리가 간통을 하였을 때는 화간和姦의 경우는 도형徒刑 2년에 처하며, 남편이 있는 여자를 간통했으면 2년 반에 처하고, 강간强姦은 3년에 처

하며 화간한 여자는 남자보다 한 등급을 감한다.

○ 부곡인部曲人이나 종[奴]가 상전 또는 상전의 집안 존장을 간통하였을 때는 화간은 교형絞刑에, 강간은 참형斬刑에 각각 처하며, 화간한 여자는 남자보다 한 등급을 감한다. 상전의 시마복緦麻服 이상에 해당한 친척을 간통하였을 때는 한 등급을 감한다.

○ 아버지나 할아버지의 첩, 백모, 숙모, 고모, 자매의 며느리나 손자며느리, 형제의 딸을 간통하였을 때는 화간은 교형에 처한다.

○ 보통사람이 여승이나 여도사女道士를 간통하였을 때는 화간은 도형徒刑 1년 반에, 강간은 2년에 각각 처하고, 여승이나 여도사는 화간이면 도형 2년 반에 처하되, 강간당하였으면 죄에 연좌되지 않는다.

○ 숙종 원년(1096) 6월에 친척간의 혼인을 금지하였다.

○ 의종이 왕위에 올라(의종즉위년: 1146) 처음으로 당고모 종자매, 당질녀, 형의 손녀간에 혼인하는 것을 금지하였다.

○ 충렬왕 34년(1308) 윤11월에 사헌부에서 외사촌과 통혼하는 것을 금할 것을 청하였다.

○ 공민왕 16년(1367) 5월에 감찰사監察司에서 처가 죽은 후에 처의 자매와 결혼하거나 성씨가 다른 6촌 자매와의 결혼 금지를 청하였다.

호혼戶婚[31]

○ 편호編戶는 인정의 많고 적음에 따라 9등급으로 나누어 부역賦役을 정하였다. (그런데) 가장家長이 가족 수를 빼거나 장정을 늘리거나 줄여 부역을 모면하였을 경우 {1명에 대하여 도형 1년, 2명에 대하여 1년 반, 5명에 대하여 2년, 7명에 대하여 2년 반, 9명에 대하여 3년에 각각 처한다. 만약 증감이 부역을 모면하려는 의도가 아닐 경우에는 4명을 1명으로 치고 도형은 1년 반으로 한다.}

---

30 간통 죄.

31 호적법과 혼인법을 위반한 죄.

○ 이정里正이 주민들의 가족 수를 빼거나 늘이고 줄인 것을 알지 못하여 부역 대상자 인원에 출입이 있는 경우 {1명에 대하여 태형 40대, 4명에 대하여 50대를 각각 치고, 7명에 대하여 곤장 60대, 10명에 대하여 70대, 13명에 대하여 80대, 16명에 대하여 90대, 20명에 대하여 100대를 각각 치고, 30명에 대하여 도형 1년, 40명에 대하여 1년 반, 50명에 대하여 2년, 60명에 대하여 2년 반에 처하였다. 만일 내용을 알고 있었을 때에는 가장家長과 동일하게 형을 가한다.}

○ 이웃 동네에서 강도가 나타났다는 말을 듣고도 구하지 않은 경우는 곤장 80대를 치고, 알렸는데도 구원하지 않은 자는 90대를 치며, 관리로서 구하지 않은 자는 100대를 치고, 절도인 경우에는 형벌 2등급을 낮춘다.

○ 같은 오보五保(다섯 집) 안에서 도형에 해당한 범죄자를 적발하지 않은 자는 곤장 60대, 귀양에 해당한 자를 적발하지 않은 자는 100대를 각각 치고, 사형에 처할 죄를 범한 자를 적발하지 않은 자는 도형 1년에 처하고, 도형 이하의 죄를 적발하지 않았을 때는 죄에 해당되지 않는다.

○ 성씨가 다른 남자 아이[異姓]를 기르는 경우에는 준 자는 매 60대를 치고, 기르는 자는 도형 1년에 처한다. 자식이 없으면서 아이를 버린 자는 2년에 처하였다. 여자를 양자로 기르는 자는 죄가 되지 않으며, 세 살이 못 된 내버린 아이는 성씨가 다른 자가 데려다 기르는 것을 허용하였다.

○ 조부모나 부모가 있는데 아들과 손자가 호적과 재산을 달리하며 공양을 하지 않을 때에는 도형 2년에 처하고, 상복을 입는 친족의 호적을 달리하는 경우는 도형徒刑 1년에 처하였다.

○ 서로 협의하여 자손을 노비로 삼은 자는 징역 1년으로, 꾀어서 노비로 판 자[略賣者]는 1년 반으로 하고, 서로 협의하고 고의로 판 자[故賣資]는 형벌을 한 등급 더하였다.

○ 서로 협의하여 친동생이나 조카 또는 자손을 노비로 삼은 자는 징역 2년 반에, 꾀어서 판 자는 3년에, 팔려고 하다가 못 판 자[未售者]는 형을 한 등급 감하며, 서로 협의하고 고의로 판 자는 형을 한 등급 감하였다.

○ 아내가 제 마음대로 집을 떠났을 때[妻擅去]는 도형 2년에 처하고, 개가改嫁를 하면

2천 리 밖으로 귀양을 보내며, 첩이 제 마음대로 집을 떠났을 때[妾擅去]는 도형 1년 반, 개가를 하면 2년 반에 각각 처한다. 이들에게 장가 든 자도 같은 죄를 주되 유부녀임을 알지 못하였을 때에는 죄에 처하지 않는다.

○ 군현인郡縣人이 진津, 역驛, 부곡部曲 사람들과 결혼하여 출생한 자녀는 모두 진, 역, 부곡에 속하고 진, 역, 부곡에서 천민雜尺들과 결혼하여 출생한 자녀는 절반씩 나누되 남는 수는 어머니에게 속하게 하였다.

○ 정종靖宗 12년(1046)에 판判하여 모든 전정田丁의 상속은 그가 죽은 뒤에 맏아들이 없으면 맏손자에게, 맏손자가 없으면 친아우에게, 친아우가 없으면 서손庶孫이, 손자가 없으면 손녀가 각각 받게 하였다.

○ 문종 22년(1048)에 제制하여 평민으로서 아들이 없는 경우에 형제의 아들이 없으면 세 살 전에 버려진 아이를 데려다 키워서 아들로 삼되 곧 자기의 성을 따르게 할 것이며, 후계자로 호적에 올리는 것은 이미 정해진 법이 있다. 자기의 자손이나 형제의 아들이 있는 자로서 성이 다른 아이를 데려다 키우는 것은 일체 금지하라고 하였다. 또한 삼촌이나 손자뻘 되는 아이를 양자로 삼는 것을 금지하라고 하였다.

○ 예종 3년(1108)에 판判하여 남편 있는 여자가 간음하면 방탕한 여자 명단인 『자녀안恣女案』에 등록하여 바느질하는 공인[針工]으로 배속시키라고 하였다.

○ 원종 13년(1272) 정월에 어사대御史臺에서 아뢰기를, "경오년의 변란 때에 조정 관리들의 가족이 적에게 함몰되었다 하여 거의 다 재취를 하였습니다. 이제 적이 평정되어 자기 본처가 돌아오기는 하였으나 몸을 더럽혔으리라고 의심하고 혹은 신혼에 정이 들어 마침내 본처를 버리고 돌보지 않음으로써 인륜을 훼손시키고 많은 원망을 일으키고 있습니다. 청컨대 이것을 금지시키소서."라고 하니 왕이 이 말을 좇았다. 또한 부모와 의논하지 않고 까닭 없이 아내를 버린 자는 직책을 빼앗고 정해 준 지역 내에서만 살게[付處] 하도록 하였다.

○ 공민왕 20년(1371) 12월에 교서를 내리기를, "독신인 장정으로 부역에 종사하는 것은 이미 병신丙申년부터 금지하기로 되어 있는데 관리들이 이들을 여전히 부리고 있으니 매우 애처로운 일이다. 그에게 역을 돕는 사람을 주어[助役] 생업을 유지하게 할

것이며 나이 60세에 달하면 요역을 면제하라."고 하였다.

○ 신우[우왕] 원년(1375) 2월에 교서를 내리기를, "백성에게 일을 시키는 도리는 되도록 후하게 해야 한다. 이제부터 각 지방의 민호를 서울에서 지금 쓰는 법령과 똑같이 하여 대, 중, 소 3등급으로 나누고 중등中等에 해당하는 민호는 두 집을 하나로, 하등에 해당하는 민호는 세 집을 하나로 하되 일체 징발에서 힘을 합하여 서로 돕게 함으로써 생업에 안착하도록 할 것이다."고 하였다.

○ 공양왕 원년(1389) 9월에 도당都堂에서 제의하기를 "산기散騎 이상 관리의 처로서 봉작封爵 받은 자는 재가를 하지 못하게 하고, 판사判事 이하 6품 관원의 처는 남편이 죽은 후 3년 이내에는 재가를 하지 못하게 하되 위반하는 자는 절개를 잃은 것으로 논죄할 것이며, 산기 이상 관원의 첩과 6품 이상 관원의 처첩妻妾으로서 수절하기를 자원하는 자는 마을 거리에 정문旌門[32]을 세워 그를 표창하는 동시에 상을 주소서."라고 하였다.

대악大惡[33]

○ 가까운 친족 어른들[周親尊長], 외조부모, 남편과 아내의 부모를 죽이려고 한 자는 비록 상처를 내지 않았더라도 참형에 처하고 도사道士, 여도사[女冠], 비구니[僧尼]들이 스승을 죽이려고 한 경우도 마찬가지로 참형에 처하며, 백부, 백모, 숙부, 숙모를 죽이려고 한 자도 같다.

○ 가까운 친족의 비유卑幼(어린이)를 죽이려고 한 자는 도형 2년 반에, 상처를 낸 자는 3년에 각각 처하고 죽인 자는 3천 리 밖으로 귀양을 보내고, 무엇을 요구하기 위하여 죽이려고 한 자는 형벌을 한 등급 더하였다.

○ 대공복에 해당한 존장을 죽이려고 한 자[謀殺大功尊長者]는 2천 리 밖으로 귀양을 보내고, 상처를 낸 자는 교형에, 죽인 자는 참형에 각각 처한다. 소공小功이나 시마복

32 충신, 효자, 열녀들을 표창하기 위하여 그 마을에 세우는 붉은 문.

33 친척을 살해하거나 다치게 한 죄.

緦麻服에 해당한 존장尊長을 죽이려고 한 자도 마찬가지로 처벌한다.

○ 대공 이하와 시마 이상 복服에 해당한 어린이를 죽이려고 한 자는 도형 3년에 처하고 상처를 낸 자는 3천 리 밖으로 귀양을 보내고 죽인 자는 교형에 처하며 무엇을 요구하기 위하여 그렇게 하였으면 한 등급을 더하였다.

○ 조부모나 부모를 구타한 자는 참형에 처하고, 욕설을 하였을 때는 교형에 처한다. 잘못하여 일시의 착오와 과실로 상처를 내었거나 욕설을 한 자는 도형 3년에 처하고, 과실로 구타하였을 때는 3천 리 밖으로 귀양을 보내었다.

○ 백부, 백모, 숙부, 숙모나 외조부에게 욕설을 한 자는 도형 1년에, 구타를 한 자는 3년에 각각 처하고 상처를 내었을 때는 2천 리 밖으로 귀양을 보낸다. 뼈를 부러지게 한 자는 교형에, 죽게 만든 자는 참형에 각각 처하며, 과실로 상처를 낸 자는 각각 해당 상해죄에서 두 등급을 감하였다.

○ 친형이나 친누님에게 욕설을 한 자[罵親兄姊者]는 곤장 100대를 치고, 구타한 자는 도형 2년 반에, 상처를 낸 자는 3년에 각각 처하고 뼈 부러지게 한 자는 2천 리 밖으로 귀양을 보내며, 팔 다리를 부러지게 한 자는 교형에, 죽게 한 자는 참형에 각각 처하였으며, 과실로 상처를 낸 자는 각각 해당되는 상해죄에서 두 등급을 감하였다.

○ 사촌 형이나 사촌 누님을 구타한 자[毆堂兄姊者]는 도형 1년 반에, 이빨을 부러뜨린 자[折齒者]는 도형 3년에 각각 처하였다. 힘줄을 끊어뜨린 자[折筋者]는 2천리 밖으로 귀양을 보내고 두 가지 이상의 상처를 낸 자는 교형에 처하였다. 과실로 상처를 낸 자는 각각 해당되는 상해죄에서 두 등급을 감하였다.

○ 시마복에 해당한 형이나 누님을 구타한 자[毆緦麻兄姊者]는 곤장 100대를 치고, 이빨 한 대 이상을 부러뜨린 자는 도형 1년 반에, 두 대 이상을 부러뜨린 자는 2년에, 힘줄을 끊어뜨린 자는 2년 반에, 팔 다리를 부러뜨린 자는 2천리 밖으로 귀양을 보내고 두 가지 이상의 상처를 낸 자는 3천리 밖으로 귀양을 보내고, 죽게 한 자는 교형에 처하며 피해자가 존장인 경우에는 다시 한 등급을 더하여 처벌하고, 죽게 한 자는 참형에 처하였다.

○ 소공복에 해당한 형이나 누님을 구타한 자[毆小功兄姊者]는 도형 1년에, 이빨을 한

대 이상을 부러뜨린 자는 도형 2년에, 두 개 이상은 2년 반에, 힘줄을 끊어뜨린 자는 3년에 각각 처하고 두 가지 이상의 상처를 낸 자는 3천리 밖으로 귀양을 보내고 죽게 한 자는 참형에 처하고 피해자가 존장인 경우에는 다시 형벌을 한 등급 더하였다.

○ 형의 아내와 남편의 동생이나 누이의 손발을 구타한 자[毆兄之妻及夫之弟妹手足者]는 곤장 70대, 머리털을 뽑은 자는 90대를 각각 친다. 연장으로 상처를 낸 자는 도형 1년에 처하고 이빨 한 대 이상을 부러뜨린 자는 2년에, 힘줄에 상처를 낸 자는 2년 반에 각각 처한다. 팔 다리를 부러뜨린 자는 2천 리 밖으로 귀양을 보낸다. 두 가지 이상의 상처를 낸 자는 3천 리 밖으로 귀양을 보내며 죽게 한 자는 교형에 처하고, 상처를 내지 않고 구타한 자는 매 50대를 치고, 함부로 구타한 자의 형벌을 한 등급을 더하였다.

○ 아내나 첩이 남편의 조부모와 부모에게 욕설을 하였을 때는 도형 2년에 처하고 구타를 하였을 때는 교형에, 상처를 냈으면 참형에 각각 처한다. 과실로 상처를 낸 자는 도형 2년 반에, 과실로 죽게 한 자는 3년에 각각 처하였다.

○ 동생이나 누이 또는 형제의 자손이나 외손을 때리다가 죽인 자는 도형 3년에 처하고, 고의로 죽인 자는 2천리 밖으로 귀양을 보내고, 일시적인 착오로 죽였거나 과실로 죽인 자는 죄를 논하지 않았다.

○ 남편이 아내를 구타하여 상처를 냈거나 연장으로 상처를 냈으면 곤장 80대, 이빨 한 대 이상을 부러뜨린 자는 90대, 두 대 이상이면 100대를 각각 친다. 힘줄을 끊어뜨린 자는 도형 1년, 팔 다리를 부러뜨린 자는 2년, 두 가지 이상의 상처를 낸 자는 3년에 각각 처하고 죽게 한 자는 교형에, 고의로 죽인 자는 참형에 각각 처한다. 머리털을 뽑은 자는 곤장 60대를 치며 과실로 죽게 한 경우에는 죄를 논하지 않았다. 아내가 첩을 구타한 경우에도 이와 같이 하였다.

○ 사촌 아우, 사촌 누이 동생 사촌의 아들 형이나 아우의 손자를 때리다가 죽인 자는 2천 리 밖으로 귀양을 보내고, 고의로 죽인 자는 교형에 처하며 아내의 부모를 구타한 자는 열 가지 악十惡 중의 친척간에 화목하지 못한 불목不睦 죄로 논하였다.

○ 가까운 친족 어른이나 외조부모, 부부의 조부모의 죄를 고발한 자는 아무리 그것이 사실이라 할지라도 도형 2년에 처하고 그가 귀양에 처하게 될 때에는 도형 3년에

처하고 사형을 당하게 될 때에는 3천 리 밖으로 귀양을 보냈다. 무고를 한 자는 보통 무고죄에서 두 등급을 더하며 지친인 아랫사람을 고발한 자는 곤장 60대를 쳤다.

○ 대공복에 해당한 존장을 고발한 자는 그것이 사실이라 할지라도 도형 1년 반에, 그가 귀양을 가게 되면 2년 반에, 사형을 당하게 되면 3년에 각각 처하고 무고를 한 자는 보통 무고죄에서 두 등급을 더하였다.

○ 소공이나 시마복에 해당하는 존장尊長을 고발하였을 때는 그것이 사실이라 할지라도 도형 1년에, 그가 귀양을 가게 되면 2년에, 사형을 당하게 되면 2년 반에 각각 처하였다.

○ 문종 원년(1047) 7월에 장연현長淵縣사람 문한文漢이라는 자가 거짓으로 신神들렸다고 하면서 미친 짓을 하며 자기 부모, 친누이, 어린애 등 4명을 죽였으므로 사형에 처하였다. (이에) 상서형부尙書刑部에서 아뢰기를 "장연 현령 최덕崔德과 원위元尉 최덕망崔德望 등이 착한 정사로 백성을 교화하지 못하여 이런 불상사가 생겼을 뿐 아니라 보고도 제 때에 하지 않았으니 그들의 직책을 파면시켜야 하겠습니다."라고 하니 왕이 이 말을 좇았다.

○ 숙종 6년(1101) 정월에 주부注簿 이경택李景澤의 아내 김씨金氏가 남편의 계모繼母를 죽이려고 몰래 종을 시켜 독약을 둔 음식을 계모에게 권하였는데 계모가 이것을 알고 어사대에 고발하였다. 김씨가 사실을 시인하지 않으므로 어사대에서 다시 심문할 것을 청하니 왕이 말하기를, "범죄 사실이 이미 명백하여졌으니 즉시 논죄 판결 할 것이다."라고 하였다. 김씨는 선대 임금의 외척이라 하여 형을 감하여 사형에 처하지 않고 안산현安山縣으로 귀양을 보냈으나, 이경택은 감옥에서 죽었다.

살상殺傷[34]

○ 인종 12년(1134)에 판判하여 사람을 구타하여 이빨을 부러뜨린 자에게서 벌금을

34 사람을 죽이거나 다치게 한 죄.

받아 피해자에게 주라고 하였다.

○ 의종 16년(1162) 5월에 관가의 여종 선화善花가 임신부와 곡식을 가지고 다투다가 그를 죽였으므로 자연도紫燕島로 유배보냈다.

○ 명종 15년(1185) 8월에 남원군南原郡 사람이 사이가 좋지 못한 그 고을 아전의 집에 가서 아전을 기둥에 결박하고 마침내 그 집에 불을 질러 태워 죽였다. 여러 신하들이 그를 싸움 끝에 살인한 죄[鬪殺論]로 처벌하고자 하였으나 왕은 그 정상을 참작하여 얼굴에 낙인을 찍어 상호常戶에 편입시키라고 하였다.

○ (명종 15년) 또 능성陵城 사람이 채찍으로 아이 업은 여자를 때렸더니 그 여자가 놀라 물에 빠져 죽었다. 여러 신하들이 역시 싸움 끝에 살인 한 투살죄鬪殺罪로 논하자고 하였으나 왕이 제制하여 모자母子를 일시에 다 죽게 하였으니 협박하여 죽인 겁살죄劫殺罪로 논하라고 하였다.

○ 공양왕 3년(1391)에 아버지를 위하여 사람을 죽인 자가 있었는데 형조刑曹에서는 곤장 80대를 치자고 하였으며, 도당都堂에서는 비록 부모를 위하여 사람을 죽였다 할지라도 사람을 죽인 것은 그 죄가 가볍지 않다고 하였다. (그러나) 왕은 부모를 위하여 사람을 죽였으니 그 죄는 용서할 수 있다고 하여, 마침내 그를 용서하여 주었다.

| 휘찬여사 권19 |

형법지 2

형법지刑法志 2

형법刑法

금령禁令

○ 부모나 남편의 상사가 났다는 말을 듣고도 슬퍼하지 않고 음악을 연주하며 잡스러운 놀이를 한 자{도형徒刑 1년에 처한다.}, 상기가 끝나기 전에 상복을 벗고 보통 옷을 입는 자[釋服從吉]{도형 3년에 처한다.}, 초상난 것을 숨기고 초상을 치르지 않는 자[不擧哀]{유형流刑 2천 리에 처한다.}, 조부모나 부모가 사망했다고 속여 휴가를 신청하거나 직무를 회피하는 자{도형 3년에 처한다.}

○ 조부모나 부모가 옥에 갇혔는데 시집 장가를 간 자{도형죄로 갇혔으면 장杖 100대를 치고 죽을죄로 갇혔으면 도형 1년에 처한다.} 조부모나 부모가 시켰을 때는 거론하지 않는다.{첩을 얻은 경우 3등을 감한다.}

○ 모든 재판에서 판결이 난 후에 잘못된 판결이라 우기면서 그 처분의 실행을 미루는 자{참직參職 이하는 바로 가두고 4품 이하는 보고하여 처리한다.}는 이름을 숨기고 투서한 죄로 처결한다.

○ 사사로이 저울[秤]이나 말[斗]을 만들어 시장에서 사용하여 농간을 부리는 자{1척尺은 장 60대, 1필疋은 장 70대, 2필은 장 80대, 3필은 장 90대, 4필은 장 100대를 친다. 5필은 도형 1년, 10필은 도형 1년 반, 15필은 도형 2년, 20필은 도형 2년 반, 25필은 도형 3년에 처한다. 30필은 유형 2,000리, 35필은 유형 2,500리, 40필은 유형 3,000리에 처한다.}

○ 저울, 말, 자를 써서 관청 물품을 출납할 때 공평하게 하지 않아 자기 이익을 취한 자{1자는 장 60대, 1필은 장 70대, 2필은 장 80대, 3필은 장 90대, 4필은 장 100대

를 친다. 5필은 도형 1년, 10필은 도형 1년 반, 15필은 도형 2년, 20필은 도형 2년 반, 25필은 도형 3년에 처한다. 30필은 2,000리 유형에 처하고, 35필은 유형에 징역懲役을 더한다.}, 더하거나 던 자는 장물贓物에 관계된 죄로 처리한다.

○ 공전公田이나 사전私田을 자기의 소유인 것처럼 하여 바꾸거나 매매한 자{그 넓이가 1무畝는 태笞 50대를 치고, 5무는 장 60대, 10무는 장 70대, 15무는 장 80대, 20무는 장 90대, 25무는 장 100대를 친다. 30무는 도형 1년, 35묘는 도형 1년 반, 40무는 도형 2년, 50무는 도형 2년 반에 처한다.} 자기 소유로 만들려다가 못 한 것은 재물을 약취掠取하려다 못한 죄와 같이 논한다.

○ 공전이나 사전을 몰래 경작한 자{그 넓이가 1무는 태 30대, 5무는 태 40대, 10무는 태 50대를 치고 15무는 장 60대, 20무는 장 70대, 25무는 장 80대, 30무는 장 90대, 35무는 장 100대를 치며 40무는 도형 1년, 50무는 1년 반에 처한다.}. 황무지인 경우에는 1등을 감하고 강제로 빼앗았을 경우는 1등을 더한다.

○ 남의 밭에 몰래 무덤을 쓴 자{태 50대를 치고, 무덤에 붙은 밭의 경우는 장 60대를 친다. 이정里正에게 신고하고 다른 곳에 옮겨 묻어야 하며 신고하지 않고 옮기면 태 30대를 친다. 남의 무덤에 붙은 밭을 몰래 경작한 자는 장 100대를 친다. 봉분을 훼손한 자는 도형 1년에 처한다.}

○ 도로와 밭두둑을 침범한 자는 장 70대를 치고, 곡식을 심은 자는 태 50대를 치며, 담을 무너뜨린 자는 장 60대를 친다. 곡식을 심었더라도 방해가 되거나 없애지 않았다면 해당되지 않는다. 담당하는 관청에서 금지하지 않았으면 죄가 같다.

○ 남의 재물을 위협하여 빼앗은 자{1자는 장 70대, 1필은 장 80대, 2필은 장 90대, 3필은 장 100대를 친다. 4필은 도형 1년, 5필은 도형 1년 반, 10필은 도형 2년, 15필은 도형 2년 반, 20필은 도형 3년에 처한다. 25필은 유형 2,000리, 30필은 유형 2,500리, 35필은 유형 3,000리에 처한다. 20필에 차면 주범은 사형에 처한다.}

○ 남의 무덤 경계 안에 있는 나무를 벤 자{1자는 장 60대, 1필은 장 70대, 2필은 장 90대, 4필은 장 100대를 친다. 5필은 도형 1년, 10필은 도형 1년 반, 15필은 도형 2년, 20필은 도형 2년 반에 처한다. 30필은 유형 2,000리, 35필은 유형 2,500리, 40필

은 유형 3,000리에 처한다. 친속의 무덤 경계 안에 있는 나무를 벤 자도 마찬가지다.}

○ 남의 밭이나 과원果園에서 오이나 과일을 훔쳐 간 자{1자는 장 60대, 1필은 장 70대, 2필은 장 80대, 3필은 장 90대, 4필은 장 100대를 친다. 5필은 도형 1년, 10필은 도형 1년 반, 15필은 도형 2년, 20필은 도형 2년 반, 25필은 도형 3년에 처한다. 30필은 유형 2,000리, 35필은 유형 2,500리, 40필은 유형 3,000리에 처한다.} 강제로 빼앗아 간 자는 도둑에 대한 율로 논하고 그것을 먹은 자는 장물에 걸린 죄로 논한다.

○ 훔쳤거나 사기 친 장물贓物인 줄 알면서 고의로 산 자{1필은 태 20대, 2필은 태 30대, 4필은 태 50대를 치고 5필은 장 60대를 치며 6필은 도형 1년, 30필은 도형 1년 반, 40필은 도형 2년, 50필은 도형 2년 반에 처한다. 그러한 물건인 줄 알면서 감추어 준 자는 형을 한 등급 낮춘다.}

○ 남이 사기로 얻은 물건인 줄 알면서도 좇아가서 얻어가진 자{1자는 태 20대, 1필은 태 30대, 2필은 태 40대, 3필은 태 50대를 치고, 4필은 장 50대, 6필은 장 70대, 6필은 장 80대, 7필은 장 90대, 8필은 장 100대를 친다. 10필은 도형 1년, 20필은 도형 1년 반, 30필은 도형 2년, 40필은 도형 2년 반, 50필은 도형 3년에 처한다.} 내용을 알면서 산 자는 그것을 감추어 준 자에 대한 형보다 두 등급을 감한다.

○ 똑같이 나누어야 할 재물을 나눌 때 공평하게 하지 않는 자{2필은 태 20대, 3필은 태 30대, 4필은 태 40대, 5필은 태 50대, 6필은 태 60대, 7필은 태 70대, 8필은 태 80대, 10필은 태 90대, 20필은 태 100대를 친다. 30필은 도형 1년, 40필은 도형 1년 반, 50필은 도형 2년에 처한다.}

○ 그릇된 약방문으로 병을 고친다고 속여 재물을 받은 자{1자는 장 60대, 1필은 장 70대, 2필은 장 80대, 3필은 장 90대, 4필은 장 100대를 친다. 5필은 도형 1년, 7필은 도형 1년 반, 15필은 도형 2년, 20필은 도형 2년 반, 25필은 도형 3년에 처하며, 30필은 유형 2,000리에 처하고, 35필은 유형에 징역을 더하되 속전贖錢을 받고 사면赦免하는 예에 해당되지 않는다.}

○ 조세를 부당하게 받아서 자기의 이익을 삼은 자{1척은 장 100대를 치고 1필은 도형 1년, 2필은 도형 1년 반, 3필은 도형 2년, 4필은 도형 2년 반, 5필은 도형 3년에 처

하고 6필은 유형 2,000리, 7필은 유형 2,500리, 8필은 유형 3,000리에 처한다. 녹봉을 받는 자는 30필이면 유형에 역을 더하고, 녹봉을 받지 않는 자는 25필이면 유형에 역을 더한다.}

○ 받을 빚이 있다고 하여 관청에 신고하지 않고 원금보다 많은 재물을 강제로 가져간 자{1자는 태 20대, 1필은 태 30대, 2필은 태 40대, 3필은 태 50대를 친다. 4필은 장 60대, 5필은 장 70대, 6필은 장 80대, 7필은 장 90대를 친다. 10필은 도형 1년, 20필은 도형 1년 반, 30필은 도형 2년, 40필은 도형 2년 반, 50필은 도형 3년에 처한다. 그와 함께 원래의 계약대로 하고 나머지는 주인에게 돌려주게 한다.}

○ 고의로 가축을 풀어놓아 남의 밭에 있는 싹을 손상시키고 먹게 한 자{1자는 태 20대, 1필은 태 30대, 2필은 태 40대, 3필은 태 50대를 친다. 4필은 장 60대, 5필은 장 70대, 6필은 장 80대, 7필은 장 90대, 8필은 장 100대를 친다. 10필은 도형 1년, 20은 도형 1년 반, 30필은 도형 2년, 40필은 도형 2년 반, 50필은 도형 3년에 처한다.} 만약 가축이 달아나 잃어버린 경우에는 2등을 감하고 아울러 손해를 입은 것은 배상하도록 한다.

○ 왕의 명령을 담은 문서[制書]나 공문서[官文書]를 버리고 훼손한[棄毁] 자{1자는 장 60대, 1필은 장 70대, 2필은 장 80대, 3필은 장 90대, 4필은 장 100대를 친다. 5필은 도형 1년, 10필은 도형 1년 반, 15필은 도형 2년, 20필은 도형 2년 반, 25필은 도형 3년에 처한다. 30필은 유형 2,000리, 35필은 유형 2,500리, 40필은 유형 3,000리에 처한다.} 공문서를 위조하여 농간을 부린 자는 위와 같다. 잃어버렸거나 실수로 훼손한 자는 2등을 감한다.

○ 여러 이유로 화재를 낸 자{2월 1일부터 10월 3일까지 들판을 태웠을 때에는 태 50대를 친다. 그 불이 번져 남의 집과 재물을 태웠을 때에는 장 80대를 친다. 불이 난 틈을 타서 물품을 많이 훔쳐 가진 자는 남의 재물을 훔친 죄로 논하여 형을 세 등급 감한다. 고의로 관청이나 종묘, 사직 및 또는 개인의 집과 재물에 불을 낸 경우에는 건물의 크기나 재물의 액수를 따지지 않고 도형 3년에 처한다. 장물이 5필에 이르면 유형 2,000리에 처하고, 10필에 이르면 교수형絞首刑에 처한다. 사람을 살상한 자는 고의로

살상한 죄로 처리한다.}

○ 고의로 남의 집과 누에 채반, 곡식더미를 불태운 자{주범은 사형에 처하고 종범은 척장脊杖(등을 치는 장) 20대를 친다.}

○ 노름을 하면서 돈이나 물건을 건 자{각각 장 100대를 친다. 장소를 제공한 주인 및 일을 꾸미고 어울려 노름하게 한 자도 장 100대를 친다. 음식을 건 경우나 활쏘기나 무예를 익히면서 돈이나 물건을 걸고 내기한 경우는 죄가 되지 않는다.}

○ 향鄕, 부곡部曲, 진津, 역驛, 양계兩界의 주州·진鎭의 호적에 편입된 사람은 승려가 되는 것을 금한다.

○ 서울이나 지방의 부호들이 빚진 가난한 사람을 강제로 점유하여 노비로 삼아 일을 시키는 것을 금한다.

○ 승려들이 민가에 와서 머물러 묵는 것을 금한다.

○ 소를 도살한 자는 양민, 천민을 물론하고 얼굴에 글자를 새기고[鈒面] 형을 집행하여 먼 육지의 주, 현에 편입시킨다.

○ 현縣의 성을 넘은 자는 장 90대를 치고 주州·진鎭의 성을 넘은 자는 도형 1년에 처하며, 넘으려하였으나 넘지 못한 자는 한 등급을 감한다. 도랑으로 출입한 자는 성을 넘은 자와 같이 처벌한다.

○ 경종 원년(976) 2월에 문무 양반의 무덤 크기를 정하였다. {1품은 사방 90보步, 2품은 80보이고 봉분 높이는 모두 1장 6척이다. 3품은 사방 70보에 높이는 1장이다. 4품은 60보, 5품은 50보, 6품 이하는 모두 30보이고 높이는 8척을 넘지 못한다.}

○ 성종 원년(982) 4월에 남자 10세 이상은 모자를 쓰게 하였다.

○ 성종 3년(984)에 처음으로 군인의 복색服色을 정했다.

○ 현종 원년(1010)에 비구·비구니가 술 빚는 것을 금지했다.

○ 현종 3년(1012)에 시장에 비단 부채를 파는 것을 금지했다. 교서敎書를 내려 "요즘 보니 승려[沙門]들의 옷이 점점 화려해지고 사치를 부려 참람한 것이 속인俗人과 다를 것이 없다. 담당 관원에게 그 복식을 정하게 하라." 하였다.

○ 현종 4년(1013) 3월에 교서를 내려 "『예기禮記』에 '나무 한 그루를 베더라도 때가

맞지 않으면 효도가 아니다.' 하였고 『사기史記』에 '소나무와 잣나무는 모든 나무의 으뜸이다.' 하였다. 근래에 들으니 백성들이 소나무와 잣나무를 베는데 때에 맞지 않은 경우가 많다고 한다. 지금부터는 조정에서 쓸 것 이외에는 시기가 아닐 때 소나무를 베는 것을 일체 금지하라." 하였다.

○ 현종 5년(1014)에 백성들이 비수匕首를 차고 다니는 것을 금지하였다.

○ 현종 8년(1017) 사람들이 집을 희사喜捨하여 절을 만들거나 부녀자들이 비구니[尼]가 되는 것을 금지하였다.

○ 현종 12년(1021) 9월에 황주黃州의 세장지世長池와 용림록龍林麓에서 물고기를 잡거나 나무하는 것을 금지하였다.

○ 현종 14년(1023) 5월에 사헌대司憲臺에서 아뢰기를 "백관이 조회 때에 무릎을 꿇고 앉아서 서로 속삭이거나 한 번만 절을 하는 등 함부로 행동하여 반열에서 조정의 의식이 잘못되었습니다. 이런 것들을 더욱 엄히 금할 것을 청합니다." 하니 따랐다.

○ (현종) 16년(1025) 4월에 예부에서 아뢰기를 "어사대의 격格[1]에 따르면 양반 관원들이 조문朝門과 거리, 공적인 장소에서 사사로운 예[私禮]로 엎드려 절하다가 적발되면 즉시 조사하여 처벌하도록 되어 있습니다. 이제 삼가 『예기禮記』를 살펴보니 '군자는 예를 행할 때 풍속을 변경하려 하지 않는다.' 하였고 또 '교화를 닦을 뿐 풍속을 바꾸지 않으며 정사를 고르게 하되 그 마땅한 것을 바꾸지 않는다.' 하였습니다. 더욱이 예절이 없으면 윗사람과 아랫사람, 어른과 어린이의 차례도 분별할 수 없습니다. 만약 어사대의 새로운 격格대로라면 아랫사람과 어린이가 윗사람과 어른에게 어떻게 경의를 표하며 어떻게 지위를 구분하겠습니까? 청컨대 조정과 종묘의 예식과 반열[班行]에서는 사례私禮로 엎드려 절하는 것을 일절 금지하고 그 밖의 경우에는 편리한 대로 행하게 하는 것이 마땅합니다." 하니 따랐다.

○ (현종 16년) 9월에 어사대에서 서울과 지방 서민庶民들이 의복衣服과 기물器物에

1 율령을 적용하기 어려울 때 내려진 명령을 법전 형태로 정리한 것이다.

용이나 봉황의 무늬를 쓰는 것을 금하자고 청하니 그대로 따랐다.

○ (현종) 18년(1027) 8월에 승려가 백삼白衫, 말두바지[韈頭袴], 비단 허리띠[綾羅勒], 비단 두루 난삼[帛襴衫], 가죽신[皮鞋], 채색모자[彩冒], 갓[笠子], 갓끈[冠纓]을 착용하는 것을 금지하였다.

○ (현종) 22년(1031)에 판判을 내려 입춘立春이 지난 뒤에 나무 베는 것을 금지하였다.

○ 문종 31년(1077)에 판判을 내려 삼복三伏 사이에는 공사[工作]를 금지하였다.

○ (문종) 32년(1078) 10월에 중서문하성에 송宋나라 제도를 따라 신민들이 치자梔子로 물들인 황색과 담황淡黃색 옷 입는 것을 금지하자고 요청하니 왕이 그대로 따랐다.

○ 숙종 6년(1101) 6월에 조서詔書를 내리기를 "금과 은은 천지의 정화精華이고 국가의 보물인데 간사한 백성들이 몰래 구리를 섞어 주조鑄造하니 이제부터는 사용하는 은병銀甁[2]은 모두 확인하는 표를 찍도록 하며 위반하는 자는 무겁게 다스리라." 하였다.

○ (숙종) 10년(1105) 11월에 예종睿宗이 즉위하여 조서를 내리기를 "짐이 들으니 민간에서 매매할 때 쓰는 미곡과 은의 품질이 매우 나빠 전대前代 이래로 엄하게 금지하였지만 지금까지 그 때문에 징계를 받은 자를 보지 못했다고 한다. 대개 간악하고 교활한 무리들이 법으로 금지하는 것을 두려워하지 않고 오직 이익만 추구하여 쌀에 모래와 흙을 넣고, 은에 구리와 쇠를 섞어 어리석은 백성을 현혹하니 이는 천지신명의 뜻이 아니다. 백성들이 가난한 것이 실로 여기에서 비롯되었으니 법으로 징계해야 한다. 그러나 요순시대에는 법을 너그러이 해도 백성들이 법을 범하지 않았고 형벌을 쓰지 않아도 인심이 순후했다고 하니 짐은 이를 매우 사모한다. 바라기는 중앙과 지방의 군민과 공상잡류工商雜類들이 모두 마음을 바로잡고 생각을 바꾸어 선한 일로 옮겨가고 죄를 멀리한다면 자연히 형벌은 없어지고 덕으로 교화한 것은 넉넉해 질 것이다. 그렇게 되면 부유하고, 오래 살며, 태평한 풍조를 이루는 것이 어찌 어렵겠는가. 만약 이 뜻을 알지 못하고 고의로 위반하는 자는 반드시 벌하되 용서하지 않을 것이다." 하였다.

---

2 숙종 6년(1101)에 주조해 유통하도록 한 은화銀貨를 이른다.

○ 인종 9년(1131) 5월에 서울과 지방에서 비단 짜고 수놓는 일을 정지시키고, 10년 동안 서인庶人이 비단 저고리와 바지[羅衣綃袴]를 입는 것과 도성 안에서 말을 타는 것, 노비들이 가죽띠[革帶]를 쓰는 것을 금지하였다.

○ (인종 9년) 6월에 음양회의소陰陽會議所에서 아뢰기를 "근래에 승려들과 세속의 잡류들이 모여 떼를 지어서 만불향도萬佛香徒라고 하며 염불하고 독경하여 허탄한 일을 하고 있습니다. 또 서울과 지방의 절에 있는 승려들이 술과 안주를 팔기도 하고, 무기를 가지고 악한 짓을 하고 날뛰며 놀기도 하는 등으로 윤리를 어지럽히고 풍속을 쇠퇴시킵니다. 그러니 어사대御史臺와 금오위金吾衛에게 순찰하며 단속하여 금지시키기를 청합니다." 하자 조서로 그렇게 하라고 하였다.

○ 명종 11년(1181) 7월에 재추宰樞, 중방重房, 대간臺諫이 봉은사奉恩寺에 모여서 시장의 가격을 정하고, 말[斗]과 곡[斛]을 고르게 하였으며 위반하는 자는 섬으로 유배 보내도록 하였다.

○ (명종) 18년(1188) 3월에 제制하기를 "서울 사람으로 시골에 농장을 만들어 폐해를 일으키는 자는 농장을 파취破取하고 법에 따라 서울로 돌려보내도록 하라. 절의 승려들이 여러 곳의 농사農舍에서 공호貢戶와 양인良人을 끌어들여 일을 시키며, 질이 나쁜 종이와 포布를 빈민에게 강제로 나눠주고 이자를 받는 것은 모두 금지하라. 무릇 임금에게 올리는 물선物膳은 각각 그 고장의 토산물을 제철에 바치고 그 외에 진귀한 노리갯감이나 곰·호랑이·표범 가죽 때문에 백성을 괴롭히고 거두어 몰래 올리는 일이 없도록 하라. 개인 집에 보내는 것은 역로驛路를 이용하지 말라." 하였다.

○ 명종 22년(1192) 5월에 제하기를 "옛날에 어진 왕들이 천하를 교화할 때 절약하고 검소하게 하는 것을 숭상하며 사치를 배척하였으니 풍속을 두텁게 하려는 것이었다. 지금의 풍조는 겉이 화려한 것을 숭상하여 공적으로든 사적으로든 잔치를 열 때 경쟁적으로 남보다 낫게 하려 하므로 곡식을 진흙이나 모래처럼 쓰고 기름과 꿀 보기를 쓰레기 보듯이 한다. 이는 헛되이 눈에 보이는 것만 위하는 것으로 낭비가 적지 않다. 지금부터는 유밀과油密果 쓰는 것을 금지하고 과일로 대신하되 작은 잔치에서는 세 그릇, 보통 잔치에서는 다섯 그릇, 큰 잔치에는 아홉 그릇을 넘지 않도록 하며, 반찬도

세 가지를 넘지 못하게 하라. 부득이 하게 더 차릴 경우는 말린 고기[脯]와 젓갈[醢]을 번갈아 내는 것을 정식으로 하고 만약 이대로 하지 않으면 담당 관원이 죄를 조사하라." 하였다.

○ 고종 33년(1246) 5월 단오端午에 그네를 타고 북치고 피리 불며 노는 것을 금지했다.

○ (고종 33년) 11월에 처음으로 널[棺]과 덧널[槨]를 금박金箔으로 꾸미는 것을 금지하였다.

○ 충렬왕 원년(1275) 6월에 태사국太司局[3]에서 말하기를 "우리 동쪽은 목위木位여서 청색을 숭상해야 하며 백색은 금위金位의 색깔입니다.[4] 그런데 나라 사람들이 융복戎服(군복)을 입고부터 흰 모시옷[白紵衣]을 겉에 입으니 이는 나무가 쇠에 제압당하는 형상입니다. 흰 옷 입는 것을 금지하십시오." 하니 그대로 따랐다.

○ (충렬왕) 4년(1278) 2월에 나라 안에서 원나라[上國]의 옷과 관을 착용하라고 명하였다.

○ (충렬왕 4년) 3월에 도병마사都兵馬使가 판判에 근거하여 첩牒을 내기를 "원나라에서 모든 지역에 술을 금하도록 하였으니 우리나라도 마땅히 시행해야 한다. 왕의 생일, 원나라 사신을 영접하여 궁궐에서 연회를 베풀 때, 연등회나 팔관회에서는 술이 없어서는 안 되니 양온서良醞署에서 바치게 하라. 나라에서 행하는 제향祭享이나 초제醮祭 때 쓰는 술도 양온서에서 별도로 조양도제고造釀都祭庫와 소전색燒餞色을 세워 요청에 따라 술을 제공하고 이 외에는 공사간에 일절 금지한다. 만약 위반하는 자가 있으면 관직에 있는 자는 파직하여 쫓아내고 관직이 없는 자는 형벌로 다스릴 것이다. 마을에서 술을 빚어 마시는 무리가 있는데 부관部官이나 비장比長 등이 알면서도 신고하지 않는 자도 형벌로 다스릴 것이다. 이미 빚은 술은 이 달 21일까지 모두 사용하며 이미 만든 누룩은 이 달까지 모두 우창右倉에 바치게 하고 우창에서는 그 값을 지급한다.

---

3 『휘찬여사』에는 대사국大史局으로 되어 있으나 태사국太史局으로, 고려시대 천문·역수·측후·각루刻漏 등의 일을 관장한 관청이다.

4 동, 서, 남, 북, 중앙이 각각 오행五行의 목木, 금金, 화火, 수水, 토土와 색깔의 청靑, 백白, 적赤, 흑黑, 황黃색과 연결되어 있다고 이해한 데서 나온 말이다.

지방도 안렴사按廉使, 안집사按集使들에게 기한을 정하여 금지하게 하고 역시 관청에다 바치면 관청에서는 그 값을 지급하고는 누룩을 우창으로 보낸다." 하였다.

○ (충렬왕 4년) 11월에 왕이 하지下旨하기를 "붉고 큰 초[紅大燭]는 궁궐에서 쓰는 것이니 무릇 혼인이나 상례喪禮에서는 일절 금단하라." 하였다.

○ (충렬왕) 8년(1282) 9월에 왕이 충청도에서 사냥을 하였는데 행종도감行從都監[5]이 유밀과와 먼 지방 수령이 알현하러 오는 것을 금지하였다.

○ (충렬왕) 9년(1283) 정월에 감찰사監察司에서 방문榜文을 내걸기를 "문무 양반 관원이 권세가 있고 지위가 높은 이들에게 아부하여 집안의 어른이 아닌데도 모두 그 밑에 절을 한다. 이제부터 절을 한 자나 받은 자 모두 죄를 다스릴 것이다. 또 왕을 호위하며 따르는 군신群臣들이 서로 돌아보며 웃고 떠드는 것과 조복을 입고 걸어 다니는 것을 금지한다. 서민이 말을 타고 가다가 높은 관원을 보고도 말에서 내리지 않는 자는 그 말을 빼앗아 전목사典牧司로 보낼 것이다." 하였다.

○ (충렬왕) 14년(1288) 4월에 감찰사에서 방문을 내걸기를 "나라에 연이어 가뭄이 들어 곡식이 잘 되지 않자 무식한 무리들이 이 때문에 송악산에 제사를 지낸다고 하면서 산골짜기에서 무리지어 마시고 그것으로 인해 도의에 어긋난 행동을 하는 자들이 있었다. 그러므로 일찍이 법을 담당한 관청에서 요청하여 판判을 받기도 했으나 금지하는 것이 점점 해이해지자 이제 다시 성행하고 있다. 또 노의露衣와 첨립簷笠은 양반 관원의 아내가 서울 밖으로 나갈 때 입는 옷인데 이제 농민[嗇夫]과 노비의 아내도 모두 입어 높고 낮은 구별이 없어졌다. 이제부터 모두 일절 금지하며 위반하는 자는 범한 물품을 관에 몰수하고 죄를 다스릴 것이다. 승려와 노비, 잡류들이 조정 관원들이 다니는 길[朝路]에서 공공연히 말을 타고 거리낌 없으며 달리는 말이 행인을 밟아 죽이는 일도 있으니 이제부터 담당 관청에서 붙잡아 범인은 감금하여 죄를 다스리고 말은 전목사典牧司로 보내도록 한다. 만약 본 주인이 잘 가르치지 못하여 노비가 금지하는 것을 범한 경

5 고려후기 왕의 원나라 행차에 관한 사무를 맡아보던 관청이다.

우는 그 주인도 아울러 죄를 다스릴 것이다." 하였다. 또 방문을 내걸기를 "지방의 관직에 임명되고도 떠나지 않고 (개경에) 머물러 지방에서 맞으러 온 추종騶從들이 서울에 오래 머무니 그 폐단이 적지 않다. 즉시 떠나지 않는 자는 죄를 다스리도록 아뢸 것이다." 하였다.

○ 충선왕 4년(1312) 6월에 사람들이 자모법子母法[6]을 쓰지 않고 사사로이 이자를 더 받는 것을 금지하였다.

○ (충선왕 4년) 9월에 승인추고도감僧人推考都監을 설치하여 모든 절의 시주를 권하는 승려가 서울에 몰려들어 돈과 재물을 모으며 지저분한 행위를 하는 것을 금지하였다.

○ 충숙왕 3년(1316) 3월에 관직에 있는 사람과 승려가 장사하는 것을 금지하였다.

○ 충숙왕 12년(1325) 2월에 교서를 내리기를 "근래 기강이 서지 않아 악한 젊은이들이 무리를 지어 남의 재물을 빼앗고 남의 아녀자를 간음하며, 소나 말을 훔쳐서 잡아먹어 사람들이 몹시 원망하고 있다. 바라기는 사헌부司憲府와 순군巡軍[7]에서 직접 살피고 조사하여 다스리라. 산림과 천택川澤은 백성들과 함께 이용해야 하는데 근래 권세가에서 자신들이 점유하여 개인 소유로 만들고는, 멋대로 나무하고 꼴 먹이는 것을 금하므로 백성들에게 해를 끼친다. 바라기는 법을 맡은 관청에서 단속하고 만약 어기는 자가 있으면 죄를 다스리라. 닭이나 돼지를 기르지 않고 말이나 소를 잡는 것은 매우 어질지 못한 것이니 이제부터는 닭, 돼지, 거위, 오리를 길러 손님 접대와 제수祭需에 대비하게 하고 소나 말을 잡는 자는 죄를 다스리라. 고을의 서리[縣吏]로 아들이 셋인 자는 머리를 깎고 승려가 될 수 없으며 비록 아들이 많더라도 반드시 관에 신고하여 도첩度牒을 받고 아들 한 명이 머리 깎을 수 있다. 위반하는 자는 아들과 부모 모두 그 죄를 다스릴 것이다." 하였다.

○(충숙왕) 후8년(1339) 5월에 감찰사에서 금령禁令의 방문을 내걸었다. "하나, 지금 나라에 큰 상사喪事가 났으니 술을 금하는 것이 도리상 마땅하다. 만약 떼 지어 술을

6 채무관계에서 원금에 대한 이자율을 정한 법이다.
7 충렬왕대에 포도捕盜와 금난禁亂을 목적으로 설치한 군대이다.

마시고 노래 부르며 춤추는 자가 있으면 관직이 있는 자는 베 70필疋을 징수하고 관직이 없는 자[白身]는 장 77대를 친다. 주변 이웃 사람이 알고도 관에 신고하지 않으면 베 50필을 징수한다. 하나, 각 집[戶]에서 노비를 몹시 힘들게 일을 시키니 불쌍히 여기고 돌보아주어야 하는데 혹 병이 나면 의원에게 가서 치료해 주려 하지 않고 길에 버린다. 죽고 나면 묻어주지 않아 이리저리 끌려 다니다 굶주린 개떼들에게 버려지니 매우 가련하다. 이후로는 중한 죄로 다스릴 것이다. 하나, 옛날에 부모를 장사지낼 때 날을 멀리 정한 것은 예를 갖춰 장사지내려는 것이었다. 오늘날 사대부들은 보통 3일장으로 하니 예법에 맞지 않는다. 또 자신이 무덤을 지키지 않고 노비에게 대신하게 하니 효도라 할 수 있겠는가. 모두 금지하는 것이 마땅하며 위반하는 자는 죄를 처단할 것이다."

○ 충목왕 원년(1345) 5월에 단오에 하는 돌싸움[擲石戲]을 금지하였다.

○ 정리도감整理都監에서 장[狀]을 올렸다. "환관의 족속과 권세 있는 집들에서 토지가 기름진 곳에 다투어 농장을 설치하니 간사한 이속吏屬들이 이것을 연고로 하여 권세를 부려 남의 토지를 빼앗아 차지하고, 소나 말을 위협하여 빼앗습니다. 이제부터는 조사하여 통렬히 징계해야 할 것입니다. 토지에서 조세를 거두는 사람들이 매년 한 토지에 네댓 차례씩 징수하여 백성들이 생업을 잃고 떠도는 자가 매우 많게 되었습니다. 이후로는 이들을 끝까지 조사하여 형틀을 씌워 서울로 보내도록 하십시오."

○ 공민왕 5년(1356) 6월에 교敎를 내리기를 "향리鄕吏, 역리驛吏와 공사 노비들이 부역을 벗으려고 자기 멋대로 승려가 되어 호구수가 날로 줄어든다. 이제부터 도첩度牒을 받지 않은 자는 사사로이 머리를 깎고 승려가 될 수 없다." 하였다.

○ (공민왕 5년) 12월에 서울과 지방에서 고기잡이와 사냥을 금지하였다.

○ (공민왕) 7년(1358) 4월에 도평의사사에서 상언上言하기를 "요즘 안렴사와 수령들의 기강이 서지 않아 여러 도의 향리들이 사욕을 마음껏 채웁니다. 군사를 점고點考할 때는 부잣집에 미치지 않고, 조세를 거둘 때는 사사로이 큰 말[斗]을 만들며, 경정京丁을 숨겨 자기 토지로 만들고, 양인을 모아서 노비로 삼는 등 백성에게서 재물을 빼앗는 것이 끝이 없습니다. 어사대와 도의 안렴사에게 조사하게 하여 가장 악독한 자는 수레로 찢어 죽이고[車裂] 범한 것이 가벼운 자는 장을 치고 유형에 처하도록 하십시오." 하

니 왕이 따랐다.

○ 공민왕 8년(1359) 4월에 중방重房에서 말하기를 "예로부터 승려들은 대궐문에 들어가지 못하였으나 지금은 불교를 높이 신앙하여 그 출입을 막지 않습니다. 금지하여 주십시오." 하니 왕이 따랐다.

○ (공민왕) 10년(1361)에 어사대에서 중이 시가市街에 들어오는 것을 금지하였다.

○ (공민왕) 21년(1372) 11월에 원구圓丘 및 모든 제단, 왕릉山陵, 진산鎭山과 비보裨補[8] 하는 곳에서 사냥하는 것을 금지하였다. 또 매를 기르는 것을 금지하였다.

○ (공민왕) 23년(1374) 5월에 몽골인[胡人]을 따라 머리 깎는 것을 금지하였다.

○ 신우 원년(1375) 2월에 교서를 내렸다. "사람들이 검소한 것을 알지 못하여 사치하느라 재물을 낭비하고 있다. 이제부터는 소주燒酒, 수를 놓은 화려한 비단, 금이나 옥으로 만든 그릇 등의 물건은 모두 일절 금지한다. 비록 혼인하는 집이라도 단지 명주[紬]나 모시[紵]를 써서 검약하게 하는 것이 풍속이 되게 하여야 한다. 한산인閑散人[9]들이 각자 애마愛馬[10]라 칭탁하고 양식을 운반한다고 하며 요역徭役을 모면하여 백성 중에 고되고 편한 것이 균등하지 않게 하였다. 이후로는 사헌부에서 안렴사가 있는 곳의 관사를 돌아보고 조사하여 모두 찾아내어 역에 채워 넣도록 하라."

○ (신우) 3년(1377) 2월에 각 도 요충지에 방소防所를 세워 떠도는 호구를 막았다.

○ (신우) 5년(1379) 정월에 문하부낭사門下府郎舍가 상소하기를 "동북면과 서북면은 외국 땅과 경계를 맞대고 있어 더욱 폐단을 없애고 잘 돌봐주어야 합니다. 그런데 근자에 수령들이 서울의 아는 사람들이 부탁한 포백布帛(베와 비단)을 백성들 집에 나누어 주고 미곡을 거두어들이거나 군수품과 바꾸어 역로로 운반하므로 백성들이 괴로움을 견디지 못해 다른 나라 땅으로 유리하여 이사 갑니다. 이제부터는 이런 것을 모두 일절 금지하고 위반하는 자는 포를 보낸 사람과 수령을 사헌부에서 아뢰게 하여 죄를

8 풍수지리에서 좋지 않은 곳을 나무를 심는다든가 해서 보완해주는 것을 이른다.

9 직사職事없이 산계散階만을 가진 관원이다.

10 고려후기에 원나라의 영향을 받아 만들어진 궁성 숙위를 담당한 부대 및 그 구성원을 이르는 말이다.

처단하고 쌀과 베는 군수물자에 넣기 바랍니다. 또 원수元帥가 거느리는 군관이 늘 말을 타고 수행하므로 말이 쉬지를 못하여 그 때문에 지쳐 쓰러집니다. 이제부터 성 안에서는 말 탄 시종을 거느리지 못하게 하고 또 양부兩府(중서문하성과 중추원) 문 밖에서 영접하고 전송하는 것을 금지하십시오." 하였다.

○ (신우) 12년(1386) 8월에 승려들이 말을 타고 다니는 것을 금지하였다. 왕사王師나 국사國師가 나귀를 타고 다니는 것은 허용하였다.

○ 공양왕 원년(1389)에 사헌부에서 상소上疏하기를 "'장葬'이란 '감춘다[藏]'는 뜻이니 그 해골을 감추어 드러나지 않게 하기 때문입니다. 근세에 불교[浮屠]의 다비荼毘(시체를 화장하는 것)하는 방법이 성행하여 사람이 죽으면 시신을 들어 뜨거운 불 가운데에 넣고 장사를 지내므로 터럭과 머리카락이 다 타고 피부가 다 문드러져 단지 그 뼈만 남습니다. 더 심한 경우는 그 뼈도 태워 재를 날려 물고기와 새에게 주기도 합니다. 이렇게 한 후에야 천당에서 살 수 있고 서방 정토에 이를 수 있다 합니다. 이런 주장이 한번 일어나자 사대부 중에 식견이 높은 자들도 모두 미혹되어 죽어도 땅에다 장사지내지 않는 자가 많습니다. 아! 어질지 못한 것이 심합니다. 사람의 정신은 흘러가고 서로 통하여 산 사람이나 죽은 귀신이나 그 근본은 한가지 기氣이다. 조부모가 지하에서 편안하면 자손도 편안하고, 그렇지 않으면 이와 반대가 됩니다. 또 사람이 이 세상에 사는 것은 마치 나무가 땅에 뿌리를 맡기는 것 같아서 그 뿌리와 줄기를 태우면 그 가지와 잎도 마르고 시들며, 그 가지와 잎을 태우면 뿌리와 줄기도 병들 것입니다. 그렇게 되면 어찌 무럭무럭 자라 무성할 수가 있겠습니까? 이것은 어리석은 여자들이라도 능히 아는 것입니다. 성인은 네 치[寸] 두께의 관棺과 세 치 두께의 곽槨을 쓰도록 하면서도 오히려 그것이 속히 썩을까 걱정하였고 옷 수십 벌로 염을 하면서도 오히려 그것이 얇지 않을까 걱정하였습니다. 또 관 안에 곡식을 두면서도 오히려 개미가 혹 침범하지 않을까 걱정하였습니다. 장사지내는 예법이 이와 같은데 도리어 변방 오랑캐들의 아버지도 모르는 가르침을 쓴다면 어질다 할 수 있겠습니까? 이제부터 일절 통렬히 금지하여 위반하는 자는 죄를 다스리십시오." 하였다.

○ 사헌부에서 방문榜文을 내어 오랑캐[胡]처럼 무릎 꿇는 것을 금지하고 읍揖하도록

하였다.

○ (공양왕) 2년(1390) 4월에 서울 시장의 장인과 상인은 등록하게 하고 거기에 몸 붙여 살면서도 숨기고 등록하지 않는 자는 주객主客을 모두 단죄斷罪하게 하였다.

○ (공양왕) 3년(1391) 3월에 중랑장中郎將 방사량房士良이 상소하기를 "하나, 『서경書經』에 이르기를 '기이한 물건을 귀하게 여기지 않고 일상에서 쓰는 물건을 천하게 여기지 않으면 백성들이 넉넉하게 된다.'고 하였습니다. 우리나라는 단지 토산품인 세모시[細紵]와 베[麻布]만 쓰고도 여러 해를 거치면서 상하가 다 넉넉하였습니다. 그러나 이제는 귀천을 가릴 것 없이 외국에서 나는 물건을 다투어 교역하여 길에는 제왕이 입는 옷을 입은 남종이 많고 마을에는 왕후가 치장하듯이 치장한 여종이 많습니다. 이제부터는 사대부, 서인, 장인, 상인, 천인, 노비가 사라능단으로 만든 옷을 입는 것과 금, 은, 구슬 옥으로 장식하는 것을 일절 금지하여 사치하는 풍조를 완화시키고 귀천의 구분을 엄격히 하시기 바랍니다. 하나, 백성[人家]의 자손들이 집이 가난하고 돈이 없어 비단 이부자리를 마련하지 못하고 가죽 폐물과 의복을 갖추지 못해 세월을 미루다가 혼인할 시기를 놓쳐 심지어 부모가 죽어도 족속들에게 맡기거나 노비에게 의지하기도 합니다. 이 때문에 예의에서 벗어나고 인륜이 무너지는 경우도 종종 있습니다. 이제부터 혼인하는 집에서 오로지 무명[綿布]만 쓰도록 하고 다른 나라에서 나는 물건은 일절 금지하며 여전히 옛날 폐습을 행하는 자가 있으면 왕의 명령을 어긴[違制] 죄로 처리하시기 바랍니다. 하나, 놋쇠와 구리는 우리나라에서 나지 않는 물품이니 이제부터 구리로 만든 그릇을 일절 금지하고 오로지 자기瓷器와 목기木器만 쓰도록 하여 습속을 혁신하게 하십시오. 하나, 『서경』에 이르기를 '명령을 내리면 시행할 뿐이다.' 하였는데 명령을 내렸는데도 시행하지 않으면 그 나라는 나라가 아닙니다. 지금 명령이 엄하지 않은 것도 아닌데 행상들이 열씩, 다섯씩 무리를 지어 소와 말을 끌고 금은을 가지고 날마다 다른 나라로 달려가므로 나귀, 노새 중 느리고 둔한 것만 나라 안에 많습니다. 이제부터는 몰래 강을 건너가서 소나 말을 파는 자와 관에서 낙인 친 말을 외국에 팔고 반납하지 않는 자는 왕의 명령을 어긴 것으로 형벌을 더하시기 바랍니다. 하나, 주周나라 문왕[西伯]이 연못을 만들려고 땅을 파다가 죽은 사람의 뼈를 발견하였습니다. 문왕이 장사지

내주라 하자 아전이 말하기를 '이것은 주인도 없는 뼈인데 어찌하여 꼭 장사를 지냅니까?' 하였습니다. 이에 문왕이 답하기를 '천하를 차지한 자는 천하의 주인이고 한 나라를 차지한 자는 한 나라의 주인이다. 과인寡人이 진실로 이 뼈의 주인이다.' 하였습니다. 그리고 다시 옷을 입히고 곽槨을 써서 장사를 지내주자 천하에서 이 얘기를 듣고 말하기를 '문왕의 은택이 말라버린 뼈에도 미치는데 하물며 살아있는 사람에게랴.' 하였습니다. 이로부터 800년 주나라 역사의 근원이 이 문왕의 인정을 베푼 데 있음을 알 수 있습니다. 어찌 아름답지 않습니까. 지금 도성 4문 밖에 우리나라 대소신민의 조상들의 무덤이 있는데 꼴 베는 사람이 다 무덤이 다 드러나게 베어버리고 사냥하는 사람이 불을 지르며 어떤 이는 채마밭을 만들기도 하고 어떤 이는 갈아서 곡식을 심기도 합니다. 아! 효자나 어진 사람이 이것을 보고 그 이마에 땀이 흐르지 않을 수 있겠습니까. 이제부터는 모든 무덤이 있는 곳에 산지기를 정하여 나무나 풀이 잘 자랄 수 있게 하시기 바랍니다." 하니 왕이 그 말을 받아들였다.

○ (공양왕 3년) 7월에 도평의사사에서 상서上書하기를 "무릇 국가의 이해가 걸린 일이나 군사 기밀과 관계된 중요한 일, 간사한 짓을 고발하는 자는 반드시 날짜를 분명하게 쓰고 사실을 구체적으로 진술해야 합니다. 이름을 숨기고 몰래 투서하거나 말을 만들어 비방하여 국정을 어지럽히는 자는 사헌부와 법사法司에서 더욱 엄히 조사하게 하십시오. 만약 거짓이 드러나 탄핵을 당한 자는 종친이나 귀척貴戚을 불문하고 계문啓聞(왕에게 아뢰)을 기다릴 것도 없이 곧바로 직첩을 거두고 나서 국문鞫問하여 죄를 처단하십시오." 하니 왕이 허락하였다.

○ 도평의사사에서 계啓하여 청하기를 "문벌이 높거나 대대로 높은 자리를 차지한 집에서 금이나 은으로 불경佛經을 베끼는 것을 금지하십시오." 하였다.

○ (공양왕) 4년(1392) 3월에 사헌부에서 상소하여 당시 문제가 된 것을 말하였다. "하나, 궁궐의 문을 함부로 들어가는 것에 대해서는 이미 그에 대한 형률刑律이 있지만 오늘날의 궁궐 문을 보면 엄격하지 않아 높고 낮은 모든 관원[大小員]들이 호위병[伴倘]이나 노예를 거느리고 무시로 드나드니 이들이 뒤섞여 어지럽기까지 합니다. 간혹 문을 지키는 자가 막다가 도리어 능욕을 당하여도 징계하거나 금지하는 것이 없습니다. 심

지어 어전에서 외국 사신을 위해 연회를 베풀거나, 조회에 나오셔서 정사를 보실 때도 노복奴僕과 잡류들이 난입하여 혼잡하므로 조정의 의식이 엄숙하지 않습니다. 엄격하게 일절 금지하지 않으면 도리 상 진실로 옳지 않습니다. 이제부터 특별히 왕의 부름을 받았거나 숙직해야 하거나 공무를 아뢸 것이 있는 관리를 제외하고는, 일없는 사람[閒人]은 함부로 들어갈 수 없게 하십시오. 그 응당 들어갈 자도 2품 이상은 근수跟隨(고관을 따르던 종)를 2명, 4품 이상은 1명만 거느릴 수 있고 그 외에는 거느리고 들어갈 수 없게 하십시오. 위반하는 자는 죄를 다스리며, 차사올車沙兀이나 각 문을 파수하는 관리로 금지하고 막지 못하였을 때에는 함께 죄를 주십시오. 하나, 서울이 차고 비는 것은 인가人家가 많고 적은 데 달렸는데 신축년 이후로 인가의 반이 빈 터가 되었습니다. 힘있는 자들 다수가 이것들을 합쳐서 곡식 심는 밭을 만드는 데 비해 힘없는 자들은 무릎 댈 땅도 없으니 비록 집을 지으려 해도 할 수 있겠습니까. 이 때문에 서울에 사는 백성이 날로 줄어드니 참으로 염려하지 않을 수 없습니다. 개성부로 하여금 그 빈 터를 현지 조사하여 주인에게 터를 정해주고 집을 짓게 하되 만약 기한 내에 짓지 않으면 그 합친 집터를 집을 짓고 싶어 하는 사람에게 주도록 하십시오. 그러면 호구戶口는 날로 늘어날 것입니다. 밭을 받고 집을 짓지 않는 자, 집을 비워두고 살지 않는 자, 집을 부수고 밭을 만드는 자는 법으로 엄격하게 다스리십시오. 하나, 의관醫官을 둔 것은 본래 백성을 살리려는 것인데 근래에 의술에 종사하는 사람들이 벼슬살이하며 녹봉祿俸을 받아먹으니 그 임무를 돌아보지 않고 스스로 망령되이 존귀하게 여겨 출입할 때도 잘난 체 합니다. 질병이 있어서 고쳐달라고 호소하여도 부잣집이 아니면 가서 치료해 주지 않습니다. 이는 선왕들이 여러 직책을 나눈 뜻에 어긋납니다. 이제부터 모든 병을 앓는 사람이 달려가서 치료를 요청하는데도 전처럼 잘난 체하며 즉시 달려가서 치료하지 않는 자는 모든 사람에게 신고하게 하여 법으로 엄하게 다스리십시오." 하였다.

도적盜賊{도적을 잡는 조항을 붙임[捕盜付]}

○ 응범절도應犯竊盜{5관貫 이상이면 사형에 처하고, 5관 미만이면 척장脊杖 20대를 쳐서 유배流配 3년에 처하고, 3관 미만이면 척장 20대를 쳐서 유배 2년에 처하며, 2관 미

만이면 척장 18대를 쳐서 유배 1년에 처하고, 1관 이하는 양에 따라 처벌한다. 여자는 유배를 면제한다.}

○ 절도{1필은 장 60대, 2필은 장 80대, 3필은 장 90대, 4필은 장 100대를 친다. 5필은 도형 1년, 10필은 도형 1년 반, 15필은 도형 2년, 20필은 도형 2년 반, 25필은 도형 3년에 처한다. 30필은 유 2,000리, 35필은 유 2,500리, 40필은 유 3,000리에 처한다.} 동거同居하는 손아랫사람이나 나이 어린 사람이 남을 시켜 자기 집 재물을 훔쳤을 때는 재물을 멋대로 쓴[私輒用財物] 죄로 2등을 더한다. 보통 사람[凡人]은 통상적인 절도[常盜]에서 1등을 감하고 시마친緦麻親[11]나 소공친小功親[12]의 물건을 훔친 자는 1등을 감하며 대공친大功親[13]이면 2등을 감하며 매우 가까운 친속[周親]이면 3등을 감한다.

○ 절도범으로 유배된 곳에서 도망한 자는 얼굴에 죄명을 새기고[鈒面] 멀리 떨어진 육지의 고을[州縣]에 유배 보낸다. 귀화한 사람이 절도죄를 범하면 남쪽 변경의 뱃길이 통하지 않는 고을에 유배 보낸다.

○ 현종 7년(1016) 10월에 하교하기를, '남쪽 변경에 강도가 매우 많으니 모든 고을에서는 더욱 엄하게 추적하여 잡으라.' 하였다.

○ 숙종 7년(1102)에 판判하기를 "도둑을 잡거나 장물을 신고한 자는 장물의 반을 주라. 서울과 지방에서 강절도를 파악[知認]하여 잡은 자는 관직에 있으면 다음 자리로 올리고, 관직이 없으면 벼슬길에 처음 나가는 자리를 주며, 관직을 받을 수 없는 사람은 물건을 주고 승려는 승직僧職을 주며 천인은 양인이 되게 하라. 감찰하여 검거하지 못한 경우 서울은 5부의 관리와 별감別監, 이정里正을 지방은 담당 관원과 장리長吏(수령), 장교, 아전의 죄를 묻겠다[決罪]." 하였다.

○ 예종 7년(1112)에 판하기를 "태부시太府寺[14]에서는 도둑을 잡은 자를 우선 등용하여

---

11 상례의 오복五服 중에 석 달 동안 상복을 입는 관계를 말한다.

12 상례의 오복五服 중에 다섯 달 동안 상복을 입는 관계를 말한다.

13 상례의 오복五服 중에 아홉 달 동안 상복을 입는 관계를 말한다.

14 왕실 관련 물품을 주로 관리하던 관청이다.

후대 사람을 권장하라." 하였다.

○ 인종 2년(1124)에 판하기를 "나성羅城[15] 안팎에 떼 지어 있는 강도들을 잡은 자는 관직을 더해주라." 하였다.

○ 충선왕 2년(1310)에 전지傳旨하기를 "순군부巡軍府는 본래 도둑을 잡기 위해 설치하였는데 백성들 사이의 싸움과 소나 말을 도살하는 등의 일도 모두 처리할 수 있다. 그 밖에 토지와 노비 등의 일은 처리하지 말고 순찰을 일삼으라." 하였다.

군율軍律

○ 예종 원년(1106) 정월에 도병마사가 아뢰었다. "지난번 여진과의 전쟁[東蕃之役]에서 군령이 엄하지 않아 장수가 힘껏 싸우지 못하였고 군사들은 모두 달아나 흩어져서 여러 차례 패전하였습니다. 『서경書經』에 이르기를 '왼쪽이 왼쪽에서 공격하지 않고 오른쪽이 오른쪽에서 공격하지 않으면 너는 명을 받드는 것이 아니다. 명령을 따른 자는 조상의 사당에서 상을 베풀고 명령을 따르지 않은 자는 사직社稷에서 죽이되 너의 처자식까지 죽일 것이다.' 하였습니다. 옛날 손무孫武[16]는 총애하는 여자 두 사람을 죽여 서쪽으로 강한 초楚나라를 깨뜨렸고 북으로 제齊나라와 진晉나라를 위협하였습니다. 군기軍期를 어긴 장가莊賈를 사마양저司馬穰苴[17]가 목을 베자 연燕나라, 진晉나라의 군사들이 듣고는 물러갔습니다. 이정李靖[18]의 병법에는 '장수 노릇을 잘 하는 자는 반드시 병졸 열 명 중에서 세 명을 죽일 수 있고, 그 다음은 열 명 중 한 명을 죽일 수 있다. 그러므로 백 명에 열 명, 천 명에 백 명을 죽여서라도 군령을 엄하게 한 뒤에야 무리의 마음이 하나가 된다.' 하였습니다. 신해(현종 2년, 1011), 무오(현종 9년, 1018) 연간에 현종께서 내리신 행군 명령[行師之令]을 보니 '처음 훈련에 오지 않은 자는 관직의 고하를 막론

---

15 개경의 이중으로 된 성벽 중 외성을 이른다.

16 『손자병법孫子兵法』을 지은 것으로 전하는 춘추시대의 병가兵家이다.

17 춘추시대 제齊나라의 장수였다.

18 이정(571~649)은 당나라 초기 뛰어난 장수이면서 군사 이론가였다.

하고 척장 15대를 친다. 두 번째 오지 않은 자 및 나아가고 물러날 때 낙오落伍한 자, 혹은 점쟁이의 잘못된 말로 무리를 미혹시킨 자, 잘못하여 무기를 잃어버린 자, 대정隊正 이하로서 명령을 듣고 전달하지 않거나 전달하였는데도 실행하지 않은 자, 병졸로 그 상관을 구하기는 하였으나 면하게 하지는 못한 자[不能使免者], 혹은 사사로이 적에게 작전을 누설하거나 적이 진중陣中에 들어온 것을 알면서도 신고하지 않은 자는 모두 척장 20대를 친다. 군사를 일으킬 때 기한 내에 오지 않은 자, 도망쳐 달아날 마음이 있거나 적을 상대하여 싸우지 않거나 전투에 임해서 분별없이 행동하는 자, 병졸로 그 장수의 지휘를 따르지 않는 자, 무기를 적진에 버린 자, 병졸로 그 상관을 구하지 않아 패하여 죽게 한 자, 전투 상황이 위급한 것을 보고도 자기 부대가 아니라고 하여 구하지 않은 자, 다른 사람의 활이나 칼을 빼앗고 다른 사람이 벤 적군의 목을 차지한 자, 장군이나 장교로 전쟁터에 나서 싸우지 않거나 진중陣中으로 도망쳐 들어오거나 적에게 항복하자고 한 자, 진을 치고도 적을 막지 못해 적이 돌격할 수 있게 한 자는 모두 참형斬刑으로 처단한다. 적에게 투항한 자는 그 집을 몰수하고 그 처자에게도 벌을 내린다. 적이 자발적으로 항복했는데도 보고하지 않고 함부로 죽인 자는 참형으로 처단한다.' 하였습니다. 이것을 준행하여 군사들을 격려하시되 다만 적이 스스로 항복하였는데도 보고하지 않고 함부로 죽인 자를 참형으로 처단하는 것은 마땅치 않으니 장 20대를 치도록 하시기 바랍니다." 하니 왕이 따랐다. 당시 국가에 동쪽(오늘날 함경도 지역)을 치자는 논의가 있어 군법을 거듭 밝혔다.

휼형恤刑[19]

○ 유형지流刑地로 가거나 유형지를 옮기는 자가 목적지에 가기 전에 본향에 있는 조부모나 부모의 상을 당하면 말미 7일을 주어 애도하고 상사를 주선할 수 있게 한다. 승중承重[20]의 경우도 마찬가지다.

19 죄인의 처지를 감안하여 형을 집행하는 것을 이른다.
20 아버지를 이미 여읜 맏손자가 할아버지의 상에 상주가 되는 것을 이른다.

○ 수감 중인 부인이 해산할 달이 되면 보증인을 세우고[責保] 나가게 하되 사형 죄는 산후 만 20일, 유형 이하의 죄는 산후 만 30일로 한다.

○ 수감 중인 사형수로 악역[21] 이상이 아니면 부모 상이나 남편 상을 당한 자와 조부모 상에 승중하는 자에게는 휴가 7일을 주어 애도하게 하고 유형, 도형의 죄는 보증인을 세우고 30일간 나갈 수 있게 한다.

○ 유형지로 가거나 유형지를 옮기는 길에서 부인이 해산한 자는 가족과 함께 말미 20일을 주고 딸과 여종인 경우는 말미 7일을 준다. 만약 자신과 가족이 재난을 당하였거나 도적을 만났거나 나루를 건너야 하는데 물이 불어서 갈 수 없는 자는 가까운 곳의 관원[隨近官]이 매일 갈 만한가 확인하고 갈 만하면 즉시 보낸다. 만약 조부모나 부모의 상을 당한 자는 말미 15일을 주고 가족 중에 죽은 자가 있으면 말미 7일을 준다.

○ 70세 이상의 부모를 봉양할 사람이 없으면 그 자식이 범죄하여 섬에 정배定配될 죄인이라도 집에 머물면서 효도하며 봉양하게 한다.

○ 문종 원년(1047) 8월에 상서 형부尙書刑部에서 사형의 재심[覆奏]을 아뢰니 왕이 말하기를 "사람의 목숨은 지극히 귀중한 것이며 죽은 자는 다시 살릴 수 없다. 과인은 매번 사형수를 처리할 때마다 반드시 세 번씩 거듭 심사를 하고도 오히려 실정에 어긋날까 우려한다. 혹시라도 억울하게 누명을 쓰고 호소할 길이 없어 한을 품고 울음을 삼킨다면 원통하지 않겠는가. 그러므로 조사할 때 신중하게 하라." 하였다.

○ (문종) 16년(1062) 2월에 제制하기를 "형정刑政은 백성의 목숨이 관계되는 것이어서 옛날 어진 왕은 형벌을 쓸 때 가엾게 여겼다. 짐은 옛날의 훈계를 이어받아 형정을 맡은 관리를 신중히 선발하지만 적당한 사람을 얻지 못하여 억울하게 누명 쓰는 일이 있지 않을까 두렵다. 이제부터 3명 이상이 갖춰진 다음에야 죄수들을 신문하는 것으로 규정을 만든다." 하였다.

○ (문종) 20년(1066) 7월에 제制하기를 "모든 관인으로 귀향歸鄕한 자를 모두 상호常

21 부모를 죽이거나 반역을 도모하는 등의 범죄이다.

戶에 편입하는 것과 여러 이유로 겁을 주어 죽게 한 자를 교형絞刑으로 다스리는 것은 도리에 어긋나니 모두 삭제하라." 하였다.

○ 숙종 10년(1105)에 판하기를 "진사進士는 비록 조상의 덕[蔭德]이 없더라도 가벼운 죄는 구리를 바치고 죄를 면제받게 하고 오직 도둑질하거나, 아첨하거나, 강간하거나, 다른 사람과 싸우다 상해를 입힌 경우에만 법대로 단죄한다." 하였다.

○ 예종 6년(1111)에 판하기를 "월령月令의 '맹하孟夏(4월)에는 가벼운 죄수를 내보내고 중하仲夏(5월)에는 중한 죄수를 감형한다.'는 설에 따라 4월에는 가벼운 죄수를 보증인을 세우고 내보내고 5월에는 중한 죄수의 형틀을 느슨하게 해주는 것을 영원한 법으로 삼도록 하라." 하였다.

○ 인종 2년(1124)에 판하기를 "죄인을 추궁하면서 죄의 경중을 살피지 않고, 무식한 장수杖首(장을 치는 자)를 시켜 참혹하게 결박하는데도 관리들이 이 일에 익숙해져서 보통 일로 여겨 금하지 않으므로 잘못도 없는 사람을 죽게 한다. 이제부터 대성臺省, 내시內侍의 관원이 4계절의 끝 달(3월, 6월, 9월, 12월)에 옥을 살필 때 조사하여 발견되는 즉시 죄를 주고 그 장수杖首도 수감하여 죄를 결정한 다음 고된 역에 채워 넣으라." 하였다.

○ (인종) 9년(1131)에 판하기를 "죄인을 고문할 때에 함부로 장을 치고, 찔러서 죄인이 그 고통을 견디지 못해 거짓으로 자복하여 죽게 된다. 이제부터는 모든 죄수를 신문할 때 시간을 미뤄서는 안 되고, 가벼운 죄를 범한 자는 법에 어긋나게 고문하며 신문하지 말라." 하였다.

○ (인종) 14년(1136) 5월에 판하기를 "부양할 사람이 없는 죄수는 관에서 장물이나 속전贖錢 받은 것으로 먹을 것을 주라." 하였다.

○ (인종) 16년(1138)에 판하기를 "80세 이상이거나 병으로 위독한 사람은 비록 살인을 하였더라도 장을 치지 말고 섬에 유배 보내라." 하였다.

○ 명종 18년(1188) 3월에 제制하기를 "도적이나 살인범 이외의 나머지 죄수들은 재판하고 석방하여 오랫동안 갇혀 있게 하지 말라." 하였다.

○ 공민왕 12년(1363) 5월에 하교하기를 "형벌이 맞지 않게 되면 백성들의 원망이 쌓이니 이후로는 중앙과 지방의 죄수들을 억울하게 오래 갇혀 있지 않게 기한을 정해

처리하되 공평하고 적합하게 하라." 하였다.

○ 밀직제학密直提學 백문보白文寶가 차자箚子를 올리기를 "봄은 기뻐하는 신[喜神]이고 가을은 성을 내는 신[怒神]이니 만약 기뻐하는 신을 한 번 거스르게 되면 그 해 농사는 잘 되지 않습니다. 봄, 여름에 가벼운 죄인은 마땅히 놓아주어야 하고 중한 죄인도 마땅히 감형하되 사정을 헤아려 판결하여 속히 내보내야 합니다. 3, 4월과 5, 6월이 되면 형벌에 관한 사무를 정지하고 사형[大辟]은 겨울철을 기다려야 합니다. 다만 국가를 위태롭게 할 모의를 한 자는 여기에 들지 않습니다." 하였다.

○ (공민왕) 20년(1371) 12월에 하교하기를 "징벌이 사형이 아닌데도 백성들이 극히 고통스러워한다. 요즘 중앙과 지방의 관리들이 형벌을 신중히 하지 않아 이미 장을 치고 또 속전贖錢을 받으니 백성들이 어떻게 견딜 수 있겠는가. 이제부터 장을 치는 것과 속전을 받는 것을 병행하지 말라. 만약 위반하는 자가 있으면 모든 사람이 관청에 나가 호소할 수 있게 하고 거둔 것의 갑절을 되돌려줄 것이다. 형벌은 분명한 조례條例가 있으니 가볍게 하거나 무겁게 하는 것이 들쭉날쭉해서는 안 된다. 그런데 역신逆臣(신돈)이 권력을 잡고 나서 태나 장을 칠 때 반드시 속을 비게 하여 겁을 주고, 이미 유배 보낸 뒤에 압송하는 사람에게 몰래 부탁하여 도중에 죽여 버렸으니 매우 참혹하고 지독하다. 이후로 중앙과 지방에서 법을 맡은 관리 중에 감히 이와 같이 하는 자가 있으면 도평의사사에서 아뢰고 죄를 처단하라." 하였다.

○ 신우辛禑 원년(1389) 2월에 하교下敎하기를 "형법은 성인들이 삼가던 것으로 하夏·은殷·주周 삼대三代 이전에는 죄가 서로 미치지 않았고 본인에게만 미쳐 형벌이 간단한데도 백성들이 죄를 범하지 않았다. 진秦나라 때에는 준엄하게 법을 집행했지만 도리어 잘 다스리지 못하였다. 바라기는 도평의사사에서 사헌부, 전법사典法司, 도순문사都巡問使, 안렴사들에게 실정과 법을 상세하게 끝까지 살피고 형률刑律에 규정된 이외의 형벌을 쓰지 못하게 단단히 경계하라. 도형徒刑은 기한이 있으니 이미 기한을 채운 자는 놓아주고 금고禁錮[22]되었거나 천인이 된 경우는 철저히 조사하여 아뢰라." 하였다.

○ 신우 2년(1390) 7월에 신우가 말하기를 "모든 주州에 유배간 자들이 그 처자와 남북으로 떨어져 사니 어찌 원망하는 마음이 없겠는가. 그 경중에 따라 사면할 자는 석

방하고 사면할 수 없는 자는 형편에 따라 가까운 곳으로 옮겨 주고 처자를 보내 함께 살게 하라." 하였다.

○ (신우 2년) 9월에 김의金義가 사신을 죽이고 원나라로 도망쳤다[23] 하여 그의 어머니와 아내를 순군巡軍에 내려 죽이려 하였다. 사헌부에서 상언上言하기를 "비록 김의가 반역하였지만, 부녀자들이 어찌 알겠습니까? 죽이지 마시기를 청합니다." 하니 이에 그들을 상주尙州의 관비官婢로 편입시켰다.

○ (신우) 6년(1380) 5월에 사헌부에서 상소하기를 "모든 사형수[大辟]에 대해 반드시 세 번 거듭 아뢰어 임금과 신하가 함께 의논한 후 처결하는 것은 바로 옛날 어진 임금들이 만들어 놓은 법전입니다. 그런데 지금 중앙이나 지방 관리들이 사형수를 처단하면서 모두 아뢰지 않고 멋대로 처결하여 무고한 사람을 죽게 하고 화기和氣를 손상시킵니다. 이제부터는 중앙과 지방에서 사형수가 있는 곳의 관리는 모두 도당에 갖추어 보고하고, 도당에서 논의하여 아뢴 후 시행하게 하십시오." 하니 신우가 받아들였다.

○ 공양왕 원년(1389) 12월에 도평의사사에서 계啓하기를 "입춘부터 입추까지는 사형을 정지하며 서울에서는 다섯 번 거듭 아뢰고, 지방에서는 세 번 거듭 아뢴 다음에 비로소 죄를 처단하게 하십시오. 일이 군사 기밀과 반역에 관계된 것이면 이 제한을 받지 않도록 하십시오." 하였다.

○ 사헌부에서 상소하기를 "『서경』에 이르기를 '형벌은 자손에게 미치지 말라.' 하였으며 전傳에는 이르기를 '사람을 죄주되 처자를 처벌하지 않는다.' 하였습니다. 그러므로 순舜이 곤鯀을 죽였으나 곤의 아들 우禹를 상相으로 삼았으며, 무왕武王이 주紂를 죽였으나 주의 아들 무경武庚을 제후로 봉하였습니다. 이것이 바로 천지가 만물을 낳아 기르는 마음입니다. 그런데 근세에 와서는 사람 죽이기를 밥 먹듯 하고 사람의 족속을 전멸시키고도 오히려 후손이 남을까 두려워하니 어질지 못함이 심합니다. 이제부터는

---

22 죄나 신분 때문에 관직으로의 진출이 금지된 것을 이른다.

23 김의金義가 공민왕 23년(1374)에 명나라 사신 채빈蔡斌을 죽이고 임밀林密을 납치하여 북원北元으로 달아난 사건을 말한다.

모든 죄 있는 자들에 대해 삼대의 훌륭한 왕[盛王]들의 제도를 본받아, 그들의 처자도 따라서 연좌시키는 일이 없게 하여 융성한 조정의 차마 못하는 정사[不忍之政]를 보이시기 바랍니다." 하였다.

소송訴訟

○ 예종 17년(1122)에 판判하기를 "아버지나 할아버지의 토지에 문서[文契]가 없을 때에는 적장자에게 우선적으로 주라." 하였다.

○ 공양왕 3년(1391) 10월에 낭사郎舍가 상소하기를 "전하께서 즉위하고 먼저 사전私田의 폐단부터 없애고 차등 있게 조세를 걷는 제도를 밝히 세워서 소송의 근원을 깨끗하게 하셨으니 진실로 삼한三韓의 풍속에 만 번 다행한 일입니다. 다만 노비[民口]의 소유는 본래 제한이 없는데다 또 개인의 재산이라 하여 소송으로 다투는 것이 다양하여 토지를 다투는 것보다 폐단이 더 심합니다. 정미년(충렬왕 33년, 1307)에 원나라에서 평장사平章事 활리길사闊里吉思를 보내 우리나라의 의식과 제도를 모두 바르게 고치고 아울러 온 나라에 토지와 노비를 다투는 자를 조사하여 올바르게 밝혔습니다. 그러나 그 뒤에도 규정을 다시 고치는 번거로움이 있으므로 병신년(공민왕 5년, 1356)의 선지宣旨의 한 조항에 '충렬왕 정미년 이전의 것은 비록 조상 때부터 대대로 내려오는 토지와 노비라도 송사할 수 없다.'고 하였으며 또한 '5결에는 3결을 좇고 3결에는 2결을 좇는다[五決從三 三決從二]'는 뜻으로 매양 선지宣旨하여 쟁송하는 풍조를 막았습니다. 그러나 아직도 완악하고 탐욕스런 것들이 없어지지 않아 쟁송이 많이 일어납니다. 또 그것을 처리하는 자들도 권세 있는 자에게 아첨하고 자기와 가까운 자들에게 끌려 전의 판判에서 금한 것을 무시하며 일의 시비를 제대로 조사하지도 않고 서로 다시 법령을 개정합니다. 문서는 산적하고 쟁송은 무궁하며 심지어 골육지친이 도리어 원수가 되기도 합니다. 또 남을 비방하고 헐뜯는 습속이 크게 일어나서 돈독한 풍속은 없어졌습니다. 이에 따라 조화로운 기운이 통하지 않아 재앙의 징조가 자주 나타나 경고하니 이는 전하께서 깊이 염려하시는 것입니다.

이제 도관都官[24]으로 하여금 아일衙日의 조회朝會[25]마다 소송을 처리한 것을 보고하게

[獻課] 하여도 송사하는 자가 많고 또한 여러 해를 두고 처결하지 못한 것이 있으니 어떻게 도관에서 갑자기 억울한 송사를 근절할 수 있겠습니까. 전하께서 별도로 관청을 세우고, 재간 있고 올바르게 밝힐 사람을 골라 그 임무를 맡기며 실무를 담당하는 주장관主掌官도 이렇게 하십시오. 그와 함께 어사대御史臺와 성랑省郎(중서문하성의 낭관)에서 각 1원을 고찰관考察官으로 삼으십시오. 이제부터 3년 동안은 정미년 이전에 다섯 번의 판결에서 세 번 이긴 것과 세 번의 판결에서 두 번 이긴 것으로 판결된 것과 무진년(충숙왕 15년, 1328) 이후에 변정도감辨正都監에서 판결한 것을 제외하고는 다 시한時限을 정하여 문건을 제출하게 하여 내용을 구명하게 함으로써 억울하고 잘못된 것을 풀어주고 풍속을 바로잡으십시오. 다만 먼 지방의 사람들이 서울에 와서 바로잡는다면 오고 가는 수고와 서울에 머무는 괴로움 때문에 반드시 억울함을 품고 신고하지 않는 자도 있을 것입니다. 그러니 고찰관인 대성臺省 중의 1원과 함께 주장관을 각 도에 나누어 보내 관청을 세우고 중앙의 대신들은 도의 관찰사에게 수령 중에서 소송의 판결의 맡을만한 자를 골라 함께 직무를 맡겨 판결에 참여하게 하십시오. 중앙과 지방에서 소송하는 자가 요행수를 바라고 거짓으로 고발하는 자가 있으면 즉시 고찰관으로 하여금 절도죄를 적용하여 노비[民口]의 다소와 경중을 헤아려 죄를 처결하게 하십시오. 소송을 처리할 때 혹시 인정에 끌려 시비를 뒤집은 자는 무거운 죄로 처벌하게 하십시오. 서울이나 지방에서 시한 내에 고소하지 않은 자와 시한 내에 이미 바로 판결한 것은 다시 심리하는 것을 허락하지 않으며 이를 위반한 자는 모두 판지判旨를 따르지 않은 죄로 처벌하십시오." 하니 왕이 따랐다.

○ (공양왕) 4년(1392) 2월에 인물추변도감人物推辨都監에서 소송 판결법을 다음과 같이 제정하였다.

"하나, 근년에 호구법戶口法의 폐단은 호구를 소유한 자들이 전쟁 중에 (그 문서를) 잃어버리자 권세 있고 간교한 자들이 그런 것을 알고 양민을 잡아다 차지하고는 아

---

24 고려시대에 노비의 부적簿籍과 결송決訟을 담당하던 형부의 속사屬司이다.

25 군신君臣이 정해진 날에 궁궐에서 조회하던 것을 이른다.

버지나 할아버지 때부터 전해오는 노비라 하는 데 있다. 잡혀간 사람들이 양민이라고 호소하여도 근거가 없으니 관청에서도 변별할 수가 없어서 세월만 흘러가 원통하고 억울한 것이 더욱 심하여 조화로운 기운[和氣]을 해친다. 이제부터 양민이라 호소하는 자는 비록 양민의 문적이 없더라도 그의 천인의 문적이 분명하지 않으면 양민으로 삼는다. 본 주인에게 비록 천인의 문적이 없더라도 여러 대에 걸쳐 부린 것이 명백하면 승소를 인정하고, 지난해까지 장적帳籍으로 분별할 수 없었던 자도 양인을 한다.

하나, 모든 공사公私 노비에 관한 판결 문안은 2부를 나누어 작성하여 1부는 그 주인에게 주고 1부는 관청에 두어 후에 확인하는 증거로 삼는 것을 영구적인 법식으로 한다.

하나, 병신년(공민왕 5년) 이전 소송에 관한 분명한 문건이 없거나, 정미년(충렬왕 33년) 이전 일 또는 무진년(충숙왕 15년) 이후 변정도감辨正圖鑑과 도관都官이 이미 판결한 사건은 신고할 수 없다. 다섯 번의 판결에서 세 번 이긴 것을 따르고 세 번의 판결에서 두 번 이긴 것을 따르는 것은 판지判旨에 따라 변동하지 못한다. 그 판결한 횟수[決數]가 비록 많더라도 양쪽의 문서 증거를 자세히 조사하지 않고 임시로 판결한 것은 이 제한에 들지 않는다. 거짓으로 꾸며 고소한자는 반좌법反坐法[26]으로 처리한다.

하나, 노비 문제로 관청에 소송을 제기한 자는 모두 도감에 출두하여 사정을 하소연할 것이며 이전처럼 사삿집에서 쟁송할 수 없다. 위반한 자는 죄를 다스린다."

○ 도관都官에서 상서上書하기를, "나라에서 제도를 세우고 법을 만들며 관청을 두고 관직을 나누어 각각 담당 관원이 있으므로 처리하기 어려운 일도 모두 이치에 맞게 하였습니다. 그러나 왕업을 누린 햇수가 이미 오래되면서 일에 따라 폐단이 생겼는데 폐단이 가장 큰 것이 쟁송입니다. 오늘날 본사本司에 들어온 문서를 보면 모두 수백 년이나 된 먼 일을 끌어오고 있으니 소송의 유래가 오래되었음을 알 수 있습니다. 근

26 거짓으로 꾸며 고발한 사람에게 고발당한 사람이 처벌과 같은 형벌을 가하던 제도이다.

래에 사람들이 법을 익히지 않아 선왕들의 법제를 알지 못하므로 소송을 제기하는 자들이 이치에 어긋나게 하고 처리하는 자들이 그대로 하여 의구심을 불러일으킵니다. 만약 조령條令들을 다시 새롭게 하여 사람들의 이목에 익숙하게 하지 않으면 쟁송의 폐단을 갑작스레 없애기 쉽지 않을 것입니다. 이제 선왕들의 판지判旨에 담긴 뜻을 준행하며 한두 가지 저희들의 견해를 다음과 같이 하나하나 늘어놓습니다.

하나, 쟁송하는 자들이 맞소송을 하거나 양민이라 호소하는데 그 기간이 길면 10여 년이고 적으면 5, 6년을 넘지 않습니다. 관청에서 비록 공정하게 판결하였더라도 세력이 강한 자는 그대로 잡아두고 놓아주지 않으며, 약한 자는 원통하고 억울하여 다시 하소연하니 쟁송이 날로 많아지고 번거로워지며 간교하거나 거짓된 것들이 날로 더해 갑니다. 이제부터는 판결이 있은 후에도 그대로 잡고 있는 자와 천민의 신분을 벗었는데도 놓아 주지 않는 자는 형조에서 문서를 접수하여 죄상을 추궁하게 해 엄금하시기 바랍니다.

하나, 모든 맞소송하는 자들과 양민이라 하소연하는 자들의 문서가 어찌 모두 대등할 수 있겠습니까? 반드시 하나는 옳고 하나는 거짓인 분변分辨이 있을 것입니다. 간혹 간교하고 탐욕스런 자들이 잘못된 판결이라고 함부로 말하면서 원 문서를 다시 받아가서는 한두 해도 되지 않아 말을 꾸며서는 다시 바치므로 쟁송의 옳고 그른 것이 끝없이 뒤집어지게 됩니다. 이제부터는 판결이 난 후 그 거짓 문건을 헌사憲司에서 추궁하게 하여 분쟁을 막으시기 바랍니다.

하나, 요 몇 년 사이에 탐욕스런 풍조가 그치지 않고 서로 다투어 빼앗는 것이 더욱 많아져서 아주 오래된 일을 끌어다 온갖 모의를 합니다. 쟁송하는 사람들이 관청에 가득차서 처리하는 자가 널리 들어줄 수가 없고 문서가 지붕 높이만큼 쌓여 두루 살펴보지 못하므로 사건의 옳고 그름이 잘못되니 소송이 그치지 않습니다. 이제부터는 소송을 제기한 시기가 오래된 것을 골라 한 방房에서 10건씩 합의를 거쳐 방문榜文을 내걺으로써 소송을 간소하게 하고 이미 판결하여 방문을 내 건 것은 속의충수屬議充數하시기 바랍니다."라고 하였다.

노비奴婢

○ 옛날 기자箕子가 조선에 제후로 봉해져서 범금팔조犯禁八條를 만들었는데 그 중에 '남의 것을 훔친 자는 잡아다가 노비로 삼는다.' 하였다. 우리나라의 노비는 대개 이때 시작되었다. 사족의 집에서 대대로 전하며 부리는 자를 '사노비私奴婢'라 하며 관아官衙와 주군州郡에서 부리는 것을 '공노비公奴婢'라고 한다. 역사가 오래됨에 따라 노비가 점점 더 많아졌다. 이에 서로 쟁탈하기를 일삼는 것과 몰아서 가지는[兼併] 폐단이 날로 더해지는 것을 염려하여 관청을 두어 이것들을 처리하게 하였는데 그 금령이 매우 엄격하였다. 대개 우리나라에 노비가 있는 것이 교화敎化에 크게 도움이 되었으니 이는 안팎을 엄하게 하고 귀천을 구분하여 예의를 실천하는 것이 여기서 말미암지 않은 것이 없기 때문이다. 고려에서 노비의 송사를 처리한 법에 취할 만한 것이 많으므로 형법지刑法志에 아울러 붙인다.

○ 남종[奴]이 양민의 딸[良女]에게 장가갔을 때 주인이 그 정황을 알고 있었으면 장 100대를 치고 여자의 집은 도형 1년에 처하며 남종이 스스로 장가들었으면 도형 1년 반에 처하고 양민이라고 사칭하였을 때는 도형 2년에 처한다.

○ 공천公賤의 나이가 60세가 차면 노비 역을 면제한다.

○ 성종 6년(987) 7월에 하교下敎하기를 "양인으로 풀어준 노비가 햇수가 점점 오래되면 반드시 본 주인을 업신여기고 모욕할 것이다. 이제 본 주인을 대신해 뱃길로 전쟁에 나갔거나 3년 동안 여묘廬墓살이 한 자를 그 주인이 담당 관청에 신고하면 그 공로를 조사하여 나이 40세가 넘은 자는 천인에서 벗어나는 것을 허락한다. 만약 본 주인에게 욕을 하거나 본 주인의 친족과 서로 다투는 자는 다시 천인으로 되돌려 부리게 하라." 하였다.

○ 현종 4년(1013)에 판判하기를 "천인으로 되돌린 노비 중에 다시 양인이 되려고 소송하는 자는 장杖을 치고 얼굴에 글씨를 새겨[鈒面] 주인에게 돌려보내라." 하였다.

○ 정종 5년(1039)에 천인은 그 어머니의 신분을 따르도록 하는 법을 세웠다.

○ 문종 3년(1049)에 판하기를 "공노비나 사노비 중에 세 차례 도망한 자는 얼굴에 글씨를 새겨 주인에게 돌려보내라." 하였다.

○ 인종 10년(1132)에 판하기를 “대를 이을 자손이 없는 사람의 노비는 관청에 예속시키라.” 하였다.

○ (인종) 13년(1135)에 노비가 몸값 대신 승려가 되는 것을 금지하였다.

○ 충렬왕 4년(1278)에 공노비나 사노비를 양인으로 풀어주는 것을 금지하였다.

○ (충렬왕) 5년(1279) 7월에 하지下旨하기를 “지금 이후로 노비를 서로 소송하여 왕의 행차 앞에서 아뢰는 것과 자문교수紫門教授가 판부하는 것을 모두 삭제하라.” 하였다.

○ (충렬왕 5년) 11월에 모든 신하들에게 하사한 관노비를 회수하여 도관에 소속시켰다.

○ (충렬왕) 9년(1283) 9월에 천인은 어머니의 신분을 따르게 하였는데 판判을 내리기 전후를 따지지 말도록 하였다.

○ (충렬왕) 24년(1298) 정월에 하교하기를 “첫째, 근래에 양민을 강압하여 천인으로 만드는 자가 매우 많으니 담당 관리로 하여금 문건이 없거나 위조한 자를 신문하여 죄를 주라. 둘째, 공적인 도리를 생각하지 않고 관노비를 함부로 사패賜牌를 받는 것은 일절 금지하라. 셋째, 문무 양반의 노비는 그 주인의 역役이 특별하다고 하여 옛날부터 국가의 역[公役]이나 기타 징수[雜斂]가 없었다. 그러나 지금은 양민이 모두 권세 있는 집으로 들어가서 관역官役에 응하지 않아 도리어 양반의 노비에게 양민의 역을 대신하게 한다. 지금 이후로는 일절 금지하고 남종의 아내나 여종의 남편은 그 주인의 역을 맡도록 하라.” 하였다.

○ (충렬왕) 26년(1300) 10월에 (원나라에서 온) 활리길사闊里吉思가 우리나라의 노비법을 혁신하려 하였다. 왕이 원나라에 상표上表하기를 “옛날 우리 시조께서 뒤를 잇는 자손들에게 훈계하시기를 ‘모든 천류賤類는 그 종족이 다르니 이들을 양인이 되게 하지 말라. 만약 양인이 되는 것을 허락하면 그 후에 반드시 벼슬길에 나가 점점 요직을 차지하여 나라를 어지럽힐 모의를 할 것이다. 만약 이 훈계를 어기면 나라가 위태로워질 것이다.’ 하셨습니다. 이로 말미암아 우리나라의 법은 그 8세의 호적에 천류賤類가 없어야만 벼슬길에 나설 수 있습니다. 모든 천류는 아버지나 어머니가 한 쪽이라도 천인이면 천인입니다. 설사 그 본 주인이 풀어주어 양민이 되는 것을 허락하였더라도 그가

낳은 자손은 도리어 다시 천인이 되고 본 주인의 후사가 끊어지면 그 주인의 동족에 예속시키는 까닭은 끝까지 양민으로 되지 못하게 하려는 것입니다. 혹시 도망하여 벗어나면 양민이 될까 하여 비록 일이 생기기 전에 미리 막으려 하여도 빈틈을 타서 간교한 짓을 하거나 나라의 형편으로 인해 공로를 내세워 권력을 휘둘러 국가를 어지럽힐 모의를 하다가 사형당한 자도 여럿 있었습니다. 이로써 조상의 훈계를 어겨서는 곤란하다는 것을 더욱 알 수 있고 간교한 마음을 막지 못할까 두렵습니다." 하였다.

○ (충렬왕) 34년(1308)에 충선왕이 다시 왕위에 올라서 하교하기를 "첫째, 외방의 노비는 각각 원래 맡은 역이 있으니 권세가가 함부로 사패賜牌 받는 것을 일절 금지한다. 둘째, 사건四件노비{사건 노비란 위로 바친 노비, 투탁한 노비, 선왕이 일찍이 내려준 노비, 다른 사람과 교환한 노비를 말한다.}를 숨겨 두고 내어 놓지 않는 자는 은 2근斤을 징수하며 숨겼던 노비는 그 수에 따라 부역에 충당할 것이다. 셋째, 신춘申椿의 노비는 모조리 추적하여 잡아들이고 사건 노비와 하나로 사용할 것이다." 하였다.

○ 공민왕 원년(1352)에 판하기를 "판결한 후에도 노비로 그대로 잡아두고 양민이 되는 것을 허락하지 않는 자는 4품 이상 관원은 아뢴 후에 죄를 주고, 5품 이하는 장을 쳐서 유배를 보내라." 하였다.

○ 신우 원년(1375) 2월에 하교하기를 "양민을 억압하여 천민을 만들어 조화로운 기운을 손상시키고 있다. 왕지王旨를 내린 후 한 달 안에 모두 놓아주도록 하고 위반하는 자는 엄히 다스릴 것이다." 하였다.

○ (신우) 14년(1388) 6월에 신창辛昌이 즉위하였다. 8월에 사헌부에서 상소하기를 "도관에 소속된 노비, 궁사창고宮司倉庫의 노비, 근래 사형·유형을 받은 관원의 대대로 전하는 노비와 새로 얻은 노비는 변정도감辨正都監에서 그 수를 헤아려 명부名簿를 만들게 하되 빠짐없게 하십시오. 그리하여 토목이나 건축의 역사와 외국 사신의 접대, 불교의 행사에 모두 사역을 시키고 방리坊里의 잡역은 일절 제거하여 그들의 생활을 안정시키고 왕실을 보위하게 하십시오." 하였다.

○ 공양왕 3년(1391)에 낭사郎舍에서 상소하기를 "근년 이래로 분경奔競[27]이 풍조를 이뤄 모두 권세 있는 집에서 은혜를 입으려고 자손이 있는 사람도 조상이 물려준 노비를

모두 다른 사람에게 줍니다. 이 까닭에 그 자손이 더욱 궁핍해져서 조상의 덕이 없는 것을 원망하니 어찌 효자孝子나 순손順孫이라 할 만한 자가 있겠습니까? 노비가 비록 천賤하기는 하지만 역시 하늘이 낸 백성인데 대체로 재물로 헤아려 거리낌 없이 사고 팝니다. 혹은 말이나 소와 바꾸는데 말 한 필에 노비 두세 명을 주어도 오히려 말 값을 갚지 못하니 이는 말이나 소를 사람의 목숨보다 귀중하게 여기는 것입니다. 옛날에 마구간에 불이 나자 공자가 묻기를 '사람이 다쳤는가?' 하고 말에 대해서는 묻지 않았습니다. 성인이 이처럼 사람을 소중하게 여기고 가축을 천하게 여겼는데 어떻게 사람을 말과 바꿀 수가 있겠습니까? 세상 풍속이 혼미해져서 스스로 재앙을 불러들이고는 노비를 절에 바쳐서 복을 받으려하니 만약 부처가 올바르다면 어찌 뇌물을 받고 화를 면하게 할 리가 있겠습니까? 그러니 복을 받지 못할 뿐만 아니라 헛수고만 하고 자손에게 고통만 남겨줄 따름입니다. 전하께서는 이런 사정을 살피시어 조상이 물려 준 노비는 그 자손이 아닌 사람에게 넘기지 못하게 하고, 자손이 없는 사람은 그들 부부를 부양한 동족에게 주며, 노비를 사고팔거나 절에 바치는 폐단을 모두 금지한다면 어찌 전하의 다스림에 조금이라도 도움이 되지 않겠습니까." 하니 왕이 따랐다.

○ (공양왕) 4년(1392)에 인물추변도감人物推辨都監에서 노비결송법奴婢決訟法을 제정하였다. "하나, 양민과 천민이 서로 혼인하는 것을 이제부터 법으로 금지한다. 만약 홍무 25년(공양왕 4년, 1392) 정월 이후에 법을 어기고 서로 혼인하면 주인과 종에게 죄를 주며 낳은 자식도 역시 양민이 되는 것을 허락한다. 주인으로 사정을 알지 못한 자는 연좌되지 않는다. 하나, 자기의 노비를 권세 있는 집에 증여하거나 절, 귀신 사당에 바치는 것을 엄히 금지한다. 하나, 동족의 아들이나 세 살 미만의 내버린 어린이를 데려다가 호적에 올려 수양자收養子로 삼으면 곧 자기 아들과 같이 그에게 노비를 물려 줄 수가 있다. 이제부터 노비를 얻으려고 수양자라 하는 것을 일절 금지한다. 자손도 없고 수양자도 없는 사람은 사손使孫[28]이 관청에 신고하고 똑같이 나눈다. 문서를 작성하여 은혜

27 벼슬을 얻기 위해 권력자의 집에 드나들며 엽관獵官 운동을 하던 것을 말한다.

28 자손 없는 사람의 유산을 상속할 수 있는 근친近親이다.

와 업적을 기록하고 다른 사람에게 준 것은 비록 친척이라도 쟁송할 수 없다. 하나, 노비를 부려먹은 값은, 성종成宗 5년(986)의 판判에 따라, 그 기간이 길더라도 노비의 몸값을 넘지 못한다. 다른 사람의 노비를 숨겨 두고 부려먹은 자는 법에 따라 죄를 다스린다. 하나, 이제부터는 노비를 산 자가 자손이 없으면 친척에게 넘기고 친척이 없으면 관청에서 몰수하며 판 사람이 다시 차지할 수 없다. 하나, 노비를 파는 행위를 엄격히 단속한다. 굶주림과 추위에 몰리거나 오래된 공채公債나 사채私債 때문에 어쩔 수 없는 사람이 문서를 갖추어 관에 신고하면 사고파는 것을 허가한다. 만약 주색酒色이나 도박, 사냥하기 위한 개나 말, 재물을 위해 판 경우에는 노비를 관에서 몰수한다. 하나, 재주財主가 분배하지도 않았는데 몽땅 차지한 자나 힘없는 사람의 노비를 빼앗아 가진 자, 갈래가 다른[派別] 노비를 함부로 차지한 자, 다른 사람의 노비를 숨겨둔 자, 문서를 위조하여 부려먹은 자, 양민을 억압하여 천민으로 만든 자, 전당典當한 노비를 아주 차지한 자, 중국인을 잡아두고 부려먹은 자, 관청에서 판결한 뒤에도 그대로 차지하고 있는 자는 서울은 금년 2월까지, 지방은 3월까지를 기한으로 하여 모두 놓아주어 돌려보내야 한다. 자수한 자는 죄를 받지 않으며 기한을 넘긴 자는 판지判旨를 따르지 않은 죄로 다스린다. 그 안에 비록 함께 부린[合使] 노비가 있어도 역시 관청에서 몰수한다."

○ 도관에서 상서하기를 "하나, 자손이 없이 죽었을 때에 그 남편이 아내의 노비를 다 가질 수 있고, 그 아내가 수절守節을 하면 역시 남편의 노비를 다 가질 수 있으나 다만 살아 있는 동안만 인정하고 죽은 뒤에는 각각 본손本孫에게 돌려주되 따로 문서가 있을 경우에는 이 규정의 제한을 받지 않습니다. 하나, 노비의 역을 면제해줄 때 뒷날의 폐단을 생각하지 않고 노비의 자손까지 놓아주는 자가 있습니다. 그 자손이 부담이 적은 역[閑役]을 담당하여 분수에 맞지 않는 마음을 품어 이름을 거짓으로 꾸며 관직을 받고 양민과 혼인합니다. 그리하여 명분[名器]이 어지러워지고 본 주인을 해치려 하기도 하고 국가의 법을 두려워하지 않아 감히 소송을 제기합니다. 이제부터는 인정이나 공로를 따져서 노비를 역役에서 놓아줄 때에 다만 그 본인에 그칠 것이며 그 자손에게까지 미치지 말게 하시기 바랍니다."라고 하였다.

| 휘찬여사 지2 |

영인본

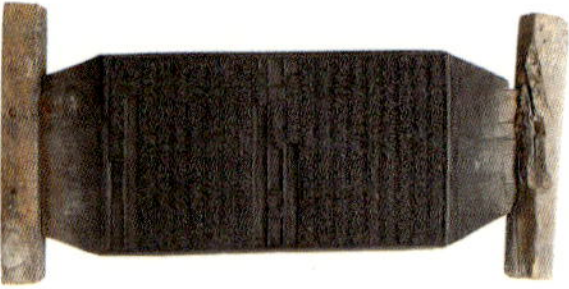

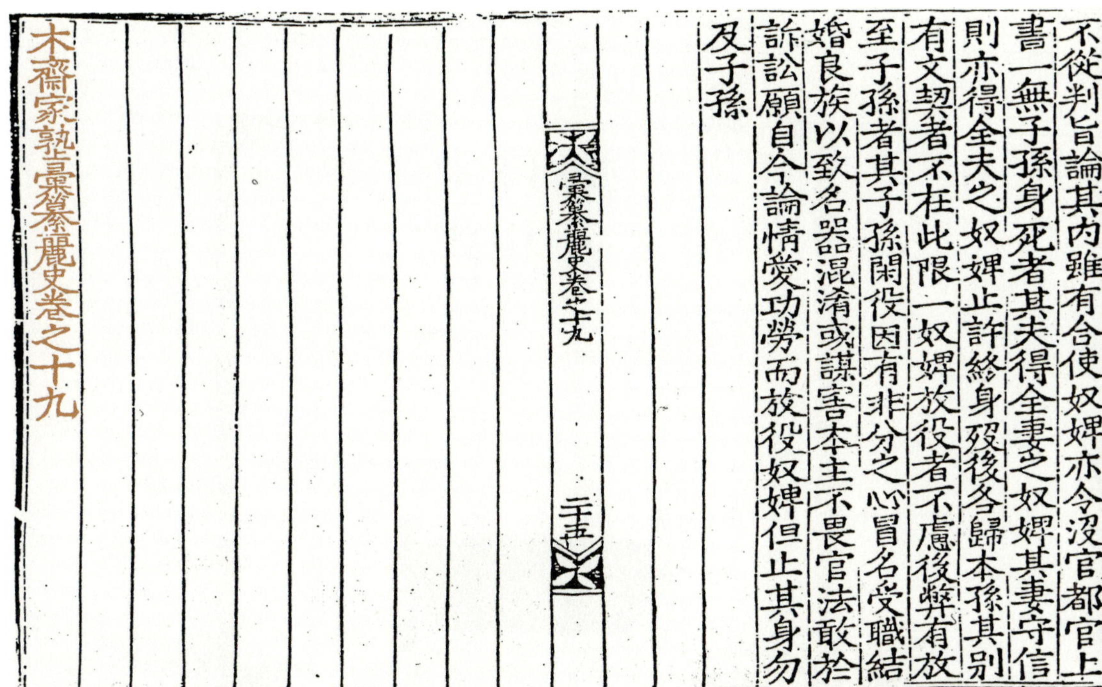
不從判旨論其內雖有合使奴婢亦令沒官都官上
書一無子孫身死者其夫得全妻之奴婢其妻守信
則亦得全夫之奴婢止許終身歿後各歸本孫其别
有文契者不在此限一奴婢放役者不慮後弊有放
至子孫者其子孫閑役因有非分之心冒名受職結
婚良族以致名器混淆或謀害本主不畏官法敢於
訴訟願自今論情愛功勞而放役奴婢但止其身勿
及子孫

高麗史卷之十九　二十五

木齋家塾高麗史卷之十九

王所嘗賜與及人相貿易者若有藏匿不出者徵銀二斤以其奴
婢準數充役一申椿奴婢盡數根捉四件奴婢一體
使用恭愍王元年判決後奴婢仍執不許者四品以
上申聞科罪五品以下決杖流配辛禑元年二月教
曰抑良爲賤感傷和氣自王旨後限一月悉皆放免
違者痛理十四年六月辛昌立八月憲司上疏一都
官所屬奴婢宮司倉庫奴婢及近日誅流員將祖業
奴婢新得奴婢令辨正都監亦計口成籍毋使遺漏
每有土木營繕之役賓客佛神之供皆以役之其於
坊里雜役一皆除去以安其生以衛王室恭讓王三

年郎舍上疏曰比年以來奔競成風皆欲冒寵於權
門雖有子孫者祖業人口盡與他人故其子孫益以
窮迷猶怨祖父之無德則安有孝順之可稱者乎奴
婢雖賤亦天民也例論財物恬然買賣或以牛馬易
之一疋之馬給二三口猶未足償則以牛馬爲重於
人命也昔廏焚孔子曰傷人乎不問馬則聖人之貴
人賤畜如此安有以人易馬之理乎世俗昏迷自作
殃咎納民於寺以圖求福若以佛爲正則安有納賂
免禍之理乎然則非惟未蒙其福徒自勞苦貽患子
孫耳伏惟殿下竝察焉祖業人口不許孫外相傳雖

無後者養其夫婦中同宗者相傳其買賣之人納寺
之弊幷行禁治則豈無補於聖理之萬一乎從之四
年人物推辨都監定奴婢決訟法一良賤相婚自今
依律禁斷如有洪武二十五年正月以後違律相婚
者主奴論罪所出之子亦許爲良其主不知者不坐
一將自己奴婢投贈權勢施納佛宇神祠者痛行禁
理一同宗之子及三歲前遺棄小兒户口付籍爲收
養者卽同己子傳給外自今窺得奴婢冒稱收養者
一切禁之無子孫無收養者使孫告官平分其成文
契錄恩功與他人者雖親戚毋得爭訟一奴婢役價

依成王五年判年月雖多不過其直其容隱役使他
人奴婢者依律論罪一今後奴婢買者無孫許親戚
無親戚者沒官賣者毋得還執一放賣痛行禁理其
爲飢寒所迫及因公私宿債勢不得已者具狀告官
方許買賣如以酒色博奕狗馬財貨之故放賣者奴
婢沒官一財主未分奴婢合執者微劣人奴婢奪占
者派别奴婢濫執者他人奴婢容隱者文契僞造使
用者壓良爲賤者典當奴婢求執者中國人拘占役
使者官司決後仍執者京中以當年二月爲限外方
以三月爲限一皆放還自首者免罪其出限外者以

訟誤訴訟未弭願自今擇告狀年月久遠者一房各十件合議出榜以簡辭訟其出榜已決者屬議充數

奴婢

昔箕子封朝鮮設禁八條相盜者沒入爲其家奴婢東國奴婢蓋始於此士族之家世傳而使者曰私奴婢官衙州郡所使者曰公奴婢年代愈遠漸至蕃盛於是慮其爭奪之相尙兼幷之日滋設官以理之其禁防甚嚴夫東國之有奴婢大有補於風敎所以嚴內外等貴賤禮義之行靡不由此焉高麗奴婢聽理之法可採者多矣故於刑法志幷附焉

奴娶良女主知情杖一百女家徒一年奴自娶一年半詐稱良人二年公賤年滿六十放役成宗六年七月敎放良奴婢年代漸遠則必輕侮本主今或代本主水路赴戰或廬墓三年者其主告于攸司考閱其功年過四十者方許免賤若有罵本主又與本主親族相抗者還賤役使顯宗四年判還賤奴婢更訴良者杖之鈒面還主靖宗五年立賤者隨母之法文宗三年判公私奴婢三度逃亡者鈒面還主仁宗十年判無後人奴婢屬官十三年禁奴婢代身僧忠烈王四年禁公私奴婢放良五年七月下旨今後奴婢相訟加爲前申呈及紫門敎授判付一皆除之十一月收還諸臣受賜官奴婢屬都官九年九月令賤者隨母無論判前後二十四年正月敎曰一近來壓良爲賤者甚多其令有司劾其無文契及詐僞者罪之一不念公理的望外官奴婢冒受賜牌者一切禁斷一兩班奴婢以其主役各別自古未有公役雜斂今良民盡入勢家不供官役反以兩班奴婢代爲良民之役今後一禁乃至奴妻婢夫任許其主二十六年十月閭里吉思欲革本國奴婢之法王上表略曰昔我始祖垂誡于後嗣子孫云凡此賤類其種有別愼勿使

斯類從良若許從良後必通仕漸求要職謀亂國家若違此誡社稷危矣由是小邦之法於其八世戶籍不干賤類然後乃得筮仕凡爲賤類若父若母一賤則賤縱其本主放許爲良於其所生子孫却還爲賤又其本主絕其繼嗣亦屬同宗所以然者不欲使終良也恐或有逃脫而爲良雖切防微而杜漸亦多乘隙而發姦或有因勢托功擅作威福謀亂國家而就滅者益知祖訓之難違猶恐姦情之莫禦三十四年忠宣王復位敎曰一外方奴婢各有本役權勢之家冒受賜牌宜一切禁斷一四件奴婢(四件奴婢曰寄上曰投屬曰先)

幹明正授以其任並及主掌官仍令臺省各一員爲之考察自今限三年除丁未年前事五決之三三決之二及戊辰年以後辨正都監決外皆令限日納狀推明以解冤濫以正風俗但令遠方人等取正於京師則往還之勞留京之苦必有含冤未告者矣命考察臺省中一員並主掌官分遣各道立司中央大官令觀察使擇其守令之可任決訟者並差參決凡京外訴訟者如有僥倖妄告即令考察官照以竊盜計民多少輕重論罪聽訟或徇於人情顚倒是非者亦從重論其在京外不告限內者及限內已決正者皆

不許更考違者俱以判旨不從論罪從之四年二月人物推辨都監定決訟法一近年以來戶口法弊有戶口者失於兵亂權姦之輩揣知其然拘占良民妄稱父祖奴婢被拘之人訴良無據官司亦不能辨淹延歲月冤抑滋甚以傷和氣自今訴良者雖無良籍其賤籍不明者良之本主雖無賤籍累代驅使明白者決給在前載未辨帳者亦當良之一凡公私奴婢決斷文案分作二本一給其主一置於官以憑考驗永爲恒式一丙申年前無爭訟明文丁未年前事及戊辰年以後辨正都監及都官已決者不許陳告五決從三度三決從二度一依判旨不動其決數雖多不覈兩邊文證假決者不在此限妄告者反坐一凡告官訟奴婢者並於都監聽候陳訴不得於私門似前爭訟違者論罪都官上書曰國家創制立法設官分職各有攸司凡事之難者當理處決歷年既久隨事弊生弊之巨者無若爭訟以今日納司文契觀之皆援引數百年間玄遠事迹則知訴訟所由古矣近來人不習法先王法制憒然莫知訟者由是而背理聽者以之而致疑若不更新條令習人耳目則爭訟之弊未易遽革今遵先王判旨內事意附以一二淺

見條列于後一爭訟者或相爭或訴良多者十餘年少者不過五六年官司雖得正決強者仍執而不許弱者冤抑而更訴以致爭訟日繁姦僞日滋願自今決後仍執者免賤不放者令刑曹接狀推考痛行禁理一凡相爭及訴良者契券豈皆均敵必有一正一邪之辨間有姦貪之輩冒謂誤決還受原券不一二年飾辭更呈以致爭訟曲直循環無窮願自今決絕後其不正文契令憲司推考以防紛爭一近年以來貪風未戢爭奪愈起援引久遠爲謀百端爭訟盈庭聽者不能兼聽簿書連屋觀者不能偏觀以致辨析